ERNST WOLF

SOZIALETHIK

Theologische Grundfragen

Unter Mitarbeit
von Frieda Wolf und Uvo A. Wolf
herausgegeben von
Theodor Strohm

Zweite Auflage

VANDENHOECK & RUPRECHT
IN GÖTTINGEN

CIP-Kurztitelaufnahme der Deutschen Bibliothek

Wolf, Ernst:

Sozialethik : theol. Grundfragen / Ernst Wolf. Unter Mitarb. von Frieda Wolf u. Uvo A. Wolf. Hrsg. von Theodor Strohm. — 2. Aufl. — Göttingen : Vandenhoeck und Ruprecht, 1982.

ISBN 3-525-52148-0

2. Auflage 1982

 – Satz und Druck: Gulde-Druck, Tübingen. – Bindearbeit: Hubert & Co., Göttingen

Inhalt

Einführung des Herausgebers

Zur Textgestalt

Ernst Wolf hat die Vorlesung „Theologische Grundfragen der Sozialethik" zum ersten Mal im Sommersemester 1959 in Göttingen gehalten und dann noch dreimal, nämlich im Sommersemester 1962, im Wintersemester 1965/66 und im Wintersemester 1968/69 wiederholt. Von der ersten Fassung existiert eine von Wolf „genehmigte", aber nicht „autorisierte" Nachschrift, die seither vielen studentischen Lesern eine wichtige Studienhilfe geworden ist. Ernst Wolf arbeitete an verschiedenen Sachverhalten der „Grundfragen" kontinuierlich weiter, publizierte einzelne Abschnitte und bezog bereits Publiziertes in den Text mit ein. Dadurch wurde die ursprüngliche Fassung erheblich erweitert und systematisch abgerundet. Die Abänderungen gegenüber der Vorlesung von 1959 sind auf etwa hundert Blättern bzw. Zetteln zum großen Teil in Wolfs minuziöser Handschrift festgehalten. Das Ausmaß der Änderungen wird auch an der Gliederung deutlich. Aus acht wurden siebzehn Paragraphen, der systematische Aufbau wurde teilweise verändert. Die Edition dieses umfangreichen Manuskripts mußte sich sinnvollerweise an die letzte Fassung anschließen. Wurden auch Eingriffe in den Text vermieden, so wurde doch die Gliederung an wenigen Stellen überarbeitet.

Wolf hatte zwei Hauptabschnitte vorgesehen: Der Abschnitt „Die Begründung der Wirklichkeit des Handelns im Gehorsam gegen Gottes Berufung" umfaßte zugleich den umfangreichen Teil der Institutionenproblematik. Im zweiten Teil ging es um den „Vollzug des Glaubensgehorsams", in dem in exemplarischer Form erläutert werden soll, was die vielbeschworene „Sachbezogenheit" eines Handelns praktisch bedeutet, das kraft des Glaubens an Gottes Willen orientiert und frei von menschlichem Wollen und Wünschen ist. Es handelt sich hier um einen dritten Reflexionsgang, der sich im Rahmen der alles beherrschenden Thematik von Gesetz und Evangelium am sog. „usus politicus legis" orientiert. Diesem Reflexionsgang voraus liegen die Paragraphen, die sich um die Erkenntnis des sog. „usus theologicus legis" (§§ 2—5) gruppieren und diejenigen, die im Horizont des Problems des „tertius usus legis" verhandelt werden (§§ 6—14). Aus dieser Dreidimensionalität des methodischen Vorgehens eine Dreiteiligkeit der Disposition abzuleiten, lag aber offensichtlich nicht in der Intention Wolfs. Wenn wir nun die Dreiteiligkeit auf die Gewichtigkeit der vorliegenden Textstücke beziehen, so hat dies also den Sinn, zu mehr äußerer Ausgewogenheit beizutragen. Deshalb wird das Problem der Institutionen als „Ort der Bewährung des Glaubens in Verantwortung" als die voll entfaltete Frucht abgehoben von der theologisch-anthropologischen Grundlegung in den ersten neun Paragraphen. Hier wird deren sozialethischer Ertrag samt den rechtlich-organisatorischen Konsequenzen deutlich und exemplarisch herausgearbeitet.

Dieser Entscheidung folgte noch eine zweite: die Institutionentrias Ehe, Eigentum, Bund wurde in der letzten Fassung strenger systematisiert, während in früheren Fassungen Eigentum als Institution ganz eng mit Arbeit und Beruf zusammengesehen und verhandelt wurde. Damit war die Weite des Dominium terrae m. E. deutlicher unterstrichen als in der Letztfassung, in der Arbeit und Beruf ganz an das Ende, in den vorletzten Paragraphen unter der Überschrift „Beruf" geschoben wurden. Hier wird jetzt eine Umstellung vorgenommen und auch das biblische Eigentumsverständnis wieder in den Text zurückgeholt. Dabei ist in Kauf zu nehmen, daß nun die Institutionentrias ein wenig aufgerissen erscheint, was aber der Wolfschen Sicht des „Problemkreises" gemäß sein dürfte.

Eine weitere Umstellung betrifft den vorletzten Paragraphen (17). Der Text war von Wolf als vierter Exkurs thematisch der Institution des Bundes angegliedert, was jedoch die Exkurse überproportional ausweitete. Wolf hatte selbst in einer Bemerkung zu diesem Exkurs angefügt, daß er sachlich schon mitten in den nächsten Hauptteil hineinführt. So ergibt sich jetzt ein sinnvoller Duktus des III. Hauptteiles: Die Frage nach der rechten „politischen" Existenz der Christenheit wird in § 15 grundsätzlich theologisch behandelt und in den dann folgenden Paragraphen exemplarisch unter drei Gesichtspunkten entfaltet und aktualisiert: 1. Der politische Totalitarismus des zwanzigsten Jahrhunderts hat das Problem „Widerstand, Gewaltanwendung und Revolution" zu einer Grundfrage des durch den Glauben bestimmten Christenlebens gemacht (§ 16). 2. Die Verfassungsordnung des demokratischen Rechtsstaates erweist sich als zentrale Herausforderung unserer Lebenswirklichkeit und als Grundproblem theologischer Ethik (§ 17). 3. Das Verhältnis von „Neuinterpretation" und „Veränderung der Welt" ist eines der Grundthemen unserer Zeit. Es ist in den politischen Parolen allenthalben virulent. Wolf befragt es auf seinen christlichen Gehalt (§ 18). So bildet nun der Paragraph „Die Veränderung der Welt durch Christus und die Antwort des Menschen darauf" als offene Perspektive auf den Zusammenhang von Heilsgeschehen und Ethik und zugleich als die Rückbesinnung auf die eingangs in § 2 behandelte Wirklichkeit des neuen Menschen den Abschluß dieses Buches.

Die dem Manuskript von Wolf beigefügte bereits publizierte Abhandlung „Königsherrschaft Christi und zwei-Reiche-Lehre“ deckt sich sachlich mit verschiedenen Teilen des Manuskripts und wurde deshalb weggelassen.

Es besteht kein Zweifel, daß auf dem Gebiet der Sozialethik Wolfs wichtigster Arbeitsschwerpunkt im letzten Abschnitt seiner wissenschaftlichen Wirksamkeit lag. Hier verband sich strenge theologische Reflexion mit öffentlichem Engagement auf eine Weise, die für die nachfolgende Generation den Maßstab gesetzt hat. Ernst Wolf selbst hatte gezögert, die letzte Fassung seiner Vorlesung zum Druck freizugeben, nicht zuletzt deshalb, weil er Einzelstücke in vielfältig verstreuter Form bereits publiziert hatte. Gleichwohl wurden sie im Duktus der Vorlesung zu einem Ganzen. Wir sehen darin im wesentlichen sein wissenschaftliches Vermächtnis. Damit wird es zugleich zum sozialethischen Vermächtnis *der* Thologie, die seit 1919 fünfzig Jahre lang Theologie, Kirche, Ökumene und auch die allgemeine öffentliche Willensbildung, insbesondere in der Nachkriegszeit, stark mitgeprägt hat.

Ernst Wolf hatte in dieser Epoche evangelischer Theologie ganz bewußt eine kritische und zugleich verknüpfende, organisierende Funktion übernommen: kritisch durch die von der Sache her gebotene Mahnung vor Irrwegen und nicht selten durch herbe Abgrenzung; die verknüpfende Funktion liegt darin, daß er die vielfältigen theologischen Überlieferungen, aber auch die gegenwärtigen Arbeitsformen der Einzeldisziplinen auf ihre Verbindlichkeit und den gemeinsamen Aussagegehalt für das gegenwärtige christliche Zeugnis abtastete. Dies gelang nicht selten erst auf höchster Reflexionsstufe, auf der sich die Anstrengung des Begriffs mit dem gesamtchristlichen Zeugnis verbinden konnte. Die Texte Ernst Wolfs sind niemals leicht und auf Anhieb voll verständlich; er hat sich auch nicht aktualistisch um jede neue Zeitströmung gekümmert, sondern sich streng an das gehalten, was einer verbindlichen theologischen Verknüpfung zugänglich ist. Genauer gesagt: aus der christlichen Überlieferung und der christologisch gebundenen Willensbildung der Gemeinde ergeben sich für ihn zwingend die Prioritäten für das, was die Christenheit und die christliche Theologie heute angeht.

Um das umfangreiche Vorlesungsmanuskript druckfertig zu gestalten, bedurfte es einer schwierigen Durcharbeitung vor allem, um die zahlreichen Zitate und Literaturverweise einigermaßen zuverlässig zu dokumentieren. Im Text sind nur diejenigen Literaturverweise enthalten, die von Wolf selbst noch in irgendeiner Form herangezogen wurden. Dagegen wurde darauf verzichtet, neuere Literatur zu einzelnen Fragestellungen noch nachzutragen. Es lag gar nicht in seinem Interesse, einen vollständigen Überblick zu vermitteln, sondern zu jeder Frage die Grundschemata christlichen Denkens so präzise wie möglich zu benennen, um sie der Urteilsbildung zugänglich zu machen. Mit der jüngsten theologischen Situation hat Wolf sich hier weniger auseinandergesetzt als mit den Zeitgenossen der sog. „dialektischen Theologie". Darin liegt der hohe Wert dieses Werkes, daß Wolf die Früchte einer fünzig Jahre dauernden theologischen Arbeit erntet und zugleich den bitteren Beigeschmack vermittelt, den die inneren Spannungen dieser Generation auch hinterlassen.

Es wurde gar nicht erst der Versuch gemacht, den Text zu glätten, zu vervollständigen. Er bleibt so das lebendige Zeugnis dessen, der lange Jahre im Mittelpunkt der wissenschaftlichen Arbeit der evangelischen Theologie gestanden hat.

Ohne die aufopfernde, sorgfältige Arbeit von *Frau Dr. Dr. Frieda Wolf* und *Herrn Dr. Uvo A. Wolf* wäre das Manuskript wohl kaum zum Druck gekommen, ebensowenig ohne die Initiative von *Herrn Dr. Arndt Ruprecht*. Ihnen sei hier — ebenso wie den Verlagen, die verschiedene Teile zum Neudruck freigegeben haben — aufrichtiger Dank bezeugt.

Zum Inhalt

Die „Sozialethik" Ernst Wolfs ist Ausdruck der wissenschaftlichen Revolution, die mit dem Aufkommen der Theologie der Souveränität Gottes nach 1919 die gesamte Arbeit der evangelischen Theologie in Deutschland bestimmte.

In den Dimensionen Mensch-Welt-Gott, die zu durchdringen die wissenschaftliche Aufgabe der Theologie ist, wird mit ausschließlicher Bestimmtheit erklärt, daß es nur eine Möglichkeit zu gültiger Erkenntnis über den Menschen und gültiger Erkenntnis der menschlichen Position in der Welt gibt, nämlich, daß Gott redet und darin erkannt wird. „Die Rede Gottes aber heißt Christus" (16). Damit ist eine systematische Aufgabe benannt, die, wenn sie nicht in fundamentalistischen Buchstabenglauben, in historische Gesetzlichkeit, orthodoxe Entfremdung und Klerikalismus abgleiten wollte, eine Geistesgegenwart erheischt, die christlicher Theologie nur selten zuteil wird. Theologie wird nun im strengen Sinne als Voraussetzung aller Anthropologie und Ethik, die Offenbarung als Konstituens „für den sinnvollen Vollzug menschlicher Daseinsanalyse" behauptet (16).

Praktisch geleistet wurde dies durch einen gewaltigen Aufschwung exegetischer Forschung und biblischer Theologie ebenso wie durch eine Belebung der historischen Erforschung der Reformation und durch systematische Aneignung reformatorischer Theologie. Der sinnvolle Vollzug menschlicher Daseins- und Gegenwartsanalyse wurde erst nach und nach als theologische Aufgabe begriffen. Insbesondere stellte sich angesichts eines raschen sozialen Wandels und verheerender Deformationen der kollektiven, individuellen und strukturellen Antriebe zur Wahrnehmung der Weltverantwortung die Frage, welche Bedeutung die Analyse realter Weltverhältnisse und der Grundfaktoren der Qualität menschlichen Lebens in der Gegenwart für die dem Offenbarungswort inhärenten Weisungen hat und wie sich beides zum theologisch-ethischen Urteil verbindet. Ernst Wolf ist mit Karl Barth darin einig, daß der Bezugsrahmen und das Wirklichkeitsverständnis theologischer Ethik von der alles, also auch die Wirklichkeit des handelnden Menschen begründenden Wirklichkeit Gottes, auszugehen habe.

Aber während die Ethik, ebenso wie die Anthropologie und Ekklesiologie bei Barth ganz in die Dogmatik integriert sind und auch nicht mehr in geschlossener Form zur Darstellung kamen, kann Wolf Anthropologie und Ekklesiologie gleichsam methodisch kristallisieren um die drei Voraussetzungen reformatorischer Theologie, unter denen die Wirklichkeit der Bestimmung des Menschen durch Gott gekennzeichnet werden: das „hominem justificari fide“ — die „nova creatura in Christo“ — und die konkrete Wirklichkeit des Christenmenschen im Licht des „justus simul et peccator“.

Ernst Wolf trifft sich hier im Ansatz mit der Intention lutherischer Theologie und erweist die Vereinbarkeit lutherischer und reformierter, von Barth aufgearbeiteter Überlieferung. Dies wird möglich durch eine grundsätzliche Reflexion auf die reformatorische Distinktion von Gesetz und Evangelium, die gleichsam die methodische Achse dieses ethischen Entwurfs darstellt. Wird sie falsch eingesetzt, gerät auch alles andere in ein schiefes Licht: das Verständnis der Rechtfertigung, das Schriftverständnis, Freiheit und Gewissen, die rechte Christusverkündigung in Predigt und Seelsorge, das christliche Dasein unter der Predigt. Entscheidend aber wird diese, wie Luther sagt, „höchste Kunst in der Christenheit“ in allen Bereichen ethischer Konkretion, insbesondere in den Fragen, die von der Zwei-Regimenter-Theorie berührt werden. Wolf hält sich an die Formel Luthers „Evangelium facit ex lege paedagogum in Christum“ (83), um das unauflösliche Beieinander wie auch die Unterscheidung von Gesetz und Evangelium innerhalb der Evangeliums-Predigt zu erweisen. Zugleich kann er nachweisen, daß sich hier — auf dem Hintergrund der paulinischen Dialektik — keine Anhaltspunkte für konfessionsunterscheidende Lehren finden lassen.

Mit der gleichen Anstrengung, mit der in diesem Zentralpunkt die mannigfachen Unstimmigkeiten christlicher Überlieferung auf „ganz bestimmte und darum sehr einfach erscheinende Grundschemata“ (82) reduziert werden, bringt Wolf auch Klarheit in die um den genannten Drehpunkt gelagerten Sachverhalte.

Theologische Ethik ist unter der Wirklichkeit der Rechtfertigung theologische Anthropologie als Begründung der Wirklichkeit des neuen Menschen. Die Bewegung, die am Menschen, „mit" ihm geschieht, hat das Telos der „reformata et perfecta imago Dei". Damit wird der Skopus einer Sozialethik aus der Rechtfertigung bezeichnet. „Der Mensch *dieses* Lebens ist Stoff für Gott zum Leben seiner künftigen Gestalt mit dem ‚Ziel' der reformierten, wiederhergestellten und vollendeten Gottebenbildlichkeit" (19).

Die Dynamik der Wiedergeburt widerfährt dem ganzen Menschen als Ereignis verantwortlicher Entscheidung. Der wirkliche Mensch, Seele und Leib, als Mensch des Glaubens-Gehorsams wird zum Subjekt der Ethik, nicht allgemein der sittliche Mensch.

Ist eine Ethik des neuen Menschen „Sozialethik"?

Wolf beantwortet diese Frage nicht durch Rekurs auf die sozialen Wesenseigenschaften des Menschen oder eine Phänomenologie des Sozialen. Auch eine besondere Sicht in die Schöpfung oder die den Menschen eingestifteten Strukturen oder Eigenschaften kommt nicht in Frage. Aber er greift auf klassische Traditionen philosophischer Anthropologie zurück, wenn er Institutionalität, Sozialität und Rationalität als „spezifische Nenner für die existentialen Grundbedürftigkeiten des Menschen in seiner Menschwerdung" ansieht. Diese Trias kann so nicht selbständig entfaltet werden, sondern wird auf das Fundament theologischer Anthropologie bezogen, und das heißt, sie wird verdeutlicht am biblischen Zeugnis über das Insein in Bund, Partnerschaft, Gemeinde und in anderen Bezügen, die erst die Existenz des Menschen bedingen.

Wolf entfernt sich nicht einen Moment von der Definitionsformel der Reformation, er schreibt eine Sozialethik der Christenheit, deren Universalität nicht zunächst in der Allgemeinmenschlichkeit, sondern in der Universalität der Gnade Gottes gründet. Die Vermittlungsschwierigkeiten des „christlichen Tatzeugnisses" an die Allgemeinheit liegen in der Natur der Sache, sofern die Wirklichkeit der nova creatura in einer noch nicht erlösten Wirklichkeit bezeugt und vollzogen wird.

Innerhalb dieser Klammer kann Wolf gleichsam in sozialethischer Explikation theologischer Anthropologie zum Kernstück materialer Ethik vordringen. Das Problem der Institutionen teilt Wolf mit den Sozialwissenschaften, innerhalb welchen es zu den kontroversen Themen zählt. Ohne in diese Debatte, über der gelegentlich der Konservatismus-Verdacht liegt, einzutreten, wird die Institutionalität auf dem Hintergrund von Schöpfung und Erlösung abgeleitet aus der Dreigestaltigkeit des konstitutiven Gegenübers von Gott und Mensch, Mensch und Mensch und Mensch und Erde.

Von hier aus wird weiter verwiesen auf ein Dreifaches von exemplarischer Institutionalität: Bund, Mitmenschlichkeit, Dominium. Ihnen zugeordnet werden konkrete Institutionen als je fundamentaler Gestaltausdruck verwirklichter Institutionalität (175). Hierzu werden Ehe, Eigentum, Kirche im biblischen Bilde des Bundesvolkes und, in bestimmter Weise darauf bezogen, der Staat gerechnet. Auch sie werden erst durch Zuordnung gebietender, verbietender und gewährender Rechte zu konkreten Möglichkeiten menschlicher Daseinsgestaltung. Der sachliche und begriffliche Rahmen, in dem hier das Problem der nicht situationshaften Lebenszusammenhänge mit Dauercharakter, in denen es zugleich um die Verbindlichkeit und Sicherheit der Rechtsstrukturen geht, abgesteckt wird, gehört mit zum ganz spezifischen Beitrag, den Wolf zur Sozialethik geleistet hat.

„Institutionen sind soziale Daseinsstrukturen der geschaffenen Welt als Einladung Gottes zu ordnender und gestaltender Tat in der Freiheit des Glaubensgehorsams gegen sein Gebot“ (173). Auch hier geht es ihm nicht um theologische Originalität, sondern um das Zurechtbringen vielfältiger Überlieferungen im Lichte der fides justificans. Hier werden theologische Erfahrungen von Bonhoeffer und Barth einerseits und der Institutionenkommission der evangelischen Studiengemeinschaft andererseits produktiv weitergeführt, naturrechtliche und schöpfungstheologische Aporien werden ebenso vermieden wie der personalistische Aktualismus innerhalb der evangelischen Ethik.

Wolf hat sich bemüht, den Verantwortungsrahmen in der denkbar weitesten Form zu bestimmen, so daß er nicht nur die ökumenische Vorstellung der „verantwortlichen Gesellschaft“ integrieren konnte, sondern — unter den Leitbegriffen Bundesschluß und Widerstandsrecht — auch den Verantwortungsraum für unter Umständen notwendige revolutionäre Veränderungen unerträglicher Gesellschaftsverhältnisse genauer bezeichnete.

Da es, wie Barmen II konstatiert, „keine Bereiche unseres Lebens“ gibt, die wir unabhängig von „der Rechtfertigung und Heiligung durch Ihn“ begreifen sollen, wird in der Sozialethik Wolfs der Schluß implicit gezogen, daß innerhalb der Institutionalität des menschlichen Lebens alle gegenwärtigen und zukünftigen ethischen Aufgaben in der exemplarischen Institutionendreiheit Bund, Ehe, Eigentum eingeschlossen sind. Hier könnte sich die Konsequenz ergeben, daß grundsätzlich neue ethische Fragestellungen in einer von Wissenschaft und Technik bestimmten Welt sich dem verantwortlichen Zugriff entziehen. Das Problem sieht Wolf. Es stellt sich sogar in dem von ihm eng an das Eigentum angebundenen Thema „Arbeit“, von dem er sagt, ein Äquivalent zu dem Begriff der Arbeit, so wie wir ihn heute gebrauchen, sei in der Bibel nicht vorhanden (206).

Liegt in der Konzentration auf das, was „sehr viel deutlicher“ in der Bibel bezeugt ist, nicht eine Einschränkung der Wahrnehmungsfähigkeit der Christen im Blick auf ihren gegenwärtigen Auftrag? Eine solcher Art deduzierende und applizierende Ethik kann in die im Lichte von Schöpfung und Erlösung zu erkennende Situation hineinwirken. Schließt das aber aus, daß die wissenschaftliche Analyse realer Weltverhältnisse innerhalb des theologisch-ethischen Urteils Kriterien für die Entscheidung liefert?

Wolf hat sich mit dieser Problematik nur am Rande auseinandergesetzt. Hier lag offensichtlich nicht sein zentrales Problem. Er sah vor allem die Gefahr, daß sich aus bestimmten Einsichten in die normierende Kraft des empirisch Faktischen die „entscheidenden Kriterien" christlicher Sozialethik einstellen. Die „Gefahr gesetzlicher Fehldeutungen des geforderten Glaubensgehorsams" (304) sah er z. B. in „Prinzipien" wie dem Antikommunismus für ein christliches Sozialprogramm, dem Patriarchalismus für das Eigentumsverständnis, dem Monarchismus in der Staatsauffassung. Das Evangelium als Botschaft der „Revolution Gottes gegen alle Gottlosigkeit und Ungerechtigkeit des Menschen" (Barth) wird auch preisgegeben, „wenn eine als christlich sich ausgebende Ideologie der Revolution im Sinne permanenter Veränderung per se gerade das Evangelium den veränderten Verhältnissen anpassen will" (319). Im gleichen Zusammenhang stellt Wolf jedoch fest, daß Theologie und Kirche, die selber weltbezogen und gesellschaftsgeprägt existieren, „die empirische Wirklichkeit hermeneutisch als den Ort bedenken" müssen, an dem sie leben und an den sie gewiesen sind (ebd.). Die „hermeneutischen" Verfahren zur Gegenwartserkenntnis können nicht zweckfrei und in ihrer scheinbar wertfreien Struktur unreflektiert normierend ins Spiel gebracht werden, sondern sie bleiben dialektisch verbunden mit der „richtungsweisenden Konstanten", die das Handeln der Christenheit in einer sich wandelnden Welt leitet und die herauszuarbeiten in erster Linie die Aufgabe theologischer Ethik ist. Andernfalls bleiben Theologie und Kirche der Gesellschaft das ihnen anbefohlene Wort schuldig, „wenn sie in der empirischen Wirklichkeit die sachliche Begründung ihres Wesens und die inhaltliche Bestimmung ihres Auftrages finden wollen" (319). Jene Konstanten können durchaus zu einer notwendigen christlichen Bejahung von Revolution führen. Wolf selbst kommt hier zu der allgemeinen Feststellung: „Der christlichen Ethik ist heute primär Transformation der Gesellschaft geboten" (318). Es bleibt bei diesen mehr allgemeinen Feststellungen, auf deren ausführliche Begründung Wolf verzichtet. Offen bleibt dabei, wie mir scheint, sein Verständnis von Vernunft.

Die Vernunft wird eingebunden in den Glaubensgehorsam, ihm nachgeordnet, ohne daß geklärt wird, welche spezifischen Möglichkeiten die welterkennende, vom Glauben erleuchtete, in Röm 12,1 f. z. B. erläuterte Vernunft hat. Das Thema „Rationalität" als dem neben Sozialität und

Institutionalität besonders hervorgehobenen Element im Bereich theologischer Anthropologie (174) wird hier nicht selbständig entfaltet. Deshalb kann gerade an dieser Stelle Wolfs Ansatz gegenwärtig im Hinblick auf eine auch kontextanalytische Verfahren stärker berücksichtigende theologische Theorie sozialethischer Urteilsbildung erweitert werden. Für ein solches Verfahren, in dem die methodischen Schritte möglichst transparent gemacht und analytische, normative, hermeneutische Gesichtspunkte im Hinblick auf eine theologisch-ethische Urteilsbildung angesichts konkreter gegenwärtiger Herausforderungen so ins Spiel kommen, daß die Alternativen des Handelns jeweils mit sichtbar werden, liefert Wolf wertvollste Arbeit. Sie liegt in der sorgfältigen Klärung der normativen Faktoren im Kontext hermeneutischer Reflexion. Wolf selbst hat nun seinerseits davor gewarnt, ein theologisches Problemlösungsverhalten gleichsam abstrakt akademisch zu kultivieren.

Die Wirklichkeit der Gemeinde in der Welt ist dasjenige Medium, in dem die Rezeption der sozialethischen Weisungen der Bibel für die immer in Unordnung befindliche Welt erfolgt. In der Gemeinde ist die Verantwortung für die Welt beschlossen, indem und solange sie das Interesse Gottes an der Welt verfolgt. In dieser Hinsicht wird sie zugleich Wort- und Tatzeugnis für die verborgene wirkliche Königsherrschaft Christi. Zugleich wird sie auch zur Beunruhigung einer meist hoffnungslos mit sich selbst beschäftigten Gesellschaft und zu einer „richtungskonstanten Weisung“ für die Gestaltung der Lebensverhältnisse. Was dies konkret bedeutet, macht Wolf exemplarisch am Beispiel der konstitutionellen Demokratie klar, deren Prinzipien die Umsetzung der Prinzipien der Reformation darstellen. Die Gemeinde ist Medium solcher „Umsetzungen“, aber auch Medium der aktuellen Weisung, Klage oder Anklage, wobei der Konflikt zwischen Wehrdienst und Friedensdienst als exemplarischer Bereich der Bewährung für Kirche und Staat immer wieder herangezogen wird.

Daß die Kirche aus ihrer christlich verstandenen Vision der verantwortlichen Gesellschaft für den objektiven Verantwortungsraum des Einzelnen einzutreten hat, ist klar. „Daß dieser zum Beispiel im westdeutschen Wehrpflichtgesetz vom Sommer 1956 in der Formulierung des Paragraphen über die Kriegsdienstverweigerung — gegen den Ratschlag der EKD und gegen die Opposition — ausgeschaltet worden ist, ist für die evangelische Kirche im Grunde ebenso unerträglich, wie für den Staat, wie er sich im Grundgesetz umschreibt“ (161). Glaubenszeugnis und Tatzeugnis rücken so aneinander, daß im besonderen Fall auch an eine ethische Frage der Häresieverdacht geknüpft werden kann mit all den Konsequenzen, die sich für die Kommunikation daraus ergeben.

Da es um nichts Geringeres geht, als daß die Gemeinde die Wahrheit des biblischen Zeugnisses heute geltend macht, damit es konkret als Gottes Gebot vernehmbar ist, wird an die Rezeptionsfähigkeit und die „richtungweisende“ Kraft der Gemeinde die höchste Anforderung gestellt. Wolfs Ethik ist Koinonia-Ethik, wie die Paul Lehmanns (vgl. Ethik als Antwort. Methodik einer Koinonia-Ethik, 1966). Aber gegenüber dieser von „God's political activity“ bestimmten, im Medium der christlichen Gemeinde erkannten und nachvollzogenen Konzeption ist Wolf — ohne ausdrückliche Bezugnahme — dadurch verschieden, daß er einen Weg bevorzugt, der streng vorgezeichnet ist durch den Vorgang der Zeugnisvermittlung — und nicht der Geschichtsvermittlung: maßgebend sind die lebendige Kommunikation im geschichtlichen Leben der Gemeinden, sind die diesem Leben näherstehenden „Stimmen der Väter“, diese zurückbezogen auf das apostolische Zeugnis vom erhöhten Herrn und diese wiederum zurückverweisend auf das prophetische Christuszeugnis auch des Alten Testaments (137).

Es ist gar nicht verwunderlich, daß Wolf den Sonderformen politischer Theologie — der Revolution, der Befreiung, der Hoffnung — in vorsichtiger Zurückhaltung gegenübertrat. Wolfs Geschichtsverständnis — kurz vor seinem Tod noch einmal expliziert in der Thurneysen-Festschrift 1968 — ist am biblisch-augustinischen Gedanken der „peregrinatio“ orientiert. Dieses Verständnis verzichtet auf den theologischen „Nachweis der zum Reich Gottes führenden Straßen durch das Dickicht der historischen Gegebenheiten“, in dem am Ende auch noch die Planbarkeit der Geschichte und die von der Technik bewirkte Integration der Menscheitsgeschichte als Geschichtszeichen des neuen Äons begriffen werden (79). Demgegenüber sagt die Betonung der peregrinatio der Gläubigen in dieser Welt aus, daß Weltgeschichte und das Heil der Welt sich nicht unabhängig von der geoffenbarten und auch keiner Mehrung bedürftigen Wahrheit verhalten. In der interimistischen peregrinatio drückt sich die Dreiheit des Geschichtsverständnisses aus: Gott als Herr der Geschichte, die Fraglichkeit, die uns beunruhigend im Fragmentarischen unseres Handelns läßt und das Wagnis des jeweiligen Handelns, das innerhalb der Bedingungen des Bruchstückhaften stets neu zu neuem Handeln freisetzt. Geschichtstheologisch bleibt es beim Sinnvertrauen, das die mit dem Christendasein identische Pilgerschaft bestimmt: Hier ist der Blick auf das Nächste wichtiger als eine futurische oder gleichsam ins Reale gezogene eschatologische Geschichtsbetrachtung, die Wolf weder irgendwo anstellte noch theologisch legitimieren konnte.

Berlin, 1. August 1975 Theodor Strohm

§ 1 Theologische Ethik als Problem

Wo hat theologische Ethik ihren wissenschaftlichen Ort? Was ist ihr Wesen und ihre Aufgabe?

Die Besinnung darüber setzt m. E. sinnvollerweise *nicht* ein bei dem Versuch, die Antwort auf die Frage nach Wesen und Aufgabe theologischer Ethik zu gewinnen aus der *Abgrenzung* gegen verschiedene philosophische Ethiken, trotz dem formal gemeinsamen Versuch, das Ganze unserer menschlichen Wirklichkeit in der Wirklichkeit des Ganzen zu erhellen und wesensgerecht zu bestimmen.

Diese formale Gemeinsamkeit theologischer und philosophischer Ethik führt zunächst vor das Problem des Verhältnisses von Ontologie und Theologie, stellt die Frage nach dem Verhältnis von Ethik zu dem einen wie dem andern. Dabei meldet sich das ontologische Problem bereits bei dem Wort Ethik selbst.

Das griechische ἔϑος, eigentlich σξέϑος (vgl. lat. suetus, ahd. situ, nhd. sitte), „das sich zu eigen machen", Gewohnheit, Sitte, Brauch bzw. ἦϑος, gewohnter Sitz, Heimat, Weidegemeinschaft, Stall, Herkommen, Brauch, Gesinnung, Sittlichkeit, Verhaltensweise bezeichnet ein Elementardatum von Seins- oder Daseinserfahrung, die ihrerseits bezogen ist auf das Verhältnis zwischen objektiv gegebenem Sein in seiner Allgemeinheit und Leben, praktischem Können und Handeln. Eingeschlossen davon ist die Unterscheidung von „physis" und „thesis" und die Frage, ob und inwieweit der „nomos" des Seinsollenden eben von der „physis" bestimmt, eben „Natur-Gesetz" sei.

Ethik in ihrem klassischen philosophischen Sinn, so wie ihn besonders Aristoteles in seiner Nikomachischen Ethik entwickelt, sucht die Reflexion über das allgemein Einsichtige, Allgemeinverbindliche, Allgemeinmögliche in Ausrichtung auf die Praxis zu formulieren, diese also an der Ontologie als einer Gesamtschau der Wirklichkeit zu orientieren. Sie ist also, wie wir sagten, der Versuch, das Ganze unserer menschlichen Wirklichkeit in der Wirklichkeit des Ganzen zu erhellen und wesens- bzw. seinsgemäß zu bestimmen. Das gilt formal für theologische Ethik wie für philosophische Ethik, und darum wird man das Spezifikum theologischer Ethik nicht einfach durch irgendeine Abgrenzung gegen die philosophische Ethik ermitteln können.

Ein solcher Versuch könnte dazu führen, theologische Ethik nur als eine christliche *Modifikation* allgemeiner philosophischer Ethik zu verstehen oder als gedankliche Ausformung einer „christliche(n) Insel im profanen Dasein"[1] und mit beidem das Verstehen christlicher Existenz a limine zu verfehlen, sofern es im ersten Fall weltanschaulich säkularisiert wird, im zweiten Fall außer acht läßt, daß die Jünger Jesu Christi sich als Salz der Erde und Licht der Welt (das sie beides im Bezug auf die Welt *sind*, nicht *sein sollen*) zu bewähren haben.

Die Besinnung auf theologische Ethik als Problem hat ihren Ort vielmehr in einer Selbstbesinnung der Theologie, innerhalb selbstkritischer Nachfrage nach ihrem Auftrag und ihrer Aufgabe. Das zwingt aber durchaus nicht zu einer immanent christlichen Betrachtung der Probleme der Ethik, die dann ausschließlich auf den Christen bezogen, auf die Christen allein beschränkt werden. Vielmehr wird die Besinnung auf die Ethik innerhalb einer Selbstbesinnung der Theologie auf ihren Auftrag und auf ihre Aufgabe dazu führen können, für die Existenz des Christen in der Welt den missionarischen, den Zeugnisauftrag dieser Existenz herauszustellen und zu klären, inwiefern das christliche Werk die *Frucht* des christlichen Glaubens, das christliche Gesetz die Gestalt des Evangeliums, die christliche Ethik der „Imperativ des Indikativs der christlichen Dogmatik" ist[2].

Wir haben die beiden aus dem Bisherigen sich ergebenden Vorfragen

1. Theologische und philosophische Ethik in ihrem Verhältnis zueinander
2. Ethik und Dogmatik innerhalb der Theologie

noch etwas zu verdeutlichen.

Zunächst die Vorfrage nach dem Verhältnis zwischen philosophischer und theologischer Ethik, zwischen philosophia und theologia moralis. Wilhelm Herrmann hat sich in seiner Ethik zunächst bemüht, den „Begriff einer besonderen theologischen Ethik als unhaltbar aufzulösen"[3]. Er hat zwei Gründe. Erstens: „Christliche Ethik" würde die Vorstellung begünstigen, „daß die in ihr herrschenden sittlichen Gedanken nur solchen Menschen einleuchten könnten, die durch christliche Religion dazu vorbereitet wären". Sie würde ferner die „individuell bestimmte religiöse Erkenntnis" zur Voraussetzung der „allgemeingültigen sittlichen Erkenntnis" machen, während doch diese die Voraussetzung jener sei[4]. „Nur eine Sittlichkeit, die auf selbständiger Erkenntnis beruht und deshalb nichts weiter sein will als Dienst an der Gemeinschaft, also Selbstverleugnung, bringt die Menschen in die innere Verfassung, in der sie verstehen können, daß die Erscheinung Jesu Christi in dieser Welt, ihr Zusammentreffen mit ihm, eine Erlösung für sie ist."[5] Der Mensch kann „nur auf dem Wege der ihm selbst eigenen sittlichen Erkenntnis zu einer Religion kommen . . ., die mehr ist als ein Wünschen und Träumen".

[1] W. Trillhaas, Ethik, 1959, S. 4.
[2] K. Barth, Christliche Ethik, 1946, S. 15.
[3] W. Herrmann, Ethik, [5]1913, S. 1.
[4] Ebd.
[5] Ebd. Vorrede zur 1. Aufl.

Umgekehrt: „Eine Religion aber, die erst aus dem, was sie von Gott sagen zu können behauptet, eine unbedingte Verpflichtung oder das ‚du sollst' der sittlichen Erkenntnis ableiten wollte, wäre auf jeden Fall nicht christliche Religion."[6]

In anderer, zum Teil aber doch verwandter Weise wendet man sich heute gegen ein exklusives Verhältnis der christlichen bzw. theologischen zur philosophischen Ethik. Man ist zum einen der Meinung, theologische Ethik habe dasselbe Thema wie die philosophische, nämlich eben „die Frage des Menschseins. Ihre Frage lautet: Wie komme ich als Christ mit der Tatsache zurecht, daß ich ein Mensch bin wie andere Menschen auch?" Dieses Menschsein, das auch das Thema der theologischen Ethik ist, „hat schon vor der Taufe begonnen. Was bedeutet es, daß die Taufe zu diesem Leben hinzukommt, aber eben doch erst ‚hinzukommt'?" Ihre Problematik komme eben der christlichen Ethik auf weite Strecken „nicht aus dem Christsein des Christen" zu, sondern „aus dem Menschsein des Christen". Sodann zum andern: Eine „christliche Ethik" laufe Gefahr, „eine christliche Insel im profanen Dasein herzustellen" und so dem biblischen Universalismus zu widerstreiten. Sie sei „eigentlich nur vom Glauben aus einsehbar" und gerate darum „in Kommunikationsschwierigkeiten mit der anders begründeten Ethik", zumal dabei übersehen werde, daß die Thematik der Ethik „sich ja schlechterdings nicht aus dem Glauben, sondern aus unserer unmittelbaren Existenz selbst heraus gewinnen" lasse[7].

Zu diesen beiden Argumenten sind Bedenken anzumelden:

Zum zweiten: Der biblische Universalismus ist nicht die Allgemeinheit und das Allumfassende gemeinschaftlichen Daseins, sondern gründet in der Universalität der Gnade Gottes. Eine christliche Ethik muß Zeugnis gerade auch für diese Gnade sein. Und was die *Kommunikationsschwierigkeiten* anlangt, so sind diejenigen des christlichen Tatzeugnisses und seine Begründung aus dem Glauben nicht anders oder größer als die des Zeugnisses, der Verkündigung des Glaubens überhaupt und gehören zur Sache, die bezeugt werden soll und sich bezeugt.

Zum ersten: a) Das Einsetzen beim „Menschsein" schließt in sich die Neigung, die Ethik als deskriptive Ethik zu gestalten, als eine Phänomenologie des Sittlichen bzw. empiristisch als Analyse der seelischen und gesellschaftlichen Wirklichkeit des Menschen unter dem Gesichtswinkel des Sittlichen. In beiden Fällen wird das Ethos als menschliche Möglichkeit und Wirklichkeit, als ihm, dem Menschen, inhärierende Qualität, als ein dem Erkennen und Beschreiben zugänglicher menschlicher Sachverhalt gefaßt. Ferner: b) Die Gestaltung einer solchen Ethik verläuft dann auf der Linie des Naturrechtes oder einer „christlichen" Soziologie als

[6] Ebd. S. 2.

[7] W. Trillhaas, Art. Sittlichkeit I, RGG VI, [3]1962, Sp. 63.

Darstellung eines „christlichen“ Gesellschaftszustandes. Eben dabei zeigt sich aber die etwas fatale Konsequenz aus dem Ansatz, daß die Taufe zu dem vorgegebenen menschlichen Leben „hinzukomme“.

Fassen wir Ethik allgemein als Versuch einer „menschlichen *Antwort* auf die Frage nach der Würde, Richtigkeit und Güte des menschlichen Handelns“, dann ist bei der christlichen Ethik der Versuch dieser menschlichen Antwort bezogen auf Gottes Anruf, auf sein Gebot, und der Mensch solchen Antwortens ist der von Gott in seine Geschichte mit seinem Menschen hineingenommene, ist die durch Gottes Anruf „beim Namen genannte“ nova creatura, der „neue Mensch“. Er ist der von Gott zur Wirklichkeit seines Menschseins nach dem Bilde Christi, in die Nachfolge Christi und damit in die Mitarbeiterschaft an Gottes Werk der Versöhnung der Welt mit ihm Gerufene.

So denkt christliche Ethik *nach*, „was Gott dem Menschen hinsichtlich des menschlichen Handelns vorgedacht hat, und christliche Ethik sagt nach, was dem Menschen hinsichtlich seines Handelns vorgesagt ist“[8]. Christliche Ethik bezieht sich auf die „Geschichte“ zwischen Gott und dem Menschen, auf „die Geschichte von Jesus Christus, von Gottes Bund und Barmherzigkeit“. Und der Ruf in die Nachfolge ist Ruf auf den von Jesus Christus „eröffneten *Weg* nach einem menschlichen Leben in der von ihm gegebenen *Freiheit*“[9]. Darin ist dieser Ruf Aufruf zur Menschlichkeit, zur Menschwerdung des Menschen.

Von hieraus beantwortet sich nun die erste der beiden Vorfragen nach dem wissenschaftlichen Ort christlicher Ethik.

a) Das Verhältnis theologischer Ethik zur philosophischen, sowohl zu einer deskriptiven im Sinn einer Ontologie des Sittlichen oder einer Phänomenologie des menschlich-sittlichen Verhaltens, als auch zu einer normativen, die sich um für die Ethik konstitutive Grundsätze bemüht, die als „christliche“ Ethik dann etwa ein christliches Sozialprogramm entwerfen und so vor die Gefahr der Gesetzlichkeit und Werkgerechtigkeit führen würde — das Verhältnis der theologischen Ethik zur philosophischen, auch zu einer „christlich-philosophischen“, kann nur ein *kritisches* sein.

Als Versuch menschlichen Antwortens auf göttlichen Anruf wird christliche Ethik die Welt sonstiger menschlicher Antwortversuche nicht beiseiteschieben dürfen. Sie muß diese Welt vielmehr kritisch prüfen und darf, nachdem sie ihre Bedrohung durch die Wege menschlicher Selbstbehauptung und Selbstrechtfertigung vor und gegen Gott erkannt hat, Elemente sonstiger menschlicher Antwort auf die Frage nach Würde, Richtigkeit und Güte menschlichen Handelns in die Gestaltung ihrer Antwort, der Antwort christlicher Ethik, aufnehmen. Es bleibt durchaus

[8] Barth, Ethik, S. 6.

[9] Ebd. S. 8.

bei 1. Thess. 5, 21: „panta de dokimazete, to kalon katechete.“ „Die christliche Ethik geht durch diese ganze Welt der Moral hindurch, prüft alles und behält das Beste, nur das Beste, und das heißt eben das, wodurch Gottes Gnade jeweilen am besten gepriesen wird.“[10] Christliche Ethik ist darin zugleich kritische Ethik, daß sie um den Menschen im Widerspruch weiß, und die Personwirklichkeit in der Situation der Entscheidung, um den Entscheidungscharakter verantwortlicher Antwort im Widerstreit zwischen Selbstbehauptung und sittlicher Forderung. Christliche Ethik „ist nicht möglich als christliches Naturrecht, als christliche Soziologie, als ein System von Normen oder gültigen Sätzen an sich, sondern als existenzielle Bezeugung von Gottes Willen, aus dem wir im Glauben leben, in konkreter Geschichtlichkeit unserer Welt“, wie Brunstäd in einem Vortrag aus dem Jahre 1933 richtig fomuliert[11].

Wir wenden uns der anderen Vorfrage zu, nach dem *Verhältnis* von Ethik und Dogmatik innerhalb der „systematischen“ Theologie.

Seit der Orthodoxie, insbesondere seit der Epitome theologiae moralis des Georg Calixt (1634) gibt es eine Teilung der Disziplinen Dogmatik und Ethik, von Glaubens- und Sittenlehre. Sie hält sich bis Schleiermacher und über ihn hinaus durch und wirkt noch im Aufbau gegenwärtiger Vorlesungspläne nach. Aber sie ist im allgemeinen mehr „technischer“ Art. Das Schema: „Glaubenslehre handelt von dem, was der Christ glaubt, Sittenlehre handelt von dem, wie der Christ lebt“, ist relativ *harmlos*. Viel wichtiger ist die damit verbundene, hintergründige Frage nach dem Verhältnis von „Religion“ und „Moral“, das heißt: die Frage nach der prinzipiellen Rolle der Ethik innerhalb der Theologie und für sie, der Moral im Verhältnis zur Religion.

Wenn man festgestellt hat: „Die Welt erwartet in der gegenwärtigen Krise des Ethischen eine Hilfe von der christlichen Tradition, von der christlichen Kirche. Wenn die Theologie einen Beitrag dazu leisten kann, dann wird er nicht in einer ethischen Begründung der christlichen Wahrheit, sondern umgekehrt in einer theologischen Neubegründung der Ethik bestehen“[12] — dann ist auf ein konkretes, theologisch nicht unbedenkliches Verhältnis von Ethik und Dogmatik *heute* hingewiesen, auf ein Verhältnis, das die *Theologie im Grunde zur Anthropologie* werden läßt. Diese *Bedrohung* der Theologie taucht innerhalb der Theologiegeschichte des deutschen Protestantismus gleichsam zum drittenmal auf.

---

[10] Ebd. S. 11. Vgl. auch E. Jüngel, Erwägungen zur Grundlegung evangelischer Ethik im Anschluß an die Theologie des Paulus, ZThK 63, 1966, S. 379 ff.

[11] F. Brunstäd, Ist eine Sozialethik der Kirche möglich?, Gesammelte Aufsätze, 1957, S. 284.

[12] W. Pannenberg, Die Krise des Ethischen und die Theologie, ThLZ 87, 1962, S. 16. Vgl. auch ders., Wirkungen biblischer Gotteserkenntnis auf das abendländische Menschenbild, Studium Generale 1962.

Das *erste Hervortreten* finden wir im Rationalismus, der aus der Orthodoxie hervorgeht und in die Aufklärung mündet, sei es in die vorkritische, im wesentlichen intellektualistische, eudämonistische, moralische, die aus dem optimistischen Vorsehungsglauben und der ihm entsprechenden Anthropologie des wesenhaft „guten" Menschen bestimmte moralische Forderungen zum Zweck der vernünftigen Weltbemächtigung ableitet, sei es in die kritische Aufklärung, die in Kant zu ihrer Höhe kommt. Er zerstört den dem religiösen Intellektualismus entsprechenden moralischen Eudämonismus eines Handelns in Richtung auf Zwecke und fragt nach den apriorischen Voraussetzungen dafür, daß überhaupt Sittlichkeit möglich sei. Gut wird zum sittlichen Begriff erst in der Polarität zu Böse. Das löst den Begriff von jedem Zweck- oder Erfolgsartigen. Als unbedingt gut läßt Kant bekanntlich nur den guten Willen gelten. Dessen Gutheit wird aber nicht durch sein Ziel bestimmt, sondern durch sein Prinzip, das heißt: „Gut ist der Wille, dessen Bestimmungsgrund die Pflicht ist." So führt die transzendentale Deduktion zum Pflichtbegriff als der apriorischen Kategorie der Sittlichkeit. An diesem Punkt hat Kant bei der weiteren Frage, was denn Pflicht sei, allerdings den kritischen Weg verlassen und sich dem normativen zugewendet; hier beginnt sein rationalistischer Moralismus; hier wird aber zugleich auch noch einmal beim Aufzeigen des ethischen Ideals der Eudämonismus abgewiesen. Vom Begriff des Bösen aus wird dann auch der Optimismus der Aufklärung, der nur ein Nicht-Gutes kennt, erledigt.

Kants Schrift über die „Religion innerhalb der Grenzen der bloßen Vernunft" (1793) soll das religionsphilosophische Ergebnis der kritischen Hauptschriften auf die Offenbarungsreligion des Christentums anwenden und gewissermaßen erproben.

Kant scheidet zwei Formen der Religion: Die Religion der *Gunstbewerbung* und die Religion des *guten Lebenswandels*[13]. Nur von dieser zweiten läßt sich handeln. So wird Religion definiert als „die Erkenntnis aller unserer Pflichten als göttlicher Gebote". Das kann in doppelter Weise geschehen: „diejenige, in welcher ich *vorher* wissen muß, daß etwas ein göttliches Gebot sei, um es als meine Pflicht anzuerkennen, ist die geoffenbarte Religion; dagegen diejenige, in der ich *zuvor* wissen muß, daß etwas Pflicht sei, ehe ich es für ein göttliches Gebot anerkennen kann, ist die natürliche Religion."[14] Das ist Kants Religion. Sie ist — wie man allgemein urteilt — auf die Moral gegründet; man wird hier freilich etwas vorsichtiger sein müssen. Sofern Gott und Unsterblichkeit Postulate der praktischen Vernunft sind, aufgestellt im Blick auf die auf Erden nicht mögliche Synthese der beiden widerstreitenden Bedingun-

[13] I. Kant, Religion innerhalb der Grenzen der reinen Vernunft, hg. von K. Vorländer, ^{4}1919, S. 61.

[14] Ebd. S. 231.

gen des moralischen Handelns, Tugend und Glückseligkeit, macht sich in der Tat ein Primat der praktischen Vernunft auch in der Religionsbegründung geltend; aber er ist nur Primat. Die religiöse Frage ist praktisch und theoretisch zugleich. „Glaube . . . ist die moralische Denkungsart der Vernunft im Fürwahrhalten desjenigen, was für die theoretische Erkenntnis unzulänglich."[15] Im Glauben mischen sich das theoretische und das praktische Element. Er ist theoretisch unzureichendes Fürwahrhalten, bei dem das praktische Element entweder gerichtet ist auf zufällige Zwecke der Geschicklichkeit oder auf notwendige Zwecke der Sittlichkeit. So gibt es pragmatischen und moralischen Glauben und als dritten, der Form nach mit jenem, dem Gegenstand nach mit diesem verbunden, doktrinalen Glauben. Auf dem doktrinalen Glauben ruht die Physiko-Theologie. Die Zweckbetrachtung des Universums leitet hin zu einem obersten zwecksetzenden Verstand. Doch das bleibt Annahme, Folgerung, ohne daß über das Dasein dieses Wesens sich etwas ausmachen oder auch nur die andere Möglichkeit sich forträumen ließe, daß die Zweckmäßigkeit in der Natur selbst angelegt sei. In diese Theologie läuft die Kritik der Urteilskraft als in ihr metaphysisches Ziel aus.

Von den hier vorhandenen Schwierigkeiten der theoretischen Spekulation frei und darum auch gesicherter ist die „Moral"-Theologie. Im Rahmen der Kritik der praktischen Vernunft hat sie das Ideal des höchsten Gutes zum Gegenstand. Es gehört zur intelligiblen Welt. Als intelligible, also frei von Sinnlichkeit und dem Streit zwischen Pflicht und Neigung, ist die moralische Welt Gegenstand der reinen Vernunft im praktischen Gebrauch und damit zugleich Gegenstand des Glaubens. Denn auf die praktische Vernunft ist das metaphysische Problem abgewälzt; die theoretische Vernunft dringt nur soweit, daß sie die Annahme einer intelligiblen Welt als notwendige Voraussetzung für die Erkenntnis erweist; ferner bestimmt sie die intelligible Welt, zu der wir um der Vernunft willen gehören, da sie nicht in Erscheinung tritt, als eine für uns künftige. Auf sie richtet sich die Hoffnung. Aber das Hoffen ist praktisch und theoretisch; und so steht auch am Ende der Kritik der reinen (theoretischen) Vernunft das metaphysisch-religiöse Ideal. Das Praktische führt „nur als ein Leitfaden zur Beantwortung der theoretischen, und, wenn diese hoch geht, speculativen Frage"[16]. Der religiöse Inhalt bleibt durchaus Gegenstand einer theoretischen Auffassung, wenngleich das Praktische an der Antwort den Hauptanteil hat. Die Aufgabe der letzten Synthesis — nämlich von Freiheit und Naturnotwendigkeit — soll hier gelöst werden. Es sollen sich theoretische und praktische Vernunft vollständig versöhnen, nicht als praktische Vernunft, auch nicht als theoretische, sondern

[15] Vgl. M. Wundt, Kant als Metaphysiker, 1924, S. 371.

[16] Ebd. S. 454.

in einem Vermögen, das mit dem theoretischen als „Fürwahrhalten“ verbunden ist, das sich aber als praktisches ausweist, sofern es ein moralisches Bedürfnis zu befriedigen hat. Das ist „reiner Vernunftglaube“, ein theoretisch-praktisches Vermögen. Kant löst also die Religion nicht in Moralität auf, wenn er auch dicht an die Grenze kommt, aber die Moral wird bestimmendes Vorzeichen der Religion.

Das *zweite Hervortreten* der anthropologischen Bedrohung der Theologie hat seine Grundlage im *Neukantianismus*. Sein Repräsentant ist wesentlich mehr W. Herrmann als A. Ritschl. Hier wird die ethische Begründung der Theologie im Anschluß an Kant versucht, was zu einer „ethizistischen Engführung der dogmatischen Methode“ drängt[17]. Die Theologie wird von aller Beziehung zum Welterkennen gelöst und damit im Zeitalter der dominierenden Naturwissenschaft von allen positivistischen Angriffen auf ihre traditionelle Metaphysik befreit. Der Beweis für die Religion wird ausschließlich auf dem Boden des sittlichen, nicht mehr des theoretischen Bewußtseins geführt. „Wenn nicht der religiöse Glaube im Ganzen sich als Form des geistigen Lebens, welche der sittlichen Persönlichkeit entspricht, legitimieren kann, so ist ein dogmatischer Beweis desselben unmöglich.“[18] Religion ist aber nicht Produkt des sittlichen Bewußtseins, sondern dessen Bedingung, und zwar als Bedingung des konkreten sittlichen Lebensvollzugs, nicht der Geltung der ethischen Forderung, selbständig begründet in der mit dem „Menschen Jesus in seinem Lebenswerke“[19] gegebenen geschichtlichen Offenbarung. Der „Offenbarungscharakter Christi“ aber manifestiert sich in seiner „sittlichen Majestät ... in ihrer unlösbaren Verbindung mit seiner vergebenden Liebe gegen uns“[20]. Da nun das Verständnis dieser Offenbarungsbedeutung Jesu „an die bewußte Regsamkeit des sittlichen Bewußtseins gebunden“ ist[21], ist die Theologie bei W. Herrmann auf das Ethische begründet. Herrmanns Hauptwerk, „Der Verkehr des Christen mit Gott“ (1886) ebenso wie die Ablehnung einer besonderen „christlichen Ethik“ in seiner Ethik (^{5}1913) wiederholen den Grundgedanken, daß die „sittliche Haltung des Menschen“ die „Voraussetzung für den religiösen Akt“ ist[22], wobei sittliche Haltung bedeutet: „die Anerkennung, daß *alles* in ihm (dem Menschen), sich dem Guten beugen soll.“ Es kann also nach Herrmann „sich uns nur ein Gott offenbaren, der sich uns in unserem sittlichen Kampfe als die Macht erweist, der wir innerlich wirklich unterworfen werden. Das gewährt uns die Offenbarung Gottes in Jesus Christus“[23].

---

[17] Vgl. W. Herrmann, Die Religion im Verhältnis zum Welterkennen und zur Sittlichkeit. Eine Grundlegung der systematischen Theologie, 1879.

[18] Ebd. S. 275 f. [19] Ebd. S. 390. [20] Ebd. S. 397. [21] Ebd. S. 432.

[22] W. Herrmann, Der Verkehr des Christen mit Gott, ^{5}1908, S. 169.

[23] Ebd. S. 50.

Das *dritte Hervortreten* anthropologischer Bedrohung der Theologie scheint auf den mehr untergründigen Nachwirkungen Herrmanns bei R. Bultmann, modifiziert bei Gogarten, wieder anders gestaltet bei E. Fuchs und bei G. Ebeling, zu erfolgen, während ein anderer Herrmann-Schüler, K. Barth, diese Überordnung der Ethik über die Dogmatik ablehnt. Bei ihr kommt es zu eigentümlichen Berufungen auf die reformatorische Lehre von Gesetz und Evangelium und auf eine bestimmte Analyse der geschichtlichen Existenz auf das „Vorverständnis" des Evangeliums hin.

Barth stellt fest: „... die Dogmatik selbst und die ganze Theologie wurde [bei Herrmann] angewandte Anthropologie. Ihr Kriterium war nicht mehr das Wort Gottes, sondern die ihre Frage nach der Güte des Christenstandes beherrschende, abseits von der Offenbarung gesuchte und gefundene Idee des Guten, das Wort Gottes aber nur noch, sofern es als das geschichtliche Medium und Vehikel dieser Idee verständlich zu machen war."[24] Bultmann übt zwar Kritik an Herrmanns Bezugnahme auf das „innere Leben Jesu", den historischen Jesus und setzt dafür das Wort der Verkündigung, das Kerygma, das Evangelium ein, aber auch er sagt: „Das Evangelium setzt das Gesetz voraus, das mit meiner geschichtlichen Existenz gegeben ist"[25] und dessen Wirksamkeit „ein Vorverständnis für Sünde und Vergebung"[26] begründet, obwohl erst das Wort der Verkündigung die Wirklichkeit unseres Lebens unter dem Gesetz „aufdeckt"[27].

Gogartens Personalismus läßt den Hintergrund des Herrmannschen Ethizismus stark verdeckt verspüren, wenn er „die Geschichte Christi als unsere und unsere Geschichte als die Christi"[28] versteht.

Viel deutlicher kehrt die Konzeption Herrmanns bei Ebeling wieder: „Die Theologie kann sich in dem, was sie zu sagen hat, nicht anders verständlich machen, als indem sie den Menschen in der ethischen Wirklichkeit aufsucht und trifft, in der er sich befindet." Das Evangelium nämlich, die eigentliche Sache der Theologie, „ist aussagbar allein in Relation zur lex. Denn das Evangelium erweist sich als Evangelium allein an der lex, so nämlich, daß es nicht beziehungslos zur lex hinzutritt, sondern befreiend auf die lex eingeht"[29].

Es geht hier um reformatorisches, nicht um paulinisch-heilsgeschichtliches Gesetzes-Verständnis!

Daß das im Gewissen sprechende Gesetz — zumindest indirekt — den Wahrheitsbeweis für den Inhalt der Theologie zu liefern hat, ist Erbe

---

24 K. Barth, Kirchliche Dogmatik I/2, S. 875.
25 R. Bultmann, Zur Frage der Christologie, Glauben und Verstehen I, 1951, S. 109.
26 Ebd. S. 161. 27 Ebd. S. 110.
28 F. Gogarten, Theologie und Geschichte, ZThK 50, 1953, S. 390.
29 G. Ebeling, Die Evidenz des Ethischen und die Theologie, ZThK 57, 1960, S. 328.

der Erweckungstheologie und weist zurück auf pietistische bzw. aufklärerische Konzeption des Gewissens.

Zugleich wird an dieser Stelle das Bedenkliche einer solchen Verselbständigung des Ethischen und seiner Zuordnung zur Theologie deutlich: Fragt man nach dem Inhalt des Gewissens, dann gelangt man unausweichlich vor die Erkenntnis der historischen Relativität des Ethischen. Die idealistische Anthropologie hat mit ihrer Idee des intelligiblen Menschen (Kant) oder der Bestimmung des Menschen (Fichte) sich diese Relativität durch Postulate verdeckt. Es ging hier nicht, wie bei Herrmann, um das ethische Bewußtsein, das Maßstab für die Wahrheit des Christentums sein soll. Auch die Situationsanalyse vermag nicht, wie es Ebeling unternimmt, zur „Evidenz des Ethischen" zu führen, die dann den Satz tragen könnte, die Theologie könne „sich in dem, was sie zu sagen hat, nicht anders verständlich machen, als indem sie den Menschen in der ethischen Wirklichkeit aufsucht und trifft, in der er sich befindet"[30]. Diese ethische Wirklichkeit wird für ihn — meint Ebeling — evident am „Anspruch des Notleidenden"[31]. Der „wahre und einzig ernst zu nehmende Antrieb zu ethischer Besinnung ist . . . der bereits verletzte Mitmensch, der schon immer Erniedrigte und Beleidigte . . . Der Evidenz immer schon beeinträchtigter Mitmenschlichkeit entspricht darum der Ansatz bei der Nötigung als Ruf zur Nächstenliebe"[32].

Die Nächstenliebe, deren Entfaltung im Sinne des *Zurechtbringens* dann materiell die Ethik ausmacht, folgt hier aus der Einsicht in die Situation des Nächsten als beeinträchtigte Mitmenschlichkeit. Aber wird die Not des Mitmenschen überhaupt und allgemein *so* entdeckt, daß sie zum allgemein verbindlichen Ruf zur Nächstenliebe werden kann? Ist die Situation des Mitmenschen — auch jenseits gesellschaftlicher Konvention — *so* eindeutig? Das heißt: Ist sie *in sich* ethisch eindeutig? Oder gewinnt sie nicht vielmehr ihre ethische Relevanz erst von den sich ethisch Entscheidenden her? Wird die Nächstenschaft nicht vielmehr, wie das Gleichnis vom barmherzigen Samariter aufdeckt, dadurch hergestellt, daß man durch die freie Tat der Liebe in die Nächstenschaft gestellt zu jemandes Nächstem wird und darin sich jeweils den Nächsten „schafft"?

Nur bei der Anerkennung *dieses* Verhältnisses zwischen ethischer Entscheidung und Wirklichkeit der Situation wird die auf alle Fälle immer wieder festzustellende Spannung der Normen zur Wirklichkeit sinnvoll begreifbar. Die Situation des Mitmenschen fordert zu Akten der Liebe nur dann heraus, wenn die Liebe bereits auf dem Plan ist! Das heißt: „Es ergibt sich, daß aus der Situation, auch aus der mitmenschlichen Situation, keine allgemein gültige Evidenz des Ethischen zu gewinnen ist.

[30] Ebd. S. 328. [31] Ebd. S. 337 f. [32] Ebd. S. 336.

Nur wer in christlicher Überlieferung lebt, wird in der Liebe zum Menschen als solchem den unter allen Umständen höchsten Wert seines Verhaltens erblicken, gleich, ob der Mitmensch Jude oder Nichtjude, Arbeiter oder Kapitalist ist.

Für andere Sehweisen macht es einen gewaltigen Unterschied bei der Beurteilung einer Situation, welcher Menschengruppe der andere, um den es sich handelt, zugehört. Diese Relativität der ethischen Gehalte ist auf dem Boden des Ethischen selbst nicht zu überwinden. Sie äußert sich ja darin, daß entsetzliche Taten häufig mit subjektiv gutem Gewissen verübt werden. Darum kann die Relativität der ethischen Gehalte nur von umfassenderen Ansätzen her überwunden werden. Jede bloße Ethik ist heute unverbindlich geworden. Verbindlichkeit gewinnt das Ethos nur aus dem Ganzen des Daseinsverständnisses, sofern sich daraus ein bestimmtes ethisches Verhalten sinnvoll ergibt."[33] Das heißt aber, daß die Wahrheit der christlichen Botschaft, die das Gesamtverständnis menschlichen Daseins vor Gott in der Welt erhellt, *Voraussetzung* des christlichen ethischen Bewußtseins sein muß, daß sich also Dogmatik und Ethik zueinander verhalten wie Rechtfertigung und Heiligung, „ungetrennt und unvermischt". Heiligung hat nach reformatorischem Verständnis die Rechtfertigung als Widerfahrnis zur Voraussetzung und das Dasein unter den Nöten dieser Welt zur Bedingung — im Gegensatz zum katholischen Verständnis des Rechtfertigungsgeschehens als identisch mit einem progressiven Heiligungsprozeß. (Dementsprechend kann Theologie hier weithin als wissenschaftliche Behandlung der Funktion der heilsanstaltlichen Kirche, der ihr anvertrauten Heilsmittel betrieben und mit einer im Grunde religionsphilosophisch-spekulativen Theo-Logie als Fundament der Heilsontologie verbunden werden.) — Jenes Verhältnis von Dogmatik und Ethik schließt zugleich aus, daß die Theologie die Wirklichkeit dessen, „wovon sie zu reden hat, ... aus seiner ethischen Relevanz oder gar an einem schon vorauszusetzenden ethischen Maßstab erweisen" könne[34]. „Aus der Bewährung des Evangeliums am Gesetz", an der „auf selbständiger Erkenntnis" beruhenden *Sittlichkeit*, am „*Vorverständnis*" in existentialer Interpretation, „den dogmatischen Beweis für die Wirklichkeit Gottes und seiner Offenbarung in Christus zu führen, wie Herrmann es wollte, das lag der Reformation noch ganz fern. Eine derartige Notwendigkeit bestand im 16. Jahrhundert noch nicht, weil die von der Bibel bezeugte Wirklichkeit Gottes und die Geschichte seiner Offenbarung in Israel und Jesus Christus noch die undiskutierte Voraussetzung der eigentlich reformatorischen Thematik war"[35].

Diese Voraussetzung ist heute in der Tat problematisch geworden, sie gilt, wie zum Beispiel H. Braun in seinem Aufsatz über „Die Problema-

---

[33] Pannenberg, Krise, S. 13 f. [34] Ebd. S. 14. [35] Ebd. S. 15.

tik einer Theologie des Neuen Testaments", erklärt, als „naiv", als „weltanschaulich-religiöse Vorgabe", die wir heute nicht mehr zu leisten vermögen, zumal auch das Neue Testament ein „objektiv-gegenständliches Denken über Gott und Welt" hinter sich lasse[36]. Es geht darum, das „Endheil" von den Höhen „einer metaphysischen sog. Welt Gottes" herabzuholen und „auf den profanen Boden echter Mitmenschlichkeit" zu stellen[37], *in* der dann „das Heil Gottes zu finden" ist. Das heißt — wörtlich —: „Gott wäre dann eine bestimmte Art der Mitmenschlichkeit"[38], und zwar als „der Ausdruck für das Phänomen des gewissensmäßigen, getrosten, überzeugten Handeln-könnens"[39] zwischen dem Widerfahrnis eines „Ich darf" und einem „Ich soll", zwischen „Geborgenheit und Pflicht", wobei das „Ich darf" als Widerfahrnis „christologisch gesprochen", das ist, was mit „Glauben an Jesus" gemeint ist. „Das hieße dann aber: der Mensch als Mensch, der Mensch in seiner Mitmenschlichkeit, impliziert Gott."[40] Denn wir können die Voraussetzung der „Existenz einer Gottheit" nicht mehr machen, sind vielmehr zu einem nicht-gegenständlichen Reden von Gott gefordert. „Gott" wird zum nachträglichen „Ausdruck" für das zunächst in sich selbst Gültige und Überführende der nicht objektivierbaren Existenz in Mitmenschlichkeit.

Dieser Versuch, von dem nicht mehr haltbaren Gedanken einer „Existenz Gottes an sich", von einer nicht mehr nachvollziehbaren Vorgabe weltanschaulich-religiöser Art loszukommen, stürzt unversehens die Theologie in eine in der Konsequenz atheistische Anthropologie, die mit den Aussagen des Neuen Testaments nur insofern etwas anfangen kann, sofern sie in ihm findet, was wir auch in und bei uns selbst finden können, also die Bestätigung existentialer Selbstauslegung des Menschen. Aber die Menschen des Neuen Testaments sagen nicht nur etwas ihnen Widerfahrenes *aus* — das tut auch ein religiöser Lyriker —, sondern sie verkündigen das ihnen Widerfahrene an andere, um es ihnen, dazu beauftragt und ermächtigt, als Heilsbotschaft so zu bringen, daß sie zur Entscheidung herausgefordert werden. Das heißt: Sie verkündigen mit dem Zeugnis von ihrem Widerfahrnis das *Wort Gottes*, ihre Aussage ist aufgetragene Verkündigung, Proklamation des Herrschaftsanspruchs Gottes.

Braun sagt: „der Atheist verfehlt den Menschen"; er sagt es im Blick auf den heutigen Partner. Aber er muß zugleich daran zweifeln, *ob* es diesen Atheisten überhaupt gebe, denn in der „Verklammerung zwischen dem ‚Ich darf' und ‚Ich soll'" steht ja unentrinnbar auch er, der Atheist, sofern er in der Mitmenschlichkeit steht. Und in der Ablehnung

[36] H. Braun, Die Problematik einer Theologie des NT, 1961, S. 12.
[37] Ebd. S. 14.
[38] Ebd. S. 18.
[39] Ebd. S. 15.
[40] Ebd. S. 18.

der „Gegenständlichkeit“ Gottes steht er mit Braun auf derselben Seite. Wieso sollte dieser Zeitgenosse nach dem Anhören solcher Interpretation des Neuen Testaments sich genötigt sehen, von seinem Atheismus, von seiner Reserve gegenüber dem Wort „Gott“, von seiner Behauptung einer Entbehrlichkeit und Ersetzbarkeit dieses Wortes durch innermenschliche Begriffe abzugehen?

Der Begriff der Mitmenschlichkeit ist im besonderen von K. Barth in die theologische Begrifflichkeit eingeführt worden. Aber er wird bei Barth streng christologisch aus der Mitmenschlichkeit Gottes entwickelt, kritisch gegenüber jedem durch existentiale Analyse gewonnenem Selbstverständnis des Menschen. Die Antwort auf die Frage des Menschen nach seinem Wesen enthüllt sich im ecce homo, am Kreuz. Hier, und nur hier, wird dem Menschen gesagt, was es um ihn ist und was er nach dem Willen Gottes sein soll, wie er durch Gottes Kondeszendenz in Jesus Christus „zurechtgebracht“ wird. Es bedarf zur Bestimmung des menschlichen Dranseins des Rückgriffs auf Gottes Wort.

Das heißt aber — und das ist das Ergebnis aus diesem Überblick über die bisher verfolgte Hereinholung der Dogmatik in die Ethik, des Versuchs, die theologische Wahrheit anthropologisch zu begründen —, „Ethik als theologische Disziplin ist die methodische Besinnung auf Gottes Offenbarung als Berufung des Menschen zum Handeln“, und zwar „a) als Gebot und b) als Begründung menschlichen Gehorsams“[41]. Damit sind zugleich die beiden ersten Grundprobleme theologischer Ethik signalisiert: 1. das Problem des neuen Menschen, 2. das Problem des Gebotes Gottes.

Damit findet auch die andere Vorfrage nach dem Verhältnis von Ethik und Dogmatik ihre erste Antwort. Diese Frage ist ja immer wieder diskutiert worden und hat namentlich in jüngster Zeit immer deutlicher dazu geführt, daß man ein Neben- oder Nacheinander von Glauben und Handeln ablehnt. Diese Einstellung, die zum Teil in der Orthodoxie eine Rolle spielte, hat sich als irrig erwiesen. Es kann sich aber auch nicht, wie das in grandioser Weise bei Schleiermacher begegnet, um eine Vorordnung der Ethik als Voraussetzung für eine als Religionsphilosophie entworfene Glaubenslehre handeln, sondern das Verhältnis von Ethik und Dogmatik wird bestimmt durch den Satz, daß das christliche Werk die *Frucht* des christlichen *Glaubens*, daß das christliche Gesetz die *Gestalt* des *Evangeliums*, daß die christliche Ethik der „*Imperativ* des *Indikativs* der christlichen Dogmatik“ ist[42]. Jede Trennung zwischen Dogmatik und Ethik wäre hier „tödlich“. In der Tat nennt 2. Kor. 5, 19 f. gleichsam die „Summe“ christlicher Ethik: „Denn Gott war in Christus und versöhnte die Welt mit ihm selber und rechnete ihnen die Sünde

[41] P. Althaus, Grundriß der Ethik, ²1953, S. 11.
[42] Barth, Ethik, S. 15.

nicht zu und hat unter uns aufgerichtet das Wort von der Versöhnung. So sind wir nun Botschafter an Christi Statt, denn Gott ermahnt durch uns; so bitten wir nun an Christi Statt: lasset euch versöhnen mit Gott."

Zu den beiden bisher erörterten Fragen dieses Paragraphen:

1. nach dem Verhältnis von theologischer und philosophischer Ethik zueinander bzw. danach, ob sinnvollerweise von einer „besonderen" theologischen Ethik gesprochen werden dürfe, und
2. nach dem Verhältnis von Dogmatik und Ethik

tritt herkömmlicherweise noch die

3. nach der Erlaubtheit bzw. Notwendigkeit einer Unterscheidung und Nebenordnung von Individual- und Sozialethik, nach einer Ethik, die den Einzelnen für sich, unter Umständen vor Gott im Blick hat (zumal Gottes Anruf dem Einzelnen gilt: „Ich habe dich bei deinem Namen gerufen. Du bist mein.") und *dann* nach einer Ethik, die den Einzelnen in der Gesellschaft vor Augen hat.

Fr. Brunstäd hat in seinem Vortrag von 1933[43] mit Recht behauptet: „Daß alle Ethik eigentlich und in ihrer Wahrheit das ist, was wir mit Sozialethik meinen, das ist eine von den verschiedensten Seiten gewonnene unwidersprechliche und unaufgebbare theologische Erkenntnis der Gegenwart." Und er hätte daran erinnern können, daß das erste „Kompendium" einer reformatorischen Ethik, nämlich Luthers Traktat „De libertate christiana (1520) „Sozialethik" darstellt. Versteht man unter Ethik den „Versuch einer menschlichen Antwort auf die Frage nach der Würde, Richtigkeit und Güte menschlichen Handelns"[44], wobei freilich das Handeln sehr weit, nämlich auch als Sich-Verhalten, also auch als die passio einschließend, begriffen werden muß, oder als die „Frage nach der steten Menschwerdung des Menschen"[45], dann rückt der Mensch als Mensch in die Mitte solchen Fragens und Antwortens. Der Mensch aber wird als Mensch formal bestimmt als das zur Verantwortung gerufene, der Verantwortung fähige Wesen, das unter Anforderung und in Verbundenheit in deren unauflöslichem Zueinander und Miteinander existiert, darin Person ist. Personalität und Sozialität bedingen einander: der Mensch ist Mensch allein in der Mitmenschlichkeit. Ethik als die Frage nach dem rechten Menschsein des Menschen, nach seiner Personwerdung, ist stets zugleich die Frage nach seiner Gemeinschaftlichkeit. Darum ist Ethik überhaupt Sozialethik.

Auf dasselbe wird man hingewiesen, wenn man Ethik definiert als „Erkenntnis vom Ethos, vom Sittlichen, von der Gerechtigkeit"[46], denn

[43] Brunstäd, Aufsätze, S. 277 f.

[44] Barth, Ethik, S. 45.

[45] Trillhaas, Ethik, S. 13.

[46] Brunstäd, Aufsätze, S. 278. Von den neueren theologischen Entwürfen einer Sozialethik sei auf Paul Lehmann, Ethik als Antwort – Methodik einer Koinonia-Ethik, deutsch 1966, verwiesen.

diese drei Begriffe sind alle Sozialbegriffe und dienen darum zugleich auch der Umschreibung von „Person". Die dann und wann vorgenommene Trennung der Ethik in Individual- und Sozialethik verwechselt den Unterschied zwischen Begründung und Gestaltung des Ethos in der Wirklichkeit geschöpflichen Daseins mit der Abgrenzung zweier Bereiche ethischen Handelns. Oder reformatorisch formuliert: jene Trennung verwechselt den Unterschied von Rechtfertigung und Heiligung im evangelischen Verständnis mit den Stufen einer rechtfertigenden Heiligung als einer diesen Stufengang wandelnden Werkgerechtigkeit, die von der Selbstliebe über die Nächstenliebe zur Gottesliebe gelangt.

Theologische Ethik also ist im eigentlichen Sozialethik. Das aber ist bereits ein theologischer Satz, der seine Richtigkeit in der Durchführung der Ethik wird erweisen müssen.

Für das weitere Vorgehen nehmen wir jenen Satz aus dem Grundriß der Ethik von Paul Althaus zum Eingang: Ethik als theologische Disziplin ist die methodische Besinnung auf Gottes Offenbarung als Berufung des Menschen zum Handeln, das heißt: a) als Gebot und b) als Begründung menschlichen Gehorsams. Dieser Satz wird in seiner Allgemeinheit kaum angefochten werden können. Er schreibt zugleich für die Entwicklung der Ethik bei Paul Althaus den Grundriß vor.

Die Reihenfolge von Gebot und Begründung menschlichen Gehorsams ist jedoch nicht zwingend. Mir will es scheinen, als ob man besser daran täte, sie umzukehren und zunächst von der Begründung menschlichen Gehorsams zu sprechen, ehe man sich dem Gebot menschlichen Gehorsams zuwendet. Es wird also zunächst gleichsam nach dem „Subjekt" christlicher Ethik gefragt, ehe dann im einzelnen das Moment der göttlichen Forderung an den von ihm in Gericht und Gnade in Dienst gerufenen Menschen erörtert wird. Wir setzen daher mit einem ersten Paragraphen ein, der der Begründung menschlichen Gehorsams sein Augenmerk zuwendet, nämlich dem Problem „des neuen Menschen". Mit diesem Paragraphen wenden wir uns zugleich dem ersten Hauptabschnitt zu, in dem es darum geht, die Wirklichkeit des menschlichen Handelns, die aus dem Gehorsam gegen Gottes Berufung erwächst, zu begründen.

I Die Begründung der Wirklichkeit des Handelns im Gehorsam gegen Gottes Berufung

§ 2 Der wirkliche — neue — Mensch als Ziel der ethischen Forderung und als Subjekt des ethischen Handelns

Mit der Formulierung „wirklicher Mensch“ folgen wir K. Barth, wenn er gegenüber einer neutral-wissenschaftlichen Befragung des Phänomens „Mensch“ nach dem geschöpflichen Wesen des Menschen fragt. Beides steht innerhalb der Frage des Menschen nach sich selbst, die als solche geradezu zur Definition des Menschen zu gehören scheint. Denn der Mensch ist sich selbst verborgen, er ist — wie E. Fuchs[1] als Definition vorschlägt — „das Wesen, das zwar alles andere mehr oder weniger erkennt und kennt, aber nicht oder doch am wenigsten sich selbst“.

Aber innerhalb der formalen Gemeinsamkeit der Frage des Menschen nach sich selbst zeigt sich eine fundamentale Verschiedenheit philosophischer und theologischer Anthropologie. Eine kritische Prüfung der philosophischen Anthropologie der Gegenwart und der jüngsten Vergangenheit führt zu drei Erkenntnissen:

„1. Anthropologie als Versuch des Menschen, sich selbst zu erkennen, drängt entweder zur natürlichen Religion hin oder kommt von der Offenbarung Gottes in Jesu Christo her. Ein Drittes gibt es nicht . . .

2. Anthropologie als exakt empirische Wissenschaft vermag nur Vorgänge am Menschen zu erkennen, nicht den Menschen selbst.

3. Die natürliche Religion aber macht, indem sie den Menschen zu erkennen vermeint, selbst für die exakten Ergebnisse der empirischen Anthropologie blind.“[2]

Das heißt aber mit van der Leeuw: „Den Menschen verstehen können wir nur dreidimensional: Mensch-Welt-Gott.“ Und da der Mensch nicht über sich selbst ist, gibt es nur eine Möglichkeit zu gültiger Rede über den Menschen, nämlich daß *Gott* redet. Die Rede Gottes aber heißt Christus. So wird hier *Theologie* als Voraussetzung aller Anthropologie beansprucht, die Notwendigkeit der Offenbarung für den sinnvollen Vollzug menschlicher Daseinsanalyse behauptet: Der dann ermittelte grund-

---

[1] E. Fuchs, Zum hermeneutischen Problem in der Theologie, ²1965, S. 154.

[2] E. Schlink, Möglichkeit und Grenze philosophischer Anthropologie, VuF 1941, S. 210 f.

legende Satz, der zugleich die ganze Anthropologie des stoisch-christlichen abendländischen Humanismus, die Anthropologie des „animal rationale et sociabile", in Frage stellt, lautet: „Die menschliche Existenz ist nicht ein Sein, sondern die Möglichkeit." „Das Tier ist, der Gott ist", der Mensch „ist nicht einmal Mensch, er ist auf dem Wege der Menschwerdung"[3].

Diese Menschwerdung aber ist nicht eine dem Menschen immanente und somit verfügbare Möglichkeit, sondern empfängt ihr Licht von der biblischen Rede von der Erschaffung des Menschen durch Gott. Diese „weist uns in den Glauben, indem sie uns die völlige Menschwerdung des Menschen verspricht, damit wir unsererseits als Menschen ein unmittelbares Verhältnis zu Gott gewinnen. Im biblischen Schöpfungsglauben geht es um die Zukunft des Menschen, weil es ihm um die Gegenwart des gerechten Gottes geht"[4].

Ungefähr das gleiche meint Luther, wenn er entgegen der Formel altkirchlich-griechischer Theologie und ihres Erlösungsverständnisses — Gott sei in Christus Mensch geworden, damit die Menschen göttlich würden, aus der Vergänglichkeit in die Sphäre des wahren Seins gehoben — nun formuliert: Christus sei Mensch geworden, damit die unseligen und stolzen Götter, der sich selbst vergötzende Mensch, wirkliche und dann selige Menschen würden. Hier wird Ernst gemacht mit der christologischen Aussage „wahr Mensch": erst am ecce homo enthüllt sich, was der Mensch *ist,* und doch immer wieder nicht sein will[5].

Gottes Wort sagt *Ja* zum Menschen. *Das* ist des Menschen Ursprung. Dieser Ursprung, Gottes Ja zu seinem Menschen in Jesus Christus ist es, das „den Menschen in den Raum einläßt, wo der Mensch zum Menschen wird. Das ist derjenige Raum, in welchem das Ja zum Menschen erklingt, der Raum, in welchem der Mensch nun auch seinerseits mit Gott zum Menschen Ja zu sagen die Freiheit hat, weil hier nicht mehr die Vergangenheit, sondern die Zukunft herrscht, welcher auch der Tod nichts mehr anhaben kann"[6].

Der Mensch, der wirkliche Mensch, ist, so kann man vorläufig mit E. Fuchs definieren, „dasjenige Wesen, das *gefragt* ist, ob es mit Gott leben will. Wer mit Gott lebt, der wagt Gottes Ja zum Menschen. Und noch einmal: wer ist dann der Mensch? Ist er derjenige, der aus der Tiefe herauf ruft, *wer* Ja zu ihm sage? So faßt die Bibel den Sünder auf. Denn sie versteht Gott als die Liebe, so daß sogar der Heide im Blick auf Jesus sagen muß: sehet, welch ein Mensch! Ein Mensch ist, wer Gottes

---

[3] G. van der Leeuw, Der Mensch und die Religion, 1941, S. 114.

[4] Fuchs, Problem, S. 264.

[5] E. Wolf, Menschwerdung des Menschen, EvTh 6, 1946/47, S. 19. Vgl. auch ders., Libertas Christiana und libertas ecclesiae, EvTh 9, 1949, S. 127 ff.

[6] Fuchs, Problem, S. 279.

Liebe entspricht. Das tut der Sünder, sobald er glaubt. Denn im Glauben hört er ja, wer Ja zu ihm sagt: der Gott, der zu ihm in seine Tiefe kam (Joh. 1, 14), das Licht in der Finsternis, das Wort, das alles neu macht. Also ist der Mensch das Wesen, das einen Gott hat, das Wesen, das sich zu seinem Ursprung verhält, das Abbild Jesu"[7].

Wir setzen also im Unterschied zu anderen Ethiken ein beim Problem des „neuen Menschen", und zwar auf dem Hintergrund der Frage (§ 1), ob wirklich Gott „allen Menschen in der sittlichen Forderung" begegne[8].

Das Problem des neuen Menschen bezeichnet im Protestantismus in der Tat diejenige Stelle, an der immer wieder in der Spannung zwischen reformatorischem Ansatz und der Frage nach der erfahrbaren Wirklichkeit des christlichen Lebens Krisen des Protestantismus entstanden sind und entstehen, gelegentlich sogar die Gefahr einer spezifischen Rekatholisierung aufbricht. Denn hier wird deutlich, ob und wieweit das reformatorische Verständnis der Rechtfertigung wirklich begriffen wird und lebendig ist oder nicht. Das Mißverständnis wurde durch eine als Vollendung der Reformation angesehene Heiligungstheologie angedeutet, die von dem pietistischen Begriff der Bekehrung und der Wiedergeburt bis hin zur Gruppenbewegung von Caux reicht und gelegentlich sogar das Tridentinum streift. Ist die reformatorische Antwort auf die Frage nach dem Menschen in bewußter Polemik gegen einen römischen wie einen schwärmerischen Perfektionismus gewonnen und wohl darum in gewisser Verkürzung gegenüber dem Schriftzeugnis formuliert, so bedeutet auf der anderen Seite jene pietistische „Vollendung" der Reformation doch eine Rückwendung zum Grundschema katholischer Kooperationstheologie samt der zugehörigen Anthropologie, eine mehr oder minder deutliche Absage also an das „sola fide" als die Sicherung des „sola gratia", des „solus Christus".

Das Problem des neuen Menschen ist im reformatorischen Ansatz in bestimmten *Fragenkreisen* insbesondere gestellt und beantwort:

1. Im Fragenkreis von Rechtfertigung und Heiligung oder als das Problem der „guten Werke" bzw. des „tertius usus legis";
2. als Frage nach dem „Gewissen" bzw. als das Problem der Identität zwischen altem und neuem Menschen; und
3. als Frage nach dem Verhältnis von Versöhnung und Erlösung bzw. als das Problem der Endvollendung.

Die *Voraussetzungen* für die Beantwortung innerhalb dieser Fragenkreise sind:

1. Das Verständnis der konkreten Wirklichkeit des Christenmenschen im Licht des „iustus simul et peccator";

---

[7] Ebd. S. 280.

[8] E. Fuchs, Hermeneutik, ^{2}1958, S. 150 unter Berufung auf Röm. 1,20.

2. die strenge Fassung der Erneuerung als „nova creatura en Christo" im Licht der Auferstehung; und
3. das Verständnis des Menschen als Ereignis, als Geschichte, und zwar von Gott her, also die Definition des Menschen durch den Satz: „hominem iustificari fide." Es ist der *neue* Mensch als Ergebnis der Menschwerdung des Menschen und zugleich als eschatologisch zu begreifende Wirklichkeit inmitten der verwirkten Menschlichkeit, der Nichtigkeit der „ktisis" (Röm. 8, 20), der Macht der Sünde.

Wir beginnen mit der *dritten Voraussetzung:* Wenn Luther in seiner „Disputatio de homine" von 1536[9] den Menschen in theologischer Anthropologie definiert durch den Satz, daß der Mensch durch den Glauben gerechtfertigt wird, so wird der Mensch, wie eine spätere Erläuterung angibt, primär unter eschatologischem Aspekt in der aus Paulus übernommenen Gegenüberstellung „alter Mensch — neuer Mensch" angesehen. Der „homo huius vitae est pura materia Dei ad futurae formae suae vitam"; und diese Gestalt ist „gloriosa forma"! Es wird hier einerseits jede „habitus"-Theorie abgelehnt, der Gedanke von einem durch die sakramentale Gnade qualitativ veränderten Menschen, der kraft dieser gnadenvollen Umqualifizierung seine neue Qualität perfektionistisch quantitativ bewahren und verstärkend verwirklichen könnte — andererseits wird deutlich auf das „telos" der am Menschen, besser: *mit* ihm geschehenen Bewegung verwiesen, eben auf jene „reformata et perfecta imago Dei". Der Mensch *dieses* Lebens ist Stoff für Gott zum Leben seiner künftigen Gestalt mit dem „Ziel" der reformierten, wiederhergestellten und vollendeten Gottebenbildlichkeit.

Die *zweite Voraussetzung:* „nova creatura." Das „iustificari fide" bedeutet sachlich Verwandlung zum wahren Menschen nach dem in Christus enthüllten Bild dieses wahren Menschen, also Verwandlung zum Ebenbild Christi. Das „iustificari fide" bedeutet also die Umschreibung der neuen Daseinsweise „en Christo" ebenso wie des „Christos en emoi", so daß *der* Sohn Gottes sei der Erstgeborene unter vielen Brüdern (Röm. 8, 29); es umschreibt die Einsetzung des Sünder-Menschen in die Gottessohnschaft; Gottes Gnadenwahl (Eph. 1, 4), die zur Sohnschaft vorausbestimmt durch Jesus Christus, verwirklicht sich im iustificari fide und vollendet ihr Ziel, die Ebenbildlichkeit mit dem wahren Menschen, mit dem Urbild der vollen Sohnesherrlichkeit am jüngsten Tag.

Diese Verwirklichung ist ein Ereignis, das dem ganzen Menschen widerfährt als Ereignis verantwortlicher Entscheidung, als Vollzug des ihm von Gott ins Herz gelegten Ja zu Gott, mit dem der ganze Mensch, Seele und Leib, Mensch des Gehorsams, das heißt, Mensch des Glaubens wird. Dieses Ereignis, diese Wiederherstellung des ersten Adam im Bild des

[9] WA 39 I, S. 175 ff.

zweiten Adam ist „nova creatura". „Wie wir getragen haben das Bild des irdischen, also werden wir tragen das Bild des himmlischen" (1. Kor. 15, 49).

Das Bild Christi steht so über dem Glaubenden, der diesem Bild prinzipiell gleichgestaltet, ja faktisch von ihm als seiner neuen „persona" bestimmt, die vollendete Umgestaltung zugleich *vor* sich hat. Er steht im Ereignis der Menschwerdung seines Mensch-Seins. Seine konkrete „Christus"-Wirklichkeit im irdischen Dasein wird daher beschrieben als ein Zugleich des ganzen Menschen als gerechtfertigter Sünder *und* als der Anfechtung durch die Sünde preisgegebener Gerechter, als der „simul iustus et peccator"; das heißt: der Christenmensch lebt auf Grund von Vergebung in der Annahme zu „Gottes Kindern und Christi Miterben", wie die Apologie[10] sagt, sofern wir durch die „iustificatio" „efficimur filii Dei et cohaeredes Christi"; er lebt vom Glauben als dem fremden Werk Gottes in uns, Christus ist sein Leben.

Schließlich die *erste Voraussetzung:* „iustus simul et peccator." Das „iustificari fide" bedeutet aber auch und zunächst prinzipielle Herausnahme des „totus homo" aus dem Sünder-Sein, gerade auch aus seiner anspruchsvollen Frömmigkeit des im Gesetz, im Selbsttun vermeintlich zum Leben gelangten Frommen, aus dem Sich-selbst-Setzen und Sich-selbst-Retten gerade auch des gesetzlich „Gerechten", des „homo iustitiarius", wie Luther sagt. Als „totus homo" wird der Mensch durch das Widerfahrnis des Glaubens in die Gotteskindschaft versetzt. Der Glaube ist hier zunächst die applikative Seite des schöpferischen Wortes des Evangeliums, Christusglaube als Heilsglaube, das heißt also, etwas, über das der Mensch von sich aus in keiner Weise verfügt und verfügen kann. Gewiß, der Mensch ist bei diesem Ereignis dabei, aber als ein diesem Geschehen Unterworfener, nicht als irgend an seinem Zustandekommen Mitwirkender. Der Christusglaube schließt ein das Zurücktreten vom Glauben an sich selbst und an die menschliche Leistung. Es gibt innerhalb des Glaubens kein Reflektieren über ihn. Hätten seine Gegner, Zwingli und Oekolampad, nur ein Fünklein Verstandes vom Glauben, sagt Luther, „so wüßten sie, daß des Glaubens höchst einige Tugend, Art und Ehre ist, daß er nicht wissen will, wozu es nutz oder not sei, was er glaubt"[11].

Negativ hat Luther diese Ausschließlichkeit des Christusglaubens, diese Sicherung des „Christus allein" durch „Glauben allein" bekanntlich dahin formuliert, daß die Seele „per fidem solam, sine operibus, e verbo Dei iustificatur"[12]. Man stößt sich heute daran, es sei nicht katholische Lehre, daß die Rechtfertigung durch Werke erfolge, auch nicht, daß der Glaube selbst eine das Heil erwerbende Leistung sei, also Werk, aber man

[10] Apologie IV, S. 224.

[11] WA 23, S. 249.

[12] De libertate, WA 7, S. 53.

verkennt dabei, daß Luther im Begriff des „Werkes" eben den entscheidenden Ausdruck des menschlichen „Selbststandes" meint, das Ja des Menschen zu sich selbst in seinem als möglich angesehenen Ja zu Gott.

Luther berief sich auf Paulus (Gal. 4, 6: Weil ihr aber Söhne seid, entsandte Gott den Geist seines Sohnes, der ruft: Abba, Vater! Röm. 8, 15: Denn ihr empfinget nicht den Geist des knechtischen Dienstes . . ., sondern empfingt den Geist der Einsetzung in die Sohnschaft, in dem wir rufen, Abba, Vater . . .), die heutigen katholischen Dogmatiker tun es selbstverständlich auch. Für sie sind mit dem unvermischten Zugleich von Heiligem Geist und Menschengeist Paradoxa der biblischen Theologie gegeben; und auch für Luther ist die Rede des Paulus vom Geheimnis des Glaubenswiderfahrnisses paradox. Nur daß dort das Paradox gesehen wird gleichsam in der logischen Unvereinbarkeit anscheinend gegenstrebiger Aussagen, hier bei Luther aber darin besteht, daß an der natürlichen Vernünftigkeit und Sittlichkeit das Gericht vollzogen wird, das kein Mensch verstehen kann, weil es vom Jüngsten Gericht her kommt.

Aber: der „totus homo iustus" *lebt* noch im irdischen Dasein, in der Nichtigkeit der „ktisis", unter der Macht der Sünde, im Zeichen des leiblichen Todes (Gal. 5, 17), und zwar wiederum als ganzer, das heißt: er und gerade er als Christenmensch ist der Versuchung ausgesetzt, den Anfechtungen durch den Teufel und die „superbia" — und sei es die „superbia" in Gestalt der selbstgewählten Demutsübung. Er, der Christ, wird verschärft angefochten, weil er eben als Christ berufen ist zum „synergos", zum Mitarbeiter Gottes (1. Kor. 3, 9; 1. Thess. 3, 2; Kol. 4, 11; vgl. 3. Joh. 8). Alle diese Stellen vom „Mitwirker" Mensch meinen eben die Inanspruchnahme des Christenmenschen beim Wirken Gottes *durch* ihn an der Welt, nicht beim Wirken Gottes *an* ihm zum Heil. Sie meinen ein tätiges Dabeisein in aller Schwachheit menschlichen Vermögens und trotz ihr, im Glauben und auf Grund der allein durch den Glauben ergriffenen Rechtfertigung. Es handelt sich um den Bereich der *Heiligung*, in dem die durch den Glauben wortförmige Seele nun ihrerseits kraft ihres geschenkten neuen Seins der Gotteskindschaft die Werke dieses Seins, des Glaubensstandes übt, weil eben der durch das schöpferische Wort geschaffene Glaube, der selbst die Zueignungsseite dieses Wortes ist, notwendig ein „tätig, schäftig, mächtig Ding" sein muß gegenüber allen Widerständen gegen das Wort, das heißt: gegenüber der „Welt". Die Heiligung, so können wir formulieren, hat die Rechtfertigung zur Voraussetzung und das Sein in dieser Welt, im Bereich der Widersetzlichkeit gegen Gott zur Bedingung. Sie ist nicht selbst Rechtfertigung, auch nicht ein Teil von ihr. Gerade weil nach dem Schriftzeugnis der Christenmensch Mitwirker Gottes bei der versöhnenden Überwindung der gottfeindlichen Welt ist, darum ist er nicht Mitwirker am Heil des Ich, an der Rechtfertigung seines „mitwirkenden“ Ich. Wäre, so meint Luther, das Ich irgendwie auch nur im denkbaren Mindestmaß Mitwirker an seinem Heil, dann wäre die Gewißheit seines Heils ständig bedroht von der stets aufwachenden Sorge, ob es genug getan hätte, von dem immer wieder anfechtungsvoll auftauchenden Zweifel an seiner Leistung, auch an seinem höchsten und tiefsten, innerlichsten religiösen Werk. Solcher Zweifel aber stellt die schöpferische Macht und das unendliche Erbarmen Gottes in Frage, streitet wider Gottes Vatertreue und wider die Ehre seiner Herrlichkeit. In diesem Sinne werden also Rechtfertigung und Heiligung sorgfältig auseinandergehalten, auch in den lutherischen Bekenntnisschriften[13]. Das geht so weit, daß die Rechtfertigung auch geschieden wird von der Bekehrung und dem Akt der Reue, „weil nicht eins oder gleich ist von der Bekehrung und der Rechtfertigung zu reden“[14]. Im einzelnen braucht das hier nicht weiter ausgeführt zu werden. Die Aussagen in den Bekenntnisschriften sind ausführlich genug.

Die Heiligung ist also die Gehorsamstat des Glaubens bzw. des neuen Menschen „en Christo“, worin sich seine pneumatische Neuheit manifestiert, das heißt: worin sich sein Glaube unter Anfechtungen bewährt, worin sich die Neuheit des Lebens anfangsweise als Wirklichkeit erweist. Diese Manifestation, diese Bewährung und der Anbruch des neuen Lebens sind zwar in gewissen Grenzen auch erfahrbar, aber in ihrer Eigentümlichkeit, so wie sie aus dem Glauben stammen, wiederum Objekte des Glaubens, da wir im Glauben stehen und noch nicht im Schauen.

Von diesen Voraussetzungen her wird das Problem des neuen Menschen in den bereits genannten drei Fragenkreisen innerhalb des reformatorischen Ansatzes gestellt und beantwortet.

Zum ersten Fragenkreis: Der Ausdruck des *neuen Lebens* als pneumatischen Geschehens im Bereich psychologischer und auch ethischer Erfahrbarkeit ist die Lebensbuße. Fides existit in poenitentia[15]. Es ist das Ersäufen des alten Adam durch tägliche Reue und Buße — und das tägliche Auferstehen des neuen Menschen. Hier werden alle Stützen der Selbstbehauptung zerschlagen, denn auch dem Wiedergeborenen steckt die verderbte Natur und Art, der alte Adam, bis an den Tod „im Verstand, Willen und allen Kräften“[16]. Indem der alte Mensch kraft des Glaubens in der Buße sich Gott ausliefert, „wird er gehalten von den Geboten Gottes, die so zu gleicher Zeit den Tod seines alten und das Entstehen seines neuen Menschen anzeigen. Das ist der Weg von der Rechtfertigung zur Heiligung im Raum der christlichen Erfahrung“[17].

[13] Vgl. SD III, 39, S. 927.

[14] SD III, 24 ff., S. 922.

[15] Apologie IV, S. 142.

[16] Ep. VI, 4, S. 794; vgl. SD VI, S. 964 f.

[17] G. Dehn, Der neue Mensch, in: Theologia viatorum, 1939, S. 83.

Die Schmalkaldischen Artikel umschreiben es dahin: „Und diese Buße währet bei den Christen bis in den Tod, denn sie beißt sich mit der ubrigen Sunde im Fleisch (cum peccato residuo in carne) durchs ganze Leben, wie es S. Paulus Ro 7 zeuget . . .“[18] Dem „simul“ von „iustus“ und „peccator“ in der Rechtfertigung entspricht hier, bei der Heiligung, das „partim iustus, partim peccator“.

Während das Neue Testament die Neuheit des Lebens stark betont, vom Wachsen und Reifen des neuen Lebens in Glauben, Geist und Wandel unüberhörbare Aussagen macht, äußern sich die Reformatoren und die lutherischen Bekenntnisschriften hier zurückhaltender, wohl um der Polemik gegen römischen und schwärmerischen Perfektionismus willen.

Bei der täglichen Buße besteht die Vollkommenheit mehr im Wissen um die eigene Unvollkommenheit. Daneben sieht man „die rechte evangelische, christliche Vollkommenheit“ darin, „daß wir täglich im Glauben in Gottesfurcht, in treulichem Fleiß des Berufs und Amts, das uns befohlen ist, zunehmen, wie auch Paulus die Vollkommenheit beschreibt, da er sagt 2. Kor. 3: „Wir werden verkläret in dasselbige Bilde von einer Klarheit zur andern, als vom Geist des Herrn.“[19] Das entspricht durchaus dem Grundschema lutherischer Gehorsamsethik in „Beruf und Stand“, wie es z. B. im Galaterkommentar von 1535 formuliert wird. Wer immer gewißlich weiß, daß Christus seine Gerechtigkeit ist, der wirkt nicht nur von ganzem Herzen und freudig gut in seinem Beruf, sondern ordnet sich auch in der Liebe den Behörden unter, ja auch ihren gottlosen Gesetzen und allen Werken und Gefahren des gegenwärtigen Lebens, wenn es notwendig ist. Denn er weiß, daß Gott das will und daß ihm derartiger Gehorsam gefalle[20]. Man ist gerade versucht, hier zu sagen, daß bei solcher Auffassung das strahlende Licht der Kinder Gottes, das in die Welt leuchten soll, in eine etwas graue Alltäglichkeit der bürgerlichen Berufserfüllung verdämmert; aber daß dabei 2. Kor. 3, 18 zitiert wird, muß doch davor warnen. Es steht eben doch *mehr* hinter jener christlichen „Berufsethik“; nicht nur Luthers erstaunliches Wort, daß der „homo iustificatus“ dem Nächsten zum „Christus“ geworden sei, sondern auch die Reflexion auf die Selbstdurchsetzung des „regnum Christi“ „in nostra imbecillitate“, das so die Welt als Erlösung verwandelt[21]. Gewiß, vom Neuen Testament her ließe sich zur Frage der Vollkommenheit des neuen Menschen mehr sagen, als die Bekenntnisschriften in ihren verschiedenen Ausführungen über die „guten Werke“ als Frucht des Glaubens formulieren, aber es bleibt dabei, daß der Christ nicht von seiner Heiligung lebt, sondern nur von seiner Rechtfertigung. Und wie schon Paulus vorgeworfen wird, daß er nicht genügend Heiligung predige (vgl.

---

[18] Bekenntnisschriften, S. 447.

[19] Apologie 27, 27, S. 386.

[20] WA 40 I, S. 51.

[21] Vgl. dazu Apologie IV, 189—201, S. 197 f.

Röm. 6, 1. 15), so äußert sich derselbe Vorwurf in der Reformationszeit mit dem Aufkommen der Frage nach dem „tertius usus legis“ als nach der Norm für die Neuheit des Lebens (vgl. dazu die etwas matte „Erledigung“ dieses Problems in FC 6). Hier meldet sich immer wieder die Versuchung, des „neuen Menschen“ in einer neuen Ethik habhaft werden zu wollen.

Der zweite Fragenkreis: Dieselbe Auseinanderhaltung von Rechtfertigung und Heiligung begegnet beim Problem des *Gewissens* unter der Frage nach der Identität zwischen dem alten und dem neuen Menschen. Auf der einen Seite, im Bereich der Rechtfertigung, wird das Gewissen nicht als „organon lepticon“ für die Offenbarung, als die geschöpfliche Ansatzstelle für das Geschehen der Rechtfertigung betrachtet, sondern vielmehr als die „pessima et infernalis bestia“[22], als die lediglich anklagende Stimme, die sich zugleich verzweifelt zu verteidigen sucht, und als Ort, an dem die Gesetzespredigt den Menschen seiner Sündhaftigkeit überführt, als das „blöde“ Gewissen zwischen den „terrores“ und der „consolatio“, das heißt: zwischen Gesetz und Evangelium. Befreit ist es, wenn es kraft der Predigt des Evangeliums „ain kuchen worden ist auß dem wort und dem glauben“[23]. Aber dann bleibt es dennoch als „Gegen-Gewissen“ in ständigem Kampf mit den zur Anklage und zur Verteidigung verführenden Gewissensbedrängnissen im Kreis der Anfechtung. Auf der anderen Seite, im Bereich der Heiligung, wird von einem „guten“ Gewissen vor den Leuten gesprochen, „das fur der Welt bestehe“[24], auf das man sich gegenüber fremder, äußerer Autorität zu berufen vermöge, „wiewol ... solch gewissen nicht helt fur Gottes gericht“[25]. Die Berufung auf dieses gute Gewissen ist identisch mit der Berufung auf Gottes Gebot und Befehl, und die Unsträflichkeit vor der Welt ist Christenpflicht. Das heißt: Der neue Mensch ist nicht der Mensch eines erneuerten und gekräftigten Gewissens, sondern er bezeugt das ihm geschehene Glaubenswiderfahrnis, indem er „so lebe gegen jdermann und seine Liebe ube und beweise, das niemand eine klage auff jn bringen möge, damit er sein gewissen möge erschrecken odder verzagt machen“. Die Umwandlung der christlichen Existenz im Glauben in eine christliche Gewissensreligion des zu seinem wahren Wesen vorgeblich zurückgebrachten Menschen wird damit verwehrt.

Der dritte Fragenkreis: Es ist klar, daß auf der Linie der bisherigen Erwägungen dann das Problem des neuen Menschen in seiner Verwirklichung innerhalb der Frage nach dem Verhältnis von Versöhnung und Erlösung nur im Licht der *eschatologischen Hoffnung* behandelt werden kann, gemäß den Aussagen etwa von Röm. 12. Das Dasein des neuen

[22] WA 44, S. 546.
[23] WA 10 III, S. 271.
[24] WA 36, S. 364.
[25] WA 36, S. 363.

Menschen ist ein Leben im Abglanz künftiger Herrlichkeit. Es ist in diesem Sinn wahrhaft *menschliches* Leben, sofern hier „Mensch sein heißt: um Jesu willen gehalten sein von Gottes Barmherzigkeit und um Jesu willen sich halten an Gottes Gerechtigkeit“[26]. Eine das „Bekehrungserlebnis“ als Grundlegung des neuen Lebens in Richtung auf eine „Anthropozentrierung“ des Evangeliums auswertende Beschreibung und Normierung des „neuen Menschen“ kann dann nur als ein Verlassen des biblischen Zeugnisses vom Menschen Gottes und als eine Verbiegung der diesem Zeugnis entsprechenden reformatorischen Grunderkenntnis beurteilt werden.

Das biblische Zeugnis vom „neuen Menschen“ ist durch Gen. 1, 26 bestimmt, und zwar zunächst durch die zum Teil in Auseinandersetzung mit spätjüdischen und gnostischen Theologumena erfolgte Auslegung dieser Aussage in der christologischen „eikon“-Theologie des Neuen Testaments[27].

Gottebenbildlichkeit ist zunächst „ein Erlöser- und Offenbarerprädikat“. Ihr Inhalt „ist die göttliche Doxa, Gottes gnädige Wesens- und Wirkungsart. Gott selbst tritt in Christus für die Menschen hervor“. Der Auferstandene und Erhöhte ist das eigentliche Abbild Gottes, das aber kraft der Wirkung der apostolischen Predigt die von ihr Ergriffenen zum Abbild macht. „Wenn der Mensch das Evangelium hört, was auch als ein Schauen der ebenbildlichen Doxa Christi verstanden wird, wird er selbst zu einem Abbild Gottes“, sofern ihm die göttliche Doxa verliehen wird, die näherhin als „dikaiosyne theou“ bei Paulus bestimmt ist. Erschaffung zur Gottebenbildlichkeit = Gerechtmachen Gottes. Das ist der entscheidende paulinische Gedanke, die *Verknüpfung von „eikon tou theou“ und „dikaiosyne“*; wahrscheinlich stammt diese Verwendung von Gen. 1, 26 aus der hellenistischen Gemeinde. Sie findet sich in den Taufhymnen (Kol. 1, 15—20; Phil. 2, 6—11) und allgemein verbunden mit der Wirkung des apostolischen Evangeliums 2. Kor. 4, 3—6!

„Eikon“ umschreibt die Stellung des Christus als Schöpfungsmittler und Kosmokrator; mit seiner „eikon“ ist Gott selbst in der Welt anwesend. „Eikon“ beschreibt sowohl das Verhältnis zwischen Gott und Christus als auch die Bedeutung des Bildseins Christi für die Welt in Schöpfung und Erlösung. Die Paränese Kol. 3, 9 f. (vgl. Eph. 4, 22 ff.) geht davon aus, daß in der Taufe der Mensch zur Gottebenbildlichkeit geschaffen wird. „Der neue Mensch ist eben Christus selbst, der nun als Geist in den Gläubigen wohnt. Die Gottebenbildlichkeit des Menschen besteht also darin, daß die ‚eikon‘ Christus selbst in dem Menschen ist. Die Gottebenbildlichkeit bezeichnet nicht das Humanum der ersten

[26] Barth, KD III/2, S. 194.

[27] Vgl. J. Jervell, Imago Dei. Gen. 1,26 f. im Spätjudentum, in der Gnosis und in den paulinischen Briefen, 1960, S. 332 ff.

Schöpfung, sondern das von Christus bestimmte Humanum der neuen Welt und Menschheit, das ist die christliche Gemeinde." Gott schafft durch die Verkündigung und die Taufe eine neue Menschheit. Zugleich bedeutet die neue imago eine neue sittliche Erkenntnis. „Die Gottebenbildlichkeit des getauften Menschen äußert sich schon in den ‚Tugenden' desselben, und diese ‚Tugenden' sind eben solche, die für Gott und Christus charakteristisch sind."[28]

Luthers Definitionsformel „hominem iustificari fide" entspricht also sachlich durchaus dem paulinischen Verständnis des neuen Menschen als „eikon tou theou", auch in ihrer eschatologischen Bestimmtheit. „Die neue Wirklichkeit des Menschen ist die Wirklichkeit derer, die von den Kräften der Gottesherrschaft erfaßt sind, wie sie in Jesus in diese Welt hineingekommen sind, und die aus diesen Kräften leben. Es ist die Wirklichkeit von Menschen, für die durch Gottes Sendung in der Geschichte Jesu die Endzeit angebrochen ist und die mit ihrem ganzen Sein die ihnen als Glaubenden begegnete Liebestat Gottes zur Grundlage ihres Handelns gemacht haben."[29]

Wenn so die Frage nach dem wirklichen Menschen von Christus als dem wahren Menschen unter dem Aspekt des „neuen" Menschen beantwortet wird, ist freilich noch nicht alles gesagt. Paulus konfrontiert Röm. 5 Christus mit Adam. „Adams Bedeutung liegt ... darin, daß er als Mensch der Typos, *das verkehrte Spiegelbild des Kommenden*, Jesu Christi, ist."[30] Die Rede vom „neuen" Menschen schließt die vom „alten" in sich, damit die Frage nach dem Verhältnis beider zueinander, das heißt, nach dem Verhältnis der „creatio nova" zur „creatio originalis", der Endzeit zur Urzeit. Paulus hat diese Frage anscheinend nicht sonderlich beschäftigt, keinesfalls im Sinn einer Theologie der Heilsgeschichte, „sondern die ktisiologischen Vorstellungen dienen vor allem dazu, die Bedeutung des Christusgeschehens zu erhellen"[31].

Es geht also noch um die Frage nach der *Geschöpflichkeit des Menschen unter dem Gesichtswinkel des Kontinuum* zwischen altem und neuem Menschen, um die Frage: „Welches ist des Menschen geschöpfliches Wesen, sofern wir in diesem ... ein auch der Sünde gegenüber durchhaltendes Kontinuum, ein auch durch die Sünde unverändertes und unveränderliches Wesen zu erkennen haben?"[32] Die Frage nach der „Grundform der Menschlichkeit ..., des Menschen überhaupt und im allgemeinen ..., in welcher die Voraussetzung dessen gegeben und sichtbar ist, daß der Mensch Jesus für ihn sein kann"[33].

---

[28] Ebd. S. 333.

[29] W. G. Kümmel, Die neue Wirklichkeit des Menschen, Der Mensch in der Wirtschaft 11, 1961, H. 2/4, S. 28 ff.

[30] E. Fuchs, Problem, S. 274.

[31] J. Jervell, S. 334.

[32] K. Barth, KD III/2, S. 50.

[33] Ebd. S. 266: Vgl. auch K. Barth, Christus und Adam nach Röm. 5, 1952.

Wir wenden uns dieser Frage unter dem freilich ungewöhnlich erscheinenden Vorzeichen zu, daß „Adam von Christus und nicht Christus von Adam her zu verstehen“ sei[34] und daß, wiederum in Umkehrung des üblichen Schemas, „das Christliche ... abgesehen von aller Religiosität heimlich, aber in radikaler Wahrheit das allgemein Menschliche“ sei[35].

Das führt noch einmal, von einer anderen Seite, zu dem Problem der „imago Dei“.

§ 3 Das Problem der „imago Dei“

Daß in reformatorischer Theologie vom Menschen gehandelt wird, indem von seinem wesenhaften Sünder-Sein gehandelt wird — und freilich auch von der Befreiung aus der Sünde durch das Geschehnis der Rechtfertigung —, daß also im wesentlichen dann auch in den Bekenntnisschriften die Anthropologie innerhalb der Klammer der Hamartologie erscheint, beurteilt die orthodoxe Theologie als eine „Trübung der Idee des Gottesbildes“ und sieht darin „das traurigste Ergebnis des Abfalls von der Auffassung der Welt und des Menschen, die von Anfang an im Christentum bestand und die in der Orthodoxie bewahrt geblieben ist“, — so hat es Basilius Zenkowsky in seinem sehr lehrreichen Buch, Das Bild vom Menschen in der Ostkirche, 1950, formuliert.

Dogmengeschichtliche und exegetische Besinnung

In der Tat ist dogmengeschichtlich ja die Idee des Menschen im Rahmen einer Lehre von der Schöpfung und im engen Anschluß an eine bestimmte Auslegung von Gen. 1, 26 auf die Idee des Gottesbildes, der imago Dei hin breit und mit relativ geringen sachlichen Variationen seit den griechischen Kirchenvätern entfaltet worden, wobei der Text der Septuaginta eine maßgebliche Rolle spielt — denn in ihm heißt es: „Poiesomen anthropon *kat*' eikona hemeteran kai *kat*' homoiosin ...“ etc. — bzw. der der Vulgata im Blick auf die Differenzierung zwischen „imago“ und „similitudo“. Es kommt dabei sowohl auf die Stichworte „eikon“ und „homoiosis“ bzw. „imago“ und „similitudo“ an, wie auch darauf, daß beide mit derselben Präposition verbunden sind, wie auch und nicht zuletzt auf das zwischen beiden stehende „kai“, das zugleich das „kat' eikona“ und das „kat' homoiosin“ sozusagen differenziert, während ja die besondere exegetische Problematik des hebräischen Textes in der Formel „besalmenu kidmuthenu“, in diesem Wechsel der Präpositionen von „b“ und „k“, beruht, der übersetzt werden kann „in unserem Bilde und nach unserer Ähnlichkeit“; aber gerade dieses kommt bei der traditionellen Interpretation von Gen. 1, 26 kaum zur Geltung.

---

[34] Ebd. S. 15. [35] Ebd. S. 52.

Vielmehr kommt es ihr darauf an, die Differenzierung zwischen „eikon“ und „imago“ einerseits und „homoiosis“ und „similitudo“ andererseits, so wie sie erstmalig klar von Irenäus ausgesprochen wurde, geltend zu machen. „Imago“ wird dann — überwiegend wenigstens — auf die Ausstattung des Menschen als vernünftiges Wesen mit der Willensfreiheit bezogen oder mit der Vernunft überhaupt (bei Clemens Alexandrinus) oder auch auf das Recht-Tun (wiederum bei Clemens Alexandrinus) oder auch auf die Herrschaft des Menschen im Bereiche der Schöpfung — man kann alle diese Bestimmungen auch bei den späteren Vätern, bei Basilius, bei den Kappadokiern überhaupt feststellen, und die „similitudo“ „homoiosis“ wird bezogen auf das Streben nach tugendhafter Lebensweise. Die Beziehungen werden daneben auch noch mannigfach erweitert: so wird z. B. auch die Liebe als ein Element der „imago“ bezeichnet.

Die scholastische Zusammenfassung bei Johannes Damascenus in der „Expositio fidei orthodoxae“ (II. 12) bezieht dann streng „eikon“ auf Vernunft und freien Willen und die „homoiosis“ auf die mögliche Verähnlichung in der Tugend. Die orthodoxe Theologie seit dem 16. Jahrhundert folgt im wesentlichen dem Damascenischen Schema.

Basilius Zenkowsky sieht das Gottesbild in der Persönlichkeit des Menschen, nicht in seiner Natur, und kann so das wesentliche Interesse leichter befriedigen, daß nämlich nicht das Gottesbild durch den Sündenfall verderbt ist, sondern lediglich die Natur des Menschen.

Auf dem Hintergrund dessen, daß das „kat' eikona“ auf Vernunft und Freiheit als menschliche Wesenseigenschaften bezogen wird, auch auf seine Unsterblichkeit, hebt man hervor (Chr. Androutsos), daß die „imago“ sich in der Gottzugewandtheit des Menschen manifestiere und insofern auch im gefallenen Menschen bewahrt bleibe, sofern in ihm Spuren der Sehnsucht nach Gott und des Strebens nach dem Guten aufweisbar seien. Die Sünde hat die „eikon“ nur verdunkelt und verchlechtert. „Homoiosis“ ist das Streben, durch das der erste Mensch in rechter Anwendung seiner natürlichen Kräfte sich Gott verähnlicht.

Die neueste orthodoxe Exegese[1] sucht dem hebräischen Text, dem Parallelismus von „besalmenu kidmuthenu“ bzw. dem Fehlen des differenzierenden „kai“ der Septuaginta zwischen „kat' eikona“ und „kat' homoiosin“ dadurch gerecht zu werden, daß sie die „homoiosis“ als Nachahmung Gottes versteht, als die rechte Auslegung des Wesens von Vernunft und Freiheit, die die „eikon“ ausmachen.

Es ist nicht zu leugnen — und wird auch nicht bestritten —, daß sich in dieser Auslegung von Gen. 1, 26 mit der biblischen Aussage Gedankenführungen einer idealistisch-ontologischen Anthropologie verbinden.

Entsprechendes gilt von der *römischen „imago“-Lehre*. Für sie ist der

[1] P. Bratsiotis, EvTh 11, 1951/52, S. 289 ff.

Besitz einer Idee des Menschen, eines Menschenbildes als Idee seines Wesens entscheidend. Das I. Vatikanum hat in seiner dritten Sessio zunächst einmal die Definitionen des 4. Lateranense wiederholt, daß Gott in seiner Güte und in seiner allmächtigen Kraft zugleich vom Anfang der Zeit beides aus Nichts geschaffen habe, nämlich die geistige und die leibliche Kreatur, die der Engel und die der Welt, und hernach die menschliche „quasi communem ex spiritu et corpore constitutam“. Dazu kommen dann noch die Erklärungen des 5. Lateranense, die Erklärungen, die Luther ein wenig lächerlich fand: „Damnamus et reprobamus omnes asserentes animam intellectivam mortalem esse.“ In solchen Lehrdefinitionen sind die drei Sätze „De fide“ über den Menschen enthalten:

1. Gott hat die ersten Menschen nach Leib und Seele „e nihilo“ erschaffen;
2. Die Natur des Menschen besteht aus Leib und Seele;
3. Die menschliche Seele ist geistig und unsterblich.

Gerade diese beiden letzten Sätze enthalten dann die Grundelemente einer philosophischen Anthropologie. Im zweiten Satz — „Die Natur des Menschen besteht aus Leib und Seele“ — wird der Trichotomismus der Aristoteliker abgewiesen, die Einteilung in „soma“, „psyche“ und „pneuma“, und mit dem dritten Satz der averroistische Aristotelismus mit seinen panpsychischen Konsequenzen, die die Fortdauer nur der Welt — und nicht der Einzelseele — zuschrieben. Das Verhältnis von Leib und unsterblicher Seele bestimmt schließlich die Definition des Viennense: „Anima rationalis seu intellectiva est forma corporis per se et essentialiter.“ Zu der schöpfungsmäßigen Ausrüstung nun dieser rationalen Seele gehört das „liberum arbitrium“. Die Seele — und darauf laufen diese Feststellungen endlich hinaus, und auch das bei uns übliche Reden von der „Seele“ und der „unsterblichen Seele“ entspricht dem — ist hier Substanz im Sinne der entelechischen Form eines organischen Körpers. Und damit ist das Wesen des Menschen als Mensch definiert. Von der Substanzialität der Seele als „simplex“, als „spiritualis“, als „cogitationisque particeps“, von dieser Definition der Substanzialität der Seele also als der Einheitsmitte alles Tuns und Leidens aus konnte sich dann eine breite idealistische Anthropologie entfalten, deren Persönlichkeitsbegriff durchaus diesem Ansatzpunkt entspricht. Den Persönlichkeitsbegriff dieses Denkens hat Boethius in dem immer wieder zitierten Satz festgelegt: „Persona est naturae rationalis individua substantia.“ Daß also auch hier die Kategorie der Substanz entscheidend ist, das ist wichtig: Die Person ist die unteilbare Substanz der vernunftbegabten Natur. Diese Anthropologie, die zu dem für die europäische Geistesgeschichte entscheidenden Ereignis eines katholischen Anthropismus führt, versteht den Menschen schlechthin um jenen irgendwie göttlichen Kern der allen identischen

Vernunft herum als ein an und für sich Seiendes, als abbildhaft-gleichnismäßige göttliche Individualität. Das ist die „imago Dei". Und sofern sich damit die „imago et similitudo Dei" aus Gen. 1, 26 nun doch sozusagen subexegetisch verbindet, erfolgt die Einordnung der biblischen Anthropologie in jene idealistische, die nunmehr durchgeführt werden kann an dem von hier aus immer gezeichneten Bild des urständlichen Idealmenschen — ein Bild, das dann auch im Tridentinum durch gelegentliche Definitionen und auch indirekt gesichert wird. So erscheint jene von Gott „e nihilo" erschaffene Verbindung von Leib mit geist-seelischer Substanz als der Form des Leibes, der Individualität und Unsterblichkeit zukommen und die jedenfalls ausgestattet wird mit der heiligmachenden Gnade, wenn sie nicht gar, worauf eine tridentinische Formel hinzudeuten scheint, erschaffen ist in dieser heiligmachenden Gnade. Und so ist der Mensch in dem „status rectitudinis" bzw. in dem „status iustitiae originalis" ausgerüstet mit allen die „rectitudo" ausmachenden Gaben, mit dem „donum integritatis", mit dem „donum immortalitatis", mit dem „donum impassibilitatis", mit dem „donum scientiae" und schließlich auch noch mit dem „donum dominii", der Gabe der vollendeten Herrschaft über die Schöpfung.

Wir sehen damit eine idealistische Anthropologie, die endgültig theologisch festgelegt ist, der gegenüber dann auch die gleichwohl festgehaltene biblische Lehre vom Sündenfall und vom Sündenzustand nichts Wesentliches auszurichten vermag. Denn nach Abzug gleichsam der einer Substanz gegenüber in solchem Denken nur noch als Akzidenz und Privation formal zu definierenden Sünde bleibt eben noch genug übrig, so schmerzlich auch die Beraubung der Gnadengaben und die Verwundung in der natürlichen Ausstattung sein mögen. Die Wesenszüge jener gottebenbildlichen Substanz sind jedenfalls nicht vernichtet. Das das Gottgleichnis ausmachende „liberum arbitrium" ist, wie das Tridentinum gegen Luther betont formuliert, „minime extinctum". Willensfreiheit und die Möglichkeit urständlicher, natürlicher, religiöser Erkenntnis sind nur geschwächt, aber nicht zerstört, und die natürlichen Kräfte des Menschen sind nach Leib und Seele nur verwundet, nicht verschlechtert. Das also ist das Bild, wie es sich in der Auffassung der römischen Kirche zeigte.

Diese um den Gedanken der substanzialen „imago Dei" im einzelnen zwar verschiedene, in der Grundstruktur aber gleiche Anthropologie im Rahmen einer idealistischen Anthropologie und Schöpfungsontologie wird nun durch die *Reformation* an einer entscheidenden Stelle erstmals grundsätzlich in Frage gestellt. Zwar behält man auch hier, bei den Reformatoren, die Vorstellung von der imago-bestimmten Ausrüstung der Protoplasten, die Vorstellung von dem urständlichen Idealmenschen in gewisser Weise bei, aber man erklärt, seine „imago"-haftigkeit sei durch den Sündenfall wenigstens insofern zerstört — und nicht nur verringert —, als eben der freie Wille ausgelöscht, der Macht der Sünde völlig unterworfen wird und damit die Möglichkeit verliert, daß der Mensch von sich aus sich wirksam Gott zuwenden könne und dann auch seinerseits an der Erlangung des Heils mit der Gnade zusammen mitbeteiligt sei.

Gleichwohl aber ist man auch in der *neueren protestantischen Theologie* bemüht, dasjenige, was den Menschen zunächst phänomenologisch vom Tier unterscheidet, z. B. daß er sprechen kann, das „Besondere um den Menschen“ oder seine „Güte“ auf das Gottesbild zu beziehen und nach Spuren des Gottesbildes im vorfindlichen Menschen zu fragen. Das geschieht besonders eindrucksvoll in dem Buch von Emil Brunner „Der Mensch im Widerspruch“. Gerade daß der Mensch sich mit Gott verwechselt, daß er sich mit ihm irgendwie gleichsetzt, auch in dem Sein-Wollen wie Gott, gerade das sei „die deutlichste Manifestation davon, daß der Mensch zum Bilde Gottes geschaffen ist und daß ihm diese seine göttliche Ursprungsbestimmung mitten in seiner Verkehrung noch gegenwärtig ist“[2]. Gott hat den Menschen als einen vernünftigen geschaffen, damit er Gottes Ruf vernehmen könne. Die „Vernunft ist sozusagen nur das Organ der Gottesbeziehung“ in dem für das Menschsein konstitutiven Gegenüber zu Gottes Wort[3]. Und andere Spuren der Gottebenbildlichkeit sind die Subjekthaftigkeit des Menschen, in der er eben „als Geist der ganzen Welt gegenübersteht“[4]. Die vom menschlichen Geist gebildete Wahrheitsidee, die vom menschlichen Geiste gebildete Gottesidee, die Fähigkeit auch zweckfreien künstlerischen Schaffens — das führt E. Brunner breit aus —, die Sehnsucht des Menschen nach dem Vollkommenen, die Sprache als Ausdruck der Vernunft und der Ich-Du-Bezogenheit, die Gemeinschaftsidee, die Gemeinschaftsfähigkeit, die Gemeinschaftswilligkeit, die Gemeinschaftssehnsucht und vor allem das moralisch-religiöse Bewußtsein, die „natürliche Gotteserkenntnis“ nach Röm. 1, 19. Das kann hier nur skizziert werden, aber so viel wird wohl deutlich: Es geht in dieser theologischen Anthropologie der Gottebenbildlichkeit bei aller Betonung dessen, daß sie ihren Ursprung im Worte Gottes habe — ausdrücklich heißt es: „nicht von der Vernunft aus ist die Gottesbeziehung, sondern von der Gottesbeziehung aus ist die Vernunft zu verstehen“[5] —, zuletzt doch um eine heimliche Erneuerung der Schöpfungsontologie einer idealistischen Anthropologie, die den Menschen in seinem selbst erfahrbaren Mensch-Sein zur Partnerschaft mit Gott ausgerüstet sein läßt. Die Diskussion um den sogenannten „Anknüpfungspunkt“ für die Wirksamkeit des verkündigten Wortes Gottes, jene Diskussion, die vor allem zu Beginn des Kirchenkampfes

[2] E. Brunner, Der Mensch im Widerspruch, ^{3}1941, S. 169.
[3] Ebd. S. 93.
[4] Ebd. S. 170.
[5] Ebd. S. 93.

das theologische Gespräch entscheidend beherrschte, hat hier ihre Voraussetzung. Und die Ablehnung einer Historisierung der Schöpfungs- und Sündenfallgeschichte, die E. Brunner betont vornimmt, hindert nicht, daß das Anliegen dieser Schöpfungs- und Sündenfallgeschichte, nämlich das Wesen des Menschen „aus seinem geschichtlichen" Ursprung zu begreifen, nun gleichsam „zeitlos" neu aufgenommen wird.

Das ist eine Linie neuerer protestantischer „imago"-Lehre, die eben doch zuletzt noch bestimmt ist durch den Blick auf Ausstattungen des vorfindlichen Menschen als symptomatische Erinnerungen an seine geschöpfliche Gottebenbildlichkeit und hier danach fragt, wie die Spuren der Gottebenbildlichkeit in dem phänomenologisch beschreibbaren Bild aufzudecken seien und die dann aus der Antwort entsprechende, auch ethische Konsequenzen zieht.

Die Auslegung der Grundstelle für diese „imago"-Lehre, Gen. 1, 26 f., in der neueren alttestamentlichen Exegese ist sehr mannigfach. Sie ist zum Teil durch die dogmatische Tradition bestimmt; eine knappe und sehr erhellende Zusammenstellung findet sich in dem Aufsatz von J. J. Stamm „Die Imago-Lehre von Karl Barth und die alttestamentliche Wissenschaft"[6]. Stamm stellt fest, daß seit etwa 1940 sich aber dann auch bei Alttestamentlern ein gewisser Konsensus herauszustellen scheint. Das Stichwort, in dem der Konsensus zunächst zu finden ist, lautet: „Gestaltähnlichkeit". Das ist nämlich die richtige Interpretation jener Doppelaussage, jener Zusammenstellung von „säläm" und „demuth". Gestaltähnlichkeit ist das Wesen der „imago". „Säläm" nämlich bezeichnet das plastische Bild, die durchgeführte Statue sozusagen, und „demuth" betont die Ähnlichkeit im Sinne von Nicht-Identität und sichert so „säläm" gegen ein Mißverständnis als Real-Identität, in diesem Fall mit Gott. Verschieden bleibt dann freilich noch die Antwort auf die Frage, *was* denn die Gestalt ausmache — ist es, wie eine Reihe Alttestamentler sagt, die aufrechte menschliche Gestalt? Oder ist es die Geistigkeit des Menschen? Oder überhaupt alles, was den Menschen vom Tier unterscheidet? Oder ist es die Widerspiegelung der „kabod" Gottes? Wir können das beiseite lassen. — Gemeinsam ist dann zweitens in der alttestamentlichen Exegese im großen und ganzen die Feststellung, daß das Alte Testament den von reformatorischer Theologie behaupteten Verlust der Ebenbildlichkeit nicht kennt. Gen. 5, 1—3; Gen. 9, 6; Ps. 8, 4 ff. sind etwa die Belege dafür. Drängt das — so fragen wir — nicht doch wieder zurück in eine gewisse Nähe zur orthodoxen und zur römischen Auffassung, so wie man sie etwa auch bei Brunners Suchen nach erfahrbaren Spuren der „imago"-haftigkeit des Menschen verspürt? Wir stellen hier

[6] Antwort. Karl Barth zum 70. Geburtstag, 1956, S. 84 ff.; vgl. auch J.-F. Konrad, Abbild und Ziel der Schöpfung, 1962.

nur diese Frage, weil wir uns im einzelnen ja näher mit der dogmatischen als mit der exegetischen Position zu beschäftigen haben[7].

Neu, sowohl gegenüber der dogmatischen Tradition sowie der alttestamentlichen Exegese, ist K. Barths Auslegung von Gen. 1, 26[8]. Hier versucht Barth, Gen. 1, 26 im Licht einer analogia relationis zwischen Schöpfer und Geschöpf zu begreifen. Grundlegend sind zwei Thesen:

1. „Lasset *uns* Menschen machen.“ Dieser umstrittene Plural kann nicht, wie es weithin bei den Alttestamentlern geschieht, auf die Assistenz etwa eines himmlischen Hofstaates bei der Schöpfung des Menschen bezogen werden, zumal ja die Formel „unser Bild“ in V. 26 dann aufgenommen wird von der Formel „sein Bild“ in V. 27; sondern „Lasset uns Menschen machen“ ist so, wie es schon in der Alten Kirche geschehen ist, trinitarisch zu verstehen: Gott ist einer, aber nicht einsam, da er „den Unterschied und die Beziehung von Ich und Du in sich selber hat“.

2. Der zweite Ausgangspunkt ist mit V. 27 gegeben: „Als Mann und Frau schuf er sie.“ Das ist, wie Barth meint, eine „geradezu definitionsmäßige Erklärung“ von „besalmenu kidmuthenu“. Diese Formel übersetzt Barth nun: „in unserem Urbild nach unserem Vorbild.“ Das heißt: In analogia relationis steht eben dieses „Gegeneinander und Füreinander von Mensch und Mensch“, von Mann und Frau zu dem innergöttlichen Gegenüber von Ich und Du. „Wie sich das anrufende Ich in Gottes Wesen zu dem von ihm angerufenen göttlichen Du verhält, . . . so verhält sich in der menschlichen Existenz selbst das Ich zum Du, der Mann zur Frau.“[9] Im Menschen wiederholt sich so die göttliche Lebensform. Der Mensch ist so wenig einsam wie Gott[10]. Aber bei Gott handelt es sich um ein Ich und Du in *einem* Wesen; beim Menschen handelt es sich um ein Verhältnis zwischen *zwei* Individuen in der Form der Geschlechtlichkeit, der geschlechtlichen Differenzierung. Auch diese Form der Geschlechtlichkeit ist insofern wichtig, weil ja das Gegeneinander als ein Füreinander festgelegt ist. Beides aber, daß es sich hier um zwei Individuen handelt und daß es sich um sie handelt in der Form der Geschlechtlichkeit, gehört zur Geschöpflichkeit und verhält sich darin eben zur Gottebenbildlichkeit als „Entsprechung des Ungleichen“. Was heißt das?

Das heißt: Die Ebenbildlichkeit ist nicht in einer Eigenschaft oder Verhaltensweise *des* Menschen schlechthin zu finden, sondern sie besteht, indem der Mensch selber und als solcher als Gottes Geschöpf besteht[11]. Vielleicht wird bereits hier deutlich, was für ein entscheidender Schritt damit in der dogmatischen Gedankenführung vorgenommen ist, wie hier

---

[7] Zur exegetischen Literatur vgl. J. J. Stamm, Die Gottebenbildlichkeit des Menschen im AT, Theol. Studien 54, 1959; Jervell, Imago Dei.

[8] KD III/1, S. 204—233.

[9] Ebd. S. 220.

[10] Ebd. S. 207 f.

[11] Ebd. S. 207.

zum ersten Male radikal die letzte Verhaftung an eine idealistische Anthropologie abgeschnitten wird und zugleich der Versuch gemacht wird, exegetisch dem entscheidenden Schriftwort richtig zu begegnen.

An diese Grundfeststellungen schließen sich einige Forderungen an, die hier nur angedeutet werden können; es folgt nämlich dann daraus, daß die Herrschaft des Menschen im Bereiche der Schöpfung nicht das Wesen seiner „imago"-haftigkeit ausmachen kann, sondern Folge der Ebenbildlichkeit ist; weiterhin: die Ebenbildlichkeit ist, *weil* sie eben nicht in einer Eigenschaft zu suchen ist, auch *nicht* verloren. Das ist die Korrektur an der reformatorischen Tradition. Es wird hier dogmatisch die Aussage von Gen. 5, 1—3; 9, 6; Ps. 8, 4 bejaht.

Eine im Licht des traditionellen Verständnisses der imago entworfene Anthropologie als Schöpfungsontologie hat also weder in der positiven Form hier Raum, noch innerhalb einer Klammer unter dem Vorzeichen des Verlustes der „imago"-haftigkeit. Letztlich waren ja die ansatzweisen Gedanken der Reformation im Grunde nichts anderes als die Wiederaufnahme der Tradition, aber unter dem Vorzeichen ihrer Durchstreichung. Man blieb bei dem vorgegebenen, im Grunde idealistischen Schema des „imago"-verständnisses, setzte aber davor das entscheidende Vorzeichen: Diese „imago"-haftigkeit sei durch die Sünde restlos verlorengegangen. Beides: die positive Entfaltung der „imago"-haftigkeit im Sinne einer idealistischen Anthropologie wie auch — wie ich es vorhin formulierte — ihr Festhalten innerhalb einer Klammer unter dem Vorzeichen des Verlustes dieser „imago"-haftigkeit, beides hat jetzt keinen Raum mehr. Die Gottebenbildlichkeit des Menschen ist gesetzt, bestimmt und gehalten durch das Wort Gottes, das er selbst in präsenter personhafter Begegnung spricht. Die Vorstellung von der Schöpfung im Urstand empfängt — anders formuliert — ihren Sinn von der Neuschöpfung im Gerichts- und Gnadenhandeln der Rechtfertigung her. Jenes „hominem iustificari fide" bedeutet so zugleich die Berufung *zur* und die Beschlagnahme *für* das Mensch-Sein in Mitmenschlichkeit. Hier geht also das Denken vom Rettungshandeln Gottes aus. Das hat eine neue Fassung des Problems der Gottebenbildlichkeit zur Folge. Von da aus ist die Entwicklung einer Ethik als Tugendlehre, bezogen auf die „imago"-bedingte Ausstattung des Menschen, nicht möglich. Von hier aus wird auch die ethische Problematik eine andere Wendung bekommen müssen, als sie jener idealistischen Fassung gemäß wäre.

Für den Glaubenden und Wiedergeborenen ist der „neue Mensch" nach dem Ebenbild Gottes grundlegende Gabe und gebietende Bestimmung seines Wandels geworden. Ausführungen wie Eph. 4, 24 und Kol. 3, 10 treten hier vor Augen, wenn da gesprochen wird von dem „Anziehen des neuen Menschen, der nach Gott geschaffen ist in Gerechtigkeit und Heiligkeit der Wahrheit", oder wenn von denen gesprochen wird, die bekleidet sind im Bezug auf den neuen Menschen, der erneuert ist zur Erkenntnis nach dem Bilde dessen, der ihn geschaffen hat; oder wenn man noch an Stellen denkt wie etwa Kol. 1, 15 oder Röm. 8, 29: die Ebenbildlichkeit des Erstgeborenen — um nur die wichtigsten zu nennen —, dann wird ja ganz deutlich, wie in bezug auf die Frage der Gottebenbildlichkeit im Neuen Testament gesprochen wird und von daher zu denken ist. Entscheidend ist die Ebenbildlichkeit des Sohnes zum Vater und daß mit der Inkarnation das „Bild Gottes im Bereiche der Kreatur aufgerichtet wird"[12], das Bild Gottes, in dem Gott sich als Gott für uns offenbart. Und von da aus geht dann der Blick, wie auf das Ende aller Dinge, so auch auf den Anfang.

Es liegt nun nahe, die in den neutestamentlichen Aussagen sich andeutende Rückbezüglichkeit der Christusebenbildlichkeit auf die Gottebenbildlichkeit in der Schöpfung gleichsam auf der irenäischen Linie einer Überhöhung des Urstandes im Ereignis der Erlösung und Vollendung „heilsgeschichtlich" zu verstehen. Aber selbst dies — gesetzt einmal, daß dieses Verständnis legitim wäre — würde es nicht gestatten, die Gottebenbildlichkeit des Erstgeschaffenen als ein geschichtliches Faktum in dem Sinne zu begreifen, daß die Christusebenbildlichkeit des Wiedergeborenen zu ihm hinzukäme, daß also die Wirklichkeit des Christenmenschen die Idee des urständlichen Menschen und eine ihr entsprechende geschichtliche Erscheinungswirklichkeit zur Voraussetzung hätte. So wenig die Nächstenschaft in der stoisch verstandenen Sympathie aller, die Menschenantlitz tragen, ihren Grund hat, sondern vielmehr darin, daß Christus für alle gestorben ist, so wenig sie also seinsmäßig zu begreifen ist, sondern von der Tat und dem Gebot Gottes in Christus Jesus her, so wenig ist die „imago Dei" ontologisch zu verstehen. Denn dann würde ja die Sünde als Voraussetzung der Erlösung ebenfalls ontologisch im Sinne einer „privatio" der ursprünglichen Schöpfung rational erklärbar; sie bliebe nicht mehr das „perverse Mysterium". Man könnte eher mit Regin Prenter[13] sagen: „Im ‚status originalis' ist die Gottebenbildlichkeit vorhanden in Gottes Verheißung, welcher an der Wahrheit vom Menschen festhält, auch wenn er nach dem Fall unter der Verdammnis des Gesetzes steht, während sie (sc. die Gottebenbildlichkeit) im ‚status gratiae' vorhanden ist als die Erfüllung der Verheißung in der Einheit mit Jesus Christus im Glauben." Aber man darf diese Formel Prenters doch dann nicht zu der Konsequenz hin auswerten, daß man sagt: *erst* Mensch, *dann* Christ, und zwar weder im Sinne der katholisch-scholastischen Kooperationstheorie des „facere quod in se est", daß also das sittliche Bemühen des Menschen so weit vorangetrieben werden muß, daß dann die Gnade als „auxilium" zu Hilfe zu kommen vermag, noch darf

[12] P. Brunner, EvTh 11, 1951/52, S. 300.

[13] Schöpfung und Erlösung. Dogmatik I, 1958, § 23.

man das tun im Sinne eines strengen Schemas von Gesetz und Evangelium, daß „der Mensch zuerst Mensch sein muß, *bevor* er Christ werden kann, daß er ‚die Wahrheit tun' muß, indem er sich vom Gesetz richten läßt, *bevor* er das Evangelium als Wahrheitswert empfangen kann"[14]. Bei diesem fatalen „bevor" würde ja wiederum — in Parallele zur katholischen Differenzierung einer Ethik des Natürlichen und einer daraufgesetzten Ethik des Übernatürlichen — eine andere Differenzierung erscheinen: eine Ethik unter dem Gesetz und eine Ethik unter der Gnade. Damit aber wird Gottes Gebieten, das seiner Schöpfung gilt, „gesetzlich" ausgelegt und nicht als die seine Schöpfung erhaltende Anrede verstanden, als die Anrede Gottes, die das Ja des Menschen zu Gott erzeugt.

Darin, in diesem Ja des Menschen zu Gott, das von Gottes Anrede erzeugt wird, wurzelt die Begründung menschlichen Gehorsams durch Gottes Offenbarung. „Die Erkenntnis des Bildes Gottes in Jesus ist der Schlüssel zur Erkenntnis des Bildes Gottes in Adam."[15] Aber wir müssen zu dieser Formel von Peter Brunner hinzufügen: Die Erkenntnis des Bildes Gottes in Jesus Christus ist zugleich auch der Schlüssel, durch den im „ecce homo", im Bild des Gekreuzigten, die Enthüllung der Selbstentfremdung des von Gott nach seinem Bilde Geschaffenen zum Zerrbild angemaßter Gottähnlichkeit erfolgt.

Gehört es zur Gottebenbildlichkeit, daß in ihr per analogiam relationis das „Gegeneinander und Füreinander von Mensch und Mensch" das innergöttliche Ich-Du-Verhältnis sich spiegelt, dann bedeutet die den Menschen zum Menschen machende Existenz in der Mitmenschlichkeit, daß der wirkliche Mensch als der Gott gehorsame stets unter dem Anruf Gottes ersteht.

Blicken wir zurück: Wir knüpften an den Satz von Althaus an: „Ethik als theologische Disziplin ist die methodische Besinnung auf Gottes Offenbarung als Berufung des Menschen zum Handeln, d. h. a) als Gebot und b) als Begründung menschlichen Gehorsams." Und wir setzten mit Absicht bei dem zweiten ein: bei der Begründung menschlichen Gehorsams durch das Widerfahrnis der Rechtfertigung, und das heißt also: bei der Frage nach dem wirklichen Menschen als dem Ziel der ethischen Forderung und dem Subjekt des ethischen Handelns (§ 2), und wurden dann unter dem Gesichtswinkel des Kontinuum zwischen altem und neuem Menschen vor das Problem der „imago Dei" gestellt. Auch hier — so weit sind wir bis jetzt gekommen — klammert die Antwort das Schema „erst Mensch — dann Christ" aus.

Bei der Frage nach dem Subjekt des sittlichen Handelns, so wie dieses Handeln als Leben im Gehorsam gegen Gottes Gebot allein in der theologischen Ethik Gegenstand ihres erkennenden Bemühens ist, richtet sich

[14] Ebd. S. 265.

[15] P. Brunner, EvTh 11, S. 301.

der Blick vom „homo iustificatus coram Deo“ auf den „homo“ schlechthin, vom Christen auf den Menschen. Denn was der Mensch seinem *Wesen* nach als Gottes Geschöpf ist, das sagt ihm allein Gottes Wort über den Menschen.

Das heißt: Von der in Jesus Christus geoffenbarten Wirklichkeit Gottes als des Schöpfers und Erlösers her erfolgen die gültigen Aussagen auch über die Wirklichkeit des Menschen. Auch der hier maßgebliche Begriff der „Wirklichkeit“ kann nur theologisch gefaßt werden und nicht etwa als eine Kategorie empirischer Erfahrung. Das ist nun in einem letzten Problemkreis abermals zu verdeutlichen, nämlich an dem Problem der sittlichen Freiheit. Das Problem der sittlichen Freiheit ist also hier, beim Problem der „imago Dei“, eingeordnet, und das geschieht mit gutem Grund.

Das Problem der sittlichen Freiheit

Wir erinnern uns: Zur traditionellen römischen wie auch orthodoxen Lehre von der „imago Dei“ gehört, daß diese „imago“ als durch den Begriff der Willensfreiheit wesentlich bestimmt gedacht wird. Wie die Willensfreiheit ist sie hier die wiederum seinsmäßige Voraussetzung der Erfüllung der Gebote Gottes und wird sowohl im Rahmen eines psychologischen wie entscheidend eines metaphysischen Freiheitsbegriffes näher entfaltet und dann als „Wirklichkeit“ postuliert. Auch wir schließen also den Fragenkreis nach der sittlichen Freiheit hier an. Aber wir beginnen mit Gegenfragen gegen die scholastische Fassung.

Einmal: Ist mit dem psychologischen, die Freiheit der Selbstbestimmung gegenüber einer mechanistischen Psychologie behauptenden Freiheitsbegriff, und ist mit dem metaphysischen Freiheitsbegriff der Wahlfreiheit auch schon der Begriff der sittlichen Freiheit zugleich bestimmt? — Augustin hat an dieser Stelle bereits anders zu denken begonnen; aber die Entwicklung ist wieder über ihn hinweggegangen.

Und sodann: Ist der Weg vom Begriff der Freiheit zu der Frage nach der ihm entsprechenden Wirklichkeit richtig? Kann man etwa — wie es zum Beispiel Althaus in seinem Grundriß der Ethik tut — sagen: „Es gilt zunächst diesen Begriff der sittlichen Freiheit durch Abgrenzung gegen andere Freiheitsbegriffe genau zu bestimmen; dann ist zu fragen, ob ihm eine Wirklichkeit entspricht?“[16]

Sofern die Theologie in bezug auf die Offenbarung der Wirklichkeit Gottes in seinem Wort nur in aposteriorischen, in *nach*-sprechenden Aussagen sich entfaltet, wird auch hier beim Verständnis der Freiheit entsprechend vorzugehen sein, so notwendig und so nützlich die Abgren-

[16] Althaus, Ethik, S. 44.

zung gegenüber außerbiblischen Freiheitsideen auch ist. Aber sie und das biblische Verständnis der Freiheit liegen in der Sache *nicht* auf *einer* Ebene, sondern das biblische Verständnis von der Freiheit beginnt mit dem Zeugnis von der Wirklichkeit dieser Freiheit. Das wird — wenn wir uns das einmal am Befund des Neuen Testaments skizzieren — wohl deutlich werden können. Es bedeutet in unserem Zusammenhang der Vergleich etwa mit den Ideen der Umwelt des Neuen Testaments lediglich die Schärfung des Blickes. Sachlich handelt es sich um den Freiheitsgedanken bei Paulus; und dieser Freiheitsgedanke bei Paulus steht nun im Gegensatz zu dem primär politischen und später weltanschaulich-individualistischen Freiheitsbegriff ethischen Lebens im hellenistischen Denken und entfaltet sich in deutlich spürbarer Auseinandersetzung mit dem akosmischen, dem Libertinismus und dem Nihilismus geöffneten Freiheitsbewußtsein der Gnosis. Die begriffsgeschichtliche Entwicklung in der Umwelt und die Eigentümlichkeit des neutestamentlichen Freiheitsgedankens haben Schliers glänzender Artikel „eleutheros“ im Theologischen Wörterbuch[17] und Bultmanns „Theologie des Neuen Testaments“[18] zusammenfassend sowie eine größere Anzahl Sonderuntersuchungen unter verschiedenen Gesichtspunkten herausgearbeitet. Im Anschluß an diese Untersuchungen ergibt sich etwa folgendes Bild:

Ganz allgemein heißt in der Umwelt des Neuen Testaments frei sein: „unabhängig von anderen selbst über sich verfügen.“ Dieser Begriff von Freiheit ist am Gegenbild der Unfreiheit des Sklaven gewonnen, die das Charakteristikum einer als selbstverständlich betrachteten Institution in der Wirklichkeit der griechischen Polis ist. Das heißt also: Es handelt sich zunächst ganz unproblematisch um die Freiheit der „politisch“ Freien in der Polis, innerhalb der staatlichen Lebenswirklichkeit. „Eleutheria“ ist im Griechentum primär ein politischer Begriff[19]. Sie ist nach Aristoteles wesentliches Kennzeichen des Staates und steht innerhalb seines „nomos“, seines Lebensgesetzes und Lebensprinzips, innerhalb seiner den Staat durchwaltenden Vernünftigkeit, deren Intaktheit Voraussetzung ist für den Bestand der Freiheit. Und von da aus erscheint in den großen Staatslehren des klassischen Griechentums die Demokratie als diejenige Staatsform, in der die Freiheit sich am besten gestalten läßt, weil die Demokratie allen Bürgern grundsätzlich die gleichen politischen Rechte, denselben zur Freiheit gehörigen Anspruch des Herrschens zuerkennt und auch im faktischen Leben ermöglicht. Indem sie aber so grundsätzlich das Höchstmaß politischer Freiheit gewährt, ist eben darin zugleich die schärfste Bedrohung ihres eigenen Bestandes eingeschlossen; denn das durch die Demokratie geförderte Individuum gefährdet durch die geweckte und gestärkte Freiheit seines eigenen „nomos“ die

[17] II, S. 484 ff.
[18] §§ 38—40.
[19] H. Schlier, ThWBNT II, S. 484.

„eunomia“ der Polis. Die politische Freiheit erstreckt sich aber auch auf die Unabhängigkeit der Polis innerhalb der zwischenstaatlichen Beziehungen. In den unaufhörlichen innergriechischen Kämpfen nach den Perserkriegen wird „Freiheit“ mehr und mehr zum Schlagwort einer „nationalistischen“ Außenpolitik. Mit dem Zusammenbruch der hellenischen Demokratie wendet und wandelt sich nun der politische Freiheitsbegriff im Hellenismus zu einem weltanschaulichen. Die Struktur des Begriffs bleibt jedoch erhalten. Das jetzt apolitische Individuum im Imperium versteht sich kosmopolitisch, denn an die Stelle der Polis als Lebensraum ist eben jetzt der Kosmos getreten; an die Stelle des politischen, zugleich die Gottheit der Polis repräsentierenden nomos ist das mit Zeus oder dem Schicksal gleichgesetzte Gesetz der physis der Welt getreten. Die „freie“ Begegnung mit dem Kosmos ist identisch mit dem Rückzug in die Innerlichkeit des Individuums, das eben darin erlebt, daß es — wie die Stoiker sagen — „göttlichen Geschlechts“ ist.

Es ist klar, daß die Vermittlung dieses individuellen Freiheitsanspruches und Freiheitsgefühls mit dem ewigen Weltgesetz und der unbezwinglichen Schicksalsmacht nur dialektisch, nur in einem vernunftgemäßen amor fati erfolgen kann. Die spätstoische Lebensformel des „homologoumenos te physei zen“, in Übereinstimmung mit dem Naturgesetz leben, bedeutet zugleich eine Loslösung von der Welt, bedeutet die Freiheit der Bedürfnislosigkeit, die Freiheit von den pathe, dem Andrang der Dinge. Man sieht: der primär politische Aspekt der Freiheit ist zurückgetreten, sofern dieser radikale Individualismus des bloßen Mensch-Seins dann auch den Unterschied zwischen Herren und Sklaven, zwischen politisch Freien und politisch Unfreien grundsätzlich durchstreicht. Die eleutheria, die jetzt mit dem erstrebten „Frieden der Seele“ gleichgesetzt ist, lebt in der Resignation eines „eingebildeten“ Herr-Seins seiner selbst, eines scheinbar vollkommenen, auch das Recht auf den Selbstmord einschließenden Verfügens über sich selbst. „Frei ist, wer lebt wie er will“ (Epiktet IV, 1, 1), der also „nicht zu zwingen, nicht zu hindern, nicht zu vergewaltigen ist, dessen Entschließungen sich nicht aufhalten lassen, dessen Begehrungen ans Ziel gelangen, dessen Ausweichungen nicht ins Unglück geraten.“ Und die Überwindung des Schicksals geschieht kraft solcher Freiheit und zum Gewinnen solcher Freiheit durch eine willentliche Preisgabe an das Schicksal, durch eine gewollte, vernünftige, „logische“ Einordnung in die Gesetzmäßigkeit des Alls, des Zeus. Noch ein weiteres stoisches Zitat zur Verdeutlichung: „Will er (sc. Zeus), daß ich Fieber habe? Auch ich will es. Will er, daß ich mich zu etwas entschließe? Auch ich will es. Will er, daß ich begehre, auch ich will es. Will er, daß ich etwas erreiche, auch ich will es. Will er nicht? Auch ich nicht. Will er, daß ich sterbe, daß ich gefoltert werde? Auch ich will sterben, gefoltert werden. Was kann mich noch hindern oder zwingen gegen meine Überzeugung? So wenig als den Zeus" (Epiktet). Das ist dieses hellenistische Freiheitsideal, das dialektisch mit dem Schicksalsglauben zugleich verknüpft ist. Das ist das Gegenbild zum paulinischen Freiheitsverständnis.

Das andere, noch sehr viel näher an die unmittelbaren Aussagen des Paulus herangerückt — weil nämlich das unmittelbare Gegenstück dazu —, ist das Freiheitsbewußtsein der Gnosis. Es ist gegenüber dem stoischen revolutionär, obschon auch es in seiner Struktur „eleutheron to archon heautou", Über-sich-selbst-Verfügen — nicht verschieden ist: Für die stoische Theologie war die Planetenwelt der reinste Ausdruck der ewigen, vernünftigen, göttlichen Gesetzmäßigkeit des Kosmos, wodurch das Schicksal, obwohl unentrinnbar, dann doch den Charakter der Vorsehung bekam. Für den Gnostiker ist die Planetenwelt die Welt der feindlichen Mächte. Als „Götter der Welt" werden die Planetengeister zu „Widergöttern des eigentlichen", des fernen, des unbekannten Gottes[20]. Und sie fordern nun die schroffste Auflehnung des akosmischen Freiheitsbewußtseins des Menschen heraus, der ja in seinem Wesentlichen, nämlich im pneuma, im Geist, jenem gegenweltlichen Gott gehört. Die Revolution gegen den Kosmos, die es dem gnostischen Menschen also verwehrt, sich diesem Kosmos einzuordnen, spiegelt sich dann in der gnostischen Ethik, die alle bisherigen politischen Werthaltungen, die die ganze gültige bürgerliche Moral und Ordnung negiert und bekämpft und in neuen Formen, im gnostischen Asketismus sowie in der gnostischen Gemeindeethik, *dieser* Welt die Welt des neuen, des anderen, des fernen, des fremden Gottes entgegenstellt — schrankenlos und verächtlich „frei" gegenüber den „Ordnungen" der demiurgischen Welt, libertinistisch oder auch völlig zurückgezogen gegenüber der innerweltlichen Öffentlichkeit des staatlichen und gesellschaftlichen Daseins. Der Gnostiker ist in solcher Freiheit nicht nur Herr seiner selbst, sondern auch Herr der Welt. Und nun scheint Paulus einer derartigen Haltung in der korinthischen Gemeinde begegnet zu sein. Er gibt dieser Gemeinde zu (1. Kor. 3, 21 ff.): „Alles ist euer, sei es die Welt, sei es das Leben ..." — aber: die also Angeredeten gehören nicht mehr sich selbst: „Ihr gehört Christus, Christus gehört Gott." Sie sind Christi. Und später sagt er den also Angeredeten — offenkundig im Blick auf gnostisch-libertinistische Ausschweifungen —: „Ihr gehört euch nicht selbst" (1. Kor. 6, 19). Sie sind Christusgläubige, und der Glaubende ist als ein „von Christus Befreiter", von ihm „Freigekaufter", ein „Knecht Christi" (1. Kor. 7, 22). Auf dem Hintergrund des bisher Skizzierten bedarf eigentlich das paulinische Freiheitsverständnis keiner besonderen Erläuterung mehr; es genügen einige Hinweise noch zum Schluß.

---

[20] H. Jonas, Gnosis und spätantiker Geist, ³1964, S. 161.

Daß der Christ Christus gehört, ist nicht die Grenze seiner Freiheit über alles, sondern das nennt den Grund dafür, daß nun wirklich alles ihm gehört. Es kommt also darauf entscheidend an: Bei dieser Wirklichkeit setzt das christliche Verständnis der Freiheit an. Es wird nicht zuerst ein sittlicher oder ein christlich-sittlicher Begriff der Freiheit entfaltet und dann gefragt, ob ihm, und wenn ja, welche Wirklichkeit ihm entspreche. Es wird vielmehr eingesetzt bei dem Zeugnis von dieser Wirklichkeit des „Befreiten vom Herrn“, bei der Wirklichkeit des „Knechtes Christi“. Dieser „Knecht Christi“ hat sich nicht zur Gewinnung oder Wahrung seiner Freiheit, seines Über-sich-selbst-Verfügens, dem „nomos“ seines Ichs oder dem „nomos“ der Polis oder dem der „physis“ eingeordnet, er hat auch nicht in gnostischer Weise all diese „nomoi“ übersprungen und unter seine Füße getreten, sondern er ist von Gott in das Leben, in die Freiheit Gottes selbst hineingenommen. Mit dem begriff der Freiheit wird „im Neuen Testament eine eschatologische Wirklichkeit verkündigt, die geschaffen ist durch die Heilsmacht des Handelns Gottes“[21]. Diese Freiheit des Glaubens, in der „der Glaubende die ‚zoe‘ und damit sich selbst gewinnt“[22], wird von Paulus dann noch weiter beschrieben als die Freiheit von der Sünde (Röm. 6, 18 ff.), vom Gesetz (Röm. 7, 3 ff.; Gal. 4, 21 ff.), vom Tode (Röm. 6, 21 ff.; 8, 21); und das heißt nun: im Blick auf das „archon heautou“, auf das Über-sich-selbst-Verfügen, als Freiheit von der Ich-Sucht, von dem Selbst-Sein-Wollen, von der Sorge. Sie ist der Ausdruck eines Freigesprochen-Seins und als Begriff „gebildet an dem Gegenüber von Sünde und Gerechtigkeit“[23]. Diese Freiheit existiert in dem mit „en Christo“ bezeichneten neuen Dasein, das heißt: diese Freiheit ist als das „neue Leben“ identisch mit der „hypakoe pisteos“ und erweist sich im Tun dieses Glaubensgehorsams. Denn so wie die Befreiung von der Sünde geschehen ist durch den Gehorsam Christi, gilt im Neuen Testament die Gleichung: Freiheit ist gleich Gehorsam gegen Gott.

Dahinter steht die Erkenntnis, daß der Mensch auch und gerade dort, wo er, auf welchem Wege auch immer, sei es im Rückzug auf die Innerlichkeit, sei es im Verfügen über die ihn bedrohenden Mächte, sich selbst in die Hand zu bekommen versucht, nicht frei ist. Für die Erkenntnis des Glaubens ist „jedes Selbst-sich-in-die-Hand-bekommen ... nur ein Weg, das *verfehlte* Dasein zu ergreifen“, da das Leben des Selbst seinen alleinigen Grund in dem Leben in und aus Gott hat (Bultmann). „Zur Freiheit hat uns Christus frei gemacht“ (Gal. 5, 1), durch seine Selbsthingabe (Gal. 3, 13); und zu dieser Freiheit sind wir „gerufen“ (Gal. 5, 13). Alle

[21] H. D. Wendland, „Christliche Freiheit“, kreatürliche Freiheit und totalitärer Staat, 1937, S. 153.

[22] R. Bultmann, Theologie des NT, [6]1968, S. 327.

[23] Wendland, Freiheit, S. 154.

diese Aussagen umschreiben das Geschenk der Freiheit als das der neuen Wirklichkeit, und diese neue Lebensordnung heißt dann paradoxerweise „Gesetz Christi“ (Gal. 6, 2), das der Jakobusbrief (1, 26) als das „vollkommene Gesetz der Freiheit“ dem mit dem Fluch beladenen Gesetz des alten, des selbst-sein-wollenden Menschen gegenüberstellt. Das endlose Gesetz der „epithymia“ als der Leidenschaft zum Lebenwollen (Röm. 7, 7) war das Organ der Zwangsherrschaft der Sünde und des Todes. „Das Organ der Freiheit ist jetzt das Leidenwollen im Dienst der Liebe“ (Röm. 8, 31)[24].

„Der Ausweis der Freiheit vom Gesetz geschieht im Vollzug des Gesetzes der Freiheit“ — eine Formel, wie sie Schlier[25] geprägt hat, das heißt also: in der Liebe. Ja, „die Freiheit besteht nur in dem Prozesse der Verwandlung in die Liebe“[26]. „Nur die Freiheit liebt“[27], denn nur das Freigemachtsein vom Selbst, von der Ichsucht, läßt dem Ruf in die Nächstenschaft, zu einem „selbstlosen“ Dienen, wirklich gehorchen. „Gerade nicht im Bei-sich-selbst-Sein, sondern im Bei-dem-andern-Sein gewinnt der Christ seine Freiheit.“[28] Und alle in dieser Freiheit geschehenden Werke zielen auf die Gerechtigkeit Gottes und damit auf das ewige Leben ab (Röm. 6, 22). „Das unter dem Zuspruch des Geistes ... seiner Selbst-Sucht im Glauben entnommene Dasein wirkt diese Freiheit aus in Werken, die dem Nächsten das Leben ermöglichen, von dem es selbst lebt: *das* Leben, das die Liebe Gottes in Christus gewährt.“[29] Diese Freiheit lebt also infolge ihrer Gebundenheit an Christus in scheinbarem Verzicht auf die Freiheit selbst. 1. Kor. 9, 19 heißt es: „Frei von allem habe ich mich allen zum Knechte gemacht“ — und man bedenke, welche Bedeutung dieser Satz dann für Luthers Traktat „De libertate“ gewonnen hat! — Aber die Vollmacht der christlichen Freiheit gerade auch dazu, die Vollmacht des „panta moi exestin“ (1. Kor. 6, 12), ist die Unabhängigkeit von allen weltlichen Ansprüchen und Urteilen, „die Freiheit von allen menschlichen Konventionen und Wertmaßstäben“[30]. Darum können die Warnung, nicht der Menschen Knechte zu werden (1. Kor. 7, 23), und die Mahnung, einander zu dienen (Gal. 5, 15), und zwar „durch die Liebe“ — diese beiden Mahnungen können darum nicht nur widerspruchslos, sondern sinnvoll-notwendig beieinander stehen: Jener erste Satz wehrt der Mißachtung, der andere dem Mißbrauch des Geschenkes der Freiheit aus der Freiheit Gottes.

In der Stoa war die Unfreiheit die „Beeinträchtigung des reinen Selbstseins durch solches, was seiner Natur nach nicht unbedingt in meiner

---

[24] Vgl. E. Fuchs, Die Freiheit des Glaubens, 1949.
[25] ThWBNT II, S. 499.
[26] Wendland, Freiheit, S. 157.
[27] Fuchs, Freiheit.
[28] Bultmann, Theologie, S. 497.
[29] Ebd. S. 499.
[30] Ebd. S. 339.

(sc. des Menschen) Hand ist, also durch Äußeres“[31], vor allem durch die Natur, und mit der Forderung des „homologoumenos te physei zen“ sollte ein Maximum an Freiheit im Minimum an Abhängigkeit gewonnen werden. Das reine Sichbeschränken auf sich selbst ist hier die Freiheit, denn — so meint man — „meiner selbst kann ich absolut sicher sein“.

Gerade hier nun, an diesem unbeeinträchtigten, genügsamen Sichselbst-Haben, gerade hier setzt das christliche Freiheitsproblem an. Dieses Sich-selbst-Haben ist das sündhafte Versagen des auf sich selbst gestellten Menschen vor Gottes Anspruch, vor der Frage, ob man vor Gott bestehen könne, jener Frage, die der Mensch mit der Flucht vor Gott beantwortet, weil er dem Bekenntnis vor Gott ausweichen muß. Mit dem seltsamen Satz: „Te enim mihi absconderem, non me tibi“[32] durchleuchtet Augustin einmal diese Weigerung, sich vor Gott zu bekennen: Gott soll für mich nicht existieren. Es ist ein Ausweichen vor der allein möglichen Antwort, nämlich der: „Nichts“, auf die Frage, was der Mensch *vor* Gott *ohne* Gott vermöge.

Dieser schroffe Gegensatz zwischen der Freiheit, die der Mensch in Selbstverantwortlichkeit sich selbst gewinnen möchte, *seiner* Freiheit als Ausdruck *seines* Herrseins, und der Freiheit, die er ohne Aufhebung seiner Verantwortlichkeit als Gnadengeschenk Gottes empfängt, tritt so nochmals heraus, und damit in unserem Zusammenhange zugleich jene Spannung zwischen einer gleichsam angemaßten Gottebenbildlichkeit, die von dem Wunsche beherrscht wird, sein zu wollen wie Gott, auf der einen Seite, und der in Gericht und Gnade geschenkten Gottebenbildlichkeit, als Christusebenbildlichkeit, auf der anderen Seite. Nirgends deutlicher als am Freiheitsproblem wird man dieser Spannung inne, und es wird sich wohl auch von da aus am ehesten das Verhältnis der in der theologischen Tradition ja immer wieder festgehaltenen „imago“-Lehre im Hinblick auf den Ersterschaffenen zu dem, was nach dem Neuen Testament die Ebenbildlichkeit Christi oder zu Christus genannt wird, klären[33].

---

[31] H. Jonas, Augustin und das paulinische Freiheitsproblem, 1930, S. 10.

[32] Augustin, Conf. X, 1.

[33] Über die bereits genannte Literatur hinaus sei noch auf folgende Abhandlungen hingewiesen: Imago Dei. Beiträge zur theologischen Anthropologie. G. Krüger dargebracht, 1932; E. Schlink, Der Mensch in der Verkündigung der Kirche, 1936; M. Doerne, Der Mensch im Urteil der Bibel, 1939, 2. Aufl. 1942; Der alte und der neue Mensch — Beiträge zur evangelischen Theologie 8, 1942; Reinhold Niebuhr, The Nature and destiny of man, 1944; Das Menschenbild im Lichte des Evangeliums. Festschrift für Emil Brunner, 1950; F. Gogarten, Der Mensch zwischen Gott und Welt, 1956; R. Bultmann, Glauben und Verstehen II, 1952; E. Wolf, Menschwerdung des Menschen? EvTh 6, 1946/47, S. 4 ff.; sowie schließlich die anthropologischen Beiträge von P. Bratsiotis, Peter Brunner, S. Verkhowsky, E. Schlink und E. Wolf in

§ 4 Der Sünder und die Sünde

Entsprechend der biblisch-reformatorischen Sicht der „imago“ enthüllt das biblische Verständnis der Sünde diese Sünde, wie es Vogel[1] einmal formuliert hat, als „perverses Mysterium“, das sich jeder psychologischen oder gar physiologischen, jeder soziologischen, moralischen oder historischen Aufdeckung entzieht. (Von der Möglichkeit historischer Aufdeckung ist etwa im Blick auf den Sündenbegriff Albrecht Ritschls zu reden.)

Das heißt: Man kann nach biblischem Verständnis nicht so über die Sünde reden wie über andere Gegenstände unseres Erkennens. Die Möglichkeit einer Wissensaussage, in der man das Erkannte so in die Hand bekommt, daß man seiner mächtig wird, hat hier keinen Ort; denn die Aussage: Das ist Sünde, fällt nicht zusammen mit der Aussage: Dies ist eine moralische Verfehlung, ein Verbrechen, vernunftwidriger Wahnsinn. Die Reformation hat wieder erkannt, was Luther auf die Formel bringt: „Sola fide credendum est, nos esse peccatores.“[2] Allein durch den Glauben muß man glauben, daß wir Sünder sind. Das heißt also: Von einer sogenannten „Sündenerfahrung“, die ja nur Symptome der Sünde erfassen kann, oder von der spiritualistischen Abstraktion der „allgemeinen Sündhaftigkeit“ des Menschengeschlechts führt *kein* Weg zum Bekenntnis: „peccator sum coram Deo“, führt kein Weg zu dem „An dir allein habe ich gesündigt“ (Ps. 51, 6). Sündenerkenntnis ist ein Offenbarungsbegriff. Das Wesen der Sünde, ihr „perverses Mysterium“, erfährt nur dort seine Enthüllung, wo der Mensch vor Gott in seiner Wirklichkeit entdeckt wird, das heißt, im Ecce homo, unter dem Kreuz Christi, in der Begegnung mit jener, genauer: mit *der* Wahrheit, in der Gott dem Sünder sagt, was es um sein Sünder-Sein ist.

Einzusetzen ist also etwa bei einer Stelle wie 2. Kor. 5, 21: „Gott hat den, der von keiner Sünde wußte, für uns zur Sünde gemacht, auf daß wir würden in ihm die Gerechtigkeit, die vor Gott gilt“, das heißt — wie es H. Vogel einmal formulierte —: „Allein an dem Menschen, der sich vor Gott nicht verbarg (wie Adam im Paradies), wird das perverse Geheimnis unserer Flucht vor Gott aufgedeckt, und zwar gerade darin, daß er dem Fluch unserer Flucht preisgegeben ist.“[3] Das heißt aber, daß die Erkenntnis der Sünde umklammert ist von dem Erkennen und Anerkennen der Gnade, dort, „wo das *Wort* vom Kreuz im Glauben gehört und angenommen wird. Dieses Wort aber lautet: Rechtfertigung des Gott-

EvTh 11, 1951/52, S. 289 ff.; F. Horst, Der Mensch als Ebenbild Gottes, in: Gottes Recht, ThB 12, 1961, S. 222 ff.

[1] H. Vogel, Die Sünde im biblischen Verständnis, EvTh 19, 1959, S. 439.

[2] Scholien zur Römerbriefvorlesung, hrsg. von H. Ficker, 2, [4]1930, S. 69.

[3] Vogel, Sünde, S. 442.

losen durch den und in dem für uns Gekreuzigten und Auferstandenen"[4]. Um es noch einmal mit Vogel zu sagen: „Darum gibt es wahre Erkenntnis der Sünde nicht nur allein im Glauben, sondern allein in der Anerkenntnis der Überlegenheit der Gnade Gottes in seinem Gericht, und daran scheiden sich die Petrus-Reue zum Heil und die Judas-Reue zur Verzweiflung ... Es ist die *Gnade* Gottes, die den Menschen in seiner Sünden- und Schuldverlorenheit vorfindet, weil sie ihn darin aufsucht."[5]

Gottes Gericht über den Sünder ist also auf keinen Fall als die letztinstanzliche Bestätigung eines Selbstgerichtes oder einer Selbsterkenntnis auf Grund moralischer Selbstverurteilung zu begreifen. Dieses moralische Mißverständnis der Sünde, das einer katholisch-humanistischen Anthropologie zugehört, ist aber gleichwohl im Protestantismus zum Beispiel nahezu selbstverständlich. Es zeigt sich zum Beispiel dort, wo heute von Asmussen bis Künneth und Thielicke in eigentümlicher Übereinstimmung die zum Beispiel von H. Vogel auf die Massenvernichtungswaffen bezogene Anwendung des Satzes „Das ist Sünde", der Preisgabe des reformatorischen Sündenverständnisses an eine bedenkliche Oberflächlichkeit bezichtigt wird. Als ob nämlich jene Anwendung behauptete — so wird immer wieder gleicherweise argumentiert wie unterstellt —, im atomaren Zeitalter sei die Atomwaffe die Sünde Nr. 1, und dann könnten vielleicht noch etliche andere Sünden angeführt werden. Indem man die Anwendung des Satzes „Das ist Sünde" hier in der gesamten zugrunde liegenden Intention mißversteht und ihn etwa so auffaßt, wie das im katholischen Lager durchschnittlich ist, kommt man dann zu diesem eigentümlichen Zerrbild und kommt dann dazu, mit großer Ansprüchlichkeit zu sagen, hier würde der reformatorische Sündenbegriff veroberflächlicht.

Die Frage, inwiefern ein menschliches Verhalten als „Sünde" zu bezeichnen sei, ist aber nun in der Tat für unser Problem innerhalb der Ethik *die zentrale Frage*. Wir werden dieser Frage sehr sorgfältig nachgehen müssen; sie ist gar nicht so einfach zu beantworten im Sinne des biblisch-reformatorischen Sündenbegriffes. Die Beantwortung dieser Frage nämlich setzt Klarheit darüber voraus, was nun „Sünde" eigentlich sei. Diese Fragen „moralisch" beantworten zu wollen, heißt, sie verfehlen, bzw. das katholische Verständnis von der Sünde — ein Denken,

---

[4] Ebd. S. 443.

[5] Ebd. S. 443 f. Zum reformatorischen Sündenverständnis vgl. neben den Dogmatiken und neben dem alten klassischen Werk von Julius Müller, Die Lehre von der Sünde, vor allem den Aufsatz von Gottfried Niemeyer, Die Lehre von der Sünde und Erbsünde in den Bekenntnisschriften der Ev.-Luth. Kirche, EvTh 1938, S. 183 ff. Dann vor allem den schönen Aufsatz von H. J. Iwand, Sed originale per hominem unum. Ein Beitrag zur Lehre vom Menschen, EvTh 6, 1946/47, S. 26 ff.; ferner die Skizze von E. Schlink, Der Mensch als Sünder, EvTh 11, 1951/52, S. 324 ff., und schließlich

das einen spezifischen Sündenbegriff kaum deutlich entwickelt, obwohl der Terminus „peccatum originale“ darauf hinzuweisen scheint — übernehmen. Aber es wird hier wie in allen Fällen nützlich sein, das katholische Denken von der Sünde zunächst zu skizzieren, damit auf diesem Hintergrund *das* deutlicher gesehen werden kann, was zum biblisch-reformatorischen Sündenverständnis und dann vor allem zu der Frage zu sagen ist, inwiefern auch ein bestimmtes menschliches Verhalten berechtigt zu sagen: „Das ist Sünde.“

Zur katholischen Sündenlehre

Der Hintergrund der katholischen Sündenlehre ist eine idealistische Anthropologie (die ja dogmatisiert ist, was hier im einzelnen nicht weiter dargelegt zu werden braucht) — eine Anthropologie, der gegenüber auch die gleichwohl festgehaltene biblische Lehre vom Sündenfall und vom Sünder-Zustand nichts auszurichten vermag. Denn nach Abzug gleichsam der einer Substanz gegenüber in solchem Denken nur noch als Akzidenz und Privation, also als „privatio“ oder „destitutio iustitiae originalis“ formal zu definierenden Sünde bleibt noch genug übrig an dem guten Wesen des Menschen, so schmerzlich auch die „spoliatio in gratuitis“, die Beraubung der Gnadengaben, und die „vulneratio in naturalibus“, die Verletzung in der natürlichen Ausstattung des Menschen, sein mögen. Die Wesenszüge jener gottebenbildlichen Substanz des Menschen sind jedenfalls nicht vernichtet. Das das Gottgleichnis ausmachende „liberum arbitrium“ ist, wie das Tridentinum gegen Luther betont formuliert, „minime extinctum“[6]. Willensfreiheit und die Möglichkeit urständlicher natürlicher religiöser Erkenntnis sind nur geschwächt, aber nicht zerstört; die natürlichen Kräfte des Menschen sind noch Leib und Seele, nur verwundet und verschlechtert; der Verstand ist verdunkelt — man redet vom „vulnus ignorantiae“ —; der freie Wille hat einen Hang zum Bösen — man spricht vom „vulnus malitiae“, —; das mutige sittliche Streben ist gebrochen — „vulnus infirmitatis“ —; und an die Stelle der Mäßigung tritt die Begehrlichkeit — „vulnus concupiscentiae“. Und trotz alledem: nach allgemeiner theologischer Meinung ist der Zustand dieser gefallenen Natur noch identisch mit dem Zustand reiner Natürlichkeit — jedenfalls nicht schlechter. Die idealistische Urstandsanthropologie des katholischen Denkens lebt so eingehüllt unversehens weiter in der niederen Ebene der reinen Natürlichkeit; aus dem Bereiche des „status iustitiae originalis“ geht sie ein in den Bereich des „status naturae reparatae“. Daß hier lediglich eine Verschiebung vorliegt, daß am Wesentlichen des anthropologischen Aufrisses *nichts* geändert wird, un-

[6] Denz. 793, 815.

terstreicht vor allem die von Theologen vertretene Lehre — oder soll man lieber sagen: Spekulation — über die Möglichkeit — nicht über die Wirklichkeit! — des sogenannten „status naturae purae". Das ist sehr aufschlußreich: „Gott hätte den Menschen in reinem Naturzustande erschaffen können." Für diesen Satz beruft man sich auch auf Augustin, auf Thomas, auf die Verurteilung des 55. Satzes des Bajus[7]. „Nach einem berühmten Vergleich Bellarmins besteht zwischen dem Menschen im Stande der gefallenen und dem im Stande der reinen Natur kein anderer Unterschied als zwischen einem Menschen, den man seiner Kleider beraubte, und dem, welcher einfach nackt ist, nie Kleider besaß."[8] Und nun wird die ganze Sündenlehre entwickelt im Bereiche des „status naturae reparatae".

Dieser Bereich ist für das katholische Denken der sogenannte zweite „geschichtliche Stand" des Menschengeschlechts, „der wirkliche Zustand, in dem sich die menschliche Natur nach dem Sündenfall Adams befindet", wie ein Dogmatiker definiert[9]. Dieser Zustand setzt voraus, daß die Menschen nach wie vor zum übernatürlichen Endziel bestimmt sind, daß Gott die Menschen in Gnaden wieder annehmen will, daß ihnen „zur Erlangung der Gerechtigkeit und des Anspruchs auf den Himmel die übernatürliche Gnade des Erlösers bereit"stehe[10]. Das heißt: Der Sünden- und der Gnadenbegriff sind in diese anthropologische Formel „status naturae reparatae" eingeschlossen; aber weder der Sünden- noch der Gnadenbegriff sind für sich durch nähere Definitionen des kirchlichen Lehramtes bestimmt. Und hinsichtlich des „peccatum originale" wird nur erklärt — ein rein formaler Satz des Tridentinums —: „Veram et propriam peccati rationem habet."[11] Die Ur- oder Erbsünde hat die wahre und eigentliche Art der Sünde. Die Definition der Erbsünde und dann auch der Sünde überhaupt geschieht vielmehr in den Lehrerklärungen nur insofern, als die Folgen der Erbsünde festgestellt werden. Das geschah zuletzt auf dem Tridentinum in dem „decretum super peccato originali" — charakteristischerweise heißt es nicht „*de* peccato originali"! So wird vor allem in den canones 1—4[12] diese Umgrenzung vorgenommen, und aus diesen canones werden zwei Dogmen abgelesen: Einmal: „Für Adam selbst (und Eva) traten *mehrere* Sündenstrafen ein", und zweitens: „Die Sünde Adams hat auch über alle seine Nachkommen mit Einschluß der unmündigen Kinder großes Verderben gebracht." Die Erbsünde, die also eine wahre und eigentliche Sünde ist als die durch die Fortpflanzung als „causa instrumentalis" sich vererbende Sünde

---

[7] Denz. 1055.

[8] B. Bartmann, Lehrbuch der Dogmatik I, 81932, S. 307.

[9] F. Diekamp, Dogmatik II, 111959, S. 136.

[10] Ebd.

[11] Trident. s. V. c. 5.

[12] Vgl. diese bei Denz. 788 ff.

Adams — „propagatione", wie ausdrücklich gesagt wird, „non imitatione transfusum" —, ist in *allen* Nachkommen Adams, und zwar in jedem einzelnen als *eigene* Sünde, „freilich nicht auf Grund eigener Verschuldung, sondern als Sünde der Natur", wie es wiederum ein Dogmatiker — sehr charakteristisch — formuliert[13].

Die katholische Erbsündentheorie unterscheidet dann an der Erbsünde ein formelles und ein materielles Moment. Über beidem steht die Feststellung, daß die Erbsünde wie jede Sünde „Privation" sei, also in diesem Fall die „privato" oder „destitutio iustitiae originalis". Sofern nun mit Thomas bei der „iustitia originalis" auf Grund der heiligmachenden Gnade unterschieden werden „aliquid quasi formale", nämlich „ipsa rectitudo voluntatis", und „aliquid quasi materiale", nämlich der „ordo rectitudinis impressus in inferioribus viribus", also die den untergeordneten Kräften eingedrückte Rechtschaffenheit, wird auch entsprechend für die Erbsünde festgestellt, daß sie formaliter bestehe „in dem durch die Sünde Adams verschuldeten Mangel der heiligmachenden Gnade", weil nämlich die „iustitia originalis" formell im Besitze dieser Gnade besteht, und daß sie materialiter bestehe „in der habituellen unordentlichen Begierlichkeit"[14] — gegenüber eben der Geordnetheit der untergeordneten Kräfte des Menschen. Dabei liegt in der neueren theologischen Entwicklung seit dem Tridentinum der Ton auf dem formellen Moment, bis zu dem Grad, daß man die Konkupiszenzlehre auch ganz fallen lassen konnte, denn die Konkupiszenz verbleibe ja auch im Getauften, obwohl die Taufe die Erbsünde als solche tilgen soll, bis dahin, daß man die Begierlichkeit vielmehr in der Schöpfung begründet sein ließ und nur die unordentlichen Wirkungen der Begierlichkeit als das Materiale der Sünde ansah. Die Konkupiszenz, so wird formuliert, ist „nicht ganz neu aus dem Sündenfall entstanden, sondern mit der Natur gegeben; sie wurde aber von Gott durch eine praeternaturale Gnade geordnet und der Vernunft unterworfen"; und durch den Fall Adams erwachte sie dann[15].

In Summa: Es ergeben sich folgende theologische feststehende Punkte über das Wesen der Erbsünde:

Erstens: Die Erbsünde besteht in einer wahren und eigentlichen Sünden*schuld*, nicht etwa bloß in einer Sünden*strafe*, welche eine Folge der Adamssünde wäre. Diese Sünde aber wurde von dem Menschen selbst nicht durch eine persönliche Tat vollbracht, enthält deshalb auch nichts Freiwilliges, sondern sie wurde nur als ein sündhafter *Zustand* ererbt. Die Erbsünde ist eine habituelle Sünde, keine aktuelle. Letzteres war sie einzig für Adam. Und so wird in der Tat dann sorgfältig differenziert

[13] Vgl. Diekamp, Dogmatik II, S. 154.
[14] Ebd. S. 159.
[15] Bartmann, Lehrbuch I, S. 301.

zwischen einem „peccatum originale originans“ und einem „peccatum originale originatum“. Das Wesentliche nun an diesem Zustand ist wie bei jeder schweren Sünde der Verlust der heiligmachenden Gnade.

Zweitens: In bezug auf die Konkupiszenz kann man verschiedener Meinung sein; es empfiehlt sich aber, sie im Sinne der nachtridentinischen Theologie zu fassen, zumal sie „nur als materiales Moment, als böse Anlage und schlechter Lebensgrund im Menschen“ gedacht werden muß, aber nicht als persönliche Sünde darstellende aktuelle Funktion. „Schon aus diesem Grunde ist es geboten, trotz Paulus und Augustin, den Ton auf den Verlust der heiligmachenden Gnade zu legen, nicht auf die Konkupiszenz“[16]. Der Definition der Erbsünde als „privatio iustitiae originalis“ im allgemeinen und als Verlust der heiligmachenden Gnade im wesentlichen entspricht dann auch die Definition der Folgen der Erbsünde. Auf dem Tridentinum heißt es: „totum Adam ... secundum corpus et animam in deterius commutatum fuisse“[17], daß der ganze Adam hinsichtlich Leib und Seele zum schlechteren verändert worden sei. Das heißt: Zu der im vorhergehenden erwähnten „spoliatio in gratuitis“ tritt die „vulneratio in naturalibus“ in den bereits aufgezählten Einzelheiten. Entscheidend ist dabei die nachdrückliche Versicherung: „die Verschlechterung der Natur ist ... eine *relative*, keine absolute: Im Verhältnis zum früheren übernatürlichen Urstand ist Adam ‚zum Schlimmeren verkehrt‘, nicht in sich selbst, in seinem natürlichen Bestand.“[18] Die Konsequenzen aus dem Schema Natur — Übernatur zeigen sich also hier in ihrer spekulativen und apologetischen Fruchtbarkeit und in ihrer letztlich anthropologischen Bedingtheit. Daß einzelne Theologen der Meinung sind, daß die menschliche Natur auch „in sich selbst“ verschlechtert sei, verschlägt nichts gegenüber der Intention in der Ausdrucksweise der kirchlichen Lehrentscheidungen: „Vulnera et corruptio naturae; commutatio corporis et animae in deterius attenuatio (Abschwächung) et inclinatio liberi arbitrii (Verbiegung des freien Willens)“ — alle diese Folgen „fordern keine Schwächung und Verletzung der natürlichen Kräfte in sich selbst“[19]. Und die Erklärung über den freien Willen weist dann in die andere Richtung der Interpretation dieser Termini — die nachdrückliche Betonung, wie sie in canon V der 6. Sess. des Tridentinum[20] uns entgegentritt: „Si quis liberum hominis arbitrium post Adae peccatum amissum et extinctum esse dixerit, aut rem esse de solo titulo, immo titulo sine re“ — alles Formulierungen Luthers — „anathema sit.“

Während die Dogmatiker von der Sünde im allgemeinen unter dem Titel der Erbsünde im Rahmen der Anthropologie so handeln, wie es hier im Groben skizziert ist, und während die meisten kirchlichen Lehrent-

[16] Ebd. S. 300 f.
[17] Trident. s. V c. 1; Denz. 788.
[18] Bartmann, Lehrbuch I, S. 307.
[19] Diekamp, Dogmatik II, S. 168.
[20] Denz. 815.

scheidungen zum „peccatum" sich eben auf das „peccatum originale" beziehen, handeln auf der anderen Seite die Katechismen und Moraltheologien ausführlicher vom „peccatum actuale", und die Ausführungen darüber unterstreichen wiederum die anthropologische Bedingtheit der Erbsündenlehre nachdrücklich, sofern sie die tridentinische Erklärung über das „liberum arbitrium" zur notwendigen Voraussetzung haben. Ein Beispiel hierfür aus dem Kölner Katechismus in einer der letzten Auflagen: „Was ist die Sünde? Die Sünde ist eine freiwillige Übertretung des göttlichen Gesetzes." Und dann heißt es weiter: „Man kann sündigen: 1. durch böse Gedanken, Begierden, Worte und Werke, 2. durch Unterlassung des Guten, das man zu tun schuldig ist." „Nicht alle Sünden sind gleich groß: es gibt schwere Sünden, die man auch Todsünden nennt, und es gibt geringere, die auch läßliche Sünden heißen." „Man begeht eine Todsünde, wenn man das göttliche Gesetz in einer wichtigen Sache freiwillig übertritt." „Zu einer Todsünde gehören diese drei Stücke: 1. eine wichtige Sache, 2. klare Erkenntnis des Bösen, 3. volle Einwilligung." „Man begeht eine läßliche Sünde, 1. wenn man das göttliche Gesetz nur in einer geringen Sache übertritt, 2. wenn man das göttliche Gesetz zwar in einer wichtigen Sache übertritt, aber nicht mit klarer Erkenntnis des Bösen oder nicht mit voller Einwilligung." „Die schweren Sünden werden auch Todsünden genannt, weil man durch die schweren Sünden das übernatürliche Leben der Seele, das heißt: die heiligmachende Gnade, verliert und sich des ewigen Todes schuldig macht". „Die geringen Sünden werden auch läßliche genannt, weil man auch ohne die Beichte Nachlassung derselben erlangen kann." Diese Sätze sind darum so ausführlich ausgebreitet, weil sie ja — mit Variationen — im durchschnittlichen protestantischen Reden von der Sünde irgendwie nachgesprochen werden wie überhaupt in unserer gesamten Redeweise; höchst charakteristisch, daß in einer neuen Fassung eines katholischen Katechismus für Frankreich jetzt auch schon das Problem des „Verkehrs-Sünders" aufgegriffen worden ist — und man bedenke, mit welcher Selbstverständlichkeit wir selbst den Terminus „Verkehrssünder" in den Mund nehmen! — und man da entsprechend diesem Schema genauer zu definieren versuchte, wann also ein solcher Verkehrs-Sünder Sünder sei, in welchem Falle er eine Todsünde begehe, in welchem eine läßliche. Dieses Reden von einzelnen „Sünden" mit den genannten und mit anderen Unterscheidungen, wobei eben diejenige zwischen Tod- und läßlicher Sünde durch das Tridentinum auch dogmatisiert worden ist[21] und in mehr oder minder kasuistischer Weise im Reden durchgeführt wird, ist für den katholischen Sündenbegriff sehr kennzeichnend.

---

[21] Denz. 804.

Zum reformatorischen Verständnis

Man wird — und damit kehren wir zu unserem Eingang wieder zurück — nicht hier die Kritik, etwa durch die reformatorische Theologie einsetzen lassen; vielmehr ist die Kritik im strengen Sinne auf die Voraussetzungen solchen Redens von aktualen Sünden zu richten, nämlich auf die Fassung der habitualen Sünde, auf die anthropologischen Grundlagen dieser Auffassung.

Man redet katholischerseits von dem Wesen der Sünde, indem man sich bemüht, das Wesen des Menschen im „status naturae reparatae" als Voraussetzung des heilsanstaltlichen Wirkens der Kirche zu bestimmen. Das heißt: Man redet nicht eigentlich vom Wesen der Sünde, sondern von den Folgen der Erbsünde und den gelegentlich durchbrechenden Wirkungen dieser Folgen in den Tatsünden. Man redet von der Sünde, indem man vom Wesen des Menschen ausgeht, der *Sünde tut*. Umgekehrt redet man in der reformatorischen Theologie vom Menschen, indem man von der Sünde ausgeht; das heißt: Man redet vom Menschen als vom Sünder, als von dem, dessen Wesen schlechthin *Sünde ist*. Dort heißt es: Der Mensch ist in seinem Kern gut; hier heißt es nicht: Der Mensch ist in seinem Kern schlecht, sondern: Der Mensch ist als „persona coram Deo" Sünder, ist „peccator". Das heißt: Es kann nicht vom Wesen „des" Menschen gesprochen und darüber eine Aussage gemacht werden, sondern man kann vom natürlichen Menschen vor Gottes Angesicht nur reden, indem man auf Grund des Offenbarungswortes vom Wesen des Sünders spricht. Und das ist nun nicht mehr eigentlich eine anthropologische Aussage, sondern das ist die paradoxe Sprache der eben paradoxen biblischen Anthropologie; das ist eine Aussage des Glaubens auf Grund der Offenbarung. Es wird hier nämlich Ernst gemacht mit der Feststellung, die allerdings auch die katholische Theologie treffen muß, die sie aber sehr rasch wieder verlassen kann, daß es wesentlich das Wort der Schrift ist, das zur Erkenntnis der Sünde führt; daß der Mensch, der Sünder ist, „spiritualiter" — wie Luther sagt — Sünder werden muß. Von der Sünden*erfahrung* — etwa als „Gewissensstimme" — führt *kein* Weg zum Sünden*glauben* und zum Sündenbekenntnis. Selbsterkenntnis des Menschen als Selbsterkenntnis des Sünders ist ein Offenbarungsbegriff.

Es gibt also nicht, wie ein Mißverständnis von der Erbsünde annimmt, eine Reihe von Möglichkeiten, das „Phänomen" der Erbsünde zu betrachten, wobei die theologische eben nur eine Möglichkeit neben anderen wäre. Und es ist auch nicht wohl getan, die ganze Spannweite analoger philosophischer oder gar naturalistischer Deutungen des Phänomens der Sünde, von der buddhistischen Lehre vom „Karman" angefangen bis hin zur modernen Vererbungstheorie, apologetisch aufzugreifen, wie es gern und häufig geschieht. Für alle diese Deutungen ist der Gedanke der Erbsünde ein Kausalnexus zwischen Schuld und Schicksal, wobei auf der einen Seite unter Umständen alles in die Schuld, auf der anderen alles in das Schicksal verrechnet werden kann. In all diesen Fällen ist die Erbsündentheorie bedingt durch eine sie bestimmende Anthropologie, während bei der genuin theologischen Fassung des Begriffs die Anthropologie umgekehrt durch die Lehre vom „peccatum originale" bestimmt ist. „Theologus disputat de homine peccatore"; oder, wie Luther es auch sagen kann: Die Sünde ist „substantia hominis in theologia"[22]. Die Lehre vom „peccatum originale" qualifiziert erst die theologische Erkenntnis des Menschen als theologische. In diesem Sinne hat Luther Röm. 5, 12 ausgelegt. Diese Stelle hat er mit einem Satz in der Mitte zu treffen versucht, der da lautet: „actualia enim omnia per diabolum intrant et intraverunt in mundum, sed originale per hominem unum." Das besagt: Während die „peccata actualia" als erfahrbares und erfahrendes Erleiden der „Macht" der Sünde diese Macht zugleich bezeugen und die Unterworfenheit des Menschen unter sie, wird die Sünde als solche in ihrem Ursprung nicht auf Satan zurückgeführt, sondern ihr Eintritt in die Welt ist nicht zu denken ohne den Menschen; die Sünde will begriffen werden aus der Menschlichkeit des Menschen — oder Luther würde hier sogar sagen: aus der angemaßten Göttlichkeit des Menschen.

Obwohl also die Sünde im Bereiche der Erfahrung symptomatisch auffindbar ist, steht das dem Sündenbekenntnis zugrunde liegende Faktum des „peccator sum coram Deo" ebensowenig in der Verfügung des Erfahrens wie das andere Faktum: „iustus sum coram Deo." Luther konnte das auch auf die zugespitzte Formel bringen: „Peccatum vivit per fidem in nobis."[23] Das heißt: Der Mensch ist als Sünder erwiesen, *weil* Christus zu seiner Erlösung erschienen ist, und durch das Gesetz Gottes wird die Sünde offenbart aus dem gleichen Grund, worauf noch zurückzukommen sein wird. Luther sagt einmal, daß Gott mit Kreuz und Leiden Christi aus den unseligen und stolzen Göttern wahre Menschen, das ist: Elende und Sünder mache, daß der Mensch also von der Unmenschlichkeit des Gott-Sein-Wollens erlöst werde. Hier ist noch auf eine weitere Stelle aus der Römerbrief-Vorlesung aufmerksam zu machen[24]: „Et ita Deus per suum exire nos facit ad ipsos nostros introire et per sui cognitionem infert nobis et nostri cognitionem. Quia nisi Deus ita prius exiret et verax fieri quaereret in nobis, nos non possumus introire ad nos et mendaces ac iniusti fieri. Non enim potuit homo ex se ipso scire, quod talis esset coram Deo, nisi ipse Deus hoc ipsum revelaret." So bringt Gott dadurch, daß er aus sich herausgeht — im Akt der Kondeszendenz der Selbstoffenbarung — uns dazu, daß wir in uns selbst eingehen, und

[22] Auslegung von Ps. 51, EA 19, S. 20.
[23] Scholien, S. 69.
[24] Ebd. S. 67.

durch die Erkenntnis seiner selbst bringt er uns die Erkenntnis unserer selbst. Denn wenn nicht Gott zuvor aus sich herausgetreten wäre und verlangte, als wahr anerkannt zu werden in uns, wären wir nicht in der Lage, zu uns einzugehen und dadurch Lügner und Ungerechte zu werden, das heißt also: unserer als Lügner und Ungerechter ansichtig zu werden. Nicht nämlich vermöchte der Mensch aus sich selbst heraus zu wissen, daß er so sei vor Gott, wenn nicht Gott selbst es ihm offenbart hätte.

Die „credulitas" also entscheidet, jener Glaube, in dem wir Gott glauben, daß wir in Sünden sind (credulitas qua Deo credimus nos esse in peccatis), und noch einmal im gleichen Zusammenhang: „Etsi nos nullum peccatum in nobis agnoscamus, credere tamen oportet, quod sumus peccatores." Nur das entnimmt der dem Sünder wesentlichen „ignorantia peccati".

Was hier etwa in den Erwägungen des jungen Luther zum Thema „Sünde" aus Anlaß seiner Römerbriefauslegung gesagt wurde, wird in entsprechender Weise von lutherischen Bekenntnisschriften aufgenommen. Man muß sich das in diesem Zusammenhang einmal zu verdeutlichen versuchen, um zu merken, wie diese Rede der Bekenntnisschriften über die Sünde bzw. über den Sünder nicht bloß eine Sammlung von Deklamationen theologischer oder theologisch erscheinender Sätze ist, sondern daß hier in einer Sprache, die wiederum der Zeit angehört, doch die Sache scharf getroffen wird. Wenn es etwa in den Schmalkaldischen Artikeln III, 1 heißt: „Solche Erbsunde ist so gar eine tief bose Verderbung der Natur, daß sie kein Vernunft nicht kennet, sondern muß aus der Schrift Offenbarung gegläubt werden", so werden wir uns nicht Gedanken machen müssen über den hier angewendeten Naturbegriff, sondern die entscheidende Aussage ist eben „. . . muß aus der Schrift Offenbarung gegläubt werden". Auch die Dogmatiker haben dann zum Teil noch diese Ansicht deutlich genannt bis hin zu Quenstedt; zum Teil aber führen nun ihre Aussagen schon hinüber zu der gänzlich unbiblischen (und auch gänzlich unlutherischen!) Bemerkung — etwa des Luthardtschen Kompendiums der Dogmatik —: „die erfahrungsmäßige Tatsache der Sünde beweist, daß der Mensch die Möglichkeit des Abfalles von Gott zur Wirklichkeit machte und bestätigt somit den Schriftbericht" (sc. vom Sündenfall)[25].

Hat die Sündenerkenntnis aus der Offenbarung aber nichts zu tun mit einer Anthropologie der „creatura rationalis" und des Gewissens, so kann noch weniger das Wesen der Sünde vom Wesen des Menschen her im einzelnen bestimmt werden. Auch hier ist ja Luther den der katholischen Anschauung ganz entgegengesetzten Weg gegangen, wenn er etwa

[25] Ch. E. Luthardt, Kompendium der Dogmatik, [15]1948, S. 173.

zu Röm. 7, 1 feststellt: „Modus loquendi Apostoli et modus metaphysicus seu moralis sunt contrarii.“[26] Der Apostel spricht, um anzuzeigen, daß der Mensch weit eher weggenommen werde von der Sünde, die zurückbleibt; der Mensch hingegen meint, daß die Sünde hinweggenommen werde und der Mensch dagegen in seiner reinen Natürlichkeit zurückbleibe, der Mensch als solcher gereinigt werde — das wird auch in Bildern deutlich, etwa in dem, daß die Sünde vom Menschen abgekratzt werde wie ein Fleck von der Wand. Dementsprechend verwerfen dann auch die Bekenntnisschriften wiederum die Lehre, daß „dieselbige Makel wie ein Fleck vom Angesicht, oder Farbe von der Wand leichtlich könne abgewischt werden“[27], und sie lehren gegen das Tridentinum, „daß die Erbsünde (an der menschlichen Natur) nicht alleine sei ein solcher gänzlicher Mangel alles Guten in geistlichen göttlichen Sachen, sondern daß sie zugleich auch sei anstatt des verlornen Bildes Gottes in dem Menschen eine tiefe, böse, greuliche, grundlose, unerforschliche und unaussprechliche Vorderbung der ganzen Natur und aller Kräften, sonderlich der höchsten, fürnehmbsten Kräften der Seelen im Vorstande, Herzen und Willen, daß dem Menschen nunmehr nach dem Fall angeerbt wird ‚eine angeborne böse Art‘ und inwendige Unreinigkeit des Herzens, ‚böse Lust und Neigung‘, daß wir alle von Art und Natur solch ‚Herz, Sinn und Gedanken aus Adam ererben‘, welches nach seinen ‚höchsten Kräften und Licht der Vernunft‘ natürlich ‚stracks wider Gott und seine höchste Gebot gesinnet und geartet‘, ja eine Feindschaft wider Gott ist, was sonderlich göttliche, geistliche Sachen belangen“[28]. Das natürliche Ebenbild, wenn man das einmal aufgreifen soll, nach dem Verlust des Übernatürlichen, ist also als substanzialer Anknüpfungspunkt hier restlos beseitigt. „Descriptio peccati originalis detrahit naturae non renovatae et dona et vim seu facultatem et actus inchoandi et efficiendi spiritualia“ wird es wiederum von der Konkordienformel[29] im Anschluß an die Apologie gefaßt. Und ähnlich hat es Calvin im Anschluß an Eph. 4, 17 in der Institutio gesagt: Die Gnade Christi sei das einzige Heil, durch das wir von jener Blindheit und den aus ihr folgenden Übeln befreit würden[30]. Das heißt: Die theologische Anthropologie wurzelt in der Lehre vom „peccatum originale“ und nicht umgekehrt. Auch hier gilt der Satz „hominem iustificari fide“. Die theologische Anthropologie ist Lehre vom Menschen im Lichte der Offenbarung; Offenbarung aber setzt voraus, daß Sein und Bewußtsein sich nicht decken, daß der Mensch gerade im Verhältnis zu sich selbst in einer „ignorantia invincibilis“ sich befinde und daß darum sein Sein vor Gott von Hause aus nicht zusammenfällt mit seinem Bewußtsein, seinem Selbst-Bewußtsein.

[26] Scholien, S. 164, 5 ff.
[27] FC, S. 851.
[28] FC, S. 848 f.
[29] FC, S. 848.
[30] Institutio II/3, 1.

Diese Frage sei nun aus dem gesamten Zusammenhang heraus weiter fortgeführt. Man kann sagen: Der Mensch kann sich nicht in seiner Geschichte auf ein Stadium zurückziehen, in dem er nicht unter dem am Kreuz enthüllten Gericht stünde, nicht der hier offenbarten Gnade bedürftig wäre. Um es mit einem Satz von Vogel zu umschreiben: „Als die diesseits der Grenze (des Paradieses) existierenden Menschen werden wir durch die Gnade Gottes im Gericht immer schon vorgefunden als die Menschen der Erbsünde, der Ursünde, von der unser Sein und Wesen durchsetzt ist, so daß der böse Baum die bösen Früchte bringen muß. Dieses ‚Muß' ist aber nicht eine schicksalhafte Notwendigkeit, sondern die Blindheit des Verblendeten, die Taubheit des sich Verhörenden und die Versklavung einer pervertierten Freiheit."[31]

Ganz entsprechend redet die Confessio Augustana II im Rahmen überkommener Terminologie davon, „quod post lapsum Adae omnes homines, secundum naturam propagati, nascantur cum peccato" (wobei das „secundum naturam propagati" hier wahrscheinlich nicht sozusagen eine erbbiologische Sicht der Erbsünde meint im Sinne des sogenannten Traduzianismus, sondern den Ausschluß Jesu aus diesem Zusammenhang; — daß also nach dem Fall Adams alle Menschen natürlicherweise geboren werden „cum peccato", mit der Sünde, „hoc est: sine metu Dei, sine fiducia erga Deum et cum concupiscentia". Und damit wird die Sünde als Rebellion gegen Gott, als die „Sonderung" von Gott umschrieben; sie ist „eine Existenz ohne Ehrfurcht vor Gott, ohne Glauben und in Selbstsucht"[32].

1. Ohne Ehrfurcht. Das heißt: Jene Gottlosigkeit, die den lebendigen, sich in Jesus Christus offenbarenden Gott nicht Gott sein läßt, der dem Menschen in Gericht und Gnade begegnet, sondern die Vergötzung der kreatürlichen Welt mit der Selbstvergottung verbindet.

2. Ohne Glauben. Das heißt: Im Unglauben, in der Stellung gegen Gott, die in Verzweiflung wie in Hochmut Gott mit Mißtrauen und mit Vertrauensverweigerung begegnet. Es ist der Mensch des Ärgernisses an Jesus Christus, der Mensch, der in Flucht vor dem Gericht und im Haß der Gnade Christus kreuzigt. „Sine fiducia erga Deum", das heißt: Gnadenfeindschaft der Sünde, wesenhafte Undankbarkeit des Menschen.

3. „Cum concupiscentia": Die Konkupiszenz wird bekanntlich in der reformatorischen Sündenlehre als wesenhaft zur Sünde gehörig und nicht bloß, wie es in katholischer Lehre der Fall ist, für eine Folge der Ursünde angesehen. Sie gehört wesenhaft zur Sünde und bestimmt die Sünde zugleich auch als Sucht. Sie ist der Mensch der Selbstliebe, der „homo incurvatus in se ipsum" (Luther), der Mensch, der alle Dinge, auch den Nächsten und Gott selbst, nur als Mittel seiner eigenen Zwecke

[31] Vogel, Sünde, S. 444.

[32] Ebd. S. 445.

denkt und gebraucht und eben darin die Sünde als „Sonderung" von Gott und den Menschen aufdeckt. Die „Sonderung" tritt überall dort ein, wo im Bereiche der Begegnung das Gegenüber zum Mittel wird. Die alles durchziehende, auch der religiösen Sehnsucht, der Gottsucht, der Du-Sucht innewohnende Ich-Sucht: „Der Mensch dieser ich-süchtigen Gott-Sucht ist es, der Christus kreuzigte, und *das* ist seine Sünde."[33]

Es geht mit alledem also um das Sünder-Sein des Menschen, das am Kreuz als dem Fluchholz des Gesetzes aufgedeckt wird, das allein im Hören des Evangeliums, im Glauben erkannt wird. Denn die so viel berufene Erkenntnis der Sünde „aus dem Gesetz" („vielberufen" im Hinblick auf die häufig vorgetragene Methodik: ehe man dem Menschen das Evangelium predigen könne, müsse ihm erst das Gesetz gepredigt werden, damit er seine Sündhaftigkeit erkenne!) ist ja eine Erkenntnis aus *dem* Gesetz, wie Gott es am Kreuz, in der Offenbarung des Fluches des Gesetzes auslegt. Also auf keinen Fall Erkenntnis aus einem Gesetz moralischer Selbstbeurteilung. Denn diese Erkenntnis aus dem Gesetz moralischer Selbstbeurteilung führt mit dem radikal und total erscheinenden Bekenntnis „Wir sind allzumal Sünder" ja nur auf einen neuen Fluchtweg, um der Erkenntnis konkreter Sünde auszuweichen. „Das allgemeine Sünder-Sein diente dann dem Menschen dazu, um in einer anonymen Weise Unterschlupf zu suchen und auf diese Weise sich jede konkrete Entscheidung vom Leibe zu halten."[34] Es geht aber nun um die konkrete Entscheidung; um die Frage, was es bedeute, im Bezug auf ein einzelnes Handeln oder Sich-Verhalten zu sagen: „*Das* ist Sünde."

Das ist die zentrale und letzte Frage, vor der wir hier stehen und im vorliegenden Zusammenhange wohl auch die wichtigste. Man kann hier etwa 2. Sam. 12 als eine exemplarische Verdeutlichung heranziehen: David hat sich des Ehebruchs schuldig gemacht, an Uria und Bathseba, und Uria in den Tod geschickt. Der Prophet Nathan wird von Gott zum König gesandt. Er erzählt die Parabel von dem reichen Mann mit den vielen Schafen, der für ein Gastmahl dem armen Mann sein einziges Lamm fortnimmt. Der — so wird man wohl sagen dürfen — Gerechtigkeitssinn des Königs ergrimmt: „So wahr der Herr lebt: der Mann, der das getan hat, ist ein Kind des Todes!" Und nun wird das Urteil gegen ihn selbst gekehrt: „Du bist der Mann!" Und von der Wahrheit Gottes getroffen bekennt David: „Ich habe gegen den Herrn *gesündigt*." Das heißt: Eine bestimmte Tat wird hier vor dem Angesicht Gottes als Sünde erkannt. Und in dieser Erkenntnis wird David selbst erkannt. Daß der Prophet diesem Bekenntnis mit der Zusage antwortet: „So hat auch der Herr deine Sünde vergeben, du wirst nicht sterben" — das gehört wesentlich dazu! Denn was vor Gott als Sünde erkannt ist und bekannt

[33] Ebd. S. 446.

[34] Ebd. S. 447.

wird, das kann nur von Gott hinweggenommen werden. Sühne für Sünde ist allein Gottes Vergeben auf Grund der Versöhnung am Kreuz.

Immer sind wir auf Vergebung angewiesen. *Darum* muß jeweils eine konkrete Manifestation der Sünde wirklich als Sünde *genannt* werden. „Es handelt sich dabei nicht darum, daß die Kirche ein bestimmtes Tun oder Verhalten durch eigenen Beschluß zu etwas Verbotenem *macht*, sondern daß sie ein bestimmtes Tun oder Verhalten unter Gottes Wort als eine im Glauben ausgeschlossene Möglichkeit *erkennt* und *bezeugt*. Die Erkenntnis dessen, was im Glauben zu tun unmöglich ist, kann sich im Leben des einzelnen wie im Leben der Kirche im Laufe längerer oder kürzerer Zeit erweitern." Beispielsweise ist die Sklaverei für das Neue Testament keineswegs irgendwie ein — sagen wir einmal — ethisches Problem, geschweige denn eine Frage der Glaubensentscheidung. Später erschien es den Christen nicht mehr möglich, im Glauben die Sklaverei als „erlaubt" hinzunehmen. Das heißt: Für den „neuen Menschen" in Christo ist dieses oder jenes Tun oder Verhalten eine von Gott ausgeschlossene Möglichkeit, denn dieses oder jenes Tun oder Verhalten erhält seine Qualität als Sünde durch das Sünder-Sein. Dieses oder jenes Tun ist im Glauben erkannt als eine Manifestation des Ungehorsams gegen Gott, des Unglaubens. Die Qualität, die diese oder jene Tat vor Gott hat, wird durch das Wort Gottes in Gericht und Gnade aufgedeckt. „Einzelne Taten, Verhaltungsweisen und selbst Gesinnungen haben unter jedem erdenklichen menschlichen Aspekt nicht *die* Qualität, die sie unter dem Aspekte Gottes durch sein richtendes und vergebendes Wort bekommen."[35] Sein Wort allein setzt quasi die Bedingung dafür, daß dies oder jenes „Sünde" genannt wird, nicht etwa eine kasuistisch-formale Bestimmung der Art, wie sie z. B. von der katholischen Moraltheologie gehandhabt wird, daß man sagt: „Wissentliche und willentliche Verletzung des Gesetzes Gottes in einer geringen oder einer wichtigen Sache."

„Dabei ist für die Realität des Bekenntnisses der Sünde entscheidend, daß es zur *Er*kenntnis der Sünde, und zwar je und dann gerade dieser Sünde als Sünde kommt." In jenem „Du bist der Mann" ist das Urteil eingeschlossen: „Das ist Sünde." Das heißt: Wie du gehandelt hast, ist nicht nur ein Vergehen gegen die Moral oder gegen das Strafgesetz, sondern Vergehen gegen Gott. „Ich erkenne meine Missetat und meine Sünde ist immer vor mir", heißt es Ps. 51, 5, zusammen mit der Bitte: „Wasche mich rein von meiner Schuld, reinige mich von meiner Sünde" — diese Bitte, die Luther immer wieder gebetet hat: „in iustitia tua libera me!" Dieses Ich-Wort des Bekenntnisses, verbunden mit dieser Bitte „Wasche du mich rein", gehört zur Konkretheit der Sündenerkenntnis: „Die Existenz eines Menschen, der hinter und in seinem Sünder-Sein

[35] Ebd. S. 448.

jede einzelne Sünde dem entdeckenden Licht der Wahrheit zu entziehen suchte, der also mit dem allgemeinen Sündenbekenntnis die Nicht-Erkenntnis der konkreten Sünde zu verbinden wüßte, wäre schlechterdings die Existenz in der Lüge." Dabei — wohlgemerkt — deckt menschliche Erkenntnis der Sünde sich niemals mit der Erkenntnis, die Gott vom Sünder hat: „In aller erkannten Sünde bleibt immer die unerkannte, die allein von Gott erkannte Sünde."[36] Stets ist die Gnade überlegen, mitten im Gericht. Es geht also bei dieser ganzen Frage zuletzt um den Gegensatz des alten und des neuen Menschen, um den Gegensatz von Fleisch und Geist. Was, um es noch an einem weiteren biblischen Beispiel zu verdeutlichen, etwa Gal. 5, 19 als verführerischerweise sogenannte Laster- und Tugendkataloge einander gegenübergestellt wird, das sind ja die offenbarten Früchte des Fleisches und des Geistes, wenn es hier heißt: „Offenbar aber sind die Werke des Fleisches als da sind Ehebruch, Hurerei . . . . ." „Die Frucht aber des Geistes ist Liebe, Freude . . . . ." Man darf hier nicht den Blick primär auf diese Aufzählungen richten, sondern auf die entscheidende Aussage: Auf der einen Seite „phanera de estin ta erga tou sarkos — offenbar sind die *Werke* des Fleisches"; auf der anderen Seite „ho de karpos tou pneumatos — die *Frucht* des Geistes". Das ist nämlich hier entscheidend, daß das, was auch im Blickfeld menschlicher Moralität und Religiosität einer negativen oder einer positiven Beurteilung in gewisser Weise anheimfällt, eben als „Werke" des Fleisches oder als „Frucht" des Geistes aufgedeckt wird. Es geht um diesen Prozeß der Qualifikation sozusagen vor Gott. Und es „ist klar, daß diese Aufdeckung der Werke des Fleisches und der Früchte des Geistes im schärfsten Gegensatz steht zu allen Selbstverurteilungen und Selbstbewertungen, in denen der Mensch als der Herr seines Selbstverständnisses letzten Endes sich selbst richtet und freispricht"[37]. Und man darf nun schließen: nicht die Sünden machen den Menschen zum Sünder, sondern sein Sünder-Sein läßt sein Handeln zur Sünde — vor Gott — werden.

Auch damit ist in diesem Abschnitt unseres ersten Teiles eine ganz bestimmte Aussage sozusagen über das Subjekt des (sozial-)ethischen Handelns getroffen. Es ist hier nun wiederum die Schranke gezogen gegenüber dem Versuch, Urteile und Feststellungen einer irgendwie gearteten Selbstbeurteilung des Menschen dadurch gleichsam zu verchristlichen, daß dann sozusagen der christliche Glaube noch hinzukäme. Gerade das Beispiel aus Gal. 5,19 zeigt ganz deutlich: indem der Katalog der Laster als Werke des Fleisches interpretiert wird und indem der Katalog der Tugenden als Frucht des Geistes erscheint, kommt nichts hinzu, sondern: diese so oder so auch menschlich beurteilten Phänomene

---

[36] Ebd.

[37] Ebd. S. 450.

werden hier zurückgeführt auf ihren eigentlichen, dem Zugriff des Menschen entzogenen Wirklichkeitsgrund.

§ 5 Der Mensch unter dem Gesetz: Das moralische Gewissen

Die Frage nach dem Gewissen ist unter uns heute lebendiger als vordem, sie ist wieder lebendiger geworden. Zugleich melden sich zwar auch jene Stimmen, die „das Gewissen abschaffen und die Hingabe an bloßen Befehlsgehorsam oder an die Polizei“ einführen wollen, die glauben, daß „die Zweifel des Gewissens und der Vernunft immer die Wahrheit sagen“. Die Frage nach der in Art. IV Abs. 1 des Grundgesetzes erklärten Unverletzlichkeit der Freiheit des Gewissens, die Frage danach, was es heißt, daß nach Art. IV, Abs. 3 niemand gegen sein Gewissen zum Kriegsdienst mit der Waffe gezwungen werden dürfe, haben die Diskussion weithin in Gang gebracht. Wir werden es nicht damit zu tun haben, das Gewissensproblem — etwa der Debatte vom 17. Juli 1956 um § 25 des Wehrdienstgesetzes in bezug auf Art. IV des Grundgesetzes — im einzelnen zu erörtern. Daß man es damals nicht gelöst hat, wird niemand bestreiten wollen. Es geht auch nicht darum, jenes Gewissensproblem für sich zu überdenken, das in der Spannung zwischen der zweckfreien wissenschaftlichen Forschung einerseits und der sehr zweckbestimmten Auswertung ihrer Ergebnisse im technischen Aufbau der Atomwaffen andererseits aufgebrochen ist bis hin zur bedrohlichen Nähe der Selbstvernichtung der Menschheit. An beides wird hier lediglich erinnert, um anzudeuten, daß gerade das Gewissensproblem für uns ebenso wie zumeist vordem keine bloß theoretische, von den unmittelbaren Fragen unseres Daseins ablösbare Angelegenheit ist, auch dann nicht, wenn wir dabei uns vor allem nach jenen Äußerungen zu ihm umsehen, die im Bereich der theologischen Erkenntnisse der Reformation und seitdem mehr oder minder stark im Bereich evangelischen Glaubens vorliegen.

Moralisches und transmoralisches Gewissen in der Überlieferung

Die durchschnittliche Bestimmung des Gewissens als „Bewußtsein des Pflichtgemäßen, des Sein-Sollenden bzw. von dessen Gegenteil“ knüpft nicht so sehr an das Gewissen als ein Bewußtseinsphänomen an, als vielmehr an die die Entwicklung des Gewissensbegriffs tragenden Beschreibungen. Der Ausdruck „Gewissen“ ist Übersetzung des griechischen „syneidesis“, des lateinischen „conscientia“. Das deutsche Wort geht im heutigen Sprachgebrauch wesentlich auf Luther zurück. Bis auf Luther kann Gewissen auch ganz allgemein „Bewußtsein" meinen, neben und vor dem „Mit-Wissen", freilich nicht als Mitwissen mit Gott, sondern mit der Handlung oder mit sich selbst im Sinne des sich seiner selbst vergewissernden und sich selbst beurteilenden Selbstbewußtseins. Aber die Etymologie der Ausdrücke vermag den Gewissensbegriff doch nicht zureichend zu erhellen. Er ist als solcher zunächst Produkt späthellenistischer Philosophie, eher der epikureischen als der stoischen, in welcher „syneidesis" vielfach einfachhin Bewußtsein bezeichnet, so wie beim ersten Vorkommen des Wortes bei Demokrit (fr. 297 D) und seiner Verwendung in der Volks- und Rechtssprache.

Das Gewissensphänomen freilich ist lange vor dem Aufkommen des Begriffes nachweisbar. Nach ägyptischen Quellen wird es als individuelles und soziales Gewissen „im Herzen" erfahren, sowohl als anklagende kritische Instanz wie als „Hinhören". Dem entspricht „leb" als Herz oder Gewissen im Alten Testament (z. B. 1. Sam. 24, 6), in dem man den „ämat JHVH", den Schrecken Jahves, erlebt, mit dem Ohr versteht. In der griechischen Tragödie wurden mythische Figuren in psychische Vorgänge umgedacht, die Erinnyen als böses, die Eumeniden als gutes Gewissen, aber noch ohne faßbare Annäherung an einen Begriff des Gewissens, der auch Sokrates, Platon und Aristoteles fremd ist, zumal das mit dem Gewissen verbundene Konfliktselement dem griechischen sittlichen Ideal widerstreitet. Erst die spätantike Philosophie entwickelt den Gewissensbegriff zusammen mit der mehr volkstümlichen Vorstellung von der Gottesstimme im Menschen oder von dem Gewissen als „Interpret" Gottes (Philo), vor allem im Sinne der Anklage des Menschen gegen sein eigenes moralisches Handeln. Die jüngere Stoa faßt das Gewissen als „Wächter" des Menschen, als „Gott in ihm"; das führt zu einer betont religiösen Deutung: „Es wohnt in uns ein heiliger Geist, ein Beobachter und Wächter alles Guten und Bösen an uns" (Seneca, Epistel 41, 4). Philo hat entsprechend die Vorstellung vom Gewissen als einem Gerichtshof entwickelt, zugleich mit einer stärkeren positiven Einschätzung des mahnenden Gewissens. Das lateinische „conscientia" macht etwa gleichzeitig die Wandlung vom allgemeinen Bewußtsein zum ethischen Gewissen durch (Cicero, Seneca), wobei „gutes Gewissen" viel häufiger vorkommt als bei den Griechen.

Die Septuaginta hingegen verwendet den Ausdruck „syneidesis" nur selten, während er im Neuen Testament 18mal bei Paulus, 5mal im Hebräerbrief und 3mal im 1. Petrusbrief begegnet, offenkundig aus der Sprache der zeitgenössischen Popularphilosophie; dazu in einer Variante zu Joh. 8, 9 und zweimal — im Munde des Paulus — in der Apostelgeschichte. An Röm. 2, 15, wo das Gewissen die, wie Bornkamm festgestellt hat, „(ungriechische) eschatologische Funktion der bestätigenden

Vergegenwärtigung" des Gesetzes Gottes, und zwar im Blick auf sein Gericht, hat, knüpft die spätere katholische Gewissensontologie an, zusammen mit dem Naturrechtsgedanken. Es ist aber fraglich, ob Gewissen in Röm. 2, 15 so zu verstehen ist oder auch als „Selbstverständnis der ungläubigen Existenz" (Bultmann), dem die eigene Fragwürdigkeit bereits als „Vorverständnis" bewußt ist. Jedenfalls meint Gewissen bei Paulus ein Wissen um Gut und Böse und um das entsprechende Verhalten sowohl im Sinne eines Sollens wie eines Sich-verfehlt-Habens, und zwar innerhalb des Wissens um ein Daß der Forderung seitens der transzendenten Instanz und unter bemerkenswertem Einschluß der Möglichkeit des Irrens im Was. Von dieser seiner transzendenten Instanz her ist das Gewissen im positiven wie im negativen Urteil schlechthin gültig. Sofern sich im Gewissen der Gehorsam gegen Gott vollzieht, hat der Mensch im Gewissen seine Freiheit (1. Kor. 10, 29). Es ist das an Gott gebundene Gewissen, identisch mit dem Glauben oder mit dem Heiligen Geist. Das bestimmt dann auch die Unterscheidung von befreitem und „schwachem" Gewissen (1. Kor. 8, 7 ff.; 10, 23 ff.), vom Stark- bzw. Schwachsein im Glauben (Röm. 14, 1). Für den Christen fällt das Urteil des Gewissens mit dem Glauben zusammen; beiden eignet das Moment des „wissenden Urteils" (Bultmann).

Die Formel „gutes Gewissen" findet sich aber bezeichnenderweise nicht in den echten Paulinen, sondern in einer stärker hellenistisch bestimmten literarischen Schicht des Neuen Testaments, dürfte also der griechischen Popularphilosophie näher stehen und nicht eine dem Christentum eigentümliche „neue Wendung des Begriffs" darstellen, wie man behauptet hat[1]. Aber aus den Aussagen des Alten und des Neuen Testaments ist eine „biblische Lehre vom Gewissen" gleichwohl nicht zu gewinnen.

Dem entspricht es auch, daß der Gewissensbegriff in der frühchristlichen Literatur wieder stärker zurücktritt. Origenes identifiziert in seiner Auslegung von Röm. 2, 15 Gewissen mit dem Geist Gottes bzw. mit der mahnenden und strafenden Wächterstimme. Auch Tertullian weiß um ein der Seele eingestiftetes Gewissen. Bei Chrysostomus taucht der stoische Gewissensbegriff wieder häufiger auf samt der Gefahr des Mißverständnisses im Sinn der Selbsterlösung bzw. des Pantheismus. Augustin schildert zwar das psychische Phänomen des Gewissens eingehend als „mentis tribunal", also unter Aufnahme des Bildes vom Gerichtshof, und zwar als angefochtenes, als gutes und böses Gewissen, aber er entwickelt keine theologische Gewissenslehre, vielmehr lehnt er die „naturalis sanctitas", die die Pelagianer für das Gewissen behaupten, ab. Es ist allem Anschein nach seine Gnadenlehre, die das Interesse am Gewis-

[1] R. Seeberg, Art. Gewissen, RGG 2, ²1928, Sp. 1165.

sen deutlich einklammert. Erst das Mittelalter entwickelt in der Scholastik seit Abaelard und vor allem Alexander von Hales eine Gewissensontologie, z. T. bestimmt durch eine mit der Ausgestaltung der Beichtbuße zusammenhängende Gewissensethik. Kennzeichnend für beides ist die Trennung des bereits von Petrus Lombardus (II d 39, 2) definierten neuen Begriffs der Synteresis (Synderesis) von demjenigen der „conscientia". Der Begriff der Synteresis ist hinsichtlich seiner Entstehung und Bedeutung umstritten. Man nahm lange Zeit an, daß er aus einer Verschreibung von Syneidesis in einer Glosse des Ezechielkommentars des Hieronymus übernommen sei. Diese Verschreibung hänge zusammen mit 1. Thess. 5, 23 (tērein) und mit Jes. Sir. 15, 15 (ean theles, syntereseis entolas). Diese Annahme ist in Frage gestellt, aber bis heute nicht eindeutig widerlegt. Ihr steht gegenüber die Ansicht, daß Synteresis vielleicht zusammenhängt mit (Syn)terein — „conservatio sui" (Seneca), und zwar in Übertragung vom Leiblichen auf das Seelische. Gewissen wäre dann die Kraft der Selbstbewahrung der Seele. Die Bibel kennt nur das Verbum. Später hat Melanchthon wiederum Synteresis mit „conservatio", und zwar mit „conservatio notitia legis" zusammengebracht.

Wie immer es um die Geschichte des Ausdruckes stehen mag, die Scholastik hat Synteresis als ein im Sinne des durch den Sündenfall nicht verderbten Restes des natürlichen Seelenvermögens der ständigen vernünftigen und willensmäßigen Neigung zum Guten verstanden, als den übernatürlichen ewigen Werten zugewandt, so wie Synteresis in der spätmittelalterlichen Mystik mit dem Seelenfünklein, der „scintilla animae", dem göttlichen Seelengrund, der „Spitze des Geistes" gleichgesetzt wurde. Synteresis ist bei den einen mehr der Vernunft (Thomas, Duns Scotus), bei den anderen mehr dem Willen (Bonaventura) zugeordnet. Sie steht überall in enger Verbindung mit dem Naturgesetz. So ist für Thomas die Synteresis die sittliche Ur- und Grundgewißheit, der „naturhaft verfügbare Selbstbesitz der ersten Wahrheiten über das Handeln, die die natürlichen Prinzipien des Naturrechtes darstellen" (Quaestio de veritate 16, 1). Synteresis ist eine ursprunghaft praktische, irrtumsfreie und unwandelbare Grunderkenntnis, eine auf früherer Erkenntnis des Guten im allgemeinen aufruhende Urneigung zum Guten. Ihre Aufgabe ist das „remurmurare malo et inclinare ad bonum"; daher ist sie ohne Sünde als der unbewegliche Grund des veränderlichen Handelns.

Die „conscientia" hingegen regelt nach durchschnittlicher Auffassung, dem Irrtum ausgesetzt, aber gleichwohl unabdingbar verpflichtend, die praktische Anwendung der Antriebe und Prinzipien der Synteresis. Die katholische Moraltheologie hat dieses Grundschema festgehalten. Gewissen ist die mittelbare „Stimme Gottes", daher absolut verpflichtend, auch im Fall des unüberwindlich irrenden Gewissens. Es vertritt als nachfolgendes Gewissen Gott als Richter, als vorangehendes und begleitendes

Gewissen Gott als sittlichen Gesetzgeber. Gewissensbildung ist hier „Steigerung des moralischen Wissens bis zur Vollhöhe christlicher Lebensweisheit und Lebensklugheit“[2].

Luther hat die Synteresis-Lehre in der bei Gerson und anderen begegnenden mystischen Umformung kennengelernt und um ihrer anthropologischen Konsequenzen willen im Sinne seiner Auffassung des Rechtfertigungswiderfahrnisses bald bekämpft, nachdem er sich zunächst noch des Ausdruckes bedient hatte. Er will erstens nichts wissen von einer bloßen *Umformung* eines irgendwie konstanten Wesenskernes des Menschen durch das Wort Gottes. Er lehnt geradezu leidenschaftlich das entsprechende Umformungsschema der katholischen Gnadenlehre ab, denn es tastet Gottes Ehre an und leugnet den Ernst der totalen Sündenverlorenheit des Menschen. Es entspricht zudem nicht dem Satz, daß der in Christus Wiedergeborene im strengen Sinn des Wortes eine „neue Kreatur“ sei. Die *Identität* des „alten“ und des „neuen“ Menschen hat für Luther ihren Grund allein in der Selbigkeit und Einheit des Gottes, der der Schöpfer und zugleich der Erlöser ist; und das handelnde Subjekt des „neuen Menschen“ ist nicht ein durch die Gnade „geformtes“ Gewissen, ist nicht die übernatürlich qualifizierte Synteresis, sondern ist der Glaube als Täter jener Tat, deren „Form“ die Liebe ist. Zweitens will Luther auch nichts wissen von einem konstanten „Kern“ des Menschen als der *Verbindungsstelle* zwischen dem „alten“ und dem „neuen“ Menschen, nichts wissen von einem umgeformten und einem neugeformten Gewissen. Drittens wehrt Luther sich auch dagegen, daß dieser vermeintliche Kern als *empfangendes Organ für die Offenbarung* verstanden werde, sofern ihm, bzw. dem „Gewissen“ als dem „Bewußtsein des Sollens“, die Unwiderstehlichkeit einer Forderung begegne, worin das Göttliche „sich am bestimmtesten offenbart“. Diese Interpretation Luthers durch Karl Holl[3] dürfte sich nicht halten lassen. Christus, der Heilige Geist, nicht aber die Unwiderstehlichkeit einer Forderung schafft durch sein Zu-uns-Kommen für uns die Gegenwärtigkeit Gottes, versetzt uns in das Sein in Christus. „Das Gewissen, wie Luther es versteht und wie es in seiner Theologie einen zentralen Platz einnimmt, ist gerade die Stelle, an der der Glaube seinen Kampf gegen das Ethische als den Versuch, das Gottesverhältnis unter die Verfügungsgewalt des Menschen zu bringen, bestehen muß. Es geht beim Gewissen um den Menschen selbst. Aber nicht um ihn, wie er im ethischen Selbstverständnis Herr seiner selbst ist und der Welt autonom gegenübersteht, sondern wie er der Gewalt der die Welt beherrschenden Mächte ausgeliefert ist.“[4]

Will man begreifen, was Gewissen bei Luther heißt, was es bedeutet,

[2] M. Waldmann, Art. Gewissen, LThK IV, ²1932, Sp. 477.
[3] Vgl. K. Holl, Aufsätze zur Kirchengeschichte I, 1923, S. 35.
[4] F. Gogarten, Die Verkündung Jesu Christi, 1948, S. 295.

wenn er etwa sagt: „Das Gewissen ist ein böses Tier, welches den Menschen gegen sich selbst auftreten läßt", und wenn er es als „schlimmste und höllische Bestie" bezeichnet[5], dann darf man nicht, zumindest nicht primär, nach dem Gewissen als nach einem Bewußtseinsphänomen fragen. Vielmehr muß man vom Gewissen bei Luther in der Untersuchung der „existenziellen Korrelationen" handeln: Gesetz-Gewissen, Tod-Gewissen, Satan-Gewissen und Wort Gottes-Gewissen. Denn hier wird von einem Geschehnis gesprochen. Das Ausgeliefertsein an die Anfechtungsmächte einerseits und das „Sein in Christus" andererseits konstituieren dann je das „blöde, verzagte, erschrockene, furchtsame, schuldige" und das „getröstete, friedsame, stille, mutige, sichere" Gewissen, das „gute Gewissen". In jenem Fall ist das Gewissen aufgeschreckt und „erwacht", in diesem Fall „ruht es in Christo". Dieses gute Gewissen ist in strengem Sinn „befreites" Gewissen und zugleich der „Ort" der Befreiung von den Verderbensmächten. „Es gibt eine Freiheit vom Gesetz, den Sünden, dem Tod, von der Gewalt des Teufels, vom Zorn Gottes, vom Jüngsten Gericht. Wo? Im Gewissen, daß ich nämlich darum gerecht bin, weil Christus der Befreier ist und in den Stand der Freiheit versetzt, nicht auf fleischliche, nicht auf politische . . ., sondern auf theologische Weise, das heißt: lediglich im Gewissen."[6] Diese „theologische" Befreiung ist nichts anderes als das Glaubensgeschenk der Sündenvergebung, der Christusförmigkeit oder der Wortförmigkeit des Christenmenschen, von dem es heißt: „Er ist selig, weil sein Gewissen frei ist, und sagt: Gott ist mein Vater, Christi Gerechtigkeit ist die meine, seine Kraft ist in meiner Seele. Wenn ich Gemeinschaft mit ihm habe, so muß ja mein Gemüt frei sein . . ."[7] Diese Befreiung gilt auch dem in Gesetz und Werk „selbstherrlichen" Gewissen des moralischen Idealismus, demgegenüber es gilt, „gegen das Gewissen Gott anzurufen"[8]. Das „gute" Gewissen kämpft so stets gegen das „böse", ja, es hat stets dieses als seinen Hintergrund bei sich, ist als fröhliches Gewissen stets doch auch zagendes, ist „Gegen-Gewissen", kämpfendes Gegen-Gewissen, weil es sich selbst immer nur im Kampf gegen die Gewissensbedrängnis zu erheben vermag. Das heißt aber paradoxerweise, die Erfüllung des „vom Gesetz regierten Gewissen, das auf die Wesenserfüllung des Menschen abzielt"[9], diese „Erfüllung" ist nur wirklich in der Vernichtung dieses vom Gesetz regierten, des moralischen Gewissens vor Gott; das heißt: Das christliche Gewissen ist nicht das Ergebnis seelischer Kämpfe, sondern hat die Überwindung des Gesetzes durch Christus zur Voraussetzung. Und das heißt zugleich auch, daß das Gewissen so wie das Wesen des Menschen

[5] WA 44, S. 545 f.

[6] WA 40 II, S. 3.

[7] WA 15, S. 551.

[8] WA 5, S. 93.

[9] H. Bornkamm, Äußerer und innerer Mensch bei Luther und den Spiritualisten, in: Imago Dei, 1932, S. 97, Anm. 6.

überhaupt nicht Besitz des sich selbst erfahrenden Menschen ist, sondern Aufgabe; freilich nicht eine Aufgabe, die er von sich aus zu bewältigen hätte — als ob er das je könnte! —, sondern als Folge des ihm in Rechtfertigung und Heiligung begegnenden, anfechtungsvollen Widerfahrnisses des Glaubens, mithin als Aufgabe des Glaubensgehorsams. Hier wird in den Anfechtungen von Luther immer wieder auf den Schild des Glaubens verwiesen als auf die „Waffenrüstung gegen den Teufel". Hier redet er aber zugleich auch, eben weil es um die Aufgabe des *Glaubensgehorsams* geht, im besonderen vom „guten Gewissen" *vor den Leuten*. Das entspricht der „Ordnung" von Rechtfertigung und Heiligung, der Ordnung also nach dem Satz: „Die erste Reinigung im Reiche Christi ist die der Gewissen, die zweite ist die der bürgerlichen Angelegenheiten."[10] Unter Hinweis auf Num. 16, 15; Jer. 18, 20 und 1. Sam. 12, 2 f. sagt Luther einmal: „Siehe, solchen rhum und trotz sol ein iglicher Christ auch haben, das er so lebe gegen idermann und seine liebe ube und beweise, das niemand ein klage auff in bringen möge, damit er sein gewissen möge erschrecken odder verzagt machen, sondern das idermann musse sagen, wenn er recht bekennen wil, das er sich so gehalten habe, das eitel besserung draus entstanden sey, wer es haben wollen annehmen, Und solchs konnen rhumen fur Gott widder idermann, das heisset ein gut Gewissen fur den leuten odder widder die leute. — wiewohl aber solch Gewissen nicht helt fur Gottes gericht ..."[11] An dieser Stelle scheint also Luther in der uns gewohnten Weise vom Gewissen zu reden. Das gilt aber nur in diesem Zusammenhang und ist nach seinem Urteil nicht eigentlich theologisch gemeint, vielmehr geht es um das, was wir später das bloß „moralische Gewissen" nennen, um das „gute Gewissen" *vor den Leuten*, nicht vor Gott. Zentraler Auftrag der Evangeliumspredigt ist die Unterweisung der Gewissen zur Freiheit gegenüber dem Zwang autoritärer Gesetzlichkeit. Christus allein ist der Herr des guten Gewissens, das in evangelischer Freiheit von der „fremden Gerechtigkeit" Gottes lebt und in keiner Hinsicht „autonom" ist. Calvin denkt ähnlich, betont aber stärker den Zweck des nicht befreiten Gewissens, den Menschen vor Gott unentschuldbar zu machen. Auch für Zwingli fallen gutes Gewissen und rechter Glaube zusammen.

War das von der Sünde bedrängte Gewissen Ausgangspunkt der Reformation, und hat auch Luther sich deutlich bei der Forderung evangelischer Unterweisung der Gewissen zur Freiheit gegen jede Erzwingung des Glaubens gewandt und im Zusammenhang damit gegen die Einmischung der Obrigkeit in geistliche Dinge, so trifft doch weder die katholische These zu, daß die Reformation durch ihr „Gewissensprinzip" die revolutionären Emanzipationstendenzen der Neuzeit ausgelöst habe,

---

[10] WATR 2, Nr. 2127. [11] WA 36, S. 363.

noch die aufklärerisch-neuprotestantische, daß die Reformation mit der Schriftauslegung „nach eigenem Gewissen" zugleich auch die Gewissensfreiheit als ein individuelles Menschenrecht und als Glaubensrelativismus proklamiert habe. Vielmehr sind die Wurzeln der modernen, mit Glaubens- und Kultusfreiheit geschichtlich entstandenen Freiheitsrechte im Bereich der reformationszeitlichen Spiritualisten und zum Teil des Täufertums zu suchen.

Was ist nun mit jenen für Luther höchst kennzeichnenden und zunächst in der überkommenen theologischen Sprache formulierten Erwägungen geschehen? Etwas ganz Entscheidendes: Die Entdeckung der *Transmoralität* des Gewissens auf Grund einer schonungslosen Analyse des existenzmäßig erlebten und durchlittenen Phänomens des Gewissens. Eine eindrucksvolle Beschreibung dieses Phänomens gibt Shakespeare an einer Stelle in Richard III., in der das Schuldbewußtsein als der grundlegende Charakter dieses Phänomens in seiner entscheidenden Verbindung mit dem individuellen Selbstbewußtsein deutlich wird:

„O feig' Gewissen, wie du mich bedrängst! . . .
Was fürcht' ich denn? mich selbst? Sonst ist hier niemand.
Richard liebt Richard; das heißt, Ich bin Ich.
Ist hier ein Mörder? Nein. — Ja, ich bin hier.
So flieh. — Wie, vor mir selbst? Mit guten Grund:
Ich möchte rächen. Wie? Mich an mir selbst?
Ich liebe ja mich selbst. Wofür? Für Gutes,
Das ja ich selbst hätt' an mir selbst getan?
O, leider, nein! Vielmehr haß' ich mich selbst . . .
Hat mein Gewissen doch viel tausend Zungen, . . .
. . . rufend: Schuldig! schuldig!"

Diese Beschreibung des Gewissenserlebnisses zeigt, daß das Gewissen durchaus nicht zureichend im Rahmen ethischer Bestimmung des Sollens, im Rahmen der Begriffe von Norm und Pflicht, erfaßt werden kann. Die antik-katholische Gewissenslehre hat das mit dem Gedanken verbindlicher subjektiver Aneignung objektiver allgemeingültiger Normen versucht, hat aber dann doch durch den Gedanken vom irrenden Gewissen, das als Gewissen gleichwohl verbindlich bleibt, und durch das Angebot helfender Ratschläge für die Gewissensentscheidung dem Rechnung getragen, daß das Gewissen sich nicht restlos in eine vernünftige Morallehre einordnen läßt.

Sowohl das hier sich bekundende Interesse am Ich des religiösen Menschen sowie entsprechende Motive der nachtridentinischen katholischen Theologie (Molinismus) legen den Grund zur idealistischen Persönlichkeitsauffassung der Moderne und zum Verständnis des Gewissens als

„Tiefenperson". Die Aufklärungsphilosophie hat daher Elemente der scholastischen Gewissenslehre erneuert. Bei Kant taucht auch das alte Bild vom Gewissen als Gerichtshof auf, wobei die Gottheit zur „idealistischen Person" wird, „welche die Vernunft sich selber schafft"[12], das Gewissen aber, sehr verengt als urteilende Kontrollinstanz für das Verhältnis von Handeln und Gesetz erscheint, welches „gewissenhaft" untersucht werden muß. Das Gewissen kann nicht irren, entsprechend der Unfehlbarkeit des kategorischen Imperativs. Es kann lediglich jene Kontrolle unterlassen, aber es vollzieht keine eigentliche Gewissensentscheidung mit dem Risiko der Verfehlung. Der apriorische Gewissensbegriff wird völlig formalisiert: „Das Gewissen ist ein Bewußtsein, das für sich selbst Pflicht ist." Kant bleibt bei der Forderung der Autonomie gewissensmäßigen Handelns zur Verwirklichung allgemeiner ethischer Prinzipien stehen, auch mit der Konsequenz lebensfeindlicher Selbstgerechtigkeit: zum Beispiel, daß ich aus dem Prinzip der Wahrhaftigkeit heraus dem Verfolger meines Freundes, der ihn in meinem Hause sucht, ehrlicherweise sagen müsse, daß mein Freund sich zu mir geflüchtet habe. Hier meldet sich die Selbstgerechtigkeit, der ganze Hochmut eines moralischen Gewissensbegriffs, der zugleich in solcher Situation verantwortliches Handeln gegenüber meinem Freund um meiner eigenen sittlichen Vollkommenheit willen unmöglich macht.

Fichte hingegen erneuert die Synteresislehre in mystischer Fassung, weil für ihn das Gewissen „Orakel aus der ewigen Welt" ist, „Organ" der Wahrheitserkenntnis. — Bei Hegel begegnet die Unterscheidung eines subjektiven, irrtumsfähigen „formellen" Gewissens von dem „wahrhaften" Gewissen, das inhaltlich durch das Gesetz des wahrhaft Guten (und zuletzt durch den Staat) bestimmt ist, ein Gesetz, dessen Verletzung sich als das „böse" Gewissen manifestiert, welches den Verbrecher auf seine Strafe als „Ergänzung" hindrängt[13].

Das ist sowohl dem scholastischen wie dem idealistischen Gewissen gemeinsam: Seine Moralisierung macht es zum anspruchsvollen Instrument einer geradezu lebensfeindlichen Selbstgerechtigkeit. Das Handeln in Verantwortung, Vertrauen und Liebe hat hier keinen Raum. Aber auch das Unheimliche der zwischen Selbstrechtfertigung und Selbstanschuldigung hin- und herbewegten Stimme des Gewissens ist hier gewaltsam beseitigt. Von einer „Freiheit" des Gewissens kann hier ebensowenig die Rede sein wie vom Gewissen als „Bestie". — Damit scheint aber die Bestimmung des Wesens des Gewissens auf dem Weg seiner bloß moralischen Erfassung wiederum als unmöglich erwiesen zu sein und zugleich die Erkenntnis sich abermals nahezulegen, daß das Gewis-

[12] I. Kant, Metaphysik der Sitten.

[13] G. W. F. Hegel, Grundlinien der Philosophie des Rechts, § 137.

sen eine jenseits des bloß Moralischen wesende, also eine transmoralische Größe sei. Eben darauf läuft die reformatorische Entdeckung des im Glauben geschenkten guten Gewissens hinaus.

Neben dem moralistisch-idealistischen Verständnis des Gewissens als eines transzendentalen Vermögens stehen in der Neuzeit naturalistische und soziologische Gewissenstheorien, die das Gewissen, insbesondere das schlechte Gewissen, mit dem Triebleben in Verbindung bringen oder es zur Stimme des Gesamtwillens der auf Selbsterhaltung tendierenden Gesellschaft machen oder als Produkt der Erziehung begreifen und schließlich sogar als Erkrankungserscheinung des durch die Gesellschaft domestizierten Menschen, der die ursprünglichen vitalen Instinkte verdrängt hat[14]. Analog hat S. Freud das Gewissen als Schuldgefühl in der angstvollen Spannung zwischen Ich und dem durch Eros und Todestrieb aufgebauten Ich-Ideal bzw. dem Es interpretiert. Das Gewissen ist also eine entwicklungsfähige naturhafte oder erworbene Anlage.

Die protestantische Theologie des 19. Jahrhunderts hat das Gewissensproblem vielfach erörtert. Schleiermacher unterscheidet ein individuelles irrtumsfähiges Gewissen von dem Gewissen als Wirksamkeit des Gemeingeistes, als dessen Organismus die Kirche dann die Norm des Gewissens ist, und zwar mit der „christlichen Sitte“, eine Norm, die als sittliches Gesetz auftritt, in dem sich die Idee des Guten ausspricht und die als „Sein Gottes in uns“ beurteilt wird. Schleiermacher kann so von einem „Gewissen des Volkes“ oder von einem „evangelischen Gewissen“ reden. Als Bewußtsein menschlicher Unfähigkeit, der Sünde, hält das Gewissen „bei der Erlösung fest“. — Andere suchen philosophische, psychologische und „biblische“ Gewissenslehre zu kombinieren und psychische Phänomene theologisch auszulegen. So faßt zum Beispiel A. E. Biedermann das Gewissen als „Prozeß im menschlichen Geistesleben“ und bestimmt diesen als „Wechselprozeß zwischen endlichem und absolutem Geist, d. h. zwischen dem Menschen und Gott“, gegenüber der Fassung des Gewissens nur als Akt sittlichen Selbstbewußtseins. Oder sie konzentrieren sich auf den Versuch, aus Röm. 2, 15 die biblische Gewissenslehre zu gewinnen, bis hin zu M. Kählers Feststellung seiner Aussichtslosigkeit. Zwischen Überlastung des Gewissensbegriffs und seiner Bagatellisierung bewegen sich diese theologischen Erwägungen in einer Fülle von Definitionsversuchen bis an die Grenze der Resignation (R. Rothe). Fast überall zeigt sich weniger der Anschluß an die Gewissenslehre des Evolutionismus und der Empiristen überhaupt als vielmehr die Bindung durch eine moralistische oder idealistische Anthropologie, die zugleich das Unheimliche der zwischen Selbstrechtfertigung und Selbstanschuldigung hin- und herbewegten Stimme des Gewissens beseitigt.

[14] F. Nietzsche, Genealogie der Moral.

Daher führt die zum Teil indirekte Gewissensanalyse der Existenzphilosophie heute ungleich tiefer, sofern sie am Gewissen das Schuldigsein des Daseins aufdeckt, das der von dem Sich-Verlieren an das „man" in die Freiheit auf dem Grund des Nichts zurückgerufene Mensch im Akt seiner Setzung übernehmen muß, um dem Anspruch des Sollens gegen das Sosein zu genügen, auf die Gefahr des Sich-Verfehlens hin. Eben darin ist das Gewissen Aufdeckung des Schuldigwerdens in der Situation der Angst vor dem In-der-Welt-Sein. Damit sind Gedanken Kierkegaards aus dem „Begriff der Angst" vor dem Nichts, dem Schicksal, der Schuld, für die Daseinsanalyse des Menschen weitergeführt, aber auch umgebogen, die zugleich Versuche begünstigen, das paulinische oder reformatorische Gewissensverständnis philosophisch legitim auszulegen in Richtung auf die im Gewissen erfolgte Aufdeckung letzter metaphysischer Zusammenhänge.

Die Einheit des transmoralischen Gewissens

Das transmoralische Gewissen, verstanden als das von Jesus Christus zum Dienst Gottes und des Nächsten befreite Gewissen gerade innerhalb der Gemeinschaft menschlicher Schuld, lebt in einer für uns unaufhebbaren Spannung von Bindung und Freiheit.

1. Es ist nach wie vor seinem Wesen nach Ruf zur Einheit mit uns selbst. Die Übernahme von Verantwortung darf das Selbst nicht aufheben. Sie findet ihre Grenze, die Grenze der mit ihr übernommenen Schuldübernahme, aber an der Tragfähigkeit des einzelnen, und darum ist das Gewissen in der Reichweite seiner Entscheidung individuell verschieden, etwas Subjektives, und doch immer ein Ganzes.

2. Es bleibt auch als befreites Gewissen der Warner, der Warner nämlich vor der Übertretung des Lebensgesetzes. „So wird die Verantwortung durch das Gewissen gebunden, aber das Gewissen durch die Verantwortung frei. Es zeigt sich nun, daß es dasselbe ist, ob wir sagen: der Verantwortliche wird sündlos schuldig, oder: allein der Mann des freien Gewissens kann Verantwortung tragen. Wer in Verantwortung Schuld auf sich nimmt — und kein Verantwortlicher kann dem entgehen —, der rechnet sich selbst und keinem anderen diese Schuld zu und steht für sie ein, verantwortet sie. Er tut es nicht in dem frevelnden Übermut seiner Macht, sondern in der Erkenntnis, zu dieser Freiheit genötigt und in ihr auf Gnade angewiesen zu sein. Vor den anderen Menschen rechtfertigt den Mann der freien Verantwortung die Not, vor sich selbst spricht ihn sein Gewissen frei, aber vor Gott hofft er allein auf Gnade."[15]

Das in Jesus Christus befreite Gewissen — Luthers Fassung des trans-

[15] D. Bonhoeffer, Ethik, 1949, S. 193.

moralischen Gewissens — ist, wenn wir zurückblicken, auch in jener Wormser Antwort von 1521 gemeint: „Überwunden in meinem Gewissen und gefangen in dem Worte Gottes." Dasselbe meint die in den Luth. *Bekenntnisschriften*, welche überraschend selten vom Gewissen für sich reden, häufiger gebrauchte Wendung: „Cum Deo et bona conscientia." Diese Formel begegnet in den Bekenntnisschriften überall dort, wo es um das Handeln des Christen in der Welt geht, also in der Frage des öffentlichen Bekennens, bei der Frage des Lebens im weltlichen Stand gegenüber der daraus „ein Gewissen machenden" Empfehlung des „Standes zur Vollkommenheit" im Mönchtum, insbesondere — was dann in der Auseinandersetzung mit dem Täufertum stark betont wird —, „daß ein Christ mit Gott und gutem Gewissen in der Oberkeit sein mag".

„Mit Gott und (gutem) Gewissen", das ist die Einheit des transmoralischen Gewissens. Und wenn so vom Gewissen geredet wird, tritt jede Reflexion über das Gewissen als Bewußtseinsphänomen oder als Problem einer Seelenmetaphysik zurück. Die ganze Frage nach dem metaphysischen „Was" des Gewissens hat hier kein Interesse. Ja, es ist sogar unmöglich, von hier aus das Gewissen für sich *neben* das Wort Gottes als „zweite Instanz" des religiösen und sittlichen Urteils, als zweiten Faktor religiös-sittlicher Existenz zu verstehen. Es gibt gewiß nur *zusammen* mit dem Wort Gottes erschrockenes Gewissen unter dem Zorneswort, getröstetes Gewissen unter dem Evangelium. Von dieser Erfahrung allein handelt die reformatorische Erörterung des Gewissensproblems. Wo dann von hier aus die Berufung des Handelnden auf das Gewissen in Blick genommen wird, schließt die Formel „Mit Gott und (gutem) Gewissen" es aus, das Gewissen als Prinzip der sittlichen Autonomie im idealistischen Sinne zu begreifen. Damit ist auch eine sogenannte Gewissenstheologie als Theologie eines autonomen moralischen oder religiösen Gewissens ausgeschlossen. Es entspricht daher dieser reformatorischen Stellung zur Gewissensfrage, wenn zum Beispiel K. Barth in seiner „Kirchlichen Dogmatik" vom Gewissen unter dem Titel der „Freiheit unter dem Worte Gottes" handelt.

Die Übereinstimmung zwischen Luther und den Bekenntnisschriften in ihrem Reden vom Gewissen entspricht nun schließlich auch der Art und Weise, in der das Neue Testament von ihm redet. Lange Zeit wurde Röm. 2, 15 als die wichtigste Stelle angesehen. Demgegenüber dürften aber doch wohl die Ausführungen in 1. Kor. 8,7—12; 10, 25—29 die „wichtigsten Äußerungen der Bibel zum Thema ‚Gewissen'" sein (M. Kähler). An diesen Stellen geht es um das empfindliche Gewissen und um die Rücksichtnahme auf die „Schwachen", ängstlichen Gewissen seitens der Freien und „Starken", und zwar in dem für die frühen Christen häufigen Konfliktsfall, ob sie „Götzenopferfleisch" essen dürften, das heißt: praktisch überhaupt Fleisch, da die Schlachtung in der Regel mit einem kultischen Ritus verbunden war. Damit ist aber genau jenes Verhältnis zwischen moralischem und transmoralischem Gewissen angegeben, zwischen „ängstlichem“ und „befreitem“, das in der Mitte der evangelischen Gewissenslehre steht.

Auf das schwache Gewissen des bedenklichen Bruders ist Rücksicht zu nehmen. Aber diese Rücksichtnahme darf nicht zu einer Unterordnung des Freien unter das *Gewissensurteil* des Schwachen führen; sie ist vielmehr ein Akt der Freiheit und darin der Liebe. Es geht also um die volle Respektierung *fremder* Gewissensentscheidung, auch wenn ich mir ihre Begründung nicht zu eigen machen kann und darf. Es geht damit zugleich um die Warnung davor, „einem anderen Gewissen zu machen“, vor der Beschwerung fremden Gewissens. Solche Beschwerung sah die Reformation in der gesetzlichen Hinzufügung von Kirchengeboten und menschlicher Autorität zum Worte Gottes im Papsttum, das dadurch die Gewissen knechtet. Demgegenüber ging es ihr um die Befreiung der Gewissen durch die Predigt des Evangeliums. Denn das Gewissen hat es nicht mit dem Gesetz, auch nicht mit dem selbstgefundenen, zu tun, sondern mit der ichhaft-seinsmäßigen Begegnung mit dem lebendigen Gott und dem wirklichen Menschen. In ihr und mit ihr, in und mit dem Gewissen, gewinnt der Mensch die Einheit seiner selbst, d. h. seine Menschlichkeit. Er gewinnt sie aber nur in dem Bereich, der ihn mit dem anderen, mit dem Mitmenschen verbindet: dem Bereich der Solidarität der Schuld — das Gewissen ist ja die Freiheit, Schuld zu übernehmen! — und im Bereich der Verantwortung für das Menschsein des Menschen; diese kann mir kein übergeordneter Befehl abnehmen, und sie schließt den unbedingten Respekt vor dem Gewissen des anderen in sich. Es gilt auch dort, wo man ein „irrendes“ Gewissen — ein irrendes moralisches Gewissen — von seinem Irrtum zu überzeugen sucht.

Wir fassen zusammen: Eine theologische Lehre vom Gewissen kann diesem Problem nur im Rahmen einer theologischen Anthropologie gerecht werden. Es genügt nicht, Ergebnisse einer Phänomenologie des Gewissens — so wichtig sie für die Seelsorge sein mögen — oder ihrer philosophischen Interpretation aufzugreifen und theologisch zu deuten und etwa von der These auszugehen, Gewissen sei ein „Urfaktum in der menschlichen Geistesanlage, das daher stets formal in der gleichen Weise in dem Bewußtsein der Menschen wirksam gewesen ist und auch heute ist“[16]. Es als „Stimme Gottes“ zu verstehen, wäre eine untheologische Rationalisierung ebenso wie die katholische Fassung des Gewissens als eines intakt gebliebenen Moments der menschlichen Natur.

Gemeinsam ist einer theologischen Gewissenslehre mit der Gewissens-

---

[16] Seeberg, Gewissen, a.a.O.

phänomenologie und der idealistischen Gewissensauffassung die Tatsache der Selbstwidersprüchlichkeit des Menschen im Gewissen, die Tatsache der Spannung zwischen einem Anspruch des Sollens und dem Sosein; ferner die Tatsache eines Bindungsgefühls überhaupt. Gemeinsam ist formal mit dem Gewissensidealismus auch die Letztinstanzlichkeit des Gewissens und seine Transzendenz gegenüber der Erfahrung. Gegen den Idealismus und zum Teil auch gegen die pragmatische Interpretation des Gewissens aus soziologischen oder utilitaristischen Erfahrungsursprüngen oder aus einer Triebanalyse ist für eine theologische Gewissenslehre aber die Transmoralität des Gewissens grundlegend. Sie ist die wesentliche Entdeckung der Reformation, wie wir sahen. Sie ruht auf einer schonungslosen Analyse des existenzmäßig erlebten und durchlittenen Phänomens des Gewissens als Selbstaussprache des „alten", gottfeindlichen Menschen der Selbstgerechtigkeit unter dem Gesetz, und zwar in der dem Glauben zugehörigen Erkenntnis, daß das natürliche Gewissen Bollwerk des Menschen in seiner Selbstbehauptung gegen Gott ist. Das gute Gewissen, welches nicht „die christliche Sittlichkeit", sondern der Glaube dem Menschen gewährt (vgl. 1. Petr. 3, 21: Taufe und Gewissen!), verhält sich zum natürlichen Gewissen nicht als Vollendung einer schöpfungsmäßigen Existenzvoraussetzung mit Einschluß der „praktischen Vernunft", sondern wie die Neuschöpfung zur Vernichtung des vom Gesetz regierten „moralischen" Gewissens vor Gott. Das heißt: Das christliche Gewissen ist nicht das Ergebnis seelischer Kämpfe, sondern es hat die Überwindung des Gesetzes durch Christus zur Voraussetzung. Das Gewissen ist — im Unterschied zu seiner existenzphilosophischen Interpretation — Antwort. Daraus folgt, daß das Gewissen so wie das Wesen des Menschen vor Gott überhaupt nicht Besitz des sich selbst erfahrenden Menschen, sondern Aufgabe ist. Nicht eine Aufgabe, die der Mensch von sich aus bewältigen könnte, sondern Aufgabe des Glaubensgehorsams, der allein das Problem der praktischen Vernunft in der Existenz des gefallenen Menschen von dem nunmehr erfüllbar gewordenen Gebot Gottes her zu lösen vermag.

Das Gesetz wendet sich an das Gewissen, und es wird als Drohung und Vollzug göttlichen Gerichts in gewisser Weise „dadurch unentrinnbar . . ., daß es unser eigenes moralisches Urteil zum bestätigenden Vollzugsorgan hat"[17], aber diese zur Verzweiflung führende Selbstverurteilung tritt dennoch nicht unter Gottes Urteil, sondern *neben* es und sucht sich seiner zu bemächtigen. Dadurch bleibt das Gewissen im Zwiespalt von Selbstanschuldigung und Selbstrechtfertigung, bleibt unerlöstes Gewissen. Unter dem Wunder der Sündenvergebung, wenn Gott das Gewissen mit sich versöhnt und das Gewissen dessen überführt, daß sich der

[17] Ebd. Sp. 1167.

Mensch als ganzer Gott schuldet, nicht nur einzelnes schuldig ist, wird der Widerstand im Gewissen überwunden. Dieses ist daran gerade nicht als „subjektive Vorbereitung für den Glauben“ mitbeteiligt, vielmehr nimmt das transmoralische, das „befreite“ Gewissen immer wieder das moralische Gewissen in sich auf und überwindet es im Geschehen der mortificatio sui, des täglichen Sterbens des alten Adam.

Das heißt aber, daß die theologische Behandlung des Gewissensproblems bei dessen Einreihung in die theologische Anthropologie das Sein des im Glauben zur Einheit mit sich selbst geführten Menschen unter Gesetz und Evangelium, Evangelium und Gesetz interpretiert und von da aus das Gewissen als Bewußtseinsphänomen unter Abweisung jeder Seelenmetaphysik (Synteresis u. ä.) und jedes Moralisierungsversuchs zu deuten vermag. An die Stelle idealistischer Autonomie des Gewissens tritt der Glaubensgehorsam, der in Verantwortung für den Nächsten vor Gott auch frei ist zur Übernahme der mit dem Handeln verbundenen Schuld im Bereich der Solidarität der Mitmenschlichkeit. Der Appell an das Gewissen ist auch hier zuletzt die beschwörende Anfrage, ob der Mensch eben Mensch, wirklicher Mensch vor Gott werden, sein oder bleiben wolle, oder ob er sich selbst verliere an ein „Man“ oder „Es“, oder ob er sich pervertiere in dämonischer Selbstpreisgabe — die totale Suspendierung des Gewissens! — an die bindungslose Selbstdurchsetzung seiner innerweltlichen Wünsche und Möglichkeiten[18].

Wenn wir im Anschluß an P. Althaus, aber entschlossen, seine Formel wirklich ernst zu nehmen, sagten: „Ethik als theologische Disziplin ist die methodische Besinnung auf Gottes Offenbarung als Berufung des Menschen zum Handeln“ und dabei Offenbarung verstanden a) als Gebot Gottes, b) als Begründung menschlichen Gehorsams, und wenn wir von da aus uns zunächst der Voraussetzung der Wirklichkeit solchen das Gebot hörenden Gehorsams zuwendeten, nämlich dem Problem des neuen Menschen, sind wir über die allgemeine Betrachtung der Wirklichkeit des neuen Menschen,
über das Problem der „imago Dei“,
über die Frage nach dem Sünder und der Sünde und
über das Problem des Gewissens bzw. des Menschen unter dem

[18] Für eine weitergehende Beschäftigung mit dem Problem „Gewissen“ sei auf die folgende Literatur verwiesen: Martin Kähler, Das Gewissen, 1878; H. G. Stoker, Das Gewissen, 1925; G. Jakob, Der Gewissensbegriff in der Theologie Luthers, 1929; R. Bultmann, Theologie des NT, 1953, S. 212 ff.; W. Bremi, Was ist das Gewissen?, 1934; E. Brunner, Der Mensch im Widerspruch, 1937; [3]1941; Paul Tillich, Der Protestantismus, 1950, S. 181 ff.; G. Bornkamm, Die Offenbarung des Zornes Gottes (Rm 1—3), in: Das Ende des Gesetzes, 1952, S. 9 ff.; H. van Oyen, Über das Gewissen, in: Spannungsfelder der evangelischen Soziallehre, 1960, S. 34 ff.; G. Ebeling, Wort und Glaube, 1960; [3]1967, S. 255 ff.; Ernst Wolf, Art. Gewissen in RGG[3], II, Sp. 1550 ff.; dort weitere Literaturangaben.

Gesetz im Licht der ihm geschenkten Freiheit des befreiten, transmoralischen Gewissens

sachgemäß auf den zweiten Problemkreis hingeführt, der mit Gebot Gottes zunächst allgemein umschrieben ist. Seine theologische Grundfrage lautet zunächst: Gesetz und Evangelium oder wiederum — genau in der Richtung unseres bisherigen Fragens vom Geschehen der Offenbarung her oder im Licht der Neuschöpfung — Evangelium und Gesetz.

§ 6 Evangelium und Gesetz. Das Problem des „tertius usus legis"

Der Hinweis auf dieses spezielle Problem des „tertius usus legis" soll sogleich die ethische Relevanz der Frage nach Evangelium und Gesetz markieren, die Mehrdeutigkeit des Begriffs von Gesetz signalisieren.

Im Galater-Kommentar von 1519 hat Luther auf die grundlegende Wichtigkeit der Unterscheidung von „lex Dei" und „lex hominum", von Gottes Gebieten und menschlicher Gesetzlichkeit hingewiesen, zunächst in schlichter Beziehung auf das Problem der Kirchengebote: „Heu quot carnificinas conscientiarum in ecclesiam invexit ignorantia ista legis dei et legis hominum."[1] Es geht um die Unterscheidung von „lex spiritus et fidei" einerseits und „lex literae et operum" andererseits, um die Unterscheidung von „homo fidelis" und „homo legalis": „Manifeste itaque duplicem legem tangit: una est spiritus et fidei, qua vivitur deo victis peccatis impletaque lege, ut satis dictum est: altera lex literae et operum, qua vivitur peccato, nunquam impleta lege, sed simulata impletione. Per legem enim suscitatur odium legis, sed per fidem infunditur dilectio legis. Ideo legis operator legem servat cum odio legis, id est, pessime omittit, dum aliud intus optat, aliud foris simulat: fidei autem spirtitius legem servat cum dilectione legis, hoc est optime legem implet, et tamen foris cum peccatis suis pugnans ostendit se peccatorem esse, Sunt ergo duo isti adversarii: legalis ille intus peccat et foris iusticiam praetexit, fidelis intus bene facit et foris peccata sua portat ac persequitur."[2]

Was diese Unterscheidung „existenziell" bedeutet, wird wieder deutlich am Problem der Freiheit[3], an dem sich ja auch die Frage des Gewissens klärte.

Die Frage nach Gesetz und Evangelium ist innerhalb der protestantischen Theologie in Zusammenhang mit der Wiederentdeckung reformatorischer Rechtfertigungslehre nach dem Ersten Weltkrieg neu lebendig geworden, vor allem im Zusammenhang mit dem Aufkommen einer

[1] WA II, S. 487, 16.
[2] WA II, S. 498 zu Gal. 2, 19: „ego gar dia nomou nomo apethanon hina theo zeso".
[3] Vgl. WA II, S. 560.

theologischen Lehre vom sogenannten Volksnomos als Gottesgesetz zu Beginn des Kirchenkampfes 1933. In dieser Lage hat K. Barth ohne direkte Polemik gegen Luther und das Luthertum in seiner Schrift „Evangelium und Gesetz“[4] das Problem theologisch neu gestellt und formuliert und damit zugleich auf lutherischer Seite eine eigentümliche Schematisierung und Konfessionalisierung der „Lehre von Gesetz und Evangelium“ ausgelöst. Diese „Lehre“ ist nun mit einem Schlage zum Hauptstück der innerreformatorischen Kontroverstheologie erhoben worden — einer Kontroverstheologie, deren Schärfe bereits der Protest des Ansbacher Ratschlags gegen Barmen im Jahre 1934 signalisiert. Das Extrem der lutherischen Position stellt der neulutherische und — wie K. G. Steck formulierte — „fast mythologische“ Dualismus von Gesetz und Evangelium als der „zwei Worte“ Gottes dar, die einander im Anspruch auf die ganze Menschheit widerstreiten, — entwickelt in dieser Schärfe bei W. Elert[5] und seinen Schülern. Im Zusammenhang damit steht dann eine entsprechende Fassung der Lehre von den beiden Reichen und weiterhin die Betonung der Eigengesetzlichkeit der natürlichen Ordnungen. Darauf wie auf Grundfragen der theologischen Anthropologie richtet sich heute das Interesse an dem Problem Gesetz und Evangelium im besonderen.

Im Blick auf die Geschichte der interkonfessionellen Auseinandersetzung ist allerdings die Betonung von Gesetz und Evangelium als hervorragendes Unterscheidungsmerkmal zwischen lutherisch und reformiert eine Neuerung, die in der Tat „aus der bisherigen Tradition der lutherischen Kirche nicht ohne weiteres abzuleiten ist“[6]. Das 16. Jahrhundert kennt die Frage Gesetz und Evangelium als kontroverstheologisches Problem überhaupt nicht und die orthodoxe Polemik des 17. Jahrhunderts kaum. Formell taucht „Gesetz und Evangelium“ als kontroverstheologische Fragestellung erst auf in dem sehr geistreichen, aber auch sehr verführerischen Buch von M. Schneckenburger, in seiner vergleichenden Darstellung des lutherischen und reformierten Lehrbegriffs (1855) — ein Buch von erheblicher Tragweite, weil hier zum ersten Male versucht wurde, die Differenz zwischen lutherisch und reformiert auf Prinzipien zurückzuführen; und der Mensch neigt ja immer wieder dazu, von Prinzipien her zu denken, weil sich da vieles leichter zu entwickeln scheint!

So groß die Gefahr voreiliger, schematischer Konstruktion dieser neuen Unterscheidungslehre ist, so offen ist aber zur Zeit noch die theologische Diskussion des mit „Gesetz und Evangelium“ gestellten Problems. Freilich: Es droht immer noch die Gefahr der auf ein theologisches Prinzip tendierenden Schematisierung der Formel „Gesetz und Evangelium“ — es droht die Gefahr der Entleerung des theologischen Gehaltes dieser Formel zum bloßen Schlagwort.

[4] ThExh 32, 1935; Wiederabdr. NF 50, 1956. [5] Der christliche Glaube, 1940, S. IV.
[6] G. Heintze, Luthers Predigt von Gesetz und Evangelium, 1958.

Dogmengeschichtliche Skizze

Wir haben es nun hier in unserem Zusammenhang im wesentlichen mit dem Problem in seiner speziellen, sozialethischen Relevanz zu tun. Und gerade dafür ist eine dogmengeschichtliche Skizze des Problems aufschlußreich und förderlich. Denn hier geht es ja nicht primär um das Problem von Gesetz und Evangelium als Mittel des Heilshandelns Gottes, sondern die Frage nach Zuordnung und Unterscheidung, nach Verbindung und Trennung von Gesetz und Evangelium bezieht sich wesentlich auf die Bestimmung des Vollzuges des Glaubensgehorsams im innerweltlichen sittlichen Handeln. Und dabei begegnen nun alle drei Möglichkeiten einer zunächst rein formalen Sicht des Verhältnisses von Gesetz und Evangelium, nämlich die Möglichkeiten der Synthese, der Diastase und der Dialektik. Alle drei Möglichkeiten beziehen sich ebenso wie die auch geläufige rein heilsgeschichtliche Sicht, die sozusagen auf die Zeit des Gesetzes die Zeit des Evangeliums folgen läßt, vor allem — beim Rückblick auf das Neue Testament — auf Paulus.

Bei Paulus hat das Problem aber vorwiegend die Gestalt „Gesetz und Christus", die Gestalt des Gegenübers von „en nomo" und „en Christo", wobei trotz des scharfen Gegensatzes beider als Wege zur Gerechtigkeit Christus doch zugleich insofern Ende des Gesetzes ist (Röm. 10, 4), als er auch die Erfüllung des Gesetzes darstellt und sie prinzipiell ermöglicht (Röm. 3, 31 ff.; 8, 4) und eben damit die neue Heilszeit heraufführt, in der Gottes im Gesetz offenbarter Wille im Glauben durch die Liebe — und nicht in Werken des Gesetzes — sein Ziel erreicht. Denn Christus hat, für uns zur Sünde gemacht (2. Kor. 1, 25), den Fluch des Gesetzes (Röm. 7, 7 ff.; 4, 15) überwunden (Röm. 8, 3) und so durch das „Gesetz des Geistes und Lebens" vom „Gesetz der Sünde und des Todes" befreit (Röm. 8, 2). Dem entspricht der individuelle Heilsweg vom „Fleisch" zum „Geist" (Röm. 7; Gal. 5). Christus ist Ende des Gesetzes als des Heilsweges, auf dem der Mensch versucht, seine eigene Gerechtigkeit aufzurichten. Aber als Forderung Gottes bleibt das Gesetz „gleichwohl" heilig (Röm. 7, 14), in Christus gültig. Beides nun: Ende des Gesetzes und daß das Gesetz heilig sei, in Christus gültig — beides bestimmt die Dialektik des dem Problem Gesetz und Evangelium übergeordneten paulinischen Freiheitsverständnisses und bestimmt damit auch die Dialektik der paulinischen Auffassung von Gesetz und Evangelium — die Dialektik eines Freiheitsverständnisses, für das das „Gesetz Christi", von dem Gal. 6, 2 gesprochen wird, die Forderung der Liebe ist, nicht als Leistung, sondern als Tat der Freiheit, in der sich Glaube und Hoffnung auswirken und bewähren. Dem stehen dann die Verkennung des Gesetzes durch die Juden und sein entsprechender Mißbrauch gegenüber (Röm. 9, 30 — 10, 4).

Aber gerade dieses Gesetzesverständnis, Verkennung und Mißbrauch also, hat im nomistischen Mißverständnis der neutestamentlichen Paraklese in der frühen Christenheit bald wieder in Richtung auf eine eigentümliche Synthese von Gesetz und Evangelium Raum gewonnen. Wir kennen diese Dinge schon — ich brauche sie nur in Erinnerung zu rufen: Die neue Botschaft brachte zu wenig Gebote, und in Anknüpfung an Formulierungen wie eben „Gesetz Christi“ oder „vollkommenes Gesetz der Freiheit“ (Jak. 1, 25) zusammen mit dem „neuen Gebot“ etwa von Joh. 13, 34 und mit ähnlichen Wendungen sowie mit Neuformulierungen von Gebotszusammenstellungen wie Mt. 22, 35 ff. für das „Doppelgebot der Liebe“, oder entsprechend Mt. 7, 12, für die sogenannte Goldene Regel oder Gebotszusammenstellungen wie in den sogenannten Haustafeln, in den Laster- und Tugendkatalogen, entsprechend alledem entwickelt sich ja alsbald die Vorstellung von dem „neuen Gesetz unseres Herrn Jesus Christus“, wie es der Barnabasbrief formuliert (2, 6), oder vom „Gesetz des Weges zum Leben“ im Hirten des Hermas, oder von Christus als dem neuen Gesetzgeber beim Apologeten Justin. Das neue Gesetz ist das durch Christus wieder aufgedeckte, das alte Vernunft-Gesetz[7], das auch in einem Geflecht von Evangelium und alttestamentlichen Zitaten in Moralkatechismen im einzelnen durch Aufnahme jüdischer und hellenistischer Stücke ausgestaltet wurde. — Die damit zum Teil gewahrte sachliche Kontinuität des paränetischen Gebotsinhaltes von alttestamentlichem Gesetz und neutestamentlicher Paraklese, sozusagen neben und in dem Evangelium, ist als Sonderproblem gewiß zu beachten und spielt in der jüngsten theologischen Diskussion der Frage von „Gesetz und Evangelium“ eine gewisse Rolle — etwa in den Erörterungen von W. Joest oder von E. Schlink, zum Teil auch von P. Althaus. Es wird hier — bei dieser frühchristlichen Synthese — in erheblichem Umfang das Alte Testament als Schrift beansprucht und so von einem frühchristlichen Moralismus neu rezipiert und zugleich mit der Tradition von Herrenworten in dem Sinne verbunden, daß eben die „neue Religion“ als „neues Gesetz“ gepredigt werden kann — ein Gesetz gewiß „ohne Joch des Zwanges“, wie Barn. 2, 6 unterstreicht, aber ein Gesetz zugleich auch in einer gewissen einleuchtenden Rationalisierung des Ethos. Man kann zum Beispiel an Did. 3, 2 ff. ablesen, wie hier Mt. 5, 21 ff. rationalisiert wird. Mit dieser Rationalisierung öffnet sich das Tor für den Leistungsgedanken, für das Vergeltungsschema, für die Verdienstlehre und damit in summa für ein neues sittliches Ideal. „Wer“, so heißt es etwa im 1. Clemensbrief, „in demütigem Sinn und stetiger Sanftmut, ohne daß es ihn gereut, die von Gott erlassenen Rechtsordnungen und Vorschriften erfüllt, der wird zugesellt und eingerechnet

[7] Justin, Apol. I 46; Dial. 47.

werden in die Zahl der durch Jesus Christus Erretteten." Dieser Satz aus 1. Clem. 58, 2 ist ja darum so wichtig, weil er gleichsam programmatisch die in den folgenden Generationen und Jahrhunderten vor sich gehende Umformung der Botschaft des Evangeliums zur christlichen Religion ausspricht. — Und eine solche Sicht entspricht dann durchaus dem 1. Clem. 13, 1 zitierten „Herrenwort": „Wie ihr tut, so wird euch getan werden." Und dasselbe Schema begegnet dann ganz rechnerisch bereits im Polykarpbrief (6, 2) sowie, bereits mit dem Gedanken der sogar überpflichtigen Leistungen verknüpft, im Hirten des Hermas (sim. V, 3, 3). Diese „doppelte Ethik", gerade auch unter dem Nenner von Gesetz und Evangelium, deutet sich schon Did. 6, 2 an: Das Tragen des „ganzen Joches des Herrn" auf der einen Seite und das Handeln, das limitierte Handeln nach subjektiver Fähigkeit, auf der anderen Seite. Und damit verbindet sich der Ansatz zu einer meritorischen Askese und zu einem entsprechenden Martyrium; alles freilich noch in der Klammer einer betonten eschatologischen Erwartung: „Lasset uns nun die Gerechtigkeit tun, damit wir fürs Ende gerettet werden", heißt es etwa im 2. Clem. 19, 3. Gerade diese eschatologische Erwartung ist — oder sollen wir sagen: ist noch — das Vorzeichen der frühchristlichen Synthese von Gesetz und Evangelium und hat deren raschen und kräftigen Aufbau fraglos gefördert. Das eindrucksvollste Zeugnis dafür ist dann schließlich der sittliche Rigorismus im Gefolge des Montanismus gewesen.

Um so überraschender ist auf der anderen Seite der Protest Marcions, dessen heftige Bekämpfung sich nicht zuletzt eben von der moralistischen Synthese von Gesetz und Evangelium her begreifen läßt, obwohl im Marcionitismus selbst diese Synthese mit anderen Motivationen praktisch weitergeführt wird. Marcion hat Röm. 10, 4 mit Gal. 3, 19 interpretiert und von da aus die „separatio legis et evangelii"[8] bis zur schroffen Gegenüberstellung des „gerechten" Gottes des Alten Testaments und Schöpfers dieser schlechten materiellen Welt auf der einen Seite und des unbekannten, fremden, guten, „besseren" Gottes der schlechthinnigen Liebe nach der Regel von Lk. 6, 43 auf der anderen Seite durchgeführt. Er hat von da aus die jüdische „Gesetzlichkeit" aus der neutestamentlichen Überlieferung kritisch auszumerzen versucht, um so das reine Evangelium des Paulus wiederherzustellen. Auf dem Hintergrund einer radikalen Kritik des Alten Testaments und seines Gottes erstrahlt das Evangelium als ein unvergleichliches Wunder. Und dem Vergeltungsschema der Furchtreligion des Gesetzes, dem verstockten Gerechten des Alten Testaments, der Kleinlichkeit des Schöpfers stellt Marcion ja bekanntlich den Universalismus und die bedingungslose Verheißung der Seligpreisungen gegenüber. Richten ist nicht ein Akt des Göttlichen. Und indem nun

[8] Tertullian, Adv. Marc. I, S. 19.

Marcion die paulinische Dialektik von Gesetz und Evangelium zur dualistischen Diastase vereinseitigt, hat er, entgegen seiner eigenen Meinung, Paulus nicht weitergeführt, und hier hat dann auch der wiederholt versuchte Vergleich Marcions mit Luther ja seine Grenze. — Die Kirche seiner Zeit hat zum Teil gegen ihn und seine Gegenkirche jene frühchristliche Synthese von Gesetz und Evangelium im Zusammenhang mit einer fortschreitenden Einrichtung in der Welt zu einer prinzipiellen Umformung der Botschaft des Evangeliums zur christlichen Religion ausgebaut. Charakteristisch dafür ist — aber das kann hier im einzelnen nicht mehr verdeutlicht werden — etwa Tertullian, dessen „Richterstuhl-Evangelium" die christlichtradierte Einheit von Gerechtigkeit und Liebe Gottes gegen Marcion juristisch-apologetisch bis zu der Konsequenz zu erstreiten sucht, daß auch die Auferstehung des Fleisches als sittliches Postulat um der Rechenschaft im jüngsten Gericht willen begründet wird. Und er hat das Evangelium als die „lex propriae nostra"[9] der Christen im Sinne einer das Rechtsverhältnis zwischen Gott und Mensch regelnden Verdienstlehre entfaltet. Gott gibt der Willensfreiheit des Menschen durch sein Gesetz, durch das Naturgesetz, durch das Gesetz des Alten Testaments und durch das jenes Naturgesetz wiederaufdeckende neue Gesetz die Chance, durch satisfaktorische Leistungen sich „merita", sowohl geschuldete wie nicht geschuldete Verdienste zu erwerben, jeweils unter Voraussetzung der Taufe. Selig macht also nicht die innere Kraft des Glaubens allein, sondern die aus ihr folgende Erfüllung des Gesetzes. Und damit hängt ja dann das im spezifischen Sinne abendländisch-katholische Verständnis des Christentums zusammen; damit hat dieses Verständnis sein grundlegendes Schema erhalten, sofern die Rechtfertigung grundsätzlich mit der dem Prinzip nach perfektionistischen religiössittlichen Heiligung in ihren verschiedenen Stufen zusammenfällt.

Auch Augustin hat daran im Grunde nichts geändert, obwohl für ihn „lex" und „gratia" bzw. freier Wille und Erwählung insofern in ein neues Verhältnis zueinander gesetzt werden, als Augustin antipelagianisch jenem tertullianischen, aber auch „griechischen" Moralismus des sittlich eigenständigen Menschen immer wieder entgegenhält die „Übermacht" der Gnade. So sehr Christus als „sacramentum" im Sinne dieser Übermacht der Gnade betont wird, im augustinischen Christus-„exemplum" — im zweiten Nenner sozusagen über Christus —, steckt doch auch die hier maßgebende Grundvorstellung von dem Christus als dem Gesetzgeber, so wie er bei Tertullian als der Lehrer der „nova lex" in Erscheinung trat. Gleichwohl hat Augustin jene paulinische Dialektik von Gesetz und Evangelium schon vor der Auseinandersetzung mit den Pelagianern abermals entdeckt und innerhalb der katholischen Synthese

[9] De monogamia VIII.

von Gesetz und Evangelium zur Geltung zu bringen versucht, aber wohlgemerkt: *innerhalb* dieser Synthese. Gesetz und Evangelium sind miteinander verbundene, aber zugleich in ihrer Wirkung grundverschiedene Weisen der Begegnung zwischen Gottes Willen und menschlicher „Freiheit". Im Gesetz begegnet Gottes Wille als zuletzt der Sündenohnmacht überführende Forderung, in Christus als zur wahren Freiheit befreiende göttliche Liebe und Gnade, die die Gesetzeserfüllung so ermöglicht, daß unsere „merita" immer zuletzt Gottes „munera" sind. Der berühmte Satz aus De spiritu et littera: „Lex data, ut gratia quaereretur, gratia data, ut lex impletur" (34; Ep. 145, 3) umschreibt das sachliche Verhältnis von Gesetz und Gnade im Rahmen einmal der katholischen Synthese von Gesetz und Evangelium, zugleich aber im Rahmen einer von Augustin heilsgeschichtlich gedachten Lebensbewegung durch die verschiedenen Stadien der Heilsgeschichte hindurch. Das Gesetz ist bei Augustin einerseits Natur- bzw. Vernunftgesetz, andererseits das Gebot des Alten Testaments. Von beidem gilt, daß es nur äußerlich wirkt als Buchstabe und daß seine Strafandrohung lediglich zur Furcht führt, die dann freilich als „timor damnationis", als Furcht vor der Verdammung, den Weg zur Bekehrung öffnet, dem Menschen seine Sünde zeigt und als „timor legis" das Verlangen nach der Gnade weckt. Augustin hat aber später dem keine reale Wirkung zuerkannt, sondern alles Geschehen der Bewegung zum Heil ausschließlich der Gnade zugeschrieben. Daher gewinnen unter den äußeren Zusprachen, mit denen Gott seine Berufung verbindet, die „evangelicae cohortationes" bei ihm den Vorrang vor den „mandata legis". An die Stelle des „fac quod jubeo" des Gesetzes tritt das „da quod jubes" des Glaubens[10]. Die dem Glauben geschenkte Gesetzeserfüllung macht den realen Vollzug der zunehmenden Rechtfertigung durch die Werke des mit der Liebe inspirierten guten Willens aus. Nun hat aber die Entscheidung der Synode von Karthago (418) gegen Pelagius und ihre Bestätigung durch den römischen Bischof Zosimus zwar den Pelagianismus abgeriegelt, aber dadurch nicht den Augustinismus in seinen letzten Konsequenzen zur Kirchenlehre gemacht.

Bekanntlich hat das Mittelalter diesen Augustinismus innerhalb der tertullianischen Synthese von Gesetz und Evangelium, das heißt: im Lichte der „nova lex" und im Blick auf den „Christus legislator", wieder stärker, wenn auch stets unter dem allgemeinen Vorbehalt des „nichts ohne die (sakramentale) Gnade", erneuert im Sinne einer nomistisch-meritorischen Auffassung des Evangeliums mit Rücksicht auf den Menschen als sittlich verantwortliche Person vor Gott, und zwar unter Einschluß verschiedener Vollkommenheitsstufen und des Schemas von evangelischen Räten und Geboten.

[10] De spir. et lit. 13, 22.

Damit ist eine Position gewonnen, die man bei der Frage „Gesetz und Evangelium", um durch dieses Gestrüpp hindurchzufinden, festhalten muß. Wir gingen aus von der paulinischen Dialektik, die zunächst gleichsam überrollt wird durch die christliche Synthese, die durch den Protest Marcions zurückgerufen, wenn auch nicht wirklich geltend gemacht, und die dann speziell in der abendländischen Entwicklung innerhalb der überkommenen Synthese von Augustin neu proklamiert wird. Der Unterschied zwischen dieser abendländischen augustinisch-scholastischen und dann insgesamt römisch-katholischen Tradition beim Problemkreis „Gesetz und Evangelium" und den reformatorischen Bemühungen darum läßt sich zunächst auf die etwas grobe Formel bringen: Auf der einen Seite Dialektik von Gesetz und Evangelium innerhalb der Synthese, auf der anderen Seite Dialektik von Gesetz und Evangelium innerhalb der Diastase. Das macht *zunächst* den Unterschied aus. Und was die sozialethische Relevanz anbelangt, ergibt sich für die Dialektik von Gesetz und Evangelium innerhalb der Synthese, daß hier das Problem durch den Rekurs auf das als christlich angesehene Naturrecht relativ leicht gelöst wird. Wer sein Handeln nach dem Naturgesetz ausrichtet, handelt gemäß der Verkündigung des Gesetzes, aber immer zugleich unter dem Vorbehalt der Gnade, so daß auch hier das Verhältnis von Gesetz und Evangelium in eigentümlicher Weise im Hintergrund steht. Die Gesetzlichkeit dieser Position zeigt sich zwar der vom Evangelium herkommenden kritischen Analyse, sie wird aber von den Vertretern dieser Position im Namen der Übermacht der Gnade bestritten, besser gesagt: abgestritten.

Die reformatorische Position

Die Unterscheidung von Gesetz und Evangelium als eine „sehr hohe, die höchste Kunst in der Christenheit" ist bei Luther[11] und in der Reformation sachlich bezogen sowohl auf die Rechtfertigungslehre wie auf das Schriftprinzip und steht mit beidem in ganz unmittelbarem Zusammenhang mit der entscheidenden Frage nach der rechten Christusverkündigung in Predigt und Seelsorge und nach dem rechten christlichen Dasein unter dieser Predigt und Seelsorge in der Welt. Ich sage das nur vorweg, um den bekannten Satz von der sehr hohen, ja höchsten Kunst in der Christenheit zunächst zu unterstreichen. Es wird hier ja gesagt, daß das Problem von „Gesetz und Evangelium" in der Tat eine Fülle nicht nur diffiziler Fragen, sondern vor allem eine Fülle lebensentscheidender Fragen in sich birgt und daß es je nach den verschieden vorausgesetzten Standpunkten und zugleich auch Ausgangspunkten spezieller Fragestellungen sehr verschieden vor Augen kommt. Man findet durch

[11] WA 36, S. 9.

das, was in der heute eben fast zur Schlagwort-Theologie gewordenen Rede von Gesetz und Evangelium einem vor Augen und Ohren kommt, nicht gut hindurch, wenn man sich nicht bemüht, diese mannigfaltigen Stimmen zu reduzieren auf ganz bestimmte und dann zunächst sehr einfach erscheinende Grundschemata. Das haben wir bisher mit dem dogmengeschichtlichen Rückblick zu tun versucht, und wir werden auf derselben Linie weiterschreitend versuchen, uns die heutige Problematik von Gesetz und Evangelium in der gegenwärtigen Diskussion ebenfalls durch solche Reduktionen zu klären, um dann zu einer Antwort zu kommen, von der vielleicht gesagt werden darf, daß in ihr jener paulinischen Dialektik von dem „en nomo“ und „en Christo“ entsprochen ist.

Die Anfänge der Unterscheidung knüpfen bei Luther an Augustin an und übertragen zunächst das Verhältnis von „innerem“ und „äußerem“ Wort aus Augustins „De spiritu et littera“ auf „Evangelium und Gesetz“. Dabei hat Luther Augustins Schema von „lex“ und „gratia“ vertieft, indem er dem Korrelationsverhältnis von „promissio“ bzw. „evangelium“ und „fides“ dasjenige von „lex“ und „peccatum“ korrespondierend zur Seite stellt. Die Unterscheidung von Gesetz und Evangelium ist für Luther wichtig sowohl zur Abwehr jener scholastischen Vergesetzlichung des Evangeliums vom „Christus legislator“ her wie auch gegenüber den Schwärmern und ihrer Verkehrung eines spiritualisierten Gesetzes zum Evangelium. In beiden Fällen wird das Evangelium nämlich — sowohl bei der Scholastik wie bei den Schwärmern — von dem Christus für uns gelöst und das Wort Gottes in eigenwillige Verfügung des Menschen genommen. Auf das Wort Gottes bezogen bestimmen Gesetz und Evangelium zunächst für Luther zwei Teile, „partes“, wie er sagen kann, der Schrift: die „praecepta“, die den Menschen seiner sündigen Ohnmacht überführen und darum altes Testament heißen und sind, ohne mit dem Alten Testament einfach identisch zu sein, und die „promissa“, die die „fides Christi“ herbeiführen, die geben, was die Gebote fordern, und die darum neues Testament heißen und sind, wiederum ohne mit dem Neuen Testament des Kanons schlechthin zusammenzufallen. Die Einheit des Wortes Gottes im Zeugnis der Heiligen Schrift stellt die Unterscheidung von Gesetz und Evangelium zugleich in die sichernden Schranken der chalcedonensischen Formel: ungetrennt und ungeteilt — unvermischt und unverwandelt. Dabei erscheint das Evangelium jedoch als der Herr des Gesetzes, sofern es, wie Luther einmal sagt, „natürlich Recht nicht aufhebt, sondern befestigt als Gottes Ordnung und Geschöpf“[12]. Die Bestätigung des Gesetzes durch das Evangelium gilt dem Gesetz sowohl als Gebot, sofern Christus die Erfüllung des Gebotes schenkt, als auch dem Gesetz als Gesetz im spezi-

[12] WA 50, S. 633.

fischen Sinne, sofern sich das Evangelium und Gesetz zueinander verhalten wie „opus proprium“ und „opus alienum Dei“, zueinander verhalten wie „vivificatio“ und — für diese dann in Dienst genommene — „mortificatio“ in einem, wie man häufig sagt, dialektischen, aber doch nicht eigentlich dialektischen Handeln Gottes, das tötet, um lebendig zu machen, das in Anfechtung stürzt, um aus ihr zu erretten. Luther hat ja bekanntlich dieses scheinbar Dialektische von töten und lebendig machen aus 1. Sam. 2, 6 sehr häufig herangezogen, er hat auch seinerseits jenes etwas fatale „um“ hier eingeschaltet und war sich doch bei alledem bewußt, daß hier nicht sozusagen das Geheimnis eines bestimmten geregelten Handelns Gottes aufgedeckt wird, sondern daß vielmehr hier aposteriori beschrieben wird, wie das Wort Gottes in dem unmittelbaren Treffen auf den Adressaten wirkt und wie dieses Wirken in seiner Doppelgestalt des Tötens und des Lebendigmachens zusammenzudenken ist. Dieses Handeln Gottes begründet bei Luther sowohl die Unterscheidung wie die Aufeinanderfolge von Gesetz und Evangelium — auch diese Ordnung: zuerst Gesetz, dann Evangelium, oder, sagen wir vorsichtiger: diese Aufeinanderfolge —, und zwar beider, des Gesetzes wie des Evangeliums innerhalb des geistlichen Regimentes Gottes, „obwohl es das Evangelium ist, das den sogenannten zweiten Gebrauch neben dem „usus civilis“ begründet, nämlich den „usus theologicus“ oder „paedagogicus“ oder „elenchticus“, jene Wirkung des Gesetzes, die den Menschen seiner Verlorenheit überführt; sie ist für Luther wesentlich durch das Evangelium sozusagen für das Gesetz begründet.

Der dann viel umstrittene sogenannte „tertius usus legis“, den weder Luther noch die lutherischen Bekenntnisschriften ausdrücklich vertreten, der sich freilich im Ansatz bei Melanchthon findet, knüpft in einer vom reformatorischen Ansatz bereits abweichenden Weise an das Problem der evangelischen Erfüllung des Gesetzes an und birgt so die Gefahr der Rückkehr zu einer katholischen Synthese.

Gesetz im strengen Sinne ist für Luther immer „lex non impleta, lex accusans“; im Gesetz im strengen Sinne ist die theologische Interpretation des faktischen Menschseins der Wirklichkeit des gefallenen Menschen beschlossen, das heißt also: eingeschlossen in die dem natürlichen Menschen eignende Gesetzlichkeit als Versuch und Weg der Selbstbehauptung und der Selbstrechtfertigung. Und die Predigt des Gesetzes Gottes deckt dann so das Wesen des verlorenen Menschen auf und führt als Predigt des Wortes, also in der Umklammerung durch die Predigt des Evangeliums, zu dem von der Rechtfertigung her allein legitimen zweiten Brauch des Gesetzes. Luther kann das auf die Formel bringen: *„Evangelium facit ex lege paedagogum in Christum.“*[13] Man beachte diesen Satz aus den

[13] WA 39, I, S. 446.

Disputationen! Ausdrücklich heißt es: „*Evangelium* facit ex lege etc." Man darf sich also keinesfalls auf Luther berufen, wie das in der jüngsten Zeit so gern geschieht, wenn man das Gesetz — und dann womöglich noch das Volksgesetz, den Volksnomos! — als den schöpfungsordnungsmäßig bestimmten Pädagogen auf Christus in Anspruch nimmt. Das Gesetz ist nicht in sich in bezug auf Christus pädagogisch, sondern das Evangelium *macht* das Gesetz zum Pädagogen auf Christus. Gerade das bezeichnet nun die Mitte des Lutherschen Verständnisses des Problems von Gesetz und Evangelium. Denn es geht hier darum, den Menschen zur Erkenntnis seines Sünderseins und der Unmöglichkeit seiner Selbsterlösung zu führen. In Luthers eigener Predigt erfolgt das nicht von einem vom Evangelium unabhängigen Gesetz aus, sondern gerade vom Innersten des Evangeliums her. Luthers Predigt ist durchweg, wie die Untersuchung von Heintze deutlich gemacht hat, Evangeliumspredigt, die freilich Predigt des Gesetzes einschließen kann. Auch die mit der Predigt des „usus theologicus" stets verbundene Predigt des „usus civilis", das heißt also: des Gesetzes im bürgerlichen Gebrauch, geschieht bei Luther *nicht unabhängig* vom eigentlichen Inhalt der Evangeliumsverkündigung[14]. Auch das Gesetz im weltlichen Regiment steht so im Dienst des geistlichen Regiments. Luthers Predigt ist, um es noch einmal zu wiederholen, in ihrem Vollzug gekennzeichnet durch das Ineinander von Gesetz und Evangelium. Eine absolute Evangeliumspredigt wäre für Luther Ausdruck angemaßter Sicherheit, und eine absolute Gesetzespredigt würde den Gnadenwillen Gottes durchstreichen.

Hier, bei dem Gedanken, daß eine absolute Evangeliumspredigt Ausdruck angemaßter Sicherheit wäre, hier liegt das Motiv von Luthers scharfer Wendung gegen die Antinomer, gegen Agricola zum Beispiel. Die Unterscheidung von Gesetz und Evangelium kann andererseits den praktischen Predigtvollzug nicht formal bestimmen, weil es bei dieser Unterscheidung eben um das ununterschiedene und zugleich gegensätzliche Beieinander in Gottes eigenem Handeln geht, um eine „Dialektik" in Gottes eigenem Handeln, die der Mensch nicht nachvollziehen kann. Die Predigt bezeugt lediglich Gottes Handeln in Christus.

Die Unterscheidung von Gesetz und Evangelium ebenso wie ihr unauflösliches Beieinander sind maßgebend dann für die rechte Unterscheidung von Rechtfertigung und Heiligung, von geistlichem und weltlichem Regiment, ohne daß man diese Unterscheidungen mit jener von Gesetz und Evangelium formal parallelisieren dürfte. Hier zeigt die Lehre von Gesetz und Evangelium gleichsam ihre normative Funktion in reformatorischer Theologie überhaupt. Aber diese Lehre darf eben nicht zum theologischen Prinzip gemacht werden, von dem aus dann etwa auch

[14] Heintze, Luthers Predigt, S. 259.

neue Unterscheidungslehren zwischen den protestantischen Hauptbekenntnissen konstruiert werden könnten, zumal ja Calvin hier von Luther nicht grundsätzlich abweicht, obwohl bei ihm das Gesetz im Evangelium eine größere Rolle spielt.

Aber dann kam es doch zu Systematisierungsversuchen. Einen ersten Ansatz zur Systematisierung scheint die Konkordienformel zu bringen, sowohl mit der einseitigen Betonung des „discrimen legis et evangelii" gegenüber jeder Vermischung als auch mit der Festlegung der Begriffe: Gesetz ist göttliche Lehre — heißt es jetzt hier —, die darlegt, was recht ist, und die die Sünde und den Unglauben straft. Evangelium auf der anderen Seite lehrt — höchst charakteristisch für die zweite Generation! —, daß der Mensch glauben soll, daß er bei Gott Vergebung der Sünden um Christi willen erlange (V). Im Hintergrund der Diskussion in der Konkordienformel steht bekanntlich der jüngere antinomistische Streit — nicht mehr um Gesetz und Evangelium in der Frage der Bekehrung, sondern im Fragenkreis des am Horizont auftauchenden „tertius usus legis", das heißt also — geschichtlich gesprochen — im Anschluß an Melanchthon bei der Frage nach der Bedeutung des Gesetzes für den Gerechten (VI). Auf der einen Seite wird die Evangeliumspredigt zur Buße als fremdes Werk des Evangeliums von seiner Trostpredigt unterschieden und die wirksame Predigt des Gesetzes von seiner geistlichen Auslegung durch Christus abhängig gemacht. Auf der anderen Seite wird ein „tertius usus legis" als Norm für das Leben des neuen Menschen gelehrt. Das waren die beiden Positionen, gegen die man sich wandte. Man sieht, daß dann das Evangelium, wenn es Norm für den „tertius usus legis" wird, zum Gesetz wird. Und das lehnt man ab — mit Recht! Für den Wiedergeborenen gilt, sofern er noch alter Mensch ist, nach der Konkordienformel infolgedessen das Gesetz weiter in seinem ersten und zweiten Brauch, so daß hier nur uneigentlich von einem „tertius usus" gesprochen wird unter Beiseiteschiebung seines Melanchthonischen, schon auf den Pietismus hin tendierenden Verständnisses. Gute Werke sind nicht Bedingung des Heils, sondern Frucht des Glaubens (IV). Calvins Verständnis des „tertius usus" als „usus in renatis" und zugleich als „praecipuus usus" steht der Konkordienformel fraglos näher als Melanchthon.

Es geht dann einige Schritte weiter in der lutherischen Orthodoxie: Die in ihr wachsende Verstrickung der Rechtfertigungslehre in den Nomismus führt trotz Festhaltens an manchen Stücken des genuin reformatorischen Erbes zu einer Rationalisierung des Systems, bei der Gesetz und Evangelium mit Vernunft und Offenbarung gleichgesetzt zu werden drohen. Gesetz als Vernunfterkenntnis, Wertung des Evangeliums als Wiederherstellung der durch den Fall verdunkelten Gotteserkenntnis, das Begreifen Gottes im Lichte der „lex naturae", die als Abbild von

Gottes Heiligkeit und Gerechtigkeit verstanden wird, alles das läßt dann den Unterschied zwischen Evangelium als geistlicher Erkenntnis und der rationalen Gesetzeserkenntnis zu einem nur graduellen werden. Die Offenbarung wird, so denkt man jetzt, notwendig, und zwar infolge der Unfähigkeit der menschlichen Vernunft zu voller Gotteserkenntnis. Und damit beginnt das Problem von „Gesetz und Evangelium" samt der ihm eigenen Spannung als solches in der nachreformatorischen Theologiegeschichte mehr und mehr zu verblassen; es tritt fortschreitend zurück, bis es dann erst eigentlich wieder im 20. Jahrhundert neu entdeckt wird[15].

Man wird zur Klärung der Bedenklichkeiten der innerprotestantischen Kontroverse und ihrer neueren Fassung des Problems „Gesetz und Evangelium" sich immer wieder das ursprüngliche Gegenbild der scholastischen Synthese von Naturgesetz und Evangelium vor Augen halten müssen, samt ihren Hintergründen. Sie schließt den Gedanken sowohl eines gemeinsamen Oberbegriffs im „Wort" Gottes ein — auch das Naturgesetz ist Gottes Wort — wie auch den des Oberbegriffs der Offenbarung, die in „natürliche" in bezug auf das Naturgesetz und „übernatürliche" in bezug auf ein positives „ius divinum" und auf das Evangelium (als neues Gesetz in diesem Sinn) unterschieden wird. Man könnte hier auch von der Zusammenfügung zweier Worte Gottes reden.

Der Gebrauch, den Gott vom Gesetz macht, wandelt sich hier zum Gedanken von Gott als dem Urheber des Gesetzes. Das heißt: Man kann sich Gottes Gebieten, seine Selbstbekundung als des Herrn nur vorstellen, indem man sein Gebots-Wort unmittelbar mit Gesetzes-Erlaß gleichsetzt, indem man ihn als die Gerechtigkeit in Person, eben als den ersten und letzten Gesetzgeber begreift, dessen Gesetz dann, wo es den Menschen trifft, verschiedene Wirkungen hat, als Anklage zur Buße oder Verstockung oder als helfende Weisung zur Heiligung.

Das Bedenkliche solcher scholastischen und zum Teil neulutherischen Gleichsetzung von Gesetz und Gottes Gebieten hat P. Althaus zu überwinden versucht durch den Vorschlag, „die zweigliedrige Formel, ‚Gesetz und Evangelium', durch eine dreigliedrige ...: ‚Gebot, Gesetz, Evangelium'" zu ersetzen[16], vom Gebot im Urstand zu sprechen, das durch den Fall zum Gesetz wird. Das Evangelium ist Ende des Gesetzes und macht aus dem Gesetz wieder das Gebot, so daß der Christenstand als „Leben unter dem Gebot" begriffen werden kann und an die Stelle der Formel vom „dritten Brauch des Gesetzes" der Satz tritt: „Der Heilige Geist leitet zur Erkenntnis des Willens Gottes auch durch die sittliche Weisung und Wirklichkeit in der Schrift und in der Christenheit."[17]

[15] Vgl. dazu unten § 14.
[16] P. Althaus, Gebot und Gesetz, 1952, S. 8.
[17] Ebd. S. 39.

Damit will Althaus auch dem kühnen Satz Luthers entsprechen: „Habito enim Christo facile condemus leges et omnia recte iudicabimus. Imo novos decalogas faciemus, sicut Paulus facit per omnes Epistolas et Petrus, maxime Christus in Evangelio."[18]

Aber man müßte das noch deutlicher sagen: Das Gebot Gottes ist das Gesetz im Gebrauch des Evangeliums. Das Gesetz aber ist der Weg, auf dem der Mensch seine Selbstbehauptung als Selbsterlösung zum Heil zu gewinnen sucht. Dem Satz Luthers: „sed originale (peccatum) per hominem unum" könnte man den anderen an die Seite stellen: „sed lex (naturale) per hominem ipsum."

Das Gesetz gehört in den Bereich des „Natürlichen" — verstanden als Gegensatz zum Geistlichen. Es gehört zur natürlichen Religion, zur natürlichen Gotteserkenntnis, zur natürlichen Offenbarung. Es dient im Bereich natürlichen Lebens zur Wahrung einer relativen Ordnung gegenüber der stets drohenden Unordnung — das ist der Raum des „usus civilis legis", den Gott in seiner Langmut selbst dem Menschen gewährt, in aller Vorläufigkeit, Fehlsamkeit und Gebrochenheit.

Diese „Vorläufigkeit, Gebrochenheit, Fehlsamkeit" wird erst durch das Evangelium entdeckt, das unsere Ordnungen relativiert, es zugleich aber erlaubt und ermöglicht, sie innerhalb dieser Relativierung aus Gottes Hand als innerweltliche Lebenshilfe anzunehmen.

Vor, jenseits dieser Relativierung stand der *absolute* Anspruch des Gesetzes als des dem Menschen verfügbar geltenden Weges zum Heil auf Grund auch der Wahrheitsmomente einer freilich nur formalen natürlichen Gotteserkenntnis. Gesetz ist der wesensgemäße Ausdruck aller Religion des Menschen.

Daher greift Gott durch das Evangelium den Menschen *hier* an, behaftet ihn an *dieser* Stelle, macht sein Gesetz zur unausweichlichen „lex accusans", die jede Entschuldigung abschneidet. Die Enthüllung des Gesetzes als dem Evangelium widerstreitende Gesetzlichkeit erfolgt im ersten Gebot: *Ich* bin der Herr, *dein* Gott — Du sollst keine anderen Götter haben neben mir. Und dieses ist von jenen „neuen Dekalogen" ausgenommen, die Luther vor Augen hat, weil es selbst Evangelium ist.

Die zweite Tafel des Dekalogs würde nicht Gottes Gebot sein *ohne* die erste Tafel. Ihre Gesetzesqualität wird erst durch das Evangelium zur Unbedingtheit und letzten Verbindlichkeit vor Gott als Gebot Gottes erhoben.

Erst durch die Predigt des Evangeliums wird die jeweilige „lex" zum „Gesetz" im theologischen Sinn, zum Gebot Gottes, sofern das Evangelium die Verbindung zwischen der äußerlichen „lex" und dem Willen Gottes feststellt.

---

[18] WA 39 I, S. 47.

Dekalog als der Juden Sachsenspiegel
„natürliches Gesetz“ im theologischen Verstand

„Die Annahme des Evangeliums verändert unsere Stellung zu den Ordnungen dieser Welt“[19], und zwar in der doppelten Hinsicht, daß:

a) diese Ordnungen, unser Gesetz, *relativiert* werden oder, in ihrem Heil verbreitenden idealen Absolutheitsanspruch überwunden, ihr „Ende“ finden;
b) sie in ihrem Sachgehalt „geläutert“, entmythisiert, vernünftig-praktikabel gemacht und insoweit *bestätigt* werden.

Gottes Gesetz hat nicht die Form zeitlos gültiger Moralgesetze, sondern es spricht sich aus in der jeweiligen geschichtlichen Begegnung seines Evangeliums mit den Menschen in ihrer Vorfindlichkeit.

Indem Gott uns durch Christus zum Glauben an seine ewige Gnade einlädt, zeigt er uns zugleich, *welches Handeln* im Rahmen unserer irdisch-geschichtlichen Existenz jeweils im Glauben *möglich* ist; *welches Handeln* andererseits eine *ausgeschlossene Möglichkeit* darstellt. Hier hat christliche Erkenntnis im Lauf der Geschichte der Kirche Jesu Christi auf Erden immer wieder hinzugelernt. Vielehe, Sklaverei in der Bibel und im neutestamentlichen Zeitalter und darüber hinaus — beide naturrechtlich begründet und begründbar —, Hexenverbrennung und Folterung, all dies ist im Lauf der Zeit als dem Glaubenden *unmöglich* aus dem Bereich christlichen Handelns entfernt worden, obwohl sich biblizistisch aus dem Wortlaut der Schrift *dafür* argumentieren ließe. Ähnlich mag es heute stehen mit der Frage nach der Stellung des Christen zum Krieg oder zur Geburtenkontrolle, dort unter der Frage der ausgeschlossenen, hier unter der Frage einer eröffneten Möglichkeit.

Das heißt aber: Der „usus civilis“ bzw. „politicus legis“ und der „usus paedagogicus, theologicus, praecipuus, elenchticus“ stehen beide unter dem Vorzeichen des Evangeliums. Der Wahrheitsgehalt der Rede vom *„tertius usus“* besteht lediglich in der Anerkennung *dieses* Vorzeichens. Diese Erfassung des Gebots ist kein „Libertinismus“, keine „situationsethische“, punktuelle Willkür, sondern Entscheidung aus Freiheit in Richtung auf „consensus“ (vgl. Sklavenfrage) in bezug auf das dem Glauben Unmögliche[20].

Wie aber artikuliert sich das Gebot?

---

[19] W. Schweitzer, Evangelium und Gesetz im Wandel der Gesellschaftsordnungen, in: Spannungsfelder der evangelischen Soziallehre, hg. von F. Karrenberg und W. Schweitzer, 1960, S. 143.

[20] Vgl. WA 39 I, S. 47, 37 ff.: Tamen quia interim sumus inaequali spiritu et caro adversatur spiritui, necesse est etiam propter vagos spiritus, certis mandatis et scriptis apostolorum adhaerere, ne laceretur ecclesia. Non enim sumus omnes Apostoli, qui certo Dei decreto nobis sunt infallibiles Doctores missi. Ideo non illi, Sed nos, cum sine decreto tali simus, errare possumus et labi in fide. – Vgl. zu diesem Abschnitt H. Berkhof, Gesetz und Evangelium, in: Vom Herrengeheimnis der Wahrheit. Festschrift

§ 7 Das sittliche Vernunftgesetz und die Offenbarung. Naturrecht oder Christusrecht?

„Es ist zweierley erkentnis Gottes, eines heist des gesetzes erkentnis, das ander des Euangelii ... Das erkentnis aus dem Gesetz ist der Vernunfft bekant, und die Vernunfft hat Gott fast ergriffen und gerochen, denn sie [hat] aus dem gesetz gesehen, was recht und unrecht sey ... sie haben diesen bericht von dem gesetz Gottes und zehen Geboten, von natur in jren hertzen geschrieben."[1] Dies spricht zunächst aus, was die kirchliche Tradition behauptet: „Der Mensch kann Gottes Gesetz, sofern es nur Gesetz, nur fordernde Lebensregel ist, von sich aus erkennen, wenn auch diese Erkenntnis vielfach getrübt oder verdunkelt ist."[2]

Das scheint auch durch den empirischen Befund, Religions- und Philosophiegeschichte, bestätigt zu sein; ein allgemeines Wissen um Gut und Böse, bis hin zur außerchristlichen Formulierung der Goldenen Regel, auch des Doppelgebots der Liebe, das Luther selbst unter diesem Aspekt dem „natürlichen Gesetz" zurechnet.

Gleichwohl geht jene Behauptung über eine leere, rein formale Bestimmung nicht hinaus. Die sogenannte Vernunfterkenntnis des Gesetzes Gottes stößt auf zwei Grenzen:

a) die eines abstrakten Rationalismus,

b) die der Unmöglichkeit, das Böse als Böses zu erkennen.

ad a): „Die Strenge der Vernunft ist die Strenge ihrer Gesetzlichkeit."[3] Sie reicht, soweit wie das Gesetz reicht, das heißt: sie vermag das Gesetz nicht von sich aus als Gesetz Gottes zu erkennen, sein „Woher" zu begreifen. Sie bleibt auch dort bei sich selbst, wo sie ihre Erkenntnis deutet als Erkenntnis göttlichen Gebots.

Vgl. Kant: „Diejenige, in welcher ich vorher wissen muß, das etwas ein göttliches Gebot sei, um es als meine Pflicht anzuerkennen, ist die geoffenbarte Religion; dagegen diejenige, in der ich *zuvor* wissen muß, daß etwas Pflicht sei, ehe ich es für ein göttliches Gebot anerkennen kann, ist die natürliche Religion"[4], die Religion des guten Lebenswandels kraft „Erkenntnis aller unserer Pflichten *als* göttliche Gebote"[5]. Der Gott der Vernunft ist allenfalls formal die Instanz, die das Gesetz gibt, die „Idee des Guten", der „höchste Wert" usw.

ad b): Die Vernunft weiß etwas *vom* Bösen, aber ihre moralische Ra-

---

für H. Vogel, 1962, S. 127 ff.; E. Wolf, Art. Gesetz und Evangelium V, RGG II, ³1958, Sp. 1519 ff.; dort weitere Literatur.

[1] WA 46, S. 667.

[2] E. Brunner, Offenbarung und Vernunft, ²1961, S. 351 f.

[3] Ebd. S. 354.

[4] Religion innerhalb der Grenzen der reinen Vernunft, Reclam Ausg. S. 231.

[5] Ebd. S. 61.

tionalität sieht in ihm etwas Irrationales, begreift das Böse als Privativum. Kants — von ihm wieder aufgegebener — Vorstoß zum „radikalen Bösen" wird als Abfall des Philosophen empfunden. Goethe an Herder: Kant habe „seinen philosophischen Mantel . . . freventlich mit dem Schandfleck des radikalen Bösen beschlabbert"[6], denn der Mensch ist seinem Wesen nach gut, kann sich daher, auch nach Kant, durch die Tat einer moralischen Revolution selbst vom Bösen befreien, weil „ein Keim des Guten in seiner ganzen Reinheit übriggeblieben", nämlich „die Achtung fürs moralische Gesetz"[7].

„Gesetzlichkeit ist das Wesen der nicht-evangelischen Religiosität und Moral, das Prinzip des ‚alten Menschen'."[8]

Es gehört zu den Selbstverständlichkeiten jeder Ethik, die sich als christlich versteht, daß das sittliche Handeln auf Gottes Gebot bezogen wird, auch wenn man, wie etwa W. Herrmann, bei der Unbedingtheit des Sollens einsetzt ohne Beziehung auf die Wirklichkeit Gottes, also sozusagen bei der Analyse einer als allgemein-menschlich vorausgesetzten sittlichen Grunderfahrung. Auch hier erscheint dann gleichsam „hinter" der Unbedingtheit des Sollens Gottes Gebieten, wenngleich nur als die christliche Interpretation jener Unbedingtheit.

Haben wir aber Ethik sehr allgemein umschrieben als Versuch einer menschlichen *Antwort* auf die Frage nach der Würde, Richtigkeit und Güte des menschlichen Handelns, dann wird bei dem Problem christlicher Ethik der Versuch dieser Antwort von vornherein im Lichte jener qualifizierten Antwort zu verstehen sein, die den Anruf Gottes zu ihrer konstitutiven Voraussetzung hat. Das heißt also: Der als Antwort umschriebene, als Antwort*versuch* umschriebene Auftrag der Ethik geht ein in jene qualifizierte Antwort, die eben den Anruf Gottes zu ihrer konstitutiven Voraussetzung hat — jenen Anruf, der die Antwort nicht nur fordert, sondern auch schenkt. Dieser Anruf aber hat die Form von Gottes Gebot.

Das Gebot Gottes ist sein konkreter unbedingter Anspruch auf mein Handeln und Verhalten. Und von diesem Anspruch gilt, daß er universal ist. Er wird also auf alle Menschen erhoben. Es gilt aber von jenem Anspruch zugleich, daß er sich von Gott her verwirklicht mit der Schöpfung seines Menschen im Geschehen der Neuschöpfung des Rechtfertigungswiderfahrnisses „propter Christum per Christum" oder — wie es die zweite Barmer These besonders glücklich formuliert —: „Wie Jesus Christus Gottes Zuspruch der Vergebung aller unserer Sünden ist, so und mit gleichem Ernst ist er auch Gottes kräftiger Anspruch auf unser ganzes Leben; durch ihn widerfährt uns frohe Befreiung aus den gott-

[6] Brunner, Offenbarung, S. 358.
[7] Kant, Religion innerhalb, S. 42.
[8] Brunner, Offenbarung, S. 363.

losen Bindungen dieser Welt zu freiem, dankbarem Dienst an seinen Geschöpfen."

Die Frage nach Gottes Gebot wird hier eben zur Frage nach dem „Gesetz der Freiheit" von Jak. 1, 25, nach dem „Gesetz Christi". Das besondere *theologische* Problem, das hier seinen Ort hat, ist dasjenige des Verhältnisses von Gesetz und Evangelium, die Fragestellung also: Gesetz und Evangelium — Evangelium und Gesetz. Das besondere Problem christlicher *Ethik* ist hier dasjenige von natürlichem Gesetz und Gesetz Christi. Das Problem eines christlichen *Moralismus* schließlich ist die Frage nach dem „tertius usus legis", nach einem besonderen Gesetz für den Wiedergeborenen. Für unseren Zusammenhang ist die zweite dieser Fragen, nämlich das Problem christlicher Ethik als Frage nach dem Verhältnis von natürlichem Gesetz und dem Gesetz Christi hier wichtig.

Man wird sich darüber klar sein müssen, daß hinter diesem Fragenkreis die Spannung steht zwischen der Universalität des Gebotes Gottes — es gilt allen Menschen — und seiner Erkenntnis bzw. seinem Vernehmen auf Grund der Offenbarung Gottes in seinem Wort. Oder anders gewendet: Gibt es ein außerchristliches Vernehmen des Gebotes Gottes, abgesehen von seiner Selbstoffenbarung durch sein Wort im Zeugnis Heiliger Schrift? Manifestiert sich Gottes Gebot irgendwo in der empirisch erfahrbaren und von da aus hinsichtlich eines in ihr wesenden Gesetzes deutbaren Wirklichkeit? Und zwar insofern die Vernunft als vernehmende Vernunft der erfahrbaren Wirklichkeit unter der Frage nach ihrem wahren Wesen begegnet. Oder noch anders formuliert: Gibt es ein Naturrecht als letzte Norm menschlichen Handelns überhaupt, das prinzipiell Christen und Nichtchristen in gleicher Weise verpflichtet, von den Christen aber als Ordnung und „Gebot" Gottes erkannt wird? Und noch anders gefragt: Gibt es ein „christliches Naturrecht", so wie es Grundlage der katholischen Moraltheologie ist?

Mit diesen Fragen stehen wir vor einer der heute besonders lebhaft verhandelten Grundfragen christlicher Sozialethik. Und wenn wir sie als Frage „Naturrecht *oder* Christusrecht?" formulieren, greifen wir sie gerade in der Gestalt auf, in der sie gegenwärtig — und das heißt: schon seit zwei Jahrzehnten — diskutiert wird, nämlich als die Frage nach dem Recht überhaupt im Blick auf die Gerechtigkeit Gottes oder als die Frage nach der sogenannten christlichen Begründung des Rechtes. Wo ist eine solche Begründung des Rechtes zu suchen und wo läßt sie sich finden? — Die Fragestellung „Naturrecht oder Christusrecht?" mag ja schon als Fragestellung, wie das bei Fragen überhaupt der Fall ist, die möglichen Antworten oder zumindest die Bedingungen solcher möglicher Antworten andeuten. Haben wir uns hier, bei dieser Frage, zwischen zwei Gegensätzen oder zwischen zwei Möglichkeiten zu entscheiden? Ist es eine

Wahl, die in unser Belieben gestellt ist, oder verweist uns die Frage darauf, durch kritische Prüfung ihres Gegenstandes gewisse Erkenntnisse zu gewinnen? Denn auch das Naturrecht, jedenfalls das sogenannte christliche Naturrecht — im Unterschied etwa zum rationalistischen Naturrecht als einem reinen Vernunftrecht in der ganzen Fülle sonstiger naturrechtlicher Systeme des Abendlandes von den Griechen bis zur Gegenwart — will zugleich Christusrecht sein.

Nun wird es sich im folgenden nur darum handeln können, den Versuch zu unternehmen, uns mit diesen Fragen bekannt zu machen. Dabei empfiehlt es sich, den Unterschied zwischen Christus- und Naturrecht von vornherein herauszuarbeiten, damit wir die entscheidenden Gesichtspunkte zur Unterscheidung an die Hand bekommen. Man findet diesen Unterschied, wenn man das Verhältnis zwischen Mensch und Recht, Recht und Mensch, auf beiden Seiten — Natur- und Christusrecht — zu erkennen versucht. Und da läßt sich nun summarisch und mit allen Vorbehalten etwa sagen: Bei dem Naturrecht sucht der Mensch sein Wesen und seine Bestimmung vom Wesen des Rechtes her zu gewinnen, das als eine metaphysisch verankerte Ordnung über dem Leben des Menschen postuliert und dann von daher entfaltet wird. Sicherung des menschlichen Lebens in seiner Menschlichkeit durch erkenntnismäßige Einordnung in einen übergreifenden Zusammenhang ewiger Gesetze — darum geht es hier.

Beim Christusrecht hingegen handelt es sich um das Leben des Menschen als Menschen im Recht, in der Sphäre jener Richtigkeit, die er von Gott empfängt, sofern Gott seinen Menschen auch in seinem innerweltlichen Dasein „ins Recht", in sein Recht und damit in das Dasein rechtschaffender Mitmenschlichkeit setzt, sofern Gott ihm — dem Menschen — das „Urrecht" der Personalität schenkt und ihm die Freiheit zur „Urverfassung" der Solidarität gewährt. Ich habe mit der Formel vom „Urrecht" der Personalität und von der „Urverfassung" der Solidarität die beiden Stichworte aufgegriffen, die ein Rechtsphilosoph, Erik Wolf, in seinem Buch „Das Recht des Nächsten" entfaltet. Was das im einzelnen heißt, wird im zweiten Teil dieses Paragraphen noch zu verdeutlichen sein.

Die Grundtendenz des christlichen Naturrechts

Wir beginnen zunächst mit einer Skizze jenes christlichen Naturrechts, nicht nur sofern es bis heute das Grundverständnis christlicher Existenz nach katholischer Lehre mit dem Anschein einer großen Lebensnähe trägt, sondern auch sofern es, weniger streng durchdacht, im Hintergrund eines allgemeinen moralischen Verständnisses des Christentums auch im Protestantismus steht. Vielfach meint man ja jene gemeinsame Basis des politischen Handelns etwa im Bereich einer allgemeinen christlichen Partei zu finden. Die Grundtendenzen dieses christlichen Naturrechts sind aber dieselben wie die des Naturrechts überhaupt. Die Grundtendenz ist die Sicherung, ja, um es schärfer zu sagen: die Selbstsicherung und Selbstrechtfertigung menschlicher Existenz, sofern diese gewissen, einsehbaren und befolgbaren Normen und Verhaltensregeln unterworfen wird, wobei die menschliche Existenz sich solchen Normen und Regeln von sich aus dann gern unterwirft.

Schon in der Frühgeschichte der Christenheit zeigt sich jenes eigentümliche Sicherungsverlangen. Die neue Botschaft des Evangeliums, die rein von außen gesehen als orientalische Missionsreligion in die Geschichte eintritt, dann zur Weltreligion wird, vielleicht, weil in der christlichen Botschaft „Grundmöglichkeiten des Verständnisses der menschlichen Existenz aufgedeckt sind, die überall und zu jeder Zeit ... die gleichen sind“[9], leidet — ich erinnere kurz daran — zunächst an einem spürbaren Mangel: Sie bringt zu wenig Gebote! Man hat diesem Mangel in einer Umformung der Botschaft des Evangeliums zur Christusreligion sehr bald abzuhelfen verstanden! Die Anfänge zeigen sich schon im Neuen Testament, und dazu bot es auch allem Anschein nach den thematischen Ansatzpunkt, denn es redet ja gelegentlich von dem „neuen Gesetz“, von der „nova lex“, die Christus bringt (Joh. 13, 34: Ein neu Gebot gebe ich euch — allerdings heißt es dann sofort: Daß ihr einander liebet ...; vgl. dazu noch 1. Joh. 2, 7 ff.; 2. Joh. 5), das sehr bald als das erneuerte, das wieder aufgedeckte uralte und vormosaische Gottesgesetz im Sinn des Doppelgebotes der Liebe verstanden wird.

Und dazu kommt dann zweitens vor allem auch die sogenannte Goldene Regel, die man in der Apostelgeschichte (15, 20 D) der Anweisung an die Heidenchristen anfügte und die man auch Mt. 7, 12 fand („Alles nun, was ihr wollt, was euch die Leute tun sollen ...“) mit dem Abschluß der ganzen Summe der vorangegangenen Regeln: Das ist das Gesetz und die Propheten (Mt. 7, 12). Hier, an dieser Stelle, erfolgt dann die Verbindung der Evangeliumsbotschaft mit Elementen der hellenistischen Lebensphilosophie der christlichen Frühzeit, mit Elementen der Stoa mit ihrer Idee vom Menschen, mit ihrer Idee vom Naturgesetz. Das sind die „Anknüpfungspunkte“ im Neuen Testament, die man sehr rasch ergriffen und auch gebraucht hat. „Homo sacra res homini“ — dieser Spruch Senecas (Ep. 15, 333) zeigt, daß die vorchristliche Menschheitsidee so, wie sie die stoische Humanitätslehre auffaßt, ihren Grundgedanken in der Idee der Gottverwandtschaft des Menschen hat. In den allerersten Anfängen ist das zwar noch nicht ganz deutlich; wenn Zenon etwa den Menschen als ein vernunftbegabtes Lebewesen bestimmt, so

[9] Bultmann, Glauben und Verstehen II, 1952, S. 187 ff.

heißt das nicht bloß, seine „Bestimmung kann nur in einer spezifisch menschlichen Lebensführung liegen, in der die Vernunft die Leitung hat und die Sinnlichkeit beherrscht", sondern es heißt auch: „Der Mensch kann aber seinen ‚logos' nicht aus sich selbst haben; dieser muß aus einer Weltvernunft stammen, von deren Walten ja auch die Zweckmäßigkeit und Schönheit des Kosmos sichtbarliches Zeugnis abgelegt."[10] Ziel der Lebensführung ist, wie wir schon wissen, das Leben „in Übereinstimmung", das Leben in innerer Geschlossenheit unter Leitung des „logos". Oder, wie es ein jüngerer Stoiker, Kleanthes, erweiternd in die Lebensformel faßt: „In Übereinstimmung mit der Natur leben; leben nach dem inneren, logischen Gesetz der Allnatur." Und mag auch die Beschaffenheit des individuellen „logos" hineinverflochten sein in die Ursachenkette eines überindividuellen Bestimmungszusammenhanges, des Schicksals nämlich, dennoch gehört die Freiheit der Entscheidung als Freiheit des Über-sich-selbst-Verfügens, wie wir sahen, zur Natur des Vernunftwesens.

Nun gewiß, dieser sehr harte rationalistische Anthropozentrismus Zenons und der Schicksalsglaube sind im Grunde unhellenisch; dennoch hat die Stoa gerade mit ihrem allgemeinen Menschheitsgedanken von „der vernünftigen Natur", mit ihrer den Pflichtbegriff, oder genauer: mit ihrer Tugendgedanken und Pflichtbegriff in die Mitte rückenden idealistischen Ethik, mit ihrem Ideal des Weisen und mit ihrer logos-Religion ein gutes Teil attischer Philosophie und althellenischen Wesens erhalten und einen nicht unerheblichen Teil künftigen christlichen Selbstverständnisses bestimmt (man ziehe etwa einmal die Verbindungslinie vom stoischen Ideal des Weisen zu dem des Mönchtums!). Poseidonios ist dann „der erste Stoiker, dessen Blick nicht nur dem Diesseits zugewandt ist"[11]. Bei ihm wird die übernommene „logos"-Philosophie jetzt geradezu auf exakte Wissenschaft gestützte „monistische Religion". Das ist allem Anschein nach sein geistesgeschichtlich wirksamer Beitrag, den die Folgezeit festgehalten hat. Die Grundmotive der Bewegung der Stoa bleiben aber in der ganzen Mannigfaltigkeit ihrer Abwandlungen im Grunde dieselben. Eine letzte und wichtige Wandlung kommt dann beim Übergang auf römischen Boden hinzu: Aus der Scipionischen Idee des politischen Menschen und aus dem Menschheitsgedanken des Panaitios formt sich die Ciceronianische „humanitas", der zusammen mit dem altrömischen „virtus"-Ideal im Augusteischen Zeitalter die geistige Herrschaft zu winken scheint. Denn die Monarchie, die den Prinzipat ablöst, gibt aktivem Handeln nach stoischen Grundsätzen keinen Raum mehr und drängt so die Stoa zu jener Konzentration auf das Ich, die uns als

---

[10] M. Pohlenz, Die Stoa, in: Das neue Bild der Antike I, 1942, S. 356.
[11] Ebd.

eigentümliche „stoische“ Haltung zumeist vor Augen steht. Zugleich erlahmt das theoretische Interesse gegenüber dem Verlangen nach Sicherung der sittlichen Persönlichkeit. Das Jenseits gewinnt an Bedeutung. Das Vertrauen auf die eigene Kraft schwindet. Die Sehnsucht nach Erlösung wächst. Und das junge Christentum übernimmt nunmehr in breitem Umfang das Erbe aus diesem Ende der Stoa: ihre Grundmotive, die nun, eingebaut in eine heranwachsende christliche Weltanschauung, in die folgenden Jahrhunderte hinein weiterwirken. Von da aus sind sie nun für unsere Frage in den Blick zu nehmen, denn hier beginnt eigentlich erst die Geschichte des „abendländischen Humanismus“, der ja als spezifisch betrachtet wird.

Jener spätantike Humanismus war, wie sich zeigte, religionsphilosophisch begründet. Seinen Grundgedanken hatte er in der Idee der Gottverwandtschaft der menschlichen Wesenheit, nämlich der Vernunft, im Gedanken eines göttlich-menschlichen „logos“. Der Mensch hat kraft seiner Vernunft Anteil am göttlichen „logos“. Der Zusammenhang von „humanum“ und „divinum“ wird nun rational-immanent bestimmt: sein tiefster Grund ist allgemeiner „logos“-Geist. Daher fehlt in den Anfängen, jedenfalls bei Zenon, die individuell-personale Sicht des Menschen. Man kann sie freilich in das allgemeine Vernunft-Sein hineinsehen; und der verchristlichte Humanismus hat auch, genau wie er den „logos“ zum Mittler zwischen dem transzendenten Vernunftgott und der sichtbaren Welt umdachte, ihn, den „logos“, mit Christus gleichsetzte, von seinem gnostisch-christlichen „logos“-Begriff her den Menschengeist als Teilchen Gottes individuell-personal als das je und je einzelne Geschöpf Gottes umgedacht. Aber unverändert blieb dabei jene Grundvoraussetzung, daß eben dem Geist des Menschen als solchem göttlicher Geist naturhaft innewohne. Der Mensch ist als „logikon zoon“ vernünftige Substanz *auch* in der christlich-stoischen Anschauung als Individuum. Die katholische Lehre vom Wesen des Menschen hat dieses stoische Erbe auf eine verhängnisvolle Weise festgehalten. Der für das Mittelalter grundlegende Personbegriff des Boethius, der freilich im Zusammenhang mit den Problemen der Christologie und der Frage nach der Vereinigung von Göttlichem und Menschlichem in Christus entwickelt worden ist, lautet: „Persona est naturae rationalis individua substantia.“[12] Das ist der Personbegriff, der das abendländische Denken durch Jahrhunderte hindurch bestimmt. Die tridentinisch,vatikanische Definition des Menschen entspricht dem und faßt die unsterbliche, geistbestimmte Einzelseele als Substanz im Sinne der entelechischen Form eines organischen Körpers auf.

---

[12] Boethius, De duabus naturis et una persona Christi, c. 3. Zur Geschichte vgl. im übrigen F. Flückiger, Geschichte des Naturrechts, 1. Bd., 1954.

Auf derselben Linie dieser idealistischen Anthropologie kann dann etwa der katholische Religionsphilosoph Jacques Maritain in einer Studie über „Die Rechte des Menschen und das Naturgesetz" sagen: „Der Mensch — so abhängig er auch von den kleinsten materiellen Geschehnissen sein mag — existiert durch die Existenz seiner Seele, die Zeit und Tod meistert. Diese Geistsubstanz ist die Wurzel der Persönlichkeit."[13]

Die grundlegende, substanziale Anteilhabe des menschlichen am göttlichen „logos" realisiert sich im Blick auf menschliches Zusammensein in der Achtung des Nächsten als des Menschen — „homo sacra res homini" — oder, wie es Seneca an einer anderen Stelle formulieren kann: „Ein jeglicher genießt meine Gunst, weil er den Namen Mensch trägt", oder — nun christlich umgedacht —: Die Nächstenliebe ist deshalb und insofern verbunden mit der Gottesliebe, weil und sofern der Nächste „natürliches" Ebenbild Gottes ist; insofern ist also die Nächstenliebe „natürlich", aber insofern eben nicht evangelisch. Jene substanzielle Anteilhabe am göttlichen „logos" realisiert sich innerhalb des menschlichen Zusammenseins sodann auch zu der bei Panaitios als Republik, sonst in der Stoa weltbürgerlich, bei Augustin als Civitas Dei gefaßten Idee eines großen, Menschen und Götter, Christenmenschen und Engelwesen umfassenden, vom göttlichen Vernunftgesetz geleiteten Staates.

Das führt dann zu dem zweiten geistesgeschichtlich wirksamen Motiv aus dem stoischen Erbe: Zu dem Gedanken eines göttlich-menschlichen „logos", der das Wesen des Menschen ausmacht, tritt jetzt hinzu und wird erst von da aus völlig durchschaubar die Idee der göttlichen *lex naturae*, die Idee des Naturgesetzes, das das bestimmungsgemäße Leben der vernünftigen Natur oder Kreatur normiert.

Der den Kosmos durchwaltende „logos" als Weltgesetz, dieses Weltgesetz, das dann auch als „physis" oder Natur oder auch als „pronoia" bezeichnet oder auch Zeus genannt wird, ist für den antiken Humanismus charakteristisch. Sein Rationalismus, sein Pantheismus, die naturhafte, substanziale Immanenz des Göttlichen im Menschen — das alles ist der starke Ausdruck dafür, daß der Mensch auch hier sich nur in seiner Gott-Beziehung zu verstehen, zugleich im Sein *und* im Sollen zu begreifen vermag.

Das Christentum hat die Idee der „lex naturae" sich dann ebenso eng verbunden wie jene erste antike Grundlage katholischer Anthropologie, nämlich das Menschenbild der vernunftbegabten Kreatur. Es mußte von diesem Menschenbild noch einmal gesprochen werden, weil das Beeieinander dieser beiden Ansatzpunkte erst die ganze Kräftigkeit dessen erklärt, was dann in der Entwicklung und Entfaltung des christlichen Naturgesetzes vor Augen kommt.

[13] J. Maritain, Über die Philosophie der Menschenrechte, in: Um die Erklärung der Menschenrechte, 1951, S. 95 ff.

Das Naturgesetz wird jetzt gleichgesetzt mit der „lex divina“, mit dem göttlichen Gesetz, das im Gesetz des Alten Testaments sich in Form eines positiven Rechts ausspricht und das in dem Gesetz Christi als in seiner reinen Gestalt erneuert und sanktioniert wird. Das ist der entscheidende Gedanke. Was diese Idee der „lex naturae“ dann für die kirchlichen und weltlichen Gedanken etwa des Mittelalters um Recht und Staat, um Sittlichkeit und Politik bedeutet, das ist ebenso bekannt wie die Bedeutung der humanistischen Erneuerung der „lex naturae“, zum Teil gegen die Kirche für Ethik und Rechtsphilosophie in der Moderne. Die katholische Moraltheologie, ihre Rechts- und Sozialphilosophie haben an der Idee der „lex naturae“ ihre Mitte, und seit der Reformation ist dann auch die Frage nach einem „evangelischen Naturrecht“ nicht verstummt. Vor allem auch das Suchen nach einem überkonfessionellen, philosophischen Naturrecht, das zu einer unerschöpflichen Mannigfaltigkeit von Naturrechtslehren führte, nimmt gleichsam kein Ende. Die ganze Mannigfaltigkeit möchte ich nur beiläufig durch ein ganz beliebig herausgegriffenes Zitat aus der neueren Literatur andeuten: „Es gibt einseitige und zweiseitige, reine und gemischte, normative und normativ-positive, geschichtsfeindliche und geschichtsfreundliche, dogmatische und kritische, idealistische und ideal-realistische, unpersonalistische und personalistische, individualistische, kommunistische und sozialistische Naturrechtslehren in verschiedenen Spielarten, wie es auch ein kosmologisches, ein theologisches, ein anthropologisches, ein biologisches, ein ontologisches und ein transzendental-logisches Naturrecht gibt.“[14] Dieser Satz ist rein im Hinblick auf die Phänomenologie der Naturrechtslehren gesagt, meint also keine irgendwie von der inneren Problematik des Naturrechts her gebotene Unterscheidung möglicher oder notwendiger Strukturen.

Der fatalen Lage des vermeintlichen allgemeinen Wissens darum, was „Recht“ sei, vor der präzisen Frage, was denn nun eigentlich „Recht“ wesentlich sei, entspricht so die nicht minder fatale Lage des „geborenen Naturrechtsjuristen“ vor der Frage nach dem Wesentlichen, nach dem „Was“ des Naturrechtes. Auf dem Gebiet des Rechtslebens vollzog sich seit der Reformation durch die vor allem auch reformierterseits geförderte Loslösung des Naturrechts von der Theologie jene Veränderung, die den großen Umwälzungen des europäischen Gesamtlebens durch die Renaissance und zum Teil auch durch die Reformation entsprach. An dem Punkt, an dem zugleich für die Freiheit der Naturrechtslehre von der Theologie gekämpft wurde, ist die mit dem Gedanken des Naturrechts unlösbar verbundene Erkenntnis von der ausschließlichen Zusammengehörigkeit von Mensch, menschlicher Gesellschaft einerseits und

---

[14] W. Schönfeld, Die Geschichte der Rechtswissenschaft im Spiegel der Metaphysik, in: Reich und Recht in deutscher Philosophie II, 1943, S. 119.

Recht andererseits dahin gewendet worden, daß das Wesen des Rechts nicht nur als natürlich-menschliches, sondern daß darüber hinaus das Wesen des Menschen im Gedanken des Rechtes begriffen wurde. In eigentümlicher Weise wurde so im Naturrecht der Aufklärung nun doch der Mensch wieder zum Maß aller Dinge innerhalb jenes konkreten Ordnungsdenkens, das eben der Naturrechtslehre wesenhaft ist. Das Naturrecht der Aufklärung enthüllt damit, sofern sich in ihm der Mensch seinem Wesen nach begreift, eben in letzter Konsequenz das Anthropologische, das heißt: das durch eine Lehre vom Menschen gebildete Fundament jeder Naturrechtslehre.

Das im profanen Naturrecht der Aufklärung Gestalt gewordene Naturrecht ist als solches mit seiner Epoche vergangen. Die in ihm erreichte und zugleich an ihr Ende gelangte Verselbständigung des Naturrechts darf als das eindrucksvollste Beispiel für die an den Konsequenzen in Erscheinung tretende eigene Problematik des Naturrechts gelten. Indem nämlich der Begriff zur Gestalt geführt wurde, hat er seine kritische Grenze in einer ihn selbst gefährdenden Weise überschritten. Aber als Begriff und auch als Idee ist das Naturrecht gleichwohl bis zur Stunde erhalten und lebendig geblieben und bietet sich immer wieder nicht nur als Methode einer „allgemeinen Rechtslehre vom Wesen des Rechtes“[15] an, sondern auch als Antwort auf die Fragen, die das Problem der materialen Gerechtigkeit und auch das Problem der Sozialethik stellen, als Antwort etwa auf den Ruf nach dem „richtigen“ Recht, auf das Verlangen nach „richtigen“ Wertmaßstäben für die Anwendung von diesem Recht. Hier steht heute wieder im Vordergrund die Tradition des katholischen, sagen wir es noch enger: des thomistischen Naturrechts, dessen „ewige Wiederkehr“ wesentlich in Krisenzeiten der jeweiligen Gegenwart proklamiert wird. Man fordert so damit auch den Menschen von heute auf, zu „christlicher Wirklichkeitserkenntnis und Wirklichkeitsverbundenheit“ zurückzukehren, zur Verwirklichung „echter Ordnungen“. Wie lebendig das ist und wie unmittelbar konkret und aktuell, sei an einem Briefwechsel zwischen dem Präsidenten Truman und Papst Pius XII. vom August 1947 skizziert: Da werden diese Parolen in der charakteristischen Allgemeinheit und auch mit dem charakteristischen Pathos ausgesprochen. Bedroht sieht man auf beiden Seiten die moralische Wertordnung des Christentums, das christliche Naturrecht als bisherige Grundlage für das Staatsrecht in den meisten „fortschrittlichen Ländern“ der Welt. Und dagegen sollen nun gemeinsame Abwehrkräfte aufgeboten werden. „Was die Welt heute vor allem anderen braucht, ist eine Glaubenserneuerung. Ich suche den Glauben an die Würde und den Wert des Menschen in allen Ländern zu erneuern, damit die heiligen

---

[15] Erik Wolf, Art. Naturrecht, RGG IV, [3]1960, S. 451.

Rechte des einzelnen Menschen, die mit seiner Beziehung zu Gott und den Mitmenschen zusammenhängen, in jedem Land respektiert werden ... Ich wünsche alles in meiner Macht Stehende zu tun, um zu einer gemeinsamen Anstrengung aller Kräfte beizutragen, die eine sittliche Weltordnung erstreben ... Diese Bestrebungen leben in den Herzen aller guten Menschen in der ganzen Welt. Sie leben in allen Kirchen ... Als der erwählte Führer des Volkes der Vereinigten Staaten habe ich das Vorrecht, mich feierlich zur Mitarbeit mit Ihnen und jeder Kraft des Guten, in welchem Lande sie sich befindet, zum Aufbau eines dauernden Friedens zu verbinden" (Truman). Wie immer man zu solchen und zu ähnlichen Äußerungen heute stehen mag: daß sie Ausdruck einer hintergründigen und vielschichtigen Naturrechtsideologie sind, ist ja nicht zu verkennen. Daß aber auch die Tradition des christlichen Naturrechts im Sinne seiner klassischen Ausformung, etwa bei Thomas daran beteiligt ist, und daß sie sich eine solche Inanspruchnahme gefallen lassen kann, das führt nun wieder vor das Problem, welches das Phänomen des Naturrechts und der Naturrechtsideologie überhaupt aufgibt.

Wir fassen zunächst zusammen: Das stoische Naturrecht hat — über Cicero — in der Theologie und Philosophie Augustins sich mit dem Christentum verbunden, nachdem schon vorher und daneben verschiedene wirksame Begegnungen stattgefunden hatten. Von den Anknüpfungsmöglichkeiten und Berührungsflächen ist ja bereits gehandelt worden. Auch in der paulinischen Rede von der natürlichen Religion und dem natürlichen Gewissen, also in Röm. 1 und 2, finden sie sich; auch in der Gesamtheit der das „suum cuique" formulierenden sogenannten Goldenen Regel oder in den verschiedenen Versuchen einer sozusagen naturrechtlich vermittelten Übernahme des alttestamentlichen Gesetzes, speziell des Dekalogs, in dem eben von Anbeginn an als zu „leer" empfundenen Raum christlicher Morallehre; in alledem zeigten sich die Anknüpfungsmöglichkeiten. — Die Verbindung mit dem stoischen Naturrecht wurde auch durch eine Fülle anderer Parallelen nahegelegt und erleichtert. Der ordnenden Vorsehung des als „Natur", als „pronoia" gefaßten Zeus scheint zu entsprechen, daß der Schöpfergott der christlichen Verkündigung als solcher ein Gott der Ordnung ist, der Gebote gibt, der Gesetze an seiner Schöpfungsordnung ablesen läßt. (Die christliche Naturrechtslehre ist also insofern im wesentlichen eine Schöpfungsordnungsontologie.) Und das hierarchisch gestaltete „ordo"-Denken des christlichen Mittelalters mußte diese Sicht nur kräftigen. Dem weltvernünftigen und weltgestaltenden „logos" der stoischen Theologie entspricht — das ist die zweite Entsprechung — der „logos"-Christus der Christen; dem durch die Idee der vernunftbegabten Kreatur bestimmten Menschenbild der Stoa scheint drittens das (wenn auch mit Unrecht!) von der gottverwandten Seele aus gefaßte Menschenbild der christlichen

Lehre zu korrespondieren. Dem stoischen, naturalistischen Gleichheitsbegriff im Bezug auf die Menschen antwortet die neue Botschaft von der unterschiedslosen Gleichwertigkeit aller Menschen vor Gott: Alle Menschen sind Sünder und allen wird die Gnade angeboten. Stoische und christliche „Menschenrechte" begegnen einander derart, daß das stoische Prinzip der „Mischung", der „krasis" — ein Grundprinzip des stoischen Denkens —, gleichsam in die Einmengung stoischen Erbes in christliche Theologie hinein sich verlängern kann. Ein „christlicher Humanismus" wird so zur tragenden Basis der Ideologie des stoisch-christlichen Naturrechts in der Folgezeit. Daß Thomas in seiner von überragender systematischer Kraft bewältigten Verarbeitung des wieder einmal neu entdeckten Aristoteles bei der Ausgestaltung seiner Naturrechtslehre das Naturrecht als konservative und konservierende Macht erscheinen läßt, die die „lex aeterna" mit der „lex positiva" vermittelt, das spricht dann diesem thomistischen Naturrecht zu, letztgültiger, kritischer Maßstab allen Rechts als eigentliche Quelle jeglichen Rechtes zu sein. Christliche Rechtsbegründung, so heißt es nunmehr, ist nur von diesem Naturrecht aus möglich, das hinter sich auf Gottes ewiges Recht zurückweist und das die ewigen Gesetze menschlichen Daseins und Daseins in Gemeinschaft wirkte. Das ist die These; mit ihr aber wird das christliche Naturrecht im besonderen nun für uns zum theologischen und ethischen Problem.

Ist — so lautet nun die Frage — unter der Voraussetzung der Richtigkeit des Satzes, daß, „wenn es Wahrheit, Wirklichkeit und Gerechtfertigkeit des Menschen gibt", es eben dies auch vom Recht geben müsse, das heißt: daß in jedem Recht Rechtswesenheit sein müsse[16] — die Lösung, die etwa „das christliche Naturrecht" als die „schöpfungsgemäße" Gerechtigkeitsordnung um des Menschen willen anbietet, ist diese eigentümliche Mischung aus dogmatischem Vernunftrecht und naturalistischem Naturrecht ohne weiteres anzuerkennen? Darf heute jenem Ruf nach „konkretem Ordnungsdenken" im Sinn dieses christlichen Humanismus einfachhin stattgegeben werden? Ist die Rechtsbegründung, wenigstens im Abendland mit seiner trotz aller Säkularisierungserscheinungen christlichen Grundprägung, *nur* vom Naturrecht her möglich? Oder ist die transzendente Verankerung des Rechts in seiner Beziehung auf die Gerechtigkeit anderwärts zu suchen als im Naturrecht?

Muß nicht — so wie das Wissen darum, „daß von einem beliebigen Gesetzgeber erlassenes oder geduldetes Recht um seiner bloßen Machtgeltung willen noch nicht richtiges Recht ist", den voreiligen Entschluß zu positivistischem Denken verhindert — umgekehrt das „Wissen um die Unrichtigkeit abstrakter Rechtsideale, deren anspruchsvolles Sich-für-

[16] Erik Wolf, ebd. Vgl. auch ders., Das Problem der Naturrechtslehre, ^{2}1959.

allgemeingültig-Halten die Wirklichkeit eines besonderen Rechtslebens im Grunde gar nicht berührt", einem entsprechenden voreiligen Entschluß zu naturrechtlichem Denken widerraten[17]? Es ist also die Frage, ob mit diesem im Naturrecht erfolgten Einbruch einer philosophischen Anthropologie in den Raum der Theologie auch für sie die letzte und gültige Antwort auf die Frage des Menschen nach sich selbst gegeben sei. Ist er, der Mensch, wirklich jenes durch Vernunftbesitz, sittliche Freiheit und eine gewisse Verwandtschaft mit dem Göttlichen ausgezeichnete Wesen allgemeinen Mensch-Seins? Ist sein Wesen innerhalb einer dem antiken Erbe gemäßen Seinslehre überhaupt begreifbar? — Das sind die Fragen. Was ist nun zu ihnen zu sagen?

Erwägungen zum Christusrecht

Wir können uns zunächst an bestimmte Dinge erinnern, die bereits berührt wurden: Es sei daran erinnert, daß die reformatorische Theologie etwa an der Stelle, an der die antik-christliche Anthropologie den Menschen als das mit Vernunft begabte Lebewesen definiert, die ganz andere Definitionsformel setzte: „Hominem iustificari fide."[18] Diese Definition, so sagten wir uns, streicht jene erste, herkömmliche, philosophische, nicht durch, aber sie klammert sie ein aus dem Wissen darum, daß der Mensch sich über sein Wesen zuletzt *nicht* selbstgültig Auskunft zu geben vermag, sondern daß er sich diese Auskunft von außen her geben lassen muß, nicht in irgendeinem Lehrsatz, sondern durch ein ihn je und je konstituierendes Ereignis und Widerfahrnis — gerade das wird ja durch die Formel Luthers angezeigt, die besagt, daß der Mensch jeweils in Akten der ihm *zugesprochenen* Freiheit zum Menschen, daß er zu seiner Menschlichkeit zurückgerufen werde durch eine existenzielle Begegnung mit Christus, daß er sich allein in dem „Ecce homo" erkennt; denn der Mensch ist nur „mit Gott", indem Gott sein Herr ist und bleibt, indem seine, des Menschen, Freiheit und Selbständigkeit dem gehören, der ihm als sein Herr begegnet.

Man mag zu diesen Aussagen zunächst stehen, wie man wolle: Es soll durch diese Aussagen nur so viel deutlich werden, daß das sogenannte christliche Naturrecht im Hinblick auf seine anthropologischen Voraussetzungen gerade auch innerhalb des christlichen Glaubens keine Selbstverständlichkeit ist — wider allen Anschein! —, auch dann, wenn namhafte evangelische Theologen und Ethiker von E. Brunner bis hin zu H. Thielicke mit diesem Naturrecht irgendwie liebäugeln und E. Brunner

[17] Erik Wolf, Richtiges Recht und evangelischer Glaube, in: Die Nation vor Gott, 1933, S. 245 f.

[18] WA 39, I, S. 175.

ja schließlich doch Aristoteles vor die Bibel gesetzt hat in seinem Buch „Gerechtigkeit“, sondern daß dieses Naturrecht bei seiner philosophisch-anthropologischen Komponente ganz ernsthaft und ganz radikal in Frage gestellt wird. Gerade angesichts der heute umgehenden, auch parteipolitisch gefärbten „christlichen Parolen“ scheint eine solche Feststellung ja nicht unwichtig zu sein. Denn es ist offenkundig, daß bei solchen Parolen die „Christlichkeit“ dieser Parteihaltungen sich praktisch verkürzt zu einem irgendwie dann auch noch sehr verallgemeinerten „christlichen Naturrecht“, zu einem christlichen Moralismus, für den die Kirche bestenfalls so etwas wie ein Geschäftsträger, nicht aber die Stelle ist, von der aus die Botschaft des Evangeliums in dem lebendigen Wort der Verkündigung auch *kritisch* gerade gegenüber der „Christlichkeit“ eines solchen Christentums zu vernehmen wäre.

Es gehört nun zu dem Wesen der *naturrechtlichen Ideologie*, daß sie sich selbst zum Herrn des Rechtes setzt. Sie tut es unter der Voraussetzung der unbestreitbaren Gültigkeit ihrer anthropologischen Grundlage. Und daher muß sie von hier aus, von diesen Grundlagen her, wenn überhaupt, ernsthaft *in Frage gestellt* werden. Wir erinnern uns an den vorhin genannten Satz: „Wenn es Wahrheit, Wirklichkeit und Gerechtfertigtheit des Menschen gibt, so muß es eben dies auch vom Recht geben“, und zwar in entsprechender Weise. Oder — wie es der Freiburger Staatsrechtler und Rechtsphilosoph Erik Wolf einmal anders formulierte —: „Wer die Menschenwelt unter Gottes richtender Herrschaft und erlösender Gnade weiß, darf die Welt des Rechts davon nicht ausnehmen.“[19] Der durch das „vernunftbegabte Lebewesen“ wesentlich bestimmten Anthropologie entsprach ein Naturrecht als dogmatisches Vernunftrecht in teilweise religiöser Verkleidung, sowohl also in profaner als auch in christlicher Fassung. Jene Definitionsformel Luthers vom Wesen des Menschen aber, daß der Mensch durch den Glauben gerechtfertigt werde, fordert sozusagen, daß die Frage nach dem Wesen des Rechts auf dasselbe Ereignis bezogen wird, das hier für die Definition des Menschen als entscheidend genannt wird. Oder mit anderen Worten: Es erhebt sich hier jene Frage — wie K. Barth wegweisend schon 1938 sie gestellt hat —, die man zunächst lange Zeit als nicht verständlich abgelehnt hat und die jetzt allmählich zum Allgemeingut einer theologischen Fragestellung an dieser Stelle zu werden beginnt, nämlich: „Gibt es eine Beziehung zwischen der Wirklichkeit der von Gott und Jesus Christus ein für allemal vollzogenen Rechtfertigung des Sünders allein durch den Glauben und dem Problem des menschlichen Rechts, eine innere, eine notwendige, eine solche Beziehung, durch die mit der göttlichen Rechtfertigung auch das menschliche Recht in irgendeinem Sinne zum Gegenstand des christli-

[19] Richtiges Recht, S. 245 f.

chen Glaubens und der christlichen Verantwortung und damit auch des christlichen Bekenntnisses wird?"[20]

Man wird diese Frage bejahen müssen; nur unter der Voraussetzung, daß man sie überhaupt bejahen kann und bejaht, hat es Sinn, im Rahmen einer christlichen Ethik das Rechtsproblem anzuschneiden, sonst würde jede Beschäftigung mit dieser Frage, so wie wir sie bis zu diesem Augenblick auch in diesem Paragraphen vorgenommen haben, sozusagen sich in einem Raum „außerhalb" bewegen. Man wird also diese Frage bejahen müssen; und es gibt auch Rechtsphilosophen, die die Frage K. Barths eindeutig bejahen. Geschieht das, dann wird man freilich auch die Entsprechungen zwischen dem Wesen des Menschen und dem des Rechts noch weiter verfolgen können.

Entsprechend der Einklammerung der philosophischen Lehre vom Menschen durch Luthers Definitionsformel wird nämlich auch hier die naturrechtliche Tradition der Rechtsgeschichte eingeklammert werden können. Das heißt: Das Naturrecht wird nicht einfachhin beseitigt; es bleibt. Es ist eine viel zu große Macht in der Geistesgeschichte, als daß wir in der Lage wären, es durchzustreichen und daß wir überhaupt das blanke Durchstreichen als die gebotene Möglichkeit, besser: Aufgabe der Begegnung ansehen dürften. Aber es bleibt nicht als Ideologie, das heißt: Es hat nicht — es ist ja innerhalb der Klammer! — das *letzte* Wort. Gerade dies, daß es nicht das letzte Wort hat, gerade seine Befreiung von letzten Ansprüchen macht dann das Naturrecht *in der Klammer* einer christlichen Sicht, auch seine Sätze, sozusagen erst praktikabel, verwendbar — verwendbar innerhalb des sehr nüchternen und stets der Revision unterworfenen Geschäfts der Aufrichtung einer jeweils *vorläufigen* Gerechtigkeit.

Die Einklammerung des Naturrechts in das, was wir — vorläufig — mit „Christusrecht" bezeichnen, bricht nämlich die Tyrannei der „Natur", sofern der Anspruch auf allgemeine Gültigkeit eines „Naturrechts" hier eingegrenzt wird. Es kann nämlich durchaus die These gewagt werden: „Die Grundlage des menschlichen Rechtes liegt in ihm", in dem Menschgewordenen als dem Ort, wo die eschatologische Gerechtigkeit Gottes, von der allein die Bibel redet, auf die Gerechtigkeit des Menschen trifft; „die Verwirklichung des menschlichen Rechtes ist von ihm vollbracht; die Qualifikation des menschlichen Rechtes ist durch ihn bewirkt". Das sind sehr zugespitzte Formeln des französischen Rechtsphilosophen Jacques Ellul[21], Formeln, die man dort, wo man sie, freilich durch Ellul dazu ein wenig legitimiert, sozusagen absolut und prin-

[20] K. Barth, Rechtfertigung und Recht, 1938, S. 1.

[21] Die theologische Begründung des Rechts, 1948, S. 33. Zum literarischen Zusammenhang vgl. H. H. Schrey, Die Wiedergeburt des Naturrechts, Theol. Rundschau 19, 1951, S. 21 ff.

zipiell versteht und wohl auch mißverstanden hat, als „christomonistische“ Aussagen meinte ablehnen zu können. Ich greife diese Formulierungen auf, nicht ganz im Sinne von Ellul, sondern zunächst als Formeln. Sie weisen darauf hin, daß, sofern das Recht auf Erden mit dem Recht Gottes etwas zu tun hat und Gottes Gerechtigkeit sich als eschatologische in der Schrift offenbart, dann in der Tat dort, wo die Mitte des Offenbarungsgeschehens bezeugt wird, auch eine entsprechende Aussage zur Frage der Rechtsbegründung gefunden werden muß.

Haben wir aber zunächst das Naturrecht in die Klammer des Christusrechts genommen, dann gibt es innerhalb der Klammer ein Naturrecht nicht mehr als Ideologie, sondern ein Naturrecht nur als ein Phänomen, als geistesgeschichtliche Erscheinung, dessen Elemente dann die Grundelemente jeder Rechtstheorie darstellen, aber das damit kein Recht an sich ist. Das Naturrecht stellt dem Menschen vielmehr die Frage nach dem Recht gerade durch sein der Vernunft unzugängliches Element, ebenso wie in dem Maße, in dem es eine organische Ordnung bewirkt. Oder anders formuliert: Das Naturrecht, das ideologische Naturrecht, stellt für uns den menschlichen Beweis dafür dar, „daß zwischen der Gerechtigkeit Gottes ... und dem Recht der menschlichen Gesellschaften eine bestimmte *Relation* besteht“[22]. Diese entspricht sozusagen jenem Wissen um Gott, das der Apostel im Römerbrief auch den Heiden zuspricht. Aber freilich: Die Wirklichkeitsmitte, der Erkenntnisort der Relation zwischen der Gerechtigkeit Gottes und der der menschlichen Gesellschaft, ist der in Christus gestiftete Bund Gottes mit dem Menschen. „Wie wir in Jesus Christus die Wiedereinsetzung des Menschen in seine wahrhafte Geschöpf-Situation haben, so wirkt sich das Urteil Gottes auf dem Gebiet des Rechts dahin aus, *den Menschen wieder in seine Rechte einzusetzen*“[23], in seine wahrhafte Situation als Menschen. Im Bunde (sc. Gottes) wird der Mensch wieder an seinen Platz als Geschöpf gesetzt. — Das heißt: Es wird hier, in solchen Sätzen, Ernst gemacht mit dem Gedanken von der neuen Schöpfung. Der Bundesschluß in Christus gilt allen Menschen; Christus „ist der einzige Mensch, den Gott gelten läßt; durch ihn hindurch sieht Gott die ganze Menschheit: das ist das Wunder der Stellvertretung, und in diesem bekräftigt Christus die Menschenrechte. Der Mensch kann hinfort nicht mehr sagen, er sei ohne Recht; denn er kann sich auf Jesus Christus berufen. Das kann jeder Mensch tun; denn Christus ist für jeden Menschen gestorben“[24]. Es gibt also nicht Rechte für die Christen und ein rechtliches Nichts für die anderen; sondern alle sind Brüder in Jeus Christus, und in ihm empfangen alle Rechte. Aber freilich: Die Erkenntnis dieses Ereignisses ist und

[22] Ellul, Begründung, S. 54.
[23] Ebd. S. 35.
[24] Ebd. S. 42.

bleibt eine Sache des Glaubens. Hier ist wichtig der Gedanke des In-das-Recht-gesetzt-werdens.

Es gehört mit zu den Erkenntnissen der neueren Exegese im Bezug auf das Rechtsproblem im Alten Testament, daß das alttestamentliche Reden vom Recht durchweg diese Richtung hat. Es ist ja bekannt, daß alle Aussagen in bezug auf Recht und in bezug auf Herstellung von Recht sich im Alten Testament immer wieder beziehen auf die Witwen und Waisen, auf die Verlassenen, auf die Rechtlosen usw., daß hier das entscheidende Problem dies ist, zum Recht zu verhelfen; oder — um es mit dem Rechtsphilosophen Erik Wolf zu sagen —: „Das Problem des Rechtes des Nächsten." Es geht also nicht darum, daß eifersüchtigerweise Gott sein Recht für sich fordert, das er als Recht *gegen* alle anderen hätte und daß analog der Mensch oder die Menschengruppe sein oder ihr Recht für sich forderten, das sie *entgegen* dem anderen hätten, sondern es geht um das Versetzen in das Recht und das Besorgen des Rechtes des Nächsten; es geht darum, daß Recht hier wirklich begriffen wird als eine Kategorie des Seins der Wirklichkeit, das nur ein geordnetes Sein sein kann.

1. Gerade diese Erkenntnis — auch der Satz: „Christus ist für alle gestorben — Alle sind Brüder Jesu Christi" — wird besonders deutlich an einem ganz konkreten Rechtsproblem, am Problem der Rechtsgleichheit. Die herkömmliche protestantische Ethik hat — und so auch E. Brunner — *Gleichheit* und *Ungleichheit* unter Menschen auf den Schöpfer oder genauer: auf die Schöpfungsidee zurückgeführt; sie hat die Ungleichheit als Voraussetzung der Gemeinschaft postuliert und die Rechtsgleichheit für alles, was Menschenangesicht trägt, in der Lehre von einer geschöpflichen Ebenbildlichkeit zu Gott als dem „Fundamentalprinzip der reformierten Gerechtigkeitslehre"[25] begründet. Sie hat aber von da aus in keiner Weise die Einschränkung des Gleichheitssatzes durch die Ungleichheit in den mannigfachen Formen auch bewußter wie unbewußter Klassenjustiz zu überwinden vermocht. Das Postulat schöpfungsgemäßer Ungleichheit hat zusammen mit der Vorfindlichkeit rassischer, kultureller, sozialer, ethischer, auch biologischer und pathologischer Stufen die Gleichheit zu einer Gleichheit stets unter an sich Gleichen werden lassen. Nur die von der Rechtfertigungslehre her gestaltete Lehre vom Menschen als dem neugeschaffenen Kind Gottes, nur die Lehre von dem in Christus enthüllten, am Ecce homo abgelesenen Ebenbild, statuiert eine Gleichheit, die quer durch alle irdische Ungleichheit hindurchgeht. Sie ist die Gleichheit der Menschwerdung des Menschen im schöpferischen Urteil Gottes. Diese Universalität des christlichen Heilsglaubens, Gott in Christus für alle, hat diese Gleichheit zur Voraussetzung. Und

[25] Brunner, Gerechtigkeit, S. 43.

wir können hinzufügen: Im christlichen Kulturbereich lebt das Ringen um Rechtsgleichheit zutiefst davon und nicht von einer abstrakten Gleichheitsidee. In aller nicht aus der Welt zu schaffenden Ungleichheit leuchtet bei dem Bemühen um Verwirklichung der Rechtsgleichheit diese Gleichheit durch, obschon oder gerade weil *wir* sie nicht verwirklichen können — aber nicht eine Gleichheit als Ideal, nicht eine Gleichheit als Postulat, sondern eine Gleichheit als Verheißung und wirksamer Zuspruch.

Nicht eine schöpfungsmäßig-identische Gottebenbildlichkeit, sondern eben jener Satz, daß der Mensch durch den Glauben gerechtfertigt werde, ist hier Erkenntnisgrund der Rechtsgleichheit: Sünder vor Gott und Gerechter vor Gott. Und nur von da aus kann dann auch jener berühmte Satz aus Hegels Rechtsphilosophie (§ 209) wirklich begriffen werden, wenn es heißt: „Vor dem Gesetz hat der Mensch seinen Wert als Mensch, nicht als Jude, Katholik, Protestant, Deutscher oder Italiener." Die Idee einer allgemeinen gleichen menschlichen Gottebenbildlichkeit wird glaubhafte und auch vollziehbare Wirklichkeit nur dort, wo sie von dem Gedanken der Neuschöpfung in Jesus Christus her begründet wird.

Nach dieser Verdeutlichung der Frage der Rechtsgleichheit kann die Erwägung zum Christusrecht auf der Linie, die wir zunächst verfolgen, noch weitergeführt werden.

Das vom Menschen geschaffene Recht wird von Christus zugleich mit der Sünde des Menschen übernommen und das heißt: seiner Herrschaft unterworfen und dadurch qualifiziert und neu begründet. Wenn man hier — wie es in den letzten Jahren üblich geworden ist — schon von einer „christologischen Rechtsbegründung" reden will (ein nicht sehr glücklicher und sehr rasch auch polemisch gewendeter Ausdruck), dann würde man vielleicht besser von einer Neubegründung des Rechts in Jesus Christus zu sprechen haben. Aber es geht eigentlich nicht um Begründung, sondern es geht um rechte Erkenntnis von Recht, und es geht um die Frage seiner wesensgemäßen Verwirklichung. Es wird als Recht in Christus erkannt und als Recht aus der Gerechtigkeit Gottes wirksam.

2. Das gilt, wie bei der Frage nach der Rechtsgleichheit, so auch von den sogenannten Menschenrechten. Auch von ihnen kann man jetzt sagen: Sie sind von Gott gewollt und als notwendig bekundet und in der Schrift darum gerade den „Armen" zugesprochen, das heißt: also wiederum als Satzungen Gottes innerhalb seines Bundes und nicht als Ausdruck einer vorfindlichen „natürlichen" Struktur der Gesellschaft und als ursprüngliche Elemente eines naturrechtlichen Bestandes irgendwie seinsmäßig vorhanden. Die Freiheit des Menschen — und das ist ja die Mitte der Menschenrechte — ist ein Geschenk aus der Freiheit Gottes.

3. Die Gerechtigkeit, die Gerechtigkeit für sich, aber ist und bleibt dem Menschen weder erkennbar noch verfügbar. Und dennoch soll er in

Richtung auf Gerechtigkeit handeln, wie es Jes. 56, 1 heißt. Das heißt: Eine höchst relative praktisch durchführbare Ordnung seines Daseins als Mensch in der Welt unter Menschen wahrnehmen. In der eschatologischen Erfüllung am Ende der Tage, wenn Gott richtet nach dem Recht des Menschen (Mt. 7, 2; Lk. 19, 22 sowie Röm. 2, 12 ff.), kommt alles unrechte Recht an sein Ende, alle echte Gerechtigkeit aber geht ein in die Gerechtigkeit Gottes. Denn alles Recht auf Erden dient der Erhaltung dieser Welt im Blick auf das Endgericht. Darum aber ist es „weltlich", seiner Substanz nach nicht „religiös", seinem Vollzug nach nicht Anwendung ewiger Prinzipien, sondern Entscheidung innerhalb konkreter Situationen, wandelbar, entwicklungsfähig. Die „Ordnung", die dieses Recht formuliert, ist weder in der Natur noch in der Vernunft zu suchen, und es ist daher ebenfalls ohne allgemein und dauernd gültige Form, wie z. B. etwa beim Problem des Eigentums. Das Recht ist aber bestimmt, dem Menschen, wenn er eben dieses Recht benützt, seine eigene Verantwortlichkeit vor Gott ins Gedächtnis zu rufen. Jedes Urteil verkündigt das Kommen, die Gegenwart und das absolute Urteil Gottes (Ellul). Die Objektivität des Richters ist dann gleichsam Hinweis auf die Objektivität Gottes, und der Staat hat dieses Recht auszudrücken, zu sanktionieren, zu hüten; und wenn die Kirche eine politische Stellung einnimmt kraft ihres Rechtes auf Freiheit zur Predigt des Wortes Gottes, oder wenn sie eine Entscheidung im Blick auf das Recht trifft, so tut sie nichts anderes, als daß sie damit das Evangelium predigt, falls sie nicht sich in ihrer politischen Haltung von Interessen oder von Moralität bestimmen läßt. Wo die Kirche Kirche ist und Kirche bleibt, da ist auch das, was sie zum Recht sagt, zugleich Verkündigung des Evangeliums. Die Kirche redet zur Welt, weil sie mit ihr unzertrennlich verbunden ist, eben darum „weil Christus gekommen ist". Darum aber ist auch das Recht zu üben, darum ist der Mensch berufen, in der Gerechtigkeit zu leben. Zwischen Bund und Parusie steht der Mensch im Schatten der göttlichen Geduld und vor dem Licht der letzten Zeiten. Und daher ist die Schaffung des Rechtes eine drängende Aufgabe: „Wegen der Gerechtigkeit Gottes, die da kommt, haben wir unser Recht auszubauen, das da ist"[26], entsprechend jenem Wort aus Jes. 56, 1: „So spricht der Herr: Wahret das Recht und übet Gerechtigkeit, *denn* bald wird mein Heil kommen und meine Gerechtigkeit sich offenbaren."

So ist *protestantisches Rechtsdenken* von dem eben skizzierten und mit der Fragestellung Rechtfertigung und Recht umschriebenen Erkenntnisgrund her grundsätzlich *kritisches Rechtsdenken*, nicht dogmatisches. Protestantisches Rechtsdenken weiß darum, daß Gott für uns menschliches Recht, ein Recht für uns und unter uns will, das wir als sündige Menschen hal-

[26] Ellul, Begründung, S. 104.

ten und erfüllen können, aber es weiß auch, daß dieses Recht stets ein vorläufiges ist, eine Vor-Ordnung sozusagen gegenüber der Gerechtigkeit Gottes als letzter Instanz. Und protestantisches Rechtsdenken weiß drittens, daß dieses menschliche Recht nicht ohne Gott ist, daß es in einem Hinübergezogenwerden zu Gott geschieht, zu seiner Ordnung, die der Mensch von sich aus nicht will und auch nicht wollen kann. Eben dies: die Erkenntnis des menschlichen Widerstrebens gegen Gottes Ordnung, diese Haltung des Protestes aus der Beanspruchung des Rechtes für mich gegen die Forderung des Rechtes für den Nächsten, diese Erkenntnis des menschlichen Widerstrebens gegen Gottes Ordnung zugunsten einer Vergötzung seiner eigenen Unordnung, auch unter dem Namen des Rechtes, fordert protestantisches Rechtsdenken zu einer ständig kritischen Haltung auf, die aus dem immer neuen Hören auf Gottes Wort lebt.

Dieses Hören aber nun verwehrt es, einer *Rechtsbegründung* zuzufallen, die von einer abstrakten Idee der Gerechtigkeit oder von einer metaphysischen Weltordnung oder gar von einer weltanschaulichen Ideologie der Ordnungen sich herleitet. Es verwehrt aber auch nach der anderen Seite eine naive Benutzung der Bibel zur Gewinnung unveränderlicher Rechtsgrundsätze oder gar Rechtssätze. Denn das würde ja dem geschichtlichen Zeugnischarakter der Bibel und der Geschichtlichkeit jeder Rechtsformulierung widerstreiten. Die Botschaft der Bibel für die Welt des Rechts, nach der namentlich seit 1945 immer wieder gefragt wird, verlangt eine auf die geschichtliche Gegenwart bezogene Aufnahme der biblischen Gebote im Rahmen der lebendigen christlichen Verkündigung. Diese Rezeption aber, auf die noch später ausführlich einzugehen sein wird, bedarf bestimmter *Vermittlungen* und *Maßstäbe*. Als *Vermittlung* erscheint zunächst die Gemeinde, und zwar die Gemeinde

1. als die legitime „Inhaberin" der Heiligen Schrift, und

2. sofern das Wort Gottes im Zeugnis der Heiligen Schrift sich als solches durch die lebendige Verkündigung als wirksam erweist und in seinem Urteil, seinem Anruf und seiner Weisung sich erschließt.

Daneben steht — gleichsam als spezielle Vermittlungshilfe — auch ein zunächst ganz formal zu fassender Begriff „natürlichen" Rechts samt der diesem Begriff zugeordneten vernehmenden, nicht selbstherrlichen (!), sondern *vernehmenden*, Vernunft. Für Luther gelten zum Beispiel die Zehn Gebote auch und insoweit für den Christen, als sie als Formulierungen natürlichen Rechtes gedeutet werden können, das heißt also: eben auf dem Weg über die genannte Vermittlung — im übrigen, soweit etwa der Dekalog nicht durch diese Vermittlung angenommen werden kann, handelt es sich um historisches jüdisches Volksrecht, um „der Juden Sachsenspiegel", der die Christen nichts angeht, weil der Christ nichts mehr mit ihm zu tun hat —, Vermittlung also für die Rezeption und dann *Maßstab*: Man kann eigentlich nur einen einzigen Maßstab für die Benutzung der Bibel zur Gewinnung von Weisungen über das Recht nennen, nämlich die von Jesus Christus vorgenommene Auslegung der Zehn Gebote durch das Liebesgebot, eine Auslegung, die nämlich den *geistlichen* Sinn des Rechts enthüllt. Nur diesen Maßstab kennt die Bibel. Sie gibt uns keinen anderen an die Hand, und sie läßt vor allem die Frage nach einem sogenannten biblischen Naturrecht als Maßstab ohne positive Antwort.

Eine Folge nun dieser kritischen Haltung protestantischen Rechtsdenkens, eine Folge dieses Hörens auf die Schrift, ist dann weiter die Auflockerung ideologischer Bindungen, wie sie etwa mit der Theologie der sogenannten Schöpfungsordnungen als dem Menschen angeblich vorgegebener, angeblich ewiggültiger Normen entstanden sind und noch heute bekanntlich eine erhebliche Kraft entfalten. Worum es dabei geht — bei dieser Auflockerung ideologischer Bindungen, von der kritischen Haltung des Rechtsdenkens her und vor allem vom Hören auf die Schrift her —, kann verhältnismäßig leicht an dem viel herangezogenen, um nicht zu sagen: malträtierten Beispiel der Ehe verdeutlicht werden.

Die sogenannte christliche Ehe ist grundsätzlich Einehe; die grundsätzliche Einehe aber ist als solche ja keine Schöpfungsordnung, wie die gängige christliche Weltanschauung immer wieder und anscheinend unausrottbar meint. Selbst Luther hat das bereits gewußt und in seinem bekannten Ratschlag an den Landgrafen Philipp auch ausgesprochen, und das kanonische Recht weiß das auch. Die Einehe ist auch bekanntlich nicht naturrechtlich begründbar. Auch die Naturrechtler der Aufklärungszeit, die ja nun in ihrem schon rationalistischen Naturrecht gerade zu diesem Problem erhebliche Gedanken sich gemacht haben, haben immer wieder darauf hingewiesen, daß man mindestens mit dem gleichen Recht auch die Vielehe naturrechtlich begründen könne. Die christliche Ehe als grundsätzliche Einehe ist vielmehr das Ergebnis einer Entscheidung des Menschen für Gottes Willen. Diese Entscheidung ist orientiert und orientiert ihrerseits die Ehe an der Ausschließlichkeit des Verhältnisses Christi zu seiner Gemeinde. Grundlegend ist in der Tat, was der Epheserbrief dazu sagt. Die Stiftung Gottes, von der man hier redet, in diesem Falle also die Ehe, nimmt den Menschen in Verantwortung, aber sie wird ihm nicht verfügbar. Er bestimmt nicht das Wesen oder das Ideal dieser Institution, aber er ist zu ihrer lebensmäßigen Verwirklichung aufgerufen. Würde er, der Mensch, ihr Ideal bestimmen, so würde er alsbald sich selbst zum Herren einer ihn zugleich bindenden Ideologie machen. Und daher wäre zum Beispiel auch eine „protestantische“ Staatsideologie der unerlaubte Versuch, Gott für die Legitimierung menschlicher Wunschvorstellungen in Anspruch zu nehmen.

Weiterhin: Protestantisches Rechtsdenken ist kritisch, es erfolgt in jenem Hören auf die Schrift, es muß sich neu formieren in der sehr schwierigen Aufgabe des Ringens mit überkommenen ideologischen Vorstellungen, die alle ein irgendwie übernommenes naturrechtliches Erbe darstellen; protestantisches Rechtsdenken steht infolgedessen im Lichte der Frage „Rechtfertigung und Recht“ zwischen Naturrecht und Rechtspositivismus. Das heißt: Protestantisches Rechtsdenken kann sich auf der einen Seite nicht jenem Geltungsbegriff von Recht verschreiben, für den eine Norm gilt, wenn und soweit sie zur Verwirklichung des in einer höheren, überrechtlichen Norm umschriebenen absoluten Wertes dient, einem auf jeden Fall vorrechtlichen, unter Umständen auch als Gottesgesetz erklärten „ordo“ der Werte, einem solchen „ordo“ der Werte, von dem aus sich dann die Richtigkeit des Rechts bestimmt und bestimmen läßt. In letzter Konsequenz würde sonst protestantisches Rechtsdenken sich hier einer „christlichen Weltanschauung“, einer Ideologie oder einer Utopie ausliefern, und die Weltlichkeit irdischen Rechtes würde so mit angemaßter Heiligkeit umkleidet werden. Daß das freilich auch im protestantischen Lager immer wieder in mannigfacher Weise geschieht, ist nicht zu bestreiten und wird dann im katholischen Lager gerne registriert. So zum Beispiel der Frankfurter Professor Hirschmann S. J. in seinem Aufsatz „Kann atomare Verteidigung sittlich gerechtfertigt sein“? Nach seinem eigenen Versuch einer naturrechtlichen Rechtfertigung konnte er einen Satz formulieren, den man nur einmal sorgfältig zu hören braucht, um sofort zu merken, in welcher Gefahrenzone auch des Utopischen man sich befindet: „Der Mut, unter Aussicht auf millionenfache Zerstörung menschlichen Lebens in der heutigen Situation das Opfer atomarer Rüstung zu bejahen, kann der Haltung des Hl. Franziskus innerlich näherstehen und mehr Geist der Theologie des Kreuzes atmen als ein Denken, das naturrechtliche Prinzipien einem undurchdachten Theologumenon opfert, wie es heute in breiter Front“ (die allerdings recht schmal ist!) „evangelische Pfarrer und Theologen tun. Was sie opfern, ist ein gut Stück gemeinsamer christlicher Substanz. — Und man kann in diesem Zusammenhang Männern wie E. Brunner, Thielicke, Künneth und Asmussen nicht dankbar genug dafür sein, daß sie dem mit aller Kraft widersprechen.“[27] Hier liegt gleichsam in einem Spiegel aufgefangen die Situation vor Augen, in der wir stehen! — Das Ja zum Naturrecht, zu einem ideologischen, zu einem sogenannten christlichen Naturrecht, würde dazu führen, einen solchen ungeheuerlichen Satz nachzusprechen.

Auf der einen Seite, so sagten wir, kann sich protestantisches Rechtsdenken nicht dem naturrechtlichen Begriff von Recht verschreiben. Auf der anderen Seite kann sich protestantisches Rechtsdenken freilich auch

[27] Stimemn der Zeit 162, 1958, S. 293.

nicht jenem Geltungsbegriff verschreiben, für den Geltung lediglich das Ergebnis des gesetzgeberischen Setzungsaktes ist, also dem Rechtspositivismus; denn hier wiederum droht die Gefahr einer Verabsolutierung des menschlichen Gesetzgebers. Welches ist aber nun — nach diesen Abgrenzungen — der richtige Weg protestantischen Rechtsdenkens heute? Daß nach diesem Wege dringlich gefragt wird, daß das Problem dieses Rechtsdenkens drängend gestellt ist, zeigt ja zum Beispiel der Umstand, daß — nicht ohne Zusammenhang auch mit der oekumenischen Diskussion — der Rat der EKD nach der ersten ordentlichen Synode der EKD im Januar 1949, und zwar ausgerechnet zum Thema „Kirche, Recht und Rechtsbewußtsein", im Mai 1949 in Göttingen ein grundlegendes Gespräch zwischen Theologen und Juristen herbeigeführt hat und die Ergebnisse dieses Gespräches gleichsam offiziös publizierte in einer kleinen Schrift „Kirche und Recht" (1950), deren Bedeutung man freilich formell daran ermessen kann, daß hier zum erstenmal in der Geschichte des deutschen Protestantismus versucht wurde, so etwas wie ein kirchlich-offiziöses Wort zu einem grundlegenden theologischen Problem, der Sozialethik, zu sagen. Dieses Heft, das dann merkwürdigerweise rasch wieder in Vergessenheit geraten ist und nur von Zeit zu Zeit von denen, die um die Dinge wissen, dann freilich mit großem Nachdruck hervorgezogen wird, ist ein Dokument von theologiegeschichtlichem Rang. Hier erfolgt erstmals sozusagen im Namen einer institutionellen protestantischen Kirche die Ablehnung der naturrechtlichen Ideologie, und zugleich erklärt die 6. dieser 7 Thesen, die damals formuliert und angenommen worden sind — ganz entsprechend also unseren Darlegungen — folgendes: „Der Christ darf sich konkreten Entscheidungen zur Verwirklichung der Gerechtigkeit auf Erden nicht entziehen. Im Glauben weiß er um die Gerechtigkeit Gottes und das Lebensrecht des Menschen. Von da aus wird er in Dankbarkeit und Freiheit auch die Rechtsgrundsätze anerkennen und gebrauchen, die im Rechtsbewußtsein der Menschen, in der Rechtsgeschichte der Völker und auch im naturrechtlich aufgenommenen Dekalog vorliegen. Von da aus ist er auch gesichert gegen die Überheblichkeit wie gegen die Hilflosigkeit aller naturrechtlichen Programme und Ausflüchte."[28] Was heißt das?

Protestantisches Rechtsdenken wird um relativer *Richtigkeit* menschlichen Rechtes willen durchaus auch gewisse übergesetzliche *Normen* naturrechtlicher Art, etwa als Ausdruck typischer Strukturen gesellschaftlichen Gemeinlebens und geregelten Handelns gebrauchen können. Es wird jedoch daraus nicht eine Weltanschauung mit dem Anspruch auf letzte Richtigkeit und unveränderliche Gültigkeit machen. In diesem Sinne kennt protestantisches Rechtsdenken keine „ewigen Gesetze". Es

[28] Kirche und Recht. Denkschrift, hrsg. v. Rat der EKiD, 1950, S. 52.

leitet solche auch nicht aus dem Evangelium ab, wie man in einem Mißverstehen von „Rechtfertigung und Recht“ wiederholt gemeint hat. Ewige Gültigkeit kann protestantisches Rechtsdenken nur dem konkreten Gebot Gottes zuerkennen. Die Zehn Gebote Gottes gelten auch in der Reformation (wie wir sahen) als glückliche Formulierungen „natürlichen Rechtes“, aber sie sind keine Naturrechtssätze. Sie wären als solche auch kaum schlüssig beweisbar. Sondern sie sind und bleiben konkrete Gebote Gottes. Das heißt: Der Dekalog ist, um es mit einem Satz von Bonhoeffer zu formulieren, „das von Gott geoffenbarte Lebensgesetz alles unter der Christusherrschaft stehenden Lebens“. Man beachte, was diese Aussage enthält! „Er ist die Befreiung“, fährt Bonhoeffer fort, „von Fremdherrschaft und von eigengesetzlicher Willkür. Er enthüllt sich dem Glaubenden als das Gesetz des Schöpfers und des Versöhners. Der Dekalog ist der Rahmen, innerhalb dessen ein freier Gehorsam des weltlichen Lebens möglich wird. Er befreit zum freien Leben unter der Christusherrschaft.“[29] Und die Übernahme des Dekalogs ist für die jeweilige Frage nach Wahrung und Gestaltung von Recht eine stets neue Aufgabe, da — wie schon angedeutet — eben eine direkte, naive, formal biblizistische Befragung der Bibel zur Gewinnung unveränderlich gültiger Rechtsgrundsätze oder gar Rechtssätze dem geschichtlichen Zeugnischarakter der Heiligen Schrift und der geschichtlichen Bedingtheit jeder Rechtsformulierung widerspricht. Um relativer Richtigkeit menschlichen Rechtes willen wird also protestantisches Rechtsdenken auch mit Elementen der breiten naturrechtlichen Tradition hantieren können und dürfen, aber wohlgemerkt: mit Elementen aus einem weiten Bereich menschlicher Bemühungen um die Gewinnung richtigen Rechtes im vollen Bewußtsein der Relativität, der Fehlbarkeit, der Verführbarkeit und der Besserungsbedürftigkeit dieser Bemühungen und ihrer Ergebnisse. Protestantisches Rechtsdenken wird auf der anderen Seite nun nicht um der relativen Richtigkeit menschlichen Rechts willen, sondern um der Rechtssicherheit willen das positive Recht, das gesetzte Recht so lange als Ausdruck menschlicher Bemühung um Recht und Ordnung respektieren, als es nicht offenkundig das Menschsein des Menschen dem Anspruch und der Willkür des Gesetzgebers opfert. (Das war das Problem, vor dem die Kirche vor allem während des Kirchenkampfes im Dritten Reich stand: Wie weit war staatlich gesetztes Recht noch als Recht anzuerkennen? Die Grenze ist in der Tat bezeichnet mit dem Satz: Sobald es nicht offenkundig das Menschsein des Menschen dem Anspruch und der Willkür des Gesetzgebers opfert. Und es ist ja bekannt, daß dasselbe Problem in analoger Weise — wohlgemerkt: analoger Weise! — heute für die Brüder in der DDR wieder auftaucht.)

---

[29] Bonhoeffer, Ethik, S. 256.

Es ist das Menschsein des Menschen Gottes, das freilich hier den Maßstab abgibt, und nicht die autonome Persönlichkeit, die zum Beispiel für die Rechtsphilosophie den materialen Mindestgehalt der Ethik abgibt. Diese Basis — nämlich die autonome Persönlichkeit — ist aber nicht, wie ein Blick auf die antike Sklaverei etwa lehrt, „eine zeitlose Grundlage ethischen Denkens, sondern sie würde ohne die christliche Lehre nicht bestehen“[30]. In beiden Fällen: bei der Verabsolutierung des Naturrechtes und bei einer Verabsolutierung des Positivismus — in beiden Fällen ist das Menschsein des Menschen bedroht, seine ihm geschenkte Freiheit und Würde gefährdet; dort — bei der Verabsolutierung des Naturrechts — durch die Vergötzung einer abstrakten Rechtsidee, die das Leben um seine Lebendigkeit bringt und das Evangelium zum Gesetz wandelt, und hier durch die mögliche Willkür gesetzgeberischer Gewalt, die das Ziel ihrer Allmacht verfolgt oder die Totalität des gesetzten Rechtes anstrebt.

Beim Christusrecht — wenn wir damit kurz die von uns entwickelte Position überschreiben — handelt es sich, so hatten wir am Eingang dieser Überlegungen formuliert, um das Leben des Menschen als Menschen im Recht, in der Sphäre jener Richtigkeit, die er von Gott empfängt, sofern Gott seinen Menschen auch in seinem innerweltlichen Dasein „ins Recht“, in sein Recht und damit in das Dasein rechtschaffener Mitmenschlichkeit setzt, sofern Gott ihm das „Urrecht“ der Personalität schenkt und ihm die Freiheit zur „Urverfassung“ der Solidarität gewährt[31]. Indem sie dessen eingedenk ist, kann die Christengemeinde zeigen, daß die Suche nach richtigem Recht nicht vergeblich zu sein braucht — wie viele der Rechtsphilosophen schließlich resigniert meinen —, sondern daß die Suche nach richtigem Recht im Bereich der göttlichen Gnade geschieht. Wo zum Beispiel bei der Frage nach dem Staat von Christus die Rede ist, handelt es sich um die Begründung eines positiv gestaltenden Handelns im Staat und nicht um die Begründung des staatlichen Phänomens als solchen. Denn dieses Phänomen gehört — wie alle „phainomena“ — zu der Welt, die vergeht. Aber die Frage „Rechtfertigung und Recht“ fragt ja zuerst und zuletzt nach der Möglichkeit, die Gestalt innerweltlichen *Handelns* im Lichte der kommenden, der im Kommen verborgen wirksamen Christusherrschaft zu bestimmen und von der Vollendung der Zeiten her zu gewinnen. Und eben darum setzt sie unser Denken über Recht und Institutionen und das Ergebnis dieses Denkens immer wieder neu in Bewegung, und darum ist keine statische Ideologie einer ewiggültigen Rechtsordnung hier erlaubt.

Schließlich: Sie weiß auch darum, daß die Rechtsordnung der Erhal-

[30] U. Scheuner, Recht und Gerechtigkeit in der deutschen Rechtslehre der Gegenwart, in: Recht und Institution, 1956, S. 36.

[31] Erik Wolf, Recht des Nächsten, 1958.

tung des Lebens dient, wenn und indem sie der Gerechtigkeit dient. Und christliche Rechtserkenntnis wird infolgedessen nicht als ein relativer Wirklichkeitsaspekt neben anderen anzusehen sein, sondern sie proklamiert das im Wort Gottes erkannte und das heißt: im Rechtfertigungshandeln offenbarte Gottes- und Menschenrecht als kritischen Maßstab für das, was an außerchristlichem Rechtsgefühl als wahre Rechtserkenntnis anerkannt werden kann. Und so sucht „Rechtfertigung und Recht" eben als Fragestellung die problematische Wahrheit des Satzes zu deuten, „iustitia est perpetua et constans voluntas ius suum cuique tribuendi" — die problemreiche Wahrheit also, daß die Gerechtigkeit der dauernde und beständige Wille sei, jedem sein Recht zuteil werden zu lassen[32]. Von da aus erhebt sich nun die Frage im einzelnen noch einmal nach dem Problem der biblischen Weisung, nach dem Gebot Gottes, nach dem, wie zu allen diesen Fragen dann Stellung zu nehmen ist.

§ 8 Gottes Gebot und das Handeln in Nächstenschaft

Voraussetzung der bisherigen und der folgenden Erwägungen ist die Einsicht in das Verhältnis von Gesetz und Evangelium und das Verständnis von Gesetz im theologischen Sinn. Während in der katholischen Theologie der Gesetzesbegriff im Grunde problemlos, weil ungebrochen eingeordnet wird, hat er in reformatorischer Theologie eine viel bestimmendere Funktion, weil er fraglich geworden ist, eben im Licht der Unterscheidung von Gesetz und Evangelium. Es wird *theologisch* von Gesetz gesprochen, damit das Evangelium nicht als Gesetz mißverstanden wird, und es wird in der Predigt des Evangeliums vom Gesetz gehandelt, sofern der „homo peccator" in die Predigt des Evangeliums gehört. Der „homo peccator" aber ist die „materia legis" — „si vis disputare de lege, materiam legis accipe, quae est peccator"[1] — oder anders gesagt: der vom Evangelium betroffene Mensch ist der durch das Gesetz in seinem gottfeindlichen Wesen bestimmte Mensch, der Mensch des kategorischen Imperativs, der sich selbst sein Gesetz gibt und sich ihm in anspruchsvoller Freiwilligkeit unterwirft[2].

Die mit der Botschaft des Evangeliums verbundene Aufforderung zum Leben im Gesetz der Freiheit — reformatorisch gesprochen: die Predigt des Evangeliums zur Unterweisung der Gewissen zur Freiheit — diese

---

[32] Vgl. auch Ernst Wolf, Naturrecht und Gerechtigkeit, EvTh 7, 1957/48, S. 233 ff., und ders. mit G. Dehn, Gottesrecht und Menschenrecht, ThExh NF 42, 1954.

[1] WA 40 I, S. 535.

[2] Vgl. auch G. Ebeling, Erwägungen zur Lehre vom Gesetz, in: Wort und Glaube, 1960, [3]1967, S. 255 ff.

Aufforderung stellt nun im besonderen vor die Frage nach dem Gebot Gottes *für* das Leben und Handeln kraft der Freiheit der Kinder Gottes im Bereich des menschlichen Bemühens um Recht als Ordnung eben der Existenz in Mitmenschlichkeit. Es geht hier schlicht um die Frage: Was heißt „Du sollst deinen Nächsten lieben wie dich selbst", Mt. 22, 39, und sehr charakteristisch wiederholt Röm. 13, 9 und Gal. 5, 14 — worin „alles Gesetz", alle Gebote, zusammengefaßt sind, oder worin das ganze Gesetz erfüllt ist, wobei wohl zu beachten ist, daß Röm. 13, 9 und Gal. 5, 14 zwei verschiedene Aussagen sind! Man darf sie durchaus nicht in der üblichen Weise vermischen, indem man eben „pas nomos" von Gal. 5 versteht als „jedes Gesetz", nicht bloß das alttestamentliche, und indem man das gnomische Perfekt „peplerotai" im Sinne von „comprehenditur" (wie es Luther und Calvin u. a. tun) begreift und so eben das Gebot der Nächstenliebe als die alles umschließende *Summe* des Gesetzes versteht. Gal. 5, 13 — 6, 10 handelt ja vom rechten Gebrauch der Freiheit vom Gesetz und entwickelt hier zunächst den Grundsatz, nämlich: die Bewährung des Standes der Freiheit vom Gesetz, das heißt: von dem Gesetz, „wie es dem Menschen in seiner von Adam überkommenen Abneigung gegen Gott als Mittel der Sünde und als Motor der Selbstsucht begegnet". Die Bewährung des Standes der Freiheit von diesem Gesetz besteht darin, daß das Gesetz, und nun nämlich *das* Gesetz, „so wie es dem Menschen im Glauben an Christus als der Wille Gottes eröffnet wird, zur Verwirklichung der Freiheit in der selbstlosen Liebe"[3], erfüllt wird eben in der Hingabe an den anderen in der selbstlosen Liebe der Nächstenschaft. Der Satz von Gal. 5, 14 sagt — was so formal auch in der jüdischen Überlieferung begegnet —, „daß die Erfüllung *eines* Gebotes die Erfüllung des ganzen Gesetzes einschließen kann", weil nämlich das Gesetz eine innere Einheit ist. Aber: Diese Aussage über das Gebot der Nächstenliebe sagt dann noch mehr, nämlich, daß die Liebe *der* Wille des Gesetzes ist.

Freiheit und Liebe gehören aber zusammen; nur der Freie liebt, und nur der Liebende ist frei. Das heißt: In Christus zur Freiheit berufen ist der Mensch in die Liebe Christi gestellt. Er ist befreit von der Knechtschaft des Gesetzes; nicht das Gesetz bestimmt sein Wesen — das haben wir als charakteristsich für das Naturrechtsdenken kennengelernt — und umgekehrt: das Gesetz ist befreit vom Mißbrauch durch den Menschen zur Selbstbehauptung gegen Gott. Dadurch, daß wir durch das Evangelium *in* die Liebe Christi gebracht sind, sind wir in *die* Liebe gestellt, die im Gesetz laut wird. Um es mit einem Zitat aus Schliers Galater-Kommentar zu sagen: „Indem wir im Anruf der für uns geschehenen Liebe Christi frei von der Nötigung der Selbstliebe geworden sind, ent-

[3] H. Schlier, Der Brief an die Galater, Krit.-exeg. Kommentar 7, [5]1971, z. St. S. 245.

decken wir den Anspruch der Liebe im Gesetz, und daß er bis dahin ständig von uns zum Appell an die Selbstgerechtigkeit verfälscht und als Anspruch der befreienden Liebe abgefangen wurde.“ Es geht also — um dieses Zitat noch zu erläutern — im wesentlichen darum, daß uns — hineingestellt in die Liebe Christi — die Augen geöffnet werden dafür, daß das Gesetz den Anspruch der Liebe erhebt und daß wir bis jetzt immer wieder diesen Anspruch als einen Appell an die Selbstgerechtigkeit verfälscht und dadurch sozusagen abgefangen, in unsere Verfügung zu ziehen versucht haben. „Als die Geliebten sind wir frei zum Lieben“[4] — diese grundsätzliche Veränderung im Dasein und Sosein entscheidet hier nicht nur über die rechte Erkenntnis des Gesetzes, die jetzt die Liebe als den Willen des Gesetzes entdeckt, sondern auch über die Erfüllung der Gebote.

Das sind Sätze, die uns immer wieder schwer eingehen. Wir halten uns an das Dogma, das im vergangenen Jahrhundert auch bei diesen Problemen geltend gemacht wurde und besonders nachdrücklich und zugleich auch eindrücklich in den Thesen von Rudolf Sohm, daß nämlich Gesetz und Liebe einander ausschließen. Das konnte gesagt werden von einem immanenten, einem auch irgendwie idealistischen, einem — wenn auch nur zum Teil — Hegel aufgreifenden Denken her. Die entscheidende Aussage der Bibel über das Gesetz Gottes ist, daß der Wille dieses Gesetzes, da es ja das Gesetz zum Leben ist, die Liebe sei. Wir werden also hier zunächst eine kleine Aufräumungsarbeit leisten müssen, oder vielmehr: uns zu skizzieren haben, daß sie zu leisten wäre, nämlich die Befreiung von dieser Vorstellung, daß Recht und Liebe einander ausschlössen. Diese Vorstellung geht zum Teil darauf zurück, daß man Liebe sehr rasch mit Gnade bzw. Gnade dann mit Liebe identifizierte und infolgedessen die freilich strukturell einander widerstehenden Begriffe der Gnade und des Rechtes gegeneinander ausspielte. Aber das Handeln der Gnade und das Handeln nach dem Recht sind ja zwei Formen, die in ihrer ganzen Unterschiedenheit und Verschiedenheit doch zugleich zusammengefaßt werden können, überwacht werden können und auch überwacht werden müssen von der Grunderkenntnis, daß die Liebe der Wille des Gesetzes sei. Man könnte hier versucht sein, ein wenig wieder auf Hegel zu reflektieren und die entscheidende Funktion der Liebe, nämlich das Einende, das Zusammenbringende und Zusammenbindende dann selbstverständlich auch in der Ordnungsfunktion des Gesetzes, in der Erhaltungs- und Bewahrungsfunktion des Gesetzes gegenüber jeglicher Störung und Verletzung der Ordnung wiederentdecken; es ist selbst auf diesem Wege nicht ganz so schwer, des Satzes, daß die Liebe der Wille des Gesetzes sei, sozusagen von Ferne in einer ganz von weitem herkommenden Ahnung ansichtig zu werden.

[4] Ebd. S. 246.

Wir kehren zurück: Als die Geliebten sind wir frei zum Lieben. Erst von da aus, erst von Gal. 5, 14 her, ist jene andere Aussage vom Liebesgebot, nämlich als der „comprehensio“, als der Summe der Gebote, gesichert, und zwar gesichert gegen ein gesetzliches Mißverständnis, das nun aus dem Gebot der Liebe sozusagen einen Katalog von Weisungen abzuleiten sucht. Und zugleich auch gegen ungesetzliches Verständnis der Nächstenschaft, das etwa im Begriff des Nächsten, des näheren und nächsten Nächsten, nach normierenden Bedingungen für das Üben der Liebe fahndet — ein gesetzliches Verständnis der Nächstenschaft, das eine Stufung liebenswerter Werte zu suchen unternimmt. Wiederum hat dieses gesetzliche Verständnis in der katholischen Kasuistik der Nächstenschaft breiten Raum gewonnen, indem — allem Anschein nach sehr lebensnah, allem Anschein nach einfach plausibel — die Unterscheidungen der Liebespflicht gegenüber dem Nächsten von der gegenüber dem Näheren und dem etwas Entfernteren und dem ganz Fernen und dann schließlich auch von der gegenüber dem Feind getroffen werden und das Maß der Verpflichtung danach bestimmt wird, wie nahe mir mein Nächster sei. Das geht dann auf dem Weg über die Eigenliebe, die Liebe der Familienangehörigen, der Volksangehörigen usw. schrittweise in die Weite hinein, und der Charakter der Verpflichtung nimmt zugleich sozusagen quantitativ ab, je weiter von dem fortgeschritten wird, der diese Reflexionen anstellt.

Mit alledem aber stehen wir nun vor den beiden Problemen, die uns jetzt zu beschäftigen haben, nämlich vor den Problemen

a) der biblischen Weisungen für das Handeln in Liebe auf Grund der Freiheit und

b) der Nächstenschaft als des konkreten Rahmens solchen Handelns.

Das Problem der biblischen Weisungen

Das Problem der biblischen Weisungen ist in der Diskussion des Themas „Kirche und Recht“ etwa oder überhaupt „Christ im Recht“ dort in den Vordergrund gerückt, wo man zwar ein „biblisches Naturrecht“ ablehnt, aber doch der Frage: Was sollen wir denn tun? durch konkrete Ratschläge zu Hilfe kommen möchte. Das Stichwort „biblische Weisung“ ist in dieser Diskussion vor allem durch den Juristen Erik Wolf ausgegeben worden, und zwar in mehrfacher Abänderung seines Grundgedankens zwischen den Jahren 1946, seinem Büchlein „Rechtsgedanke und biblische Weisung“, und 1950, der Denkschrift über die Weisung der Heiligen Schrift für die menschliche Rechtsordnung — alles Entwürfe im Rahmen der Arbeit der oekumenischen Studienabteilung zu diesem Problem. Und H. Simon hat in einem höchst instruktiven kritischen Bericht über den Rechtsgedanken in der gegenwärtigen deutschen evangelischen Theologie[5] diesen Lösungsversuch dicht an die naturrechtlichen Lösungsversuche angeschlossen. Es handelt sich zwar nicht um ein schöpfungsontologisches Naturrecht, wie es in der kräftigsten Weise E. Brunner vertritt, auch nicht um ein Naturrecht mit wechselnden Inhalten, wie es bei P. Althaus begegnet; aber dieses Weisungsproblem steht in der Nähe eines sogenannten „verordneten“ Naturrechts Gottes des Erhalters, wie zunächst W. Elert dieses Naturrecht zu entfalten versuchte. Das Weisungsproblem begegnet uns, abgesehen von Erik Wolf, dann noch im besonderen in dem theologischen Entwurf von H. Thielicke und steht hier noch näher zu der an die Struktur des naturrechtlichen Denkens heranreichenden Weise als bei Erik Wolf; ich setze daher zunächst mit Thielicke ein.

Eine am Gesetz Gottes des Erhalters ausgerichtete Rechtslehre unter Aufnahme des Gedankens der biblischen Weisung, das ist es, was Thielickes Ethik entwickelt. Der Schöpfungsordnungstheologie gegenüber, bei der Gott und Mensch innerhalb eines übergeordneten kosmischen Gefüges aufeinander bezogen werden, macht Thielicke einen personalen Bezug von Gott und Mensch geltend, und zwar innerhalb eines Verständnisses der Welt als „Äon zwischen Sündenfall und Gericht ... Sie ist in allen ihren Teilen, ihrer Struktur und allen ihren Lebensäußerungen der mundus post lapsum“[6]. Die sogenannten Ordnungen, vor allem der Staat und das Recht, sind dann „Strukturformen des gefallenen Daseins“[7]. Sie sind, wie es Thielicke gern sagt, „noachitische Ordnungen“, aber eben darum einerseits „durch und durch menschliche“[8], andererseits „Notverordnungen der göttlichen Geduld“[9] zur Erhaltung der gefallenen Welt. Wir werden uns diese Formeln merken müssen, die ja auch bei aktuellen Fragen immer wieder dort, wo sich der evangelische Ethiker zur Erteilung eines Ratschlages aufgefordert oder vielfach auch gedrungen sieht, eine Rolle spielen — „noachitische Ordnungen“, „Notverordnungen der göttlichen Geduld“. Man merkt hier sowohl den Abstand von einer Theologie der Schöpfungsordnungen als auch eine gewisse Verwandtschaft zu ihr.

Dem gegenwärtigen Äon, der so beschrieben ist, steht der Wille Gottes gegenüber in Gestalt des Gesetzes des Erhalters — sozusagen ein „uneigentlicher“ Wille Gottes, denn er nimmt „auf die zerstörten Möglichkeiten der gefallenen Welt Rücksicht“[10]. Das eben ist, so wie Thielicke es versteht, das Gesetz Gottes im „usus politicus legis“. Was bedeutet das nun aber für eine materiale Rechtsordnung?

---

[5] H. Simon, Der Rechtsgedanke in der gegenwärtigen deutschen evangelischen Theologie, Jur. Diss. Bonn 1952.

[6] H. Thielicke, Theologische Ethik, ²1958/59, S. 2144.

[7] Ebd. S. 2161.

[8] Ebd. S. 2145.

[9] Ebd. S. 2160.

[10] Ebd. S. 692.

Erste Antwort: Wir Menschen können einen *absolut* gültigen materialen Inhalt des für das Recht konstitutiven und normativen Sollens, den Inhalt der Gerechtigkeit, nicht eindeutig ausmachen, wie etwa das Naturrecht wähnt.

Zweite Antwort: „Was den Menschen im allgemeinen zukommt, kann nur im Wagnis einer *unterstellten* Ordnung (besser: einer unterstellten *Not*-Ordnung) und mit Hilfe von Verfahrensregeln gesichert werden, die nach Maßgabe des beschränkten menschlichen Erkennens zu bestimmen sind."[11]

Dritte Antwort: Mit den im Alten und Neuen Testament im Zusammenhang mit den Bundesschlüssen Gottes — dem noachitischen Bund, dem des Neuen Testaments — gegebenen konkreten biblischen Geboten ist uns „ein Kriterium an die Hand gegeben . . ., auf Grund dessen die sich uns anbietenden Regeln und Lösungsversuche . . . kritisch gesichtet werden können"[12]. Wir können von da aus wenigstens *negativ* feststellen, was „Natur-*Un*recht sei". Und daraus folgt als Aufgabe theologischer Ethik mit Hilfe jenes Kriteriums, das heißt also: mit Hilfe der biblischen Weisungen, eine „Fahrrinne"[13] zu markieren, innerhalb derer in einer bestimmten Variationsbreite mögliche Lösungen „garantiert bleiben"[14], die die Vernunft beim Bemühen um Gestaltung von Recht und politischer Ordnung zu ermitteln hat.

Fassen wir es kurz zusammen: Biblische Weisungen sind hier verstanden als Grundlage einer sozusagen negativ-kritischen Kasuistik für eine christliche Sozialethik. Noch schärfer formuliert: Gottes Imperativ ist wesentlich Warnung, sein Gebot praktisch eigentlich Verbot.

Das scheint zunächst einzuleuchten, gemäß der Erkenntnis, daß wir stets mit relativ größerer Sicherheit bestimmen können, was nicht dem Evangelium gemäß sei. Aber bei näherem Zusehen widerspricht diese „Nomik" dem Wesen des „Gesetzes der Freiheit", weil und sofern sie nur eher auf Sicherheit bedacht ist als auf die der Liebe allein gemäße Spontaneität des Selbsteinsatzes in Nächstenschaft. Die biblischen Weisungen, die man dann etwa dem Neuen Testament ablesen möchte, geraten unwillkürlich in die formale Verbotsstruktur des Dekalogs. Aber sie werden zugleich in ihrer verbietenden, ausschließenden Tendenz doch nicht ganz ernst genommen. Gottes Nein ist von anderer Qualität als die menschliche Feststellung eines „Naturunrechts". Es bezeichnet die für ein Leben vor Gott schlechterdings ausgeschlossene Möglichkeit. Das zeigt zum Beispiel die sogenannte „Radikalisierung" des Tötungsverbots in der Bergpredigt, die eine kasuistische Reflexion über den moralischen Unterschied zwischen Mord und Tötung in Notwehr oder im

---

[11] Ebd. S. 2123.
[12] Ebd. S. 2178.
[13] Ebd. S. 2201.
[14] Ebd. S. 2200.

Kriege oder als sogenannte Strafe von vornherein abschneidet. Die für christliche Existenz durch Gottes Nein bezeichnete ausgeschlossene Möglichkeit führt über ein bloßes „ich darf nicht“ hinaus zu einem existenziellen „ich kann nicht“, das dem neuen, gewiß nicht verfügbaren, aber bejahten Sein der in Christus Befreiten entspricht. Es ist Wirklichkeit als die spannungsreiche Wirklichkeit des Wiedergeborenen in dieser Welt unter der Sünde. Das aber kann nicht gleichgesetzt werden mit einem „Äon zwischen Sündenfall und Gericht“ mit seinen „noachitischen Ordnungen“ eines „uneigentlichen Willens“ Gottes, der „auf die zerstörten Möglichkeiten der gefallenen Welt Rücksicht“ nimmt.

Gottes Nein ist weder ein durch solche Rücksichtnahme entschärftes Nein, noch darf man aus ihm ein Prinzip machen. Sowohl die Beruhigungsauskunft des „gerechten Krieges“ als auch die Gesetzlichkeit des prinzipiellen Pazifismus sind hier ausgeschlossen. Mein Handeln schließt stets das Risiko des Konflikts mit Gottes Nein ein, weil es dazu genötigt ist, es mit Gottes Nein zu wagen, ohne die Garantie des Gelingens zu haben. Das umschreibt die Situation des „iustus simul et peccator“, die durch die Theorie vom noachitischen Äon zur normalen, gott-geduldeten Interims-Situation verfälscht wird.

Das ist die eine Form, in der in der heutigen Diskussion das Problem der biblischen Weisungen uns entgegentritt.

Ihr gegenüber zielt die Frage von Erik Wolf nach den biblischen Weisungen für die Welt des Rechtes viel stärker auf eine positive Antwort. Auch er grenzt sich gegen ein theologisches Naturrecht ab; das Wesen der Gerechtigkeit läßt sich nicht immanent aus Natur oder Vernunft heraus bestimmen, sondern ist transzendent zu suchen. Zur Erkenntnis der Gerechtigkeit aber ist der Mensch auf die göttliche Offenbarung verwiesen, und das heißt: auf die christologisch zu interpretierende Bibel. Denn Christus ist zwar nicht „legislator“ einer „nova lex“; es bleibt bei dem reformatorischen Grundsatz, den die Apologie (XVI/3) formuliert: „Nec fert evangelium novas leges de statu civili“ — das Evangelium bringt keine neuen Gesetze in bezug auf das bürgerliche Dasein! Man muß wohl beachten, daß *das* der Skopus der Aussage ist: Christus ist nicht „legislator“! Man darf diesen Satz aus der Apologie nicht, wie es heute weithin geschieht, als Begründung jener These heranziehen, daß das Evangelium mit dem Leben in der bürgerlichen Welt direkt nichts zu tun habe. Das ist hier auf gar keinen Fall ausgesagt! Sondern lediglich dies: Christus ist nicht der Gesetzgeber einer „nova lex“. Aber er ist „verus legis interpres“, oder wie es die Konkordienformel sagt: Christus „nimmt das Gesetz in seine Hände und legt dasselbe geistlich aus“[15]. Zu dieser Auslegung aber, zu dem Gedanken von Christus als „verus

[15] SD V, 10.

legis interpres", kommt noch als Grund und gleichsam Hintergrund dieses Gedankens für Erik Wolf der Gedanke von der Königsherrschaft Christi über das Gesetz und alle sozialen Gebilde. „Das — wenngleich verborgene — Königtum Christi in der Welt zwingt uns, in ihm die Quelle und das Ziel aller menschlichen Gesellschaftsordnung und damit auch ihrer Rechtsordnung anzuerkennen."[16] Man beachte wohl: das ist der Satz eines Juristen! Nicht etwa, wie es in der heutigen Polemik leicht gesagt werden könnte, eines zu den Schwärmern zu zählenden Theologen! — Und Erik Wolf hat das dann im einzelnen sehr sorgfältig begründet und sofort durch den nächsten Satz abgesichert: „Von da aus führt allerdings kein Weg zum adäquaten Verstehen absoluter Gerechtigkeit." Denn die Herrschaft Christi ist im Verborgenen, und ihre zu uns kommende ganz real zu fassende Wirklichkeit enthüllt sich am Ende der Tage. Oder, wiederum Erik Wolf: „Was wirklich Recht ist, wird uns erst im Endgericht kund, wenn Gott jedem Menschen das wesenhaft Seine zuteilt." Jedoch können unter diesen Voraussetzungen, ja, genötigt durch diese Erkenntnisse, den Geboten der Bibel Weisungen entnommen werden, Weisungen, denen eine doppelte Funktion zukommt: einmal „als Begrenzung des menschlichen Willens" — und das würde ja in die Nähe der Thielickeschen „Fahrrinne" führen! — und zweitens „als Richtschnur und Wegweisung für ein soziales Leben"[17]. Das ist die positive Wendung bei Erik Wolf.

Diese biblischen Weisungen sind nicht selbst irgendwie Rechtssätze, Verordnungen, Entscheidungsnormen[18], aber: unter ihrer Leitung hat der Mensch in verantwortlicher Entscheidung und in seiner gegenwärtigen geschichtlichen Situation kraft seiner Vernunft positives Recht zu formulieren. — Erik Wolf ist nun bemüht, solche Weisungen in der Bibel aufzuzeigen. Er sieht sie 1. im Dekalog, den er dann im einzelnen in Richtung auf solche Weisungen auszulegen versucht, 2. in den sogenannten Haustafeln im Römerbrief (Röm. 13), im 1. Petrusbrief, Kol. 3, 18 ff., 1. Tim. 5, 8 — in jenen Haustafeln, die ja Luther gelegentlich einmal als „novos dekalogos" angesehen hat[19] —, und er sieht sie 3. in Herrenworten wie etwa der Goldenen Regel Mt. 7, 12, in bestimmten Aussagen der Gleichnisse Jesu und als ablesbar auch am Verhalten des Herrn und der Jünger in rechtlich bedeutsamen Situationen. Es ist ja bekannt, daß mit alledem nichts ausgesprochen Neues gesagt ist, daß gerade auch das Verhalten Jesu und der Jünger in rechtlich bedeutsamen Situationen auch anderwärts, wo es um die Frage nach biblischer Weisung geht, in Blick genommen wird. Aber es ist entscheidend, daß hier bei Erik Wolf in einer Gesamtkonzeption dieser Aufbau vorliegt.

[16] Erik Wolf, Rechtsgedanke und biblische Weisung, 1948, S. 8.

[17] Ebd. S. 4.

[18] Ebd. S. 43.

[19] WA 39 I, S. 47.

Und nun ist die hier maßgebliche, wichtige, allererste Frage die nach dem Kriterium für die Erkenntnis des Weisungscharakters, dieser hier zunächst einmal skizzierten Schriftworte. Und da antwortet Erik Wolf: Diese Erkenntnis ist und bleibt Glaubenserkenntnis, vollzogen in der Auslegung der betreffenden Worte der Schrift von der Mitte der Schrift her und zugleich entgegen den „Wünschen unseres Herzens" und der „Eitelkeit unserer Vernunft". Er fordert so „vor allem eine neue Auslegung der Weisungen der Bibel für das gesamte soziale Leben" und stellt dafür die Bedingung auf: „Diese Auslegung muß auf dem Boden der Überlieferung stehen, aber mit dem Rüstzeug moderner Theologie und Geistesgeschichte durchgeführt werden und ist im Blick auf die Erzielung möglichst allgemeiner, das heißt, in der Oekumene annehmbarer Grundsätze auszurichten."[20] Hier liegt eine aufschlußreiche Beschreibung der Aufgabe vor, um die dann nicht nur von Erik Wolf, sondern von vielen anderen immer wieder gerungen worden ist. Zweierlei ist wichtig: einmal die Betonung der Überlieferung. Das Wahrheitsmoment dieser Betonung ist darin zu suchen, daß ja bei einem ganz unmittelbaren Anknüpfen an die Bibel — wie es nach 1945 einige namhafte Rechtsphilosophen versuchten, indem sie sich in ihrer Studierstube sozusagen allein ihrer Bibel konfrontierten — ein sich von den Konfessionen lösender Biblizismus nur um so unbesehener in den Bann auch allerlei moderner Traditionen gelangen könnte, daß man hier also sozusagen gerade als Rechtsphilosoph bei der Suche nach den biblischen Weisungen zum Fundamentalisten werden könnte. Und das andere, was hier wichtig ist, ist die Forderung: diese Auslegung der Schriftworte müsse „im Blick auf die Erzielung möglichst allgemeiner, das heißt, in der Oekumene annehmbarer Grundsätze" sich ausrichten; denn die Forderung einer Beachtung einer konfessionellen Überlieferung könnte ja dazu führen, neben die Schrift — und das heißt dann alsbald auch: über sie — eine Tradition des formulierten Bekenntnisses oder des konfessionellen Selbstverständnisses christlicher Kirchen und Gruppen zu setzen und dadurch die Botschaft der Bibel sowohl zu verkürzen als auch sie in einer bestimmten, zeitgeschichtlich bedingten oder einer engeren theologischen Problematik verhafteten Auslegung erstarren zu lassen. Das ist bei der gegenwärtigen Diskussion in Deutschland die entscheidende Frage: Auf der einen Seite wird immer wieder gefragt, was das Evangelium uns in bestimmten Situationen, also etwa angesichts der Frage der atomaren Aufrüstung als eines ethischen Problems, sage, und auf der anderen Seite bietet man die Lösungen an aus dem, was man die Grundsätze lutherischer Sozialethik nennt, das heißt: aus einer im Grunde scholastischen Interpretation von Bekenntnisformeln aus dem 16. Jahrhundert, denen

[20] Erik Wolf, Gesetz und Freiheit, ThEx 18, 1949, S. 34 f.

eine zeitlose Gültigkeit dem Wortlaut nach — nicht in der Intention! — indiziert wird.

Die Entfaltung der von Erik Wolf zusammengestellten Gruppen von Weisungen erfolgt nun allerdings im allgemeinen sehr formal. Zum Beispiel heißt es in bezug auf die Gleichnisse, daß sie „gerade ein ungerechtes und unsoziales Verhalten des Menschen ... zeigen" und infolgedessen der „Desillusionierung der menschlichen Selbstidealisierung" dienen. Eine ihrer bedeutsamsten Weisungsfunktionen liege mithin in der Warnung davor, sich voreilig im Recht zu wähnen und ins Recht zu setzen; in der Mahnung daran, daß nur die göttliche Gerechtigkeit wahres Recht schafft; in dem Hinweis darauf, daß alle diesseitigen Versuche der Rechtsordnung nur eine Verordnung auf die künftige, auf das Reich Gottes hin sind[21]. Oder: bei den im Neuen Testament geschilderten rechtlichen Situationen — Jesu Wort etwa über das Verlassen der Familie, oder über das Unterlassen der Bestattungspflicht um der Nachfolge willen oder die Weisung an den reichen Jüngling — bedeuten die Worte Jesu alle, meint Erik Wolf, ein „Öffnen der Augen für Gottes Willen und Gottes Liebe, die eben auch in Gottes Ordnung und Gerechtigkeit offenbar werden". Das alles sei jeweils dann als konkrete Weisung „von einem gläubigen Geist" zu erfassen, gelte dann aber auch für den Nichtchristen, der zwar nicht diese Weisungen in ihrem *Geltungsgrund* zu erfassen vermöge, wohl aber in ihrem „Sinn" vernünftig einzusehen und natürlich zu bejahen imstande sei, sofern nämlich Natur und Vernunft als Geschaffenes einen jenseitigen Abglanz tragen[22]. Es wird deutlich, wie formal hier vorgegangen wird. Und hier taucht eben nun doch auch im Hintergrund eine gewisse Erinnerung an die Idee der Schöpfungsordnung auf, noch deutlicher etwa bei Erik Wolfs Bemerkung zu den Weisung gebenden Herrenworten selbst, die dann keineswegs als Rechtssätze auszulegen seien, wohl aber die Richtung angäben, „in der die Rechtspflege bei der Ordnung dieser Dinge und die Staatsmacht bei ihrer Durchsetzung sich zu halten haben, damit der Grundordnung der Schöpfung entsprochen werde"[23].

Eingehender behandelt Erik Wolf den Dekalog als Zusammenfassung des Ordnungswillens Gottes. Diese Zehn Gebote „sind Gottes kategorischer Imperativ und darum auch zugleich kategorischer Imperativ der von Gott geschaffenen menschlichen Vernunft. In ihnen ist der Inbegriff aller wesentlichen Richtschnuren für die soziale, besonders aber für die Rechtsordnung gegeben, dergestalt, daß die *Nicht*beachtung der Zehn Gebote *jeder* Rechtsordnung den sie rechtfertigenden Grund entziehen würde; *jede* Obrigkeit bleibt ihnen unterworfen"[24]. Auszulegen sind sie freilich im Lichte der Herrschaft Christi. Und so folgert er zum Beispiel

[21] Ebd. S. 55.
[22] Ebd. S. 56.
[23] Ebd. S. 54.
[24] Ebd. S. 44 f.

aus dem 1. Gebot: „Es darf keine Staatskirche, keinen Nationalkult, keine Verabsolutierung irgendeines Kulturwertes geben, von dem die Rechts- und Sozialordnung sich bestimmen lassen müsse“[25]. Aus dem Zweiten Gebot wird gefolgert: sich nicht leichtsinnig auf Gott zu berufen und etwa Gesetze „im Namen Gottes“ zu erlassen, und außerdem die positive Forderung der Unterstützung der Verkündigung Gottes durch die Rechtsordnung. Aus dem Dritten Gebot folgt die Forderung der Verkündigungsfreiheit und der Feiertagsruhe und, da diese gleiches Recht für alle ist, auch der Hinweis auf unsere rechtliche Gleichheit vor Gott.

Die zweite Tafel bringt dann die Sozialordnungen im eigentlichen Sinne, so etwa das Vierte Gebot als Verweisung „auf die Familie als göttliche Grundordnung“. Aber schon hier wird man — und vielleicht endlich! — fragen müssen, wie es da um die geforderte christologische Auslegung steht, da ja das Neue Testament jedenfalls nichts von einem christlichen Familienideal weiß, sondern lediglich für die vorgefundene Familie — und noch dazu im antiken Sinn — die Pflichten des Miteinanderlebens in Befehl und Gehorsam, in Über- und Unterordnung beschreibt, und zwar in dem entscheidenden Begriff der „hypotage“, in einem Begriff, der ja auch für den Staat bzw. für das Verhalten in ihm und der auch innerhalb der Gemeinde gilt und der dann außerdem noch einen besonderen christologischen und eschatologischen Bezug hat. — Gerade an dieser Stelle — das sei als Anmerkung notiert — wird einem deutlich, daß es nicht einfach zulangt, das Schema von Über- und Unterordnung, das man angeblich im ganzen Bereich der sozialen Welt finde, sozusagen als ein Schöpfungsordnungsschema zu proklamieren und vom Neuen Testament her legitimiert sein zu lassen. Dieser Begriff der „hypotage“ ist etwas anderes als lediglich Legitimierung vorfindlicher Über- und Unterordnungsverhältnisse. Dieser Begriff der „hypotage“ bedarf dann im einzelnen auch noch einer sehr eingehenden, sowohl exegetischen wie auch dann — wenn man so will — sozial-philosophischen Untersuchung. Oder weiter: Es ist doch problematisch, als „richtunggebende“ Weisung etwa abzulesen: „die Familie als Lebensgemeinschaft, nicht als Interessenverband zu ordnen“[26]; und es ist noch problematischer, dieses Gebot dann als „weisend für den Aufbau der Regierungsgewalten“ anzusehen, so sehr dies auch lutherischen Traditionen vor allem zu entsprechen scheint. Hier kann man überall mit der zunächst sehr naiv klingenden Frage kommen, wo das denn eigentlich wirklich im Neuen Testament stehe. Und besonders kritisch ist nun in diesem Zusammenhang die Auslegung des Fünften Gebotes als „Weisung“. Dieses Gebot, meint Erik Wolf, sage uns *grenzsetzend,* daß

[25] Ebd. S. 46.

[26] Ebd. S. 47.

außer im Notstand nicht getötet werden soll, und *richtungweisend*, daß es alles von Gott geschaffene Leben zu schützen und zu pflegen gilt. Als absolut zwingendes Gesetz wäre das Fünfte Gebot aber „unerfüllbar und widersinnig“, und als reines „Liebesgebot“ verstanden „schwärmerisch“, denn „wir können ohne Zerstörung von Leben (jedenfalls des pflanzlichen und tierischen) leider nicht existieren, und keine christliche Kirche hat jemals den seines Amtes recht waltenden Scharfrichter oder den Soldaten als Mörder verklagt“. Hier wird die ganze Fatalität der herkömmlichen Kasuistik angesichts des Fünften Gebotes deutlich. Und noch mehr, wenn es etwa dann heißt: „Kriege und Hinrichtungen sollen also eigentlich *nicht* sein; Gott läßt sie nur als Ausnahmen zu; sie sind wegen des Sünderstandes unvermeidlich, aber so oft und so weit als irgend möglich zu vermeiden.“[27] Und zu diesem „so weit als irgend möglich zu vermeiden“ zählt Erik Wolf zum Beispiel auch die staatliche Einschränkung der lebensbedrohenden Motorisierung.

Gewiß gilt auch dem Fünften Gebot gegenüber die Forderung Erik Wolfs nach christologischer Auslegung. Aber wo findet sie sich, fragen wir nun sehr viel schärfer als bisher, in einer solchen Verlegenheitskasuistik, zu der man auch die häufig angebotene, als selbstverständlich betrachtete Auslegung zählen kann, daß es sich bei diesem Tötungsverbot eben um das Verbot des Mordes im strafrechtlichen Sinne handele? Eine formale Verabsolutierung des Fünften Gebotes muß allerdings zu jener „als realistisch“ angesehenen Kasuistik führen, der es dann um die Feststellung irgendwie vertretbarer, von Christen vertretbarer Ausnahmen geht. Aber solche Verabsolutierung kann nicht mit christologischer Radikalisierung und Auslegung gleichgesetzt werden — ebensowenig, wenn man die Ausnahmen, oft unter Hinweis auf Luthers Ratschlag an die Fürsten im Bauernkrieg, unter den Generalnenner der sogenannten „harten Liebe“ — oder der Christenpflicht bringt, die Ordnung um jeden Preis zu wahren. Vielmehr wird es darauf ankommen, das Tötungsverbot in der positiven Wendung des Gebotes der Erhaltung und Bewahrung von Leben hinsichtlich der besonderen Fälle möglicher Konflikte für diese als strenge Weisung zu nehmen und nach der Ermöglichung der Erfüllung des Tötungsverbotes auf Grund des „neuen Bundes“ zu fragen, bzw. danach, ob dem Christen ein irgendwie limitiertes Ja zu einer bestimmten Ausnahme von diesem Verbot erlaubt sei. Die besonderen Fälle nun, die hier katholische Moraltheologie ebenso wie protestantische Sozialethik beschäftigen, sind im allgemeinen 1. der Krieg bzw. das Töten im Kriege, 2. die Todesstrafe und 3. die mit Schwangerschaft und Geburt zusammenhängenden Tötungsprobleme im Bereich ärztlichen Handelns, die Sterbehilfe oder der ärztliche Gnadentod — wie man das auch

---

[27] Ebd. S. 49.

nennt —, also die Tötung unheilbarer Kranker auf Verlangen, die Euthanasie und anderes mehr. Hier sei nun in einem Exkurs — wir werden später den Faden wieder aufnehmen — unter dem Gesichtswinkel der Frage nach der christologischen Interpretation des Fünften Gebotes im besonderen Konfliktsfall zur Verdeutlichung das Problem der Todesstrafe herausgegriffen, das ja zugleich verhältnismäßig am einfachsten liegt.

Exkurs: Das Problem der Todesstrafe unter dem Aspekt der christologischen Auslegung des Fünften Gebotes:

Unter Berufung auf Gen. 9, 6, den Satz des noachitischen Bundes: „Wer Menschenblut vergießt, des Blut soll auch durch Menschen vergossen werden; denn nach seinem Bild hat Gott den Menschen gemacht", ist das Problem der Todesstrafe bei den Theologen — im Unterschied zu dem Relativismus der Strafrechtsideen — zum Problem einer absoluten positiven Begründung der Todesstrafe geworden, und zwar auf der Linie, die zum Beispiel Calvin in seinem Kommentar zu Röm. 13, 4 bezeichnet: „Contendant igitur cum Deo qui sanguinem nocentium hominum effundi nefas esse putant"[28], denn mit der Todesstrafe handele die Obrigkeit „exercendo Dei ultionem". Oder, um die Linie noch deutlicher zu machen, mit einer Äußerung aus neuerer Zeit von Vilmar. Er kann gelegentlich sagen: „Die Vollziehung dieser Strafe zu unterlassen, die Todesstrafe nur teilweise ... oder gänzlich ... aufzuheben, ist mithin Abfall von Gottes Recht, und zwar ein Abfall von Grund aus, da ein Gemeinwesen, welches sich nicht mehr befugt oder gar zu schwach hält, diese Strafe zu vollziehen, sich damit des Rechtes begibt, überhaupt noch Strafe „als Vollziehung göttlicher Gebote zu vollziehen — es bleibt dann nur eine willkürliche menschliche Strafgerechtigkeit übrig — das Gemeinwesen, der Staat, hat sich damit der Handhabung des ‚usus legis politicus' unfähig gemacht, und kann seitens des Reiches Gottes (der Kirche) eine solche Obrigkeit nicht mehr als eine nach den apostolischen Vorschriften Röm. 13, 1—7, und 1. Petr. 2, 14 bestehende anerkannt werden"[29]. Kein Wunder, daß dann in der Geschichte der Bemühung um die Abschaffung der Todesstrafe der Widerstand von Kirche und Theologen relativ am stärksten ist. Ein Jurist, Holtzendorff, hat 1875 in seiner Untersuchung „Das Verbrechen des Mordes und die Todesstrafe" dann etwas sarkastisch gesagt: „Wenn man bedenkt, daß Hexenprozesse und Folter an Männern des Starrglaubens ehemals die eifrigsten Fürsprecher fanden, und daß es in Schottland die

[28] CR 77, S. 251.

[29] A. F. C. Vilmar, Theologische Moral, 1871, S. 387.

Geistlichkeit war, welche bis zu allerletzt die Notwendigkeit der Ausrottung von Hexen verkündete, wird man nach den Gesetzen der historischen Analogie vermuten, daß es Geistliche sein dürften, welche dereinst als die letzten die Notwendigkeit des amtlichen Blutvergießens im Namen der göttlichen Gerechtigkeit verlangen werden, nachdem Staatsmänner und Richter längst Abschied davon genommen haben."[30] Dieses Wort Holtzendorffs hat sich in der Tat — wenn man so will — historisch bewährt. Und die Statistik der theologischen Ethiken zeigt sehr interessant eine lange Liste bedeutender Namen, die alle für die Todesstrafe, in der Regel unter Berufung auf Gen. 9, 6, auf Ex. 21, 12 und auf Röm. 13, 4 eintreten. — Das hebt schon an in der Orthodoxie, in den Loci von Joh. Gerhard, das wird in der neueren Theologie vertreten etwa von R. Rothe, von J. Chr. K. von Hofmann, H. L. Martensen und A. Harleß — meist mit Kant und Hegel —, später dann von Th. Haering, A. Schlatter, R. Seeberg, A. D. Müller, E. Hirsch, W. Künneth, P. Althaus und E. Brunner. Und daneben eine ganz kleine Liste der Gegner mit theologischen Gründen, angehend mit Schleiermacher, der in seiner „Christlichen Sitte" die Todesstrafe merkwürdig interpretiert, nämlich als die Verleitung oder die Verführung des Verbrechers zum Selbstmord; daher sei sie abzulehnen. Neben Schleiermacher hatte auch Baumgarten-Crusius sich dagegen erklärt, und dann, ganz einsam im 19. Jahrhundert ein katholischer Theologe, Franz Xaver Linsenmann, in seinem Lehrbuch der Moraltheologie von 1878, und schließlich in der Gegenwart bedingt W. Elert und in einer sehr grundsätzlichen Weise K. Barth. Das ist das Bild, ein Bild, das man ja im Grunde nur verstehen kann, wenn man sich den Hintergrund dieser Statistik deutlich macht. Der Hintergrund ist nämlich — abgesehen von einem allgemein religionsgeschichtlichen, der auch im Alten Testament deutlich wird und auf dem dann die Todesstrafe als Mittel zum Zweck im Rahmen einer sakralen Handlung, im Rahmen des Opfers, im Rahmen des Blutbannes begegnet — die seit Justin offenkundige Übernahme des alttestamentlich-jüdischen Rechtes in den Bestand der christlichen Morallehre und die von da aus in der konstantinischen Zeit erfolgte Legitimation des römischen Strafrechtes aus dem alttestamentlichen Gebot. Aber bei näherem Zusehen wird man feststellen müssen[31]: Es gibt kein echtes biblisch-theologisches Argument für die Todesstrafe, trotz der immer wiederholten Bezugnahme der Theologen auf Gen. 9, 6; Ex. 21, 12; Röm. 13, 4 und allenfalls auch noch Mt. 5. Daher muß — und das zeigen dann auch die theologischen Verfechter der Todesstrafe — diese Frage in einem umfassenden Problemkreis theologisch-ethischer Sach-

[30] Ebd. S. 187 f.

[31] Die Begründung im einzelnen muß hier leider beiseite gelassen werden; sie ist anderwärts erbracht worden, vgl. E. Wolf; Todesstrafe, unterwegs 11, 1960.

problematik verhandelt werden und wird auch in diesem Kreis verhandelt.

Heute geschieht das im allgemeinen in einer sehr engen Verbindung der Frage nach der Todesstrafe mit den Problemen a) des Staatsbegriffes, b) von Recht und Gerechtigkeit als Ordnung Gottes, c) der sogenannten metaphysischen Sühne und schließlich auch — fast möchte man sagen: es kann nicht ausbleiben! — im Problemkreis Gesetz und Evangelium. Diese Diskussion und die Auseinandersetzung mit ihr sei an drei Beispielen aus der politischen Diskussion um die Frage der Todesstrafe vorgeführt, nämlich an Künneth, Althaus und K. Barth.

1. Künneth hat in seiner „Politik zwischen Dämon und Gott" zunächst den Satz aufgestellt: Die Todesstrafe ist „ein Akt Gottes zum Schutze seiner Ordnung vermittels des obrigkeitlichen Amtes"[32]. Theologisch über die Todesstrafe richtig zu denken, erfordert den Einsatz beim theonomen Denken und zugleich die Wendung gegen den humanitären Liberalismus. Und so ist das erste Problem, das hier in Sicht kommt, eine eigentliche Korrespondenz zwischen Staatsbegriff und Todesstrafe. Künneth meint unter Berufung auf die genannten Bibelstellen, die zum Teil ganz isoliert herausgegriffen werden, daß nach der Bibel die Obrigkeit von Gott zur Vollstreckerin des göttlichen Willens und des göttlichen Gerichtes gemacht wird. „In diese theonome Perspektive muß also das Problem der Todesstrafe gerückt werden. Es handelt sich demgemäß dabei gar nicht um ein menschliches Richten, sondern um den gottgewollten Vollzug eines Gottesurteils und Zornesgerichtes Gottes im Raum der Geschichte. Das erkennt auch Jesus in der Bergpredigt an: ‚Wer aber tötet, der soll des Gerichts schuldig sein.' Und in seiner Nachfolge urteilt Paulus: Die Obrigkeit ist Gottes Dienerin, eine Rächerin zur Strafe über den, der Böses tut. Wir haben es also gar nicht primär mit einer Verletzung menschlich-relativer Ordnungen zu tun, sondern mit der Heiligkeit des göttlichen Willens, der seine Ordnung nicht antasten lassen will. Der Obrigkeit ist aber ein außerordentliches, ein heiliges Amt von Gott anvertraut, in Ausübung der Todesstrafe das Amt der Stellvertreterin Gottes auf Erden zu vollziehen."[33] So stehen Staatsbegriff und Todesstrafe in Korrespondenz, und der Satz, daß entsprechend „der theonomen Fundierung der Staatsordnung" auch von einer theonomen Begründung der Todesstrafe zu handeln sei, kann auch dementsprechend bei Künneth umgekehrt werden; „Je nach der Stellung zur Todesstrafe, zu ihrer Begründung oder Verwerfung, ergibt sich ein charakteristisches und ethisch bedeutsames Symptom des zugrunde liegenden Staatsverständnisses überhaupt."[34]

[32] W. Künneth, Politik zwischen Dämon und Gott, 1954, S. 265.
[33] Ebd. S. 242.
[34] Ebd. S. 261.

Zu diesem einen Begründungsargument, das ja in der Umkehrbarkeit des theonomen Denkens in bezug auf Staat und Todesstrafe und Todesstrafe und Staat, sozusagen in einem geschlossenen Raum eines ganz bestimmten Staatsbegriffes und damit eines ganz bestimmten Verständnisses der Todesstrafe und umgekehrt eines bestimmten Verständnisses der Todesstrafe und damit eines bestimmten Staatsbegriffes steht, kommt dann als zweites Argument das Argument der metaphysischen Sühne. Auch dieser Grundgedanke der metaphysischen Sühne wird zunächst von Künneth als biblisch postuliert. Es wird ganz schlicht gesagt, daß sich aus dem biblischen Ansatz der Grundgedanke der metaphysischen Sühne ergebe — wohlgemerkt: der *metaphysischen Sühne*. „Sühne ist die notwendige Reaktion der verletzten Gottesordnung auf das Zerstören dieser Ordnung. In einer sühnenden Strafe wird die unbedingte Rechtsgültigkeit der verletzten Ordnung aufgerichtet und wiederhergestellt. Die Tiefe der Verletzung der Ordnung entspricht der Radikalität der Beseitigung dessen, der sich an der Lebensordnung vergangen hat. Nur wenn das Gesetz Gottes auch für die Existenz des Staates als Grundlage anerkannt ist, besteht die Möglichkeit einer sachgemäßen Begründung der Todesstrafe. Sühne kann es nur geben, wenn das geschichtliche Leben in Beziehung zu Gott gebracht wird und wenn Gottes Forderungen als verbindlich für diese Welt Anerkennung finden. Der Sühnecharakter der Todesstrafe weist also zutiefst von den Menschen weg hin auf das Richteramt Gottes selbst. So wird die Todesstrafe zu einem eschatologischen Vorzeichen im Raum der interimistischen und relativen Rechtsordnungen, ein signum für die Verwerflichkeit des Bösen überhaupt, für den Frevel, sich gegen Gottes Willen zu empören ... Im Sühneamt der Todesstrafe vollzieht Gott eine partielle Antizipation des Weltgerichts, das in dieser Vorwegnahme zugleich den Zug der göttlichen Barmherzigkeit trägt.“[35]

Man muß dieses Zitat ja nur einmal vernommen haben, um gleich zu merken, was hier alles an theologischen Thesen und an theologischen Postulaten oder vielleicht auch an pseudotheologischen Thesen und Postulaten einem entgegentritt. Aber nun übersieht Künneth durchaus nicht die Frage, ob die Durchführung der Todesstrafe auch in einem Staat zu fordern ist, dem offenkundig die innere Vollmacht und das Wissen um die eine Staatsautorität begründende göttliche Souveränität fehlt — eine sehr peinliche Frage; denn wenn wir diese Kopulation zwischen Staatsverständnis und Todesstrafe jetzt etwa auch auf einen vorfindlichen Befund an bestimmten Staaten und ihrer Stellung zur Todesstrafe anwenden wollten, dann würde man ja zu höchst seltsamen Ergebnissen kommen, wenn man ganz schlicht nach diesem Schema sagt, überall

[35] Ebd. S. 265.

dort, wo die Todesstrafe noch besteht, sei der Staat in Ordnung, und dort, wo sie abgeschafft ist, sei der Staat zweifelhaft geworden. Künneth sieht diese Frage. Aber er meint, von dem Grundsatz des biblisch-theonomen Staatsverständnisses aus stehe die Gültigkeit der Todesstrafe fest, unabhängig von dem Wissen um die Theonomie des Staates, unabhängig davon, ob die christliche Botschaft gehört und verstanden wird oder nicht; immer ist der Dienst an der Erhaltungsordnung Gottes als Auftrag gegeben und muß als permanente Aufgabe bleiben, auch wenn Krisenperioden die Einsicht verdunkeln und rechte Erkenntnis und tiefste Vollmacht fehlen. Es sei vielmehr umgekehrt zu fragen, ob es jemals in der Geschichte einen Normalzustand geben kann. Dieses „Trotzdem" ist charakteristisch; die Ordnungen Gottes bleiben, auch wenn der Mensch sie als solche nicht versteht, und es ist die Aufgabe des christlichen Ethos, immer wieder an die Gültigkeit des in den politischen Ordnungen sich ausprägenden Gotteswillens zu erinnern, gleichviel ob die Ordnungen verstanden oder mißverstanden, ob sie legitim begründet oder mißbraucht werden. Das ist die Position, die Künneth in seiner Verteidigung der Todesstrafe bezogen hat; die beiden Argumente sind deutlich. Auf der einen Seite die Korrespondenz von Todesstrafe und Staatsverständnis, auf der anderen Seite der Gedanke der metaphysischen Sühne, wobei man bemerkt haben wird, daß dieser Gedanke der metaphysischen Sühne im Grunde nicht selbständig hinzukommt, sondern in den anderen Gedankenkreis hineingenommen wird. Das Konstruierte dieser Argumentation ist vielleicht auch zwischen den Zeilen spürbar geworden.

2. Und genau an dieser Stelle unterscheidet sich nun P. Althaus von Künneth. Auf der einen Seite würde er zwar weithin zustimmen, auf der anderen Seite aber trägt er dem Rechnung, daß der säkularisierte Staat von heute jedenfalls sich selbst nicht mehr theonom versteht und nicht mehr theonom verstehen kann und infolgedessen bei dem ethischen Streit um das Problem der Todesstrafe nicht bei seiner Theonomie behaftet werden kann. Infolgedessen verlagert sich bei Althaus — und insofern sind seine Darlegungen sehr viel spannender — das Problem vor allem auf die Frage nach der Sühne. Das christliche Ja zur Todesstrafe resultiert nach Althaus aus dem Verständnis der Strafe als Wiederherstellung der Rechtsordnung und der ihr zugrunde liegenden sittlichen Ordnung in ihrer Heiligkeit, also aus dem Verständnis der *Strafe als Sühne*. Denn nach Röm. 13, 4 steht staatliche Strafe in Verbindung mit dem Zorn Gottes über das Töten. „Der Sinn der Strafe liegt also in ihr selbst als Geltendmachen der ewigen Ordnung gegenüber und an dem Rechtsbrecher."[36] Deutlich wird hier das ethische Problem zuge-

[36] P. Althaus, Die Todesstrafe als Problem christlicher Ethik, 1955, S. 21.

spitzt und auf das Niveau einer ethischen Frage gehoben. Todesstrafe kann nicht Mittel zum Zweck sein, wie es die Sicherungs-, die Abschrekkungstheorie und andere wollen, und zwar darf sie nicht Mittel zum Zweck sein um der Würde des Menschenlebens willen. Gerade wenn man die Todesstrafe als Zweckstrafe verstünde, würde man gegen das Fünfte Gebot handeln. Sondern die Todesstrafe nimmt den Menschen als Menschen ernst und läßt so — ein Gedanke, der ja bei Hegel bekanntlich vorgeformt ist — dem „Verbrecher sein Recht" zukommen.

Andererseits: Indem der Mörder das Leben eines Mitmenschen zerstört, verneint er die Rechtsordnung radikal in ihrem sittlichen Urgrund, nämlich im Willen Gottes zum Miteinanderleben der Menschen. „Der Radikalität des Mordes muß die Radikalität der Sühne entsprechen." „Hier kann die Rechtsordnung sich nur so geltend machen, daß sie dem Rechtsbrecher alles Recht nimmt, das heißt: ihn tötet. Nur so verwirklicht sich das Recht an ihm. Diese Strafe kommt ihm zu als Vollstreckung des Zornes Gottes."[37] Und das Subjekt solchen Strafens kann nicht die Gesellschaft sein, sondern nur der Staat als metaphysische Größe, „die Obrigkeit als von Gott eingesetzes Amt am Recht"[38]. So kommt also bei Althaus der Staat sozusagen auf dem Umweg jetzt über den Sühnegedanken wieder in diesen Zusammenhang herein, aber zugleich mit der Bemerkung, daß von da aus gesehen freilich die Todesstrafe im säkularisierten Staat problematisch geworden sei.

Es dürfte jetzt so viel deutlich sein: An dieser Stelle kommt das Problem der christologischen Auslegung in Sicht, nämlich beim Fragenkreis der Sühne. Was heißt Sühne biblisch? Kann in diesem Sinne von der Schrift her „von metaphysischer Sühne" gesprochen werden? Oder ist nicht vielmehr von dem, was die Schrift über die Versöhnung von Gottes Zorn sagt, das Problem ganz anders zu stellen? — Aber zurück noch weiter zu Althaus.

Weil durch den Mord die Radikalität der Sühne gefordert erscheint, kann die Rechtsordnung sich nur geltend machen, indem sie dem Rechtsbrecher alles Recht nimmt, das heißt: ihn tötet; so verwirklicht sich das Recht an ihm. Diese Strafe kommt ihm zu als Vollstreckung des Zornes Gottes — das also ist die Position von Althaus zum Mord. Gegenfrage, zunächst aus dem Argument von der Theonomie des Staates: Was ist denn eigentlich dieser theonome Staat? Dieser Staat, der, wie es heißt, Gottes Zorn vollstreckt und der, wie es etwa E. Brunner formulieren konnte, in der Todesstrafe das Weltgericht antizipiert? Was ist dieser Staat als ein in der politischen Ordnung sich ausprägender Gotteswille? — Fragen, die ja zugleich immer wieder sich mit der Frage nach der Begründung solcher Auffassung von Röm. 13 her verknüpfen im Hinblick

---

[37] Ebd. S. 25.

[38] Ebd. S. 23.

auf eine traditionell-christliche Staatsmetaphysik, deren Recht und deren Berechtigung im höchsten Maße zweifelhaft sind; jedenfalls ist Röm. 13, 4, wo von dem Staat oder den „exousiai" gesprochen wird als dem „diakonos theou", als dem „ekdikos eis orgen to kakon prassonti", als dem also, der hier Recht und Rache übt, ganz offensichtlich überfordert. Und es ist sehr merkwürdig, daß auch Luther eigentlich nie zu einer Auslegung von Röm. 13 im Kontext gekommen ist, sondern seine Auslegung zu Röm. 13 ganz schlicht auf den Bahnen einer breiten traditionellen Interpretation weiterführt und das Ganze merkwürdig ausklammert — ein Befund, der sich schon bei seiner ersten Römerbriefvorlesung ergibt.

Jedenfalls wird man sagen müssen: Die Beurteilung der Todesstrafe einerseits (oder des Rechtes auf sie) und des Staates andererseits sind Dinge, die wechselseitig miteinander verknüpft sind und sich sozusagen gegenseitig zu postulierten Voraussetzungen haben. Es ist zu fragen, ob nicht mit alledem in der Tat eine irgendwie idealistische Staatsidee auch in Röm. 13 eingetragen wird. Und auch im Blick auf die Geschichte wird man ohne Bedenken sagen dürfen, daß es nicht eigentlich der starke Staat ist, der um seiner selbst willen der Todesstrafe bedarf, sondern es ist der sich vergötzende Staat, der sie nötig hat. Es ist gewiß nicht von ungefähr, daß jene erschreckende Inflation der Todesstrafe im Dritten Reich korrespondiert mit dieser Selbstvergötzung des Staates im Totalitarismus.

3. Was das andere Argument, das der metaphysischen Sühne anlangt, so bin ich der Meinung, daß das, was K. Barth dazu gesagt hat, hier das entscheidende Wort ist: Todesstrafe kann nicht als Sühne gefordert werden, denn die vergeltende Gerechtigkeit Gottes hat sich ja nach christlicher Erkenntnis schon ausgewirkt. Die von ihm geforderte Sühne für alle menschliche Übertretung ist ja schon geleistet. Die geforderte Todesstrafe des menschlichen Rechtsbrechers ist ja schon vollzogen, indem nämlich Jesus Christus für die Sünde der Welt gestorben ist[39]. Dagegen meint Althaus dann freilich, damit sei ja alle Strafe abgelehnt, soweit sie als Sühne und nicht als Mittel zum Zweck verstanden wird, und das ist eine durchaus richtige Beurteilung. Denn wir stehen hier in der Tat vor der Frage, ob wir menschliches Strafen im Sinne der metaphysischen Sühne verstehen und vollziehen dürfen, oder nicht vielmehr — wie es dann ja auch den säkularen Erwägungen der Strafrechtslehre weithin entspricht — als ein in sich problematisches, in vielem immer wieder auch der Änderung bedürftiges Mittel zum Zweck.

Die Sühne ist im Alten Testament und ebenso auch im Neuen Testament eindeutig bezogen auf den Gottesbund. Sühne als Wiederherstel-

---

[39] Barth, KD III/4, S. 499 ff.

lung des Rechts der Gottesordnung kann daher nicht im Rahmen des menschlichen Strafens im Grenzfall der Todesstrafe als ein positives Argument für die Todesstrafe angeführt werden, sondern im Gegenteil: Wenn der Begriff der Sühne theologisch streng gefaßt wird im Rahmen des zerstörten und in Jesus Christus ein für allemal wiederhergestellten Gottesbundes, dann entfällt ein solches Argument, noch mehr: dann wird gerade von da aus das Sühneargument zu einem Argument *gegen* die Todesstrafe. Was wir im Bereich menschlichen Handelns als Sühnung verstehen, muß etwas anderes sein — und ich bin hier gerne bereit, mich dem anzuschließen, was der Göttinger Strafrechtslehrer Bockelmann gelegentlich einer Immatrikulationsrede über Schuld und Sühne 1957 bemerkt hat: „Die Sühnung muß darin bestehen, daß dem Gestrauchelten dazu verholfen wird, sich auf jene Haltung zu stimmen, die in der grundsätzlichen Hinwendung zum Rechttun besteht.“[40] Das ist ein anderer Begriff als der der metaphysischen Sühne. Das ist der Begriff einer ethischen Sühne, die durchaus in den Bereich der Aufgabe menschlichen Handelns hineingehört.

Man wird auch nicht übersehen dürfen, daß unter den verschiedenen Bibelstellen, die zum Problem der Todesstrafe aufgeboten werden, auch eine steht, in der sehr eindeutig die Stellungnahme Jesu dazu vor Augen geführt wird, nämlich die Perikope Joh. 8, 3 ff. von der Ehebrecherin; das ist ein Text, der sozusagen die Todesstrafe verurteilt, denn Jesu entscheidet ja hier ganz eindeutig gegen die Anwendung von Lev. 20, 10.

Von da aus ergeben sich dann weitere Anfragen an das, was im Bereich der Erörterung der Todesstrafe sonst noch an Theorien einem begegnet: Die Theorie der Besserungsstrafe, der Spezialprävention, im Fall der Todesstrafe eingeengt auf die sittliche Bekehrung des Verbrechers angesichts des Todes, die ja ein Urteil über die unüberwindliche Bosheit des Verbrechers einschließt und zugleich das Aufgeben der Verpflichtung der Gesellschaft ihm gegenüber bedeutet. Ob man sie als einen Hinweis auf die Barmherzigkeit, auf die Bekehrung, auf die Gnade Gottes beurteilen darf, ist höchst problematisch. Denn das bedeutet, daß die anderen den Verbrecher nicht von Gottes Güte abschneiden können, eine Entschuldigung für die Treulosigkeit, die sie selber ihm gegenüber begehen — indem sie sich nämlich eben hier mit einem einmaligen abschließenden Akt der Verpflichtung auch dem Verbrecher gegenüber entledigen. — Oder die Vergeltungstheorie, die ja für die Theologen auch von der Kriminalistik her immer eine gewisse faszinierende Kraft aufzuweisen scheint, weil man sie dann eben im Sinne einer irdischen Darstellung und Bezeugung der vergeltenden Gerechtigkeit Gottes meint interpretieren zu können. Dazu hat K. Barth bemerkt: „Wie kann man erwar-

[40] P. Bockelmann, Schuld und Sühne, Göttinger Universitätsreden 19, ²1958.

ten, daß ein menschliches Todesurteil nur darum, weil es allerdings den furchtbaren Charakter des Ultimativen, des Unwiderruflichen hat, die Majestät der ewigen Entscheidungen Gottes auch nur widerspiegeln könne?“ Im Gegenteil, die Majestät der ewigen Entscheidung Gottes könne jedes andere Urteil gerade mit seinem Verzicht auf ein letztes Wort widerspiegeln, weil jedes andere menschliche Urteil „die Beschränktheit aller menschlichen Einsicht und also die dem Menschen gebotene Demut gegenüber Gott, aber auch gegenüber dem zu bestrafenden Mitmenschen sichtbar macht“[41].

Oder die Sicherungstheorie: also Sicherung der Gesellschaft gegenüber dem Verbrecher. Auch sie ist von den Theologen häufig herangezogen worden; selbst A. Schlatter konnte in der so vielfach nur scheinbaren Nüchternheit seiner Erwägungen sagen: „Schwerlich wird sich ein Volk die Überzeugung bewahren, daß das Böse nicht geschehen dürfe und unerträglich sei, wenn es aus seinem Strafvollzug die Tötung vollständig entfernt.“[42] Aber der Vollzug der Todesstrafe bedeutet ja die Eliminierung des Verbrechers und verletzt auf der einen Seite die Solidarität der Gesellschaft mit dem Verbrecher in ihr, bedroht — wie wir schon andeuteten — den Relativitätscharakter der ganzen menschlichen Rechtsordnung der Gesellschaft; ja, die Gesellschaft wirkt hier selbst lebenvernichtend, indem sie einen ihr zugehörigen, wenn auch in der Spannung der Absetzung von der Gesellschaft sich von ihr Entfernenden, völlig entrechtet; sie begibt sich auf den Boden einer anarchischen Notwehr, und die mit der Sicherungstheorie vielfach verbundene Abschreckungsabsicht schlägt ja dann bekanntlich in das Gegenteil um: Die Gesellschaft selbst erscheint dann im Urteil des Volkes vielfach als das wilde Tier.

Wenn dann alledem gegenüber auf das Vorhandensein einer Gnadeninstanz verwiesen wird, so bedeutet das doch wohl nicht mehr als den letzten Versuch einer Selbstberuhigung. Der Schutz des Lebens in staatlicher Gemeinschaft widerspricht der Aufrechterhaltung der Todesstrafe als Element ihrer ständigen normalen Ordnung. „Vom Evangelium her ist nichts, gar nichts für diese Einrichtung, alles gegen sie zu sagen ... Gerade als gesetzlich begründete Einrichtung des in sich unerschütterten und unangefochtenen Staatswesens ist die Todesstrafe von Gottes Gebot her vielmehr unter allen Umständen abzulehnen ...“[43]

Man wird sagen müssen, daß diese Sätze K. Barths doch in einer Weise wieder das Problem auf das Fünfte Gebot zurücklenken, die nun entfernt ist von einer rein biblizistischen Anwendung des Fünften Gebotes, in einer Weise, die dem Rechnung zu tragen versucht, daß die

---

[41] Barth, KD III/4, S. 505.

[42] A. Schlatter, Die christliche Ethik, 1914, S. 131.

[43] Barth, KD III/4, S. 510.

Welt unter der Königsherrschaft Christi steht und daß sie davon lebt, daß er, Christus, in seinem Sühnetod die Welt mit Gott versöhnt hat.

Wir fassen zusammen: Es geht um die Frage christologischer Auslegung des Dekalogs zur Gewinnung biblischer Weisungen für das Recht, und in diesem Rahmen ging es im besonderen um die Frage, ob die Todesstrafe als christlich zu bejahende Ausnahme vom Fünften Gebot theologisch begründbar sei. Die Antwort lautet:

1. Eine biblisch-theologische Begründung der Todesstrafe aus dem Alten Testament und Neuen Testament ist nicht möglich; weder Gen. 9, 6 noch Ex. 21, 12, noch Mt. 5, 21, noch gar Röm. 13, 4 tragen eine derartige Auslegung.

2. Die theologische Begründung der Todesstrafe in der neueren Diskussion arbeitet daher auch wesentlich mit zwei Argumenten aus übergreifenden Zusammenhängen, und zwar a) mit dem Argument der Theonomie des Staates unter Berufung auf Röm. 13, 4 und b) mit dem Argument aus dem Begriff der metaphysischen Sühne zur Wiederherstellung der verletzten Ordnung Gottes. Beide Argumente erweisen sich aber bei näherem Zusehen als nicht stichhaltig: a) Die Idee der Theonomie des Staates gehört in eine nicht biblische, sondern in eine idealistische Staatsmetaphysik und entspricht nirgends dem heutigen säkularisierten Staat. Sie verkennt auch, daß der Staat — auch der Staat! — der Königsherrschaft Christi unterworfen ist. Und sie übersieht, daß nur ein sich vergötzender Staat der Todesstrafe bedarf, weil er durch sie als Mittel zum Zweck die von ihm in Anspruch genommene usurpierte „Heiligkeit" allein sichern zu können vermag. Zu b): Die Idee der metaphysischen Sühne in der geschilderten Anwendung auf das Problem der Todesstrafe leugnet, daß in Jesus Christus die verletzte Ordnung Gottes, der Bruch seines Bundes, durch die Versöhnung der Welt mit Gott in Jesus Christus am Kreuz ein für allemal „wiederhergestellt" ist. — Christologische Interpretation bedeutet also im Falle dieser Sonderfrage der rechten Auslegung des Fünften Gebotes, daß die als gottgewollt angesehene Ausnahme der Todesstrafe vom Tötungsverbot sich im Licht einmal des Bekenntnisses zur Königsherrschaft Christi, zum anderen der Heilsverkündigung seines Sühnetodes am Kreuz als theologisch nicht legitimierbar erweist. Die Todesstrafe ist daher nicht — wie etwa E. Brunner in seinem Buch „Gerechtigkeit" behauptet — „Ausdruck des göttlich-heiligen Zornes über die verletzte Gottesordnung"[44]. Und wo man sie dann als etwas Außerordentliches, als eine ultima ratio zuläßt, wie es auch K. Barth für den Fall des Landesverrates im Kriege oder für den Fall des Tyrannenmordes tut, da erscheint sie weder als Ausdruck staatlicher Theonomie noch als Selbstzweck im Sinne metaphysischer Sühne, son-

[44] Brunner, Gerechtigkeit, S. 266.

dern da erscheint sie in der Tat als „Zweckstrafe", als Mittel, und zwar als außerordentliches Mittel und zugleich als Zeichen der Ohnmacht, einer außerordentlichen Situation — des Verrates bzw. der Tyrannis — anders Herr werden zu können, das heißt: sie geschieht unter dem Vorzeichen der Sünde und nicht unter der des Gebotes.

Zur Illustration sei zum Schluß noch eine höchst säkulare Stimme aus der Diskussion um die Todesstrafe angeführt. In einem außerordentlich klugen Artikel von Robert Spaemann, „Todesstrafe ja oder nein?" aus dem Jahre 1958 heißt es: „In einem Staat aber wie dem heutigen, der auf eine sakrale Begründung verzichten muß und der die Gemeinschaft der Heiligen nicht zur Voraussetzung seiner Verfassung machen kann, kann die Todesstrafe überhaupt nicht Sühne sein, sondern nur Liquidierung, Ausmerzung bedeuten. Es gehört nicht viel Hellhörigkeit dazu, um bestürzt zu sein über das Vokabular, das bei Diskussionen über diesen Gegenstand im Parlament Verwendung fand. Die einzige schwere Strafe, die der moderne Staat kennt, ist die Freiheitsstrafe. Sie besitzt gegenüber der Todesstrafe erhebliche Vorzüge. Nicht der geringste Vorzug ist der, daß sie es zuläßt, Justizirrtümer zu korrigieren. Und Justizirrtümer sind nun einmal nicht auszuschließen. Im übrigen ist der Entzug der Freiheit im Grunde die angemessenste Strafe, die ein Staat verhängen kann. Denn die Freiheit ist der Inhalt der Rechtsordnung. Es ist befremdlich, wenn Befürworter der Todesstrafe sich darüber beklagen, daß den Herren Mördern in unserem Staat eine Lebensversicherung zuteil wird, wie sie kein anderer Bürger genießt. Ein solches Argument wird man nicht entgegennehmen von Menschen, die es in anderem Zusammenhang, etwa wo es um die Verteidigungsbereitschaft geht, für eine selbstverständliche Bürgerpflicht halten, die Freiheit höher zu schätzen als das Leben."[45] — Es wird deutlich, wie mancherlei von dem, was die theologischen Erwägungen für uns ausgetragen haben, ja hier in einem anderen Zusammenhang auftaucht.

Der Zusammenhang der Bergpredigt

Die — und damit kehren wir zurück zum verlassenen Faden — unter dem Titel „biblische Weisung" geforderte Auslegung der Bibel für das gesamte soziale Leben ist ihrem Wesen nach der in der Gemeinde und durch sie als das „soma Christou" oder das Volk unter der Christusherrschaft geschehende Vollzug lebendiger Rezeption des biblischen Zeugnisses mit dem Ziel, seine — dieses Zeugnisses — Wahrheit heute geltend zu machen, es konkret als Gottes Gebot zu vernehmen. Jede Auslegung der Heiligen Schrift in bezug auf die Fragen christlicher

[45] JK 1958, H.19/20, S. 511 f.

Existenz in der Welt gehört hinein in den Prozeß einer derartigen Rezeption. Es geht darum, die Kriterien in der Rezeption zu ermitteln, formal wie inhaltlich, formal, insofern gerade das reformatorische „die Schrift allein“ kein biblizistisches Prinzip meint, sondern eben das Korrelat zum „solus Christus“ darstellt, das heißt also: sofern diese Formel „sola scriptura“ als das — mißverständlich sogenannte — Formalprinzip der Reformation, eben die Auslegung der Heiligen Schrift in der Gemeinde und durch sie, die ja selbst erst auf Grund des Hörens des Wortes Gottes Gemeinde wird, meint. Es geht um jene Selbstauslegung der Heiligen Schrift, in der sie, Gemeinde setzend, immer wieder neu „zwischen Erinnerung an das Gehörte und in Erwartung des zu hörenden Wortes“ ihr — der Heiligen Schrift — Wort als Wort Gottes wirksam werden läßt. Die Grundlage und die Voraussetzung dafür, daß die sozialethische Botschaft der Bibel in der Welt und für sie wirksam wird und ihre Autorität durchsetzt, ist, daß eben dies in der Gemeinde geschieht und geschehen ist. — Dieser Satz klingt sehr abstrakt. Man wolle aber bedenken, daß gerade, was den allgemeinen sozial-ethischen Problemkreis anlangt, vieles, was uns selbstverständlich erscheint — als Musterbeispiel etwa die Abschaffung der Sklaverei! —, geschichtlich betrachtet nichts anderes ist als die säkularisierte Auswirkung dessen, daß die Gemeinde in der Welt ist und daß in der Gemeinde sich jene Rezeption der biblischen Weisung ständig vollzogen hat und vollzieht. Das heißt aber nun: Das „solus Christus“ muß die Mitte des theologischen Verständnisses der heilsgeschichtlichen Existenz der Gemeinde bleiben; es muß sich wirklich hier um die dem Leben der Gemeinde gemäße und das heißt: ihrem Lebensgrund entspringende Auslegung handeln und nicht um die fallweise bestimmten Situationen adaptierte christlich-weltanschauliche Verwendung von Schriftworten. Sofern jedoch dieses „solus Christus“ im geschichtlichen Leben seiner Gemeinde auf Erden in einer jeweils engeren geschichtlichen Nähe zu uns heute in den Stimmen der Väter bezeugt wird, dürfte sich ein Weg anbieten, der von diesen am Inhalt des Zeugnisses zu bemessenden Stimmen der Väter über das apostolische Zeugnis des Neuen Testaments vom erhöhten Herrn hinüberführt zu dem von hier aus und durch diese Zeugnisse hindurch zu rezipierenden prophetischen Christuszeugnis auch des Alten Testaments.

Der Grundsatz, daß die Heilige Schrift Gottes Wort sei, sofern sie „Christum treibet“, ist eben die Umschreibung dieser geschichtlich lebendigen Selbstbezeugung der Bibel als Wort Gottes in der Gemeinde des Christus allenthalben und in allen Zeiten. Es ist daher seltsam, wenn protestantische Theologen heute etwa die These vertreten, daß man, wo es sich um diese sozialethischen Grundfragen handele, ja dann doch viel stärker an Aristoteles anknüpfen müsse, denn brauchbares Material dafür biete das Neue Testament kaum und das Alte Testament sogar noch viel weniger. Man merkt hier, daß der Theologe, der so denkt, sich gleichsam isoliert mit der Bibel konfrontiert und sie nach verwertbaren Gedanken für seine Aufgabe des Entwurfes eines sozialethischen Systems befragt. Wenn man Brunners Buch „Gerechtigkeit" einmal kritisch liest, so kann man beobachten, wie hinter allem, was in vielen Einzelheiten höchst nachdenkenswert hier gesagt ist, im Grunde dann dieses resignierte Schema steht, das die Wirklichkeit der Gemeinde in der Welt grundsätzlich übersieht. Die Bibel wird in der Tat nur innerhalb dieses Vorganges, also in der Gemeinde, wirksam: die Gemeinde ist und bleibt — wie wir früher schon einmal sagten — so das „Medium" der Rezeption auch der sozialethischen Weisungen der Bibel für die immer in Unordnung befindliche Welt. Und wenn sie sich um solche Rezeption ernsthaft bemüht, dann macht sie die Entdeckung, wie viel in der Bibel steht! Wenn man in der Geschichte der neueren Exegese einmal das Problem der Frage nach Recht und Gesetz im Alten Testament verfolgt, so kann man beobachten, wie in den Auslegungsversuchen etwa in den fünfziger und sechziger Jahren materialiter die Erkenntnisse stark angewachsen sind, und man mit Erstaunen eine Entdeckung nach der anderen machte.

Die Frage nach der Autorität der sozialethischen Botschaft der Bibel heute entscheidet sich mithin daran, ob und inwieweit die Christengemeinde diese ihre Stellung ernst nimmt, sich der in ihr beschlossenen Verantwortung für die Welt bewußt ist. Sie begründet und schafft nicht mit diesem ihrem Verhalten die Autorität der biblischen Botschaft, aber in ihr und durch sie wird diese Autorität nach Gottes Willen wirksam, weil eben sie — die Christengemeinde — allein das lebendige „soma Christou", weil sie allein in ihrer von Christus gewirkten Lebendigkeit *sein* Leib ist. Was damit umschrieben ist, wird nun zum Schluß besonders deutlich bei der Frage nach der *Bergpredigt*. Es ist ja ganz selbstverständlich, daß unter der Generalfrage „Gottes Gebot und menschliches Recht" das Problem der Bergpredigt aufbricht. Und nun liegt, indem wir unter unserem Fragewinkel uns ihr nähern, dann die Antwort, die hier erteilt wird, genau auf der gleichen Linie, die wir bisher und auch in dem Exkurs über die Todesstrafe verfolgten.

Die Forderungen der Bergpredigt sind ja weder ein neues Gesetz, das nach der Kasuistik seiner konkreten Befolgung zu befragen wäre, noch die Umschreibung einer für das irdische Dasein des Christen unverbindlichen, weil grundsätzlich nicht praktikablen Lebensordnung — wie man sagt — jenseitiger Endvollendung. Denn im ersten Fall geriete man ja in einen schwärmerischen Utopismus jenseits der Nüchternheit des Glaubens, und im anderen Fall in einen glaubenslosen und darum sich vom Gehorsam dispensierenden Pseudo-Realismus. Es ist, um es mit einer Auslegung von Schmauch zu sagen, „im Sinne des Matthäus kaum daran zu deuteln, daß die Lehre der Bergpredigt getan werden soll. Und dieses Tun durch das Problem der Erfüllbarkeit in Frage stellen heißt, aus dem Zusammenhang der Bergpredigt ausbrechen"[46]! Es geht also um die Frage des *Tuns* der Bergpredigt, und es wird hier schon angedeutet, daß sich diese Frage nur beantworten läßt aus dem Gesamtzusammenhang heraus. Und gerade der Gesamtzusammenhang der Bergpredigt macht nun das, was in ihr gelehrt wird, so erstaunlich und zugleich ebenso mahnend und warnend wie hilfreich und tröstlich.

Was bedeutet dies alles nun aber im einzelnen? Die Szenerie der Bergrede im Matthäusevangelium zeigt „das Bild der eschatologischen Gemeinde, die sich auf dem Berg um ihren Herrn sammelt" — gleich der Sinai-Gemeinde (Ex. 19, 20) und gleich der Sammlung der Jünger um den auferstandenen Herrn auf dem Berg in Galiläa (Mt. 28). Schon diesen Rahmen muß man festhalten, und die auffällige Betonung der Jüngerschaft in Mt. 5 und in Mt. 28 macht deutlich, daß es um ihre Nachfolge ihres Meisters geht, der ihnen hier seine Lehre gibt: „Ich aber sage euch . . ." Und „dieses Lehren entfaltet nun im einzelnen das Gebot der metanoia als Hinkehr auf das kommende Reich in konkreten Lebensbezügen". Die Bergrede muß so von ihrem Verkündiger und Lehrer her „christozentrisch" verstanden werden, von ihrem Verkündiger und Lehrer her, der mit ihr den ganzen Menschen existenziell in Anspruch nimmt und das Tun seiner Lehre verlangt. Die Bergrede beginnt — ebenso wie die Feldrede bei Lukas — mit den Seligpreisungen, das heißt: zugleich mit der Verkündigung des Anbruchs der Heilszeit, des Gekommenseins der Gottesherrschaft, mit dem Zuspruch des Evangeliums. Und das heißt nun wiederum: „Das Tun dieser Lehre kann dann aber in nichts anderem bestehen als darin, diese Verheißung des Lehrers gegen alle weltliche Ordnung und menschlichen Ansprüche, gegen allen Augenschein sich gefallen zu lassen."[47] Indem *zunächst* in Konfrontierung alter und neuer Gerechtigkeit, alter und neuer „thorah" das neue Volk beschrieben und gelehrt wird (Mt. 5, 17 — 6, 21) und *dann* der „neue Dienst" unter dem einen Herrn (Mt. 6, 21 — 7, 27) — ein Dienst, in dem betont Mt. 5, 13—16 die Wirklichkeit des neuen Seins als des *Seins* der Jüngerschaft *vor* der Rede über die Erfüllung des Gesetzes ausspricht: „Ihr seid das Salz der Erde; ihr seid das Licht der Welt" —, indem dies also erhellend zugesprochen wird, wird zugleich das Woher und das Woraufhin der Gebote der Bergrede ganz deutlich: Die Wirklichkeit christlicher Existenz in dieser Welt — das ist das Woher und das Woraufhin. Und diese Wirklichkeit christlicher Existenz in dieser Welt besteht nun in der Annahme der Evangeliumsbotschaft, in dem Sich-gefallen-lassen der Königsherrschaft Gottes und damit in der Freiheit,

[46] W. Schmauch — E. Wolf, Königsherrschaft Christi, ThExh 64, [2]1958, S. 10.

[47] Ebd.

„mit dem anderen unter allen Umständen als Bruder“ zu rechnen, alle menschlich-moralischen Grenzziehungen, allen Heilsegoismus, alle Werkgerechtigkeit dahinten zu lassen. Darauf also läuft die sogenannte Radikalisierung der „thorah“ in der Bergpredigt hinaus. An die Stelle des „Es“ der Gebote der „thorah“ tritt der „Er“, mit dem die Gottesherrschaft gekommen ist.

Daß die Bergrede nicht von ihrem Lehrer getrennt werden kann, sichert ihre Sätze gegen jedes schwärmerische Mißverständnis, ebenso wie ihre Antithesen sich gegen jeden Konservatismus und Traditionalismus abgrenzen. Und das „Erfüllen des Gesetzes“, das der Lehrer der Bergpredigt als seine Aufgabe bezeichnet, fällt nicht mit einem bloßen Tun im Sinn des Wandelns nach dem Gesetz zusammen. Dieses Erfüllen macht vielmehr „das Gesetz zu etwas im strengen Sinne Vorläufigen und stellt es auf die Seite der Verheißung“, es bedeutet die Überwindung der Gesetzlichkeit des Gesetzes, jener Gesetzlichkeit, in der auch das Gesetz vergänglich ist. Die als Radikalisierung der „thorah“ verstandenen *Antithesen*, die die „kleinsten Gebote“ entfalten, sind gerade der *Ausdruck für die Erfüllung des Gesetzes:* Denn sie sind ja bezogen auf das Kerygma vom Gottesreich und sind unlösbar verbunden mit dem, in dem das Reich der Himmel gekommen ist. Und der Satz Mt. 5, 19: „Wer eines dieser kleinsten Gebote auflöst und so die Menschen lehrt, wird der geringste genannt werden im Reiche der Himmel“, ist die unüberhörbare Warnung vor gesetzlicher Auslegung und zugleich damit vor der Infragestellung dieser Gebote angesichts der offenkundigen Unmöglichkeit, sie gesetzlich zu befolgen.

Denn die Frage der Erfüllbarkeit wäre falsch gestellt, wenn man sie sozusagen isoliert an die einzelnen Gebote richtete. Die Frage nach der Erfüllbarkeit empfängt vielmehr die positive Antwort aus der Wirklichkeit des Gottesreiches, und zwar in dem dieser Wirklichkeit entsprechenden neuen Sein der Jüngerschaft, was dann eben mit jenen Bildern vom Salz und vom Licht umschrieben wird. Dieses Dasein ausschließlich „für die Erde“, „für die Welt“, klammert jede ich-bezogene Existenz aus, befreit von jeder Selbstherrlichkeit gegenüber der Welt und darin gegenüber Gott. Dieses Dasein ist aber kein vorfindbarer Zustand, sondern „als konkrete Annahme des Evangeliums eschatologisches Ereignis“. Die Jüngergemeinde existiert im Gehorsam gegen das Gebot, das die Form des Evangeliums ist, und zwar in der Überwindung der Welt durch die Hingabe an sie. Gewiß ist die Jüngerschaft dann immer von der Versuchung zum Ungehorsam bedroht. Aber „Ungehorsam bei Christen — und Nichtchristen — ist Zeichen der alten Welt, nicht aber Grund, die Botschaft zu begrenzen oder Lebensbereiche von ihr auszunehmen“.

Das heißt also: Die Bergrede darf weder im Sinne der katholischen „Räte“, der „consilia evangelica“, für einen „status perfectionis“, für einen Stand besonderen Heiligungsstrebens, eingeschränkt noch von der Welt ferngehalten werden durch den ja häufig ausgesprochenen Satz, daß man mit der Bergpredigt die Welt nicht regieren könne. Gerade das würde ja auf die Ausschaltung der Bergrede durch eine falsche Zwei-Reiche-Lehre hinauslaufen, während die an der Frage auch bei Luther konzipierte Zwei-Reiche-Lehre durchaus Gottes Herrschaft in Christus über die Welt vor Augen hat. „Man kann nicht mit ihr die Welt regieren“ — gewiß —, „aber *er* regiert mit ihr, indem er durch die Menschen in seine Nachfolge und damit in die Hinwendung auf die kommende Gottesherrschaft ruft.“ Und im Gehorsam gegen diesen Ruf werden Menschen frei aus der selbstherrlichen Existenz zum Dasein für den anderen, für die Welt als Welt. Damit aber wird die Erfüllbarkeit der Forderungen der Bergpredigt hineingenommen in das auf Erden abzulegende *Zeugnis* des Christen für seinen Herrn. Ihre Forderungen sind als konkrete Weisungen des im Verborgenen wirksamen Herrn zugleich Zeichen der „eschatologischen Existenz, die unter dem Evangelium vom nahen Gottesreich möglich und wirklich wird“. Indem der Christ sie in seinem Wort- und Tatzeugnis gehorsam zu bekunden sucht, weiß er bei aller Gebrochenheit der Verwirklichung darum, daß sie weder abzuschwächen noch in ihrer Verbindlichkeit anzuzweifeln, noch etwa im Sinne einer bloßen Gesinnungsethik umzudeuten sind.

Gegenüber dem gesetzlich-moralistischen Mißverständnis, das die Bergpredigt entweder schwärmerisch-utopisch vergesetzlicht oder sie wegen „notorischer Unerfüllbarkeit“ für absurd und in der Welt des Rechtes unmöglich erklärt, läßt so die christologische, die auf das Gekommensein des Reiches in Christus sich beziehende Auslegung sie in ihrem Sinn auch für die Welt des Rechtes erkennen, und zwar

a) als den unüberhörbaren Hinweis auf die Vorläufigkeit allen menschlichen Richtens, ohne dessen Verbindlichkeit und die des ihm zugrunde liegenden Rechtes zu erweichen, und

b) als ebenso unüberhörbaren Hinweis auf Gottes Gerechtigkeit auch hinter allem menschlichen Recht, auf Gottes Gerechtigkeit, für die der Christ auch bei seinem Umgang mit diesem menschlichen Recht vor der Welt Zeugnis abzulegen hat.

Man denke etwa daran, wie dann später in den paulinischen Briefen das Problem des Rechtsverzichtes eine Rolle spielt, die Frage, ob der Christ nun unbedingt und auf jeden Fall zum Kadi laufen müßte und dergleichen mehr.

Ich sagte: Für Gottes Gerechtigkeit hat der Christ bei seinem Umgang mit diesem irdischen Recht vor der Welt Zeugnis abzulegen — ein Zeugnis, das dann eben auch für die Gestaltung der Welt irdischen Rechtes nicht belanglos und nicht ohne Wirkung sein kann, sondern das zur Weisung für den „*usus* legis“ wird.

Damit ist jene Frage berührt, die in all diesen — und auch anderen — Zusammenhängen ja eine der entscheidenden Fragen auch der Reformation gewesen ist: Immer wieder die nach dem rechten Gebrauch — eine Frage, die Luther ebenso in Richtung auf die Sakramente wie in Richtung auf das „ius“ stellt; also Weisung für den „*usus* legis“, und zwar dahin, daß das Recht eben dem Leben des Menschen als Menschen zu dienen hat. — Und

c) schließlich der Sinn der Bergrede für die Welt des Rechtes: Die Bergrede gilt den Jüngern, und zwar für alle Menschen. Auch hier zeigt sich wieder: „Der Ausgangspunkt christlicher Ethik ist der Leib Christi, die Gestalt Christi in der Gestalt der Kirche, die Gestaltung der Kirche nach der Gestalt Christi“, wie es Bonhoeffer umschrieb[48]. Das heißt aber: Die sogenannten biblischen Weisungen zielen auf die Bewährung des neuen Seins als Zeugnis für seine in Christus auf den Plan getretene Wirklichkeit. Das entscheidende Wort findet sich im Zusammenhang der Bergrede Mt. 5, 13 ff.

Das Problem der Nächstenschaft

Damit kommen wir zum letzten Abschnitt: Neben dem Problem der biblischen Weisungen für das Handeln in Liebe auf Grund der Freiheit stand dann das Problem der Nächstenschaft als des konkreten Rahmens solchen Handelns. Wir werden zu fragen haben, ob diese vorläufige Bestimmung mit „Rahmen“ auch wirklich genau zutrifft. — Gerade im Zusammenhang der Bergpredigt ist es bereits deutlich in Sicht gekommen; dies Problem der Nächstenschaft steht ja auch hinter den kleinen Geboten der Antithesen, und besonders greifbar beim Gebot der Feindesliebe, und zwar auf dem Hintergrund der Rolle, die etwa die Begriffe „Vater“ und „Bruder“ in der Bergrede spielen. Die grenzenlose Güte des Vaters, der seine Sonne aufgehen läßt — in bezeichnender Reihenfolge! — über die Bösen und über die Guten, macht jeden anderen, auch den Feind, zum Bruder. Und so ist „Bruder“ auch bei Matthäus nicht der Nenner einer Gemeindezugehörigkeit. Brüder hat man nicht auf Grund irgendwelcher Vorgegebenheiten oder Vorentscheidungen der anderen, sondern Brüder empfängt man. „Den mir das irdische Leben zum Feind gegeben hat, den hat mir Gott im strengsten Sinne zum ‚Nächsten‘, zum Freunde meines Daseins gegeben.“[49] Daß mir der Bruder *gegeben* wird, das entspricht aber auf der anderen Seite dem, daß ich durch das Gebot des Evangeliums in das neue Dasein eines

[48] Ethik, S. 27. Vgl. hierzu auch W. Schmauch, Reich Gottes und menschliche Existenz nach der Bergpredigt, ThEx NF 64, 1958.

[49] E. Lohmeyer, Matthäus, Krit.-exeg. Kommentar, ^{4}1967, z. St.

„Seins für“ gerufen bin. Von daher ist also das Verhältnis zum Mitmenschen, zum Nächsten, bestimmt.

Das Gleichnis vom barmherzigen Samariter in Lk. 10, dessen Grundidee, wie A. Jülicher in seinem Buch über die Gleichnisreden Jesu bemerkt, „der Kulturmenschheit in Fleisch und Blut übergegangen“[50] sei, dieses Gleichnis soll ja die Frage beantworten, wer in der Nächstenliebe als der Nächste zu gelten habe. Und dieses Gleichnis zeigt zunächst sehr eindringlich, was Nächstenliebe ist, nämlich Hilfe in der Not, ohne des Standes, der Geburt, der Nation zu achten, und zwar kräftige, wirkliche Hilfe. Als Forderung wird ein solches Tun zweifellos auch in der „Kulturmenschheit“ grundsätzlich anerkannt — bei aller Spannung zwischen Theorie und Praxis. Aber diese Anerkennung geschieht jeweils unter der Voraussetzung, daß mit ihr immer wieder nach dem „Fall“ gefragt wird, in dem das Gebot der Nächstenliebe gilt. „Für den modernen Menschen ist das Verhältnis zum Nächsten, die Nächstenliebe, ein Spezialfall seines Verhältnisses zum Mitmenschen überhaupt“ oder anders gesagt: Das Gebot der Nächstenliebe ist für ihn ein moralisches Gesetz, das in den Schranken seiner Anwendbarkeit anerkannt wird oder zumindest werden sollte. Aber im Evangelium ist die Forderung der Nächstenliebe ein uneingeschränktes Gebot.

Bekanntlich kennt auch das Alte Testament die Forderung der Nächstenliebe. Sie gilt hier zunächst dem Volksgenossen (Lev. 19, 18) und gilt dem im Lande wohnenden Fremdling (Lev. 19, 33 und Dt. 10, 19), und zwar dem im Lande wohnenden Fremdling in Erinnerung an die eigene Fremdlingsschaft in Ägypten. Diese Sicht ist dann später im Judentum zwar vereinzelt bis zur allgemeinen Menschenliebe erweitert worden, und man weist gerne darauf hin, um von da aus sozusagen für die Forderung der Nächstenliebe im Munde Jesu den Hintergrund noch etwas deutlicher zu zeichnen. Aber vorwiegend ist das Gebot der Nächstenliebe im späteren Judentum dann doch verengt worden, etwa insofern der Fremdling nur für eine bestimmte Schonzeit als Nächster gilt und sich nach dem Ablauf dieser Zeit dazu entschließen muß, sich dem Gastvolk anzuschließen, also Jude zu werden.

Das heißt: Sittliches Handeln im Sinn des Gehorsams gegenüber einem „Du sollst“ wird hier geklärt durch die Näherbestimmung des Begriffs des „Nächsten“. In bestimmter Stufung, als Volksgenosse oder als Besitz, ist der Nächste immer schon „da“ — und es gilt, die gebotene Beziehung zu ihm zu verwirklichen, also das *Gebot* der Nächstenliebe, Nächstenliebe als Gebot, jenen allgemeinen moralischen Satz im besonderen Fall. Diese Nächstenliebe macht das geforderte Handeln aus, das am allgemeinen Begriff des vorgegebenen Nächsten orientiert ist und nur Sinn hat, soweit dieser Begriff des Nächsten reicht.

[50] A. Jülicher, Die Gleichnisreden Jesu 2, 1899, S. 398.

Die am Begriff des Nächsten orientierte Nächstenliebe bezeichnet das *Was* des Handelns. Ich „übe" Nächstenliebe so wie ich Geselligkeit übe oder Wahrhaftigkeit übe oder Tapferkeit oder sonst eine Tugend, die auf einen Zweck, ein Ideal gerichtet ist. Aber über dieses Verständnis der Nächstenliebe als menschliche Tugend geht die neutestamentliche Fassung des „Gebots der Nächstenliebe" weit hinaus. Es bringt trotz dieser scheinbaren Nähe auch rabbinischer Auslegung der Forderung der Nächstenliebe doch eine völlig neue Fassung des Gebotes der Nächstenliebe, und zwar gerade in der Bergrede Mt. 5, 43 ff. im Zusammenhang mit dem Gebot der Feindesliebe. Keine neue Kasuistik, auch keine irgendwie ins Universale geweitete Liebesgesinnung, sondern den Hinweis darauf, daß es nur eine ganze, eine ungeteilte Liebe gibt, entsprechend der Vollkommenheit Gottes selbst. „Nicht darauf kommt es an, ob ich dann und wann liebe, sondern darauf, daß ich überhaupt ein Liebender bin." Es geht nicht um ein von mir irgendwie gefordertes und dann sozusagen für sich auch ablösbares Werk, dem ich unter Umständen sogar zuschauen könnte — wenigstens hinterher! —, sondern es geht „um eine Tat, an der ich selbst beteiligt bin", eine Tat, die ohne mein ganzes Dabeisein überhaupt nicht denkbar ist, eine Tat, in der sich eben *mein Sein* als wahrhaft Liebender auswirkt und bekundet, also: wenn ich den Nächsten „liebe wie mich selbst".

Mit Liebe „ist nicht ein Was, sondern ein Wie des Handelns bezeichnet"[51], und zwar ein „Wie" des Handelns, das erst jeweils das „Was" seines Handelns entdeckt. Sie, die Liebe, „sagt nichts darüber aus, wie sittliches Handeln im allgemeinen beschaffen sein müsse, um als sittliches bezeichnet werden zu können, ... sie sagt nichts aus über ein zu verwirklichendes Ideal, über ein zu erreichendes Ziel. Sie gibt keine Grundsätze des Handelns an, gemäß denen ich mich dann und wenn ich sie *weiß*, verhalten kann, ... sie ... enthält nicht einen zu realisierenden Wert; sie ist vielmehr ein ganz bestimmtes *Verstehen* der Verbundenheit vom Ich zum Du", des jeweils geschichtlich-lebendigen Miteinanderseins, des Angewiesenseins auf und der Verbundenheit zu mitmenschlicher Solidarität. Die Liebe ist „nicht ein theoretisches, sondern ein praktisch-geschichtliches Verstehen" dieser Solidarität, „und so entdeckt sie das Was des Handelns, leitet so entdeckend den Vollzug der Handlung. Sie versteht nämlich die Verbundenheit von Ich und Du nicht im allgemeinen ..., sondern sie versteht je meine Verbundenheit mit meinem Nächsten in der jeweiligen Situation. Sie entdeckt nicht den Begriff des Nächsten, sondern sie entdeckt je den Nächsten, und sie entdeckt damit, was ich je tun soll"[52]. Oder noch genauer: Sie entdeckt, daß zum Begriff *des*

[51] Bultmann, Das christliche Gebot der Nächstenliebe, in: Glauben und Verstehen I, S. 235.

[52] Ebd. S. 235.

Nächsten das „mein“ hinzugehört: „Mein Nächster.“ Aber dieses „mein“ kann nicht das „mein“ eines Besitzes sein, so daß dann etwa der ferne Nächste als „mein“ ferner Nächster ein auf Entfernung gestellter, angestrebter „Besitz“ wäre, sondern „mein“ heißt hier offenkundig: „ich für“, das heißt: die ganze Weite des mit dem Gebot der Nächstenliebe bezeichneten Handelns als des Entdeckens „meines Nächsten“. Man kann zu dem paradoxen Satz kommen, den Ernst Fuchs einmal formuliert hat: „Die Weite des Gebotes der Nächstenliebe hängt also wesentlich von seiner Nähe zu uns ab.“[53] „Von seiner Nähe zu uns“ — das meint nun freilich nicht die mehr oder minder enge Nähe des Nächsten zu mir, sondern es ist die Nähe der Nächstenliebe zu mir, jene Nähe, in der das Geschehen der Nächstenliebe sich zu mir befindet. Und das sagt ja dann auch die überraschende Antwort, auf die das Gleichnis mit der Frage hindrängt, wer denn der Nächste für den unter die Räuber Gefallenen sei! Der Begriff des Nächsten wird hier sozusagen „umgelagert“; er wird nicht mehr am Begriff des anderen gewonnen, inwiefern der andere mein Nächster sei, also als Antwort auf diese Frage, sondern der Begriff des Nächsten wird gewonnen an *meinem* Verhältnis zum anderen, so daß eigentlich immer *ich* der Nächste für den anderen bin. Und damit ist die Leistung des Samariterdienstes dem Verfügen meines Beliebens entnommen, entnommen auch der Frage, ob ich in dem so oder so gelagerten Fall verpflichtet sei, entnommen jenem Suchen nach einer bestimmten verbindlichen Weisung für diesen oder jenen Fall; eben weil er keine Weisung sah, ging der Priester, ging der Levit vorbei! Dem allen ist das Leisten des Samariterdienstes entnommen. Ich kann mir die Gelegenheit dazu nicht mehr aussuchen, sondern wenn ich selbst der Nächste zu sein habe, dann erst wird das Gebot der Nächstenliebe zu einer unaufhörlichen Bedrängnis, weil es mich in meinem Sein fordert. „Die christliche Liebesforderung fordert, was freilich erst in der Liebe entdeckt wird und vorher unverständlich ist, die Umkehrung der Lebensrichtung des natürlichen Menschen“, die auf die Durchsetzung des Ich gegen das Du zielt. „Sie fordert die Selbstüberwindung und den Dienst am andern in der konkreten Lebenssituation, in der er mir begegnet. ‚Du sollst deinen Nächsten lieben wie dich selbst‘; nicht allgemeine Menschenliebe wird gefordert, die begründet wäre durch einen abstrakten oder idealen Wert des Menschen, sondern Liebe des wirklichen Menschen, mit dem ich verbunden bin, begründet durch nichts anderes als dadurch, daß er mein Nächster *ist*“, sofern ich ihn „als solchen nur liebend verstehe.“[54]

In der neutestamentlichen Formulierung des sogenannten Doppelge-

[53] E. Fuchs, Was heißt: Du sollst deinen Nächsten lieben wie dich selbst?, Theolog. Blätter 11, 1932, S. 129 ff.
[54] Ebd. S. 238.

botes der Liebe, also bei Mt. 12, 28 ff. par., ist die Nächstenliebe aufs engste mit der Gottesliebe verbunden. Auch das erinnert zunächst an das Alte Testament. Schon dort wurde das Gebot der Nächstenliebe mit dem Willen Gottes (Lev. 19, 18: Du sollst deinen Nächsten lieben wie dich selbst, *denn ich bin dein Herr*) verknüpft, und das heißt zunächst, hier wie auch im Neuen Testament, daß wir den Nächsten lieben sollen, weil wir Gott völligen Gehorsam schulden. Es ist nicht so, daß wir Gott lieben, indem wir den Nächsten lieben. In diesem Sinne darf das nicht verstanden werden — das wäre eben ein gesetzliches Verstehen! Das wäre die Manifestation der Gottesliebe durch das Tun von Werken; das wäre allenfalls vielleicht noch eine zureichende Auslegung für Lev. 19, 18, aber nicht mehr für die neutestamentliche Wiederholung und zugleich Neuschöpfung jenes Wortes. So wenig nämlich die Selbstliebe der Grund für die Nächstenliebe ist — wie das etwa in einer die Liebe an der Werteordnung ihres Gegenstandes, auf dem Stufengang vom Selbst über den Nächsten zu Gott her konstruierende Kasuistik meint —, sondern eben jenes Maß der Nächstenliebe angibt, an dem wir ermessen können, wie schwach es mit unserem Lieben des Nächsten bestellt ist, so entscheidend muß die Nächstenliebe durch die Gottesliebe interpretiert werden.

„Solange ich eher nur Einzelne nennen könnte, die ich liebe, weil sie mich lieben, den Gatten, den Freund usw., ist meine Liebe keine echte Liebe, nämlich Liebe des Nächsten, weil sie auswählende Liebe ist, weil also in ihr auch immer mein Ich sich durchsetzt. Faktisch liebe ich den Nächsten nicht, weil ich mir nicht seine Liebe begegnen lasse, nicht begegnen lassen will. Denn der Empfang der *Liebe* ist selbst Tat, und diese Tat setzt den Glauben voraus. Diesen Glauben an den Nächsten ... habe ich nicht. Dieser Glaube ist bei uns stets durch das Mißtrauen gestört und zerstört. Daß die Liebe ‚alles glaubt' (1. Kor. 13, 7), ist etwas von uns nicht Vollziehbares. Und zwar ist dies Mißtrauen, das uns hemmt, die Bestätigung unserer eigenen Lieblosigkeit ...“[55] Das heißt: Die Verwirklichung der Nächstenliebe hängt ab von der Verwirklichung der Gottesliebe, damit aber von einer Tat, die dem natürlichen, in seiner Selbstvergötzung gottfeindlichen Menschen nicht möglich ist; auch für den Glauben gibt es keinen Menschen, der ungebrochen sagen könnte: Ich liebe Gott! Es gibt nur einen, der sowohl das Gebot der Gottesliebe wie auch das der Nächstenliebe von sich aus erfüllt hat, nämlich Jesu Christus selbst. Indem Jesus in der Auslegung des Gleichnisses von Lk. 10 die Eingangsfrage „Wer ist mein Nächster?“ mit dem Satz beantwortet: „Der ihm Barmherzigkeit antut“, verweist er zuletzt auf sich selbst als auf die Barmherzigkeit Gottes in Person. Hier — genau wie beim Gebot der Gottesliebe — sind wir auf ihn zurückverwiesen, nicht auf ihn als sein „exemplum imitabile“, sondern auf ihn als auf den Wirklich-

[55] Ebd. S. 242.

keitsgrund und die Ermöglichung der geforderten Tat. „Weil wir kraft der Sendung Jesu in der Liebe Gottes stehen, darum sollen wir Gott und den Nächsten lieben" — weil wir es kraft der Sendung Jesu können. Wir dürfen und sollen die Liebe Gottes damit beantworten, daß unser ganzes Leben zum Hinweis auf die Liebe Gottes wird, die Gott in Jesu offenbart hat.

„Die Liebe Gottes ist uns zwar als Verheißung zugesprochen", jedoch nicht „als habitus übereignet". Und insofern sichert uns das Gebot der Gottesliebe vor einer Verwechslung mit unserer natürlichen Selbstliebe, wie sie jede Habitus-Theorie vornimmt.

Vielleicht ist hier die Stelle gekommen, um in einem Verweis darauf aufmerksam zu machen, daß wir damit genau bei jenem Punkt angelangt sind, bei dem die Grundentscheidungen auch der Reformation liegen. Luthers ja bekannte so scharfe Wendung gegen die katholische Habitus-Theorie, die im Rahmen einer natürlich-übernatürlichen Tugendlehre dem Menschen ein Vermögen zuspricht, kraft dessen er — in der Regel mit der Unterstützung durch die Gnade — die Erfüllung der Gebote Gottes zu leisten vermag, will ja in aller Schärfe zum Ausdruck bringen, daß die christliche Existenz ausschließlich im Glauben steht und das heißt: von der Verheißung Gottes lebt. Und analog hat er für das andere, was mit dieser Habitus-Theorie zusammenhängt — daß für die Verwirklichung nämlich dieser habitualen Möglichkeiten dann Jesus Christus selbst zu dem Idealbild der in seiner Person gleichsam exemplarisch vorgeführten Normen des Handelns wird —, gegenüber einer solchen imitatio-Christi-Christologie geltend gemacht, daß das Subjekt des christlichen Handelns eben erst selbst aus dem Sein in Christus sein Dasein empfängt. Er hat bekanntlich in seinem Traktat „De libertate christiana" die im Mittelalter gerne im Sinne der Imitatio-Christologie ausgelegte Stelle Phil. 2, 5 ff. sozusagen „ontologisch" interpretiert, das heißt: in direkter Weise auf das neue Sein des Christen bezogen.

Der Glaube weiß, daß der Erfüller des Gebotes der Gottesliebe in Christus gekommen ist, und von daher wird das Gebot der Gottesliebe aus einer unerträglichen Last nun zum Trost. Und die Frage, was *uns* dann zu tun übrig bleibe, erhält ihre Antwort eben im Gebot der Nächstenliebe. Jetzt wird nämlich das Gebot der Gottesliebe zur Frage, die unser Handeln begleitet, und das Gebot der Nächstenliebe wird zu der Antwort, mit der wir unser Handeln gestalten. Und sofern diese Antwort immer wieder auf die in Jesus geoffenbarte Liebe Gottes hinweisen soll, besteht die wahre Nächstenliebe in dem „konkreten Glaubenszeugnis, mit dem wir unser Handeln als einen Hinweis auf Jesus Christus gestalten". Das ist ein Satz, der zunächst so außerordentlich unrealistisch klingt, ein Satz, dem gegenüber natürlich sofort bei uns wieder die Frage nach seiner materiellen Füllung ausbricht: Was heißt das? Wie soll das geschehen? — Aber wenn man einen Augenblick überlegt, zu welchen Erwägungen ich geführt werde, wenn ich den Satz „als konkretes Glaubenszeugnis soll all unser Tun ein Hinweis auf Jesus Christus sein“, wenn ich diesen Satz auf mir heute und morgen vorgelegte konkrete ethische Entscheidungsfragen anwende, dann wird deutlich werden, daß damit in der Tat die Mitte wiederum auch für die christliche Entscheidung in den konkretesten Fragen angegeben ist. Natürlich weithin so, daß von diesem Satz zunächst die durch Gottes Gebot ausgeschlossenen Möglichkeiten versuchten und angeblich sittlichen Handelns umrissen werden; aber auch die positiven Möglichkeiten. Gerade in dieser Erkenntnis, daß die Nächstenliebe in dem konkreten Glaubenszeugnis besteht, in dem wir unser Handeln als einen Hinweis auf Jesus Christus gestalten, hat die Forderung der Nächstenliebe ihre Regel; und nicht von ungefähr ist es, daß dann die Liebe dort, wo sie am ausführlichsten im Neuen Testament beschrieben wird, nämlich in 1. Kor. 13, vornehmlich negativ beschrieben wird: sie eifert nicht, sie bläht sich nicht auf, sie sucht nicht das ihrige usw. Gerade diese Beschreibung, die dann freilich auch durch eine Reihe positiver Sätze mit ergänzt wird, macht aufs deutlichste klar, daß sich der Begriff der Liebe nicht fassen läßt sozusagen in einem Katalog positiver Weisungen, sondern daß von ihr allein gesprochen werden kann, indem von ihrem wesentlichen Sein die Rede ist, und das heißt: in dem von selbst sich immer wieder aufdrängenden Verweis auf Gott.

Auch mit diesen Erwägungen zur Nächstenschaft dürfte deutlich geworden sein, wie die christologische Auslegung von Sätzen biblischer Weisung auch etwa für die Welt des Rechtes verlaufen müßte und verlaufen kann. Nur von da aus, aus einer solchen Auslegung heraus, erfolgt dann die christliche Rezeption sowohl der Gebote des Alten Testaments — sei es auch unter dem übergeordneten Nenner natürlichen Rechtes, wie es Luther in bezug auf den Dekalog tut — als auch die eigentümliche Bejahung und Übernahme — etwa der Haustafeln oder anderen Gutes einer menschlich-ethischen Tradition.

§ 9 Die Nachfolge

„Nachfolge“ im Sinn eines Lebens im Gehorsam liebenden und entsagenden Dienens und Leidens ist für das Mittelalter, zum Teil auch für die Alte Kirche gleichsam die „Grundfigur“ christlicher Ethik und christlichen Lebens, der Erfüllung von Gottes Gebot im Handeln der Nächstenschaft. Ihre besondere mittelalterliche Gestalt ist die „imitatio morum Christi“, das sich Ausrichten an einem aus Worten und vorbildlichem Leben Jesu gewonnenen sittlichen Ideal, durch das der „Christus legislator“ sein neues Gesetz „ohne Zwangsgewalt“ aufrichtet.

Die Reformation hat den Moralismus dieses Ideals und der gesamten „imitatio Christi"-Predigt abgelehnt. Christus auf diese Weise — und das heißt zugleich: „historico modo" — zu predigen, sei, sagt Luther in „De libertate christiana", „nicht zureichend, auch nicht einmal christlich"[1].

Gleichwohl haben sowohl Luther wie auch Calvin die christliche Ethik als Nachfolge-Ethik gedacht, die Nachfolge als einen Grundbegriff und Auslegung dessen aufgegriffen, was im Rahmen der überkommenen christlichen Naturrechtslehre als „nova lex Christi" überliefert wurde. Allerdings hat die Reformation diese Auslegung, und zwar auch und gerade für den Bereich der Sozialethik, nur im Ansatz vorgenommen, der dann bald wieder stark zurücktrat. In der Geschichte der protestantischen Ethik spielt daher die Nachfolge kaum eine größere Rolle, es sei denn in dem engen, pietistisch verstandenen Bereich individueller Heiligung, also nicht auf der Linie einer Auslegung der „nova lex" oder des Problems der Erfüllung von Gottes Gebot überhaupt.

Literarischer Überblick

Dietrich Bonhoeffer hat 1937 in seinem Buch „Nachfolge" neben anderen zwei wichtige Erkenntnisse hervorgehoben: Einmal, daß die biblische Rede von der Nachfolge Jesu „die Befreiung des Menschen von allen Menschensatzungen, von allem, was drückt, was belastet, was Sorge und Gewissensqual macht", verkündige[2]; zum anderen, daß zur Nachfolge der „einfältige Gehorsam" gehöre[3]. Aber er verhandelt das Problem der Nachfolge doch noch vorwiegend unter dem Gesichtspunkt des einzelnen in Richtung auf die Gemeinde und im Blick auf die Grenzen des innerweltlichen Daseins der Gemeinde. Die Verbindung der Nachfolge mit dem Gedanken der Sendung in die Welt erscheint nur ganz am Rande. In Bonhoeffers Ethik (1953) spielt denn auch der Begriff der Nachfolge als solcher keine merkliche Rolle. Hingegen hat H. Zwicker „Reich Gottes, Nachfolge und Neuschöpfung" (Beiträge zur christlichen Ethik, 1948) miteinander systematisch zur Grundlegung christlicher Ethik zu verknüpfen gesucht, in durchgängiger Auseinandersetzung mit Emil Brunners Ethik der Ordnungen und in Richtung auf eine christologische Begründung der Ethik. Auf Anlage und Durchführung dieses Versuches braucht hier nicht näher eingegangen zu werden; es wäre mancherlei kritisch anzumerken. Wichtig ist vielmehr, *daß* er in so umfassender Weise gewagt wurde. Gleichwohl steht er unter den neueren protestantischen Ethiken etwas einsam da, ebenso wie A. Runestams Ent-

[1] WA VII, S. 58.
[2] Bonhoeffer, Nachfolge, S. V.
[3] Ebd. S. 33 ff.

wurf „Liebe, Glaube, Nachfolge" von 1931. Runestam faßt Nachfolge als kritisches Prinzip bei der Verwirklichung der pädagogischen Liebe Gottes; sie stellt den Ort dar, an dem von Gott her durch den Glauben die Vermittlung zwischen radikaler christlicher Forderung und weltlicher Relativität erfolgt[4]. Runestam hatte den Begriff der Nachfolge als „das Stiefkind der protestantischen Ethik" bezeichnet. „Seine Behandlung zeigt, daß er der evangelischen Theologie unbequem gewesen ist. Sie ist in Verlegenheit gewesen, was sie mit ihm anfangen sollte. Und man hat den Eindruck, daß sie tatsächlich Anstrengungen, die einer besseren Sache würdig gewesen wären, gemacht hat, um ihn außer Kraft zu setzen oder ihm einen Inhalt zu geben, der ihn ungefährlich, das heißt, wirkungslos machen sollte." Dieser Befund stimmt im großen ganzen, wenn man bei raschem Durchblick sich das Bild vergegenwärtigen will, das die meisten protestantischen Ethiken bieten. Luthardts „Kompendium der theologischen Ethik" (3. Aufl. 1921) enthält im Register beispielsweise zwar das Stichwort „Mensur", aber nicht das Stichwort „Nachfolge". J. Köstlin zeigt etwa das durchschnittliche Bild (Christliche Ethik, 1899): Die Nachfolge erscheint hier wesentlich und mit entsprechendem Vorbehalt im Licht einer gewissen „imitatio" und nur, da man an entsprechenden Befunden im Neuen Testament nicht ganz vorbeigehen kann. „Nicht identisch, aber aufs engste verwandt mit der Idee des Vorbilds ist die der Nachfolge, zu der Jesus ermahnt."[5] Im Vorbild Jesu stellt sich uns „der vollkommen gute Gotteswille" dar; „die Liebe zu Gott und zu ihm wird zu seiner Nachfolge"[6]. H. Schultz (Grundriß der evangelischen Ethik, 1891) spielt gegen Christus als „ein äußerliches Vorbild" Christus als „das Prinzip der christlichen Ethik" aus; er ist die Norm, das Motiv und der höchste Zweck der christlichen Ethik. „Sein Geist wird angeeignet als die Einheit der christlichen Gesinnung, welche sich in der unermeßlichen Fülle der Aufgaben und Kräfte zu entfalten hat." Und dann erscheint doch Christus als „das Liebe weckende, treibende, persönliche Ideal der Sittlichkeit"[7].

Immer wieder taucht so bei dem Stichwort „Nachfolge" das Problem des Vorbildes auf. Man kann etwa mit W. Trillhaas (Ethik, 1959) ganz nüchtern feststellen, daß es eine „urmenschliche Neigung" sei, „auf dem eigenen Heiligungsweg nach Vorbildern Ausschau zu halten"[8]. Und man kann so von hier aus und zugleich auch vom Gedanken einer „Sinngebung des Leidens" her den „unverzichtbaren" Begriff der Nachfolge gegenüber dem verwandten der Heiligung, beziehungsweise der Askese,

---

[4] A. Runestam, Liebe, Glaube, Nachfolge, 1931, S. 19. Zur Kritik vgl. E. Wolf, Politia Christi, in: Peregrinatio, 1954, S. 26 ff. Zum Thema „Nachfolge" vgl. auch H. Zwicker, Reich Gottes, Nachfolge und Neuschöpfung, 1948.

[5] Köstlin, Ethik, S. 122.

[6] Ebd. S. 192.

[7] Schultz, Grundriß, § 14.

[8] Trillhaas, Ethik, S. 51.

etwas abzugrenzen versuchen. Aber im Grunde bleibt es bei der von Runestam konstatierten „Verlegenheit". Die durch Vorbildgedanken und Askese bestimmten Auffassungen der Aufgabe der Nachfolge, deren Mannigfaltigkeit N. H. Søe in seiner „Christlichen Ethik" (2. Aufl. 1957) sehr instruktiv kritisch zusammengestellt hat[9], führen noch nicht an das Wesentliche des Problems heran. Es zeigt sich vielmehr dort, wo gefragt wird, ob und inwieweit Nachfolge letzten Endes das „Fremdwerden" des Christen gegenüber der Welt herbeiführe oder bekunde — etwa in Gestalt der „Gleichzeitigkeit" des Christen mit Christus im Sinn Kierkegaards — oder ob und inwieweit „Nachfolge" wesentlich mit den Problemen der Mission, der „militia Christi", der Berufung des Christen zur Mitarbeiterschaft am Erlösungswerk Gottes zusammenhänge, ob und inwiefern sie also wesentlich die Verwirklichung des Glaubensgehorsams gegenüber dem Wort Christi darstellte. Diese Sicht auf die „Nachfolge" zeigt heute auch die katholische Ethik.

Der Unterschied zwischen katholischer und reformatorischer Auffassung ist daher nicht nur darin zu suchen, daß dort die Heiligung etwa im Sinn einer asketischen „imitatio Christi" als *Weg* zur Gerechtigkeit verstanden wird, während für reformatorisches Verständnis die Nachfolge *Frucht* der Rechtfertigung ist. Gewiß, diese Unterscheidung ist so durchaus richtig. Aber heute wird man den Unterschied an einer anderen Stelle in Blick nehmen müssen, nämlich im Rahmen dessen, was neuere katholische Sittenlehre als „schöpferische Nachfolge" betrachtet. Es geht hier um die Verwirklichung der Nachfolge Christi in den Kreisen der Pflichten gegen Gott, gegen sich selbst und gegen den Nächsten[10]. Das heißt aber: Das Problem stellt sich auf einer Ebene, die von derjenigen unterschieden ist, auf der es im allgemeinen auch im Protestantismus seit der Reformation aufgetaucht ist.

Allem Anschein nach hat man im lutherischen Lager sehr früh den Gedanken der Nachfolge wieder zurücktreten lassen, weil man ihn im Sinne einer „schwärmerischen" oder „reformierten" Gesetzlichkeit verstanden hat und daher ablehnen mußte. Auch in der folgenden Zeit begegnen eigentlich nur gewisse individual-ethische Verwirklichungsversuche von Nachfolge, sowohl im Pietismus in ausgesprochener Richtung auf Weltflucht oder zumindest auf ein Sichzurückziehen aus der Welt im Interesse der heiligmäßigen individuellen Vervollkommnung, im Sinn also einer mehr oder minder auch sentimentalen imitatio Jesu, als auch im Rationalismus, der Jesus als das sittliche Ideal vollkommener Menschlichkeit hinstellt. A. Ritschl hat dieses Ideal in seine Gesinnungsethik hineingenommen und mit dem weltlichen Beruf verknüpft: diesen soll man mit christlicher — und das heißt „Nachfolge" — Gesin-

[9] Søe, Ethik, S. 66 ff.

[10] Vgl. F. Tillmann, Handbuch der katholischen Sittenlehre IV/I, 1950.

nung betreiben. Entsprechend steht es auch bei W. Herrmann (Ethik, 5. Aufl. 1918), sofern nach ihm Jesus vom Menschen fordert, daß er „aus seiner eigenen Gesinnung heraus leben und handeln soll"; damit soll Jesus „nur in volles Licht setzen, ... was in solchen Menschen selbst bereits vorhanden ist und klar werden will", wozu auch der Gedanke der Gemeinschaft gehöre, den Jesus als den „sittlichen Endzweck" erkläre. Jesus will also zu sittlicher Autonomie erziehen, und wer so „zur sittlichen Klarheit Jesu" in Selbstverleugnung und Verzicht auf Selbstdurchsetzung gegenüber der Gemeinschaft heranwächst, wird „wirklich sein Nachfolger"[11]. Daß auch hier die Nachfolge durch das „Ideal der Persönlichkeit" maßgebend bestimmt wird, ist deutlich. Ebenfalls ganz individualistisch ist auch die Radikalisierung der Nachfolge bei Kierkegaard.

Das Moment des Außergewöhnlichen, des Wagnisses, das vielfach solchem Umgang mit der Forderung der Nachfolge gleichwohl anhaftet, begleitet ihn auch dort, wo es innerhalb der Frage nach den Grundlagen evangelischer Sozialethik auftaucht. Ihm, diesem Moment, wird im allgemeinen dadurch Rechnung getragen, daß man die Nachfolge entweder als „schöpferische Aufgabe" (A. Dedo Müller) oder als das besondere Problem des christlichen Kompromisses ansieht. Die von hier aus angebotenen Lösungen ähneln dann in ihrer Struktur durchaus den entsprechenden katholischen. Es geht nicht um den „einfältigen" Gehorsam, sondern sozusagen um den „sinnvollen". Auch der Gedanke der Nachfolge wird so mit dem Naturrecht dort oder mit einer hintergründigen Ethik der Ordnungen hier irgendwie verknüpft.

Hendrik van Oyen (Evangelische Ethik I, 1952) versteht Nachfolge Christi als „Erfüllung des Glaubens", als Gehorsam, „insofern im Gehorsam das Hören auf jemanden entscheidend ist. Es ist das Hören auf das Wort Gottes, das das Leben Jesu erfüllt ..."[12]. Aber er muß dann doch feststellen, daß christliche Entscheidungen aus dem Glauben im ethischen Feld im Kompromiß stecken bleiben. „Es geht nicht an, unseren Gehorsam auf das Gebot gradlinig als Erfüllung dieses Gebotes, als Verwirklichung der Christus-Nachfolge, zu deuten."[13] Hier also, beim Kompromiß, steckt das Problem der sozialethischen Entfaltung des Gedankens der Nachfolge. Es wird darauf ankommen, welche Faktoren neben dem Hören oder innerhalb des Hörens für diese Entfaltung maßgebend werden. Noch wesentlich deutlicher hat dies A. Dedo Müller (Ethik, 1937) ausgesprochen: „In der Nachfolge geht es um die Übersetzung der einmaligen Offenbarung Gottes in Christus in die Sprache des allgemein Menschlichen. Erst in dem ‚Folge mir nach!' des Evangeliums wird das Walten Gottes in Natur und Geschichte zur unausweichlichen persönlichen Anrede an jeden Menschen. Gottes Erkenntnis ist nur im

[11] Herrmann, Ethik, § 24.
[12] Oyen, Ethik, S. 21.
[13] Ebd. S. 211.

Wagnis, im Lebensversuch, im Experiment möglich." Es gehe bei der Nachfolge Christi, die eigentlich Nachfolge Gottes (Eph. 5, 1) sei, darum, „die ewigen Urgesetze zu vollstrecken, auf die Gott das Ganze des Lebens gegründet und die er in Jesus offenbart hat". Nachfolge ist also „schöpferische Aufgabe", an jedem konkreten Ort der Geschichte neu zu lösen, und zwar auf Grund des „großen inneren Umbruchs" des von seiner „Gottblindheit" geheilten Menschen. „Es geht in der Nachfolge immer um die Grundverfassung des Menschen und ihre Folgen für die Beantwortung der grundlegenden Lebensfragen. Das Leben ordnen kann nur, wer im Innersten in Ordnung gekommen ist. Und das kann nur, wer sich den vom Kreuz als der am tiefsten dringenden Ordnungsmacht ausgehenden Einsichten und Kräften praktisch geöffnet hat. Das Urgesetz, um das es dabei geht, bindet alles Leben — auch das widerstrebende: ‚Wer sein Leben will behalten, der wird's verlieren' (Mk. 8, 25 f.)."[14] Man wird auch hier trotz allem ein Ausweichen vor der Unmittelbarkeit des Rufes in die Nachfolge feststellen müssen. Eine Abschwächung der Unmittelbarkeit liegt auch in der Ethik von Paul Althaus vor; im Abschnitt über „Die ethische Autorität Jesu" heißt es: „In Jesus Christus ist der Wille Gottes in einem Menschenleben wirklich geworden. Als Bild des Wesens Gottes (Kol. 1, 15) ist Jesus Christus zugleich das Urbild des ‚Menschen Gottes', zu dem wir geschaffen sind, in das hinein wir erneuert werden sollen, ... so kann alles christliche Leben nichts anderes sein als Nachfolge Jesu, ... wandeln nach seinem Vorbilde, ... Gehorsam gegen seine Gebote." Die Gültigkeit dieser allgemeinen Sätze wird man nicht bestreiten wollen; es lautet jedoch dann weiter: „Aber Jesus ist Urbild und Vorbild des Gottmenschen in der Einmaligkeit einer besonderen Sendung, in der unwiederholbaren Konkretheit und Begrenztheit seines geschichtlichen Ortes und seiner Individualität. So will er nicht als gesetzliches Vorbild, so darf die Nachfolge nicht als imitatio Christi verstanden werden. Ebensowenig sind seine Gebote im einzelnen und Konkreten als allgemein gültige gesetzliche Vorschriften gemeint. Daher darf der Gehorsam nicht als blinde äußere Befolgung seiner Weisungen und als Begrenzung auf sie verstanden werden. Er will die Seinen vom Gesetze und Gesetzesgeiste gerade losmachen und in die Freiheit der Kinder Gottes führen ...; wir haben vielfach anderes zu tun, als er getan hat, und in Lebensgebiete hineinzugehen, für die er uns weder in seinem Handeln noch in seinen Weisungen ausdrücklich den Weg gezeigt hat. Aber auch dieses alles sollen und können wir tun ‚im Namen des Herrn Jesu' (Kol. 3, 17). Wir sind Christi, aber Christus ist Gottes (1. Kor. 3, 23); das heißt: Jesus bindet uns an sich *nur* dazu und *nur* so, daß er uns an Gott, den lebendigen Geist, bindet. So ist unsere ethische Bindung an Jesus und seine Gebote eine solche im Heiligen Geiste."[15]

[14] Ebd. S. 106 f.

[15] Althaus, Ethik, S. 38.

Es liegt nahe, auch auf diese verschiedenen Versuche, den Gedanken der Nachfolge in die Ethik aufzunehmen, das Generalurteil von A. Runestam über das Schicksal dieses Gedankens im Protestantismus anzuwenden. Man wird es allerdings auch, wenigstens zum Teil, bis auf die Stellungnahme der Reformatoren zu diesem Problem zurückerstrecken müssen. Denn auch bei ihnen läßt sich ein gewisses Ausweichen vor der Unmittelbarkeit der Forderung der Nachfolge nicht leugnen, die man entweder als die Gesetzlichkeit einer mehr oder minder perfektionistischen „imitatio morum Christi“ in der zeitgenössischen Morallehre und Predigt vor Augen hatte oder ebenso als Gesetzlichkeit bei dem Ruf zur Nachfolge im Lager der sogenannten Schwärmer meinte abweisen zu sollen. Dabei scheint man, auf den ersten Blick wenigstens, dem exegetischen Befund am Neuen Testament nur unzureichend nachgegangen zu sein.

Die Unmittelbarkeit des Rufs zur Nachfolge

Die neutestamentliche Forderung des „Nachfolgens“, die als Ausdruck für die Ausschließlichkeit der Jüngerschaft streng auf Jesus bezogen ist — von einer Nachfolge Gottes ist nicht die Rede! — und die durchweg ein Geschehen meint und daher nicht auch durch ein begriffliches Nomen ausgedrückt wird, meint als messianische Forderung ein Dreifaches: 1. das Leben in der Fremdlingsschaft: die zum Nachfolgen Gerufenen sind aus der Welt herausgerufen: 2. die Bereitschaft, „um des Namens willen“ zu leiden; 3. den Dienst in Selbsterniedrigung an der Welt und für die Welt als Dienst in Liebe aus Freiheit zur Errettung dieser Welt. In allem ist die Nachfolge gebunden an Jesus Christus.

Daraus ergeben sich für die theologische Ethik im wesentlichen drei Problemkreise, wenn man in bezug auf dieses Nachfolgen die „Nachfolge“ als den bezeichnenden Namen für das christliche Leben in der Welt verstehen darf: einmal das Problem der ethischen Autorität Jesu Christi; sodann das Problem der Ermöglichung der Entscheidung für die Nachfolge samt demjenigen des Vollzugs der Nachfolge; anders gesagt: die Frage nach den Maßstäben und Normen für die Nachfolge; drittens das Problem des „Sinnes“ der Nachfolge.

Die wesentlichen Erkenntnisse der Reformation scheinen dem zweiten Problemkreis zuzugehören. Dagegen scheint für den ersten und für den dritten gerade die Unmittelbarkeit des Rufs zum Nachfolgen gewisse Schwierigkeiten bereitet zu haben. Sie, die Unmittelbarkeit, wird im allgemeinen wenig deutlich, auch nicht bei Calvin, weder in seiner Ethik, die er im zweiten und dritten Buch der „Institutio“ entwickelt hat (vor allem III, 6—10), noch auch im Zusammenhang seiner speziellen Exegese. Wenn man zum Beispiel seine Auslegung zu Philipper 2, 5 ff.[16]

[16] Hrsg. von F. A. G. Tholuck, II, 1831, z. St.

aufschlägt, zur Aussage also über die Selbsterniedrigung des in der Daseinsweise Gottes Befindlichen, so ist man erstaunt, daß Calvin im Grunde nur Dürftiges dazu zu sagen weiß, etwa auf der Linie, daß hier der Größere, nämlich Jesus der Christus, und der Kleinere, der Christenmensch, miteinander verglichen werden, und daß etwa die Herrlichkeit Jesu konfrontiert wird mit falscher Anmaßung auf unserer Seite; kurz, die Exegese hat hier kaum irgendeinen deutlicheren Bezug auf das Problem der Nachfolge. Dennoch ist die Ethik Calvins eine Nachfolge-Ethik, und zwar als Regel des Lebens in der Wiedergeburt. Das Ziel der Wiedergeburt ist, „daß im Leben der Gläubigen Symmetrie und Übereinstimmung zutage treten zwischen der Gerechtigkeit Gottes und ihrem (der Gläubigen) Gehorsam, damit sie so die Adoption befestigen, durch die sie von Gott zu Kindern angenommen sind“[17]. Das Ziel wird zwar erst in der eschatologischen Vollendung erreicht sein, aber die Eschatologie darf nicht mißbraucht werden als Entbindung von Forderungen durch die Gegenwart.

Die Norm des Handelns ist einerseits Gottes allgemein gültiges Gesetz, das bei Calvin nicht biblizistisch verengt wird; Gott ist und bleibt selbst der Inhalt des Gesetzes, und seine Ehre ist das Ziel des Gehorsams. Noch wichtiger aber als das Gesetz ist die providentielle Situation, nämlich der Gedanke der Führung Gottes im Sinne eines Vorangehens Gottes, der Gedanke also, daß Gott jeweils in der besonderen, konkreten, geschichtlichen Lage selbst sozusagen vorangehe. Dort, wo bei den Lutheranern der Gedanke der Schöpfungsordnung später Platz greift, steht bei Calvin diese providentielle Situation. Beides, das Gesetz Gottes und Gottes Vorangehen, faßt sich für den Christen zusammen in der „vocatio Dei“, in der Berufung durch Gott. Und so kommt Calvin zu dem zentralen Satz, daß die „vocatio Dei“ unser Leben gestalte. „Verwirrt wird darum“, heißt es in der Jonas-Auslegung, „der ganze Zustand unseres Lebens, wenn nicht Gott vorangeht, uns leitet und gleichsam sein Feldzeichen erhebt.“[18] So steht das Christenleben unter der Parole des „sequi deum vocantem“, des dem berufenden Gott Nachfolgens. Und diese Parole bewährt die Neugestaltung des ganzen Lebens dessen, der sich unter Gottes Forderung gestellt weiß, ist aber nicht identisch mit der Forderung irgendeiner Weltumgestaltung. Sondern die Neugestaltung des Lebens ist von Calvin primär verstanden als „abnegatio nostri“, als Selbstverleugnung, als das Zurücktreten all unseres persönlichen Begehrens und Wünschens hinter dem, was wir Gott und dem Menschen schuldig sind: alle Gaben, die wir empfangen haben, sind dankbar und demütig in den Dienst der Menschen zu stellen. Es ist wichtig, daß aus dieser Betonung der Selbstverleugnung zugleich auch positiv die Ver-

---

[17] Institutio III 6,1.

[18] CR 43, S. 203.

pflichtung nicht nur gegenüber der Ehre Gottes, sondern auch gegenüber dem Dienst an den Menschen schlechthin abgeleitet wird.

Diese im Grunde ganz einfachen Gedanken bestimmen die Ethik Calvins durchweg, und man begreift, daß in diesen Gedanken sich dann sehr mannigfache Einzelausführungen einzeichnen lassen. Entscheidend ist der Grundtenor: „nos esse Deo consecratos ac dedicatos"; wir gehören nicht uns an, wir gehören Gott an[19], das heißt: wir wollen nicht das Unsrige suchen, sondern das, was Gottes ist. Calvin hat das in den Satz zusammengefaßt: „Dies ist jene Selbstverleugnung (nostri abnegatio), welche Christus von seinen Schülern von der ersten Lehrzeit an mit so großer Genauigkeit fordert."[20] In diesem Sinn begegnet in der Tat der Nachfolgegedanke bei Calvin an einer ganz zentralen Stelle.

Luther hat vor 1523 — was zu betonen nicht unwichtig ist — in seinem Traktat „De libertate christiana" eine ausgesprochene Nachfolge-Ethik entwickelt, und zwar wesentlich als Sozial-Ethik. Der Titel dieses Traktats müßte geradezu sachgemäß und dem mittelalterlich-germanischen Begriff von „libertas" entsprechend, auch im Blick auf seine Anwendung bei anderen Autoren, übersetzt werden mit: „Von christlicher Sozialethik." Luther hat hier die zu seiner Zeit übliche mystisch-moralische Predigt der Nachahmung Christi abgelehnt: „non esse satis nec Christianum", sie reiche nicht zu und sie sei auch nicht einmal christlich[21]. Er hat sodann an der entscheidenden Stelle die Aussagen in dem Christushymnus Philipper 2, 5 ff. anders gedeutet als die dogmatische Tradition, die die Rede von der „forma dei" und der „forma servi", von der Gestalt Gottes und der Gestalt des Knechtes, auf die zwei Naturen Christi bezogen hat. Luther bezieht sie ganz unmittelbar und in der Grundsicht exegetisch zutreffend auf die Daseinsweise des Herrschenden und des Dienenden und wendet sie von daher nicht nur auf Christus, sondern mit der ganzen Strenge auch auf den Christenmenschen an[22]. Er verlangt dementsprechend von dem im Glauben gerechtfertigten Christenmenschen die Selbsterniedrigung in und auf Grund seiner neu geschenkten Freiheit.

Diese Selbsterniedrigung zum Dienst ist das notwendige Wirksamwerden des Glaubens. Und Luther kommt dabei bekanntlich zu den kühnen Konsequenzen: „Dabo itaque me quendam Christum", „So gebe ich mich selbst wie einen gewissen Christus", also gleichsam wie Christus, ja, als einen Christus, „meinem Nächsten, so wie Christus sich mir dargegeben hat: so werde ich nichts in diesem Leben tun, außer dem, von dem ich sehe, daß es meinem Nächsten nützlich, förderlich und heilsam sein wird, zumal ich durch den Glauben an allen Gütern in Christus überreich bin."[23]

[19] Institutio III 7,1.
[20] Institutio III 7,2.
[21] WA 7, S. 58.
[22] WA 7, S. 65 ff.
[23] WA 7, S. 66.

Was Luther damit umschreibt, ist weit entfernt von der zuletzt doch spielerischen Heiligungsübung der „imitatio"-Frömmigkeit. Sein Verständnis der Rechtfertigung dispensiert nicht vom Werk, sondern verschärft den Ruf in die Nachfolge. Und da das Leben in der Heiligung das Widerfahrnis der Rechtfertigung zur Voraussetzung und das Dasein unter den Nöten dieser Welt zur Bedingung hat, vollzieht sich auch das Tun der Nachfolge als Akt der Solidarität mit den Nöten der Welt oder, wie es hier formuliert wird, als das Besorgen dessen, was dem Nächsten nützlich, förderlich und heilsam ist. Dabei weist das „heilsam" zugleich über diese Welt hinaus. Gerade diese Solidarität mit den Nöten dieser Welt weiß darum, daß diese Welt gerichtet ist. Dennoch bleibt das Handeln in der Nachfolge ein weltliches Tun, vollzieht sich im weltlichen Beruf, der nun freilich, sofern er in der Nachfolge geübt wird, vom Evangelium her neues Recht empfängt. Diese seine „Herkunft" ist hier entscheidend. Auf sie blickt auch das von W. Herrmann als Begründung der sittlichen Autonomie — „der Christ, das heißt: der wahrhaft für Gott gewonnene Mensch, gibt sich selbst Gesetze"[24] — in Anspruch genommene Zitat aus den Disputationsthesen Luthers für Hieronymus Weller (1535): „habito enim Christo facile condemus leges, et omnia recte iudicabimus. — Imo novos Decalogos faciemus, sicut Paulus facit per omnes Epistolas, et Petrus, maxime Christus in Evangelio. — Et hi Decalogi clariores sunt, quam Mosi decalogus, sicut facies Christi clarior est, quam facies Mosi"[25]. Für Luther sind das Aussagen über die Vollmacht des neuen Lebens im Glauben und aus Glauben. Sie umschreiben hier, was man als „schöpferische Aufgabe" der Nachfolge bezeichnet hat. Aber es ist nichts darüber gesagt, daß diese neuen Gesetze etwa aus einer naturrechtlichen oder an einer Ordnungstheologie orientierten Interpretation des Rufes in die Nachfolge in Richtung auf jenen Kompromiß zwischen Gebot und irdischer Erfüllbarkeit zu verstehen seien, der die Unmittelbarkeit des Hörens zur Relativität des Tuns vermittelt. Luther denkt jedenfalls in dem Traktat „De libertate" diese Fragen sehr unmittelbar von dem als Evangelium gefaßten wirksamen Wort Gottes aus. Vom Evangelium her geschieht das neue Handeln in der Nachfolge auf Grund der im Glauben geschenkten Freiheit der Selbstverleugnung. Diese Freiheit der Selbstverleugnung ist der Ausdruck für die Spannung, in der der Christenmensch sich zur Welt der Selbstbehauptung befindet. Denn solange der Mensch sich selbst und seine Wünsche will, gehört er auch der Welt der Selbstbehauptung an. Durch den Glauben ist er davon befreit. Aus der Verleugnung seiner selbst hat er die neue Freiheit gewonnen: vom Evangelium her im Auftrag Gottes, gleichsam in Verlängerung des Handelns Jesu Christi selbst, aber nie von ihm gelöst, neu mit der Welt als der Schöpfung Gottes umzugehen. Nachfolge ist so der Na-

[24] Herrmann, Ethik, S. 168.

[25] WA 39 I, S. 47.

me für das christliche Leben in der Welt. „In der Welt“, heißt dabei stets, „für die Welt als Schöpfung Gottes“ und „gegen die Welt als Macht der Selbstbehauptung.“ Von da aus werden nun die Probleme neu gestellt. Gerade auch gegenüber einer christlichen Sozialethik, die die Unmittelbarkeit des Rufes zur Nachfolge dadurch abschwächt, daß sie ihn durch Beziehung auf „Urgesetze“ oder auf vorfindliche Ordnungen und Institutionen dieser Welt interpretiert. Mit dieser Abschwächung geschieht stets der Versuch einer gewissen Rechtfertigung der als auch für den Christen verbindlich erachteten sogenannten Eigengesetzlichkeiten des irdischen Daseins. Ist aber zum Beispiel ein Krieg als Manifestation der Macht der Selbstbehauptung erkannt, dann wird jeglicher Versuch zu seiner christlichen Rechtfertigung vom Ruf zur Nachfolge her grundsätzlich ausgeschlossen. Auch ein Versuch, ihn als eine nun doch zu erduldende Notwendigkeit des „noachitischen Äon“ zu begreifen („Kriege müssen immer sein“) und rein kasuistisch zu beurteilen. Die Nachfolge, die die ausschließliche normative Geltung des Evangeliums für das Sein und Handeln des Christen in dieser Welt gleichsam proklamiert, verhindert solche Zweigleisigkeit einer Interimsethik.

Allerdings ist solches Denken über die Nachfolge, in der allein die Herrschaft Christi über Kirche und Welt sich in der Christenheit verborgen und geheimnisvoll verwirklicht und bezeugt, in der Reformationszeit dann doch bald wieder verlassen worden. Der Fortgang des Reformationswerkes hat in eigentümlicher Weise den theologischen Ansatz verändert, der zu ihm geführt hat. Der Radikalismus der sogenannten Schwärmer ließ bei den Reformatoren in verschiedenem Maß neben den Ruf zur Nachfolge aus der neugeschenkten Freiheit die Sorge um die Ordnung und die Ordnungen treten. Der neugefaßte Berufsgedanke wurde mit einer mehr und mehr sich normativ gestaltenden Lehre von den beiden Reichen verknüpft. Diese Entwicklung hatte zur Folge, daß an die Stelle der einheitlichen Verantwortung des Christen vor Gott für Kirche und Welt die Frage nach der jeweiligen Kompetenz von Kirche und Welt getreten ist. Diese Frage hat die Verantwortung zerteilt und späterhin dann und wann den Christen von der Verantwortung für die Welt ganz oder teilweise dispensiert. Hinzu kam das wachsende Interesse an den neuen Landeskirchentümern, durch das der Satz, daß die Kirche Gott verantwortlich sei für die Welt, dahin gewendet wurde, daß die Kirche mehr und mehr ihre eigene Sache besorgte und nicht die Sache des Interesses Gottes an der Welt, daß sie nicht primär den Willen Gottes mit seinem Menschen besorgt hat. Beides, die Auflösung der Einheitlichkeit der Verantwortung und das wachsende Interesse auch der reformatorischen Kirche an ihrem eigenen Bestand, hat Erhebliches zu tun mit der Auflösung der Einheit der Kirche in Christus und zugleich mit der Abschwächung dessen, was bei den Reformatoren mit der Nachfolge im Licht der Leidensbereitschaft noch verbunden war. Luther selbst hat diese Leidensbereitschaft und das Leiden als das Kennzeichen der einen Kirche immer wieder genannt. Aber diese Leidensbereitschaft wurde dann mehr und mehr de facto den „Schwärmern" zugeschoben, und sie haben in einer sehr eigentümlichen Weise dieses Vorzeichen der Christusnachfolge schon in der Reformationszeit vorgelebt. Gewiß nicht frei von einer gesetzlichen Fassung der stark am Alten Testament orientierten Gebote Gottes, aber in einem Verständnis dieser Gebote als von Gott durch Christus proklamierter und darum verbindlicher, als unmittelbarer Weisungen, ohne die Möglichkeit, in das zuletzt bequeme Nebeneinander zweier „Reiche" auszuweichen.

Was in der neueren Grundlagendebatte christlicher Sozialethik unter dem zu eilig zum Schlagwort entwerteten Versuch „christologischer Begründung" auf den Plan tritt, bedeutet, recht verstanden, nichts anderes als ein erneutes Aufgreifen eines schon in der Reformation angelegten Verständnisses der Nachfolge Christi als des Wort- und Tatzeugnisses für seine im Verborgenen wirkliche Königsherrschaft. Melanchthon hat das einmal sehr kühn formuliert, als er in bezug auf die „guten Werke" feststellte, sie seien „propter fidem", um ihrer Herkunft aus dem Glauben willen, „heilige, göttliche Opfer", die zugleich die „politia Christi regnum suum ostendentis coram hoc mundo" darstellen. „In his enim sanctificat corda et reprimit diabolum, et ut retineat evangelium inter homines, foris opponit regno diaboli confessionem sanctorum et in nostra imbecillitate declarat potentiam suam."[26] Man kann das auch so sagen: Das auf Grund des Rufs zum Nachfolgen in Hoffnung wandernde Gottesvolk wird durch diese seine auf Christus hin gerichtete Nachfolge nicht nur zur Beunruhigung für die trotz aller Hoffnungen angesichts der Vielzahl und Unüberschaubarkeit der Institutionen und Strukturen hoffnungslos mit sich selbst beschäftigte Gesellschaft, sondern auch zu einer „richtungskonstanten Weisung" für die Gestaltung der Lebensverhältnisse.

Die Frage nach der „christologischen Begründung" bedeutet im Licht eines neuen Ernstnehmens des Problems der Nachfolge eine entscheidende Verschiebung der Fragestellung. Diese richtet sich nicht mehr auf ein System der Ordnungen oder auf die Struktur von Institutionen, um von da aus Weisungen für die Frage nach dem *Wie* christlichen Lebens angesichts der Unordnung der Welt zu gewinnen, sondern primär auf den Vorrang der Frage nach dem *Was* des Tuns, auf den Inhalt des Gehorsams gegen das Gebot Gottes in Christus, dessen einzelne Weisungen an der Forderung der Nachfolge ihren kritischen Maßstab haben. Und da die Nachfolge eben — wie das Neue Testament zeigt — ein *Gesche-*

---

[26] Apologie IV, S. 189.

hen ist, ein Nachfolgen, steht bei allem die Frage nach dem jeweiligen Sichverhalten des Christen in der vorfindlichen „Welt“, die als Gottes gute Schöpfung geglaubt wird, steht das Leben in Mitmenschlichkeit als in der geschenkten Anteilhabe an der Sendung des Heilands in die durch den Menschen — „sed originale (peccatum) per hominem unum“[27] — „arge“ Welt im Vordergrund evangelischer Sozialethik. Es geht ihr um den Menschen, um seine Rettung, sein Heil und in diesem Licht auch um sein Wohl, um die Bewahrung seiner Menschlichkeit, die allein in dem Gekreuzigten ihm enthüllt wird. „Schöpferische Nachfolge“ kann mithin nicht bedeuten, Jesu Ruf: Folge mir nach! durch die Reflexion auf „Urgesetze“ praktikabel vor der Vernunft zu machen, sondern ihn im Wagnis des Dienstes und in der Absage an jegliche Selbstbehauptung, an den „sensus proprius“, wie Luther sagt, einfach zu hören. Dazu bedarf es freilich jenes Freimutes auch zum Ungewöhnlichen — zum Beispiel gegenüber einer Institutionalisierung des „ständisch“ verengten Berufsgedankens, wie etwa bei Ritschl — und zum Leiden „um des Namens willen“ (das zugleich ein Leiden oder Mitleiden um des Menschen Gottes willen ist). Es bedarf des Mutes zur Freiheit der „rücksichtslosen“ Hingabe, der die Herrlichkeit Gottes als „Lohn“ verheißen ist. *Nachfolge* muß im Entscheidungsfall jeweils den ersten und gültigen Satz bestimmen, und alle anderen Erwägungen der Vernunft, die — bei den sogenannten Ermessensfragen — notwendig und gefordert sind, haben dann ihren sinnvoll verantwortbaren Ort unter ihr. Denn auch bei ihnen muß die Freiheit des Glaubens das Regiment führen.

„Verantwortliche Gesellschaft“

Nicht das Handeln in einer wie immer intentionierten Nachfolge-*Gesinnung*, sondern ein das Nachfolgen *übendes* Tun bestimmt den Charakter des Verhaltens, die „Gestalt“ christlichen Daseins in der Welt.

Und dieses Tun führt heute vor ganz neue Fragestellungen, und zwar im Zusammenhang mit einem ökumenischen Selbstverständnis der Kirche und sachlich im Zusammenhang damit, daß das Evangelium ein Angriff auf die Nöte der Welt ist. In der Theologie der Ordnungen war die Ethik von abendländischen Verhältnissen bestimmt, von den Traditionen, den Gesellschaftsbildern des „christlichen Abendlands“. Die ökumenische Theologie hat allmählich erkannt, daß es ganz andere Sozialordnungen gibt, die ethisch nicht minder qualifiziert sind.

Wenn in den fünfziger und sechziger Jahren die Verantwortung des ökumenischen Protestantismus für die Welt sich in der Formel von der

[27] Vgl. H. J. Iwand, „Sed originale per hominem unum“, EvTh 6, 1946/47, S. 26 ff.

„responsible society", der „verantwortlichen Gesellschaft" zusammenfaßte, dann ist dies die Frucht einer echten Verkirchlichung des Protestantismus und der angelsächsischen Parole vom „social gospel", von dem in der Moderne angeblich nur möglichen „sozialen Evangelium".

„Verantwortliche Gesellschaft" meint „eine Gesellschaft, in der Freiheit die Freiheit solcher Menschen bedeutet, die ihre Verantwortung für Gerechtigkeit und öffentliche Ordnung anerkennen, und in der jene, die politische Autorität und wirtschaftliche Macht haben, verantwortlich sind für eine Ausübung derselben vor Gott und gegenüber den Menschen, deren Wohl davon betroffen wird. ‚Verantwortliche Gesellschaft' ist nicht ein besonderes soziales oder politisches System, sondern ein Maßstab, nach dem wir alle sozialen Ordnungen beurteilen, und zu gleicher Zeit eine Richtlinie, die uns den Weg weist bei den speziellen Entscheidungen, die wir zu fällen haben. Christen sind berufen, verantwortungsfreudig zu leben, entsprechend Gottes erlösendem Handeln in Christus, in jeglicher Gesellschaft, sogar in der allerungünstigsten sozialen Struktur."[28]

„Die Vision einer verantwortlichen Gesellschaft ist keine andere als die Vision der Demokratie."[29] Historisch gesehen wird hier „die Umsetzung der Grundprinzipien der Reformation in die Grundprinzipien der konstitutionellen Demokratie"[30] nachträglich wieder kirchlich anerkannt. Darum hat die Kirche für den objektiven Verantwortungsraum des einzelnen einzutreten; daß dieser zum Beispiel im westdeutschen Wehrpflichtgesetz vom Sommer 1956 in der Formulierung des Paragraphen über die Kriegsdienstverweigerung — gegen den Ratschlag der EKD und gegen die Opposition — ausgeschaltet worden ist, ist für die evangelische Kirche im Grunde ebenso unerträglich wie für den Staat, wie er sich im Grundgesetz umschreibt[31].

Diese Parole von der „verantwortlichen Gesellschaft" bedeutet für das Problem Kirche und Öffentlichkeit heute

1. negativ den entschlossenen Verzicht auf kirchliche Bevormundung der Gesellschaft;
2. positiv die verantwortliche Solidarität der Kirche mit den Nöten des gesellschaftlichen Daseins.

Wir haben diese beiden Sätze konkret zu erläutern. — Zuvor sei zum Historischen und Grundsätzlichen nochmals zusammenfassend festgestellt: Mit beidem, mit dem Verzicht auf Bevormundung und mit der Solidarität mit den Nöten der Gesellschaft — beides hat die Kirche noch

---

[28] Evanston 1954, Sektion III, Bericht.

[29] H. Gollwitzer, Bürger und Untertan, in: Festschrift für F. Delekat, München 1957, S. 55.

[30] F. Delekat, EvTh 14, 1954, S. 485 ff.

[31] Vgl. Gollwitzer, Bürger, S. 55.

immer zu lernen — ist unter stark veränderten geschichtlichen und ideologischen Voraussetzungen prinzipiell wieder jene Grundeinstellung des Gegenübers von Kirche und Öffentlichkeit erreicht, die in der frühen Christenheit bezogen und in der Reformation wenigstens erkannt worden ist. Es geht in allen drei Fällen um die Einsicht, daß das Christendasein kein privates, kein aus den Aufgaben der gesellschaftlichen Ordnung sich herauslösendes und auf einen religiösen Bereich sich zurückziehendes, dem sogenannten Jenseits sich zuwendendes Dasein sein kann, weil Christus — mit Luther zu reden — keine „privata persona" ist, sondern der Retter der Welt. Sofern aber Gott in ihm die Welt mit sich versöhnt hat (2. Kor. 5, 18), kann es sich bei der christlichen Diesseitigkeit immer nur um eine freie, offene, programm- und interesselose Begegnung der Christenheit mit der Welt und für die Welt handeln, um die freie Mitarbeit des Christen an der weltlichen Ordnung der Gesellschaft — und um ein durch solche und nur durch solche Mitarbeit vielleicht zu weckendes Interesse der Gesellschaft, der Öffentlichkeit, an dem Dasein von Christen, von christlicher Gemeinde oder Kirche.

Im einzelnen heißt jener Doppelsatz von Verzicht und Solidarität etwa folgendes:

1. Die Kirche ist nicht — etwa im Sinn der „societas perfecta" naturrechtlich-katholischer Tradition — das Gesetz der Gesellschaft, weder ihr Ideal noch ihre Norm.

Denn auch die Kirche ist als irdische Institution immer in sich selbst unterwegs zu ihrer Eigentlichkeit, „semper reformanda", sofern sie dem sie allein gründenden und erhaltenden Wort Gottes gehorsam ist und darum weiß, daß der Heilige Geist die Grenzen der Kirchentümer zerbricht, genauso wie er als Gottes Wirken dem Handeln der Kirche stets vorangeht. *Er* sorgt dafür, daß die Kirche sich nicht selbstsüchtig und moralisierend gegen die Gesellschaft abschließt, um sich gegenüber der „Schmutzigkeit" innerweltlichen und politischen Handelns „sauber" zu halten. Und er, der Heilige Geist allein, stellt mit der Botschaft vom Reich Gottes und mit seinem Kommen die Einheit unter den Menschen wirksam her, die Überwindung rassischer und gesellschaftlicher Trennungen, zu der die Gesellschaft — auch in ihren modernen Reformprogrammen und Utopien — von sich aus bislang vergeblich drängt.

Das heißt aber: Die Kirche ist kein soziales Programm und hat nicht soziale Programme, kann und darf sie nicht haben — obwohl sie immer wieder auch gewisse konstruktive Vorschläge machen soll, wo die Not der Öffentlichkeit sie dazu auffordert. Die Kirche hat auch nicht eine bestimmte „Lehre vom richtigen Staat und seiner Form", so oft auch ihre Theologen, vor allem in der Restaurationsbewegung des 19. Jahrhunderts, aber auch nach dem Ersten Weltkrieg und noch heute derartige Lehren in ihren politischen Ethiken vortragen mögen. Aber sie anerkennt das Daß und die Notwendigkeit des Staates und erhebt ihre Stimme dort, wo der Staat das Menschsein des Menschen bedroht. Sie will, daß der Staat rechter Staat sei — und sie fragt auch nach den Grenzen des Staates, mit beidem nach dem Rechtsstaat, der rechtsstaatlichen Demokratie.

Wenn der Präsident des Ersten Bundestages, Hermann Ehlers, in dem ersten Drang nach aktivem christlichem Handeln einmal meinte, daß das im Kirchenkampf gewonnene neue Verhältnis von Kirche und Staat, Christentum und öffentlichem Leben im Wollen der Politik seiner Partei sich forterbe, so hat er freilich völlig verkannt, daß für das Werden der Bekennenden Kirche genauso wie für das der Reformation das Fehlen eines Programms ebenso charakteristisch wie konstitutiv ist. Die Kirche hat kein Programm, weil sie keinerlei eigene Interessen zu vertreten hat, während eine Partei es haben muß, mag sie es auch noch so oft verändern. — Noch bedenklicher freilich war es, wenn sein Nachfolger, E. Gerstenmaier, die Kirchen schon während des Dritten Reiches in den Dienst einer politischen Widerstandsbewegung als Mittel zum Zweck stellen wollte und in diesem rein taktischen Manöver die wahre Strategie des Kirchenkampfes erblickte. Die Kirche kann nicht sich einem politischen Programm eingliedern lassen, und sei es auch nur als moralische Legitimation, ohne sich selbst dabei zu verlieren. Eine solche Auslieferung der Kirche an Ideale, Programme und Ideologien war es ja auch jeweils, die das „Versagen der Kirche“ vor den geschichtlich notwendigen gesellschaftlichen Wandlungen zur Folge hatte, ihre Hilflosigkeit in den Krisen und Zusammenbrüchen gesellschaftlichen Daseins. Die Kirche hatte vergessen, daß die Gesellschaft das Feld ist, auf dem der Mensch sein Menschsein im Leben der Gemeinschaft durch das Mitmensch-Sein bewähren soll, und nicht der Ort für taktische Sicherung eigener Interessen.

Es sieht so aus, als habe die Kirche noch heute den Satz Bonhoeffers zu lernen: „Wenn wir Christen zu sein beanspruchen, dürfen wir keinerlei taktischen Rücksichten Raum geben“, und das, obwohl sie ja wiederholt hat erfahren müssen, daß sie auch einer christlichen Partei nur dort recht und respektabel ist, wo ihr, der Kirche, Wort „gefällig“ ist; andernfalls wird die Kirche unerlaubter politischer Einmischung bezichtigt. Die Kirche kann nicht hindern, daß Menschen das Kirchliche je und je zu einem Mittel oder Vorwand des Politischen machen, aber sie darf das nicht mitmachen. Politische Mächte achten letztlich nur die unpolitische Kirche — und gerade diese ist kraft ihrer Freiheit und Unabhängigkeit dann ein echtes Politicum. — Die Kirche wird also noch manches zu lernen haben, um sich aus der Umklammerung eines grundsätzlich überwundenen Dranges restaurativ-reaktionären Schielens nach Erfolg oder gar Macht zu befreien. Sie wird es lernen müssen, dann und wann wieder als „politisch untragbar“ zu gelten, indem sie unter anderem auch einmal deutlich erklärt, daß sie nicht dazu da ist, „christliche“ Parteiprogramme zu sanktionieren und sich so *indirekt* dann doch zum Gesetz der Gesellschaft zu machen. Ich kenne auch kein Programm „christlicher Politik“, dessen Christlichkeit einleuchtend und überzeugend, widerspruchsfrei formuliert wäre, jedenfalls nicht von evangelischer Seite. Das kann hier auch gar nicht sein. Über zuletzt ebenso anspruchsvolle wie unverbindliche Allgemeinsätze kommt man nicht hinaus. An dieser inneren Unmöglichkeit einer christlichen Parteiprogrammatik bewährt sich unser erster Satz, daß die Kirche nicht das Gesetz der Gesellschaft sei. Die Kirche ist nicht das Gesetz der Gesellschaft, aber ihr Verständnis als Gemeinde von Brüdern kann prototypische Bedeutung haben für die „Beziehungen von Mensch zu Mensch und von Mensch zu Institution“... „Denn Demokratie ist nicht nur Staatsform, sie ist zuvor schon Lebensform — und nur so kann sie dann auch Staatsform sein“[32].

2. Ebenso wenig übt die Kirche, wenn sie Kirche bleibt, eine Herrschaft über die Gesellschaft aus. Auch das hängt mit ihrem Wesen zusammen. Sofern Christus „in unserer Schwachheit seine Macht proklamiert“ und sein Reich heraufführt, wird von der Kirche *seine Herrschaft*, und zwar als eine *verborgene* bezeugt, aber als eine gleichwohl wirksame. Sie bekundet sich, aber sie ist nicht demonstrierbar. Nur der Glaubende weiß um sie. Die Kirche kann den Herrn der Welt, der in besonderer Weise ihr unsichtbares Haupt ist, nicht mit sich selbst gleichsetzen; sie übt keine Herrschaft gegenüber der Welt aus, sondern sie bezeugt ihr den, der auch ihr, der Welt, Herr ist, der um ihrer Sünde willen gekreuzigt wurde für ihr Heil und der auferstanden ist. Ein herrschaftlicher Öffentlichkeitsanspruch der Kirche ist hier ebenso verwehrt wie eine pharisäisch-moralistische Stellung zur Gesellschaft, die dann diese in die „Parteien“ der „Guten“ und der „Bösen“ einteilt. Wo die Kirche Christus recht predigt, bekundet sie, daß das Evangelium allen gilt, nicht nur den „Guten“ oder denen, die „immer strebend sich bemühn“. — Darum kann die Kirche auch nicht im Streit der „Weltanschauungen“ bei der einen oder anderen Stellung beziehen, auch nicht bei weltanschaulichen „Anti“-Haltungen. Die evangelische Kirche würde sich selbst verleugnen, wenn sie als Kirche zum Beispiel den Antikommunismus in ihre Verkündigung aufnähme (und damit „christlich“ und „antikommunistisch“ identifizierte!) — oder auch ein positives weltanschauliches Gesellschaftsideal. Sie würde sich selbst und die Öffentlichkeit damit betrügen. Es kann ihr kein Dienst geleistet werden mit einer tendenziösen Ideologie, die ein bestimmtes politisches Wollen als christlichen Glauben vorträgt und damit beide, Kirche und Politik, nur unsicher machen kann.

---

32 Gollwitzer, Bürger, S. 56.

Der Feind, mit dem Christus gekämpft hat und mit dem daher auch die Kirche kämpfen muß, ist nicht eine politische Partei, ein Weltanschauungsstaat, eine bestimmte Gesellschaftsordnung, sondern Sünde, Tod und Teufel, die sich in allem menschlichem Parteitreiben und Machtstreben, auch dem kirchlichen, verbergen. — Das aber liegt jenseits des politischen Freund-Feind-Schemas, denn hier geht es um den Menschen unter den Mächten schlechthin.

3. Die Kirche weiß sich solidarisch mit den Nöten der Gesellschaft. Hier ist der Ort ihres positiven, helfenden Wirkens erreicht.

Der Satz begrenzt zunächst die Öffentlichkeitsarbeit der Kirche. Es geht sie wahrhaftig nicht *alles* an, was im Bereich der Öffentlichkeit begegnet. Sie kann es ruhig gewissen sehr agilen Theologen überlassen, mit kirchlichen Kommentaren zu passenden oder unpassenden weltlichen Ereignissen hervorzutreten „und dadurch dezent an die Existenz der Kirche zu erinnern". Sie sollte sich auch nicht für alles und jedes aus einer gewissen Mode heraus in Anspruch nehmen und durch das Abverlangen moralischer Urteile mißbrauchen lassen. Das sogenannte „Wächteramt" der Kirche darf es nur mit wirklicher Gefahr und echter Not zu tun haben. Es kann auf keinen Fall den Rechtstitel zu beliebiger Einmischung abgeben. Dann aber ist es wahrzunehmen in voller Solidarität mit der Not der Welt. Denn die Kirche, die wirklich Kirche ist, trägt die Schuld der Welt mit, auch die Schuld des Selbstbehauptungsstrebens eines Staates.

Jene „Stuttgarter Schulderklärung" der werdenden EKD vom Oktober 1945, die man so voreilig als „Kollektivschuld-Lüge" abzutun versuchte, war ein echter Ausdruck gesamthaftender Solidarität und hat mit dem solidarischen *Ja* zur bösen Vergangenheit die Tür zu einer neuen Zukunft geöffnet.

Solidarität ist Sache eines jeweils freien Entschlusses, christlich gesprochen: jeweils ein Akt der Nächstenschaft. Und das heißt für die Kirche: der freie Nachvollzug der Selbsterniedrigung Christi, seines Sich-Einlassens mit der Welt; *frei* gerade auch von allen eigenen Interessen, nicht parteiisch, vor allem nicht wählerisch, sondern gehorsam. Eben um solcher Solidarität willen überschreitet das Handeln der Kirche an den Nöten der Welt den Bereich des bloß Karitativen.

So wenig das Werk Christi karitatives Lindern einer Not ist, sondern Heraufführung der Entscheidung über Leben oder Tod, gerade dort, wo es den einzelnen trifft, den es sich in der Zuwendung an alle erwählt, so wenig ist das Handeln der Kirche seinem Wesen nach ein privatkaritatives, darin willkürliches oder anderem Helferhandeln gegenüber eifersüchtiges. Sein Gegenstand wird ihm je und je gestellt in der Zuwendung der Kirche an alle. Es ist eine Folge der Erkenntnis von der mitverantwortlichen Solidarität, daß die evangelische Kirche begonnen hat, statt der bloß karitativen Tätigkeit im sozialen Bereich, statt der bloßen „Liebestätigkeit“ sich erstmals bewußt, wenn auch im einzelnen noch tastend, dem Problem der sozialen Rechtsordnung zuzuwenden, das sie lange Zeit als Aufgabe ihres Dienstes an der Welt nicht anerkennen wollte (Eigentum!).

Der Grund der Solidarität der Kirche mit der Gesellschaft, der allein solche neueren Versuche praktischen Mit-Denkens und Mit-Handelns trägt, ist einmal, daß sie mit alledem, wie bescheiden und unscheinbar auch immer, bezeugt, daß das Reich Gottes die Verheißung der Erlösung *an die Gesellschaft* ist. So bleibt die Kirche mit ihrem Öffentlichkeitswirken immer auch bei ihrem Verkündigungsauftrag. Zum andern ist der Grund der, daß sie allein darum weiß, was es um den Menschen ist, der sich selbst sowohl ein Rätsel wie seine höchste Gefahr bedeutet. C. F. von Weizsäcker hat in seiner großen Bonner Rede zur Atom-Frage beim Verband der deutschen Studentenschaften Ende April 1957 den Theologen gesagt: „Sie bewahren die einzige Wahrheit, die tiefer reicht als die Wahrheit der Wissenschaft, auf der das Atomzeitalter beruht. Sie bewahren das Wissen vom Wesen des Menschen, das tiefer wurzelt als die Rationalität der Neuzeit. Überzeugen wird diese Wahrheit, wo sie gelebt wird.“ Es ist freilich die Wahrheit des Wortes Gottes über den Menschen. Hier hat die Kirche auch die ihr aufgetragene Sorge um das innerweltliche, diesseitige Menschsein des Menschen neu zu erkennen begonnen. Die Parolen der Eisenacher Synode 1948 „Sehet den Menschen“, der Hamburger Synode 1950 „Dienet dem Menschen“ bekunden das.

Zu dieser Sorge gehört die Ermunterung des Menschen zur Selbständigkeit des Denkens und zum Mut des Wagnisses; seine Befreiung, auch im politischen Raum, von Sentiments und Ressentiments, von festgefahrenen ideologischen Bindungen und politischen Konzeptionen, von Menschengefallen und von Menschenfurcht, vom Schielen nach dem Erfolg und vom Ausweichen vor Schwierigkeiten dort, wo es gilt, das Rechte, einfach das Rechte zu tun. — Die Kirche ruft den einzelnen — als Mitbürger, nicht als Untertan — dazu auf, sich *eigene* Gedanken zu machen und mit ihnen in öffentlichen Angelegenheiten offen, kritisch, selbständig Stellung zu nehmen. Indem sie einen disziplinierten, vernünftigen Gebrauch der Freiheit und freiwillige Zurückstellung der Einzelinteressen predigt, freie, verantwortliche Einordnung, arbeitet sie mit an der Erreichung „eines solchen moralischen Klimas, durch das der größere Teil der Staatsbürger sich zu gemeinschaftsgemäßem Handeln bewegen läßt“[33].

Es geht um die Erziehung zu absoluter Verantwortung auch dort, wo

[33] Gollwitzer, Bürger, S. 41.

die absolute Erkenntnis uns versagt bleibt; daß zum Beispiel die sogenannten politischen „Ermessensfragen“ nicht Sache des Gutdünkens oder der „Konzeption“ als eines gedanklichen Spiels sind, sondern der auslotenden Erforschung des real Möglichen und Erreichbaren zur Sicherung von Frieden und Freiheit.

Ich kann das jetzt nicht weiter ausführen. Das von Interessen freie, mit ihren Nöten solidarische Ja der Kirche zur Öffentlichkeit und ihren Problemen kann helfen, manches zurechtzurücken. Auch dann, wenn es noch unzureichend, tastend, vielfach gehemmt und von einem reaktionärem Kirchentum bedroht, mehr gestammelt als gesprochen wird. Es kann hinausführen über die bisherigen, christlich-idealistischen, christlich-weltanschaulichen „Lösungen“ der Frage nach dem Beitrag der Kirche zum öffentlichen Leben. Es geht dann zum Beispiel nicht nur um die immer wieder geforderte „Sachlichkeit“ der Arbeit, sondern auch um die Anerkennung ihrer Würde, die auf dem Dienst an der Menschlichkeit des Daseins ruht. Es geht auch um die Humanität der Arbeit im besonderen, die um deren Neben- und Miteinander unter den Menschen weiß, um die dafür notwendige Selbsteinschränkung der einzelnen Ansprüche an das Leben. Auch hier hat die Kirche um der Öffentlichkeit willen, um des Lebens in Gesellschaft willen gerade im Massenzeitalter mitzuhelfen, daß der Mensch zu seinem Menschsein *heute* finde, nüchtern und unromantisch, sauber und vernünftig. — Die Solidarität der Kirche mit den Nöten der Welt ist die Voraussetzung für die Partnerschaft der kirchlichen mit den politischen Kräften bei der als Integration erfolgenden Neuformung gesellschaftlichen Daseins in Staat, Wirtschaftsleben und Kirche.

Nachfolge — ich erinnere daran — bleibt durch den Ruf zum Nachfolgen bestimmt, und schöpferische Nachfolge meint das Wissen darum, daß beim Vollzug des Nachfolgens der Phantasie der Liebe, ihrem Erfindungsmut, ihrer Bereitschaft zum Risiko eine maßgebliche Funktion zukommt. Sie hat kein Programm, keine Rezepte, wohl aber einen bestimmten, durch Gottes Ja zum Menschen bestimmten Auftrag.

II Die Institutionen als von Gott angebotener Ort der Bewährung in Verantwortung

§ 10 Das Problem der Institutionen. Institution und Institutionalität

Wir kommen zu jenem Problemkreis, der in der christlichen Sozialethik eine besondere Rolle spielt, sofern sie in der Regel als eine Ethik der Ordnungen aufgebaut wird.

Als Emil Brunner 1932 zu einer Zeit, da in der Ökumene eine breit angelegte sozialethische Diskussion begann, seinen großen Entwurf einer protestantischen Sozialethik unter den Titel „Das Gebot und die Ordnungen" stellte, hat ein Kritiker dazu kurz bemerkt: „Das Gebot Gottes und die Ordnungen Emil Brunners." Das ist gegen allen Anschein keine boshafte Bemerkung, sondern umschreibt in starker Zuspitzung die Grundfrage, um die es bei der ganzen Diskussion geht.

Es ist uns geläufig, daß menschliches Leben in der Welt, das heißt: in Gesellschaft und im Umgang mit der Dingwelt, sich in ganz bestimmten Beziehungsformen vollzieht, in typischen Verhaltensweisen, die in verschiedenen Zeiten und Kulturen verschieden sind und fast durchweg, wenigstens zunächst, religiös aufgeladen. Der Begriff des Tabu zeigt diese Aufgeladenheit nach der negativen, ausschließenden Seite hin. Es handelt sich im allgemeinen um als vorgegeben hingenommene normative Ordnungen, in die der Mensch sich jeweils einfügt. Sie sind sozusagen der menschliche Ersatz für die Instinkt-Regelung im jeweils typischen Verhalten der Tiere und bestätigen, daß der Mensch als „physiologische Frühgeburt"[1] ein „nicht festgelegtes Wesen" ist. Anstelle der Einbindung in rein organisches Geschehen mit vererbbaren Funktionskreisen und dazugehörigen Organen tritt beim Menschen im Unterschied zum Tier eine Fülle von verselbständigten materiellen und geistigen Neuschöpfungen, „Außenschöpfungen"[2], die sein Dasein gestalten und ihn die Erde bewältigen lassen. Anstelle der Instinktgebundenheit findet sich bei ihm, was später zu verdeutlichen sein wird, die „Institutionalität" als Bezogenheit auf existentielle Institutionen. Das menschliche Leben ist, kann

[1] A. Portmann, Biologische Fragmente zu einer Lehre vom Menschen, ²1951.

[2] O. Storch, Zoologische Grundlagen der Soziologie, Österreichische Zeitschrift für öffentliches Recht NF III, 1951, S. 358 ff.

man vorläufig sagen, auf Institutionen angewiesen, auf deren Hilfeleistung zur Daseinsbewältigung erfahrungsmäßig verwiesen. Und so bezeichnet „Institution" als ein Begriff der neueren Sozialwissenschaft „zweckrationale oder auch nicht zweckrationale Verhaltensstrukturen von relativer Dauerhaftigkeit, die — historisch entwickelt — den Menschen von der permanenten Neuverwirklichung seiner Lebensantriebe entlasten"[3], die aber auch andererseits, wenn sie sich normativ verfestigen, geschichtlich notwendige Strukturveränderungen aufhalten oder unterbinden, lebendige Ordnung zu einem starren Gefüge werden lassen können und dadurch revolutionäre Reaktionen auslösen. Für den Soziologen sind die Institutionen menschliche Produkte, entstanden aus bestimmten Komplexen habitualisierten Verhaltens, die zuletzt der Menschwerdung des Menschen und der Bewahrung seines Menschseins dienen.

Auf die breite sozialphilosophische und soziologische Diskussion des Institutionen-Problems seit dem 19. Jahrhundert, seit de Sismondi, John Stuart Mill, Emile Durkheim u. a. und ebenso auf die juristische in Rechts-, Staats- und Verfassungstheorie, bei der zum Beispiel Recht als „sachlogische Struktur" des je richtigen Verhaltens[4] oder Staat als Prozeß persönlicher, funktionaler und sachlicher Integration, als Integrationszentrum im Gesellschaftsprozeß begriffen werden, können und brauchen wir nicht im einzelnen einzugehen. Uns handelt es sich um den rechtstheologischen Begriff der Institution, wie er seit 1945 sich durchzusetzen begonnen hat, in Auseinandersetzung mit älteren, zum Teil analogen Begriffen wie Schöpfungsordnung, Erhaltungsordnung bzw. „noachitische Ordnung", auch unter Einbeziehung des von Bonhoeffer geprägten Begriffs der Mandate.

Bonhoeffers Begriff der Mandate

Es geht Bonhoeffer dabei um die Betonung des Herrseins Gottes in Christus, in der einen „in Christus offenbar gewordenen Gotteswirklichkeit in der Weltwirklichkeit"[5], und um die Beseitigung eines Nebeneinander von „Ordnung" und „Gebot" Gottes sowie der Trennung von christlich und weltlich, heilig und profan. So heißt es bei ihm: „Alle möglichen Aussagen über die weltlichen Ordnungen sind begründet und müssen daher bezogen sein auf Jesus Christus als Ursprung, Wesen und Ziel alles Geschaffenen. Die Herrschaft Christi ist Ermöglichung und Sinn aller dieser Aussagen ... Der Dekalog ist das von Gott geoffen-

[3] W.-D. Marsch, Art. Institution, RGG III, ³1959, Sp. 783.
[4] H. Welzel, Naturrecht und materiale Gerechtigkeit, ³1960.
[5] Bonhoeffer, Ethik, S. 62.

barte Lebensgesetz alles unter der Christusherrschaft stehenden Lebens. Er ist die Befreiung von Fremdherrschaft und von eigengesetzlicher Willkür. Er enthüllt sich den Glaubenden als das Gesetz des Schöpfers und des Versöhners. Der Dekalog ist der Rahmen, innerhalb dessen ein freier Gehorsam des weltlichen Lebens möglich wird. Er befreit zum freien Leben unter der Christusherrschaft ... Christusherrschaft und Dekalog bedeuten für die weltlichen Ordnungen nicht Dienstbarkeit gegenüber einem menschlichen Ideal, ‚Naturgesetz', auch nicht gegenüber der Kirche ..., sondern die Befreiung zur echten Weltlichkeit, zum Staatsein des Staates usw. ... Nicht Vergöttlichung oder Verkirchlichung der weltlichen Ordnung, sondern ihre Befreiung zur echten Weltlichkeit ist Sinn und Ziel der Christusherrschaft ... Konkret wird die Befreiung der weltlichen Ordnung unter die Christusherrschaft nicht durch die Bekehrung der christlichen Staatsmänner ..., sondern durch die konkrete Begegnung der weltlichen Ordnungen mit der Kirche Jesu Christi, ihrer Verkündigung und ihrem Leben."[6] Für Bonhoeffer ist der Wille Gottes weder eine Idee, die Realisierung verlangt, noch identisch mit dem Seienden, sondern „nichts anderes als das Wirklichwerden der Christuswirklichkeit bei uns und in unserer Welt"[7]. Die zweite Tafel ist daher von der ersten nicht zu trennen. „Die Ordnungen sind also nicht eine zweite göttliche Instanz neben dem Gott Jesu Christi, sondern sie sind der Ort, an dem der Gott Jesu Christi sich Gehorsam schafft; nicht um die Ordnungen an sich, sondern um den Glaubensgehorsam in ihnen geht es in Gottes Wort."[8] Daher führt „allein die Begründung der Obrigkeit in Jesus Christus ... über die naturrechtlichen Begründungen hinaus, auf die zuletzt die Begründungen aus dem Wesen wie aus der Sünde des Menschen hinauslaufen ... Naturrechtlich läßt sich der Gewaltstaat wie der Rechtsstaat, der Volksstaat wie der Imperialismus, die Demokratie wie die Diktatur begründen. Festen Boden unter den Füßen gewinnen wir allein durch die biblische Begründung der Obrigkeit in Jesus Christus. Ob und wieweit dann von hier aus ein neues Naturrecht gefunden werden kann, ist eine bisher noch offene theologische Frage"[9]. Bonhoeffer setzt daher an die Stelle der lutherischen Ständelehre die Lehre von den vier göttlichen Mandaten: Ehe und Familie, Arbeit, Obrigkeit, Kirche, später noch als fünftes die Kultur. Ihre Rechtfertigung ist, daß sie „positiv göttliches Mandat zur Erhaltung der Welt um Christi willen und auf Christus hin" sind, Aufträge Gottes, „die Ermächtigung und Legitimierung zur Ausrichtung eines bestimmten göttlichen Gebotes, die Verleihung göttlicher Autorität an eine irdische Instanz"[10]. „Es gibt keinen Rückzug aus einem weltlichen in einen geistlichen Raum, son-

[6] Ebd. S. 225 ff.
[7] Ebd. S. 70.
[8] Ebd. S. 279.
[9] Ebd. S. 246.
[10] Ebd. S. 222.

dern es gibt nur ein Einüben des christlichen Lebens unter jenen vier Mandaten Gottes"[11], die streng zusammengehören. Sie scheinen ihr Urbild in der himmlischen Welt zu haben, sofern beispielsweise Ehe dem Verhältnis von Christus und Gemeinde entspricht, Familie dem Verhältnis von Gottvater und Sohn und zugleich der Bruderschaft der Menschen in Christus, Arbeit dem schöpferischen Dienst Gottes und Christi an der Welt und dem Dienst der Menschen an Gott, Obrigkeit schließlich der Herrschaft Christi in Ewigkeit. Obrigkeit ist zu Christus hin erschaffene „Ordnung in der Welt"[12]. Im Blick darauf stellt Bonhoeffer fest, daß „die Beobachtung, daß die weltlichen Ordnungen auch ohne die Begegnungen mit dem Wort der Kirche Jesu Christi ihren Dienst tun können", erstens „nur beschränkt richtig" sei — „echte Wirklichkeit gibt es nur durch Befreiung durch Christus" — und daß zweitens die Kirche ihre geoffenbarte Wahrheit nur bestätige und zur Verkündigung der vollen Wahrheit dränge, zur Predigt des unbekannten Gottes als des bekannten, denn die Ordnungen seien hier und da möglich ohne gehörte Predigt, aber nicht ohne das Dasein Christi. Mandat ist nicht nur Ort des Glaubensgehorsams, sondern der Ort, an dem Gott die Anwendung seines Gebotes in einem „Amt" autorisiert, das den einzelnen zum Gehorsam fordert[13].

Auch hier muß diese Andeutung genügen. Immerhin scheint mir der Begriff des Mandats doch wesentlich glücklicher zu sein als der der Erhaltungsordnung, sofern nämlich Mandat eben Berufung, Gabe und Intention des geforderten Gehorsams einschließt, während „Erhaltung" von vornherein nur eine Modifikation von „Schöpfung" ist und das Herrschaftsmoment des Gebotes nicht deutlich werden läßt. Allerdings bleiben auch hier viele Fragen offen, vor allem nach dem Prinzip der Auswahl und der Abgrenzung des Mandatenkatalogs. Fruchtbar hingegen ist die starke Betonung des Auftrags und des Urbilds. Und so führt denn in der aufgezählten Anordnung von Grundbegriffen neuerer evangelischer Sozialethik und Sozialtheorie der Begriff des Mandates sehr deutlich hinüber zum Verständnis der Institutionen als durch konkrete Entscheidungen zu gestaltende Aufgaben. Erst mit diesem Begriff werden sozusagen die Mandate richtig in lebendige Ordnung eingefügt. Denn die Institutionen haben anders als die als Gesetz begriffenen Ordnungen den Charakter eines einladenden Angebots.

Der Begriff der Institution

In der neueren theologischen Diskussion um die Institutionen war man bemüht, in diesem Begriff sowohl den Gedanken göttlicher Stiftung als

[11] Ebd. S. 220. [12] Ebd. S. 257. [13] Ebd. S. 304 f.

auch die ablesbaren Strukturen sozialer Gegebenheiten und drittens das Moment menschlicher Entscheidung bzw. christlichen Gehorsams zur Integration dieser Strukturen zu verbinden[14]. Im Hintergrund dieses Denkens steht eine von dem katholischen Staatsrechtslehrer Maurice Hauriou entwickelte, mehr soziologische als juristische Institutionstheorie zur Erklärung großer sozialer Gebilde, die von einer einem sozialen Milieu eingepflanzten Idee getragen, durch Individuen gestaltet, sich in einer konstanten Bewegung so wie Organismen verhalten. Einheitliches Ziel ist ein organisches Gefüge rechtlicher Vorschriften, die zusammen ein beständiges Ganzes bilden, das sich dem Menschen unter bestimmten Verhältnissen verpflichtend auferlegt[15].

Bei der Übernahme dieses Begriffes in die Grundlagenproblematik evangelischer Sozialethik sieht man gerade hier eine neue Möglichkeit zur Betrachtung eben jener Bereiche, die herkömmlich unter dem Begriff der Ordnung in allen seinen Abwandlungen erörtert werden. Man sieht dann in den Institutionen Stiftungen Gottes. „Die Erkenntnisgrundlage ihres Stiftungscharakters ist die Offenbarung Gottes im Alten und Neuen Testament." — Die Aussagen über die Institutionen stellen einen Sachverhalt dar, der nicht einfach aus einer Analytik ihres Erscheinungsbildes zu erkennen ist, sondern „aus dem stiftenden Wort Gottes, das ihnen konkrete Gestalt verleiht". Andererseits aber sind sie doch vorfindliche, geschichtlich konkrete Wirklichkeit und keine abstrakten Konstruktionen. Sie sind „der Ausdruck typischer Beziehungsformen, die weitgehend gestaltungsfähig, aber im Grundriß vorgegeben sind". Diese Institutionen „beziehen sich auf diejenigen Grundverhältnisse menschlichen Daseins, die den höchsten Grad der Existentialität besitzen", die also lebensnotwendig sind. Sie sind in ihrem Grundriß unverfügbar, das heißt, sie können zwar beschrieben, sie können auch und sollen in Einzelheiten ausgestaltet, aber sie können nicht abschließend definiert und damit als ganze in die freie Verfügung genommen werden. Ihre Verwirklichung bedarf eines Aktes der Annahme durch den Menschen. Die Institution zum Beispiel der Ehe, diese im Grundriß vorgegebene und in diesem Grundriß unverfügbare Institution, wird wirklich dadurch, daß eben eine Ehe eingegangen wird. Dieser Akt der Annahme durch den Menschen „hat Entscheidungscharakter und ist als solcher" zugleich ein Akt der Hingabe. Durch ihn werden die Institutionen nicht erst geschaffen, aber in diesem Akt der Hingabe, der Annahme als Hin-

[14] Vgl. H. Dombois, Art. Institution II, Evang. Staatslexikon, 1966, S. 797—800; ders., Recht und Institution, Glaube und Forschung 9, 1956, S. 55 ff., 71 f. und 53 f. (Scheuner); W.-D. Marsch, Art. Institution, RGG III, ³1959 Sp. 783—785; C.-A. von Heyl, Art. Institution, Evang. Soziallexikon, 1963, S. 590—592.

[15] M. Hauriou, La théorie de l'institution et de la fondation, Cahiers de 1ère Nouvelle Journée 4, 1925.

gabe, wird deutlich, daß die Wirklichkeit von Institutionen „nicht nur ein Zustand, sondern ein Vorgang“ ist[16].

Damit ist zugleich die Erkenntnis gewonnen, daß der Mensch durch Gott bestimmt ist dazu, sich die Welt der Schöpfung, wie es in der Bibel heißt, „untertan“ zu machen, das heißt: daß er nicht ausgeliefert ist an irgendwelche Eigengesetzlichkeiten innerweltlicher Verhältnisse, an den Zwang dieser oder jener Lebensform, nicht preisgegeben dem Druck eines anonymen „man“ oder „es“, sondern er bleibt und er soll bleiben im Namen Christi Herr dieser Eigengesetzlichkeit. Er kann sich dann auch bei seinem Versagen nicht entschuldigen mit dem Hinweis auf eine absolute Unüberwindlichkeit dieser Eigengesetzlichkeiten.

Erinnert man sich daran, welche große Rolle gerade auch wieder in konkreten theologisch-ethischen Auseinandersetzungen das Problem der Eigengesetzlichkeit etwa der Politik oder der Wirtschaft oder auch im besonderen der Technik des atomaren Zeitalters gespielt hat und spielt, dann wird hier deutlich, was es heißt, wenn dem Menschen grundsätzlich gesagt wird, daß er im Namen Christi diesen Gebilden gegenüber als Zeuge für die Herrschaft Christi der ihnen, diesen Gebilden, Gegenüberstehende und nicht schlechthin Unterworfene bleibt. Es wird also deutlich, um das zu wiederholen, daß die Wirklichkeit von Institutionen nicht nur ein Zustand, sondern ein Vorgang ist. In dem Stiftungscharakter der Institutionen, von dem hier gesprochen wird, ist die Einheit von Zustand und Vorgang beschlossen. Es ist sozusagen die Einheit von Ordnung und Gebot Gottes, die in dem Buchtitel Brunners, von dem wir ausgingen, auseinandergenommen worden war. Denn sofern Gott mit diesen Institutionen den Menschen als mit dem ihm angebotenen Ort seiner Bewährung in Verantwortung nimmt, stellt er ihn dadurch zugleich unter sein Gebot.

Zusammengefaßt können wir zunächst formulieren: Institutionen sind soziale Daseinsstrukturen der geschaffenen Welt als Einladung Gottes zu ordnender und gestaltender Tat in der Freiheit des Glaubensgehorsams gegen sein Gebot. Diese ordnende und gestaltende Tat verwirklicht die im Grundriß, wie zum Beispiel Ehe, Eigentum, Staat, vorgegebenen Institutionen. Hier kommt man aus der Alternative heraus, in der die sogenannte Ordnungstheologie der freien Entscheidung des Menschen zur Ordnung nicht Rechnung zu tragen vermag, andererseits der personalistische Aktualismus dem Dauercharakter, der Verbindlichkeit oder Sicherheit des Rechtes nicht entsprechen kann.

---

16 Vgl. Dombois, Recht und Institution, S. 71 f.

Institutionalität

Man ist dann in der Institutionendebatte noch einen Schritt weitergegangen, indem man von dem Begriff der Institution zu dem Begriff der *Institutionalität* überging. Denn Institutionen im Sinne des theologischen Gespräches meinten nicht den gesamten Umkreis der Rechtsinstitute der bestehenden Rechtsordnung, sondern der Begriff bezog sich im wesentlichen auf einige mit dem Menschen gegebene, unverzichtbare und existentielle soziale Grundbezüge; auf Grundbezüge allerdings, die im einzelnen einer rechtlichen Ausprägung fähig und bedürftig sind, der jeweils relative Geltung zukommt. Das heißt also: Die Institutionen, wie immer sie als menschliche Grundbezüge aufgefaßt werden, stehen in der Geschichte des menschlichen Daseins. Soweit sie sich theologisch begründen lassen, erweisen sie sich für den Christen als Hilfe und Auftrag zur Verwirklichung der Gerechtigkeit. Nur darf man sie nicht zu eilig in das Licht von Ordnungen des menschlichen Lebens zwischen Fall und Gericht rücken. Sofern sie auch als solche Ordnungen sich auswirken, sind sie als Gesetz anzusehen, aber nur insofern. Theologisch aber sollen sie verstanden werden vom Bunde Gottes mit dem Menschen her, von seiner geschichtlichen Treue und dem daraus für den Menschen erschlossenen eschatologischen Horizont der Welt.

Es muß nun genauer gesagt werden, was mit Institutionalität gemeint ist. Eine Anthropologie, die nach den Phänomenen des menschlichen Daseins und von da aus nach dem Wesen des Menschen fragt, neigt dazu, wie es auch der klassischen Tradition philosophischer Anthropologie entspricht, Institutionalität ebenso wie Sozialität und Rationalität als Eigenschaften des Menschen anzusehen. Eine theologische Anthropologie hingegen, die nach der geschichtlichen, konkreten Wirklichkeit des Menschen fragt, wird sich auf jene sogenannten Eigenschaften nicht mehr einlassen können. Sie wird vielmehr Institutionalität, Sozialität und auch Rationalität als die spezifischen Nenner für die existentialen Grundbedürftigkeiten des Menschen in seiner Menschwerdung ansehen. Der Mensch ist, um Mensch werden und Mensch bleiben zu können, angewiesen auf Institutionalität, auf Sozialität und Rationalität. Auch diese weisen in der christlichen Erkenntnis auf Gottes Handeln zurück, freilich nicht in dem Sinne, wie innerhalb einer Schöpfungsordnungstheologie allenfalls von eingestifteten Eigenschaften des Menschen hier die Rede ist, sondern in dem Sinne, daß das Fundament der Menschwerdung des Menschen bzw. seiner Wirklichkeit für die theologische Anthropologie das Handeln *Gottes* an ihm, mit ihm und durch ihn ist. Das entspricht der Grundlinie der reformatorischen Definitionsformel für den Menschen, daß nämlich der Mensch durch den Glauben gerechtfertigt werde. Das heißt, daß er dadurch, daß Gott ihn aus Gnaden in sein Recht einsetzt, zum Menschen werde. Der primäre Ansatz für die Frage nach der Institution ist eben die Frage nach dem Menschen; gerade auch auf dem Hintergrund von Schöpfung und Erlösung, das heißt: unter dem Gesichtswinkel der Mitmenschlichkeit. Man kann das in andeutender Zusammenfassung etwa so sagen: Gott schuf den Menschen als sein Gegenüber, in Gestalt seines abbildlichen Ebenbildes, charakterisiert durch Partnerschafts- und Bündnisfähigkeit, wobei das Gegenüber-Sein noch besonders und bleibend ausgedrückt ist durch das Gegenüber im Zusammensein der Geschlechter. Die entsprechende Deutung der Schriftenaussagen über den Menschen als Bild und Gleichnis Gottes ist heute weithin anerkannt und verdeutlicht das für das Wesen des Menschen konstitutive In-Sein in Bund, Partnerschaft, Gemeinde und in anderen Bezügen, die seine Existenz bedingen und ausmachen. Im Schöpfungsbericht selbst werden vor allem drei Gestalten dieses konstitutiven Gegenüber deutlich: das Gegenüber von Gott und Mensch, das Gegenüber von Mensch und Mensch und das Gegenüber von Mensch und Erde. Dieses dreifache Gegenüber, das die Institutionalität im einzelnen umschreibt, verweist dann auf ein Dreifaches von exemplarischen Institutionen, nämlich auf die Institutionen Bund, Ehe, Eigentum. Sie werden hier als exemplarisch bezeichnet nicht etwa im Sinn von Modellen, sondern im Sinn des primären und zugleich fundamentalen Gestaltausdrucks verwirklichter Institutionalität.

Von diesen exemplarischen Institutionen setzt und erweist der *Bund* den Menschen in der Partnerschaft zu Gott innerhalb seiner eschatologischen Geschichte. Die zu ihr gehörigen konkreten Bundesschließungen im Alten und Neuen Testament gehen jeweils aller besonderen Inanspruchnahme des Menschen als Menschen voraus.

Die exemplarische Institution der *Ehe* ist in diesem Zusammenhang die Verwirklichungsgestalt der innerhalb des Bundes gottgewollten mitmenschlichen Beziehung und des Ich-Du-Ereignisses auf dieser Ebene. Gerade die diese Institution der Ehe charakterisierenden Strukturen, die Vorgegebenheit und Unverfügbarkeit, das Verhältnis von Angebot und Annahme usw., bildeten ja den Ausgang des ganzen Gesprächs um die Institutionen und drängten immer wieder zu der Frage, ob nicht gerade diesem Exemplar Ehe eine gewisse Allgemeingültigkeit für die Struktur der Institution überhaupt zugesprochen werden soll.

Eigentum als Institution[17] ist die Form der innerhalb des Bundes gewollten, nämlich von Gott als dem Eigentümer der Erde gewollten Lebenswirklichkeit in Mitmenschlichkeit unter dem Auftrag der stellvertretenden Wahrnehmung des Herrschaftsanspruches Gottes auf die Erde, das heißt also: unter dem Auftrag des „machet sie euch untertan“ von

[17] Vgl. dazu R.-P. Calliess, Eigentum als Institution, 1962.

Gen. 1, 28 bzw. unter dem Auftrag der Einsetzung in den Garten Eden, Gen. 2, 15. Gerade an der Institution Eigentum zeigt sich besonders deutlich das Moment der „Bedürftigkeit“ von „Institutionalität“ zur Menschwerdung des Menschen. Eigentum als Institution wird hier entwickelt im Blick auf die Bestimmung des Menschen zur Gemeinschaft mit Gott und dem Mitmenschen in der konkreten Wirklichkeit der Schöpfung Gottes: Eigentumsinstitution ist immer Ausdruck einer dann auch rechtlich zu regelnden „Beziehung zwischen Menschen im Hinblick auf Sachen“, nicht (einer) „Beziehung einer Person zu einer Sache, die erst nachträglich gesellschaftlicher Gestaltung bedarf“[18]. Das heißt: Eigentum ist von vornherein ein Sozialverhältnis. Anders formuliert, sozusagen „soziologisch“ gesagt: „Eigentumsinstitution ist das auf Dauer gestellte Verhältnis des Menschen zu einem anderen Menschen im Hinblick auf die ihnen gemeinsam anvertraute Erde.“[19] Eigentum als Institution steht so *hinter* allen geschichtlich wandelbaren Eigentumsbegriffen und begründet zugleich auch die Notwendigkeit des Offenseins für geschichtlich bedingte Wandlungen dieses Begriffes selbst.

An der Institution des Eigentums wird zudem besonders deutlich, daß Institutionalität hier zu begreifen ist in Analogie zu den Existentialien eben als Bedingung der Möglichkeit, daß der Mensch Mensch zu sein vermag. Verdeutlichen kann man sich das wieder am Vergleich mit dem tierisch-naturhaften Verhältnis zur Erde. Eigentum bedeutet dann „Befreiung“ von einem solchen „zeitlosen“, ungeschichtlichen und lediglich trieb- und instinktbedingten, zugleich individuell höchst spezialisierten Verhältnis. Es ist vielmehr Ausdruck der Stabilisierung menschlich verfügenden Verhaltens in Mitmenschlichkeit gegenüber der Dingwelt, freilich unter ständiger Gefährdung durch eine Fülle von Konfliktsmöglichkeiten. Diese stecken nicht nur in dem das „Herrschaftsverhältnis“ zur Erde ausmachenden und darin einer ständigen Erweiterung fähigen Vermögen des Verfügens, und zwar durch den Mißbrauch der Verfügungsgewalt, sondern auch in der doppelten Beziehungsmöglichkeit dieses Mißbrauches, nämlich sowohl gegenüber der Aufgabe der Mitmenschlichkeit wie auch gegenüber der Bewahrung der Schöpfung. Es wird aber daran deutlich, daß Eigentum seinen Sinn nicht allein haben kann in der Befriedigung irgendwelcher biologischer Bedürfnisse, sondern daß es im Hinblick auf das Verfügen der Entfaltung und Behauptung der menschlichen Person „institutionell“ zugeordnet ist.

Gerade hier, an der Eigentumsinstitution, wird der Charakter der Institutionalität und damit auch der Institutionen als der unentbehrlichen Bedingungen für die Möglichkeit der Menschwerdung des Menschen in dem Aufeinanderhin von göttlichem Angebot und menschlicher Annah-

---

[18] Ebd. S. 80.

[19] Ebd. S. 77 f.

me deutlich. Das Angebot nennt der Schöpfungsbericht — sehen wir ab von der nur scheinbaren „Einseitigkeit“ der Bundesschließungen — mit der Erschaffung des Menschen als Mann und Frau und mit dem Auftrag zur verfügenden Bewältigung der anvertrauten Erde. Beides ist aber miteinander verbunden und beides hat das In-Sein im Bund zur unabdingbaren Voraussetzung. Die Annahme, das heißt also dann bei der Institution Eigentum das menschliche Verfügen über Sachen, bedeutet von daher Verwirklichung der solidarischen Existenzgemeinschaft nicht nur mit der Erde, sondern auch mit dem Mitmenschen. Institution ist also von der theologischen Anthropologie der Gottebenbildlichkeit her konstituiert durch Gottes schöpferischen Anruf, des Menschen gehorsame Antwort und deren Folgen, sofern sie, wo sie sich im Prozeß der Menschwerdung realisieren, sich auch statusbildend und -bewahrend auswirken. Diese exemplarische Institutionendreiheit Bund, Ehe, Eigentum ist nicht als Sicherungsgröße um der Sünde willen zu begreifen, aber in concreto — das heißt: unter dem Vorzeichen des Ungehorsams sowohl hybrider Leugnung der Institutionalität wie auch usurpierter Verabsolutierung der exemplarischen Institutionen, die sie als Mittel zu anderen Zwecken verobjektivierten, zum Beispiel die Ehe lediglich zum Zweck der Nachkommenschaft — in concreto werden die exemplarischen Institutionen von der Gefallenheit des Menschen betroffen.

Hier ist der Ort, an dem die Sicherungsbemühung rechtlichen Schutzes einzugreifen sucht, welche die Normativität der Institutionen gegenüber der Sünde relativ abzuschirmen sucht durch ein ihnen, den Institutionen, zugeordnetes System oder Gerüst von Rechtsnormen. Aber diese Sicherungsbemühung beschränkt sich in Beziehung auf die Institutionen nicht auf gebietende und verbietende Normen, sondern sie nimmt im besonderen Maß auch den Bereich „gewährender Normen“ in diese hinein. Denn jene exemplarischen Institutionen sind ja gerade als Angebot aus dem Schöpfer- und Erhalterwillen Gottes gewährende Normen, bereitgestellt, um der Lebenswirklichkeit Raum zu geben. Auch daran zeigt sich, daß sich Normen im Grunde nur in Relation auf Institutionen definieren lassen. Suchen sie aber der Lebenswirklichkeit Raum zu geben, dann müssen sie auch den Wandlungen der Lebenswirklichkeit zu entsprechen versuchen. Gerade der theologische Begriff der Institution befreit also den Christen davon, sich an unabänderliche, gesetzliche Schöpfungsordnungen oder ähnliches gebunden zu wissen, und stellt ihn dazu frei, die Gestaltung der jeweils menschliches Dasein gewährenden Institutionen in freier Verantwortung und im Gehorsam gegenüber dem Gebote Gottes zu vollziehen. Das reicht hin bis zu der unter Umständen notwendigen Befreiung christlichen Denkens zu einer verantwortlichen Bejahung auch revolutionärer Änderungen unerträglicher Gesellschaftsverhältnisse.

Realisierung der Institutionalität setzt die Freiheit zum Gehorsam gegenüber dem Gebot Gottes voraus. Die Trias der Institutionalität des Menschen, sachlich bestimmt durch die Hineinnahme in den Bund Gottes, das Angewiesensein auf Mitmenschlichkeit und Nächstenschaft und durch den Auftrag des dominium zum verantwortlichen Verfügen über die Erde, dient der Sicherung des rechten Gebrauches der Freiheit. Im Zusammenhang mit dem schöpferischen Gebot Gottes ist ohne die Institutionen die Menschwerdung des Menschen als Möglichkeit und als Auftrag undenkbar. Die ihnen innewohnende Normativität wird so zuletzt zurückzuführen sein auf das Gebot Gottes. Das Gebot Gottes, das dem Menschen zu seinem Heile gilt, verweist ihn an jene exemplarischen Institutionen, von denen aus sich dann jeweils zugehörige weitere Bereiche der Verwirklichung und der Verwirklichungsbedingungen menschlicher Existenz werden erhellen lassen. Denn die Institutionentrias stellt ja nur die Grundstruktur von Institutionen dar. Man wird aus ihnen zwar weitere Gestalten von Institutionen nicht formal ableiten können, aber doch gewisse Zuordnungen vornehmen dürfen. So wird beispielsweise das Problem der Arbeit bis hin zu dem höchsten Ausmaß technischer Bewältigung der Naturkräfte in seinem Zusammenhang mit der Institution des Eigentums zu durchdenken sein. Der ganze Aufbau rechtlicher Sicherungen des menschlichen Daseins, die Fülle etwa von Institutionen, die der Gestaltwerdung und dem Schutz eines demokratischen und sozialen Rechtsstaates dienen, gehören hierher. Alles in gewisser Weise schöpferische Leistungen des Menschen, deren schöpferischer Charakter in der Anteilhabe daran besteht, daß die drei Grundinstitutionen von Gott gewollt und verordnet sind. Was eingangs des ganzen Institutionengespräches etwa vom Moment der Stiftung der Institutionen gesagt wurde, läßt sich mühelos mit dieser exemplarischen Institutionendreiheit verbinden, während andererseits die Frage nach einer abgegrenzten umfassenderen Institutionentafel durch die theologische Bescheidung mit den drei exemplarischen Institutionen eine Antwort erhält, die gegenüber bestimmten spekulativen Ausweitungen zu sichern vermag. Es ist von daher ausgeschlossen, eine bestimmte Staatsform unmittelbar auf eine göttliche Institution zurückzuführen und so etwa mit der lutherischen Staatstheologie, wie sie noch Künneth vertritt, den im wesentlichen monarchisch gedachten Staat als Stellvertreter Gottes auf Erden anzusprechen und ihm eine Souveränität zuzuerkennen, die derjenigen Gottes entspricht.

Die Frage nach der Normativität der Institutionen läßt sich im Fall der Ehe und auch im Fall des Eigentums als Institution relativ leicht in den Blick nehmen. Man kann zuletzt fragen, was in bezug auf die Trias der Institutionalität, die mit Bund, Mitmenschlichkeit und Dominium skizziert worden ist, neben diesen beiden exemplarischen Institutionen von Ehe und Arbeit/Eigentum, die der Institutionalität von Mitmenschlichkeit und Dominium entsprechen, konkret dann dem *Bunde* entspricht. Vielleicht darf man hier die Antwort versuchen: die Kirche, begriffen in den biblischen Bildern des Bundesvolkes Gottes oder des Leibes Christi, und dann, im Zusammenhang mit ihr und auf sie abbildhaft und nicht ohne die Möglichkeit gegensätzlicher Gestaltung bezogen, der Staat. So wie der Bund das Vorzeichen ist, unter dem die beiden anderen Institutionalitäten ihre Wirklichkeit gewinnen, entsprechend wird man dann auch die der Institutionalität des Bundesverhältnisses zugeordnete exemplarische Institution, also Kirche bzw. Staat als Rahmen begreifen, in dem sich die Verwirklichung der beiden anderen exemplarischen Institutionen vollzieht. Samt diesem Rahmen stehen die Verwirklichungsversuche dieser Institutionen aber immer wieder unter der Macht der Sünde, sind sie bedroht durch den Ungehorsam gegenüber dem Auftrag auf Grund eines sich verfehlenden Mißbrauchs der Freiheit. Die Folge davon ist, daß der Mensch, der sichernden, den Institutionen innewohnenden Normativität beraubt, preisgegeben wird an sich selbst. Er verliert damit den ihm zugeordneten, ihm als Gestaltungsaufgabe zugeordneten Lebensraum und damit auch sein Leben in der Menschlichkeit des Menschen.

„Als verfehlbare Möglichkeit sind die Institutionen weder ein heiles System idealer Gestaltung noch bloße äußere Zwangsordnung im vermeintlichen Gegensatz zu personaler Eigentlichkeit“[20], sondern unverzichtbare Aufgabe für den Menschen um seiner selbst willen, ohne deren stets neue Inangriffnahme er sich selbst verfehlen würde.

Von da öffnet sich der Blick auf aktuelle Aufgaben. Ist zum Beispiel der Staat keine Schöpfungsordnung mehr, der man schicksalsmäßig eingeordnet ist, nicht mehr Stellvertreter Gottes auf Erden, sondern Gestaltungsaufgabe für den Menschen, eine menschliche Institution und kein ewiges Wesen, dann muß, zumal im atomaren Zeitalter, jeder Tendenz gewehrt werden, staatliche Macht der Gesellschaft gegenüber zu totalisieren, staatliche Souveränität nicht dem Aufbau großer weltwirtschaftlich nötig gewordener überstaatlicher Einrichtungen in den Weg zu stellen, seine, des Staates, Verantwortung dahin zu lenken, „für eine demokratische Strukturierung der anderen Machtzentren und für eine Publizität ihres Wirkens zu sorgen sowie eine übermäßige Konzentration von Macht zu verhindern“[21]. Gerade hier dürfte der Christ eine besondere Aufgabe der Bewährung seines Glaubensgehorsams im innerweltlichen Handeln zu erkennen haben. Dies lediglich als *ein* Beispiel für die Aktualisierung der Institutionalität in geschichtlich-konkreter Situation!

[20] Dombois, Institution, S. 800.

[21] H. Simon, Wer wenig im Leben hat, soll viel im Recht haben, Ökumenische Rundschau 16, 1967, S. 344.

§ 11 Die Institution der Ehe

Ihre Voraussetzung ist die Differenzierung und das Zueinander der Geschlechter, das in der analogia relationis zu erfassende Wesen der Gottebenbildlichkeit des Menschen — jenseits eines bloß biologisch-naturhaften Befundes —, das in der anthropologischen Grundlegung bereits erörtert ist.

Ihren empirischen Ausweis bietet die Kulturgeschichte der Ehe gerade mit der Mannigfaltigkeit der Strukturen, Formen, Motive, der mehr oder minder kultisch-rituellen Umkleidung des Eheschlusses als eines latenten oder offenkundigen Rechtsvorgangs usw.

Dazu kommt die Mannigfaltigkeit der *Definition*: Zum Beispiel Kants „Katheder"-Definition: „Die Ehe (matrimonium) ist ein Vertrag zweier Personen verschiedenen Geschlechts zum lebenswierigen wechselseitigen Besitz ihrer Geschlechtseigenschaften", oder die der katholischen Morallehre: „Die Ehe ist die rechtmäßige, dauernde und vollständige Lebensgemeinschaft eines Mannes und einer Frau zur Erzeugung und Erziehung von Nachkommenschaft und zur gegenseitigen seelisch-sittlichen Ergänzung und Hilfeleistung. Dieser natürliche Begriff der wahren Ehe erhebt sich im Christentum zu dem der sakramentalen Ehe, die zugleich ein Mittel der Gnade, ein Element der übernatürlichen Lebensordnung ist. Der Begriff wird entstellt und herabgesetzt im Gebrauch des Worts Ehe für polygame und ähnliche Geschlechtsverbindungen ... Die Zielgüter der Ehe (bona matrimonii)" sind „ihre Fruchtbarkeit, Einheit und Unauflöslichkeit."[1]

Oder eine protestantische Definition der jüngeren Zeit: „Die geschlechtliche Liebe beruft zur Aufgabe der Ehe. Ehe bedeutet die Durchdringung, Reinigung, Gestaltung der natürlichen seelisch-leiblichen Geschlechtsliebe in einer besonderen Gestalt personhafter Gemeinschaft in der Agape. Sie ruht auf der Naturtatsache der Neigung eines Mannes und einer Frau zueinander und ist keine rechte Ehe, wenn diese natürliche Bedingung fehlt."[2]

Der Vielfältigkeit der Definition entspricht die Mannigfaltigkeit der *Motive*, wie sie die Stichworte „Liebesheirat" und „Vernunftehe" als durchschnittliche Formen der im abendländischen Kulturkreis vorkom-

---

[1] Mausbach-Ermecke, Katholische Moraltheologie III, 1953, S. 107 ff. Vgl. CJC 1013 § 1: „Matrimonii finis *primarius* est procreatio atque educatio prolis: *secundarius* mutuum adiutorium et remedium concupiscentiae." — Die Entscheidung S. Officii „De finibus matrimonii" vom 1. 4. 1949 verteidigt diese Ordnung gegen die, die den finis secundarius an erste Stelle rücken wollen. Ebenso Pius XII. Die katholische Moraltheologie bietet einen Kompromiß an: das gilt für Ehe „im engeren" Sinn! Vgl. Mausbach-Ermecke, S. 110.

[2] Althaus, Ethik, S. 114 f.

menden Motive andeuten. Zu Luther schreibt zum Beispiel H. Böhmer[3]: „Luther heiratet nicht wie ein normaler Mensch, *propter opus*, aus Liebe, auch nicht *propter opes*, um seine Vermögensverhältnisse zu verbessern, endlich auch nicht *propter opem*, um sich eine Pflegerin für seine alten Tage zu verschaffen, sondern erstens propter patrem, weil sein alter Vater es wünschte, zweitens propter conscientiam et religionem, weil sein Gewissen ihn drängte, selber mit der Tat zu bekräftigen, was er andere gelehrt hat, drittens propter diabolum et papam, um den Teufel und die Papisten zu ärgern."[4]

In allen Fällen bildete eine patriarchalisch geprägte Hintergrundsstruktur[5] den *soziologischen Rahmen*. Gerade *er* gilt, zusammen mit der Unauflöslichkeit der Einehe als entscheidendes Moment christlicher Eheauffassung, als bezeichnendes Element ihrer herkömmlichen Auffassung als „Schöpfungsordnung". Immer wieder wird für beides ein „Schriftbeweis" angeboten. Aber gerade dieser bedarf kritischer Prüfung.

Das Schriftzeugnis

Wir wenden uns den zumeist angeführten Schriftstellen des *Alten Testaments* nun im Lichte der neueren Auslegung zu — es wird manches dabei vielleicht rekapituliert werden müssen, aber in diesem Zusammenhang zugleich in ein etwas anderes Licht treten.

Gen. 1, 26 ff. Die Priesterschrift erzählt die innerhalb des Schöpfungswerkes besondere Erschaffung des Menschen als eines „Urpaares", „den Menschen als Mann und Weib schuf er sie", und zwar ohne ersichtliche Beziehung auf eine Gestalt der Ehe oder auf eine Differenzierung des Wirkens von Mann und Frau „nach außen". Gemeinsam werden sie, wie „*der* Mensch" (V. 27) zur Mitregentschaft mit Gott berufen. Es wird hier undifferenziert im Kollektivbegriff „Menschheit" gesprochen bzw. es wird auch der Frau die „Erschaffung nach Gottes Bild" zugeeignet, durch die sie an der Sonderstellung des Menschen der Natur gegenüber teilnimmt. Immerhin sucht man exegetisch die Aussage „als Mann und Weib schuf er sie" dahin zu verstehen, daß das Menschenwesen nur „im Zusammensein mit einem anderen Menschen", daraufhin angelegt, „zur Reife" komme, „ganz Mensch" und zugleich „gehorsames Geschöpf Gottes" sei[6]. „Durch Gottes Willen ist der Mensch nicht einsam geschaffen, sondern zum Du des anderen Geschlechtes berufen" — es ist also hier, wie von Rad ausdrücklich formuliert, „in der Bewertung der Ge-

[3] Luthers Ehe, Lutherjahrbuch VII, 1925.

[4] Ebd. S. 68/69; Enders V, S. 204.

[5] Vgl. § 1354 BGB.

[6] Vgl. W. Zimmerli, 1. Mose 1—11, Prophezei, ^{2}1957, z. St.

schlechter nicht der leiseste Unterschied zu erkennen." Entscheidend ist vielmehr, daß Gott den Menschen nicht als „einsamen Menschen" schuf, sondern in diesem Gegenüber, das heißt aber: in einer Entsprechung zu seiner eigenen Nicht-Einsamkeit. Er stellt den Menschen in eine Existenzform, die der seinen ähnlich ist. So, „als Mann und Frau existierend", ist er der zum Bilde Gottes bestimmte Mensch[7]. Es sei noch einmal daran erinnert, daß mit einer breiten exegetischen Begründung K. Barth mitten im Chor der Stimmen der Alttestamentler auf derselben Linie als Dogmatiker grundlegende und weiterführende Einsichten entwickelt hat. Wir sehen, daß bei Barth die geschlechtliche Differenzierung verwendet wurde, um per analogiam relationis das Geheimnis der Gottebenbildlichkeit des Menschen zu klären. Von da aus folgt aber, daß gerade andere Differenzierungen, also auch die Differenzierung einer seinsmäßigen Über- oder Unterordnung, ausgeschlossen sind — wohlgemerkt: einer *seinsmäßigen* Über- bzw. Unterordnung. Denn das Sein des Menschen geschieht ja in der Begegnung mit dem Mitmenschen, in der ungleichen Zweiheit von Mann und Frau. Unterscheidung und Beziehung von Mann und Frau sind „der erste und zugleich exemplarische Bereich der Mitmenschlichkeit". K. Barth hat in der Kirchlichen Dogmatik unter dem Titel der „Freiheit in der Gemeinschaft" in aller Breite der Auseinandersetzung dies zu entfalten unternommen, gerade auch mit dem Leitsatz: „Indem Gott der Schöpfer den Menschen zu sich ruft, wendet er ihn auch seinem Mitmenschen zu. Gottes Gebot sagt im besonderen, daß der Mensch in der Begegnung von Mann und Frau, in der Beziehung zwischen Eltern und Kindern, auf dem Wege von den Nahen zu den Fernen den anderen mit sich selbst und mit sich selbst auch den anderen bejahen, in Ehren halten und erfreuen darf."[8]

Diese Beobachtungen an Gen. 1, 26 scheint nun auch *Gen. 2, 18 ff.*, der jahwistische Bericht, nur zu unterstreichen, und zwar dadurch, daß hier eben die Frau als die „ebenbürtige Ergänzung des Mannes", als seine „Hilfe", als sein bestimmtes „Gegenüber" erscheint, in dem sich ihm erst die Mitwelt erschließt. „In ihr ist der Mitmensch auf dem Plan in seiner Verheißung, aber auch in seinem Anspruch: die Begrenzung aller Selbstgenügsamkeit."[9] Die entschiedene, von Gott in die Freiheit des Menschen gestellte Begegnung, die sein Menschsein konstituiert, wird in dem freudigen Ja des Mannes zur Frau — „Diese nun endlich! Bein von meinem Bein!" — ausgesprochen. Und in der Formel „eine Hilfe ihm entsprechend" ist „der Begriff des Gleichgearteten wie der der Ergänzung" enthalten[10]. Der ätiologische Charakter der ganzen Erzählung wird dann V. 24 deutlich: Der Drang der Geschlechter zueinander soll

[7] Ch. v. Kirschbaum, Die wirkliche Frau, 1949, S. 8.

[8] Barth, KD § 54, S. 127.

[9] v. Kirschbaum, S. 9.

[10] G. v. Rad, Das erste Buch Mose. Genesis, NTD 2, [9]1972, z. St.

erklärt werden, und dabei scheint die Fassung dieses Verses sogar auf eine mutterrechtliche Kultur hinzuweisen! Daß die Erzählung von dem „Voneinander und Zueinander der Geschlechter" auch ein Nacheinander und damit auch eine schöpfungsmäßige Stufung betone, wie es dann die von Paulus 1. Kor. 11, 7 und die 1. Tim. 2, 13 aufgegriffene rabbinische Auslegung zu tun scheint, ist eben darum nicht wahrscheinlich. Der Ausdruck „Hilfe" und die Erschaffung der Frau *nach* der des Mannes — auf eine „nähere Beziehung zum Dienen" für die Frau gedeutet — spricht keine Abwertung der Frau aus. Eine Beziehung der ganzen Erzählung zur Institution der Ehe ist wahrscheinlich, aber über deren Gestalt wird nichts ausgesagt. Nur so viel darf noch allenfalls herausgelesen werden, daß die Gemeinschaft von Mann und Frau „eine sittliche Angelegenheit" ist, „geadelt durch ihre Bindung an Gott", der sie in der Schöpfung verordnet hat[11]. Aber von einer schöpfungsmäßigen monogamischen Ehe patriarchalischer Struktur wird auch hier nicht gesprochen. Vielmehr „stehen Mann und Frau einander gegenüber in einer letzten Freiheit", weil ein jedes von ihnen aus Gottes Hand hervorgegangen ist, und in einer letzten Gebundenheit, weil beide *miteinander* der Mensch sind, auf dem Gottes Wohlgefallen ruht und den er zu seinem geschöpflichen „Du" gewählt hat. „Das ist die letzte und tiefste Gleichberechtigung, sagen wir lieber: Gleichbegnadung, von Mann und Frau"[12], das erwählte geschöpfliche Du zu Gott.

Wir gehen über zu *Gen. 3*: Diese Geschichte scheint nun doch den in 1. Kor. 11, 7 und 1. Tim. 2, 13 schon für Gen. 2, 18 postulierten Rangunterschied zwischen Mann und Frau in der Tat festzustellen. Gen. 3, 16: „Er soll dich beherrschen." aber auch hier wird man sehr sorgsam sein müssen bei der näheren Auslegung dieser Stelle (und im großen ganzen stimmen auch hier die Ergebnisse neuerer alttestamentlicher Exegese auf der im folgenden durchgezogenen Linie überein). Es geht nämlich in dieser Erzählung um die Schuld des Menschen gegen Gott. Es ist das Bestreben des Erzählers, die Sache und demgemäß die Schuldfrage so wenig wie möglich aus dem Menschen herauszuverlegen: Die Tat des Ungehorsams macht Adam schuldig, das Weib und die Schlange werden als Mitbeteiligte bestraft. Aber freilich in seiner Rechtfertigung vor Gott verrät der Mensch das Weib. Oder anders formuliert: „Die Solidarität der Sünde, in der sie nun im Angesichte Gottes verbunden sind, diese letzte Solidarität wird von ihnen nicht anerkannt, die doch gemeinsam begangene Sünde hat die Menschen vor Gott nicht verbunden, sondern vereinsamt."[13] Und das heißt: Das Verhältnis von Mann und Frau ist jetzt „ein zerstörtes" Gegenüber auf Grund des zerstörten Gegenübers des Menschen zu Gott. Das drückt sich ja auch darin aus, daß die Frau,

[11] Zimmerli, 1. Mose 1—11, z. St.
[12] v. Kirschbaum, S. 10.
[13] v. Rad, Genesis, S. 74.

aus dem Paradies verstoßen, von Adam nicht mehr „iša", nicht mehr „Männin", sondern „Eva", „Mutter der Lebendigen", genannt wird, daß im Gerichtswort über die Frau *er* als ihr „Herr" bezeichnet wird — das sind gewiß Unterschiede! Dennoch wird man sie kaum als Wert- oder Rangunterschiede auslegen dürfen, die sich auf ein allgemeines Verhältnis untereinander beziehen. Vielleicht hat von Rad recht, wenn er meint, die Erstversuchlichkeit der Frau könne allenfalls andeuten wollen, „daß das Weib den dunklen Lockungen und Geheimnissen, die unser umschränktes Leben umlagern, unmittelbarer gegenübersteht als der Mann"[14]; vielleicht! Aber das wäre auch alles. Und das Gerichtswort — wohlgemerkt: Weib und Mann sind *nicht* verflucht! — an die Frau nennt „die Tatsächlichkeiten, die, weil sie in einem Verhältnis ungelöster Spannung zueinander stehen, das Leben des Weibes zermürben"[15] — die Beschwerden der Schwangerschaft, die Schmerzen beim Gebären usw. —; und trotzdem ist so etwas wie eine Bevorzugung der Frau zu konstatieren; es fehlt ihr gegenüber nämlich der Vorhalt „weil du solches getan hast", und sie ist als Mutter der Lebendigen Trägerin der Hoffnung auf das Künftige. Wie immer das „Herrsein" des Mannes verstanden werden kann — es meint jedenfalls nach Gen. 3 nicht eine schöpfungs- oder seinsmäßige Überordnung, aber auch nicht eine durch die Sünde, die gemeinsame Sündentat, als Norm gesetzte Vorordnung. Keinesfalls ist also Gen. 3, 16 ein Gebot Gottes, auf Grund dessen die Herrschaft des Mannes über die Frau in der Ehe gefordert werden könnte.

Im einzelnen ist freilich die Auslegung von Gen. 3, 16 dann bei den Alttestamentlern nicht einhellig; Zimmerli zum Beispiel redet wiederholt von der „schimpflichen Knechtschaft der Frau unter ihrem Herrn"; Gunkel spricht davon, daß der Mann die Frau „tyrannisiert". Aber gerade diese Beschreibung von anscheinend empirisch Vorfindlichem verwehrt es, Gen. 3, 16 zur Begründung einer *schöpfungs*mäßigen Überordnung des Mannes als *Norm* des Verhältnisses der Geschlechter (auch in der Ehe) heranzuziehen.

Fassen wir zusammen, was die alttestamentlichen Stellen ergeben: Die Schöpfungsberichte sagen nichts aus von einer absoluten Rangordnung der Geschlechter, sondern handeln von dem schöpfungsmäßigen Zueinander von Mann und Frau und von dem für das Menschsein des Menschen konstitutiven Gegenüber von Ich und Du. Soweit sie sich — ätiologisch — auf die Gemeinschaft der Geschlechter (und von da aus vielleicht auch auf das Institut der Ehe) beziehen, ist ihnen das Moment dieses Aufeinanderangewiesenseins von Mann und Frau, von Frau und Mann wichtig. Es schließt eine Gleichberechtigung bzw. eine Gleichbegnadung der Partner in sich als seine Voraussetzung. Und das bleibt auch der Hin-

[14] Ebd. S. 73.

[15] Ebd. S. 75.

tergrund der Sündenfallsgeschichte, die augenscheinlich die ständige Bedrohung dieses Aufeinanderangewiesenseins, seine Not und seine Spannung, seine Verkehrung und seine Verfälschung, „erklärt“ — *erklärt* als Ausdruck seiner Urschuld. Über die Form der Ehe, über ein normatives Eheideal, über schöpfungsmäßige Normen der Eheführung wird nichts ausgesagt. Und entsprechende Vorstellungen der gängigen Überlieferung — und es ist bekannt, welch ein Gebirge gängiger Überlieferungen sich hier aufzutürmen beginnt! — „christlichen“ Denkens darüber entbehren also einer biblisch-legitimen Grundlage, soweit sie diese alttestamentlichen Stellen *unmittelbar* anrufen. Sie können sich aber allem Anschein nach auf das Neue Testament und auf die in ihm begegnende Interpretation dieser alttestamentlichen Stellen stützen.

Wir wenden uns daher den für die zu erörternde Sachfrage aufgebotenen *neutestamentlichen* Aussagen zu:

a) Mt. 19, 3 ff. parr. werden Gen. 1, 27 und Gen. 2, 24 angesichts der Ehescheidung Jesus als Schriftbeweis für die grundsätzliche Unauflöslichkeit der Ehe in den Mund gelegt. Die Beziehung dieser Stellen auf die Ehe erscheint in Richtung auf ein bereits rechtlich fixiertes Institut von patriarchalischer Struktur gleichsam verdichtet. Und es taucht damit das schwierige Problem auf, ob mit diesem Aufgreifen der alttestamentlichen Stellen im Munde Jesu zugleich die „authentische“ Auslegung jener Stellen für die Kirche angeboten sei, oder ob nicht in dem Streitgespräch Jesu mit den Pharisäern hier von ihm eine bestimmte, eine bereits übliche Beweismethode rabbinischer Kasuistik aufgegriffen wird. Für die spätere christliche Tradition lag es ja nahe, an dieser Stelle einen unzweideutigen Schriftbeweis für den Schöpfungsordnungscharakter der Einehe und zum Teil für die in dem Entlassungsrecht nur des Mannes eingeschlossene Vorrangstellung des Mannes in der Einehe zu sehen. Daß die zeitgenössischen jüdischen Eherechtsverhältnisse — die übrigens die Polygamie ja noch nicht ausschließen — den Hintergrund bilden, ist nicht zu verkennen. Auf sie zielt kritisch eben das Geltendmachen des „ein Fleisch“ von Gen. 2, 24, freilich kaum als direkte positive Anordnung und Ordnung der Einehe als allein erlaubter Eheform, obwohl das Verbot der Polygamie zum Beispiel in der Damaskusschrift (7, 1 ff.) bereits mit Gen. 1, 27 begründet wird — auch nicht als Korrektur der erst durch das Vorhandensein von Kindern legitimierten, also betont auf die Sicherung des Fortbestandes der Familie bezogenen jüdischen Ehe. Nicht durch die kasuistische Heranziehung der Genesis-Stellen, sondern durch die Beurteilung der Scheidung bzw. der Wiederverheiratung Geschiedener als Ehebruch oder Unzucht erfolgt die „kategorische Setzung der unauflöslichen Einehe“ — wie Lohmeyer[16] meint — oder zumindest die

[16] E. Lohmeyer, Markus, Krit.-exeg. Kommentar 1/2, ^{8}1967, S. 201.

der Unauflöslichkeit der Ehe; denn es kann in der Tat mit Julius Schniewind — obwohl auch er betont, daß hier „einmalig und einzigartig die Tatsache der Einehe und deren Unzerstörbarkeit begründet" werde — doch gefragt werden, „Ob man aus dieser grundsätzlichen Feststellung Jesu ein Gesetz für das bürgerliche und kirchliche Leben machen darf", wie es zum Beispiel die römische Kirche tut"[17]. Fragt man hier, indem man das Neue Testament kasuistisch für die Normierung der christlichen Ehe benützt, dann kann man nur feststellen: Die Lösbarkeit der Ehe ist das Problem, um das es an dieser Stelle eigentlich geht, nicht jedoch ein Ideal oder eine Norm der Gestaltung der Ehe — etwa im Sinne der Monogamie — noch um eine Norm für ihre gleichsam „innere" Struktur. Aber die ausgeführten neutestamentlichen Aussagen sind gewiß und eigentlich auf dem Hintergrund des Zehntafelgebotes, mithin in Richtung auf die Benennung des Menschen des alten Äon als „ehebrecherischen Geschlechtes" (Mk. 8, 38 par.) zu verstehen, „was doch wohl nicht *nur* im übertragenen Sinne mancher alttestamentlichen Stellen, sondern *auch* wörtlich zu verstehen ist"[18]. Das heißt also wiederum: Diese Stellen haben auch in ihrer Intention — nicht nur in ihren Aussagen! — gerade nichts mit einer gesetzlichen Normierung der Ehe im Sinne der Umschreibung ihrer idealen Vollkommenheit zu tun. Sie erweisen in einem besonderen Punkt, als Anklage gegen alle, den Menschen als Übertreter des göttlichen Gebotes, und sie machen den ganzen Ernst dessen klar, daß die Ehe ein „heiliger Bereich" ist, daß der Eintritt in ihn „Sache göttlicher Berufung" und nicht menschlicher Willkür ist.

b) *1. Kor. 6, 16* einerseits und *Eph. 5, 31* andererseits wird Gen. 2, 24 wiederum kasuistisch verwendet zur Betonung der Untrennbarkeit des „Ein-Fleisch-Werdens" und ihrer Konsequenzen. Und in ähnlicher Weise hantiert auch 1. Tim. 2, 11 ff. mit der Ersterschaffung Adams und der Erstverführung Evas, diesmal für ein als Norm gültiges „Rangverhältnis" zwischen Mann und Frau. Und ähnlich 1. Kor. 11, 7 und 14, 34: Auch hier gilt die Unterordnung der Frau als im „Gesetz" begründet, Kol. 3, 18 als „im Herrn" ziemliche Sitte; an beiden Stellen also als herkömmlich! Was nun 1. Tim. 2, 11 ff. und 1. Kor. 14, 34 anlangt, so wird zu fragen sein, ob die von Paulus bzw. dem Verfasser vertretene Auslegung des Alten Testaments gegenüber unserer heutigen exegetischen Einsicht verbindlich sein müsse, ob nicht vielmehr der einfache Sinn des alttestamentlichen Textes für uns entscheidet. Jedenfalls liegt hier im Neuen Testament ein Stück theologischer Methodik des Schriftbeweises vor, das nicht so selbstverständlich von uns nachvollzogen werden kann. „An die spezifische Methode" der paulinischen „Führung des Schriftbeweises sind wir nicht gebunden."[19] Das muß immer wieder un-

[17] NTD 1, [4]1949, S. 133 f.
[18] Barth, KD III/4, S. 261 und S. 207 f.
[19] G. v. Rad, Denkschrift „Die Frau im Geistlichen Amt", 1948, S. 40.

terstrichen werden. Das gilt vor allem gegenüber so strittigen Stellen, die etwa dann auch bei dem Problem des Amtsauftrages an die Vikarin eine Rolle spielen. Um es noch einmal zu sagen: An die spezifische Methode der ja im Grund rabbinistischen Führung des Schriftbeweises bei Paulus sind wir nicht gebunden, sondern das alttestamentliche Zeugnis muß von uns unmittelbar gehört werden, sonst verfallen wir einer gesetzlichen Auslegung der Schrift. Kol. 3, 18 kann sehr wohl eine durch die Klausel „im Herrn" verchristlichte jüdische Lebensweisung sein, steht aber doch mit dem engen Beieinander von V. 18 und 19, „Ihr Frauen seid ... untertänig — Ihr Männer, liebet ...", den viel breiteren Ausführungen im Epheserbrief nahe. Der entscheidende Begriff, um den es hier geht, ist nun der schon früher einmal als sozialethisch bedeutsam herausgehobene Begriff der „hypotage" bzw. des „hypotassesthai". Dieser entscheidende Begriff des „hypotassesthai" wird an den genannten Stellen — auch dann Eph. 5, 22. 24 — in seiner ganzen Bedeutungsbreite sorgfältig interpretiert werden müssen.

Um Nach- und Unterordnung handelt es sich zunächst — beim ersten Blick — zweifellos. Und ebenso zweifellos ist, „daß der Nachdruck darauf liegt, daß es sich um eine *Ein*ordnung im Verhältnis zum Mann, also um eine *Bei-* oder *Zu*ordnung handelt; nicht der Mann ist die Instanz, der sich die Frau beugt, indem sie sich dem Manne nach- oder zuordnet, sondern die ‚taxis', unter die sie beide gestellt sind"[20]. Und damit kommen wir zur wichtigsten Stelle:

c) *Eph. 5, 21 ff.* wird, wenn irgendwo so hier, die sonst nur als traditionell deutbare Forderung der Unterordnung der Frau, ihr Untertänigsein in größerem theologischem Zusammenhang durchschaubar. Und zugleich wird die Frage gestellt, ob die Forderung des sich Unterordnens der Frau im Neuen Testament wirklich nur einschärfe, „was auch in seiner Umwelt als Norm gilt". Das ist etwa die These von P. Althaus: Hiermit werde im Grunde nichts anderes getan, als daß das, was auch in der Umwelt des Neuen Testaments als Norm gelte, eingeschärft werde. Wenn man das schlankweg sagt — und man spricht es sehr gerne nach! —, dann hat man sich nicht in zureichendem Maße Gedanken über die Rolle der Frau im antiken Eherecht und das heißt dann: in der Umwelt des Neuen Testaments gemacht, dann hat man sich nicht überlegt, was in diesem Zusammenhang der Sachcharakter der Frau bedeutet und dergleichen mehr, sondern da ist man eben wieder einmal fasziniert von der Theorie der sogenannten Uroffenbarung.

Es kann sich hier, Eph. 5, 21 ff., dann drittens klären, ob und in welcher Beziehung diese Norm bzw. jene Forderung zu dem „schöpfungsmäßigen Wesen von Mann und Frau" steht. Eph. 5 ist zudem die einzige

---

[20] Barth, KD III/4, S. 192.

Stelle in der Bibel, an der ausdrücklich von Struktur und Funktion der Ehe unter Voraussetzung ihrer Verwirklichung prinzipiell gesprochen wird. Es gibt sonst keine Stelle in der Bibel, an der von Struktur und Funktion der Ehe in dieser Weise gesprochen wird! Die katholische Lehre leitet aus Eph. 5 bekanntlich den Sakramentscharakter der Ehe ab, wobei sie sich nicht nur auf das betreffende Stichwort (mysterion — sacramentum) stützt. Und protestantische Exegese redet hier gern, aber völlig verkehrt, von einer Allegorisierung der Ehe als Bild, als Gleichnis für das Verhältnis zwischen Christus und der Gemeinde. Entscheidend dürfte vielmehr sein, daß das Verhältnis zwischen Christus und der Gemeinde als begründend und normgebend oder zumindest normklärend für das eheliche Verhältnis von Mann und Frau (und vielleicht auch für ein allgemeines Verhältnis von Mann und Frau) herausgestellt wird. Das heißt: Es wird zunächst ganz speziell von der Ehe unter Christen gesprochen, aber eben damit von der rechtlichen Ehe überhaupt. Es geht um das Sich-Unterordnen der Christen als Bezeugung des Herrseins Christi in seiner Gemeinde und um die besondere Anwendung der Unterordnung auf die Institution der Ehe als göttlicher Stiftung. Auf diese Stiftung hin werden die genannten Genesis-Stellen und im besonderen die hier zitierte Stelle Gen. 2, 24 sachgemäß weitergeführt. Sie werden von hier aus „in Christus“ erhellt, sie werden „christologisch“ interpretiert. Und damit wird deutlich, daß nicht eine „Ordnung der Ehe“ als solche Norm für ihre Verwirklichung ist, sondern das an die Christen in dieser Ordnung ergehende Gebot ihres Herrn. Als Gebot des den Menschen in Christus total und konkret beanspruchenden heiligen und barmherzigen Gottes ist dieses Gebot aber nicht „Gesetz“. Und darum ist die Unterordnung der Frau hier nicht als solche, sondern als das Zeugnis, das sie bedeutet, an erster Stelle genannt. In ihr, in der Frau, bildet sich durch das ihr mit ihrer „natürlichen“ (Gen. 3, 16!) Stellung zum Mann auf dem Grund ihrer geschöpflichen (Gen. 1 u. 2) Gleichberechtigung gegebene Verhältnis der Unterordnung die Stellung der Gemeinde ihrem Herrn gegenüber ab. Daß ihr, nämlich der Frau, dieses „Untertänigsein“ gegeben ist, daß sie es „im Herrn“ recht zu üben vermag, nunmehr wirklich zu üben vermag, das macht ihre bevorzugte Stellung in diesem Zusammenhang aus. Der Mann wird ihr aber nun nicht (mehr) — bezeichnenderweise! — als „Herr“, sondern als „Haupt“ gegenübergestellt, in einer im einzelnen freilich problematischen Parallele zu Christus — denn der als Haupt der Frau gegenübergestellte Mann ist nicht gleichzeitig ihr Erretter, wie Christus der Erretter seiner Gemeinde ist. Darum ist die Parallele hier etwas problematisch. Und der Mann wird zugleich ermahnt, die Frau zu lieben, „wie Christus geliebt hat“, wie „sich selbst“ also, wie „seinen eigenen Leib“. Das heißt nun wiederum: Seine Liebe zur Frau wird hier gewürdigt, Gleichnis zur Liebe Christi zu sein.

Beide Verhaltensweisen, das Sich-Unterordnen und das Lieben, sind offenkundig Akte eines dem durch Christus Befreiten nunmehr ermöglichten und abgeforderten Gehorsams. Nur der von Christus Befreite kann diesen Gehorsam leisten. Die Verhaltensweisen des Sich-Unterordnens und des Liebens sind also sittliche Entscheidungen — sittliche Entscheidungen, in denen zugleich erst das beiderseitige Wesen wirklich konstituiert wird. Jenes eindringliche Beherrschtwerden der Frau durch den Mann, von dem das Gerichtswort Gen. 3, 16 spricht, ist hier ausgestrichen. Und damit auch eine durchaus zu Unrecht abgeleitete wesensmäßige „Inferiorität der Frau". Die Ordnung, die mit der Erschaffung des Menschen als Mann und Frau aufgerichtet wurde, als Ordnung eines echten und verantwortlichen Gegenübers, als Ordnung einer legitimen Partnerschaft — also unter Voraussetzung einer „Gleichberechtigung" —, soll in ihrem ursprünglichen Sinn klargestellt und wiederhergestellt werden: Das ist die „normklärende" Bedeutung von Eph. 5. Würde die Frau dagegen protestieren, daß sie im Verhältnis zum Mann und in der gemeinsamen Ordnung, in die sie gestellt ist, eine Stellung einnimmt, die der seinen untergeordnet ist, so würde sie damit gegen ihre Existenz als Frau protestieren. Das kann aber erst jetzt, im Lichte von Eph. 5 so gesagt werden — und nicht auf Grund irgendeiner aus den Genesis-Erzählungen abgeleiteten Schöpfungsordnungstheologie.

Diese eigentümliche Parallelisierung der Stellung der Frau zum Mann mit derjenigen der Gemeinde zu Christus erfolgt aber, nachdem in V. 21 von der gegen- und wechselseitigen „Unterordnung" überhaupt die Rede gewesen ist. Und so wird hier in dieser Ordnung auf sie hin ebenso sehr auch der Mann angesprochen. Aber freilich: die Frau hat an dieser Stelle primär die Einheit, nämlich die Einheit der Gemeinde mit Christus, durch ihre Entscheidung und durch ihr Verhalten zu bezeugen. Vielleicht darf man sogar im Hinblick auf dieses Zeugnis von einem Primat der Frau nicht nur dem Mann, sondern allen jenen anderen gegenüber[21] sprechen. Die an sie ergehende Ermahnung zu konkreter Unterordnung ist die Urform „der an die Gemeinde gerichteten Ermahnung". Sofern aber der Text nicht primär von der allgemeinen Zuordnung von Mann und Frau handelt, sondern (durchaus biblisch) von ihrer konkreten Verwirklichung, von dem Mann und seiner Frau, von dem Einheitsbund der Ehe — von dem aus erst das allgemeine Verhältnis von Mann und Frau sein Licht empfängt —, ist mit der Wertung der Liebe des Mannes zu seiner Frau wie des Hauptes zu seinem Leib zugleich wohl eine Ausschließlichkeit auch dieses Bundes mitausgesagt. Oder anders gewendet: Eine biblisch-theologische Begründung der Monogamie ist nur an dieser Stelle des Epheserbriefes zu finden. „Die Notwendigkeit der Monogamie

[21] Ebd. S. 194.

läßt sich nur darin begründen, daß Jesus Christus und seine Gemeinde ein unauflöslicher Bund, daß sie ein Leib sind."[22] Man wird diesen Satz festhalten müssen, und man kann die Wahrheit dieses Satzes geradezu auch an der Geschichte des Eherechts in der abendländischen Entwicklung ablesen.

Das wird besonders interessant im Aufklärungszeitalter, wo man die Ehe naturrechtlich zu begründen versuchte und sehr bald auf die unbestreitbar richtige Feststellung kam, daß die Monogamie sich naturrechtlich nicht begründen lasse. Man konnte sich damit abfinden, weil man nämlich gleichzeitig im Blick auf die Kirche diese nicht mehr als Gemeinschaft, als den Leib Christi, verstand, sondern als religiöse „societas", als Kultusgesellschaft oder wie immer man es nennen mochte, weil man also auch den Begriff der Kirche nicht von der Gemeinde her sich deutete, sondern aus einem allgemein gesellschaftlichen Strukturbild.

Systematische Erwägungen

Die Notwendigkeit der Monogamie läßt sich nur dadurch begründen, daß Jesus Christus und seine Gemeinde ein unauflöslicher Bund, daß sie ein Leib sind. Auch vom Alten Testament her ist eine Begründung nicht möglich. Man darf nicht vergessen, daß das auch Luther bereits völlig geläufig gewesen ist! Und daß infolgedessen auch protestantische Schöpfungsordnungstheorien, die in dichter Anlehnung an den katholischen Schriftbeweis jene Genesis-Stellen vergewaltigen, um zu einer Urordnung der Ehe zu kommen, sich sämtlich auf dem Holzwege befinden. Gerade Eph. 5 legt den Zusammenhalt mit dem ganzen biblischen Befund nahe, daß die evangelische Kirche also — jetzt konkret gesprochen — nicht ermächtigt wäre, sich für eine unbedingte Erhaltung der patriarchalischen Momente im heute geltenden Eherecht einzusetzen, sondern daß gerade die evangelische Kirche den Gleichberechtigungsgrundsatz als rechtliche Voraussetzung für ein neues Eherecht wird begrüßen müssen, sofern seine Anwendung nicht die Ehe als Institution auflöst, vielmehr in ihr Raum läßt für die rechtlich dann nicht mehr erfaßbaren konstitutiven Verhältnisse des „Haupt-seins" und des „Sich-Unterordnens". Denn die Ehe ist eine Aufgabe sittlichen Existierens und keine Naturgegebenheit. Ihre rechtliche Ordnung kann daher nicht naturrechtlich auf eine Schöpfungsordnung und deren natürliche Struktur rekurrieren; sie kann auch nicht — im Blick gerade auf Eph. 5 — Überordnung des Mannes und Unterordnung der Frau als „Ordnung der Sünde" in Rechnung stellen und in beiden Fällen die Ehe als „Spezialfall" eines allgemeinen naturhaften Verhältnisses der Geschlechter

[22] v. Kirschbaum, S. 20.

(und dann die „christliche Ehe" als Spezialfall dieses Spezialfalles) zum Gegenstand haben. Aber sie kann auch nicht die Ehe als bloßen Vertrag zweier in abstrakter Weise gleichberechtigter Partner durchkonstruieren. Sie hat ein vorgegebenes, ein metajuristisches Institut in Rechnung zu stellen, „eine Stiftung", „einen Stand", dem das echte Gegenüber eines Voneinander und Zueinander, eines zur Verwirklichung des Menschseins, des Aufeinanderangewiesenseins zweier für einander je in verschiedener Weise gleichrangig verantwortlicher Partner wesensmäßig ist.

Daß die Ehe als sittliche Tat immer zugleich ein Wagnis ist, daß der Vollzug dieser Tat nach christlichem Verständnis nur im Gehorsamsakt der sittlichen Freiheit des Christenmenschen, das heißt: „im Herrn" die Verheißung seiner Erfüllung, die Verheißung seines Nichtscheiterns *glauben* darf, warnt vor einer rigoristischen Kasuistik in der Ehegesetzgebung. Die Ehe unter Christen unterscheidet sich von der außerchristlichen Ehe nicht durch eine „höhere Sittlichkeit", wie man es gelegentlich sagt, sondern lediglich durch die glaubende Annahme des Zuspruches der Verheißung und durch eine Erhellung des Bundescharakters der Ehe aus dem Geheimnis um das Verhältnis von Christus und seiner Gemeinde. Das macht den „geistlichen Bezug" der Institution der Ehe bzw. ihrer Verwirklichung aus. Es ist aber kein rechtlich konstitutives Moment für die Institution selbst, kommt daher auch für die rechtliche Erfassung der Ehe in der Gesetzgebung des Staates nur in Betracht, sofern sich aus ihm deutlichere Erkenntnisse in bezug auf das *Wesen* der Institution ergeben. (Das ist also die erhellende Funktion des christlichen Verständnisses der Ehe, daß nämlich jetzt deutlichere Erkenntnisse in bezug auf das Wesen der Institution der Ehe gewonnen sind, zum Beispiel die Unauflöslichkeit, die dann die Ehe selbst wiederum als Institution im Sinne göttlicher Anordnung, göttlicher Stiftung ausweist und nicht als eine Angelegenheit menschlicher Konvention, oder Einehe als vollkommene Wesensform der Ehe, oder die Unzulässigkeit einer gesetzlich-kasuistischen Festlegung ihrer inneren Struktur, wie auch ihrer Selbstbekundung nach außen, weiterhin auch die Schutzbedürftigkeit der Ehe gegenüber dem selbstherrlichen Drang menschlicher Hybris und gegenüber den Zerstörungstendenzen sittlichen Versagens.)

Es ist mit allem bisher Skizzierten gewiß die Frage nach dem Charakter der Institution der Ehe nicht umfassend beantwortet worden. Aber die Grundlinien sind durchgezogen. Und wer diese Grundlinien etwa in einer breiteren und etwas anders verlaufenden Darlegung einmal nachverfolgen will, den verweise ich auf Barths „Kirchliche Dogmatik"[23], wo in breiter Auseinandersetzung auch mit der neueren Literatur eben über Ehe als „exemplarische Gestalt der Begegnung der Geschlechter", als

---

[23] KD III/4, S. 203 ff.

Lebensgemeinschaft im Lichte des göttlichen Gebotes, als „Sache göttlicher Berufung" gehandelt wird. Es sei aber doch noch darauf verwiesen, daß zum Beispiel die Erkenntnisse auf Grund der exegetischen Betrachtung der angezogenen Genesis-Stellen und vor allem von Eph. 5 sich in einem merkwürdigen Umfange mit einer nicht von daher kommenden philosophisch-anthropologischen Analyse der Ehe berühren, wie sie Ernst Michel in seiner sehr bedeutenden Studie. „Ehe. Eine Anthropologie der Geschlechtsgemeinschaft" (1948) vorgelegt hat. Und das ist nicht ohne Bedeutung. So wird hier zum Beispiel der Geschlechtstrieb anthropologisch, das heißt: bezogen auf die Frage nach dem Wesen des Menschen als Mensch, erhellt im Sinne von „Unruhe des Mangels, aus seinem individuellen Selbststand heraus in vollem Sinne Mensch werden zu können"[24]. Er — der Geschlechtstrieb — ist „wie alle natürliche Mächtigkeit dem Menschen als Aufgabe zugesprochen"[25] und ist, weil er aus sich heraus den Menschen zu einer Entscheidung drängt, „in sich schon sittlich belangvoll"[26]. Das Ja der Entscheidung, die freiwillige Zustimmung macht dann je den Partner „aus dem Berufenen zum Erwählten, und somit zum wirklichen Gefährten"[27], sofern nämlich hier die ursprüngliche Geschlechtsbegegnung, in der die Partner voneinander ergriffen werden, als eine sie transzendierende, überindividuelle Realität eines konkret einmaligen Lebenszusammenhanges bejaht wird. Und sofern das geschieht, wird darin ernst genommen — als Erfahrung sowohl der seinsmäßigen Abhängigkeit voneinander wie auch als Selbsterfahrung des Mannes als Mann und der Frau als Frau, je in der Ausrichtung auf den anderen hin — eben die „schöpfungsmäßige Urgegebenheit von Mann und Frau in ihrer Grundzuordnung"[28]. Es wird hier deutlich, wie nahe derartige Äußerungen denjenigen stehen, die wir im exegetischen Zusammenhang skizziert haben. Und eben darin vollzieht sich dann die Enträtselung des eigenen Daseinsgeheimnisses vom anderen her; und indem die Partner einander Gefährten werden, „verwandelt oder entfaltet sich ihre Abhängigkeit zur Gebundenheit in Freiheit ... Erst wenn dies geschieht, wird die Einsamkeit überwunden, in der jeder Mensch diesseits solcher Geschlechtsgemeinschaft steht"[29]. Und das heißt dann zusammengefaßt: „Geschlechtsgemeinschaft als Gebundenheit in Freiheit ist jener Grundakt der Menschwerdung, in dem sich die primäre Du-Bezogenheit des Menschen, die sein Menschsein konstituiert, exemplarisch und in lösender Kraft für seine Begegnungsentschlossenheit überhaupt realisiert."[30] „Der hier erfolgte Durchbruch des Menschen aus der Ichbezogenheit zum verantwortlichen Leben vom Anderen her und auf ihn

[24] Michel, Ehe. Eine Anthropologie der Geschlechtsgemeinschaft, 1948, S. 12.
[25] Ebd. S. 13.
[26] Ebd. S. 25.
[27] Ebd. S. 28 Anm.
[28] Ebd. S. 18.
[29] Ebd. S. 27.
[30] Ebd. S. 28.

hin"[31], versetzt zugleich in das Gegenüber zum öffentlichen Wesen, fügt unausweichlich und mitverantwortlich in die größere Gemeinschaft ein. — Mit diesem Hinweis auf die Gedanken von Ernst Michel (und auf ihm nahestehende Philosophen und Psychologen und Soziologen) soll darauf aufmerksam gemacht werden, daß bei der Erörterung der Grundlagenfragen im Problemkreis der Ehe und des Eherechts ein den exegetisch-theologischen Einsichten analoger Durchbruch in der Gegenwart durch die gängigen und das Erbe der antiken Anthropologie konservierenden Auffassung erfolgt, auch durch jene mehr mythischen Auffassungen, wie sie in der Romantik geboren wurden, Auffassungen, die den Menschen wesentlich als „animal", das: als Lebewesen unter Lebewesen, biologisch-rational zu begreifen versuchen, und daß dieser Durchbruch eine wirklichkeitsgemäße und zugleich wesensgemäße Neuorientierung zu fördern geeignet ist.

Die letzte der aus Michel eingeführten Einsichten bringt nun zu dem bisher Gesagten noch ein neues Moment hinzu: jener Versetzung in das Gegenüber zum *öffentlichen* Wesen entspricht umgekehrt nämlich das berechtigte Interesse der „größeren Gemeinschaft", also des Staates, am Schutz und an rechtlicher Ordnung der Ehe. Daß sie also *nicht* zu einer „privaten Sphäre" gehört, auch das erweist sie als Institution. Und die für sie hinwiederum konstitutive Verbindung personaler Entscheidung mit transsubjektiver Institution nennt zugleich die Grenzen der gesetzlichen Erfassung und Ordnung dieser Institution, einer Institution, die ja ihr Leben in sich trägt bzw. deren Wesen als eine in der Geschlechtsgemeinschaft personal gelegten Bindung in Freiheit erst im Vollzug und Geschehen selbst sich gestaltet.

Mit alledem ist ausgesprochen, daß eine individualistische Auffassung der Ehe, die ihren Ausdruck — es sei an Kant erinnert — im „sittlichen Ehevertrag" findet, dem Wesen der Ehe nicht gerecht zu werden vermag und unter anderem dazu führen kann, auf Grund des „mutuus consensus", durch den die Ehe dann — wie man sagt — zustande kommt, für sie eben die Sphäre des Privaten gegenüber dem Öffentlichen mindestens stärker zu betonen, oder dazu führt, anstelle der schöpfungsmäßigen gleichwertigen Personalität, an Stelle der Ebenbildlichkeit von Mann und Frau eine liberalistische Vorstellung von abstrakter Gleichheit und abstrakter Gleichberechtigung der Partner treten zu lassen. Und auch für die christliche Gemeinde ist ja laut Ausweis der Trauung die Ehe keine „private Angelegenheit" — jedenfalls im Prinzip; denn das ist ja der Sinn der Trauung, daß Eheschließung innerhalb der Gemeinde vor die Gemeinde gebracht und der notwendigen Fürbitte der Gemeinde empfohlen wird.

---

[31] Ebd. S. 37.

Anders freilich nach katholischer Lehre. Nach ihr, für die der sittliche Ehevertrag nun eigentümlicherweise wichtig ist, wird die Ehe bewirkt durch die gegenseitige Konsenserklärung der Partner, deren Inhalt dann die gegenseitige Einräumung des Rechtes über den Leib ist. Und darin ist eingeschlossen sowohl das Gelöbnis der Hingabe des einen Ich an das andere auf Lebenszeit wie auch die Bejahung und Intendierung des Kindes. Gültig wird im katholischen Verständnis die Ehe durch ihren *Vollzug*. Er begründet nämlich zuletzt ihre Unlöslichkeit, die freilich erst unter Christen, noch nicht in der außerchristlichen „Naturehe", ihren höchsten Grad erreicht, weil nämlich auf Grund des Getauftseins der Partner ihre Ehe in die übernatürliche Seinsordnung der Erlösung hineinverwandelt ist, also sakramentalen Charakter hat. Es wird hier vom übernatürlichen Charakter der Ehe gesprochen, und demgegenüber sei immer wieder daran erinnert, daß Luther die Ehe mit Recht als eine *irdische* Heiligkeit — gewiß als Heiligkeit! — bezeichnet hat.

Nach evangelischem Verständnis ist die Ehe kein Sakrament. Sie gehört nicht in den geistlichen, sondern in den weltlichen Bereich; sie ist aber darum nichts Profanes, sondern für den Christen in besonderer Weise eine Aufgabe der Übung des Glaubensgehorsams. Ihre grundsätzliche Unlöslichkeit gründet in ihr selbst, das heißt: in dem ihr als einer göttlichen Stiftung eignenden Bundescharakter, der den „mutuus consensus" transzendiert und seinerseits trägt. Die rechtlich faßbare Seite, die einer gesetzlichen Regelung im einzelnen zugänglich ist, dürfte sich daher trotz der Respektierung des Verbandscharakters der Ehe wesentlich auf vertragliche *Momente* innerhalb des „mutuus consensus" beziehen. Ein durch rationalen Willensentscheid geschlossener Vertrag geht ja auf bestimmte überschaubare Leistungen und Verpflichtungen zurück und steht unter dem Vorbehalt begrenzter Leistungsfähigkeit. Das gegenseitige Ja der Eheschließenden geht über diesen rationalen Willensentscheid bei weitem hinaus. Darin liegt ja der Wagnischarakter des Eingehens der Ehe. Nur dort, wo es sich um vertragliche Momente handelt, um Stücke eines rationalen Willensentscheides, nur dort kann im einzelnen gesetzlich geregelt, unter Umständen auch mit Strafsanktionen ausgestattet werden. Sofern aber jener Willensentscheid zugleich auf den Unbedingtheitscharakter des lebenumfassenden, die Ehe konstituierenden, oder besser gesagt: „ergreifenden" „mutuus consensus" bzw. auf das ihn bekundende Ehegelöbnis als Vollzug einer juristisch nicht mehr faßbaren personalen Entscheidung in der Ergriffenheit des Menschen von der überindividuellen Bundesgemeinschaft bezogen ist, werden gerade auch an diesem rationalen Willensentscheid die Grenzen einer gesetzlichen Ordnung der Ehe näher erkennbar. Und gerade die Betonung der Grenzen dürfte nun im Hinblick auf das naturrechtlich fundierte Eherecht der katholischen Kirche bei der Regelung des staatlichen Eherechts mindestens ebenso wichtig sein wie die Erkenntnis des metajuristischen und das Individuum transzendierenden Charakters der Ehe als Institution. Und daraus folgt zum Beispiel, daß die wesentliche Unauflöslichkeit der Ehe durch die Gesetzgebung zwar respektiert werden muß, aber weder gesichert werden kann noch gar begründet werden darf, und daß umgekehrt das Vertragsmoment im „mutuus consensus" eine nun allerdings nicht in das Belieben der Vertragspartner gestellte Möglichkeit einer gesetzlichen Auflösung bietet, die nicht geleugnet werden darf. Aber es kann sich dann für einen Christen in diesem Fall nur um die letzte Konsequenz aus der Erkenntnis handeln oder, noch besser gesagt, aus dem Schuldbekenntnis, daß die von ihm eingegangene „Ehe" so unter Gottes Gericht steht, daß sie in Wahrheit keine Ehe und also scheidbar ist. Die Ehescheidung gehört nicht zum göttlichen Gebot — wie dann auch das neutestamentliche Wort gegen die Ehescheidung „ein Freiheitsgebot und nicht ein Paragraph" ist, sondern sie gehört nur zum Institut der Ehe[32]. Und so kann auch am Problem der Ehescheidung und ihrer gesetzlichen Regelung deutlich werden, daß dem Eherecht eine volle rechtliche Erfassung des Wesens der Ehe nicht möglich ist, daß es andererseits immer von der Gefahr bedroht ist, die Ehe „unmenschlich" zu vergesetzlichen. Das ist eine Gefahr, an der auch eine nicht recht durchdachte christliche Verkündigung immer wieder partizipiert, das ist eine Gefahr, der in der jüngsten Gegenwart auch ein gut Teil der sogenannten evangelischen Lebensordnungen erlegen ist; der Zug zur Vergesetzlichung dessen, was jenseits der Möglichkeit des gesetzlichen Ergreifens steht: diese Gefahr dauert an, lauert an allen Ecken und Enden.

Damit kann das hier zunächst und — das sei betont — im wesentlichen skizzenhaft zu dem Problem „Ehe als Institution" Gesagte abgeschlossen werden[33]. Der Bestimmung der Institutionen als sozialer Daseinsstrukturen der geschaffenen Welt als Einladung Gottes zur ordnenden und gestaltenden Tat in der Freiheit des Glaubensgehorsams gegen sein Gebot fügt sich die vor allem im Anschluß an Eph. 5 begriffene Ehe, wie wir sahen, genau ein. Sie ist als Institution eine für die Erfüllung des Lebens notwendige, in ihrer Verwirklichung unter Gottes Gebot gestellte, der Sphäre privater Verfügungswillkür entzogene Stiftung, deren sie zur Verwirklichung führende Annahme ein Akt der Entscheidung ist, der im Gehorsam des Glaubens, und das heißt: im Vertrauen auf Gottes Verheißung über der Ehe gewagt werden darf, so wie er ja in der Ehe auch von Nichtchristen ein Wagnis ist — in Richtung auf personale Selbstverwirklichung mannigfachem Versagen, mannigfachem Sich-Ver-

[32] Vgl. Barth, KD III/4, S. 237 ff.

[33] Weitere Literatur zum Thema habe ich verarbeitet in meinem Aufsatz: Evangelisches Eherecht?, in: Rechtsprobleme in Staat und Kirche. Smend-Festschrift, 1952, S. 413 ff.

fehlen ausgeliefert. Damit wird abermals der Charakter der Ehe als einer transzendenten, transmoralischen und metajuristischen Institution deutlich, deren Verwirklichung kraft sittlicher Entscheidung im Glaubensgehorsam immer wieder auch auf jenen rechtlichen Schutz angewiesen ist, den das Rechtsinstitut der Ehe anbietet.

Man wird schließlich bedenken müssen, daß die Ordnung der Familie zwar die Ehe zur Voraussetzung hat, aber nicht eigentlich als „Erweiterung" der Ehe als Institution angesehen werden darf. Vielmehr tritt mit der Familie eine neue, von der Ehe verschiedene Struktur der Verwirklichung mitmenschlichen Lebens auf den Plan, die im Hinblick auf die Institutionen-Dreiheit weit eher der Institution des Bundes zuzuordnen ist.

§ 12 Arbeit und Beruf

Arbeit und Beruf sind Problemkreise im Bereich des Gesamtlebens der Mitmenschlichkeit von besonderer Tragweite. Sie gehören mit dem Problem des Eigentums zu den ethisch zu erfassenden Grundfaktoren im Bereich des Wirtschaftens. Hier in diesem Bereich, dessen sozialethische Durchgestaltung die immense Aufgabe auch einer wirklichen Beherrschung des faktisch Vorfindlichen im Bereich der Wirtschaft voraussetzt, können wir uns nur wirklich streng auf die theologischen Grundfragen beziehen.

Das Schicksal der Kategorie „Beruf"

Das Wort ist zwar nicht von Luther geprägt, aber in allgemeinen Umlauf gebracht worden, und zwar wesentlich durch eine Entschränkung seiner Bedeutung. „Vocatio" ist, wie K. Holl zu zeigen versuchte[1], im Mittelalter vom Mönchtum beansprucht: der im „status perfectionis" nach Maßgabe der „consilia evangelica" Berufene hat die wahre Berufung. Die „klesis", nach 1. Petr. 2,9 allen Christen zugesprochen, wird zum Standesprivileg. Daneben bemüht sich freilich die Scholastik um eine Würdigung der weltlichen Berufe; namentlich im Spätmittelalter und in der deutschen Mystik bereitet sich der reformatorische Gebrauch des Wortes vor; aber als Antwort auf die Frage nach der aus der Rechtfertigung folgenden Heiligung hat in der Tat erst Luther den Berufsgedanken aus der monastischen Einengung in die Weite der ganzen Christenheit übertragen. Beruf ist der Ort, an dem im irdischen Tun die Bewährung des Glaubensgehorsams in regulärer Weise geschieht, gerade

[1] Die Geschichte des Wortes Beruf, in: Ges. Aufsätze III, 1932, S. 189—219.

auch als Nachfolge Christi in der Erniedrigung. Das heißt: Im Beruf läßt sich der Christ nach Gottes Gebot mit der „Welt“ ein, indem er die ihm in Christus geschenkte Herrlichkeit in Dienstbarkeit bekundet.

Der asketische Zug gehört auch zu dem stärker mit der Prädestinationslehre und der Prädestinationsvergewisserung verbundenen calvinischen Berufsgedanken und führt hier zur „innerweltlichen Askese“. In beiden Fällen erfolgt aber mit dem Berufsgedanken eine Sicherung der innerweltlichen Tätigkeit gegen religiöse Abwertung und ebenso die Abschirmung der Heiligung gegen religiöse Selbstsucht und Werkerei. — Beruf als Gestalt der Erwählungsvergewisserung weist schließlich hin auf die enge Verbindung des Berufsgedankens mit dem Gewißheitsproblem.

Sobald freilich die Verbindung des Berufsgedankens mit der Rechtfertigung bzw. Erwählung sich lockerte, konnte der von da aus gültige Satz, daß auch irdische Berufserfüllung in jeder Ebene Gottesdienst sei, sich verselbständigen und der irdischen Berufserfüllung als solcher und für sich den Charakter des Gottesdienstes zusprechen, glaubenslosen Berufsfleiß religiös verklären.

Die Verselbständigung des Berufsgedankens als ethische Kategorie erfolgt vor allem im Idealismus, auch in Abwehr einer als Schicksal hingenommenen ständischen bzw. zünftischen Berufsgliederung der Gesellschaft. Berufung ist vielmehr als persönliche Bestimmung anzusehen, durch deren Bejahung und Erfüllung der Mensch sich sein Schicksal in Freiheit innerlich aneignet (Hegel); oder sie erscheint als Beauftragung durch eine innere Stimme, auch als individuelle Berufseignung (Goethe), als Talent. Berufung ist gleichsam das Material, das der Mensch im Versuch seiner Selbsterfüllung zu verarbeiten hat. *Diese* Fassung von Beruf wirkt noch heute nach, obwohl sie sich nur noch auf einen geringen Teil des modernen Arbeitslebens anwenden läßt.

„Sobald wir nämlich ... von Beruf sprechen, meinen wir ein inneres ‚Berufensein‘, und es klingt dabei noch immer etwas mit von dem Glauben an eine Vorsehung oder mindestens an eine persönliche Bestimmung.“[2] Beruf als „selbstlose Hingabe an die durch Arbeit zu verwirklichenden Menschenzwecke, unter dem Zwang der eigenen Natur, die nur durch diese und keine andere Arbeit sich entfalten kann und allein durch solche Entfaltung beglückt wird“[3].

Das entspricht weithin auch Schleiermacher[4]: Beruf ist die dem einzelnen für die Allgemeinheit übertragene Arbeit, in der die Ausbildung der eigenen Persönlichkeit erfolgt. Ritschl hat versucht, vor allem von Kant her, stärker auf die Reformation zurückzugreifen und den „sittlichen Beruf“ sowohl in seiner Ethik wie auch in seiner Christologie als den

[2] E. Spranger, Psychologie des Jugendalters, ^{26}1960, S. 204.
[3] Aloys Fischer, Über Beruf, Berufswahl und Berufsberatung, 1918, S. 19.
[4] Christliche Sitte, hrsg. von L. Jonas, ^{2}1884, S. 544.

zweiten tragenden Pfeiler neben dem Reichsgottesgedanken zu befestigen: Jeder sittliche Beruf ist das bestimmte, umgrenzte Arbeitsfeld des einzelnen in der Gesellschaft für das Reich Gottes, zur Erfüllung des allgemeinen Sittengesetzes.

„Der bürgerliche Beruf bezeichnet das besondere Arbeitsfeld in der menschlichen Gesellschaft, in dessen regelmäßiger Ausübung jeder Einzelne zugleich seinen Selbstzweck und den gemeinsamen Endzweck der Gesellschaft verwirklicht." „Jeder bürgerliche Beruf ist sittlicher Beruf und nicht ein Mittel des Egoismus, sofern er unter dem Gesichtspunkte ausgeübt wird, daß in der menschlichen Gesellschaft im Ganzen und im Einzelnen das Sittengesetz erfüllt und der höchste denkbare Endzweck des Geschlechtes ausgeführt werden soll ..., indem aber der Beruf für Jeden den besondern Rahmen bildet, in welchem er das allgemeine Sittengesetz regelmäßig erfüllt, so erreicht Jeder in seiner sittlichen Berufsthätigkeit zugleich seinen sittlichen Selbstzweck und leistet seinen sittengesetzlichen Beitrag zu dem gemeinsamen sittlichen Endzweck."[5]

Ohne bürgerlichen Beruf verfällt man dem Egoismus. Vor allem ist der Beruf der Mittelbegriff, durch den man bestimmen kann, ob und daß man in einem bestimmten Fall nach dem Sittengesetz handelt bzw. berufen ist, „die Liebespflicht zu üben"[6]. Das heißt aber: „Jede sittliche Nothwendigkeit zum Guthandeln (ist) auf solche Zwecke hin ausgeschlossen, welche zu dem Berufe des Einzelnen nicht passen."[7] Nur in wenigen Ausnahmefällen soll „nach Erwägung aller Umstände" die „außerordentliche Liebespflicht" geübt werden.

Kurz, der Beruf, der „besondere Beruf" ist „die Klammer ... für die allgemeinen und die individuellen Bedingungen des sittlichen Daseins"[8].

Das gilt auch für den „höchsten Beruf", „welcher unter allen Berufen denkbar ist" und der „geradezu auf das Sittliche als Ganzes gerichtet" ist, für den im Namen Christus seinen Ausdruck findenden Beruf Jesu. „Sein Handeln ... stimmt so gewiß mit dem allgemeinen Sittengesetz überein, als der Zweck des Gottesreiches, dem er in dem besondern Beruf, es zu gründen, nachgeht, derjenige Endzweck ist, aus welchem das Sittengesetz entspringt. Sein berufsmäßiges Handeln aber ist zugleich als ein besonderes einseitig, und schließt die persönliche Betheiligung an andern Berufsarten aus", auch durch seinen Umfang. Sein Inhalt, „das Sittliche als Ganzes", „... konnte nur dann als die besondere Lebensaufgabe festgehalten und für die eigene Aufmerksamkeit fixirt werden, wenn derselbe von allen übrigen Besonderheiten zurückgezogen würde, welche übrigens in diesem Ganzen ihren Platz finden sollen ..."[9]. Der Berufsbegriff dient Ritschl geradezu als „Maßstab" „für den erkennbaren Zu-

[5] A. Ritschl, Rechtfertigung und Versöhnung III, ²1883, S. 413.
[6] Ebd.
[7] Ebd. S. 620.
[8] Ebd. S. 414.
[9] Ebd. S. 414 f.

sammenhang des öffentlichen Lebens Christi". — Analog gilt hinsichtlich des persönlichen Selbstzweckes des Berufes, „daß er dem geistigen Selbst einen Bestand verleiht, welcher es in irgendeinem Grade unabhängig macht von den Bedingungen des natürlichen Daseins in der Welt. Jedes Maß sittlicher Berufstreue überwindet die Welt"[10].

Damit ist der Durchschnitt des protestantischen Berufsbegriffs der Moderne mit seiner Tendenz auf Beruf als Religion gewonnen. Dazu P. Althaus[11]: „Beruf im engern Sinne bezeichnet das bestimmt umgrenzte Arbeitsgebiet des Einzelnen innerhalb des Organismus der ‚Gesellschaft' . . ., durch das der Einzelne ihr erst organisch eingefügt wird und seine Existenz innerhalb ihrer sichert . . . Die ethische Notwendigkeit des Berufes liegt darin, daß nur in der Begrenzung und Stetigkeit verantwortlichen Berufswerkes die Arbeit des Einzelnen sittlichen Einsatz bedeutet und als solcher erziehen kann."

Man weist heute demgegenüber darauf hin, „daß weder das Berufsverständnis Luthers noch das des Idealismus . . . unserer Berufswirklichkeit voll Rechnung" tragen[12]. Das ist richtig, müßte aber noch stärker differenziert werden. Das Berufsverständnis des Idealismus und in seinem Gefolge des neueren Protestantismus ist orientiert am „bürgerlichen Beruf", der zugleich als sittlicher Begriff gefaßt wird, aber *so* in der Tat innerhalb der modernen Arbeits- und Berufswelt nur noch einen relativ kleinen Bereich darstellt. Er bedeutet zudem eine eigentümliche Säkularisierung des Berufsbegriffes der Reformation, der im wesentlichen ja auf die Frage des tätigen Glaubensgehorsams bezogen war.

Der lutherische Berufsgedanke hatte die Sinnhaftigkeit der Arbeit gegenüber einer Abwertung irdischen Tuns dadurch wiederzugewinnen versucht, daß jeder Beruf als gottgeordneter Ort der Bewährung des Christenstandes, als besondere Stätte der Heiligung neu gewürdigt wurde. Aber dieser lutherische Berufsgedanke läßt sich heute nicht mehr so ohne weiteres unvermittelt auf die Probleme des Daseins in der Wirtschaftswelt anwenden, so unaufgebbar freilich seine Grundintention bleibt.

Theologisch-ethische Aspekte zur Ordnung der Arbeit

Die Arbeit ist eine besondere Gestalt jenes tätigen Lebens, in dem Gott dem Menschen Anteil gibt an seiner „actuositas". Darauf ruht die mit der Arbeit verbundene Freude durch sie. Insofern ist sie „tätige Be-

[10] Ebd. S. 424. [11] Ethik, § 18.

[12] D. Bromm, Beruf und Berufung, ZEE 6, 1962, S. 227. Zum Wandel des Arbeitsverständnisses vgl. W. Bienert, Die Arbeit nach der Lehre der Bibel, 1954; E. Michel, Sozialgeschichte der industriellen Arbeitswelt, ³1953; A. Rich, Christliche Existenz in der industriellen Welt, 1957; E. Schleth, Der profane Weltchrist, 1957; K. Vontobel, Das Arbeitsethos des deutschen Protestantismus, 1946.

jahung des menschlichen Daseins" (Barth). Aber da liegt freilich auf jedem Wort der Akzent: auf der Tätigkeit, auf der Bejahung, auf der Menschlichkeit, auf dem Dasein. — Auf der anderen Seite ist sie durch die Notwendigkeit subjektiver Lebensfristung bedingt und insofern primär Mühe; Arbeit ist „labor", und keine christliche Ethik wird das verkennen dürfen und die Arbeit irgendwie vergötzen dürfen.

In dieser Spannung umschreibt der zunächst banal klingende Satz, daß die Arbeit um des Menschen willen da sei und nicht der Mensch um der Arbeit willen, das ethische Problem der Arbeit. Im Bereich christlicher Ethik zeigt es mannigfache Wandlungen zwischen dem „ora et labora" der mönchischen Ethik, die gegenüber der antiken Einstellung zur Arbeit in der Tat ein neues Arbeitsethos begründet. Zwischen dem „ora et labora" und zwischen der modernen Vergötzung der Arbeit, die ihr das Menschsein des Menschen vielfach als Fluchtweg aus der Not des Menschen, mit sich selbst fertig zu werden, opfert — in dieser Spannung also ruht das Problem der Arbeit.

Entscheidend ist für das sittliche Problem der Arbeit die Klärung des „telos" der Arbeit. Darum genügt weder eine pragmatische Definition, nach der „die Arbeit als solche dem Menschen geboten und lebensnotwendig" sei „als Betätigung der jedem gegebenen Kraft und Gabe, die zur Anwendung drängt" — eine solche rein pragmatische Definition, wie sie etwa Althaus[13] gibt, genügt ebenso wenig wie der Hinweis auf die Einsetzung des Menschen in den Garten Eden, „ihn zu bebauen und zu bewahren" (Gen. 2,15), um der Arbeit „die Würde einer Gottesordnung" zuzusprechen (Althaus). Vielmehr wird man nicht verkennen dürfen, daß jenes „ora et labora" die Arbeit einordnet dem „opus Dei", das heißt: ihr letzter Zweck wird im Lobpreis Gottes zu sehen sein. Als tätige Bejahung menschlichen Daseins ist Arbeit normiert eben durch die besondere Bestimmung menschlichen Daseins, daß nämlich der Mensch als Mensch, als dieses besondere Geschöpf Gottes, das seiner ins Dasein rufenden Anrede gewürdigt wird, daß der Mensch als Mensch vor Gottes Angesicht lebe, daß er seine Bestimmung zur *Humanität* und darin zum Loben Gottes erfülle. Es geht also bei der Arbeit um Sicherung und um Gestaltung menschlicher Existenz als solcher, das heißt also: nicht nur um Fristung des Daseins, sondern auch und immer zugleich um eine Welt der Dinge und Werte, um Kultur als Bereich eines abbildhaften schöpferischen Tuns, als eines Bereichs, der als solcher zur Verherrlichung dessen dienen soll, der die Arbeit befohlen hat — auch nach dem Sündenfall (Gen. 3, 17 ff.). Sie ist freilich „keine Schöpfung aus dem Nichts wie die Schöpfung Gottes; aber es ist ein Schaffen von Neuem auf Grund der ersten Schöpfung Gottes". So hat es Bonhoeffer umschrieben, und so

[13] Ethik, S. 73.

kann man in der Tat auch, so gefährlich die Redeweise erscheint, die Arbeit unter den Nenner des Schaffens stellen. Aber freilich, man darf die Arbeit nicht mit jenem Nenner des Schaffens interpretieren wollen, der in dem heutigen verwaschenen Gebrauch dieser Vokabel in unserer Rede sich eingebürgert hat: „Nun ist es wieder einmal geschafft!, — Du hast es geschafft!, — Ich habe es geschafft!" — eine ziemlich unsinnige Redewendung, die doch nur ausdrücken soll, daß man vielleicht an ein relatives Ende oder Ziel gelangt ist.

Kultur ist der Bereich, in dem die Bestimmung des Menschen zur Humanität sich in mannigfachen Formen ausspricht und verwirklicht. Aber dieser Bereich ist stets bedroht von der Gefahr der Verkehrung. Das Kriterium gegenüber dieser Gefahr ist die in Jesus Christus aufgedeckte Mitmenschlichkeit. Das befohlene Neben- und Miteinander menschlicher Arbeit zeigt sich in der erfahrbaren Wirklichkeit menschlichen Arbeitens unentwegt in seiner Pervertierung, unentwegt als im Kampf ums Dasein stehendes Ohne- und Gegeneinander, zeigt sich sozusagen als eine „tätige Daseinsbejahung in der Isolierung und Abstraktion der eigenen Bedürfnisse"[14]. Immer wieder wird diese inhumane Verselbständigung der Arbeit ohne und gegen den Mitmenschen manifest. Und mit den einschlägigen Aussagen der Bibel zur Arbeit oder auch der Reformatoren wird man weder das Vorfindliche menschlich-inhumane Arbeitsleben von heute noch irgendwie Annäherungsformen an seine humane Gestaltung wegweisend beschreiben können. Was die Bibel dazu im einzelnen sagt, steht auf dem Hintergrund geschichtlicher Situationen, und ebenso was die Reformation dazu sagt; es sind Situationen, die auf der einen Seite die antik-orientalische Welt voraussetzen, auf der anderen Seite durch die ständisch-zünftische Ordnung der Wirtschaft im wesentlichen bestimmt sind, das heißt: in beiden Fällen Situationen, in denen jene Spannung zwischen Auftrag der Arbeit und inhumaner Pervertierung, in denen jene Kluft zwischen dem göttlichen Gebot und seiner menschlichen Erfüllung nicht deutlich in Erscheinung tritt, sondern mehr in der Erinnerung an die Mühsal der Arbeit „post lapsum" verborgen bleibt. Ein Satz, den Luther im Sermon von den guten Werken formuliert. „Wir sind in Adam alle zur Arbeit verurteilt" —, drückt das etwa aus[15].

Zur menschlichen Erfüllung des göttlichen Gebotes nach dem Kriterium der Humanität der Arbeit bedarf es des Wirksamwerdens zunächst zweier Gesichtspunkte:

1. Arbeit als Bedürfnisdeckung steht im Dienst echter Lebensansprüche;
2. Arbeit ist ein soziales, geselliges, kameradschaftliches Werk; wer arbeitet, arbeitet zugleich mit anderen und für andere.

Und die Frage nach der Ordnung der Arbeit ist somit die Frage nach der durch diese beiden Gesichtspunkte bestimmten relativen Zweckhaf-

[14] Barth, KD III/4, S. 615.
[15] WA VI, S. 271.

tigkeit der Arbeit. In der arbeitsteiligen Wirtschaft der modernen Gesellschaft zeigt sich bei der Frage nach dem sinnvollen Wozu des Arbeitens an dem jeweiligen besonderen Arbeitsplatz ja auch die besondere Not im Empfinden einer relativen Sinn- und Zwecklosigkeit des Arbeitens. Das umschreibt die Situation von heute. Und diese Not kehrt ja wieder hinsichtlich des von Gott gesetzten Korrelats zur Arbeit, nämlich hinsichtlich der Ruhe. Hier wieder als die, wie bekannt, heute auch die Wirtschaftspolitik sehr stark bedrängende Frage nach der fortschreitenden Sinnentleerung der Freizeit — das Problem, was denn in der neuen Arbeitsorganisation der Mensch mit der Freizeit anfangen solle. Ich deute das nur an, um zu zeigen, wie ganz anders uns heute unter dem Stichwort Arbeit die konkreten Probleme gestellt sind; wir werden zu fragen haben, ob, und wenn ja, in welcher Weise auch dazu wenigstens die Andeutung einer grundsätzlichen theologisch-ethischen Antwort möglich ist.

Mit der Freude, die an der Erkenntnis der Sinnhaftigkeit des Arbeitsauftrages haftet, ebenso wie mit der Mühe, die wesentlich im Ausbleiben des Erfolges sich meldet — mit beidem wird zurückgewiesen auf Gottes Güte und Gnade und Gericht. In beidem geht es ja um Gottes Segen und Fluch — Segen, wo die Arbeit hineingestellt ist in die Heiligung, das heißt also: unter Gottes Anspruch auf den ganzen Menschen, und Fluch, wo sie das Mittel der Verwirklichung menschlicher Selbstherrlichkeit wird. Denn die Befreiung der Arbeit als Dienst von dem Sich-Sorgen auf der einen Seite, das Preisgegebensein an die Sorge auf der anderen Seite — das konstituiert sozusagen jeweils Segen und Fluch. Man darf freilich diese letzten Urteile über die Arbeit nicht dazu mißbrauchen, durch nachträgliche Sinndeutung der Arbeit sie generell zu verklären — etwa mit dem Satz: Alle Arbeit, auch die scheinbar undankbarste, sei Gottesdienst, geschehe im Auftrage Gottes. (Das ist ja jener berühmte christliche Mißbrauch der nicht minder berühmten besenschwingenden Magd Luthers zur nachträglichen Verklärung!) Gewiß — auch undankbarste Arbeit *kann* Gottesdienst sein, aber doch nur dann, wenn das Loben Gottes ihrem Vollzug als Vorzeichen vorausgeht! Anderenfalls droht ja die Religion der Arbeit als Versuchung — als Versuchung eben des der Arbeit überlieferten Menschen. Und insofern gehört zur theologischen Beurteilung des Problems der Arbeit nicht unwesentlich ihre Entmythisierung.

Max Weber hat mit dem Stichwort „innerweltliche Askese“ ein protestantisches Arbeitsethos analysiert, das zumindest dicht an eine Mythisierung der Arbeit grenzt. In dieser innerweltlichen Askese tritt nicht nur der Blick auf Gottes Wohlgefallen als Bestimmung rechten Lebens unter der Arbeit zurück gegenüber dem isolierten Arbeitsernst, der seinen Erfolg dann als „signum“ der Erwähltheit anstrebt. Sondern sofern hier in der innerweltlichen Askese der Mensch an das denkt, was er aus sich machen will, tritt er mit seinem Verhältnis zur Arbeit aus der Mitmenschlichkeit heraus.

Auch diese Vergötzung der Arbeit wird zum Mittel einer innerweltlichen Erlösung — etwa mit der Anschauung, daß die fortschreitende Technisierung der Arbeit den Menschen zum Menschsein befreien werde. Die Arbeit des Industriearbeiters heute — und das steht uns vor Augen, wenn wir innerhalb der Sozialethik das Thema Arbeit aufgreifen — steht unter dem Gesetz der Technisierung. Von da aus bedroht sie wirkliche Gemeinschaft, echte Verantwortung und vielfach durch die mit Spezialisierung und Rationalisierung verbundene Langeweile auch die Freude an der Arbeit. Und zugleich verbraucht sie durch ihre technisierte Methode, die vom Apparat diktiert wird, die menschliche Substanz. Man darf aber diesen Vorteil nicht vereinseitigen! Das entscheidende Problem der der Industriearbeit zugeordneten Freizeit ist daher nicht eigentlich das der bloßen „Ruhe", sondern das eines anderen, echte Verantwortung ermöglichenden und darin entspannenden Tuns. Freizeit also etwa als Ermöglichung zum Dienen in Mitmenschlichkeit, als Ermöglichung zum Dasein für den Nächsten — auch zur Bildung —, für Gewinnung von Freude an der Frucht des Arbeitens. Alles das läßt sich ja nur andeuten.

Damit werden wir noch einmal vor die Frage nach der Ordnung der Arbeit als sozialethisches Problem geführt. Ordnung der Arbeit als sozialethisches Problem bedeutet von daher die Bemühung um relative Sinngebung der Arbeit, um das rechte Verhältnis zwischen dem Menschen und seinem Arbeiten, bedeutet Sorge darum, daß der Arbeitende im *Vollzug* seines Arbeitens zu *seinem* Recht kommt. Infolgedessen fällt das nicht zusammen mit jenen Rechten des Menschen im Arbeiter, die durch Sozialgesetzgebung und Arbeitsrecht gewährleistet werden oder durch eine Ordnung der Gesellschaft erstrebt oder auch partiell erreicht werden. Gerade diese Neuordnung der Gesellschaft kann sogar zu einem ideologischen Mißbrauch des Arbeiters als des „Soldaten" im Kampf um ein bestimmtes Gesellschaftsideal werden. — E. Rosenstock-Huessy hat mit Recht darauf aufmerksam gemacht, daß ein erheblicher Teil der bisherigen industriellen Leistung jenen menschlichen Kräften zuzuschreiben ist, die die Zuwanderung aus Handwerk und bäuerlicher Bevölkerung in die Industriearbeiterwelt mitgebracht hat, also Kräften, die aus der vorindustriellen Umwelt stammen. Aber diese Umwelt ist heute bis auf einige Reste zerstört. Und damit sind die menschlich-sozialen Betriebsprobleme, damit ist das Problem von Arbeitsproduktivität und menschlicher Verarmung in ein neues Stadium getreten, in dem sie nicht mehr als „menschentechnische" Organisationsaufgaben gelöst werden können.

Und eben darum ist die Frage der Mitverantwortung des Arbeiters für den Betrieb jenseits des Gegenüber von kapitalistischer und sozialistischer Wirtschaftsordnung heute zur zentralen Frage einer Ordnung der

Arbeit geworden. Der zweifellos richtige Satz von der Bedrohung der Arbeit durch das Kapital im Sinne der Ausbeutung des Arbeiters, seiner Entmenschlichung durch den Privatkapitalismus und die These, daß eine nichtkapitalistische Wirtschaftsordnung menschlich sein würde, sie bedeutet trotz allem noch nicht die Befreiung des Arbeiters in seiner Arbeit! Denn auch im Bereich sozialistisch-kommunistischer Wirtschaftsordnung sind ja die Arbeitsmethoden des Kapitalismus vielfach übernommen und in den Kampf um die Diktatur des Proletariats eingeordnet — in einen Kampf, der hier wichtiger ist als die Neuordnung der Arbeit. — Demgegenüber ist also Mitverantwortung des Arbeiters nicht eine weltanschauliche Lösung der Arbeiterfrage, sondern der Versuch, zu einer konkreten Lösung einer bestimmten und in beiden Lagern, dem kapitalistischen wie dem sozialistischen, vorfindlichen Not des Menschen im Zeitalter der Industriearbeiter zu gelangen. Es geht hier um die Vermenschlichung der Arbeit, um die Überprüfung der Arbeitsmethoden und um die Ordnung des Platzes im Betrieb. „Es gehört beides zusammen: Wachsamkeit gegenüber den Gefahren einer völlig mechanisierten Arbeit, eines immer mehr vereinfachten, eines immer stärker rationalisierten Arbeitsprozesses, und Übernahme einer bestimmten begrenzten Verantwortung in der Gestaltung der Arbeit.“[16] Christliche Sozialethik wird in ihrer Mitbeteiligung an solchen Lösungsversuchen allerdings nicht zu mehr oder minder patriarchalischen Modellen einer vorindustriellen Zeit, eines vorindustriellen Zeitalters zurücklenken dürfen. Denn nur durch die Mechanisierung, die Technisierung, die differenzierte Arbeitsteilung und die großbetriebliche Organisation kann die menschliche Arbeitskraft den wirtschaftlichen Lebensnotwendigkeiten der heutigen Gesellschaft einigermaßen entsprechen. Aber christliche Sozialethik wird auf Wege sinnen müssen, auf denen der Mensch vor der Tyrannei der technisierten Industrialisierung einigermaßen geschützt werden kann. Es geht hier wiederum um die Freiheit des Menschen als des Dieners Gottes — jetzt in seiner Arbeit als Freiheit in Verantwortung. Auch die Probleme etwa des Arbeitslohnes im Sinne der Alternative oder — wo es nicht mehr als Alternative gefaßt ist — einer gewissen Zuordnung von Leistungslohn und Familienlohn — auch solche Probleme gehören in diesen Zusammenhang hinein.

Nun kann evangelische Sozialethik hier keine programmatischen Lösungen anbieten. Sie wird es auch nicht tun dürfen. Aber sie kann es nicht unterlassen, den Blick auf den Menschen als den erwählten Menschen Gottes — diesen Blick als entscheidende Wegweisung zu schärfen. Die in der ökumenischen Diskussion ausgegebene Parole „Verantwortliche Gesellschaft“ meint in diesem Sinne „nicht ein besonderes soziales oder

[16] A. de Quervain, Ethik Bd. 2/3: Ruhe und Arbeit, Lohn und Eigentum, 1956, S. 162.

politisches System, sondern einen Maßstab, nach dem wir alle sozialen Ordnungen beurteilen, und zu gleicher Zeit eine Richtlinie, die uns den Weg weist bei speziellen Entscheidungen, die wir zu fällen haben ...“[17].

Auf dieser Linie hat zum Beispiel der Rat der EKD sich auf dem Essener Kirchentag 1950 zum Mitbestimmungsrecht erklärt und hier Gedanken ausgesprochen, die in einer eigentümlichen Nähe stehen zu der ungefähr gleichzeitigen, 1949 auf dem Bochumer Katholikentag erfolgten Stellungnahme. Auf dem Bochumer Katholikentag hat man das Mitbestimmungsrecht als ein „natürliches Recht in gottgewollter Ordnung“ bezeichnet. Der evangelischen Stellungnahme fehlt begreiflicherweise — und auch vielleicht glücklicherweise! — eine entsprechende Einordnung des Problems des Mitbestimmungsrechtes in einen übergeordneten sozialethischen Grundbegriff, aber im einzelnen stimmen dann die beiden Lager auffallend überein: Der Sinn des Mitbestimmungsrechtes ist, das bloße Lohnarbeitsverhältnis, den Verkauf der Arbeitskraft zu überwinden und den Arbeiter als Menschen und Mitarbeiter ernst zu nehmen. Zwischen sozialem, betriebstechnischem und wirtschaftlichem Mitbestimmungsrecht wird man dabei differenzieren müssen; Schematismus, Zentralismus, zu enge gesetzliche Regelung sind zu vermeiden. Die Verantwortung der Organisationen auf der Seite der Arbeitgeber und der Arbeitnehmer wird sich wesentlich auf ein überbetriebliches Mitbestimmungsrecht beziehen müssen, während für das betriebliche Mitbestimmungsrecht der Gedanke maßgeblich ist, daß in erster Linie die Betriebsangehörigen in Mitverantwortung gestellt werden sollen. Dabei kann freilich gesetzliche Regelung nur den Rahmen schaffen, innerhalb dessen erst die Aufgabe zu bewältigen ist, echte Mitverantwortung und damit die Wiedergewinnung des Gebotscharakters der Arbeit zu verwirklichen. So schließt sich etwa an dieser Stelle der Bogen. Dieses Eintreten zum Beispiel für das Mitbestimmungsrecht kann — sozialethisch gewertet — nur bedeuten, sich zu beteiligen an einem Versuch, in der Gewinnung echter Mitverantwortung des Arbeiters für seine Arbeit den Gebotscharakter der Arbeit wiederzugewinnen bzw. die Verwirklichung dieses Gebotscharakters zu erreichen. Oder wir können das auch mit dem Nenner der Würde der Arbeit umschreiben. Die Würde der Arbeit wird eben durch ihre Menschenwürdigkeit konstituiert, das heißt dadurch, daß die Arbeit der Sache des Menschen dient in dem notwendigen Miteinander rangverschiedener Funktionen. Die Arbeit hat ihre Würde darin, daß sie im Zusammenhang jenes Dienstes bleibt, zu dem Gott den Menschen berufen hat, in der Bekundung der Menschenliebe Gottes durch das Handeln in mitmenschlichem Mit- und Füreinander. „Indem sich“, so sagt K. Barth einmal, „der Mensch zur Arbeit aufrufen läßt, macht er damit

[17] Evanston 1954, Sektion III.

ernst, daß er als menschliches Geschöpf in seinem Dasein als solchem zur Verfügung seines Schöpfers und Herrn zu stehen hat."[18] „Und insofern kann von der Arbeit in der Tat gesagt werden, daß sie im Gehorsam gegen Gottes Gebot nur beiläufig, nur als parergon", wie Barth formuliert, getan werden kann. Man muß sich die Tragweite dieses Satzes einmal klarmachen! — Die Arbeit, soweit sie als Berufung zur Arbeit verstanden wird, ist dann doch nur etwas Beiläufiges, sie ist ein „parergon", nämlich sie geschieht im Zusammenhang des Dienstes, zu dem der Mensch eigentlich und wesentlich aufgerufen ist, und zwar als unentbehrliche Voraussetzung dieses Dienstes, des Lobes Gottes in Mitmenschlichkeit.

§ 13 Eigentum als Institution

Eng mit der Arbeit als Gebot verbunden ist das Eigentum, bei dem der Gebotscharakter jedenfalls im biblischen Zeugnis sehr viel deutlicher herauskommt. Es ist bekannt, daß uns irgendwie ausgedehnte biblische Zeugnisse zum Problem der Arbeit eigentlich fehlen. Man kann geradezu sagen: Ein Äquivalent zu dem Begriff der Arbeit, so wie wir ihn heute gebrauchen, ist in der Bibel nicht vorhanden. Gleichwohl lassen sich schon Zeugnisse ablesen, die den Gebotscharakter der Arbeit umschreiben. Sehr viel deutlicher aber sind diese Zeugnisse in der Bibel selbst beim Problem des Eigentums. Hier hat zwar E. Brunner in seinem Buch „Gerechtigkeit" wieder auch das Problem des Eigentums in seiner ethischen Bedeutung naturrechtlich zu bestimmen versucht, etwa mit dem Satz: „Da es ohne Eigentum keine Freiheit gibt, ist das Eigentum ein Schöpfungsrecht." Dieser Satz dürfte aber freilich, bei Licht besehen, nicht mehr sein als der Versuch, eine bestimmte Eigentumsauffassung nachträglich theologisch zu legitimieren.

Nach katholischer Ethik gehört das Eigentum selbstverständlich auch in den Bereich des Naturrechts. „In einer geschaffenen Welt ist", so heißt es hier, „das Privateigentum das einzig Naturgemäße, sofern diese geschaffene Welt zugleich die gefallene Welt ist." Das Naturrecht fordert für alle Menschen Anteil an Gütern, deren Bereitstellung und deren Gestaltung zugleich Ausdruck der den Menschen vom Tier unterscheidenden Gottebenbildlichkeit ist. Das ist der zweite Gedanke. Und das heißt nun zusammengefaßt: Das Recht auf Eigentum ist eng verbunden mit der Fähigkeit zu einem rechten Gebrauch. Weil die äußeren Güter zum Nutzen des Menschen da sind, darf er sie zum Eigentum erwerben, und zwar „soweit als er aus ihnen Nutzen zu ziehen vermag". Das Besitzrecht des

[18] KD III/4, S. 599.

Menschen ist also letztlich hier, im katholischen Denken, ein naturrechtlich begründetes Benützungsrecht, innerhalb dessen dann Sondereigentum und Gemeineigentum nicht prinzipiell gegeneinanderstehen. Das Sondereigentum gilt aber als der gefallenen Natur entsprechend oder mehr entsprechend. Das heißt: Es gibt im katholischen Denken keine naturrechtliche Theorie, die das Eigentum lediglich als Sondereigentum gelten ließe. Sondern diese beiden Grundauffassungen von Eigentum im Sinne von Sondereigentum und von Gemeineigentum sind nicht prinzipiell gegeneinander auszuspielen. Auf der anderen Seite muß freilich betont werden: Der gefallenen Natur des Menschen entspricht das Sondereigentum. Ich habe diese Bemühungen um sozial-ethisch-dogmatische Begründundungen des Eigentumsbegriffs einmal nebeneinandergestellt, weil auf diesem Hintergrund besonders deutlich wird, was nun die biblische Aussage für uns ausmacht.

Die Einordnung des Eigentums als Gebot

Im Alten Testament entscheidet ja bekanntlich der Gedanke, daß Jahve Israel zu seinem Eigentumsvolk erwählt hat und seinem Volk das Land Kanaan zum Eigentum in Erbpacht gegeben habe (Dt. 10, 14; 1, 21). Privateigentum ist hier nicht Besitz, etwa im Sinne des römischen Rechtes, sondern Sondereigentum, ist hier sozusagen anvertrauter Lebensraum. Und das hat zur Folge, daß niemand ein Recht hat, sein Eigentum, sein Sondereigentum, zu privatisieren, das heißt: es dem Nächsten rücksichtslos vorzuenthalten oder sich auf Kosten des wirtschaftlich Schwachen zu bereichern. Das ist durch drei Dinge nachdrücklich unterstrichen: durch das Zinsverbot gegenüber dem Volksgenossen — ursprünglich gegenüber dem Schwachen und dann ausgedehnt auf den Volksgenossen — (Dt. 23, 20 ff.), durch das Erlaßjahr (Dt. 15, 1 ff.), das alle sieben Jahre das Darlehen erläßt — und dann ganz besonders signifikativ durch das Halljahr (Lev. 25, 8), bei dem in jedem 50. Jahr inzwischen erworbenes Land an den ursprünglichen Besitzer zurückfällt, alle Schuldsklaven frei werden. Gerade das Halljahr ist so der besondere Ausdruck dieses alttestamentlichen Eigentumsverständnisses. Wenn man das auf eine bestimmte, die Sache umreißende Formel bringen will, so wird man sagen dürfen: Was im Alten Testament über Eigentum ausgesagt wird, das ruht alles auf dem Gedanken von Gottes Gnadenwahl oder Gottes Berufung. Wir haben das Gebot der Arbeit aus Gottes Berufung her zu verstehen versucht — man wird auch das Gebot des Eigentums nur von da aus sozialethisch begreifen können.

Nun bringt dann das Neue Testament weder Rechtfertigung noch Bestreitung vorfindlicher Eigentumsordnungen; es betont aber den Gedanken rechten Gebrauches irdischen Besitzes im Dienst der Liebe, aber zugleich auch schon im Licht oder auch im drohenden Schatten der Naherwartung des Endes; diese Dinge sind ja bekannt. Ebenso wird hier betont die Gefährdung des Menschen durch den ungerechten Mammon, der freilich trotz dieser festen Formulierung nicht in sich ungerecht, sondern in seinem falschen Gebrauch ungerecht wird. Sehr eigentümlich und dann die frühe Christenheit auch intensiv beschäftigend ist eben hier das Problem der Gefährdung des Reichen durch seinen Besitz.

Bei den Kirchenvätern tritt das Problem des Eigentums dann stärker auf diesem neutestamentlichen Hintergrund auf, aber jetzt in einer selbständigen und durch Philosophumena erweiterten Gedankenführung unter dem Gesichtswinkel asketischer und naturrechtlicher Motive. Privateigentum ist Bindung an das Irdische, ist eine, wie es immer stärker betont wird, durch den Sündenfall bedingte Notordnung — ein Gedanke, der ja bis in die Gegenwart auch katholischer Moraltheologie nachschwingt — anstelle eines naturrechtlich begründeten Gemeineigentums. Luxusgesetze auf der einen Seite, die Betonung des Almosens, nämlich des heilsamen Sich-Befreiens sozusagen von der Gefahr des Eigentums, auf der anderen Seite: Alles das soll sozusagen die Noteigentumsordnung vor dem stets lauernden Mißbrauch sichern.

Die scholastische Moraltheologie hat diese Ansätze im allgemeinen ja nur ausgebaut auf der einen Seite in Richtung auf eine sozusagen doppelte Ethik, indem nämlich in der Ethik des Mönchtums als des Standes zur Vollkommenheit das Problem des Eigentums nach Möglichkeit eliminiert worden ist — Verzicht auf Besitz: mönchisches Ideal —, und auf der anderen Seite ist die Grundlinie der weiteren moraltheologischen Entwicklung gekennzeichnet etwa durch das Prinzip des standesgemäßen Unterhaltes, das heißt also: durch eine ausgesprochen bürgerliche Eigentumsordnung, während die Reformation die Auffassung des Eigentums als Leihgabe im Grunde erneuert hat, das Motiv der Bedarfsdeckung gegen dasjenige des Erwerbs betont vertreten hat.

Das ist schon Reaktion gegen die ersten Anzeichen eines frühkapitalistischen Zeitalters gewesen. Bedarfsdeckung gegen Erwerb — besonders deutlich dann auch im reformatorischen Zinsverbot! Und zu alledem kommt dann schließlich noch hinzu die Einschärfung der Verantwortung für das Eigentum. Auch die Reformation hat im Grunde keine christliche Eigentumsordnung entworfen, und man wird summarisch sagen dürfen: So etwas wie eine christliche Eigentumsordnung gibt es nur dort, wo von der christlichen Botschaft her der Versuch unternommen wurde, ganz bestimmte geschlossene Sozialgestaltungen auf Erden als Ideeentwürfe christlicher Sozialgestaltung zu bauen. Da ist auch eine bestimmte Eigentumsordnung in der Regel mit eingebaut. Aber sonst wird man nicht von einer christlichen Eigentumsordnung schlechthin reden dürfen. Das katholische Denken hat gewiß hier so etwas wie eine naturrechtlich begründete Eigentumsordnung zur Hand; im Protestantismus steht gerade an dieser Stelle wieder korrespondierend dem Gebotscharakter des Eigentums das „usus"-Problem im Vordergrund. Hier ist es wiederum die Frage nach dem rechten Gebrauch, eine Frage, die als grundsätzlich scharf gesichtet und eben darum in der Durchführung in großer Breite entfaltet werden könnte. Denn es gehört zweifellos in die Frage nach dem rechten Gebrauch auch etwa das Problem der Wirtschaftlichkeit des Wirtschaftens hinein; das heißt also: der rechte Gebrauch des Eigentums ist nicht bloß innerhalb der Klammer zu denken, die etwa durch Luxusgesetzgebung auf der einen Seite und Almosenproblem auf der anderen Seite angegeben sei! Sondern rechter Gebrauch bedeutet zugleich auch ein Achten auf das, was dem Eigentum als Eigentum immanent ist: auf die Wirtschaftlichkeit des Wirtschaftens zum Beispiel. Freilich, vorgeordnet ist hier für die Frage nach dem rechten Gebrauch auch an dieser Stelle immer wieder das Problem des Dienstes am Menschen unter Einordnung des Eigentums als Gebot in diesen von Gott dem Menschen aufgetragenen Dienst am Mitmenschen.

Das Eigentumsproblem in der neueren christlichen Sozialethik

Das Eigentumsproblem im Rahmen christlicher Sozialethik leidet in der evangelischen Sozialethik weithin darunter, daß

1. Eigentum und Besitz bzw. Vermögen begrifflich miteinander vermengt werden, das heißt, daß die Rechtsstruktur von Eigentum unter dem Gesichtspunkt von Dispositionsbefugnis und Vermögensgenuß und daß seine von ihm selbst ausgehenden anthropologischen, soziologischen und sozialen Bezüge und Wirkungen und auch Gefahren nicht mit wünschenswerter Deutlichkeit gesehen und zureichend geklärt worden sind. Man ging und geht im allgemeinen davon aus, daß es Eigentum „gibt", und zwar in verschiedenen Größenordnungen und wohl auch von verschiedener Herkunft, und daß der — meist mehr idealistisch als biblisch verstandene — Mensch mit ihm in verschiedenen geschichtlichen Situationen als Eigentum besitzender oder auch als des Eigentums ermangelnder oder beraubter Mensch konfrontiert sei. Daraus folgt:

2. Das sozialethische Interesse beschränkte sich auf die Frage des meist individuellen Umgangs mit Eigentum, wobei im Blick auf die Bibel dieser Umgang zwischen den Polen von „dominium" und Verzicht, wie ich abkürzend sagen möchte, sich wenigstens ungefähr bewegt, ohne daß wiederum das polare Spannungsverhältnis für sich als das hier eigentlich zur Diskussion stehende Problem christlicher Ethik gesichtet worden wäre. Man empfand dieses Spannungsverhältnis aber im Blick auf ex-

treme Gestaltungsformen des Mißbrauchs nach beiden Seiten hin, und man empfand vor allem das Kapitaleigentum selbst als etwas Unheimliches und Bedrohliches, das man durch den Rückzug auf eine den Sachfragen ausweichende personale Gesinnungsethik hoffte, etwas bannen zu können. Charakteristisch dafür etwa der Satz, den man vor dreißig Jahren formulieren konnte[1]: „Kapitalismus ist nur erträglich, wenn er von einer von Gott gebundenen Persönlichkeit vertreten wird ..., dann aber auch unter Umständen wirkungskräftig und segensvoll." Es geht hier und so zumeist um eine Unternehmerethik, wie sie noch heute, zum Beispiel von W. Künneth[2], gern entwickelt wird: „Der Kapitalbesitz bietet über den Verbrauch und Erwerb von Konsumgütern hinaus die Ermöglichung der Freiheit persönlicher Existenz. Die grundsätzliche Konstanz dieses Eigentums bedeutet ja Machtsetzung, erweckt Ansehen, Einfluß und Ehre. Dadurch ist die Basis für das Leben und Handeln der freien Persönlichkeit jedenfalls im Prinzip gegeben. So wird Kapitalbesitz in der Tat zu einem Sinnbild des unabhängigen Herrentums im Kontrast zum unfreien Sklaventum."[3] „Das Kapitaleigentum muß zutiefst als ein Medium der Persönlichkeitsbildung verstanden werden ..." „Das Kapital dient der Realisierung" der Erhaltungsordnung Gottes. „Das gilt auch bis zu einem gewissen Grade für die Kapitalkonzentration in Wirtschaftskonzernen und Aktiengesellschaften."[4] Zugleich redet man „vom Dienstcharakter" des Kapitals. Er ist ständig bedroht. Auch durch die Verstaatlichung der Betriebe, mit der eine „Verantwortungsschrumpfung" verbunden sei[5]. Das Kapital ist im wesentlichen „anvertrautes Gut". Jesu Gleichnis von den anvertrauten Pfunden sage, „daß eigentlich Gott selbst der Stifter dieses Gutes ist, eines Gutes, das nicht tot, sondern zur Arbeit bestimmt ist. Das Kapital ist nach Gottes Willen keine ruhende Größe, sondern immer in Bewegung. Es umfaßt daher Recht und Pflicht zur Vermehrung, zur Steigerung des Kapitalbesitzes". Was die Frage des Miteigentums des Arbeitnehmers in Gestalt materieller Ergebnisbeteiligung am Unternehmen anlangt, so hält Künneth „das Recht des Arbeitnehmers auf neue eigenständige persönliche Kapitalbildung grundsätzlich" für richtig; seine sozialethische Bedeutung sieht er vor allem darin, daß „eine wichtige psychologische Situationsänderung eintritt. Aus dem reinen passiven Lohnempfänger wird ein verantwortlicher Mitarbeiter"[6]. Der letzte Satz läßt deutlich erkennen, wie bei diesen sozialethischen Erwägungen mit bestimmten „reinen" und darin nun

[1] S. Schöffel, A. Köberle, Luthertum und soziale Frage, 1931, S. 76.

[2] W. Künneth, Rechte und Pflichten des Kapitaleigentümers nach der evangelischen Sozialethik, in: Eigentum und Eigentümer in unserer Gesellschaftsordnung, Köln, Opladen 1960, S. 107 ff.

[3] Ebd. S. 112.

[4] Ebd. S. 113.

[5] Ebd. S. 115.

[6] Ebd. S. 117, 119.

gerade konstruierten Individualtypen — „passiver Lohnempfänger", „verantwortlicher Mitarbeiter" — hantiert wird, die in der modernen Industriewelt so in concreto nicht (mehr) begegnen.

Dies als Beispiel vorherrschender Verlegenheit und Unzulänglichkeit der Eigentumsproblematik gegenüber, wobei im allgemeinen ein ungeklärter Begriff von „Privat"-Eigentum im Hintergrund steht. Den zunächst durch die Chiffre „dominium" bezeichneten Begriff personalen Sich-Verhaltens zum Eigentum verstand man in der Regel von der im Sinne von „Daseinsvorsorge" gemeinten und dem Eigentum als Existenzsicherung in erster Linie zugesprochenen Funktion her. Den anderen, zunächst durch das Stichwort „Verzicht" angegebenen Pol begriff man — gegenüber seiner evangelischerseits abgelehnten heilsverdienstlichen Verrechnung im Sinne des mönchischen Armutsgelübdes — dann auf der Linie des paulinischen „hos me", des „Habens als hätte man nicht", im Sinn christlicher Freiheit von und Sicherung gegenüber mammonistischer Bindung durch Eigentum. Damit trat, von dieser Seite her, also wesentlich unter *negativen* Vorzeichen, das Freiheitsproblem erstmals in eine eigentümliche Beziehung zum Eigentumsproblem.

Dieser „negativ" erscheinenden Freiheit trat aber alsbald eine *„positiv"* gefaßte gegenüber bzw. zur Seite, die zu einer christlichen Bejahung von Eigentum führte bzw. den hintergründigen und ungeklärten Begriff von „*Privat*eigentum" näher bestimmte, auch im Sinne des „gerechten" Eigentums. Das Eigentum erscheint hier als die Voraussetzung, ja die Grundlage persönlicher Freiheit. Sächliches Eigentum sei — meint zum Beispiel E. Brunner — dem Menschen ursprünglich von Schöpfungs wegen zugeteilt, damit er frei handeln könne. „Wer über nichts verfügt, kann auch nicht frei handeln", „Ohne Privateigentum gibt es keine Freiheit"[7], „Da es ohne Eigentum keine Freiheit gibt, ist . . . das Eigentum, das Privateigentum, ein Schöpfungsrecht."[8] Beim Kollektiveigentum hingegen sei dieser Raum der Freiheit zerstört. Ebenso freilich auch dort, wo ein sogenanntes absolutes Privateigentum sich monopolistisch gestaltet.

3. Damit kommt ein weiterer Gesichtspunkt der sozialethischen Stellungnahme zum Eigentumsproblem in Sicht, der ebenfalls in Variationen ziemlich allgemein geteilt wird: Eigentum sei göttliches Lehen und stehe auch hinsichtlich seiner sozial-kulturellen Entstehungsbedingungen unter dem „Gemeinschaftsvorbehalt". Anders gesagt: Eigentum habe *Dienstcharakter* bzw. sozialen Charakter. Gerade diese Erkenntnis ist ein heute gern verwendeter Ausgangspunkt für den Versuch, mit dem Eigentumsproblem in der Sozialethik fertig zu werden. Aber er scheint mehr zu versprechen, als er halten kann, wenigstens weithin. Als Beispiel wähle

---

[7] Gerechtigkeit, 1943, S. 70 f.

[8] Ebd. S. 175.

ich hier den Vortrag von Klaus von Bismarck, „Das Eigentum hat sozialen Charakter“: „Die Bibel gibt . . . keine erschöpfende Aussage über das Wesen des Eigentums. Sie bestätigt aber deutlich, daß es nach Gottes Willen Eigentum gibt. Sie stellt den Dienst-Charakter jedes Eigentums heraus. Das Wort Gottes richtet sich im übrigen an Menschen, die jeweils schon in bestimmten Eigentumsstrukturen leben. Solche Eigentumsordnung schützt die Bibel mit den Zehn Geboten ausdrücklich vor widerrechtlichem Eingriff. Die Bibel bestätigt damit die Bedeutung einer gerechten sozialen Eigentumsordnung. Durch den ständigen Hinweis auf den Nächsten und das Handeln Gottes in der Geschichte stellt das Wort Gottes aber auch jede überkommene Eigentumsstruktur unter eine soziale Prüfung, die unter Umständen die Korrektur und Umgestaltung dieser Ordnung fordert. In dieser Weise ist für das evangelische Denken jedes gültige Argument zur Verteidigung von Eigentumsrechten auch ein Argument für weitestmögliche Verteilung dieser Rechte (Oxford 1937).“[9]

Daraus werden nun im einzelnen Folgerungen gezogen:

Im Blick auf die mit der Größe von Eigentum an Produktionsmitteln steigende Versuchung des Mißbrauchs von Eigentum und der wachsenden Machtsituation fordert man das Eintreten für eine Streuung des Eigentums. Man muß freilich schon jetzt fragen, ob das nicht in mancher Hinsicht eine Illusion ist und ob nicht auch andere Motive hinter einer solchen hier sozialethisch bejahten Forderung der Gegenwart stehen, zum Beispiel das Motiv der Abfangung potentieller Revolutionäre durch Mitbeteiligung am Vermögensgenuß.

Die Betonung des sozialen Charakters von Eigentum führt weiterhin zu dem Satz, daß „ein überbetrieblicher gesetzlicher Eingriff in die Eigentumsstruktur nicht in jedem Falle als kollektivistische Maßnahme abzulehnen“ sei[10]. Wie überhaupt persönliche Initiative und Haltung eine „rechte gesetzliche Rahmenordnung der Eigentumsverhältnisse“ zur Voraussetzung habe.

Die Betonung des sozialethischen Charakters von Eigentum führt in summa zu einer Erkenntnis, die gegenüber älteren Auffassungen des Eigentumsproblems zu einer gewissen Auflockerung gelangt. Bei jenen älteren Auffassungen hat eine liberal-individualistische Eigentumslehre vom „Privat-Eigentum“ die Einzelperson gegenüber ihrer sozialen Funktion isoliert, auch mit Hilfe einer konservativen Bewertung der geschichtlichen Ungleichheit von Besitzverhältnissen als konstitutiv für die menschliche Gesellschaft; nach E. Brunner zum Beispiel ist die Schöpfung auf Ungleichheit ausgerichtet als auf das Prinzip des Organischen, als auf die Voraussetzung des lebendigen Austausches. Die gemeinte Auflockerung besagt: „Grundsätzlich kann es nach evangelischem Verständnis bei

[9] Eigentum und Eigentümer, S. 95 f.

[10] Ebd. S. 102.

der Erörterung jeder Eigentumsstruktur niemals nur um die Verteidigung und Sanktionierung vorgegebener Eigentumsstrukturen gehen. Jede solche Struktur muß sich mit dem Wandel der geschichtlichen Verhältnisse die sozialethische Frage gefallen lassen, ob im Interesse einer gerechten Eigentumsordnung nicht eine Revision angebracht ist", ob also zum Beispiel in der Bundesrepublik nicht „im Zuge eines allgemeinen Zuwachses des Volkseinkommens eine größtmögliche Streuung des Eigentums erwirkt werden sollte"[11], wobei nicht nur sozialethische Gründe der Gerechtigkeit, sondern auch nicht unmittelbar christlich ableitbare politische und wirtschaftliche Argumente aufgeboten werden.

Mehr als eine Auflockerung der traditionsgebundenen Anschauungen evangelischer Ethik vom Eigentum ist das aber im Grunde nicht. Darin stimmt es überein mit den vielleicht noch aufschlußreicheren Sätzen der Amsterdamer Weltkirchenkonferenz von 1948: „Vom christlichen Verständnis des Menschen her . . . müssen wir sagen, daß die Institution des Eigentums als solche nicht die Wurzel der Verderbnis der menschlichen Natur ist. Wir müssen gleicherweise den Verteidigern der bestehenden Besitzverhältnisse sagen, daß Privateigentum kein unbedingtes Recht ist. Das Eigentum muß deshalb den Erfordernissen der Gerechtigkeit gemäß erhalten, eingeschränkt oder verteilt werden."[12]

Die katholische Position

Damit ist sozusagen „erreicht", was die katholische Soziallehre seit der „Encyklika Rerum novarum" Leos XIII. (1891) und „Quadragesimo anno" Pius' X. (1931) auf thomistisch-naturrechtlicher Basis als Grundsatz-Schema herausgestellt hat und „Mater et magistra" (1961) deutlich entfaltet.

Die allgemeine Eigentumslehre — von der die spezielle Eigentumsethik zu unterscheiden ist — ist eingeordnet in eine naturrechtliche Gesellschaftsteleologie und begründet mit der aus der Gottebenbildlichkeit des Menschen als „creatura rationalis" folgenden Herrschaft über die Dingwelt. Ob innerhalb dieser Herrschaft Privat- oder Gemeineigentumsordnung herzustellen ist, ist der Entscheidung des Menschen grundsätzlich überlassen. Es gehört nicht zum Naturrecht, sondern zum positiven Recht. Vom Menschen und seinem natürlichen Lebensraum her ist die Entscheidung jedoch primär für das Privateigentum gefallen. Es ist Tatsache, „daß das private Eigentum sowohl nach der geschichtlichen Erfahrung wie nach der philosophisch-anthropologischen Einsicht neben

[11] Ebd. S. 104.

[12] Sektion III, Abschn. 11: Die Kirche und die Auflösung der gesellschaftlichen Ordnung, S. 232 f.

Familie und Staat zu den Grundstrukturen der natürlichen Ordnung" — im Sinne eines relativen Naturrechts — „und des Zusammenlebens gehört. Ein sinnhaft gestaltetes Privateigentum ist notwendig, um die Freiheit der Person und der persönlichen Entfaltung zu gewährleisten, die Gemeinschaft auf eine der Würde des Menschen adäquate Weise zu sichern, die Familie wesentlich stärker als bisher zu integrieren, dem Staat eine Form zu verleihen, die ihn davor bewahrt, seine Bürger zu verachten"[13].

In diesem Sinn erklärt „Rerum novarum" das private Eigentum als grundsätzlich unantastbar — „jus proprietatis sanctum esse oportere" — und weist den privateigentumsfeindlichen Sozialismus scharf ab. Ebenso „Quadragesimo anno": „Es ist unmöglich, gleichzeitig guter Katholik und wirklicher Sozialist zu sein." Aber der Satz von der Unantastbarkeit des Eigentums gilt nur von dem Eigentum als *Institution,* nicht von der jeweiligen historisch gewordenen Eigentumsordnung, die ja in Konflikt mit der Teleologie des „bonum commune" geraten kann. Dem trägt „Quadragesimo anno" Rechnung: „Ist doch die überwältigende Massenerscheinung des Proletariats gegenüber einem kleinen Kreis von Überreichen ein unwidersprechlicher Beweis dafür, daß die Erdengüter, die in unserem Zeitalter des sogenannten Industrialismus in so reicher Fülle erzeugt werden, nicht richtig verteilt und den verschiedenen gesellschaftlichen Klassen nicht entsprechend zugute gekommen sind." Noch deutlicher erklärt sich Pius XII. in einer Botschaft vom 3. 9. 1944 über das Recht des Staates, bestimmte Produktionsarten wegen der mit ihnen verbundenen Macht und der Gefahr des Machtmißbrauches der öffentlichen Hand vorzubehalten bzw. mit Hilfe gerechter Entschädigungen zu enteignen, um so der sozialen Verpflichtung des Eigentums auf der Linie eines „christlichen Solidarismus", auf der goldenen Mittellinie zwischen Liberalismus und Kollektivismus, zu entsprechen, also einen Ausgleich zwischen römisch-rechtlichem Eigentumsbegriff des „ius utendi et abutendi" (was z. B. auch hinter BGB § 903 steht: „Der Eigentümer kann ... mit der Sache nach Belieben verfahren ...") und dem naturrechtlich-teleologischen zu finden. Mit anderen Worten, die These von der Unantastbarkeit der Institution Eigentum muß gegenüber kurzschlüssiger Inanspruchnahme immer wieder abgesichert werden. Eigentum ist also *als Institution* die unbestrittene Voraussetzung der sozialethischen Verhandlung des Problems. Diese selbst aber ist bestimmt a) durch den Begriff des „bonum commune"; b) durch die verschiedenen Aspekte des *konkreten* Eigentums und c) durch dessen ethische Ambivalenz.

Das heißt im einzelnen zu a) und b): Die ethischen Entscheidungen haben ihren Ausgang auch beim Eigentumsproblem stets beim „bonum

[13] H.-J. Wallraff, Unternehmenseigentum und katholische Sozialethik, in: Eigentum und Eigentümer, S. 73 ff.

commune". Daher schließt die Verantwortlichkeit der öffentlichen Autoritäten für das allgemeine Wohl auch die Pflicht ein, „das Phänomen des privaten Eigentums in Richtung auf die objektiven Belange des Ganzen zu ordnen und es u. U. zu modifizieren", aber dabei „die wirkkräftigeren Arten des Eigentums sorgfältiger im Auge zu behalten"[14]. Also: einmal gilt mit „Quadragesimo anno" (49): „Der Staat hat . . . mit Rücksicht auf wirkliche Erfordernisse des allgemeinen Wohls genauer im einzelnen anzuordnen, was die Eigentümer hinsichtlich des Eigentumsgebrauches dürfen, was ihnen verwehrt ist" (quid illicitum sit in suorum bonorum usu) — bis hin zu einer durch das Gemeinwohl gerechtfertigten Sozialisierung (Pius XII.). Sodann gilt der Vorrang des aus Arbeit und Erbe stammenden Eigentums etwa gegenüber dem Vermögenszuwachs aus steuerrechtlichen Privilegien, Subventionen, handelspolitischen Maßnahmen usw. Pius XII. erklärt in seiner Rundfunkbotschaft vom 1. 9. 1944: „Hat die Kirche allzeit ‚das naturgegebene Recht auf Eigentum und auf erbliche Weitergabe seiner Güter' anerkannt, so ist nicht weniger gewiß, daß dieses Privateigentum vornehmlich die natürliche Frucht der Arbeit darstellt, das Produkt einer angestrengten Tätigkeit des Menschen, der es erwirbt auf Grund seines entschlossenen Willens, mit seiner Hände Kraft die Grundlagen der eigenen Existenz und der seiner Familie zu sichern und auszuweiten, für sich und die Seinen einen Raum gerechter Freiheit zu schaffen, und zwar nicht nur in wirtschaftlichen, sondern auch in politischen, kulturellen und religiösen Belangen." Das heißt also einmal: „Oberstes Richtmaß des Privateigentums ist das allgemeine Wohl", sodann: Das artverschiedene Privateigentum ist ethisch verschieden zu bewerten. Gemeinsam ist ihm aber — zu c) — in seiner konkreten Gestalt eine eigentümliche Ambivalenz.

Privateigentum ist eine „Institution des Zusammenlebens", aber es setzt auch gesellschaftliche Spannungen. „Sein Träger ist gehalten, nicht nur die personale Bedeutung zu betonen, die dem Eigentum zukommt, sondern auch dessen soziale Bindungen zu bejahen. Dem Menschen inmitten der Gesellschaft zu dienen, ist der Sinn des privaten Eigentums allgemein und jeder seiner konkreten Formen. Trotz aller Gefährdungen, die es mit sich führt, ist es unverzichtbar, soll die Ordnung eine menschenwürdige bleiben."

Werden solche sehr allgemeinen Sätze zum Eigentumsproblem im Blick auf die Gesellschaftsstruktur der Gegenwart näher durchdacht, dann tritt begreiflicherweise die soziale Funktion des Eigentums in den Vordergrund. Die besonderen Themen sind: a) die soziale Pflichtigkeit des privaten Eigentums und b) sein personaler Charakter auch in der modernen Wirtschaft.

---

[14] Ebd. S. 88.

Dann denkt man etwa nach dem Schema, wie es G. Gundlach entfaltet: „Die These von der fundamentalen Bedeutung der Institution des Privateigentums ist nicht unbestritten, die Aussagen über die Gesellschaft und ihren Sinn können dagegen Gültigkeit beanspruchen. Der Mensch bedarf daher der Eigentumsinstitution und des Eigentums, um der Vorsorgepflicht genügen zu können“[15]; das heißt aber: um von der Person her die „innere Struktur menschlicher Sozialität und Gesellschaftlichkeit“ durch schaffendes und vorsorgendes Verhalten aufzubauen und gegenüber Abhängigkeitsverhältnissen abzuschirmen, die die ursprüngliche Freiheit und Gleichheit der Person gefährden. Hier ist notfalls auch der „Eingriff der öffentlichen Hand“ zur Wiederherstellung der Ordnung zulässig. Auch für den Großbetrieb ist personalgebundenes Eigentum der legitime Ausgangspunkt. Verteilung von im Großbetrieb entstehendem neuem Eigentum auf die Arbeitnehmer ist nur sinnvoll, wenn sie der Initiative der Eigentümer entstammt. Der sachgemäße Weg zur Eigentumsbildung ist eben vom einzelnen selbst zu bestreiten, vor allem durch Sparen. Dazu soll aber der einzelne durch die Wirtschaft und durch den Staat ermuntert werden.

Das gibt die Grundlinie an für die Stellungnahme zur „Eigentumsstreuung als Ziel der Sozialpolitik“: „Die Eigentumsverhältnisse in einer Gesellschaft sind gesund, wenn die breiten Schichten des Volkes so viel besitzen, daß sie nicht in Abhängigkeit von anderen Schichten oder vom Staat geraten.“[16] Auf dem für das westdeutsche Wirtschaftswunder charakteristischen Hintergrund der Vermögensbildung durch gesteigerte Selbstfinanzierung über die Preise wird für die Zukunft „eine größere Beteiligung breiter Schichten an der volkswirtschaftlichen Kapitalbildung“, also Eigentum an volkswirtschaftlichem Produktionsvermögen, für „wünschenswert“ erklärt, „weil sie zu einer aufrichtigen Anerkennung der Gesellschafts- und Wirtschaftsordnung der westlichen Welt führt“! Allerdings soll dabei die individuelle, persönliche Eigentumsbildung, das personale Moment des Eigentums, angestrebt und etwa durch steuerliche Begünstigungen des investiven Sparens gefördert werden. Sparfähigkeit und Sparwilligkeit stehen im Vordergrund.

Diese Verflechtung von eigentumsethischen und gesellschaftspolitischen Erwägungen steht bei den sie vertretenden katholischen Sozialethikern auf dem Grund eines Eigentumsbegriffs, dessen relative Verwirklichung mindestens zum größten Teil der geschichtlichen Vergangenheit zugehört, weil er sowohl hinsichtlich der Vorstellung wie der Realitäten sich heute in Auflösung befindet. Knapp umschrieben lautet diese Stellungnahme: „Das Privateigentum hat drei wesentliche Funktionen: es stärkt Eigen-

[15] Das Privateigentum und seine soziale Pflichtigkeit, in: Eigentum und Eigentümer, S. 32.

[16] J. Höffner, in: Eigentum und Eigentümer, S. 50.

initiative sowie Selbstverantwortung und gewährt Sicherheit; es schafft eine klare Abgrenzung der Verantwortungsbereiche und Zuständigkeiten; es ist Garant der Freiheit und Würde des Menschen."[17]

Der evangelische Beitrag

Auf evangelischer Seite entspricht den bisher mit Absicht breit skizzierten Eigentumserörterungen katholischer Soziallehre, aus denen, wie wir noch sehen werden, nur wenige Autoren echt sozialreformerisch heraustreten, um der Eigentumswirklichkeit der heutigen Gesellschaft gerecht zu werden, daß man unter Ausklammerung der Extreme liberalindividualistischer und marxistischer Eigentumslehre sich einer „besonders akzentuierten, positiven Bewertung des *kleinen* und *mittleren* personalgebundenen Eigentums" zuwendet, gerade auch, wo es um Eigentum an Produktionsmitteln geht[18].

Sodann wendet man sich der Aufgabe zu, die geschichtlich gegebene, zum Teil als schöpfungsmäßig gewollt beurteilte Ungleichheit von Menschen, Familien, Gesellschaftsgruppen hinsichtlich des Besitzes von Eigentum in Richtung auf soziale Gerechtigkeit aus dem Motiv der Nächstenliebe *auszugleichen*.

Vom Eigentum gilt auch hier: Es ist „gleichsam ein institutioneller Raum, in dem personale Freiheit agiert", aber „wegen dieser personalen Gebundenheit, wegen dieser personalen, in Eigentum sich sozusagen kristallisierenden, sozial sich realisierenden Freiheit liegt auf dem Eigentum eine Dienstpflicht"[19], eine „soziale Hypothek"[20]. Dieser Befund führt dann vor die selbstkritische Frage, ob die herkömmliche soziale Tugendlehre in Sachen Eigentum und ob die anthropologischen Fundamente für die Bewältigung des Eigentumsproblems heute noch zureichen.

Die Antwort lautet: 1. Man darf es nicht beim sozialethischen Appell an den Eigentümer bewenden lassen; 2. man muß ernst machen damit, daß die evangelische Verkündigung die Institutionen der Gesellschaft *direkt* angehe, ihnen gegenüber den aus der Liebe stammenden Gerechtigkeitswillen geltend mache und ihnen zugleich ihr absolutes Gewicht nehme.

In der Stufenordnung: a) personales Gebrauchs- und Verbrauchseigentum, b) personales Eigentum an Produktionsmitteln, c) Großeigentum an Produktionsmitteln und d) öffentliches Eigentum, interessieren aber wirklich vor allem nur die beiden ersten. Sie werden auf das ökumeni-

[17] Ebd.

[18] Wendland, Eigentum, S. 149 ff.

[19] Ebd. S. 152.

[20] F. Brunstäd, Das Eigentum und seine Ordnung (1930) in: Gesammelte Aufsätze, 1957, S. 355 ff.

sche Postulat der „verantwortlichen Gesellschaft" bezogen und fordern von da aus eine „breite Bildung personalgebundenen Verbrauchs- und Gebrauchseigentums", die dem sozialen Frieden und dem Aufbau der Ordnung einer „Gesellschaft von Freien" diene.

Zweitens liege eine „verantwortliche Pflicht der evangelischen Kirche und Soziallehre darin, ... der Entfaltung des kleinen und mittleren Eigentums an Produktionsmitteln und seinem Schutze zu dienen"[21].

Drittens müsse die Gefahr der Übermächtigung der Gesellschaft durch „Super-" und „Monostrukturen" abgewehrt werden.

Bei der Frage nach dem Anrecht auf Miteigentum am Produktiveigentum aus der Arbeit der Arbeitnehmer steht man in der evangelischen Sozialethik, abgesehen von allgemeinen und nicht zureichend durchdachten Warnungen vor „Kollektivismus", dem Problem etwas ratlos gegenüber; jedenfalls was die grundsätzliche Stellungnahme anbetrifft.

Zur Parole „Eigentum in Arbeiterhand" (Erklärung der Bundesregierung vom 29. 10. 1957) ist natürlich von den traditionellen Belastungen sozialethischer Eigentumsdiskussion her nicht ganz einfach Stellung zu nehmen. Der zunächst geforderte Rückgriff auf die Bibel kann dazu führen, vom eschatologischen Grundcharakter des Evangeliums her für die Eigentumsfrage die Gesichtspunkte der Personalität, der Solidarität und der Liberalität zusammen geltend zu machen und von da aus zu einigermaßen überraschenden Folgerungen zu kommen[22].

„*Personalität* bedeutet hier, über den Belangen des Eigentums nicht die Freiheit zu verlieren, die der Christ zur Führung eines rechten Lebens sich erhalten muß.

Solidarität bedeutet hier, daß Eigentum genützt werden soll zur Selbsthilfe; wo sie dem einzelnen nicht gelingt, soll er auf die Hilfe des Mitmenschen rechnen können, der aus seinem Eigentum ihm Unterstützung gewährt. Das fördert die Selbstverantwortung und lehnt den totalen Versorgungsstaat ab.

Die *Liberalität* schließlich ist die Eigenschaft, die die rechten Entscheidungen trägt: Verzicht auf Eigentum ist die höchste Selbstdarstellung der christlichen Einstellung zum Eigentum."

Dennoch solle in der Alternative Wohlfahrtsstaat oder Freiheit der persönlichen Vorsorgeleistung diese Freiheit nach Kräften gleichsam sozialpädagogisch gefördert werden. Ohne derartige psychologische Voraussetzungen für eigene Eigentumsbemühungen sei jede Aktion zur Eigentumsstreuung sinnlos.

Blickt man zurück: Katholische und evangelische Sozialethik scheinen im Bereich der Vorschläge und deren Begründung sich weithin kaum

[21] Wendland, Eigentum, S. 157.

[22] So E. Steinbach, Evangelische Soziallehre und breite Eigentumsstreuung, in: Eigentum und Eigentümer, S. 124 ff., bes. S. 147.

voneinander zu unterscheiden. Das gilt selbst für den Satz vom Eigentumsverzicht, der ja im katholischen Bereich in Gestalt des Armutsgelübdes in besonderer Weise manifest und zugleich ethisch qualifiziert wird. Den einzigen erheblichen Unterschied stellt das Gewicht der naturrechtlichen Begründungen auf katholischer Seite dar. Man hat sie aber im evangelischen Lager zum Teil übernommen, vor allem wohl, weil die Reformation keine eigentliche Lehre vom Eigentum entwickelt hat, sondern, gewiß in intensiver Weise, unter den Gesichtspunkten des „anvertrauten Gutes", des „ungerechten Mammons" und auch des „Haben als hätte man nicht" seelsorgerlich zur Eigentumsfrage gepredigt hat. Im Grundsätzlichen ist allerdings gerade hier der Unterschied erheblich, sofern dieser reformatorischen Predigt mit ihrer Einschärfung sozialer Pflichten ebenso wie evangelischer Freiheit gegenüber Bindungen und mit ihrer Mahnung zum Verzicht im katholischen Lager eine Eigentumslehre gegenübersteht, die eingebaut ist in die Gesetze der Verwirklichung der gottgewollten naturrechtlichen Sozialordnung.

Eine relative Differenzierung aus dem grundsätzlichen Unterschied ist weiter darin zu erkennen, daß nach katholischer Auffassung die rechte Ordnung des Privateigentums eine Erfüllung des göttlichen Liebesgebots bedeutet und daß von daher, bzw. vom Blick auf die übernatürliche Zielsetzung des sittlichen Lebens her, der individualethische Zusammenhang im Vordergrund steht. Im evangelischen Lager hat der „sozialethische" die Führung. Schon bei Luther lag innerhalb der seelsorgerlichen Behandlung des Eigentumsproblems der Ton nicht auf der Verfügungsgewalt des Eigentümers, sondern auf der volkswirtschaftlichen Funktion des Eigentums. Für Zwingli gibt es nie vor Gott, sondern nur unter Menschen ein Recht auf Eigentum[23]. Eigentum ist Notordnung. Der Verzicht auf jede Verklärung des Eigentums führt hier bei Zwingli zu energischen sozialen Maßnahmen (Abschaffung der Reste der Leibeigenschaft, Brechung der Monopole, Beseitigung des Wuchers usw.). Calvin betont die soziale Verpflichtung des Eigentums. Jeder Eigentümer ist Organ des göttlichen Weltregiments. Gott, dem die Arbeit dient, ist alleiniger Eigentümer des Ertrags: das ist auch das entscheidende Motiv der sogenannten innerweltlichen Askese im frühkapitalistischen Zeitalter; der Verdienst kann — abgesehen von der Lebenshaltung — nur der Wohltätigkeit oder der Neuinvestierung zugewendet werden. — „Eine Heiligkeit des Privateigentums als solche kennt die evangelische Ethik nicht; wohl aber die Möglichkeit, daß es dient, solidarisch eingesetzt und dadurch geheiligt wird."[24]

---

[23] Rerum proprietas ex perfidia et philautia originem habet: Schuler-Schulthess VI, 1, S. 607.

[24] G. Locher, RGG II, ³1958, Sp. 375; vgl. auch ders., Der Eigentumsbegriff als Problem evangelischer Theologie, ²1962.

Eigentum und solidarische Existenz

Die bisher skizzierte katholische wie evangelische Stellungnahme zum Eigentumsproblem ist aber grundlegend bestimmt durch einen Eigentumsbegriff, der die tiefgreifenden Änderungen sowohl hinsichtlich der Vorstellungen als auch der Realitäten, die zum Begriff des Eigentums gehören, noch nicht zureichend respektiert.

Der „klassische" Begriff des Privateigentums hat heute eigentlich nur noch im Sachenrecht des Bürgerlichen Gesetzbuches seinen Platz. Er ist definiert durch die sogenannten „originären Erwerbstitel", das heißt vor allem:

1. durch die „occupatio", also die Besitzergreifung herrenlosen Gutes, und die „specificatio", also die Bearbeitung bzw. Verarbeitung einer Sache zu etwas Neuem.

2. durch die konstitutiven Merkmale a) der Elemente eigener Leistung; b) der notwendigen Existenzsicherung; c) des freien Verfügens nach eigenem Ermessen und d) des damit verbundenen Ausschlusses anderer von der Verfügung.

3. durch die daraus folgenden Funktionen: a) Eigentum stärkt Eigeninitiative sowie Selbstverantwortung und gewährt Sicherheit; b) Eigentum schafft eine klare Abgrenzung der Verantwortungsbereiche und Zuständigkeiten; c) Eigentum ist Garant der Freiheit und Würde des Menschen.

Aber an diesen Bestimmungen ist nun mancherlei heute faktisch eingrenzt oder in Auflösung begriffen:

1. Die These, daß der Mensch, der durch seine Arbeit ein Produkt hervorbringt, Ursache einer Wirkung sei und daß diese Wirkung, das Produkt, dann der Ursache, dem Menschen also, rechtlich *zugeordnet* werden müsse, also *sein* Eigentum sei, diese These ist richtig *nur* für das Individualprodukt. Beim Sozialprodukt ist die Umsetzung des Gedankens vom Eigentumsrecht an der „Frucht der Arbeit" in ein „Recht auf den vollen Arbeitsertrag" ökonomisch unvollziehbar, wie O. von Nell-Breuning richtig feststellt. An Stelle des Eigentums am Produkt, das ja auch die volle Verfügungsgewalt einschlösse, nämlich die Verfügungsgewalt an den Produktionsmitteln, tritt der Anspruch auf Arbeitslohn. Das immer wieder diskutierte Miteigentum des Arbeitsnehmers am Produktionseigentum des Unternehmens, wie immer es, etwa über Investivlohn, verwirklicht wird, kann allenfalls als „unternehmerisch genütztes Eigentum", jedenfalls nicht als Eigentum im strengen Sinn der Verfügbarkeit bezeichnet werden. Statt von „Eigentumsbildung in Arbeiterhand" redet man besser, so meint mit Recht O. von Nell-Breuning, von „Vermögensbildung"[25].

[25] Der Lohn als Erwerbsmittel und Eigentumsquelle, in: Eigentum und Eigentümer, S. 60.

2. Die Bedeutung von Eigentum als „Daseinsvorsorge“ schwindet in der modernen verwalteten Industriegesellschaft. Der „effektive Lebensraum“ des Menschen ist durch eine breite Vorsorge der öffentlichen Hand wachsend bestimmt. Das Individuum lebt weithin von Leistungen des Staates, der öffentlichen Hand, der Gemeinde; der „beherrschte Lebensraum“ (Terminologie von Forsthoff), innerhalb dessen der einzelne für sich selber sorgen kann und das Eigentum als Chance selbständiger Lebensführung legitimiert erscheint, schwindet. „Auch ohne Eigentum kann man als Individuum existieren, nämlich aus den Leistungen und Vorleistungen der öffentlichen Hand und aus dem Einkommen.“[26] „Früher gab es keine bessere Existenzsicherung als Eigentum. Heute genügt die Staatsbürgerqualität. So wird eine selbständige Lebensführung immer unmöglicher und auch immer weniger angestrebt.“ Das heißt aber, wie immer man im einzelnen zu diesen Thesen stehen mag, die Legitimierung von Privateigentum aus der notwendigen *Existenzsicherung* verliert in der Tat an Geltungswert[27].

3. Ebenso schwindet das Moment des freien Schaltens mit dem Eigentum beim industriellen Großeigentum; die Verfügungsvollzüge müssen an Bevollmächtigte, an spezielle Sachkenner abgetreten werden. Es bleibt nur noch die *Verfügung* über Eigentum im formalen Rechtssinne, nahezu als Abstraktion.

4. Damit schrumpfen auch die *personalen Funktionen* von Eigentum. Es hat in der Tat wenig Sinn, bei dem durch die Sachlage erzwungenen Verzicht auf konkrete Verfügenshandlungen des Eigentümers zu sagen, Eigentum sei „Ausdrucksmittel, Bestimmungs- und Gestaltungsmittel der Person“, wie Gehlen wiederum richtig notiert[28].

Diesem Schwachwerden der traditionellen Merkmale von Eigentum im Licht vor allem der klassischen Erwerbstitel (primär: „occupatio“ und „specificatio“, sekundär: Erbe und Kauf) tritt aber zugleich ein neuer Aspekt von „Eigentum“ gegenüber:

1. Die lebenssichernde Leistung der öffentlichen Hand, zum Beispiel Rente oder Heilbehandlung, diese Leistungen werden weithin bereits gleichsam als Privilegien empfunden und in diesem Sinne „angeeignet“. Ähnliches gilt wenigstens de facto vom Anspruch auf den Arbeitsplatz, manifestiert unter anderem in erschwerter Kündigung.

[26] A. Gehlen, Soziologische Aspekte des Eigentumsproblems in der Industriegesellschaft, in: Eigentum und Eigentümer, S. 168.

[27] Vgl. zum Beispiel die „klassische“ Formulierung von F. A. Trendelenburg, Naturrecht auf dem Grunde der Ethik, ²1868, S. 205: „Es gehört ... zur ethischen Wirkung, daß der Mensch im Eigentum Vergangenheit und Zukunft hat und durch die von dem Ganzen verbürgte Sicherheit über den atomistischen Augenblick hinaus Pläne entwerfen und Entschlüsse fassen kann.“ Privateigentum gilt ihm als Werkzeug zum Vollzug der Idee der individuellen Sittlichkeit. Es bindet zugleich den einzelnen an das Ganze.

[28] Gehlen, Aspekte, S. 173.

2. Die „eigentumsmäßige" Beteiligung des Arbeitnehmers an den Produktionsmitteln, so gering ihre reale, durch die Verfügungsgewalt bestimmte Eigentumsqualität auch sein mag, scheint, wo sie angestrebt und erreicht wird, die Funktion eines qualifizierenden Status-Abzeichens, eines Positionswertes zu gewinnen, ein neues Würdegefühl zu gewähren[29]. Was bedeutet das? Vielleicht wird man sagen dürfen, daß darin eine von der Existenzsicherung im Sinne der Daseinsvorsorge verschiedene *Beziehung von Eigentum als Institution zur Existenz des Menschen* als menschlicher zum Ausdruck komme, gleichsam also eine neue, aber nicht minder gewichtige Bestätigung der Zugehörigkeit von „Eigentum" zum Menschen.

Dem entspräche es, daß die Eigentumsgarantie des Artikels 14 des Grundgesetzes das Eigentum „nicht um seiner Notwendigkeit für die Gesellschaft willen, ... sondern um seiner Notwendigkeit für den Menschen willen" schützt[30].

Das heißt aber: Bei aller Veränderung hinsichtlich Realität und Vorstellung von Eigentum ist im Grunde jenes Moment geblieben, das den Satz von der Unverzichtbarkeit von Eigentum prägt: seine *strukturierende Zugehörigkeit zur menschlichen Existenz.* Hier taucht aber nun für die theologische Ethik eine dem Eigentum für sich einwohnende Problematik auf, die Frage nämlich nach dem Verhältnis von Eigentumsverzicht als der (wie wir hörten) „höchsten Selbstdarstellung der christlichen Einstellung zum Eigentum" einerseits, zu jenem dem Menschen als Menschen mitkonstituierenden personalen Bezug des Eigentums, der eine relative Verfügungsgewalt herstellt, andererseits. Wir setzen dafür die Chiffre „dominium" nach dem Befehl der biblischen Paradiesesgeschichte: „Machet sie — die Erde — euch untertan und herrschet" (Gen. 1, 28) ein. Ist es für die menschliche Persönlichkeit konstitutiv, „mein" sagen zu können, dann bezeichnet das auch den eigentlichen Ort des ethischen Problems in der Eigentumsfrage. Er ist in der traditionellen katholischen wie evangelischen Sozialethik zumindest vernachlässigt worden. Ihm gerecht zu werden, stellt freilich eine kaum schon beim ersten Versuch wirklich lösbare Aufgabe dar.

Man wird hier im Blick darauf, daß Haben und „Mein"-Sagen *nicht* identisch sind, zurückgehen müssen auf die beiden das Verhältnis des Menschen zum Eigentum bestimmenden „Signale", die in der Bibel aufleuchten: auf das *„dominium terrae"* und auf den *Verzicht* auf Eigentum. Das dem Menschen in der Schöpfungsgeschichte übertragene „dominium terrae" könnte dann eben in seiner Erneuerung bei dem durch das Ereignis der Rechtfertigung von der Selbstsucht befreiten und zur dienst-

[29] Ebd. S. 175.

[30] W. Geiger, Die Eigentumsgarantie des Art. 14 (GG) und ihre Bedeutung für den sozialen Rechtsstaat, in: Eigentum und Eigentümer, S. 186.

baren Mitarbeit an Gottes Erlösungswirken gegenüber der Welt berufenen Menschen gerade den „Eigentumsverzicht“ als das Äußerste herrscherlicher Verfügungsgewalt über Eigentum verstehen lassen, nämlich als eine nunmehr, in Christo, realisierbare Möglichkeit, die die letzte Freiheit dazu begründet, sachnotwendigen Strukturveränderungen konkreter Eigentumsverhältnisse Raum zu geben. Umgekehrt würde die *Forderung* des Verzichtes darauf hinweisen, daß die im dominium eingeschlossene Verfügungsgewalt immer nur *relative* Verfügungsgewalt ist, also nicht einfachhin „Macht“, daß nach der Auffassung der Bibel Eigentümer im letzten, absoluten Sinne immer nur Gott allein ist[31]. „Dominium“ und Verzicht stehen also, wie eingangs angedeutet, in einem echten *polaren* Verhältnis zueinander. Das „dominium“ bewahrt den Verzicht vor Resignation bzw. davor, eine Art Fluchtbewegung zu werden, die das Moment der Freiwilligkeit bereits verlassen hätte, und umgekehrt gewährt dieser Verzicht aus der „Freiheit des Herzens von allem Besitz“ dem anderen Pol, dem „dominium“, die Sicherung gegen sich selbst verfehlenden Mißbrauch im Sinn purer „Macht“.

Voraussetzung für eine an diesen beiden „Signalen“ ausgerichtete und auf die Existenz des Menschen als Menschen bezogene evangelische Eigentumsethik ist aber, daß dem Eigentum der Charakter einer Institution zukommt, wie zum Beispiel auch der Ehe, als einer entscheidenden Grundlage für die Verwirklichung menschlicher Existenz in bestimmten und konkreten innerweltlichen Bezügen. Dabei kann Eigentum hinsichtlich seiner wirtschafts- und sozialpolitischen Rolle durchaus gegenüber seinem klassischen Begriff und seiner einstigen Mittelpunktstellung sich historisch gewandelt haben, Kapital zum Beispiel vom „Eigentum“ zum „Produktionsmittel“ geworden sein, ohne daß der institutionelle Charakter von Eigentum davon berührt wird. Wir erinnern uns: Im theologischen Verstand sind Institutionen Stiftungen Gottes als Ausdruck typischer Beziehungsformen, Stiftungen, die weithin gestaltungsfähig, aber im Grundriß vorgegeben sind. Die Verwirklichung der Institution bedarf des Aktes einer „Annahme“ seitens des Menschen. Dieser Akt hat Entscheidungscharakter und ist als solcher zugleich Hingabe. Die Institutionen selbst sind in ihrem Grundriß unverfügbar und beziehen sich auf diejenigen Grundverhältnisse menschlichen Daseins, die den höchsten Grad der Existenzialität besitzen. In unserem Falle also auf das Grundverhältnis zur Welt der Sachen. Dabei ist die Wirklichkeit von Institutionen nicht nur ein Zustand, sondern und vor allem ein Vorgang. Eigentum als Institution in diesem Sinne ist dann auch wesentlich gestaltungsbedürftiger Vorgang, nicht bloß Zustand.

Den Grundriß der Institution Eigentum wird man von daher erken-

[31] Vgl. Fr. Horst, Zwei Begriffe für Eigentum (Besitz) usw., in: Verbannung und Heimkehr. Festschrift Rudolph, 1961, S. 135—156.

nen, daß nach der Bibel Gott als der Eigentümer seiner Schöpfung den Menschen als seinen Stellvertreter einsetzt, damit er durch ihn seinen Herrschaftsanspruch auf der Erde wahre und damit der Mensch darin im Verhältnis auch zur Natur Mensch werde. Denn so wie der Mensch als Mensch lebt vom und im Gegenüber zu dem ihm von Gott geschenkten Mitmenschen, das heißt in einem personalen Verhältnis, so wird auch sein natürliches Verhältnis zur Erde — wie es das Tier zeigt — durch die Institution Eigentum befreit zu einem personalen. Eigentum ist also die Stabilisierung menschlich verfügenden Verhaltens im Bereich der Mitmenschlichkeit. Es geht dabei eben um das Verfügen über Sachen, materielle wie geistige. Anders gesagt: „Eigentumsinstitution ist das auf Dauer gestellte Verhältnis des Menschen zu einem anderen Menschen im Hinblick auf die ihnen gemeinsam anvertraute Erde."[32] Daher ist Eigentum primär ein Sozialverhältnis. Es gibt nicht Eigentum des einzelnen als einzelnen, ebensowenig (das hat schon Karl Marx betont) wie die Sprache. Aber es muß festgehalten werden: die Eigentumsinstitution betrifft die mit- und *zwischenmenschliche* Beziehung *im Hinblick auf Sachen,* die zwischenmenschliche, und nicht die einer Person auf eine Sache, und auf Sachen, nicht auf Personen. Die eigentumsmäßige Verfügungsgewalt gestaltet die solidarische Existenzgemeinschaft mit der Erde im Rahmen der Mitmenschlichkeit und unter ihrer Voraussetzung. Daher kann Eigentum seinen „Sinn" nicht in der blanken Befriedigung rein biologischer Grund- und Folgebedürfnisse der Daseinsvorsorge haben, sondern in der wesenhaften Menschwerdung des Menschen.

Daß die Institutionen Stiftungen Gottes sind, daß sich der Mensch ihrer nicht einfachhin entschlagen kann, sondern daß auch individueller Verzicht eine beteiligte Stellungnahme ihnen gegenüber bleibt, nimmt den Menschen in Verantwortung. Diese Verantwortung, so können wir fortfahren, schließt die dem Menschen von Gott gewährte Freiheit in sich. Diese Freiheit ist zugleich Ausdruck der Befreiung durch Gott von den Mächten der Selbst-Sucht. Also auch etwa von den Mächten der Verführung zu Machtmißbrauch aus durch Eigentum konstituiertem Machtbesitz. Von da aus erscheint das Verfügen über Sachen, erscheint das dadurch bestimmte Verhältnis zum Eigentum bzw. das Eigentum selbst nicht als Fundament oder „Garant" der Freiheit und Würde des Menschen, sondern bei näherem Zusehen als *Ort und Aufgabe der Gewinnung und Gewährung von Freiheit.* Gerade darin würde sich die „Annahme" in bezug auf die Institution Eigentum vollziehen.

Das Problem der „Annahme", in der sich die Existenz des Menschen als menschliche jeweils gewinnt, führt dann vor neue Fragen:

a) Ist die Humanität an das Eigentum gebunden — oder das Eigentum an die Humanität? Kann man Mensch sein ohne Eigentum?

[32] Vgl. dazu die Untersuchung von R.-P. Calliess, Eigentum als Institution, 1961.

b) Tritt nicht für evangelische Sicht die „Heiligung“ des Eigentums an die Stelle der „Heiligkeit“, des „sanctum“ von Eigentum? Das heißt: Ist nicht Eigentum durch Arbeit und Solidarität stets neu zu rechtfertigen? Schließt die „Heiligung“ von Eigentum nicht die Offenheit ein gegenüber der fallweise notwendigen Begrenzung der Freiheit, Besitz zu erwerben und darüber zu verfügen, und zwar eine Offenheit zuletzt aus dem Motiv des Verzichts als Opfer?

c) Ist in der Rangordnung der Institutionen somit die Institution Eigentum der Institution oder dem Gebot der Arbeit nachgeordnet? Es ist charakteristisch, daß zum Beispiel Karl Barth in seiner Ethik innerhalb seiner Kirchlichen Dogmatik das Eigentum wesentlich nur im Rahmen des „tätigen Lebens“ behandelt[33], daß aber auch in ähnlicher Weise ein lutherischer Dogmatiker wie Paul Althaus das Eigentum der Arbeit nachordnet[34].

d) Wie steht es mit der „Besinnung auf den Nächsten“, die in der personalethischen Sicht auf das Eigentum immer wieder als der eigentliche Orientierungspunkt christlicher Stellungnahme zum Eigentumsproblem auftaucht? Genügt das Schema, Eigentum als „Vorletztes“ unter das Gebot der Liebe als „Letztes“ zu ordnen? Oder ist die Befolgung dieses Gebotes im Bereich etwa der Wirtschaft, auch einer industrialisierten Gesellschaft, auf die existenzielle Bedeutung der Institution Eigentum hingewiesen? Wie anders soll sonst der Satz zum Beispiel verstanden werden, daß „Eigentum nach Gottes Willen da ist und eine unbestreitbare Bedeutung für das menschliche Leben hat“[35]. Ist die Gesamtverantwortung für die Institution Eigentum damit zutiefst wahrgenommen, daß die Nächstenliebe als seine letzte „Sinnerfüllung“ angesehen wird[36]?

Mit diesen Andeutungen, die ganz gewiß keine ausgeführte Lösung des Problems „Eigentum und Existenz“ darstellen, möchte ich aber die ganze Fragestellung an jenen Ort rücken, an dem sie nach meiner Meinung im Rahmen einer evangelischen Ethik sachgerecht verhandelt werden kann. Es kann sich eben nicht darum handeln, eine „Eigentumslehre“ als Teilstück etwa einer evangelischen Speziallehre im Sinne der traditionellen naturrechtlichen Erörterung des Eigentumsproblems innerhalb des strukturellen Ganzen einer Gesellschaftslehre zu entwickeln. Es geht vielmehr um die Frage nach der ethischen Bewältigung einer vorgegebenen Zugehörigkeit von Eigentum (als Institution) und menschlicher Existenz unter den für diese Existenz entscheidenden Gesichtspunkten der Freiheit und der Gerechtigkeit. Eine „gerechte Eigentumsordnung“ aus einer hintergründigen Eigentumsontologie gewinnen zu wollen im Sinn etwa „gerechter“ Zuteilung aller irdischen Güter, läuft immer wieder Gefahr, die

[33] KD III/4, § 55, 3.
[34] Ethik, S. 108.
[35] G. Wendland, ZEE 1961, S. 288.
[36] Ebd. S. 289.

Freiheit zu vergewaltigen und die jeweilige konkrete geschichtliche Existenz durch eine Ideologie, sei es des Gemein-, sei es auch des Privateigentums, zu gefährden. Insofern bedeutet auch der Wohlfahrtsstaat, der in letzter Konsequenz heute durchgängig durch „Ersatzeigentum" bestimmt ist, eine Gefährdung jenes Freiheitsspielraums, der zur Selbstverwirklichung des Menschen als Menschen erforderlich ist.

§ 14 Die Institution des Bundes. Kirche und Staat

Die Institutionen Ehe und Arbeit/Eigentum sind im Zusammenhang der Institutionsdreiheit zugleich mitbestimmt durch die Institution des Bundes.

Die „Annahme" der Stiftung des Bundes Gottes mit seinen Menschen geschieht dadurch, daß sich diese zum „qahal Jahve", zum Volk Gottes, zur „ekklesia theou" „aufbieten" lassen, zur Kirche als der entscheidenden Grundform des menschlichen Miteinanderlebens in Mitmenschlichkeit unter dem Bundesangebot Gottes, aber freilich stets bedroht durch den — auch religiösen — Drang menschlicher Selbstbehauptung gegen Gott. Die Geschichte Israels als des Bundesvolkes Jahves, seines Abfalls und seiner Umkehr zeigt exemplarisch diese Spannung. Abfall bedeutete dabei stets, daß die zur Kirche Gottes Aufgerufenen Kirche alsbald zu ihrer eigenen Sache machten, sich in dem von ihnen eingerichteten und religiös verklärten Staatswesen als „Gegenkirche" manifestierten.

Das heißt: Im Blick auf die gottgewollte Institutionen-Dreiheit wird der Staat als „Institution" in der Welt zur Institution des Bundes seiner Struktur nach vermittelt durch die Kirche. Er ist per analogiam sozusagen das Gegenbild zur Kirche, und zwar im Bereich des weltlichen Daseins, wenn nach der *Gestalt* beider, der Kirche wie des Staates gefragt wird. Das heißt aber, daß der „Staat" nicht so unmittelbar auf die ihm korrespondierende Institution des Bundes bezogen werden kann wie zum Beispiel das Institut der Ehe auf die Institution der Ehe, die Verwirklichung von Eigentum auf Eigentum als „Institution". Was das heißt, kann man sich an den Versuchen verdeutlichen, die Kirche in ihrer Wirklichkeit auf Erden soziologisch zu erfassen, aber als *ethisches* Problem.

Die Kirche

Die heutige Erörterung dieser Fragen geschieht in mehr oder minder deutlicher Auseinandersetzung mit Schleiermachers Verständnis der Kirche als Grundbegriff der theologischen Ethik, das heißt: man blickt vom „Staat“ auf die Kirche, nicht umgekehrt. Es zeigt sich, daß die Kirche bei Schleiermacher ein besonderes, der dogmatischen Behandlung des Wesens der Kirche vorgeordnetes ethisches Problem ist. Für Schleiermacher war ja die Kirche die eigentümliche Gestaltung des christlichen Geistes, der im darstellenden Handeln der gegenseitigen Kundgabe des frommen Bewußtseins in Erscheinung tritt — Kirche als Manifestation eines neuen, eben des christlichen Gesamtlebens, wesentlich verstanden als Geist-Organismus, durch Christus als den Erlöser gestiftet.

Im Hintergrund dieses Schleiermacherschen Kirchendenkens steht eine soziologisch bestimmte Geistmetaphysik: „Daß der göttliche Geist seinen Ort ... in der Gemeinschaft“ habe[1]. Insofern ist die Kirche für Schleiermacher „Organismus des Geistes“[2] und darin „Reich Gottes auf Erden“. Aber eben als Organismus ist sie ein „Lebensprozeß“, der mit dem Organ-Sein-Sollen der Glieder seine Verwirklichung gewinnt, sofern diese, die Glieder, darin ihre eigentliche sittliche Bestimmung haben. Ganz analog zum Staat formt die Wahrnehmung der Bestimmung der Glieder zu „organischer Gemeinschaft“, die nur als Summation zu bewertende Masse um „zum Organismus“ einheitlichen Gesamtlebens, zur „moralischen Person“. Nicht der Einzelne, sondern nur der „Geistorganismus“ kann überhaupt moralische Person sein. In ihrer äußeren Gestalt ist die Kirche Organisation, hergestellt durch die einzelnen Glieder. Und insofern ist die Kirche Aufgabe des sittlichen Handelns. Noch schärfer formuliert: Insofern ist die Gestaltwerdung, ja, man kann geradezu sagen: die Errichtung von Kirche Aufgabe des sittlichen Handelns. Aber ihre äußere Ordnung kann sie eben darum doch „nur nach den Gesetzen des Staates, innerhalb dessen sie sich bewegt, einrichten“[3]. (Das ist die merkwürdige Konsequenz, die Schleiermacher, der ja sonst sehr deutlich für eine Trennung von Staat und Kirche eintritt, hier ziehen muß. Gerade weil die Errichtung der Kirche Aufgabe des sittlichen Handelns ist, kann sie ihre äußere Ordnung nur nach den Gesetzen des Staates einrichten, innerhalb dessen sie sich bewegt.) Das heißt also: Bei Schleiermacher ist — ähnlich wie im katholischen Organismusdenken — die Kirche als Organismus-Organisation hineingenommen in den Allgemeinbegriff einer „societas perfecta“. (Der Begriff der „societas perfecta“ deckt ja im katholischen Denken sowohl den Staat wie auch die Kirche gegenüber allen anderen sonst untergeordneten Gemeinschaftsstrukturen.) Die Urform in bezug auf Kirche und Staat ist daher die Familie, die Familie als „ursprüngliche Gemeinschaft“, wie Schleiermacher sagt, die Familie als Schöpfungsordnung. Sie hat eine unmittelbare Beziehung zu Staat und Kirche, eine unmittelbarere jedenfalls als der Einzelne. Sie ist die eigentliche „Sub-

[1] Christliche Sitte, S. 113.
[2] Ebd. S. 103.
[3] Ebd. S. 569.

stanz" von Staat und Kirche, sie ist „sittliche Urtatsache" — wie bei Aristoteles —, so daß Staat und Kirche im Prozeß der Gestaltwerdung des Geistes in der Geschichte zwischen der Familie als „ursprünglicher Gemeinschaft" und der „Gemeinschaft des ganzen Menschengeschlechtes" zu stehen kommen. Familie — Staat — Kirche — Menschengeschlecht: das ist hier die Skala. Die Familie ist damit zugleich auch das *soziale* Urbild der Kirche, so wie Christus das *geistige* Urbild der Kirche ist. Aber Staat und Kirche sind gleichwohl als je besondere göttliche Institutionen getrennt; hier gilt auch bei Schleiermacher in einer sehr eigentümlichen Fassung die Zwei-Reiche-Lehre. Dabei ist der Staat *früher* als die Kirche, geht die Kirche aber über den Staat hinaus.

Was sie verbindet, ist der „menschliche Geist" als gestaltendes „agens" zweier gestufter Geistorganismen, nicht etwa die Herrschaft Christi über Staat und Kirche! — Ziel des sittlichen Prozesses ist die Kirchwerdung der ganzen Menschheit oder — vielleicht kann man es auch so sagen — das Werden der Gesamtmenschheit durch die Kirche als letzte Vollendung des menschlichen Geistorganismus. So sieht etwa die Richtung des Prozesses aus, wenn man vom Staat her auf die Kirche blickt. Blickt Schleiermacher aber von der Kirche nun auf den Staat, dann gilt einerseits die Begrenzung staatlichen Handelns durch die Kirche — der Staat darf nie Kirche werden! —, auf der anderen Seite gilt das „Sich-Fügen ins Politische" für die Gemeinde. Und das heißt: Es gilt auch bei Schleiermacher die Reduktion der politischen Mitverantwortung der Christengemeinde auf die sogenannte christliche Obrigkeit. Nur hier, nur in diesem Sektor sozusagen, ist die Christengemeinde politisch mitverantwortlich. Man soll also nicht vergessen, daß die sogenannte lutherische Lehre von den zwei Reichen heute fraglos auch durch Schleiermacher-Hegelsches Erbe mitbestimmt ist[4].

Der Rückgriff in der Ekklesiologie von heute über eine solche romantische Soziologie und Metaphysik der Kirche, wie sie Schleiermacher darbietet, auf ihr reformatorisches Verständnis als „creatura verbi" und auf das im Hintergrund stehende neutestamentliche Verständnis als Leib Christi bzw. als wanderndes Gottesvolk, dieser Rückgriff hat nun trotz aller Spannung zu heimlichen Resten jenes Organismusdenkens dazu geführt, daß die Kirche als „Ort" des „Christus praesens" bzw. als „Stätte des Heiligen Geistes", als wortgewirkte „Sammlung mit Christo", als eschatologisches Geschehen, kurz: als dem Glauben geoffenbarte Wirklichkeit *primär* begriffen wird und von da aus erst als „eigenes Gemeinwesen", das im Heiligen Geist seine stets neuschöpferische Mitte, in Jesus Christus sein alleiniges Haupt, im Reiche Gottes am Ende der Zeiten sein Ziel und sein Ende hat.

[4] Vgl. H. Samson, Die Kirche als Grundbegriff der theologischen Ethik Schleiermachers, 1958.

Das heißt: Die Kirche wird wieder — wie Bonhoeffer in „Sanctorum Communio" (1930) zu klären suchte — als „Offenbarungsbegriff" verstanden gegenüber einer religionssoziologischen Analyse ihrer geschichtlichen Erscheinungswirklichkeiten und zugleich unter Verzicht auf die undurchführbare idealistische Differenzierung von „Geistkirche" und „Rechtskirche" im Schema von Idee und Erscheinung (Holstein). Damit taucht das Problem von „Kirche" im Alten Testament, im Licht des alttestamentlichen Bundesvolks auf, bei dem zugleich die Gegenbildlichkeit von „Staat" vor Augen kommt, von der her man das alttestamentliche Bundesvolk allerdings in seiner geschichtlichen Erscheinung adäquater erfassen kann als vom „Urbild", von der Kirche her. Darauf kommen wir später zurück. Vorerst geht es um das Verhältnis von theologischem und soziologischem Verständnis der Kirche.

Man kann sich den Unterschied zwischen der an Schleiermacher verdeutlichten, sehr stark die soziologischen Probleme berücksichtigenden Konzeption auf der einen Seite und die heutige dogmatische Rückwendung in der Ekklesiologie zum reformatorischen Ansatz und zum Neuen Testament auf der anderen Seite auch klarmachen an der grundverschiedenen Ansicht vom kirchlichen Amt bzw. vom Prediger in der bevollmächtigten Wahrnehmung dieses Amtes.

Für Schleiermacher ist ja der Prediger bekanntlich zuletzt Exponent der Gemeinde: So, wie die christliche Kirche sich nach dem berühmten Satz aus § 115 der „Glaubenslehre" „bildet . . . durch das Zusammentreten der einzelnen Wiedergeborenen zu einem geordneten Aufeinanderwirken und Miteinanderwirken", so gibt es in der Kirche auch (nach § 134) „einen öffentlichen Dienst am Wort als eine unter bestimmten Formen übertragene Geschäftsführung; und von diesem geht auch alle Gliederung der Kirche aus". Dieser Dienst also, das geistliche Amt, wie wir sofort dafür sagen müssen, ist der Sonderfall des gemeindebildenden Gegenübers zwischen jenen Gemeindegliedern, die — wie Schleiermacher in § 133 sagt — „sich überwiegend selbsttätig" verhalten und „durch Selbstmitteilung den Dienst am göttlichen Wort" verrichten, zu jenen Gemeindemitgliedern, „die sich überwiegend empfänglich verhalten". Das heißt also: Der Prediger steht für Schleiermacher im innergemeindlichen, ihr organisches Leben bildenden und darstellenden Gegenüber. Von einem *Gestiftet*sein des Amtes kann hier nicht gut gesprochen werden! Und der Träger des Amtes ist hier keineswegs „Exponent Gottes gegenüber der Gemeinde" — wie Bonhoeffer einmal formuliert —, unmittelbar durch den Willen Christi beauftragt und legitimiert. Lk. 10, 16: „Wer euch hört, hört mich", kann also hier nicht in dieser Strenge gelten.

Als „Exponent Gottes gegenüber der Gemeinde" ist der Prediger gewiß mit diesem Gegenüber *in* der Gemeinde gesetzt, aber er ist eben nicht *durch* die Gemeinde gesetzt! Und an diesem Amt wird deutlich — und mit ihm geschieht es —, daß die Kirche *„creatura verbi“* ist, daß sie vom göttlichen Gegenüber lebt, indem sie Werkzeug und Mittel der Ziele und Wege Gottes auf Erden ist, unter dem Auftrag und im Dienst ihres alleinigen Herrn Jesus Christus.

Unter dem Gesichtswinkel des Institution-Bezuges der Kirche — um den es ja gerade in unserem Paragraphen geht — wird nach ihrer Stiftung zu fragen sein, aber auch nach ihrer Gestalt im Bereiche geschichtlicher Verwirklichung. Unter dem Gesichtswinkel ihrer Werkzeuglichkeit für Gottes Heilshandeln ist dann schließlich auch noch nach Gottes Gebot an die Kirche als Kirche zu fragen.

Die Stiftung der Kirche geschieht in der Geschichte, aber sie ist nicht ein Akt historischer Kontingenz und Einmaligkeit, sondern sie geschieht, sofern Kirche der neue Wille Gottes mit den Menschen ist, der in Christus offenbart wird, sofern sie also Gegenwart Christi ist, wie Christus Gegenwart Gottes ist. Kirche besteht durch Christi Wirken in seiner Präsenz hier und heute. In ihm ist sie nach neutestamentlichen Aussagen von Ewigkeit her erwählt (Eph. 1, 4 ff.; 2. Thess. 2, 13). Sie ist die neue Menschheit in dem neuen Adam (1. Kor. 15, 22; Röm. 5, 12 ff.), und zwar auf Grund des Todes Christi (wieder Eph. 2, 14 ff.). Die erwählten und berufenen Menschen sind Glieder am Leib Christi (1. Kor. 12, 2 ff.; Röm. 12, 4; Eph. 1, 23; Kol. 1, 18 u. v. a. m.), das heißt zugleich aber, daß der Leib *vor* den Gliedern da ist. Wenn im Neuen Testament von der „koinonia pneumatos“, von der Gemeinschaft des Heiligen Geistes oder am Heiligen Geist gesprochen wird (2. Kor. 13, 13; Phil. 2, 1 u. a. St.), dann geht es gerade um jene Wirkung des Heiligen Geistes, die „die Erbauung der christlichen Gemeinde und in und mit ihr das Ereigniswerden der christlichen Liebe“ bewirkt, „also die Existenz der Christenheit und in und mit ihr die Existenz der einzelnen Christen“[5]. Und wenn im Neuen Testament bekanntlich *die* Einzelgemeinde jeweils zugleich eben auch die „ekklesia“ ist, der „qahal“, so wird damit derselbe Sachverhalt umschrieben: Die Linie des Wirkens des Heiligen Geistes führt nicht von der Erweckung der Liebe über die Existenz des einzelnen Christen zur Auferbauung der Gemeinde und so zur Existenz der Christenheit, sondern sofern das Sein in Christo identisch ist mit dem Sein „en ekklesia“ und genau den Grund und das Wesen des Christseins angibt, besagt dies, daß es christliche Existenz außerhalb oder sozusagen vor dem In-sein in der Gemeinde nicht gibt. Mit einem Satz von K. Barth: „Wie Jesus Christus der Versöhner *aller* Menschen und *so* (in seiner Gemeinschaft mit ihnen allen) der Versöhner jedes einzelnen Menschen ist, so ist er als Haupt seiner Gemeinde der Herr ihrer *vielen* Glieder und *so* (in seiner besonderen Gemeinschaft mit diesen vielen) ... der Herr jedes Einzelnen.“[6]

[5] Barth, KD IV/2, S. 695.
[6] Ebd. S. 696.

Wir können das — wieder mit Schleiermacher im Hintergrund — auch so uns deutlich machen: Nicht als Idee, wie eben im romantischen Denken über die Kirche als Organismus, ist das Ganze *vor* dem Teil — das ist ja ein Grundsatz des Organismus-Denkens, wobei dann die Verwirklichung des Ganzen durch das Zusammentreten und das Zusammenwirken der Teile erfolgt —, sondern als *Wirklichkeit* — in Christus — ist die Kirche *vor* den einzelnen Gliedern, die sie sich so erst zu Gliedern macht. Das umschreibt den Charakter der Kirche, als Gestalt einer dem Menschen vorgegebenen Institution — des Bundes —, deren Annahme — und nicht: deren Errichtung! — durch den einzelnen dann ihre Wirklichkeit in der Geschichte bekundet und manifestiert, und zwar in Gestalt eines sichtbaren sozialen Gemeinwesens. Es ist die Kirche „schon in Christus vollendet, gleichwie in ihm ihr Anfang gesetzt ist“[7]. Die ganze Fülle der Kirche ist sein Leib. Er ist der Erstling unter vielen Brüdern, und doch sind alle Einer in ihm. Was also Stiftung als Vorgegebensein bedeutet — im Sinne gerade unserer Verwendung des Begriffs Institution — ist in entscheidender Weise und noch ganz anders als bei Ehe und Eigentum an der Kirche abzulesen.

Der Stiftung entspricht *die Annahme.* Der Akt der Annahme der Kirche als Gestalt des Bundes entspricht ihrer Besonderheit als Institution, indem nämlich dieser Akt als Ja-Sagen zugleich geistgewirktes Empfangen ist, nämlich das Sich-Taufen-Lassen. Man wird *auf* den Namen Jesu Christi bzw. des dreieinigen Gottes *in* der Gemeinde *in* die Kirche getauft. Es ist nicht der freiwillige Beitritt zu einer Gemeinschaft oder einem religiösen Verein, der auch die Möglichkeit des Rücktrittes grundsätzlich in sich schließt, sondern es ist die lebendige, die lebenschenkende Einordnung in „ein neues Sein“, deren etwaige Rückgängigmachung nur als *Verleugnung* dieses Seins und seines Fundamentes, Jesu Christi, möglich ist. Der Taufschein kann weder zurückgegeben noch entzogen werden! (Es ist sehr merkwürdig, daß man das offenbar noch nicht überall begriffen hat, und daß gelegentlich auch in — zum Glück sehr bald unterdrückten — Erwägungen zur Neufassung der so reichlichen Lebensordnungen für die Kirche, die heute kodifiziert werden, der Gedanke des Entzugs sozusagen des Taufscheins als Kirchenzuchtmaßnahme auftauchen konnte — ein völlig unmöglicher Gedanke!) — Der weltlichrechtliche „Austritt aus der Kirche“, wie das natürlich in der Rechtssprache der Welt formuliert werden muß, steht in einer unauflöslichen Spannung zu dem bleibenden Verhaftetsein an die erfolgte Taufe.

Das Abbild dazu — das Abbild freilich nur — ist die Unauflöslichkeit der Ehe. Und nur ein Mißverständnis, ein tiefgreifendes Mißverständnis der Kirche als eines religiösen Vereines, erklärt jenes eigentümliche Denken, dem zwar die Ehe als prinzipiell unlöslich gilt, der Kirchenaustritt

[7] D. Bonhoeffer, Sanctorum Communio, 1930, Neudruck 1954, S. 94.

aber als eine dem Belieben offenstehende Möglichkeit. (Es gehört eben zu diesen Merkwürdigkeiten, daß die christliche Sitte in der Welt sehr stark geworden ist und den Gedanken von der Unauflöslichkeit der Ehe auch für viele kirchliche Randsiedler geradezu zu einer dogmatischen Erkenntnis gemacht hat, daß man aber umgekehrt doch meint — sei es nur der Kirchensteuer wegen oder weil man einmal sich über einen Pastor oder irgend etwas geärgert hat —, aus der Kirche austreten zu können.)

Kirche als „ethisches Problem"

Der Akt der Annahme greift aber nun über dieses einmalige Ereignis der Taufe hinaus. Er geschieht immer wieder neu in der „Erbauung der Gemeinde". Die Erbauung der Gemeinde verhält sich zur Taufe so wie die Heiligung zur Rechtfertigung. Das heißt: Sie ist die von der Taufe unabtrennbare Folge der Taufe im Bereich irdisch-geschichtlichen Daseins des Christen. Konnte man im allgemeinen von der Heiligung im reformatorischen Verständnis sagen, sie habe die Rechtfertigung zur Voraussetzung und das Leben unter den Nöten des irdischen Daseins zur Bedingung, so gilt Analoges für das Verhältnis von Erbauung der Gemeinde zur Taufe in diesem einen Akt der Annahme von Kirche. Und das festzustellen, ist wichtig. Denn nun wird auf einmal wohl deutlich, daß innerhalb der Erbauung der Gemeinde die Kirche als *ethisches Problem* ihren Ort hat. Hier wird dann von dem Leib Christi gesprochen als von der „bruderschaftlichen Christokratie" (Erik Wolf). Es ist aber Gott, der hier erbaut. „Die Auferbauung der christlichen Gemeinde ist ja nur" — so sagt Barth einmal — „eine besondere Wirkungsweise und ein besonderer Aspekt der Heiligung, in der, was dann immer auch vom menschlichen Subjekt und seinem Wirken zu sagen ist, primär Gott am Werk ist; nicht nur im Ganzen, sondern auch im Einzelnen, nicht nur in ihrem Anbeten, sondern auch in ihrem ganzen Vollzug, nicht nur im Hintergrund, sondern auch im Vordergrund"[8]. „Theou oikodome este", heißt es 1. Kor. 3, 9. Das Baugeschehen aber ist zuerst und in seiner Mitte der Gottesdienst der in ihm und — mit Vorbehalt gesagt — auch zu ihm versammelten Gemeinde. Sein Wesen ist in allen Elementen und in der Mahlfeier als dem Akt, in dem er seine Spitze erreicht, Kommunion. Paulus gebraucht bezeichnenderweise das Wort „oikodome" am häufigsten dort, wo er von der kultisch versammelten Gemeinde spricht; deutliches Zeugnis ist etwa 1. Kor. 14. Hier also, im Gottesdienst, erbaut sich die Gemeinde. „Und hier entscheidet es sich, ob und in welchem Sinne sie sich auch sonst, draußen, im Umkreis, im Alltagsleben, erbaut, ob und in welchem Sinne sie sich schließlich der Welt gegenüber als ‚vorläufige Dar-

---

[8] KD IV/2, S. 715.

stellung' ihrer in Jesus Christus geschehenen Versöhnung, Rechtfertigung und Heiligung bewähren wird."[9] „Communio" ist aber nicht nur die Mitte des Baugeschehens, sondern zugleich auch der Nenner für die Gestalt der Kirche: „Communio sanctorum" — „koinonia" am Heiligen. (Es wäre völlig verkehrt, im Erbe etwa noch Schleiermacherschen Denkens, „communio" hier an dieser Stelle von einem allgemeinen — sagen wir — soziologischen Begriff der Gemeinschaft her zu bestimmen und jenes jetzt schon etwas absolut gewordene Tönniessche Schema von Gemeinschaft und Gesellschaft darauf anzuwenden — Gemeinschaft als organische Struktur und Gesellschaft verstanden als Zweckverband. Man hat sich ja bemüht — in einer Broschüre darüber hat es vor allem auch P. Althaus versucht —, Luthers Kirchengedanken nach diesem Gemeinschaftlichen zu untersuchen und zu interpretieren und hat darüber vergessen, daß Luther das Wort Gemeinschaft gar nicht geliebt hat, sondern viel lieber statt Gemeinschaft der Heiligen als der deutschen Übersetzung von „communio sanctorum" von der Christenheit gesprochen hat, weil ihm nämlich in dem deutschen Wort Gemeinschaft als einer unzureichenden Übersetzung von „communio" in der Silbe „-schaft" das Moment eines irgendwie maßgeblich konstitutiv beteiligten menschlichen Mitwirkens durchklang. Und das konnte auf keinen Fall von der „communio sanctorum" gelten!) Es ist eine lebendige und das heißt: eine im Geschehen wesende Gestalt, die die Gestalt der Kirche als „communio" ausmacht. Gemeinschaft geschieht. „Gemeinschaft ist eine *Aktion,* in der viele Menschen von einer ihnen vorgegebenen Einigung (unio) *her* derselben Einigung *entgegen,* miteinander, gemeinsam unterwegs, im Tun begriffen sind."[10] Es ist aber eben kein willkürliches, kein zielloses, kein zufälliges, kein wunschbestimmtes, kein idealgelenktes Tun, sondern ein Tun in einer wiederum gegebenen, geforderten, bestimmten Ordnung, ein Tun unter einem ihm gesetzten und geltenden Gebot, ein Tun, kurz gesagt, in einer bestimmten rechtlichen Ordnung. Innerhalb solcher rechtlichen Ordnung — und von dem Problem werden wir noch zu handeln haben — vollziehen sich Wachstum und Erhaltung der Gemeinde.

Kirche als Ereignis ist nicht Kirche ohne Kontinuität und umgekehrt! Man muß das immer wieder in der heutigen Diskussion betonen, weil man sehr gerne und vorschnell geneigt ist, in dem so Mode gewordenen Ausspielen verschiedener Schulen und speziell der Schulen des Barthianismós auf der einen Seite und des Lutheranismós auf der anderen Seite dann die These aufzustellen, für die einen sei die Kirche reines Ereignis, punktuelle Aktualität, auf der anderen Seite sei die Kirche Kontinuität, historische Wirklichkeit, Institution und Ordnung, gegliedert und dergleichen mehr. Das sind Zerrbilder — nach *beiden* Seiten hin! Und

[9] Ebd. S. 723.

[10] Barth, KD IV/2, S. 725.

es sei hier noch einmal der Satz wiederholt: Kirche als ein Ereignis ist *nicht* Kirche *ohne* Kontinuität und umgekehrt. Das Verständnis der Kirche als Gestalt der Institution des Bundes in Vorgegebensein und Annahme schließt in sich den Gedanken der Ordnung und des Rechtes. Ordnung der Gemeinde und Kirchenrecht schließt in sich wiederum — und jetzt von der Kirche her gesehen — das Problem von Gemeinde und Amt. Das Moment der Stiftung der Kirche wiederholt sich hier und verdeutlicht sich zugleich im Blick auf das geistliche Amt: es ist gestiftet als Mittel des göttlichen Gegenübers zur Gemeinde in der Welt im Wort. Ebenso wiederholt sich das Moment der Annahme im Geschehen der „*rite*" erfolgenden Berufung zum Amt, und zwar sowohl im Handeln der Kirche bzw. der Gemeinde als auch des Berufenen. Gerade das Eigentümliche der Kirche als Verwirklichung von Institution wird am Problem des geistlichen Amtes ganz deutlich — ebenso, daß und inwieweit die „communio" als Gestalt mit Ordnung und Recht wesenhaft verknüpft ist. Beide Aussagen dieses letzten Satzes müssen nun noch etwas näher entfaltet werden.

Die Einzelfrage des geistlichen Amts, das Verhältnis seines Stiftungscharakters etwa zum allgemeinen Priestertum aller Gläubigen, muß hier übergangen werden. Auch an ihr könnte die *Grenze* einer Ekklesiologie deutlich werden, die Kirche *lediglich* als „vollmächtiges *Wortgeschehen* auf Grund der Vollmacht Jesu" bestimmt, das aufgeht „in der Freiheit zum Dienen", wobei jedes Glied der Kirche „Teilhaber und Mitvollzieher vollmächtigen Wortgeschehens" ist, „entsprechend der *einen* mit dem Glauben identischen vollmächtigen Freiheit in der Vielfalt der Gaben (sogenanntes ‚allgemeines Priestertum')"[11]. Diese völlige Auflösung von Kirche in Wortereignis übersieht, daß das Wort, um das es hier geht, von Gott in Jesus Christus ergeht in Richtung auf die Sammlung seines Volkes zu seinem Reich, an den Einzelnen in den Vielen zu dem einen Leib.

Das geistliche Amt als Amt, als „ministerium", ist in reformatorischem Verständnis und auch der Sache nach eine Stiftung Gottes — eine Stiftung Gottes, die das durch die Taufe begründete allgemeine Priestertum der Gläubigen zur Voraussetzung hat und die sich bei ihrer faktischen Verwirklichung durch Vokation zugleich auch auf apostolisches Vorbild und apostolische Weisung geordneter Berufung der Amtsträger durch die Gemeinde zurückführt. Das geistliche Amt ist, im strengen Sinne Amt, „diakonia" bzw. „ministerium" der *öffentlichen Verkündigung* des Evangeliums — in diesem Sinne als „ministerium ecclesiae", „ministerium Evangelii", „ministerium verbi divini" und wie die Vokabeln heißen. Der diesem Amt zukommende, und zwar als Amt zukommende,

[11] So G. Ebeling, Leitsätze zur Ekklesiologie, in: Theologie und Verkündigung, 1962, S. 102 f.

Öffentlichkeitscharakter — es ist ein „ministerium publicum" — unterscheidet das geistliche Amt vom allgemeinen Priestertum und bestimmt die besonderen Aufgaben des geistlichen Amtes. — Wenn die lutherischen Dogmatiker das geistliche oder kirchliche Amt in dem theologischen Traktat „de mediis salutis", von den Heilsmitteln, behandeln, so folgen sie damit der Luther und den lutherischen Bekenntnisschriften eigenen Auffassung, daß eben das geistliche Amt eingeordnet ist in die durch Gott im Glauben sich vollziehende Herstellung und Bewahrung des Kindschaftsverhältnisses des gerechtfertigten Menschen zu Gott. Und insofern erscheint ja das geistliche Amt bei Luther häufig unter dem Titel „Hirtenamt". Die entscheidende Stelle in den Bekenntnisschriften dafür ist Confessio Augustana V — eine vielgeplagte Stelle! —: „Ut hanc fidem (sc. justificationis) consequamur, institutum est ministerium docendi evangelii et porrigendi sacramenta. Nam per verbum et sacramenta tamquam per instrumenta donatur spiritus sanctus, qui fidem efficit, ubi et quando visum est Deo, in his, qui audiunt evangelium" — eine sehr knappe aber auch eine sehr präzise Formulierung, wenn man sie richtig zu verstehen sich bemüht. Man darf nämlich diesen Artikel nicht dahin verstehen, „daß der Kirche *in und mit* den Gnadenmitteln das Amt ihrer Verwaltung von Christus gegeben" sei[12] — das entspricht der katholischen Auffassung von der Stiftung des priesterlichen Amtes. Man darf den Satz nicht so verstehen, daß Gott das Amt der Predigt und der Verwaltung der Sakramente gewollt habe, weil „Wort und Sakrament die Mittel sind, durch welche allein eine Kirche entstehen kann"[13], weil also sozusagen diese Mittel eines Verwalters bedürftig wären, und zwar eines spezifischen Verwalters. Vielmehr handelt dieser ganze Artikel — wie dann auch das Anathem zu CA V zeigt — von der Bewirkung des Glaubens durch das Wort Gottes als *äußeres Wort;* und in diesem Zusammenhang wird eigenständig von der Stiftung des Amtes gesprochen. — Die göttliche Stiftung des geistlichen Amtes wird von Luther und den lutherischen Dogmatikern verstanden als eine Anordnung Gottes, und zwar im strengen Sinne des Wortes. Es gibt eine Reihe von Äußerungen Luthers, die dafür besonders charakteristisch sind; so zum Beispiel der Satz aus WA 34 II, S. 245: „Gott könnte wohl die Welt regieren ohne diese Ämter alle, so er wollte; aber er will's nicht tun, sondern hat die Ämter bestellet, daß sie seine Gehilfen seien" — hier ist dieses Moment des Ständischen sehr stark unterstrichen —, oder dann vor allem die hier in diesem Zusammenhang vielzitierte Stelle aus „Von den Conciliis"[14] — eine Stelle, die man auch in allen praktischen Theologien findet —: „Man mus Bischöfe, Pfarrherren oder Prediger haben, die öffentlich . . . die

[12] E. Luthardt, Kompendium der Dogmatik, [12]1920, S. 395.
[13] H. Schmid, Die Dogmatik der evangelisch-lutherischen Kirche, 1893, S. 445 f.
[14] WA 50, S. 632.

obengenannten vier stück" (sc. Wort, Taufe, Abendmahl und Schlüssel) „oder heilthum geben, reichen und üben, von wegen und im namen der Kirche" — so weit wird dieser Satz in der Regel zitiert, und dann wird daraus konstruiert. Dann erscheint etwa von daher die Höflingsche These, daß der Amtsträger Mandatar der Gemeinde sei „von wegen und im Namen der Kirche": aber das Zitat geht nach einem Komma weiter: „viel mehr aber aus Einsetzung Christi, wie S. Paulus Ephe. 4 sagt: ‚Dedit dona hominibus.'" Es ist also auch an dieser Stelle, die man immer wieder in der Geschichte der Theologie dazu benutzt hat, um ein vorgeblich evangelisches Verständnis des geistlichen Amtes aus der Gemeinde abzuleiten, entscheidend von der *Stiftung* des Amtes die Rede! Für Luther völlig begreiflich — für ihn ist eben Gott ein Gott der Ordnung im Rahmen der Gliederung der „ecclesia militans" in die drei Stände: in den „status eccleciasticus", in den „status politicus" und in den „status oeconomicus"; diese eigentümliche Ständeordnung und nicht etwa der Gedanke einer notwendigen Verwaltung des Wortes und der Sakramente bestimmt im näheren die Stiftung des geistlichen Amtes, entsprechend eben dem ihm als Amt zukommenden Wesensmerkmal des öffentlichen und besonderen Dienstes. Das heißt also: Der „geistliche" Stand — wenn man jetzt von „Stand" reden darf — ist göttlich geordneter „Berufsstand" so wie die beiden anderen Stände auch. Und hinsichtlich dieser Stiftung ist Gott, wie die lutherischen Dogmatiker sagen, allein die „causa efficiens principalis ministerii ecclesiastici". Weil das geistliche Amt den Auftrag Gottes hat, darum hat es auch herrliche Verheißungen, heißt es in der Apologie (XIII/11), trotz der menschlichen Schwäche seiner Träger. Als die „causa minus principalis ministerium constituens" bezeichnen die lutherischen Dogmatiker die ganze Kirche, sofern ihr das „ius vocandi, mittendi et ordinandi" zukommt. — Damit wird jedoch nicht der für lutherisch gehaltene und mit gelegentlichen Aussagen Luthers — wie schon angedeutet — auch scheinbar zu belegende Gedanke gemeint, daß der jeweilige Träger des geistlichen Amtes dazu gemacht werde lediglich durch einen Akt geordneter Berufung seitens der Gemeinde, durch einen Akt, der ihm die aus dem allgemeinen Priestertum sich ergebenden geistlichen Vollmachten zur öffentlichen Ausübung um der Ordnung willen und anstatt der Gemeinde selbst übertrage. Das ist das Mißverständnis des Kollegialismus. Das allgemeine Priestertum, das durch die Taufe begründet wird, ist freilich Inhaber der „potestas clavium"; die Binde- und Lösegewalt ist der Kirche in allen ihren Gliedern übergeben. Daher steht der Inhaber des geistlichen Amtes nicht über der Gemeinde. Das geistliche Amt ist aber, wenngleich seine Übertragung „iure humano" eine solche „genossenschaftlichen Rechtes" ist, dennoch keine „Ableitung" aus der Idee des allgemeinen Priestertums; es ist keine „Funktion der Gemeinde", wie etwa W. Elert meinte; es ist auch nicht da — wie Elert formulierte — „für den und aus dem Lebensorganismus der Kirche". Das konnte Schleiermacher so sagen, und er hat es auch getan. Aber das in einer Lehre des Luthertums im Abriß zu formulieren, bedeutet nur, an dem lutherischen Ansatz vorbeizugehen! Das Amt wird nicht „an Statt der Gemeinde" verwaltet, die sich versteht als durch einen „Zusammentritt der Gläubigen" gebildet (Verein!), während sie ja doch nach Luther „Gottes Geschöpf und Ordnung" ist, die er täglich schafft[15].

Vielmehr verweist jene Verlegenheitsbezeichnung der Kirche als „causa minus principalis ministerium constituens" darauf, daß Gott in das geistliche Amt seit dem Ende der Apostel durch die der Kirche als Inhaberin der Schlüsselgewalt übertragene „vocatio mediata sive ordinaria" beruft und nicht mehr durch die an Propheten und Aposteln geschehene „vocatio immediata sive extraordinaria". Wenn wir diese Dinge uns in Erinnerung rufen, so wird gerade an diesem Sonderfall — geistliches Amt und Berufung zum geistlichen Amt — deutlich, wie schon ganz bestimmte unaufgebbare, wesensgebundene Ordnungs- und Rechtsverhältnisse der Kirche als Kirche sozusagen immament sind. Und das soll ja hier illustriert und verdeutlicht werden. Gerade wenn man so vom Amt redet — und nicht etwa auf der Linie Schleiermacher — Elert vom Amt als einem Auftrag der Gemeinde zum Zweck der Gewinnung äußerlicher Ordnung —, dann wird einem deutlich, wie sehr Kirchenrecht in seinem Wesen zum Wesen der Kirche gehört und nicht etwa erborgtes, weltliches Recht für eine gewisse äußerliche Ordnung der Kirche sein kann. Zugleich kommt nun bei der Berufung in das geistliche Amt durch die „vocatio mediata", die ein „signum", ein Zeichen der „vocatio per Deum" ist, zum Ausdruck, daß Gottes an den Propheten, an Christus, an dem Apostel ersichtliche „missio" auch an den Trägern des geistlichen Amtes wirksam ist, sofern sie dieses Amt „in actu" ausüben. Die Notwendigkeit der ordnungsmäßigen Berufung des Amtsträgers durch die Gemeinde ist also ihrerseits nichts anderes als der Ausdruck dafür, daß Gott in dieser Welt durch „äußerliches Wort" allein handeln will und sein Werk wirksam durchführt.

In bezug auf das von Gott gewollte Handeln durch bestimmte Medien stehen die „vocatio" der Gemeinde und das Amtshandeln der „rite vocati" auf derselben Ebene: Gott selbst, sein eigenes Wort, ist wirksam, wo die „ministri verbi divini" das Wort und die Sakramente verwalten. Apologie VII/28 steht ja jene richtige Stelle: „Non repraesentant proprias personas", sed „repraesentant Christi personam propter vocationem ecclesiae." Sie handeln, wie die späteren Dogmatiker formulieren, „organikos", das heißt: nicht „organisch", sondern werkzeuglich; sie han-

[15] WA 31 I, S. 193.

deln „organikos": „cum verbum Christi, cum sacramenta porrigunt, Christi vice et loco porrigunt."[16] Wenn sie nämlich das Wort Christi, wenn sie die Sakramente darreichen, reichen sie sie anstelle Christi dar. Und das gibt in der Tat auch Luthers Ansicht formelhaft wieder, die er selbst am allgemeinsten mit dem Satz ausspricht: „Ergo est verbum Dei origninaliter et autoritative, non ecclesiae, nisi passive et ministerialiter."[17] Das „ministerium" ist ebenso wie Wort und Sakrament eben dadurch jeder menschlichen und jeder menschlich-kirchlichen Verfügung darüber entzogen. „Wir müssen", sagt Luther, „gläuben und gewiß sein, daß die Taufe nicht unser, sondern Christi sei, das Evangelium nicht unser, sondern Christi sei, das Predigtamt nicht unser, sondern Christi sei, das Sakrament nicht unser, sondern Christi sei, die Schlüssel oder Vergebung oder Behaltung der Sünden nicht unser, sondern Christi sei. Summa: die Amt und Sakrament sind nicht unser, sondern Christi."[18] Und mit diesem Hinweis auf das Wirksamwerden Gottes in der „vocatio" und in der faktischen Ausübung des geistlichen Amtes ist nun keine sittliche oder sakramentale Qualifikation der Träger des geistlichen Amts genannt. Daß bei der „vocatio" neben dem als selbstverständlich vorausgesetzten und in das königliche Priestertum des Herrn (1. Petr. 2, 9) einweisenden Empfang der Taufe noch gefordert werden: „confessionis sinceritas, docendi dexteritas et vitae ac morum integritas", das schließt nicht eine persönliche Unwürdigkeit des Inhabers des geistlichen Amtes bei der Amtsausübung — weder als Unwürdigkeit vor Gott noch als Unwürdigkeit vor den Menschen — absolut aus.

Die „vocatio ordinaria", deren unbedingte Notwendigkeit die lutherischen Dogmatiker gerade im Anschluß an CA XIV ausführlich begründen, die dem Berufenen Autorität gibt und ihn gegenüber den Anfechtungen in seinem Amt immer wieder sichert, die ihm dieselben Verheißungen zuspricht, die mit der „vocatio immediata et extraordinaria" den Propheten und den Aposteln erteilt wurden, diese ordentliche Berufung ist in ihren einzelnen Akten, die sich noch zur Zeit Luthers herausbilden — die Ordination umfaßt nämlich „examen", „vocatio", „confirmatio", „commendatio" — kein irgendwie sakramentales Geschehen, auch nicht in der die „vocatio" öffentlich deklarierenden „ordinatio" im engeren Sinne. Die Vokation bzw. die Ordination ist zwar „signum" der Berufung durch Gott, aber kein Sakrament, das heißt: kein sakramentales „signum". Und die Handauflegung, die „impositio manum", wird dabei geübt „non quasi sit symbolum aliquod sacramentale ab ipso Christo institutum et in hoc ritu adhibere mandatum", sondern „quia ex usu ecclesiae apostolicae descendit" (Act. 6, 6; 1. Tim. 4, 14; 5, 22; 2. Tim. 1, 6; Gerh. XIIb 163). Kurz gesagt: Die Ordination ist keine Weihe. „Ordi-

[16] J. Gerhard, XIII, S. 15.
[17] WA 30 II, S. 682.
[18] WA 38, S. 240.

nare non est consecrare", sagt Luther einmal sehr ausdrücklich[19]. „Wir kriegen Pfarrherrn und Prediger ohne ihren (nämlich der Papisten) Chresem durch unser Erwählen und Berufen geordiniert und bestätigt." Oder: „Ordinieren soll heißen und sein berufen und befehlen das Pfarramt."[20]

Daß der Pfarrer aus dem geistlichen Amt durch die Gemeinde entfernt werden kann, bestätigt ja diese Ordinationsauffassung: Die Ordination ist nichts anderes als die „publica testificatio, qua vocatio personae ad ministerium idoneae in conspectu Dei et ipsius monie declaretur esse legitima" — so hat es Chemnitz formuliert. Der andere Satz: „Perpetuum est sacerdotium, quod a Christo percepimus", dieser Satz gilt von der Taufe. Aber er gilt nicht vom „ministerium"[21]. So zeigt sich zunächst an diesem Modellfall des geistlichen Amtes sozusagen im Abbild das, was in besonderer Weise den Institutionscharakter der Kirche ausmacht. Die Eigentümlichkeit oder besser: das Besondere der Kirche als Gestalt der Institution des Bundes wird so in der Tat eben am Problem des geistlichen Amtes sichtbar — aber ebenso auch — das war unser zweiter Satz —, daß und inwieweit die „communio" als Gestalt mit Ordnung und Recht *wesenhaft* verknüpft ist.

Diese Aussage also muß noch entfaltet werden, und auch hier gilt es, das Augenmerk darauf zu richten, daß im Bereich unseres theologischen und auch kirchenrechtlichen Denkens sehr viel unterwegs ist, daß wir uns auch hier in einem umgreifenden Revisionsprozeß befinden.

Dieser zunächst einmal so ungeschützt hingesagte Satz, daß die „communio" als Gestalt mit Ordnung und Recht wesenhaft verknüpft sei, dieser Satz wäre vor ein oder zwei Generationen nicht so ohne weiteres gesagt worden, oder wenn, dann in einem ganz anderen Sinne, als er gemeint ist. Es handelt sich nämlich jetzt bei diesem Problem zentral um den Begriff des „ius divinum" im evangelischen Verständnis. Das „ius divinum" im evangelischen Verständnis: Seine für das Recht der Kirche konstitutive Bedeutung hat man verkannt und eliminiert bei dem seit Melanchthon üblichen, dann durch Schleiermacher verstärkten und bei dem letzten großen evangelischen Kirchenrechtler, bei G. Holstein, im Gefolge auch von R. Sohm, sich auswirkenden Einsetzen in der Frage des *Kirchenrechtes* bei der empirischen Gemeinde. Bei all den Genannten steht nämlich im Hintergrund das Schema von Geistkirche und Rechtskirche, von „ecclesia invisibilis" und „ecclesia visibilis". So wurde das Kirchenrecht, das man in dieser Form für genuin evangelisch hielt, nichts anderes als weltliches Recht für Kultusangelegenheiten. Und die Theologie wurde von der Sorge für das Recht sozusagen befreit. Aber das ist ein negatives Urteil; man hat zwar — auch gefördert durch entsprechen-

[19] WA 15, S. 721. [20] WA 38, S. 236. [21] WA 15, S. 721.

de Erkenntnisse der Exegese, die ja sehr viel stärker jetzt auch nach dem kirchlichen Recht im Neuen Testament fragt und allenthalben, man denke nur an die Arbeiten von E. Käsemann, nach heiligem Recht im Neuen Testament sich erkundigt —, insbesondere dann auch durch Erfahrungen und Erkenntnisse während des Kirchenkampfes, das Augenmerk wieder verstärkt dem „geistlichen Charakter des Kirchenrechtes" zugewendet und die Forderung eines „bekenntnisbestimmten" Kirchenrechtes aufgestellt, aber den überkommenen kirchlichen Rechtspositivismus noch keineswegs überwunden, jenen Rechtspositivismus, der dem Schleiermacherschen Satz entspricht, daß die Kirche ihre äußere Ordnung nur nach dem Gesetz des Staates, innerhalb dessen sie sich bewegt, einrichten könne. Verschärfend kommt die von R. Sohm aufgestellte und dann später sehr lebhaft umstrittene, von ihm gewiß sehr geistreich und sehr kenntnisreich begründete These hinzu, daß das Kirchenrecht mit dem Wesen der Kirche im Widerspruch stehe. Aber diese berühmte These von R. Sohm wird nicht nur hinsichtlich ihres Kirchenbegriffes, sondern auch hinsichtlich ihres Rechtsbegriffes zu überwinden sein.

Der Kirchenrechtler J. Heckel hat in verschiedenen Arbeiten zur Frage der Anfänge protestantischen Kirchenrechtes und vor allem zur Rechtslehre Luthers die von Münter schon versuchte und an dieser Stelle in der Tat unausweichliche Revisionsarbeit gebenüber den traditionellen Schemata funditus durchzuführen unternommen. Man wird auch hier zunächst auf die theologischen Zusammenhänge zu blicken haben. Luthers Rechtfertigungslehre als formelhafte Zusammenfassung der Christusverkündigung will ja zugleich die Antwort sein auf die ihn bewegende Frage nach der wahren Kirche — *nicht* als nach einer „Kirche des Glaubens" gegen eine „Kirche des Rechtes", wie es die herrschende Meinung des Protestantismus will, sondern als nach einer Kirche göttlichen, geistlichen Rechts gegen eine Kirche schrankenlosen, menschlichen, sich als „göttlich" ausgebenden, „autonomen" Kirchenrechts. Es ist das, was in jenem historischen Akt vor dem Elstertor in Wittenberg geschah, indem nämlich bestimmte Teile des kanonischen Rechtes dem Feuer übergeben wurden, nicht minder bedeutsam für die Reformation als etwa der Anschlag der 95 Thesen. Oder anders gesagt: „Die Reformation der Kirche zog ... eine Reformation der Rechtsidee nach sich" (Heckel). Oder noch anders formuliert: Das neue Verständnis von der „iustitia Dei" konnte nicht ohne Folge sein für ein neues Verständnis von „ius", mußte vielmehr zu einem Rechtsbegriff der Rechtfertigungslehre führen bzw. zu einer theologischen Rechtslehre. J. Heckel hat in einer ausführlichen und vielleicht sogar ihm persönlich nicht einmal ganz sympathischen Weise nachgewiesen, daß die Fragestellung K. Barths, Rechtfertigung und Recht, auch die Fragestellung Martin Luthers sei.

In der Mitte des Rechtsbegriffes der Rechtfertigungslehre bzw. in der

Mitte einer theologischen Rechtslehre steht die „lex spiritualis", die sowohl dem „homo spiritualis" wie auch der „ecclesia spiritualis" entspricht. Hier zeigt sich, daß eben nach der Überwindung der Zwangsherrschaft einer menschlich-weltlich verstandenen Gesetzlichkeit als Heilsweg, daß nach der Gewinnung des allein dem Glauben möglichen Verständnisses des göttlichen Gesetzes, daß nach der Erringung wahrer Rechtserkenntnis „nur in der Kirche und durch die Kirche"[22] Luthers Rechtslehre „in ausgezeichnetem Sinn eine Kirchenrechtslehre" ist. Und so wie die Antwort auf die Frage nach der Kirche nicht beim äußeren Kirchenwesen, der „ecclesia universalis" einsetzt, in der eben Weizen und Spreu, Gläubige und Heuchler beisammen sind, sondern bei der Gemeinschaft der wahren Gläubigen, der „ecclesia spiritualis" — einem Offenbarungsbegriff und gewiß nicht im spiritualistischen Sinne verstanden wie bei den Joachiten oder dann bei einigen der Täufer! —, so setzt die Antwort auf die Frage nach dem Recht bei der „lex Christi" als einer „lex spiritualis", als einer Offenbarungsgröße ein. — Ich kann und brauche hier nicht die Entwicklung bei Luther selbst im einzelnen nachzuzeichnen.

Aber: Die Begründung des Kirchenrechtes kann daher nur vom christologisch-ekklesiologischen Begriff der Gemeinde aus unternommen werden, der selbst schon ein Begriff von Ordnung und Recht ist. Es geht „in der christlichen Gemeinde auf alle Fälle um ein Anordnen, Befehlen, Verfügen des *einen* Heiligen, in welchem Alle geheiligt sind und also Jesu Christi auf der *einen* Seite — und auf der *anderen* um ein ihm gehorsames, ihm sich unterordnendes Verhalten der menschlichen Gemeinschaft der Heiligen"[23]. Dieses Verhältnis ist „Ordnungsprinzip", „Grundrecht" der Gemeinde. Und es ist von allem sonstigen Recht *verschieden;* es ist geistliches Recht, „das in der Gemeinschaft des Heiligen Geistes Jesu Christi aufzusuchen, zu finden, aufzurichten und zu handhaben ist"[24]. Und was etwa neuere Exegese über Bekenntnis und Sakrament im Neuen Testament aufspürt, liegt alles auf dieser Linie.

[22] J. Heckel, Lex charitatis, 1953, S. 27. Zum Gesamtthema „Kirchenrecht" verweise ich auf die wichtigen Arbeiten von H. Wehrhahn, Der Stand des Methodenproblems in der evangelischen Kirchenrechtslehre, ZevKr 1, 1951; und vor allem auch auf seinen aufschlußreichen Forschungsbericht: Die Grundlagenproblematik des deutschen evangelischen Kirchenrechts 1933—1945, Theol. Rundschau 18, 1950, und 19, 1951; außerdem, was die Auswertung der Forschung vor allem von Joh. Heckel für das Kirchenrecht anlangt, auf S. Grundmann, Der Lutherische Weltbund, 1957 (im 1. Teil ein Versuch einer Fundierung lutherischen Kirchenrechts), und auf meine Zusammenfassung: Ernst Wolf, Der christliche Glaube und das Recht, ZevKr 4, 1955; ferner W. O. Münter, Die Gestalt der Kirche nach göttlichem Recht, Beiträge zur EvTh 5 u. 21, 1951 u. 1955.

[23] K. Barth, Die Ordnung der Gemeinde, S. 11.

[24] Ebd. S. 14.

„Rechtes Kirchenrecht entsteht aus dem Hören auf die Stimme Jesu Christi.“

Dieses Kirchenrecht ist 1. Dienstrecht, das heißt: es ist nicht Herrschaftsrecht; es ist gegründet in der geschenkten Freiheit zum Dienen, es ist darin zugleich eindeutig untertan und universal. Dieses Kirchenrecht ist 2. auf Grund seiner ursprünglichen Beziehung zum Geschehen des Gottesdienstes liturgisches Recht — auch die Anfänge reformatorischer Kirchenordnung zeigen diesen Zug, das heißt: a) vom Gottesdienst her ordnend, b) in ihm immer wieder zu finden, und c) ihn seinerseits ordnend. Dieses Kirchenrecht ist dann 3. lebendiges Recht, vom Heiligen Geist in Bewegung gesetzt und in Bewegung gehalten, im Wagnis bestimmter Entscheidungen, in welchen sich die Gemeinde für weitere Entscheidungen offenzuhalten hat. Es ist also prinzipiell immer wieder darauf bedacht, nicht sich zu ändern, aber sich immer richtiger zu gestalten. Jener Satz von der „ecclesia semper reformanda“ bezieht sich ganz wesentlich auf dieses Problem: und wenn man sich daran erinnert, daß zwei Dinge am Anfang der Reformation stehen und sie durchgängig bestimmen, nämlich das neue Christusverständnis, gefaßt in der Rechtfertigungslehre der Reformation, und die neue Antwort auf die Frage nach der wahren Kirche, formuliert in der Kritik an der kirchenrechtlichen Verderbnis der Kirche unter dem Papsttum, dann gewinnt dieser Satz jetzt Konturen. Und dieses Kirchenrecht ist 4. vorbildliches Recht, das heißt nicht nur, daß dem Kirchenrecht gegenüber jenem Aufkommen einer „autonomen“ Rechtswissenschaft zu Beginn der Moderne, zu dem ja auch der Protestantismus erheblich beigetragen hat, die durch die abendländische Rechtsgeschichte ausgewiesene „propädeutische“ Bedeutung zukommt — das Wesentliche des abendländischen Rechtes stammt aus dem Kirchenrecht! —, sondern daß im Bereich des Rechtslebens der Gemeinde das Leben des Menschen „im Recht“ eine Möglichkeit der Verwirklichung findet, von der her alles sonstige Bemühen um innerweltliches Recht seine Hoffnung und seine Sinnhaftigkeit empfängt.

Das Verständnis der Kirche als Gestalt der Institution des Bundes in Vorgegebensein und Annahme schließt — so sagten wir — den Gedanken von Ordnung und Recht, Ordnung der Gemeinde und Recht der Kirche in sich.

In ihr, der Kirche, soll sich in aller weltlichen Gebrochenheit und Unvollkommenheit als geschichtlicher Erscheinung das Grundverhältnis des von Gott mit seinen Menschen geschlossenen, das mitmenschliche Miteinander seiner Menschen ermöglichenden, fordernden und bewahrenden Bundes, die vorläufige Realisierung des Reiches Gottes in exemplarischer Weise verwirklichen, als christokratische Bruderschaftlichkeit, die die Ausschließlichkeit des Herr-Seins-Christi ebenso bezeugt wie das Leben rechter Mitmenschlichkeit in *Freiheit, Gleichheit und Brüderlichkeit.*

Damit sind Stichworte einer säkularen Staatsideologie, vielleicht auch -utopie laut geworden. Versteht man sie richtig, eben als Säkularisierung geistlicher Wirklichkeit zu weltlicher Forderung, dann weisen sie bereits darauf hin, daß vom Staat nur gesprochen werden kann von der Exemplarität der Kirche her, von der Bürgergemeinde nur aus dem Verständnis der Christengemeinde her. Der Gedanke des Exemplarischen meint hier freilich *nicht* das Modell, das ideale Vorbild, sondern unterstreicht die Differenz: was kraft des Wirkens des Hl. Geistes in der Kirche als Wirklichkeit möglich und in immer neuem Geschehen „real" ist, gibt per analogiam dasjenige an, zu dem das Gestaltungsverlangen menschlicher Selbstbehauptung zuletzt doch immer vergeblich drängt.

Der Staat

Die neuere protestantische Theologie hat in verschiedenen Formen eine Staatstheorie, Staatsmetaphysik, Staatstheologie entwickelt[25], die durch das nationalstaatliche Prinzip bestimmt ist und eine Geschichtstheologie des Volkes zur Grundlage hat. Die Reformationszeit war mit dem Begriff der „politia" im großen und ganzen beim Schema der mittelalterlichen Fürstenspiegel im Blick auf die christliche Obrigkeit geblieben, wie es V. L. Seckendorf in „Deutscher Fürstenstaat" (1656) und „Christenstaat" (1685) zusammenfaßt, während sein Zeitgenosse Samuel von Pufendorf in Weiterbildung der Gedanken von Grotius und Hobbes vom Begriff der „societas" aus im Rahmen eines rationalen Naturrechts die Staatsgewalt als höchsten Abschluß einer natürlich-sittlichen Gesellschaftsordnung mit „praktischer Sozialvernunft" zu begreifen suchte.

Die neuere protestantische Staatstheologie geht auf Hegel, die Romantik und Schleiermacher zurück. Für Hegel ist der Staat „die Wirklichkeit der sittlichen Idee" bzw. der Vernunft und darin dann absolute Autorität, von wo aus F. J. Stahl ihn als „göttliche Institution" bewerten kann, ein „an sich" übermenschliches Wesen, dessen metaphysische Würde und Macht unmittelbar aus Gottes Allmacht stammt. R. Rothe konnte von da aus das allmähliche Eingehen der Kirche in den christlich-sittlichen Staat behaupten. Aus der Romantik stammt die Idee der verschiedenen „Volksgeister". Und für Schleiermacher ist der Staat die Gemeinschaftsform der organisierenden, die Natur zu einem Organismus gestaltenden Vernunfttätigkeit[26]. Eine diese Hintergründe zusammenfassende Formel bietet Althaus (1931): „Der Staat ist das in der Verantwortung für seine geschichtliche Bestimmung als unabhängige Macht rechtlich geeinte

[25] H. Gerber, Die Idee des Staates in der neueren evangelisch-theologischen Ethik, 1930; R. Hauser, Autorität und Macht, 1949.

[26] Philosophische Ethik § 116 ff.

Volk.“ Daneben hat sich auch der Komplex der reformatorischen Obrigkeitslehre, die den Fürsten als „Amtmann“ Gottes ansieht, bestimmend erhalten. Gemeinsam ist allen hierhergehörigen Antworten die Frage nach dem „Wesen“ des Staates, aus dessen Erfassung dann auch bestimmte ethische Konsequenzen für „Obrigkeit und Untertan“ gefolgert werden. Zugleich führt jede Staatsmetaphysik vor die Gefahr, „den Staat“ zu glorifizieren und ideologisch aufzuladen.

Den Definitionen christlicher Staatsmetaphysik ist der Satz gemeinsam, daß der Staat als solcher Stiftung Gottes, seinem Wesen nach also „Institution“ sei. Aber „Ort“ und Zweck der Stiftung werden bereits verschieden angegeben.

Aufs Ganze gesehen zeigen die theologischen Versuche, den Staat seinem Wesen nach irgendwie als Stiftung und als Ausdruck des Herrenwillens Gottes zu deuten, zwei Grundformen

1. die eine sucht den Staat unter der Idee der Ordnung zu begreifen vom Schöpferwillen Gottes her:

   a) als Schöpfungs- oder Erhaltungsordnung, wobei man u. U. von der Sozialität des Menschen oder vom Gedanken des Volkstums als Schöpfungsgröße ausgeht, um die Staatslehre zu entfalten, oder

   b) als infralapsarische Notordnung, als „um der Sünde willen“ heilsgeschichtliche Ordnung, oder

   c) als Kombination beider Ordnungen.

2. Die andere Grundform ist durch den Gedanken des Reiches Gottes bestimmt und bezieht ihn in „christokratischer“ Weise unmittelbar auf den Staat und seine Gestaltung.

Beiden Grundformen einer theologischen Staatsmetaphysik steht der Versuch gegenüber, den Satz, daß der Christusherrschaft „alle Gewalt“ gegeben sei, christologisch in *dem* Sinn anzuwenden, daß die durch Christus erfolgte Entmachtung der „Mächte“ dazu befreit, den „Staat“ in seiner jeweils vorfindlichen Gestalt als Aufgabe der Heiligung, das heißt: des innerweltlichen, *menschlichen* Handelns im Gehorsam gegen Gottes Gebot „anzunehmen“. Wenn dieser Ansatz, der zugleich die „exemplarische“ Bedeutung der Christengemeinde für die Bürgergemeinde in sich schließt — die Behauptung, daß das Dasein von Staat und damit seine Aufgaben erst im Glauben richtig erkannt werden — in der heutigen Diskussion wiederholt unter dem Titel „christologische Staats*begründung*“ eines christokratischen Christomonismus bezichtigt wird, übersieht bzw. verkennt man, daß es sich dabei nicht um eine „christologische“ Ontologie des Staates handelt; entsprechend den staatsmetaphysischen Unternehmungen der verschiedenen Ordnungstheologien, sondern eben um die Frage der dem Sein „en Christo“ gemäßen erkennenden und verantwortlich handelnden Stellungnahme zur Vorfindlichkeit, Problematik und Gestaltungsaufgabe von „Staat“.

In der Tat scheint es heute mehr und mehr als Aufgabe erkannt zu werden, „von der Autorität des Staates theologisch *so* zu reden, daß sowohl alle Deifizierungen als auch alle Dämonisierungen des Staates vermieden werden. Er ist eine menschliche ‚organisierte Entscheidungs- und Wirkungseinheit' (Heller)[27], hinter der der Christ freilich immer Gottes Anordnung erblickt, die durch Gottes eschatologische Tat in Christus zwar stark relativiert, andererseits aber auch als Ort der Bewährung der Liebe bestätigt worden ist. Das führt dazu, daß zunächst alle bestehende Staatsordnung unter dieser Anordnung Gottes gesehen wird, unabhängig davon, wie sie zustande gekommen ist und in welcher Form sie ausgeübt wird (Barmen 1934 und Synode der EKD von 1956). Andererseits wird es aber nun auch möglich und notwendig, stärker als das die Legitimisten taten" — die die *Autorität* der Regierenden auf Gott zurückführten —, „auf die ‚*Verantwortung* der Regierenden und Regierten' *vor* Gott und *vor* den Menschen, deren Wohlfahrt vom staatlichen Handeln abhängig ist, hinzuweisen (Barmen und die Weltkirchenkonferenz von Amsterdam 1948). So wird der Weg frei zu jeweils konkreter kritischer und gestaltender Mitarbeit im Staat" entsprechend seiner jeweiligen Form[28].

Das heißt aber: Wir müssen uns entschlossen von dem Weg abwenden, auf dem man die Frage nach der Stellung des Christen im Staat durch den Entwurf einer auf die Wesensfrage bezogenen Staatslehre beantworten wollte, wobei man von dieser Staatslehre her dann auch die einzelnen sittlichen Weisungen meinte gewinnen zu können. Die von daher immer wieder in lutherischen Kreisen beanstandete „Minimaldefinition" der „5. Barmer These" sagt alles, was hier gesagt werden kann und was auch die Reformatoren im Grunde gesagt haben. Sie lautet: „Die Schrift sagt uns, daß der Staat nach göttlicher Anordnung die Aufgabe hat, in der noch nicht erlösten Welt, in der auch die Kirche steht, nach dem Maß menschlicher Einsicht und menschlichen Vermögens unter Androhung und Ausübung von Gewalt für Recht und Frieden zu sorgen. Die Kirche erkennt in Dank und Ehrfurcht gegen Gott die Wohltat dieser seiner Anordnung an, sie erinnert an Gottes Reich, an Gottes Gebot und Gerechtigkeit und damit an die Verantwortung der Regierenden und der Regierten. Sie vertraut und gehorcht der Kraft des Wortes, durch das Gott alle Dinge trägt." Sie wahrt die Grenze, die ihr gerade ihr Ausgehen von der Königsherrschaft Christi, ihre Abhängigkeit sozusagen von der zweiten Barmer These vorgezeichnet hat. Wie eine — vorsichtig gesagt — in Richtung darauf entworfene Staatslehre aussieht — hat,

[27] H. Heller, Staatslehre, 1934, ²1960.

[28] W. Schweitzer, Art. Staat III, RGG VI, ³1962, Sp. 303. Zum Gesamtthema „Staat als Institution" verweise ich auf meinen Aufsatz: Königsherrschaft Christi, ThExh NF 64, 1958.

jedenfalls in der Intention und m. E. sehr instruktiv, de Quervain in seiner Ethik Bd. 2/1: „Kirche, Volk, Staat“ (1945), zu zeigen versucht. Diese bietet das Beispiel jenes anderen Ansatzes, von dem wir sagten, er sei durch den Gedanken des Reiches Gottes bestimmt, und entfaltet den Satz, daß in der Christusherrschaft alle Gewalt versammelt sei. Freilich ist auch dieser Versuch noch nicht ganz frei von dem Fragen nach dem Sinne des Staates, auch nicht ganz frei von der Gefahr einer „christokratischen Begründung“. Aber entscheidende neue Erkenntnisse haben dann doch die Führung gegenüber den Restbeständen der traditionellen Fragestellung gewonnen.

Jene weit ausholenden Spekulationen, die im Bereich einer neulutherischen Staatsethik und Geschichtstheologie bei Althaus, bei Hirsch, bei Brunstäd und bei anderen zu einer sogenannten „lutherischen Staatsidee“ führten, liefen ja Gefahr, durch die in ihnen enthaltenen idealistisch-romantischen Elemente so etwas wie eine protestantische Parallele zu der katholischen Staatsauffassung zu bieten. Waren hier — auf der katholischen Seite — die Ideen des „animal sociale“ und der „lex naturae“ und der „pax civitatis Dei“ für die theoretische Grundgestaltung maßgebend — das sind die drei Säulen des katholischen Staatsdenkens —, so traten entsprechend auf der lutherischen Seite der Gewissensbegriff, die Idee der Schöpfungsordnung — in der Eigenständigkeit der Kulturgebiete — und die Idee der Persönlichkeit-setzenden unbedingten Gemeinschaft an die entsprechenden Stellen. Aber zugleich drängten sie zu einer „Vergöttlichung“ des Staates. Das ist keine Übertreibung. Es entspricht dem Befund durchaus, wenn ein Jurist wie etwa H. Gerber in seinem zusammenfassenden Bericht von 1930 selbst formuliert: „Der Staat ist in seinem Wesen göttlich, da sein Sinn nur darin gefunden werden kann, als rechtlich befriedete und gestaltete Volksgemeinschaft Mittel zur Verwirklichung persönlichen Lebens in Gemeinschaft zu sein.“[29]

Dem ganzen Reichtum jener Ausgestaltung einer lutherischen Staatsidee gegenüber — ein Reichtum, der manchmal geradezu fasziniert — mußte nun der 5. Satz der „Barmer Theologischen Erklärung“ als eine „dürftige Minimaldefinition“ erscheinen. Es wird hier *nicht* vom Wesen und vom Sinn des Staates, sondern es wird lediglich von seiner Setzung und seiner Aufgabe gesprochen. Und beides umschreibt dann Möglichkeiten und Grenzen einer theologischen Staatslehre. Die Entfaltung wird dann freilich dem Entwurf von de Quervain erheblich näher stehen als denjenigen der Ordnungstheologie, und die Entfaltung wird zugleich gegenüber der wahren Lage der Welt und des Menschen in ihr heute offener und „realistischer“ sein müssen. Der Staat kann weder seiner Stellung in der Gesellschaft noch seinem geistigen Anspruch nach

---

[29] Ebd. S. 35.

weiterhin als eine absolute im Sinn der letztgültigen Ordnungsstruktur verstandene Autorität dieser Welt theologisch betrachtet und behandelt werden. Auch die institutionelle Kirche kann nicht weiterhin sich und ihre Gesellschaftssysteme in der tradierten Weise als letztlich doch normativ ansehen. Es ist etwas Wahres an der (wie immer sehr geistreichen und nahezu zu geistreichen) Bemerkung von Rosenstock-Huessy in seinem Buch „Heilkraft und Wahrheit“ (1952), daß auf das Jahrtausend der Kirchengeschichte und auf das folgende Jahrtausend der Weltgeschichte jetzt das Stadium der Gesellschaftsgeschichte gefolgt sei, in welcher das über die ganze Erde hinweg erfolgende Zusammenwirken der Produktionskräfte über das Bestehen auch des kleinsten Landes entscheidet und einzelne Staaten und Gruppen nicht mehr autark sein können. Das Interesse der ökumenischen Arbeit an den sogenannten unterentwickelten Ländern entspricht zum Beispiel dieser Einsicht. Und gerade das „christliche Abendland“, von dem aus der Säkularisierungsprozeß aus den geistigen Kräften des Christentums auch das Leben der nichteuropäischen Völker aufs stärkste überformt hat, muß von seiner geschichtlichen Mitte her, aus dem neu zu ergreifenden christlichen Erbe heraus die Verantwortung für die werdende neue Gesellschaft zu übernehmen sich bereitfinden. Die Christenheit muß lernen, wie sie sich in dieser Gesellschaft, die Geister unterscheidend, hilfreich zu verhalten hat. Jene ökumenische Parole von der „verantwortlichen Gesellschaft“ — das ist ja einer der Zentralbegriffe in der ökumenischen Sozialethik — verrät, daß dafür ja bereits das Empfinden zumindest geweckt ist. Und das führt über die Zwei-Reiche-Lehre hinaus, oder, anders formuliert: Die notwendige Befreiung von einem institutionellen und ideologischen Denken innerhalb der Theologie darf sich nicht durch eine dogmatisierte Zwei-Reiche-Lehre hindern lassen, sondern muß, sofern die Zwei-Reiche-Lehre gerade auch ein Mittel der stets geforderten Unterscheidung der Geister ist, dieses Mittel neu prüfen und allenfalls wieder in rechter Weise anwendbar machen. (Das Problem der Zwei-Reiche-Lehre wird uns noch zu beschäftigen haben).

Es ist nun angedeutet, was hier eigentlich zunächst zu geschehen hat, wo wir uns heute bei der Frage nach dem Staat als theologischem Problem befinden und daß wir hier ein Umdenken versuchen müssen! — Wie aber jenes Umdenken zu geschehen hat, dafür bedarf es des Aufsuchens der richtigen Wege. Und für diese Wege sollen nun zuletzt noch einige Gesichtspunkte ganz knapp aufgezählt werden, die sich zum Teil aus den bisherigen Erwägungen ergeben oder von ihnen aus verständlich werden dürften. Nicht irgendwie wird jetzt schon so etwas wie eine „Antwort“ auf unsere Fragen auch nur in Form einer Skizze und in relativer Geschlossenheit versucht; so weit sind wir noch nicht! Denn der Theologe wird heute kaum allein und ohne gewisse Zusammenarbeit mit Juristen und Soziologen diese neuen Wege in einer Weise auffinden können, die dann bereits unmittelbar als Leitfäden für die konkreten Entscheidungen verwendet werden können. Aber er wird eben darum auch nicht auf die Mühe verzichten dürfen, die Grundlagen für solche geforderten praktischen Entscheidungen sich klarzumachen.

Ethische Konsequenzen

Zu diesen Grundlagen gehören nun m. E. gewisse „erste Einsichten", nämlich:

1. Das Vorgegebensein des Staates, sein Setzungs- und Stiftungscharakter, der sich freilich qualitativ von dem Setzungs- und Stiftungscharakter der Ehe und von dem Setzungs- und Stiftungscharakter der Kirche unterscheidet, darf nicht einfach daraus abgeleitet werden, daß der Staat geschichtlich vorgegeben ist, und dann etwa durch geschichtsphilosophische Deutungen interpretiert werden. Vielmehr kann man auch theologisch nur zu dem Faktischen des Staates Stellung nehmen und zu den drei daran aufweisbaren Momenten, auf die allein auch „Barmen V" sich bezieht, nämlich zur politischen Herrschaft, zur Gesetzesbindung und zur Gerichtsbarkeit und damit gleichzeitig zu dem, was mit der Gewaltenteilung zusammenhängt. Die Aufgabe der Gestaltung dieser Momente ist in der Tat Sache auch persönlich-sittlicher Verantwortung im Rahmen mannigfacher und wechselseitig aufeinander angewiesener, ins Politische gehobener Über- und Unterordnungsverhältnisse innerhalb einer prinzipiellen Partnerschaft. Und mit dieser Aufgabe, jene drei Momente zu gestalten nämlich, ist gleichsam die Annahme des Staates gegenüber seiner Stiftung signalisiert. Wir erinnern uns daran, daß bei dem versuchsweisen hypothetischen Versuch der Definition des Institutionsbegriffes ja das Verhältnis von Stiftung und Annahme die entscheidende Rolle spielte. Hier beim Staat wird man freilich *neben* das Moment der Annahme sehr bald auch das Moment der Selbstbehauptung gegenüber dem Staatlichen stellen müssen; es ist also eine Annahme, deren Ja von vornherein die Grenzen des Jasagens im Auge behalten muß. Hatte die neuere protestantische Staatslehre ihr Hauptaugenmerk auf die Seite der „Stiftung" gerichtet und dabei durch das Bemühen um die Ermittlung einer zuletzt heilsgeschichtlichen Sinnhaftigkeit des Staates als Macht das Moment der Stiftung durch eine Ontologie des Staates gedeutet und ersetzt, so scheint es heute vordringlicher zu sein, das Interesse dem Bereich der „Annahme" und allenfalls der Selbstbehauptung zuzuwenden. Hier ist der eigentliche Ort einer politischen Ethik im engeren Sinne heute. Und von hier aus allein ist es möglich, von der Auffassung des politischen Lebens als Selbstzweck zurückzulenken zu einer

unideologischen Erörterung der relativen Staatszwecke; auch das gehört auf die Seite der „Annahme". Andernfalls würde ja beim Versuch einer Deduktion der Staatszwecke aus seinem Wesen die Gefahr einer maßlosen, totalitären Überspannung seiner Funktion drohen, während ja doch die (freilich traditionelle und daher mißverständliche) Formel „der Sorge für Recht und Frieden" in „Barmen V" den umfassenden Dienst des Staates an der Menschlichkeit des Menschen und nicht an der Selbsterhaltung seiner selbst meint.

Und so scheint es heute notwendiger und fruchtbarer zu sein, anstelle einer theologischen Metaphysik des Staates — denn das ist eine durchaus sekundäre Fragestellung, wie wir schon sagten — so etwas wie eine evangelische Lehre von politischen Tugenden zu entwickeln, in deren Ausübung eben der Akt der „Annahme" und die jeweilige neue Abgrenzung der Zwecke des Staates sich abspielt! „Tugendlehre" kann ja auf gar keinen Fall in unserem Zusammenhang kasuistisch gemeint sein, sondern soll ganz schlicht verstanden werden als Umschreibung eines dem Sein des Christen gemäßen, ihm sozusagen selbstverständlich werdenden Sich-Verhaltens im Bereich des Politischen. Die Voraussetzung für eine Lehre von solchen politischen Tugenden ist, daß die für die christlichen Staatsmetaphysiken der nachkonstantinischen Zeit — auch die evangelischen — maßgebliche Bindung an Röm. 13 als an die nahezu alleinige biblische Grundaussage überwunden wird. Statt Röm. 13 zum beherrschenden Ausgangspunkt einer Lehre vom Staat zu machen und sich dann immer wieder — fast möchte man sagen — mehr oder minder bedingungslos auf Röm. 13 zu berufen und allenfalls auf die Spannung von Röm. 13 zu Apk. 13 zu verweisen und dann beides schließlich durch den etwas resignierten Satz von der ständigen Dämonisierung der „guten Ordnung Gottes" zu verbinden, sollte man einmal fragen, *warum* diese beiden widersprüchlichen Aussagen je in ihrer eigentümlichen Bestimmtheit im Neuen Testament gemacht werden *können*, warum sie hier nebeneinander ausgesagt werden können!

Setzt man statt dessen bei Eph. 1,10 und vor allem Eph. 1,20 ff. ein, dabei, daß eben hier primär in dem Grundbekenntnis der Christenheit, im „Kyrios Jesous Christos", das ja zugleich auch ein politisches Bekenntnis ist, die Königsherrschaft Christi bekannt wird, eine Herrschaft, der alle Mächte unterworfen sind — setzt man hier ein und findet man hier die Antwort auf die Frage nach dem Warum des Nebeneinander von Röm. 13 und Apk. 13, dann wird die „Göttlichkeit" des Staates ebenso wie seine „Dämonie" gleichsam entmythologisiert. Dann wird sie jedenfalls nicht mehr ein zu betontes theologisches Interesse beanspruchen dürfen, sondern alles Interesse wendet sich nunmehr sachgemäß der Frage zu, was für die Stellungnahme der Christen zum Problem des Staates gerade die Aussage von der Herrschaft des Auferstandenen, Erhöhten bedeutet. Und gerade dies führt, da der Christ ja in seinem Leben Zeuge dieser Herrschaft sein soll, vor die Frage nach seinem konkreten Verhalten zur jeweiligen staatlichen Wirklichkeit und nicht zur Forderung einer bewußt oder unbewußt angestrebten „christlichen“ Staatslehre oder gar Lehre vom „christlichen“ Staat. Man wird dann auch nicht die Staatszwecke auf einer geschichtstheologischen Totalschau zu einem alles umfassenden System der Gestaltung des sozialen oder folglichen Lebens im sogenannten Kulturstaat ausbauen — das war ja eine der kräftigsten Linien in der lutherischen Staatslehre! —, aber man wird andererseits auch nicht in limitierender Weise auf reine Sicherungsfunktionen den Zweck des Staates reduzieren dürfen. Man wird die Staatszwecke auch nicht ihrem Inhalt nach an die Normativität bestimmter christlicher Anschauungen, zum Beispiel an die patriarchalische Eheauffassung oder an das christliche Familienideal oder auch an die Forderung der Todesstrafe als unaufgebbarer Bekundung echter staatlicher Macht, die wir überkommen haben, binden dürfen.

Damit stehen wir nun im besonderen vor dem Problem des politischen „Du sollst!“

a) Der lutherischen Staatsmetaphysik und ihrem traditionellen Verständnis von Röm. 13 entsprach ja die Lehre von einem nahezu unbedingten Untertanengehorsam. Auch hier wird man im einzelnen vorsichtiger reden müssen, als das gemeinhin geschieht. Aber jene aufreizende Bemerkung, die einmal im SPIEGEL zu lesen war, „was die Sparte Gehorsam angeht, so sind die Deutschen auch in proletarischer Landschaft unschlagbar“, drückt ja aus, wie sehr sich die Vorstellung dieses Untertanengehorsams als typisch deutsch und als Ergebnis lutherischer Erziehung noch heute hält. Man kann geradezu im Blick auf diesen sogenannten Untertanengehorsam fragen, ob nicht die Ideologie der gottgesetzten Obrigkeit oder, schärfer gesagt, ob nicht der Gedanke der gottgesetzten Obrigkeit, als Ideologie verdichtet, sich in dem ihm korrelaten Gehorsamsbegriff zugleich zu jener Illusion verstärkt, deren die Beherrschten bedürfen, um die Bedrücktheit ihres Daseins zu ertragen. — Nun, dieser Gehorsam, mit dem Gedanken der Ordnung und aus der Forderung des Vierten Gebotes weithin begründet, war ja wesentlich „passiv“. Er hat nicht begriffen, daß seine gerade in Röm. 13 selbst vorhandene enge Bindung an die „agape“ — weil diese es eben mit der Liebe Gottes zu tun hat — eine ganz bestimmte Aktivität auch des politischen „Du sollst!“ fordert. Denn auf der einen Seite präsentiert der Bereich des politischen Lebens, in den der Christ hineingestellt ist, „keineswegs göttlich sanktionierte Ordnungen, die unabhängig von und vor dem Gebot seines Herrn Anspruch auf seinen Gehorsam“[30] hätten, und andererseits ist der

[30] H. Gollwitzer, Die christliche Gemeinde in der politischen Welt, 1954, S. 42.

Eintritt in den Bereich des Politischen dem Christen kein Austritt aus dem Befehlsbereich des Evangeliums, des christlichen Zeugnisses.

b) Darum hat eben der Christ, wie H. Gollwitzer einmal eindrücklich formuliert, „nur auf *einen* Befehl zu hören" — er ist *nicht* Bürger zweier Reiche — „nur ein Recht und eine Autorität zu berücksichtigen, nicht das gleichmäßige Recht von zwei verschiedenen Weltzuständen zu bezeugen, sondern ... in der noch nicht erlösten Welt den schon errungenen Sieg Christi, ... *zu bezeugen* und darum ‚als Kind des Lichts' zu wandeln". Denn „etwas anderes als der Ruf seines Herrn könnte seine Beteiligung nicht legitimieren, um etwas anderes als darum, die Herrschaft seines Heils zu bezeugen, dürfte es ihm nirgends gehen können"[31]. Das ist die Grundrichtung christlichen Gehorsams in der Welt *auf die Welt zu*. Die Beteiligung am weltlichen Leben ist Beanspruchung dieses Lebens durch den Christen für seinen Herrn, Verantwortung dieses weltlichen Lebens vor ihm und darum eben *nicht* die Sache einer beliebigen Wahl.

c) Das auch politische „Du sollst!" des Christen ist die Folgerung daraus, daß er, der Christ, „Salz der Erde" *ist* — sonst würde er sich selbst verlieren, wenn er das neue Sein nicht im neuen Gehorsam bewährte. — Auch an dieser Stelle werden wir immer wieder im Bereich des Fragens nach dem Imperativ zurückverwiesen auf den den Imperativ erst ermöglichenden Indikativ. In dem das neue Sein bewährenden Gehorsam bekundet sich, daß die Herrschaft Christi schon in diesem Äon eine alles umfassende und bestimmende, wenngleich diesem Äon verborgene Wirklichkeit ist. Und das entscheidende Problem auch für die Verkündigung ist der Weg von der grundsätzlichen Erkenntnis des alles bestimmenden Seins in Christo zu der konkreten Entfaltung des „Du sollst!" bzw. der Weisungen und Richtlinien christlichen Handelns. Wir stehen also auch hier vor ähnlichen Problemen wie bei der Frage nach dem Recht — immer wieder nämlich vor der Aufgabe, Klarheit zu gewinnen über die konkrete Entfaltung eines nicht zu bestreitenden und mit dem neuen Sein zugleich gesetzten „Du sollst!".

Der traditionelle Hinweis auf den besonderen politischen Bereich, auf die „Notverordnung Gottes für den alten Äon", weil das Evangelium eben in der Tat keine neuen Gesetze für das bürgerliche Leben bringe (Apologie XVI), und der Versuch, diese Notverordnung irgendwie „naturrechtlich" zu entfalten — alles das genügte ja, wie sich zeigte, nicht. Es genügt auch nicht die so beliebte Grenzziehung gegenüber jenen Wegen und Mitteln des Handelns, die für den Christen undenkbar, für ihn sozusagen ausgeschlossen sind — trotz der Richtigkeit des Satzes von P. Brunner, es gebe „innerhalb der christlichen Kirche kein den Nächsten

[31] Ebd. S. 41 ff.

bindendes politisches ‚Du sollst!‘“, weil eben kein christliches Programm, wohl aber „ein an den anderen unbedingt bindendes politisches ‚Du sollst nicht!‘“[32], oder anders gesprochen: Mit einem gewissen hohen Maß der Verbindlichkeit kann jeweils immer wieder die Grenze, die Ausschlußlinie, markiert werden. Aber wenn man diese Linie markieren will, sozusagen nach rechts oder links, wenn es also zu der bei Thielicke insbesondere eine große Rolle spielenden Markierung der berühmten „Fahrrinne“ kommt, so steht auch das im Grunde noch zu sehr unter einer selbstbezogenen Sorge um die „salvatio animae“, denn als bloß negative Feststellung würde eine solche Vorsichtigkeit leugnen, daß der Christ zur Solidarität mit den Nöten dieser Welt in absoluter Verantwortung und dem Gebrauch relativer Vernunft unter der Liebe Christi gerufen ist.

Mit diesen Bestimmungen: „Solidarität mit den Nöten dieser Welt“, „absolute Verantwortung“, „Gebrauch relativer Vernunft“, „unter der Liebe Christi“, damit ist das umschrieben, was zugleich in jenem ja so drohenden Bild vom Salz der Erde ausgesprochen ist, daß eben der Christ als Salz der Erde diese und nicht sich selbst konservieren soll! — Jene bloß negativen Feststellungen haben auch zugleich eine bedenkliche Affinität zu einem bloß passiv-leidenden Gehorchen. Von einer absoluten Verantwortung für die Welt kann man dann hier nicht reden!

Es genügt weiterhin auch nicht, die Bedeutung des Evangeliums für die politische Welt in der inneren Erneuerung des mit dieser Welt beruflich beschäftigten Politikers zu finden. Sondern es muß vielmehr nach Weisungen im Einzelnen gefragt werden; diese Weisungen werden weithin das Ergebnis vernünftiger Erwägung sein. Angelegenheit des Ermessens, wie wir heute gerne sagen. Aber einmal *kann* dieses Ermessen, das heißt: die vernünftige Entscheidung des Christen in Dingen seiner politischen Existenz, nicht getrennt werden vom Glaubensurteil; es steht *innerhalb* der im Tatzeugnis geschehenden Verkündigung der ganzen Wirklichkeit Christi. Und sodann will dieses Ermessen sich auch nicht trennen lassen vom Bruder, das heißt: vom Zeugnis der Gemeinde. Denn so gewiß „die Kirche auf der politischen Ebene in *erster* Linie durch ihre einzelnen Glieder repräsentiert ist“ und „erst in zweiter durch ihre Organisation“, so wichtig ist doch die Organisation als Mittel der Sammlung der Zerstreuten und noch viel mehr als der „Lebensraum“ christlichen Daseins, als die an ihrem Herrn hangende „congregatio“[33]. Und vor allem: Wir dürfen die Brüder, deren Erkenntnis uns grundsätzlich richtig erscheint, nicht allein lassen. Wir dürfen uns nicht durch das Urteil, es gehe nur um private Meinung, aus der christlichen Bruderschaftlichkeit ebenso lösen wie von der Solidarität mit den Nöten der Welt dispensieren. Es wird also ganz Wesentliches unternommen, wenn heute schon bewußter und

[32] Politische Verantwortung zur christlichen Entscheidung, ZZ 10, 1932, S. 145 f.

[33] H. H. Walz, Der politische Auftrag des Protestantismus in Europa, 1955, S. 56.

intensiver auf der Ebene der ökumenischen Diskussion — viel stärker als zum Beispiel auf der Ebene der Diskussion innerhalb einzelner Kirchenwesen —, wenn ein möglicher Konsens der Gemeinde in einzelnen konkreten Ermessens- und Tagesentscheidungen angestrebt wird. Ich rede hier mit Absicht vom Konsens der Gemeinde, und ich rede mit Absicht von der Lehre. Das Ziel ist nicht die Entwicklung von Lehre in bezug auf das politische Handeln. Sondern das Ziel ist die Gewinnung einer Gemeinsamkeit des politischen Sich-Verhaltens. Der einzelne Christ wird zum Beispiel nicht für sich selbst das Recht auf Kriegsdienstverweigerung verlangen dürfen, wenn er nicht zugleich diese Verweigerung von allen erwarten und sie alle dazu aufrufen kann und muß. *Das* ist Erbauung zum Zeugnis der Gemeinde! Man wird diese Wendung an die Brüder, die ja immer nur sehr mühsam im einzelnen Handeln vollzogen werden kann, keineswegs sofort durch den unterstellten Anspruch diskriminieren dürfen, daß jeder Einzelne, der nun seine Entscheidung beim anderen erwartet, diese seine Entscheidung für die absolut richtige halte und damit dem anderen, sofern er ihr nicht nachfolgen könne, aus der Bruderschaft hinausweise. Das ist ein sehr merkwürdiger und heute frappierender Kurzschluß. Es geht um das Zeugnis der *Gemeinde!* „Weil dieses Zeugnis ein irdisches Ereignis ist, soll und muß es ein politischer Faktor sein, muß also auf die Welt verändernd wirken, nicht die Welt ins Reich Gottes verwandeln, wohl aber im Glauben an Gottes Reich je und je einen verändernden Einfluß auf die Umwelt der Gemeinde, auf die Bürgergemeinde, ausüben.“[34] Die Christengemeinde ist zwar nicht Modell der Bürgergemeinde — man darf Barths berühmte Schrift nicht in dieser Weise mißdeuten! —, die Christengemeinde ist auch nicht Vorbild der Bürgergemeinde, aber in der Christengemeinde kann mancherlei per analogiam vorgelebt werden, zum Beispiel Rechtsgleichheit, zum Beispiel Bruderschaft. Und von daher können Wirkungen ausgehen. Diese Gemeinde muß freilich mündige Gemeinde sein, *das, was sie grundsätzlich ist.* Die Voraussetzung der Aussagen über das Handeln der Christengemeinde für die Bürgergemeinde ist, daß eben dem einzelnen Gemeindemitglied ernsthaft zugetraut wird, daß es das zu leisten vermag, wozu es im Urteil und Sich-Entscheiden gerade durch die rechte Verkündigung des Wortes Gottes aufgerufen ist. Wir müssen zuallererst jener Geringachtung der Gemeinde den Abschied geben, die sie immer wieder als „unmündig“ behandelt und im Grunde aus der Haltung kirchlicher „Obrigkeit“ heraus auf die Gemeinde überträgt, was lutherische Staatslehre als Begriff des Untertanen entwickelt hat. (Es gibt auch merkwürdigerweise so etwas wie den Begriff des kirchlichen Untertanen auch in unseren Reihen, allem Anschein nach in einem uns unbe-

[34] Gollwitzer, Gemeinde, S. 59.

wußten Zusammenhang mit den parochialen „subditi" des kanonischen Rechtes. Das kanonische Recht redet ja verbis expressis vom „subditus", von dem, der dem „parochus" untertan ist.)

Die zu politischer Mitverantwortung aufgerufene christliche Gemeinde weist so eine Richtung auch für das politische Handeln. Sie stellt nicht Prinzipien auf, das heißt: ihre Entscheidungen in sogenannten Ermessensfragen müssen sich hüten, abstrakte Sätze zu formulieren. Denn die Gemeinde steht gerade auch hier unter dem Gebot ihres lebendigen Herrn allein, also zwischen der Prinzipienlosigkeit ungehemmter politischer Erfolgsberechnung und der Prinzipienhaftigkeit, die das politische Handeln sachfremden Gesetzen, auch einer möglichen christlichen Ideologie unterwirft, wie es zum Beispiel in einem prinzipiellen Pazifismus als Gefahr droht. Damit ist ja immer wieder zugleich auch die Versuchung einer moralischen Selbstrechtfertigung verbunden und vor allem immer wieder die Freiheit des Gewissens verraten.

d) Die *Richtung*, die die Gemeinde für das politische Handeln weist, resultiert nicht aus einer beanspruchten „besseren" Einsicht in das *Wesen* des Staates und in seinen Sinn, auch nicht auf einer sonstigen Staatslehre, die etwa vom göttlichen Ursprung des Staates ausginge. Für all dies gibt ja, wie wir sahen, das Wort Gottes keine Auskunft. Wohl aber kann die vom Glauben erhellte Vernunft vom Worte Gottes, gerade von Röm. 13 her, mit dem Anspruch auf Allgemeinverbindlichkeit doch Aussagen machen, einmal über den Zweck des Staates und damit über Ziel und Grenze des Politischen, und zum anderen — im Rahmen dessen dann — über konkrete Einzelaufgaben und Zwecke des Staates.

Dem Ziel nach ist der Zweck des Staates die relative Ermöglichung und Sicherung menschenwürdigen Lebens auf Erden. Es geht um das „Wohl" des Menschen — nicht die „ratio status", sondern die „ratio hominis" entscheidet das Wohl des Menschen, um dessen Gottgehörigkeit der Christ weiß. Es geht um sein irdisches Wohl, nicht um sein unter Umständen humanistisch oder sozialistisch, dann aber stets doktrinär-moralisch begründetes „Heil". Es geht um das nüchterne Ja zum irdischen Dasein des Geschöpfes Gottes. Und man kann dann nicht mehr so leicht, wie es ein bischöflicher Synodaler auf der Synode der Evangelischen Kirche in Deutschland im März 1954 getan hat, die Atomgefahr christlich mit dem idealistischen Satz abtun, daß das irdische Leben nicht der Güter höchstes sei. — Dieser Zweck des Staates, das Wohl des Menschen, setzt dem Politischen zugleich die Grenze. Dieser Zweck läßt keine staatliche Selbstzwecklichkeit und damit keine totalitäre und anarchistische menschliche Souveränität zu. Es ist vielmehr der Wille Gottes mit seinen Menschen, es ist die Herrschaft Gottes in Christus selbst, die die staatliche Souveränität relativieren. Daher wird es zum christlichen Zeugnis gehören, immer wieder auf diese Relativierung zu verweisen. Und das kann sinnvollerweise nur geschehen durch die positive Mitarbeit an konkreten Entscheidungen zur Verwirklichung der Zwecke des Staates. So sehr eine solche Mitarbeit, eben auch der Gemeinde, „politisch" sein wird, das heißt: die Frage der Erreichbarkeit des Ziels wird bedenken müssen, so sehr muß sie sich vor voreiliger Resignation hüten. Denn ob zum Beispiel eine Relativierung oder Begrenzung einer von Totalitätstendenzen bedrohten Staatsgewalt praktisch wirksam wird, hängt ja nicht davon ab, ob der Staat sie erlaubt, sondern ob die Kirche sie tatsächlich durch möglichst konkrete Verkündigung ausübt. Und das gilt natürlich nicht nur für diesen Fall, sondern auch für eine Reihe anderer Situationen und es ist allgemein bekannt, daß das Schweigen der Kirche — etwa zum Problem des Sozialismus im 19. Jahrhundert oder auch zum Problem des Nazismus im Dritten Reich (längere Zeit jedenfalls!) oder zur Atomgefahr oder zur Frage des Krieges heute — ja ein unbestreitbares Versagen der Kirche in ihrer Verkündigung bedeutet, sofern sie eben damit sich selbst von der Solidarität mit den Nöten dieser Welt dispensiert hat.

e) Positive Mitarbeit an konkreten Entscheidungen zur Verwirklichung der Zwecke des Staates innerhalb *des* Zweckes erfolgt dann im Hantieren mit der jeweils gegebenen staatlichen Wirklichkeit, das heißt also heute: mit der Demokratie, mit dem Problem der Demokratie als dem Versuch, Herrschaft und Freiheit in einer lebendigen Verfassung zu vereinen. Die Frage einer besonderen Affinität von Demokratie und Christentum kann man ruhig beiseite lassen; sie ist viel diskutiert worden, nicht ohne Grund, denn die moderne Demokratie ist gewiß nicht ohne Einwirkung des Christentums — etwa im Freiheitsbegriff, im Begriff des Gewissens usw. —, aber sie ist doch wesentlich am Christentum vorbei entstanden. Die Kirche hat hier heute die Verwirklichung der nie fertigen Demokratie zu unterstützen, weil sie eben den Bereich des Politischen nicht dirigiert, sondern in ihm zu jeweils konkretem Dienst gefordert ist, und insofern ist die Anerkennung des faktisch Gegebenen bei aller Fragwürdigkeit im einzelnen der Ausgangspunkt. Die Unterordnung des Christen soll aber nur (nach Röm. 13,5) „dia ten syneidesin" erfolgen im Gebrauch einer zwar relativen, aber kraft des Glaubens von der Bindung an selbstbezogene Interessen freien Vernünftigkeit. Es wird sich daher die Kirche immer wieder für solche „Vernünftigkeit" bei der Verwirklichung von Demokratie einzusetzen haben, das heißt: sie wird sich gegen jede ideologische Simplifizierung der politischen Sachverhalte wenden im Interesse der von ihr „besser" erkannten Wirklichkeit nicht des Staates, sondern der *Wirklichkeit des Menschen.* Sie wird sich vor allem auch immer wieder gegen die Einhüllung der Politik von Gruppeninteressen in ideologische Auseinandersetzungen zu wenden haben. Jedenfalls bedarf es, damit Demokratie möglich sei, bestimmter moralischer Voraussetzungen, zumal ja Demokratie als Lebensform vor Demokratie als Staatsform steht. Es geht bei alledem um jene Ernüchterung, die das Wohl des Menschen sozusagen gegen seine irdischen „Heils"-Wünsche verteidigt, so sehr sie ihm mannigfach suggeriert werden. Der Christ wird immer wieder auch die Frage zu stellen haben, ob Politik nach „allen Mitteln" greifen dürfe, gerade auch „Politik aus christlicher Verantwortung". Die Christenheit wird aber nicht nur negativ durch Betonung der Grenzen des Politischen — also auf der Linie „Du sollst nicht!" — am Aufbau eines moralischen Klimas der Demokratie sich beteiligen müssen, sondern auch „positiv" für die Entwicklung eines Sinnes für Gerechtigkeit und Billigkeit, für politische Partnerschaftsformen zu sorgen haben, in denen die gleiche Verantwortung aller für die Gemeinschaft Gestalt gewinnen soll. Die gleiche Verantwortung aller für die Gemeinschaft: Das schließt nicht aus, daß in der Wahrnehmung dieser gleichen Verantwortung sich Stufen bilden. Das heißt: Die Christenheit wird in erster Linie sich darum bemühen müssen, daß jenes Zutrauen von Urteilsfähigkeit den Regierten zuteil werde — trotz der tagtäglichen Erfahrung ihrer politischen Urteilslosigkeit —, sie wird sich dafür einsetzen müssen, daß dieses Zutrauen den Regierten zuteil werde, jenes Zutrauen, das die Grundvoraussetzung des staatlichen Zusammenlebens in demokratischen Formen ist. Und hier muß dann die Kirche, wie schon angedeutet, bei sich selbst anfangen und die Entmündigung der Gemeinde durch hierarchisch-institutionelles Denken und die ideologische Verhärtung der Feststellung noch so wenig erreichter Mündigkeit aufgeben müssen. Christliche Verkündigung wird schließlich auf jenen vernünftigen Gebrauch der Freiheit hin arbeiten müssen, der sich in der freiwilligen Zurückstellung der Einzelinteressen gegenüber der Gemeinschaft bewährt. Und sie wird mit dafür zu sorgen haben, daß die mit alledem angerufene Verantwortung des Einzelnen Raum, Räume ihrer Auswirkung erhält. Ein christliches Eintreten für den sogenannten Rechtsstaat kann zum Beispiel nur von daher aus tätiger Mitverantwortung sinnvoll erfolgen und nicht um eines Staatsideals willen. Und eine christliche Stellungnahme für oder gegen den sogenannten Wohlfahrtsstaat wird sozial-utopische Motive ebenso wie die eines individualistischen Freiheitsanspruches gleichermaßen ablehnen müssen und lediglich die Notwendigkeiten und Möglichkeiten der Gestaltung mitmenschlichen Zusammenlebens in der „Massendemokratie" zu erwägen haben. Alles das sind natürlich nur Andeutungen; man darf ihnen gegenüber nicht vorschnell mit dem Urteil kommen, das sei alles ganz gut und schön gesagt, aber das, was wir jetzt eigentlich brauchen, seien Anweisungen im einzelnen, Rezepte und dergleichen mehr, das heißt: man darf jenem immer wieder dem Menschen innewohnenden Drang zur Kasuistik in der Gestaltung seines Verhaltens auch hier nicht nachgeben. Das eine aber soll noch einmal zum Schluß unterstrichen werden: Die Königsherrschaft Christi, die uns in den Dienst ihrer Bezeugung auch in der politischen Welt stellt, verlangt zuallererst die Durchführung der Befreiung aus den Bindungen eines „christlichen", ideologischen und institutionellen Denkens zu freiem, zu wagendem und auch den billigen Vorwurf des „Schwärmertums" dann in Kauf nehmendem Einsatz mannigfacher großer und zumeist kleiner Verantwortung.

Von dieser Fragestellung aus — nach dem Zweck des Staates und nach der handelnden Mitverantwortung des Christen für seine Wahrnehmung hinsichtlich des Zwecks —, von dem ebenfalls an dieser Fragestellung orientierten und entmythisierten Verständnis von Röm. 13 her und vor allem vom neutestamentlichen Zeugnis darüber her, daß auch die staatlichen „Mächte" der Herrschaft Christi unterworfen sind, wird sich das Verständnis des Staates als „Institution" an der Kirche als der Grundkategorie des geordneten Zusammenlebens in Mitmenschlichkeit orientieren müssen. *Primär in ihr* geht es um die geschichtliche Gestaltwerdung der Institution des Bundes, erst *sekundär*, abgeleitet, gilt entsprechendes vom Staat als Institution. Er ist sozusagen in spannungsreichem Zusammenhang *mit* der Kirche „gestiftet", nicht *vor* ihr oder gar *für* sie, auf keinen Fall in sich „göttlich".

Der nicht zu leugnende, auch in allen Formen der Säkularisierung nachwirkende, geschichtliche Anteil des Christentums an den neuen Staatenbildungen post Christum in Byzanz wie im Abendland darf durchaus als Hinweis auf diesen Sachverhalt beurteilt werden.

Den Staat nach Analogie der Kirche im Lichte des Bundes Gottes zu begreifen, ist — auch im Blick auf die biblische Geschichte Israels — zweifellos die sachlich richtigere Einstellung gegenüber der herkömmlichen, die, anthropologisch oder sozialphilosophisch bestimmt, die Kirche nach Analogie des Staates zu begreifen suchte.

Exkurse

a) Probleme herkömmlicher Staatstheologie

Eine Durchführung der Befreiung aus den Bindungen eines „christlichen" ideologischen und institutionellen Denkens als Aufgabe der Bezeugung der Königsherrschaft Christi führt vor die Kritik bisheriger Staatstheologie, deren Hauptgedanken samt den Aporien und Widersprüchen zur Demonstrierung der relativen Mächtigkeit eines gerade hier überkommenen Erbes an drei ausgewählten Beispielen neuerer Staatslehre kurz skizziert werden sollen.

1. Wir setzen ein mit dem, was W. Elert in seinem „Christlichen Ethos" vor allem entwickelt. Elert zeigt bei seiner Betonung der Faktizität des Staates als „exousia" im Sinne der herkömmlichen Berufung auf Röm. 13

— und das ist ein Sonderproblem, dem wir uns noch einmal zuwenden müssen — unstreitig zunächst so etwas wie einen biblischen Ansatz, aber dieser Ansatz wird dann sofort in den Rahmen der sogenannten natürlichen Ordnungen eingefügt, jener Ordnungen, als die Ehe, Volk und Staat erscheinen. Wesensmäßig ist der Staat hier durch Machtbesitz charakterisiert und darüber hinaus noch definiert durch den Begriff des Natürlichen im Sinne von Irdischem. Und nun werden die Spannungen sofort spürbar: Kann zum Beispiel die Ehe im christlichen Verständnis jenes streng monogamischen Verhältnisses, im Lichte von Eph. 5, als „natürliche Ordnung" bezeichnet werden? Und wenn der Staat angesehen wird als „die Form, in der ein Volk als ganzes aktionsfähig wird"[35], wie steht es dann mit der biblischen Begründung für dieses Verständnis des Staates als „natürliche Ordnung"? Oder gar, wenn es dann im einzelnen heißt: Wir sind durch Gottes „gubernatorisches Tun in die gerade uns geltende Staats- und Rechtsordnung eingebunden, damit unser irdisches Leben in einem vernünftigen Sinn- und Sachgefüge verläuft, öffentlich-rechtlich und privatrechtlich?"[36] Die Betonung der Faktizität, der reinen Vorfindlichkeit des Staatlichen in der Geschichte, läßt sich durchaus mit den Gedanken der „Stiftung" zusammendenken. Aber der Stiftungscharakter des Staatlichen wird sofort in Frage gestellt, wenn die sogenannte natürliche Ordnung ins Spiel kommt, wenn es heißt, „gute Ordnung Gottes" sei die Staatsgewalt, „weil sie die natürliche Bedingung des staatlichen Seins und Handelns aller Staatsbürger ist". Es ist evident: dieses „weil" ist an dieser Stelle gerade das Problematische! Und das Bedenkliche eines solchen Ansatzes wird dann an den Konsequenzen deutlich. Elert hat diese im sogenannten „Ansbacher Ratschlag" 1934 gezogen. Da heißt es: „Die natürlichen Ordnungen aber geben uns nicht nur den fordernden Willen Gottes kund; indem sie in ihrer Verbindung unsere gesamte natürliche Existenz begründen, sind sie zugleich die Mittel, durch die Gott unser irdisches Leben schafft und erhält ... als Christen ehren wir mit Dank gegen Gott jede Ordnung, also auch jede Obrigkeit, selbst in der Entstellung, als Werkzeug göttlicher Entfaltung, aber wir unterscheiden auch als Christen gütige und wunderliche Herren, gesunde und entstellte Ordnungen. In dieser Erkenntnis danken wir als glaubende Christen Gott dem Herrn, daß er unserem Volk in seiner Not den Führer als ‚frommen und getreuen Oberherrn' geschenkt hat und in der nationalsozialistischen Staatsordnung ‚gut Regiment', ein Regiment mit ‚Zucht und Ehre' bereiten will. Wir wissen uns daher vor Gott verantwortlich, zu dem Werk des Führers in unserem Beruf und Stand mitzuhelfen."

Diese Konsequenzen sind sehr erhellend, und man möchte heute fast

[35] W. Elert, Das christliche Ethos, 1949, S. 149.

[36] Ebd. S. 147.

die Frage stellen, ob nicht, wenn das wirklich lutherische Lehre ist, sich dann entsprechende Aussagen gegenüber dem derzeitigen Regime in der DDR als notwendig erweisen, und was es bedeutet, wenn man dann gerade in diesem Fall vor solchen Aussagen wieder zurückschreckt. Entscheidung *für den Staat*, „Annahme" des Staatlichen als Stiftung Gottes wird hier zur Hingabe an diese gute Ordnung Gottes sozusagen um jeden Preis! Muß — fragen wir — der Christ so diese gute Ordnung Gottes wollen? Oder muß der Mensch um seines Menschseins willen sich schlechthin für sie entscheiden? Oder erfolgt nicht hier bereits eine heimliche Vergöttlichung des Staatlichen? Eine Vergöttlichung, die den hier wohl anklingenden Gedanken auch einer ethisch geforderten Selbstbehauptung des Menschen gegenüber dem Staatlichen völlig beiseite schiebt! — Jedenfalls führt die Tendenz auf ein Ja dann alsbald auch zu einer breiten spekulativen Ausgestaltung dieses Ansatzes protestantischer Staatslehre in Richtung auf ein Ideal oder wenigstens auf eine das „Ja" befördernde „Legitimierung" des Staatlichen vor dem Glauben. Und diese spekulativen Momente werden nun an den beiden nächsten Beispielen deutlicher.

2. Als zweites Beispiel sei herausgegriffen, was P. Althaus vor allem in seinem „Grundriß der Ethik" (2. Aufl. 1953) entwickelt. Auch hier wird der Staat in der Ethik der Ordnungen abgehandelt. Diese Ordnungen sind Gegenstand der Glaubenserkenntnis und für diese bestimmt 1. als unentbehrliche Mittel unseres Lebens und seiner Erhaltung sowie als Ausdruck des Schöpfungs- und Erhaltungswillens Gottes, 2. aber durch ihr „Anderssein gegenüber der Verfassung des Reiches Gottes", das heißt: durch ihre Weltlichkeit. Und das führt dann zu der uns schon bekannten These von einer „Zwiefältigkeit" des Willens Gottes bis ans Ende der Tage und entsprechend zu einer Zwiefältigkeit im Leben des Christen. So werden Ordnungslehre und Zwei-Reiche-Lehre miteinander verbunden. Dieser Ansatz drängt dann zu der spekulativen Erfassung des Schöpferwillens Gottes. Was spekulative Erfassung hier bedeutet, wird deutlicher als beim Staatsproblem im gleichen Zusammenhang bei Althaus wieder am Problem der Ehe. Es ist ein spekulativer Satz, wenn dann zum Beispiel von der „Pflicht zur Ehe" gesprochen wird, wenn es heißt: „Die Ehe ist das Werkzeug zur Erzeugung neuen Lebens; niemand hat das Recht, sich dem Schöpferwillen Gottes, der uns in der menschlichen Anlage und dem natürlichen Drang zu zeugen fordert, zu versagen. Und die Ehe ist die höchste Aufgabe persönlicher Gemeinschaft — niemand hat das Recht, sich ihr zu entziehen."[37] — Der spekulative Charakter solcher Sätze ist mit Händen zu greifen! Oder wenn vom „Urzeugungs"-Charakter der Volkswerdung die Rede ist: „... daß aus jenen

[37] Althaus, Ethik, S. 122.

natürlichen und geschichtlichen Momenten das eigentümliche ‚Wir-Bewußtsein' entsteht, in dem ein Volk geschichtlich zu leben beginnt, ist ein unabweisbares Ereignis, ein nicht zu erklärendes Geheimnis der ‚Urzeugung'."[38]

Der Staat ist dann hier weiterhin wesentlich durch Machtbesitz gekennzeichnet: Er „ist Rechtsgemeinschaft, ausgerüstet mit der Macht, ihre Ordnung bei allen Gliedern durchzusetzen und nach außen hin zu schützen"[39], was im Lichte des anderen Satzes zu lesen ist: „Der Staat verliert seine Würde als Amt von Gott, wenn er die mit der Verwaltung des Rechtes ihm verliehene Gewalt über Leben und Tod wegwirft." Das heißt: Die Echtheit des Staates entscheidet sich an seiner Stellung zur Todesstrafe. Aber diese wird zugleich problematisch in einer säkularisierten Welt, dort, wo der Staat eben „sein Amt nicht mehr aus Gottes Händen nimmt"[40]. Und vom Volk her — neben den Ausgangspunkten Macht und Recht — definiert ist dann der Staat „die geschichtliche Gestalt, in der ein Volk sein eigenes Leben unter den anderen Völkern behaupten und entfalten kann". Von da aus ergibt sich die zusammenfassende Volldefinition des Staates bei Althaus. Sie lautet: „Der Staat ist das in der Verantwortung für sein geschichtliches Leben als unabhängige Macht rechtlich geeinte Volk." Seine Autorität stammt von Gott, sowohl in seinem „Amt am Recht" wie auch in dem „darüber hinausgehenden Amt am Volk"[41]. Dabei will Althaus das traditionelle Schema von Obrigkeit und Untertan etwas auflockern, nämlich durch das Gegenüber von Herrschaft und Mitverantwortung, wobei die Mitverantwortung auch die Möglichkeit der Kritik einschließen soll.

Das „Ja" des Christen zum Staat als Machtordnung wird abgeleitet von der These von der Einheit des zwiefältigen Willens Gottes. „Die Verkündigung des Evangeliums weckt den ‚sozialen' Geist der Opferbereitschaft, ohne den ein Volk samt seinem Staate nicht bestehen kann."[42] Das ist bekanntlich ein alter Satz christlicher Apologetik! Das „Ja" wird ferner abgeleitet aus dem Gedanken vom Gehorsam und Dienst gegen den Schöpferwillen Gottes. Hier hat das Ethos der Politik im besonderen seinen Ort. Und es bewährt sich vor der Frage nach dem Krieg. Gewiß, der Krieg ist „Not-Krieg", da „die irdische Geschichte unter dem Fluche des Todesgesetzes steht". „Aber der Fluch hat die gnadenvolle Kehrseite, daß man im Kampfe das Leben einsetzen und hingeben darf für anvertrautes Leben. So ist für den Christen die eine und selbe Aufgabe des Kampfes mit der Waffe zugleich äußerstes Gegenteil des Reiches Gottes — und als Berufung zum Sterben-dürfen im Gehorsam und Dienste doch ein Ruf aus eben diesem Reiche, zum Leben aus

[38] Ebd. S. 124.
[39] Ebd. S. 134.
[40] Ebd. S. 136.
[41] Ebd. S. 140.
[42] Ebd. S. 141.

und in seiner Wirklichkeit"[43]. Auch hier wird das spekulative Moment greifbar. Die Entscheidung des Glaubensgehorsams für Annahme und Hingabe dem Staat gegenüber ist offensichtlich *nicht durch das Gebot Gottes,* sondern durch die *Einsicht in die entdeckten Geheimnisse des ordnenden Schöpferwillens* gefordert und geleitet. Und die Frage nach der Herrschaft Christi tritt hier völlig zurück.

3. Und nun das dritte Modell, dasjenige, das heute — und zum Teil sogar auch sozusagen im Raume faktischer Politik — eine gewisse Rolle spielt, nämlich W. Künneths umfangreiches Buch „Politik zwischen Dämon und Gott" (1954).

Künneth wendet sich kritisch gegen den Ansatz bei Schöpfungsordnung und Uroffenbarung, und zwar zugunsten eines heilsgeschichtlichen Aspektes der Ordnungsmächte Gottes. Die Obrigkeit — und das heißt: der Staat — wird geradezu konstitutiv für den Interimszustand bis zur Parusie. Der Staat wird etwa im Sinne jenes problematischen „katechon" von 2.Thess. 2,7 begriffen. Aber die Christusherrschaft werde dann doch in dieser Interimszeit — meint Künneth — durch „Wort und Sakrament" geführt. Insbesondere hat die das Ende aufhaltende „obrigkeitliche Schutzmacht" Bedeutung für den „Vollzug der missionarischen Existenz der Gemeinde in diesem Äon", denn der universale Missionsbefehl sei „nur zu verwirklichen, wenn die äußere Ordnung dieses Interimszustandes bis zur Parusie durch die Obrigkeit garantiert und sichergestellt wird"[44]. Es hängt auch damit zusammen, daß das *Untertansein* die wesentliche, zumindest die erste christliche Aufgabe im politischen Raum ist: „Die Verweigerung einer von der Obrigkeit geforderten Pflicht aus innerweltlichen Überlegungen kann von der Gemeinde nicht gut geheißen werden und wäre Auflehnung gegen Gottes Willen", denn das „Untertansein ist wesensmäßig Ausdruck einer inneren geistigen Haltung und Gesinnung, welche ein volles Ja zu den Obrigkeiten als den Ordnungsmächten Gottes spricht."[45]

Auf diesem Hintergrund der heilsgeschichtlichen Sicht des Staates und der absoluten Verpflichtung zum Untertansein werden dann die *Grundelemente* politischer Gestaltung im einzelnen gezeichnet. „Christlicher Verantwortung im Bereich der Sozialgestaltung geht es" — das ist der Obersatz — „um die Verwirklichung der göttlichen Erhaltungsordnung."[46] Und damit taucht der für Künneth grundlegende Begriff der „Erhaltungsordnung" auf. Dieser Begriff soll die Wahrheitsmomente von Schöpfungsordnung und Naturrecht aufnehmen, aber natürliche Offenbarung, Entchristologisierung und Enteschatologisierung als die Gefah-

---

[43] Ebd. S. 151.
[44] Künneth, Politik, S. 57.
[45] Ebd. S. 54.
[46] W. Künneth, Die persönliche Verantwortung in der Sozialgestaltung, in: Th. Heckel, Probleme des modernen Sozialstaates in lutherischer Sicht, 1955, S. 32.

ren des Begriffes der Schöpfungsordnung abwehren und ebenso die Statik und den autonomen Sachcharakter einer Schöpfungsordnungsontologie. Demgegenüber ist nach der These von Künneth die Erhaltungsordnung offenbarungsbedingt, offenbarungsgebunden, sie hat Botschaftscharakter, sie ist trinitarisch bestimmt. Darüber hinaus zeigt die Erhaltungsordnung auch noch einen „dialektischen" Charakter. Sie darf weder idealisiert noch „schwärmerisch" mit dem Bösen identifiziert werden, sondern „Gottes gute, der Erhaltung dienende Ordnung ist zugleich Stätte der Dämonie. Diese beiden Wirklichkeiten liegen ineinander, sie können nur unterschieden, aber in dem ‚hier und jetzt' der Geschichte nicht getrennt werden". Dennoch dienen die Erhaltungsordnungen „bei aller Entstellung und Pervertierung ... dem Ziele eschatologischer göttlicher Theologie ... Darum bleibt die Erhaltungsordnung Gottes das grundlegende Fundament politisch-ethischer Wirklichkeitsgestaltung"[47]. „Indem wir die ‚Erhaltung' Gottes als die entscheidende Wirklichkeit feststellen, welche das Denken und Handeln in der Welt des Politischen bestimmen muß, sind wir zu dem Angelpunkt einer ‚Politischen Ethik' vorgestoßen."[48] Wer Ohren hat zu hören, merkt, wie hier das Problem gestellt ist! Die Frage nach Weisungen oder gar nach einem Gebot für das politische Verhalten, etwa aus dem Neuen Testament, ist völlig beiseite geschoben; grundlegend ist die Erhaltungsordnung Gottes, die dann in ihrer inneren Struktur als ein Geheimnis des göttlichen Erhaltungswillens vom Theologen begriffen und von ihm für das politische Verhalten der Gemeinde entfaltet werden muß.

Aber sieht man dann näher zu, merkt man, daß Künneths Begriff der Erhaltungsordnung durchaus nicht eindeutig ist, daß eben auch bei ihm zuletzt der spekulative weltanschauliche Charakter jeder Ordnungslehre spürbar wird. Theologisch stehen nach ihm die Erhaltungsordnungen geradezu „stellvertretend" am Platze Gottes. „Gerade im Gegensatz zu aller sachlichen Statik des bloßen ‚Seins' will der Begriff der ‚Erhaltung' deutlich machen, daß diese nicht an sich geschieht und nicht sich durch die Ordnung selbst vollzieht, sondern daß es hier um ein göttliches Gebot, um eine Ermächtigung und Beauftragung Gottes geht, daß für alle ‚Erhaltungsordnung' eben als ‚Anordnung' Gottes nichts anderes als Gottes Autorität maßgebend sein kann. Unter diesem Offenbarungsaspekt tritt die ‚Erhaltungsordnung' an den Platz Gottes gleichsam stellvertretend, so daß demnach in der mit ihr gesetzten Verpflichtung direkt eine Begegnung mit Gott sich vollzieht."[49] Dennoch soll hier kein „autonomer Sachcharakter" der Erhaltungsordnung vorliegen, und daher „gibt es eine verantwortliche Einwirkung des Menschen auf Ordnungsgegebenheit. Insofern kann von einer geradezu ‚personhaften' Bestimmtheit gespro-

[47] Künneth, Politik, S. 145.
[48] Ebd. S. 136.
[49] Ebd. S. 138.

chen werden, da die Ordnung Objekt menschlicher Verantwortung bleibt, eine Aufgabe des bewußten Handelns an ihr darstellt. Die konkrete Änderung der Ordnung kann demgemäß zur ethischen Pflicht werden"[50]. Aber es wird auch zugleich von einem „schicksalhaften Eingefügtsein" in die Erhaltungsordnung gesprochen als in eine „Ordnungsgegebenheit". Im einzelnen bleibt also hier vieles unklar.

Wir haben bisher von der Erhaltungsordnung in der Konzeption Künneths gesprochen. Die „politische Gestalt der Erhaltungsordnung Gottes" ist der *Staat*. In den Ausführungen dieses Satzes zeigt sich dann die vorhin skizzierte Unklarheit besonders deutlich. Der Staat ist wesentlich Macht, und „alle Machtbegründung in der Welt" muß „als Setzung Gottes" verstanden werden[51]. Daher wird von einer „Theonomie des Staates" gesprochen — das ist der Zentralbegriff der Künnethschen Staatslehre. Es ist „eine von Gott gesetzte Institution, ... welche der Erhaltung der gefallenen Schöpfung dient ... In der Anordnung und Gewährung von Macht, die außerhalb Gottes eine Gültigkeit besitzt, vollzieht sich eine Übertragung eines Stückes göttlicher Schöpfermacht auf den Menschen ... Die in der Tat außerordentliche Hoheit und unvergleichliche Würde der Staatsmacht gründet in der Allmacht Gottes". — Auf einen solchen Satz blickte ja gerade die katholische Kirche und, wie man sieht, mit vollem Recht! — „Gerade in der Ableitung irdischer Macht aus Gott begegnet uns die theonome Wirklichkeit des Staates — die Tatsache, daß der Staat unter dem Schöpfer steht. Staatliche Souveränität ist demgemäß nicht eigenmächtig, sondern hat teil an der Souveränität Gottes. Die Machtordnung des Staates aber erhält dann ihren Sinn, wenn sie als ein Niederschlag des ursprünglichen Segenswillens Gottes begriffen wird."[52] Freilich ist zugleich festzuhalten, daß die „Erhaltungsordnung" Staat — auch sie — nicht „ursprünglicher Schöpfungswille", sondern infolge des Falls „zwischen hinein gekommene" Institution ist[53]. Gleichwohl kann es weiter heißen: „Hinter jeder irdischen Macht soll daher die Urerinnerung an die schöpfungsgemäße Anordnung Gottes stehen und sichtbar werden. Gott der Schöpfer vollzieht eine Ursetzung in der kreatürlichen Welt in der Gestalt einer Überordnung und einer Unterordnung und statuiert damit ein ganz bestimmtes Machtverhältnis. Macht wird hier zu einem Mittel des sachgemäßen, d. h. dem Schöpferplan Gottes entsprechenden ‚Aufbauens' und damit zugleich zu dem Ermöglichungsgrund geschöpflicher Existenzentfaltung. Diese ursprüngliche Machtsetzung bedeutet die Setzung einer harmonischen Friedensordnung, welche die Zueinanderordnung der Kreaturen möglich macht. Damit ist auch gegeben, daß diese Machtsetzung Gottes die göttliche Rechtssetzung für die Schöpfungswelt in sich schließt, so daß also im Raum der ‚patriar-

[50] Ebd. S. 143.
[51] Ebd. S. 151 f.
[52] Ebd. S. 152.
[53] Ebd. S. 141.

chalischen' Urordnung des Schöpfers Macht und Recht nicht auseinanderfallen ... Wenn auch die väterliche Machtordnung der paradiesischen Schöpfung in der jetzigen Welt nicht mehr vorfindbar ist, so ist es doch schlechthin entscheidend, in, mit und durch die staatliche Macht in der Geschichtswelt Werk und Willen des Schöpfers zu erkennen."[54] Diese längere Ausführung ist mit Absicht zitiert, weil hier wiederum deutlich wird, wie hoch die Gefahr des Spekulativen ist — man braucht sich ja nur einen Augenblick zu fragen, wo man sozusagen den Schriftbeweis für solche Sätze etwa antreten könnte!

Aber das Bezogensein des Staates auf den „Schöpfer" ist als These nur gültig, meint Künneth, „wenn zugleich ... ein zweites Urteil gefällt wird. Die geschichtliche Staatsordnung, gestaltet in der Welt der Sünde und von Sündern, ist wesensmäßig immer eine uneigentliche, inadäquate Gottesordnung ... bedroht durch Dämonie". Weil die Staatsmacht „nicht nur unter dem Schöpfer, sondern zugleich auch unter der Dämonie steht, ist die Machtsetzung Gottes als eine Notmaßnahme Gottes zur Eindämmung des drohenden Chaos und zur Abwehr des satanischen Angriffs qualifiziert". Macht wandelt sich aus friedlicher Ordnungsfunktion zu verletzender Gewaltanwendung. „So gibt es im Machtbereich des Staates Vergeltung und Strafe, bei deren Vollzug der Erhaltungswille Gottes in bezug auf die Dämonie sich verwirklicht."[55] Und schließlich weist der Staat auch ein christologisches Moment auf. Künneth findet es einmal eingeschlossen im Begriff des Erlösers, sodann gegeben mit der Tatsache, daß der Staat das Kreuz aufgerichtet hat, und drittens mit der Wirkung des Staates eben als „katechon". „Ohne die aufschiebende und bewahrende Staatsmacht gibt es keine Möglichkeit für die Christusbotschaft und für die Annahme der Erlösung. Die Staatsordnung hat daher die latent christologische Aufgabe, Raum zu schaffen für die Auswirkung der Verkündigung der Welterlösung ..."[56]

Diese ausführlichen Zitate sollen die eigentümliche und zuletzt ja gewiß unbefriedigende Gewaltsamkeit und den offenkundigen Eklektizismus einer solchen theologischen Spekulation deutlich machen. Auch hier erübrigt sich eine eingehendere Analyse der offenkundigen Widersprüche und der harten Zumutungen an das Verlangen nach logisch durchsichtigem Aufbau. Man hat zudem den Eindruck, als ob bisher gleichsam abstrakt vom Staat gesprochen worden sei. Konkreter wird das alles dann bei dem von Künneth aufgegriffenen und im Hintergrund gehaltenen traditionellen Begriff der Obrigkeit. „Die Obrigkeit", kann es heißen, „ist Grundelement einer auf dem biblischen Offenbarungszeugnis ruhenden ‚Politischen Ethik'." Sie ist das „Organ" der Macht Gottes und die „geschichtliche Erscheinungsform der staatlichen Autorität", „Hüterin

[54] Ebd. S. 152 f. [55] Ebd. S. 153. [56] Ebd. S. 154.

der Machtordnung". In ihr kommt „das Gottesgesetz der Über- und Unterordnung zur Durchsetzung" als „unaufhebbare Urbeziehungen des menschlichen Zusammenlebens", wie zum Beispiel in den Verhältnissen Vater und Kind, Herr und Knecht, Meister und Lehrling[57]. Weil Obrigkeit von Gott her kommt, sind die Träger ihrer Vollmacht „Stellvertreter, Platzhalter, Beauftragte Gottes". Das heißt: „Das eigentliche Subjekt in ihrem amtlichen Wirken ist und bleibt der dreieinige Gott. Der Schöpfer und der Erlöser in der Gegenwart des Heiligen Geistes erhalten ja durch die Obrigkeit instrumentaliter die Welt."[58] Das Gegenüber von Subjekt und Objekt der Regierung ist für diesen Obrigkeitsbegriff konstitutiv. Der Obrigkeit eignet innerhalb der großen Variabilität ihrer Erscheinungsform die Konstanz des Verhältnisses von Über- und Unterordnung.

Man fühlt sich — das sei als Anmerkung hier dazwischengeschaltet — stark an Melanchthon erinnert, der gelegentlich in einer höchst eigentümlichen Weise den Begriff des Untertanen dazu verwendet, um den Begriff der Obrigkeit theologisch zu legitimieren.

Es entspricht dann einer solchen theologischen Metaphysik des Staates — wenn man das so nennen darf —, daß in ihr auch die Staatsideologie positiv untergebracht werden kann. Vorfindliche Ideologien, die jeweils den formalen „wertneutralen" Rahmen des Staates erfüllen, können in ihren jeweiligen Wahrheitsmomenten (zum Beispiel Erhaltungspflicht bei der Imperiumsidee oder bei der Volksidee), „der tiefsten ‚theologischen' Zweckbestimmung des Staates dienen und eine arteigene Ausprägung der Erhaltungsordnung darstellen"[59]. Die trotz aller Konzessionen im Sinne einer relativen Mitbedingtheit dieser theologischen Staatsauffassung durch „christologische" Momente prinzipiell durchgehaltene Unvereinbarkeit einer Staatstheorie aus der sogenannten Erhaltungsordnung mit einer unmittelbaren Anwendung des Evangeliums auf eine grundsätzliche christliche Stellungnahme zum Staatsproblem, wird schließlich auch noch durch die Kritik an der Barthschen Fragestellung „Rechtfertigung und Recht" deutlich. Sollen auch „‚Gerechtigkeit und Freiheit' im Staat als der Erhaltungsordnung Gottes gemäß dem Gesetz Gottes als oberste Norm nachgebildet werden, so sind doch „‚Gerechtigkeit und Freiheit' im politischen Leben Verwirklichungen der iustitia civilis und haben mit der Gerechtigkeit und Freiheit im Reiche Gottes nichts zu tun". Denn „die Gerechtigkeit des Glaubens und die Freiheit des Evangeliums liegen auf einer völlig anderen Ebene"[60]. Das entspricht ganz genau der heute vertretenen neulutherischen These: „Die Wahrung oder Wiederherstellung von Friede und Ordnung in der Welt gehört

[57] Ebd. S. 156 ff.
[58] Ebd. S. 158 f.
[59] Ebd. S. 188.
[60] Ebd. S. 535.

nicht zur Ausrichtung des Evangeliums." Denn die „eigentliche Ordnung Gottes wird erst bei der Wiederkunft Christi ... offenbar"[61].

Das heißt nun doch im Grunde nichts anderes, als daß die dem Christen durch die Botschaft des Evangeliums offenbarte „eigentliche" Ordnung Gottes völlig ausgeklammert wird zugunsten einer angeblich auch offenbarten, aber auf den Bereich des „Schöpfers" eingeschränkten anderen „Ordnung" Gottes, die allein für diese Welt „gilt". Das spekulative Moment jeder lutherischen Ordnungstheologie mit ihrer latenten Tendenz, die Lehre von den beiden Reichen in der Weise geltend zu machen, daß aus deren behaupteter bloßer „Unterscheidung" im Effekt jedesmal doch für die politische Ethik eine grundlegende Scheidung wird, meldet sich auch hier an. Es scheint zu ihren unvermeidbaren Folgen zu gehören, daß sie den Blick auf die konkrete Wirklichkeit des Staatlichen heute verschleiert. Und so ist es durchaus nicht von ungefähr, daß bei Künneth so maßgebliche Momente des heutigen Staatsproblems wie etwa die Gewaltentrennung oder die Verfassungsbindung der Regierung gar nicht berührt werden. Seine theologische Metaphysik des Staatlichen kann bestenfalls den von ihr her kaum abzuweisenden Tendenzen eines modernen „Polizeistaates" so etwas wie eine „moraltheologische" Stütze bieten und ignoriert auch dabei die soziale Wirklichkeit, auf die die Staatsgewalt immer bezogen ist. Der Streik zum Beispiel erscheint als „Gewaltmaßnahme" mit dem Charakter des „Terroraktes", die „Massenorganisation" erscheint nur als reife Frucht des Massenmenschtums, das heißt: Sie wird von vornherein moralisch disqualifiziert, statt daß sie als Versuch beurteilt wird, irgendwie Ordnung zu gewinnen.

Diesen Fakten der modernen Staatlichkeit gegenüber wird *der* Staat geradezu verklärt. „Um des Amtes willen muß es Vorrangstellungen und Titel, Ordensschmuck und Uniformen, repräsentative Gebäude und Beflaggung geben. Auch Paraden sind zu allen Zeiten typische Kennzeichen der Darstellung der ‚Macht und der Ehre' eines Staates gewesen. In ihnen spiegelt sich nicht nur der historische Ruhm wider, sondern sie sind Ausdruck der Existenzehre, welche die auf Macht begründete Staatsordnung verkörpert."[62] Das ist durchaus ernsthaft gemeint und zeigt an einer etwas skurrilen Konsequenz — es gibt noch eine breitere Anmerkung über den Parademarsch —, wie eine Staatsmetaphysik, wenn sie sich irgendwie dann praktikabel gestalten möchte, auslaufen muß.

Die theologische Staatsmetaphysik in der neueren lutherischen Ethik ist in der Absicht, ihre „Traditionslast" an diesen drei Beispielen deutlich zu machen, ausführlicher (und im Blick auf den häufigen Vorwurf der Mißdeutung auch in weithin wörtlichen Zitaten) skizziert worden. Die verschiedenen Gestaltungen lassen allesamt die Grenzen einer theologi-

[61] E. Wilkens in: Die Botschaft, Hannover, 3. 12. 1950.
[62] Künneth, Politik, S. 358.

schen Staatslehre sowohl gegenüber dem Evangelium wie gegenüber der vorfindlichen heutigen Wirklichkeit deutlicher erkennen als die Möglichkeiten. Und das bestätigt und unterstreicht nun, daß die vorgeführten jüngsten Versuche einer lutherischen Staatsethik keine unmittelbare positive Bedeutung für die sachliche Bewältigung des Problems des Staates von heute haben, so sehr sie aktuelle Ansprüche erheben. Aber dieser Mangel an wirklicher Bedeutung für die sachliche Bewältigung des Problems hindert nicht daran, andere Versuche, vor allem die sogenannte „christologische" Staatsbegründung als „Harmlosigkeit" oder gar als Häresie — meist ohne nähere Prüfung — abzulehnen. Oder man begnügt sich mit formal unbestreitbaren, aber in der Anwendung dann doch nichtssagenden, weil wirklich ins Leere stoßenden Feststellungen, etwa: „Die politische Ordnung ist nicht unmittelbar aus der Herrschaft Jesu Christi abzuleiten", oder: „Lösungen politischer Fragen können nicht unmittelbar aus dem Worte Gottes abgelesen werden." Man wird im Rückblick auf jene theologischen Bemühungen (vor allem auch um die sogenannte „biblische Lehre von den zwei Reichen") sich ernsthaft fragen müssen, ob sie allesamt im Grundansatz und das heißt bei ihrer dem Neuen Testament völlig fremden Fragestellung nach Wesen und Stiftung des Staates verfehlt sind oder — anders gewendet — ob nicht hier illegitimerweise jene Reste einer für die katholische „philosophia perennis" bezeichnenden Ontologie des Staates — Staat als „societas perfecta" — durchgeschleppt werden, für die man sich dann angeblich reformatorisch immer wieder und jedenfalls dort, wo es einem paßt (und das heißt: mit starken Vorbehalten etwa einst gegenüber der Weimarer Republik oder heute gegenüber der DDR), auf Röm. 13 beruft.

b) Die Lehre von den zwei Reichen

Die „Lehre von den zwei Reichen" markiert ebenso wie die auch gängig gewordene Formel von „Gesetz und Evangelium" Fragen, die eigentlich erst in der neueren Diskussion aktuell geworden sind. Wenn man die älteren Ethiken durchsieht, wird man nicht viel und zumeist nur etwas Enttäuschendes zu dem Thema dieser beiden Punkte finden, während umgekehrt heute ja diese Formel von den beiden Reichen oder die Formel von Gesetz und Evangelium und beide Formeln sozusagen verstanden vielfach als Aussage desselben in aller Munde sind. Es gibt heute in der Tat eine gewisse Selbstverständlichkeit der Rede von den zwei Reichen, verbunden auch mit einer im allgemeinen sozial-ethischen Beanspruchung. Wir werden zum Schluß noch sehen, daß bei Luther selbst — und darin ist in der Luther-Forschung wenn nicht ein Consensus, so doch ein gewisses Übereinkommen schon erzielt — die Rede von den beiden Reichen nicht eigentlich ein sozialethisches Thema meint. Aber wie dem immer sei: Heute wird, verbunden mit einer sozial-ethischen Beanspruchung, sehr selbstverständlich von den zwei Reichen geredet.

1. In der Mitte dieses Redens steht die Vorstellung von dem Christen in der Welt als dem Bürger zweier Reiche, der sich dennoch nicht zu sehr auf die Welt einlassen dürfte. Und damit rückt zugleich auch das hier auftauchende sozial-ethische Problem im wesentlichen unter den Aspekt der politischen Verantwortung. Insofern gehört das alles in den vorliegenden Zusammenhang hinein.

Das Beispiel nun für diese Auffassung bietet eine Kundgebung der Bischofskonferenz der Vereinigten Evangelisch-Lutherischen Kirche Deutschlands über die politische Verantwortung der Kirche vom 12. 3. 1952: „Die Bischofskonferenz bezeugt ... mit den lutherischen Bekenntnisschriften die biblische Lehre von den zwei Reichen." Damit ist eine These aufgestellt: „Biblische Lehre von den zwei Reichen." Ihr biblischer Charakter wird eigentlich nur durch bestimmte Schriftzitate dargetan (Mt. 6,33; Joh. 18,36; Röm. 13,1; Lk. 1,51; Mt. 5,13), aber eine eingehende Begründung für die Behauptung des biblischen Charakters dieser Lehre wird nicht erbracht! Es heißt vielmehr alsbald: „Damit die frohe Botschaft von dem allein in Jesus Christus geschenkten Heil durch nichts verdunkelt wird, unterscheidet unsere Kirche in ihren Bekenntnisschriften zwischen dem geistlichen und dem weltlichen Regiment Gottes. Im geistlichen Regiment vermittelt Gott durch die Predigt des Evangeliums und die Darreichung der Sakramente das ewige Heil ..., im weltlichen Regiment erhält Gott in dieser der Sünde verfallenen und vom Chaos bedrohten Welt eine äußere irdische Ordnung aufrecht ... beide Regimente sind also göttliche Stiftungen und haben ihre Würde aus Gottes Wort. Aber sie sollen nach dem Willen Gottes verschiedenen Zwecken dienen. Darum darf das weltliche Regiment nicht in das Amt der Kirche greifen, indem es ihren Dienst für weltliche Zwecke einzuspannen versucht. Umgekehrt darf das geistliche Regiment keine Befugnisse beanspruchen, die nach Gottes Willen allein dem weltlichen Regiment zustehen. Wo der von Gott gesetzte Unterschied zwischen Kirche und Staat mißachtet wird, entstehen immer, wie die Kirchengeschichte zeigt, die Zerrbilder der Vergewaltigung der Kirche durch den Staat (Caesaropapismus, politischer Totalitarismus) oder die Bevormundung des Staates durch die Kirche (Theokratie, Klerikalismus)."[63] — So wird diese Lehre zunächst entwickelt, und sie geht sozusagen jedermann glatt ein, ohne daß man die dahinterstehenden Probleme und auch damit zugleich die Fragwürdigkeiten solcher Aussage wahrnimmt. Es wird dann weiter entwickelt, die beiden Regimente dürften nicht auseinandergerissen werden, „weil eins dem andern zugeordnet" sei. Zwar regiere Gott

[63] Anordnungen und Kundgebungen der VELKD nach dem Stand vom 31. 12. 1953, 1954, S. 129—136.

im weltlichen Regiment auf andere Weise als im geistlichen, aber „mit seiner vor Anarchie und Chaos bewahrenden Kraft steht es (sc. das weltliche Regiment) im Dienste der göttlichen Geduld. „So dient das weltliche Regiment, ob es das weiß oder nicht, schließlich doch den Zielen des Heilsplanes Gottes. Der Glaube sieht den geheimen Sinn auch allen äußeren Weltgeschehens im Reiche Jesu Christi und in seiner Zukunft." Im Zusammenhang damit lehnt man die These von der Eigengesetzlichkeit der Kulturgebiete als angeblich „lutherische" Meinung ab — zweifellos ein Fortschritt! Vielmehr ruft die Bischofskonferenz „gerade auf Grund der Lehre von den zwei Reichen alle dazu auf, obrigkeitliches Amt, weltlichen Beruf und Stand als göttlichen Auftrag anzuerkennen und sie in Verantwortung vor Gott im Gehorsam gegen seine Gebote wahrzunehmen". „Jeder Christ ist von Gott in die Ordnungen beider Reiche gestellt und muß sich in den daraus erwachsenden Spannungen bewähren." Die Kirche aber habe die Aufgabe, „die Gebote Gottes im Blick auf die Gestaltung des irdischen Lebens immer neu" auszulegen. Das bedeutet freilich „nicht, daß die Kirche in die weltliche Ordnung durch Einzelanweisung eingreifen und das Gewissen der Christen daran binden soll. Wohl aber geben Gottes Gebote grundlegende Richtlinien und weisen vor allem die Schranken für das konkrete Handeln in der Welt deutlich auf". Und damit werden die Dinge ausgesprochen, die wir ja von woandersher in ähnlicher Weise uns schon gesagt haben. „Vor allem ruft die Kirche den einzelnen Christen mit Nachdruck zum Dienst im öffentlichen Leben. Ihm in erster Linie verhilft sie durch die Verkündigung des geoffenbarten Willens Gottes zur Einsicht in den Ursprung und das Wesen der weltlichen Ordnung und zur rechten Beurteilung der im öffentlichen Leben wirksamen Kräfte." — Gerade das in den letzten Sätzen Gesagte aber war uns, wir erinnern uns, problematisch geworden! — Das also ist etwa die durchschnittliche Anschauung von den zwei Reichen im heutigen deutschen Luthertum. Diese Anschauung gibt sich immer wieder als eine „Lehre" von den zwei Reichen. Die historisch-theologische Forschung, die teils im Hintergrund dieser Auffassung steht, teils neben ihr herläuft, ist freilich durchaus nicht so einheitlich!

Gegenwärtig bewegt sie sich in dem Hin und Her zwischen Institutionalisierung (Reich) und Funktionalisierung (Regiment) dieser Vorstellung von den beiden Reichen, zwischen ihrer Trennung und ihrer Zuordnung, in einer im allgemeinen nicht ganz klaren Weise; oder, um es einmal pointiert zuzuspitzen: diese Lehre von den beiden Reichen ist zu einer Art Geheimwissenschaft geworden. Dabei wird im allgemeinen die Lehre von den zwei Reichen im Blick auf eine — wie man sagt — lutherische Staatsbegründung oder auf die allgemeinen Fragen der politischen Ethik behandelt. Das entspricht ihrer durchschnittlichen praktischen Anwendung teils zur Begründung der Mitbeteiligung der Kirche am politischen Leben, teils aber auch als Vorwand, sich im Bedarfsfall geforderten politischen Entscheidungen der Kirche wieder entziehen zu können.

Gegenüber der beherrschenden Tendenz auf Institutionalisierung und auch gegenüber dem Bestreben der Funktionalisierung der Vorstellung von den beiden Reichen ist nun durch die Forschungsarbeit vor allem von J. Heckel in seiner Studie „Lex charitas" (1953) im Anschluß zugleich auch an gewisse gleichlautende Arbeiten anderer die personhafte Fassung des Dualismus der beiden Reiche betont worden — für Luther jedenfalls. Und zugleich ist die Vorstellung von den zwei Reichen im besonderen auch unter der Frage nach ihrer Bedeutung für das evangelische Kirchenrecht hier erstmals aufgegriffen worden. Man kann diese Stellungnahme zur Lehre von den zwei Reichen zunächst etwa auf die Formel bringen: Personhafte Fassung des Dualismus im lebendigen Geschehen der Selbstdurchsetzung der Herrschaft Christi und im Geschehen ihrer Bekundung in der Kirche vor der Welt.

Dieser Frage nach den zwei Reichen, deren gegenwärtigen Stand ich zunächst angedeutet habe, ist nun im wesentlichen mit dem Ersten Weltkrieg erneut lebendig geworden. Damals diente diese Neuentdeckung — um es so zu sagen — der theologischen Legitimierung des deutschen Kriegseinsatzes[64]. Den nächsten Schritt bringt dann der Nationalsozialismus. Unter seinem Einfluß hat man vor allem in lutherischen Kreisen die Lehre von den zwei Reichen aufs engste mit der These von dem sogenannten Volksnomos in Zusammenhang gebracht und aus ihr die Mitte der Predigt des Gesetzes gestaltet. In diesem Sinne hat zum Beispiel der „Ansbacher Ratschlag" von 1934 auch die Lehre von den beiden Reichen etwa gegen die „Barmer Thesen" auszuspielen versucht. Die Gegenposition ist im wesentlichen durch K. Barths Schrift „Evangelium und Gesetz" (1935) und eben durch die „Barmer Theologische Erklärung" bezeichnet. Und die auf dieser Seite stehenden Theologen haben dann ebenfalls — und zwar im Rahmen des Problems der politischen Predigt — die Lehre von den zwei Reichen aufzugreifen versucht und erstmals genauer nach ihrer Rolle bei Luther selbst gefragt. Die Fragestellung ist also auf dieser Seite erfolgt — auf der Seite der „Barmer Thesen". Und so setzt in der Tat die eigentliche Forschung zu diesem Problem ein mit der Schrift von Harald Diem „Luthers Lehre von den zwei Reichen, untersucht von seinem Verständnis der Bergpredigt aus. Ein Beitrag zum Problem: Gesetz und Evangelium" (1938).

2. Schlägt man einmal die lutherischen Ethiken vor dem Ersten Weltkrieg nach, so wird man mit einem gewissen Erstaunen beobachten können, daß die Lehre von den zwei Reichen kaum eine Rolle spielt. Man hat sie im großen und ganzen als Lehre von den Schöpfungsordnungen

---

64 Vgl. W. Walther, Deutschlands Schwert durch Luther geweiht, 1915.

zu interpretieren gesucht, zum Teil auch kritisch beurteilt, oder man hat sie dem Weltzweck Gottes, das heißt: der Herbeiführung des Reiches Gottes eingeordnet.

a) Das Durchschnittsbild kann man ablesen bei E. Luthardt sowohl in seiner Studie zur Ethik Luthers (1867) wie auch vor allem in seinem Kompendium der theologischen Ethik. Da fragte man im allgemeinen nach dem Verhältnis der geistlichen Natur des Evangeliums zur göttlichen Ordnung des irdischen Berufs. Mit der Betonung von beidem — geistliche Natur des Evangeliums, göttliche Ordnung des irdischen Berufs — habe die Reformation ein positives Verhältnis des Reiches Gottes zum „Weltreich" gesetzt. Die Ausgestaltung sei dann in der dogmatischen Lehre von den „tres status hierarchici" erfolgt. Wenn diese „status" zugleich als Stände „in der Kirche" gefaßt werden — was ja Luther selbst tut — und „ihnen dadurch eine zu einseitige Beziehung auf die Kirche gegeben wird" — wie Luthardt meint —, so soll damit doch nur „das lutherische Ideal eines gegenseitigen Bundes- und Dienstverhältnisses als der richtigen Ordnung des öffentlichen Lebens zum Ausdruck gebracht werden"[65]. Diese „Harmonie", für die man sich insbesondere dann auf Melanchthon beruft, wehrt — so meint Luthardt — sowohl mystisch weltabgewandter Innerlichkeit wie auch falschem Moralismus bzw. humanitärem Kulturprotestantismus, wie er sich etwa bei A. Ritschl zeige. Einer römischen oder schwärmerischen Vermengung gegenüber habe die Reformation eben durch ihre scharfe Sonderung von Gesetz und Evangelium, von Weltreich und geistlichem Reich den Staat „auf sein selbständiges Fundament gesetzt"[66]. Das weltliche Regiment werde vom Evangelium zwar bestätigt, aber nicht erst begründet und berechtigt. Und dann wird weiter behauptet, neben der Lehre von der Rechtfertigung sei nun diejenige von der Unterschiedenheit der beiden Gebiete, Gottesreich und Weltreich, die zweitwichtigste Lehre Luthers. Die Bergpredigt gelte „der Person und ihrer Gesinnung", nicht irgendwie äußerer Lebensordnung; Person und äußerer Beruf oder Amt seien zu unterscheiden, für die Person gehe es „um das innere Verhältnis zu Gott", für das Amt „um das Verhältnis zum natürlichen Weltleben ... jenes gehört dem Erlösungsgebiet, dieses dem Schöpfungsgebiet an. Dieses aber hat seinen Ursprung *vor* jenem, also auch seine Berechtigung unabhängig von jenem"[67]. Die Ordnungen dieses Gebietes seien kraft Schöpferwillens Gottes „in dem betreffenden natürlichen Lebensgebiet selbst begründet und durch die Vernunft ... daraus zu erheben". Nun — das Charakteristische dieser Auffassung, die ja in sehr allgemeiner Fassung bereits eine Schöpfungsordnungstheologie entwickelt, ist die Ten-

[65] Luthardt, Kompendium, S. 85.
[66] Ebd. S. 318 f.
[67] E. Luthardt, Geschichte der christlichen Ethik II, 1893, S. 27.

denz auf Harmonisierung der beiden Reiche, auf Einheitlichkeit des Handelns des Christenmenschen, der aber gleichwohl Bürger zweier Reiche bleibe; und die Unterscheidung von Person und Amt, von Innerlichkeit und Beruf soll eben dann die Einheitlichkeit des Handelns im einzelnen ermöglichen. Das ist so etwa das Durchschnittsbild, in dem der Gedanke von den beiden Reichen gewiß eine Rolle spielt, aber noch weit davon entfernt ist, zu einer Lehre für sich entwickelt worden zu sein.

b) Ganz anders wird — um ein zweites Modell zu nennen — durch W. Elert in seiner Ethik die Lehre von den zwei Reichen spekulativ und geschichtsphilosophisch auf dem Boden der These vom doppelten Wort Gottes entworfen. Dieser uns schon bekannten These von den zwei Gottesworten, Gesetz und Evangelium, entspricht die Vorstellung von zwei Gottesreichen, die zugleich als zwei Geschichtsmächte gefaßt werden. Die neutestamentliche Aussage über die zwei Äonen wird dabei hier erstmals mit der Lehre von den zwei Reichen verbunden. Das ist durchaus nicht selbstverständlich, und wer sich etwas näher exegetisch mit der neutestamentlichen Aussage von den beiden Äonen beschäftigt, wird sehr bald merken, daß hier schwierige Probleme auftauchen. Anstelle der Institutionalisierung und Harmonisierung der beiden Reiche tritt bei Elert jetzt die Funktionalisierung, verbunden mit einer Trennung. Die beiden Äonen sind Herrschaftsbereiche. Der zukünftige ist Herrschaftsbereich Gottes, das Reich des Christus triumphalis, das Reich der Freiheit. Und ihm steht gegenüber das Reich des Teufels, des Herrn dieses Äon. „Indessen der mit dem jetzigen Äon identische Kosmos ist doch nicht nur Herrschaftsbereich des Teufels"; er ist „auch Herrschaftsbereich Gottes", und zwar a) kreatorisch und b) gubernatorisch, sofern nämlich Gott „die Macht des Bösen weltgeschichtlich begrenzt", und c) auch legislatorisch, indem Gott „durch sein Gesetz die Menschen verpflichtet, sich ebenfalls innerhalb des jetzigen Äons dem Bösen zu widersetzen"[68]. In ihm wirkt das Gesetz als Vergeltungsgesetz. Es handelt sich also um zwei Gottesreiche, die sich verhalten wie Gesetz und Evangelium, wie Gewalt und Gnade, wie Vergeltung und Vergebung. Beide sind dem Bösen entgegengesetzt. Das Böse greift beide aber in verschiedener Weise an. „Die beiden Gottesreiche haben jedoch auch in Gott selbst ihre innere Einheit, der in beiden und durch beide seine Herrschaft ausübt." Das ist gesagt wohl gegen die katholische Trennung von „civitas terrena" und „civitas Dei", bei der in beiden ja das Gesetz legitim ist. Es ist aber auch gesagt gegen A. Ritschl, für den Reich Gottes Inbegriff aller sittlichen Zwecke, Endzweck Christi wie der Weltregierung Gottes ist, die Welt also nur als Gegenstand unseres sittlichen Gestaltungswillens gesehen wird und für den das allein geltende Motiv der in Liebe frei tätige Glaube ist. Viel-

---

[68] W. Elert, Das christliche Ethos, 1949, S. 381.

mehr ist diese Welt — meint Elert — Geltungsbereich des göttlichen Vergeltungsgesetzes, das als lebenerhaltend und doch dem Tode überliefernd dem Christen bedrängend begegne.

Das ist eine höchst eigenwillige Auffassung, bei der vor allem auch die Frage der Anwendung des Neuen Testaments auf das Problem der beiden Reiche in Schwierigkeiten führt. Beide Reiche geraten sozusagen im Christen selbst in Kollision, und die Kollision der beiden Reiche im Christen drängt dann dazu, im Liebesmotiv die innere Einheit des Verhaltens zu suchen. „Finden kann er sie darin allerdings nur, wenn es ihm gelingt, die gesetzlich vorgeschriebene Liebe in der jedes Gesetz sprengenden christlichen Bruderliebe untergehen zu lassen." Sozusagen im „objektiven Ethos" — ein für Elert sehr wichtiger Begriff — lassen sich gesetzlich geordnete Welt und christliche Bruderschaft nicht zur Deckung bringen, weil sie wesentlich unterschieden sind, nicht nur als Ordnungen, sondern auch als geschichtliche Mächte. Dagegen wird im subjektiven Ethos durch die Forderung der Liebe eine Vereinigung anzustreben sein.

Ich habe diese beiden Beispiele, Luthardt und Elert, herausgegriffen, denn sie sollen zunächst nur verdeutlichen, in wie verschiedener Weise in maßgeblichen lutherischen Ethiken diese sogenannte Lehre von den zwei Reichen aufgegriffen und entfaltet wird. Man wird sogar sagen können, daß der Unterschied des Umgangs mit ihr in der Zeit vor und in der Zeit nach dem Ersten Weltkrieg offenkundig ist. Und wir haben hier ein sehr schönes Musterbeispiel dafür vor Augen, wie ganz bestimmte Theologumena in der Gestalt theologischer Lehre entwickelt werden aus dem drängenden Bedürfnis heraus, gewisse Aussagen über das hier und heute richtige christliche Verhalten zu gewinnen. Luthardts Auffassung repräsentiert in der Tat im Durchschnitt die lutherische Ansicht der Zeit vor 1914, während der Elertsche schon einen besonderen und charakteristischen Entwurf in der Reihe der mannigfachen Entwürfe, die nach 1933 auftauchten, darstellt.

So hat zum Beispiel der dänische lutherische Ethiker N. H. Søe in seiner „Christlichen Ethik", diesem sehr handlichen Lehrbuch, wiederum die Lehre von den zwei Reichen genannt, er hat sie aber, ganz ähnlich wie Luthardt, eigentlich nicht thematisch behandelt. Er begnügt sich mit einer Skizze der Entwicklung von Luther an. Luther habe keine Spannung empfunden zwischen dem Gehorsam gegenüber dem natürlich erkannten und dem geoffenbarten Gotteswillen, er habe daher die beiden Gehorsamsverhältnisse nicht auf zwei Bereiche des Christenlebens verteilt; allerdings habe er einen Dualismus doch nicht vermeiden können: Die Auffassung von den beiden Regimenten sei ihm hindernd in den Weg getreten. Und dann habe sich im Laufe der Entwicklung des Luthertums der Dualismus verstärkt: „So wurde der Christ Bürger zweier Welten." Und auf dieser Linie stehe dann auch Naumanns bekannte Konzeption der Gegenüberstellung der Eigengesetzlichkeit der sozialen Tatbestände zum christlichen Privatleben. Die Lutherrenaissance habe, meint Søe, in einer Modifikation dieser Auffassung der einseitigen Betonung der forensischen „iustificatio sola fide" zufolge das *ganze* Leben schließlich dem Bereich der „iustitia civilis" überlassen. Die seelischen Kräfte, durch die Gnade entbunden, seien hier freigemacht für das Wirken der Nächstenliebe im natürlichen Leben. Demgegenüber wendet Søe selbst sich gegen eine Zerlegung des christlichen Lebens in zwei Bereiche: das *ganze* Leben gehöre nicht primär in den Bereich der „iustitia civilis", sondern das ganze Leben gehöre unter Gottes in Christus geoffenbarten Willen[69].

3. Es hat nun die neuere, auf Luther gerichtete Forschung zur Lehre von den zwei Reichen eigentlich — wie schon erwähnt — erst begonnen mit einer sehr beachtenswerten Studie von Harald Diem, „Luthers Lehre von den zwei Reichen" (1938). Harald Diem setzt hier sachgemäß ein — einmal kritisch, bei dem Gespräch über die lutherische Staatslehre seit dem Ersten Weltkrieg und bei ihren Verwirrungen, sodann bei dem vorgeordneten Problem Gesetz und Evangelium und den Anfragen K. Barths an seine lutherische Fassung und schließlich drittens bei der Bergpredigtauslegung Luthers, aus der Luther selbst anerkanntermaßen die Unterscheidung — die Unterscheidung! — der beiden Reiche, auch von Person und Amt, gewonnen hat. Das Ziel dieser lutherischen Auslegung der Bergrede ist die christliche Unterweisung der Gewissen. Diese Unterrichtung gilt nach Luther dem Christenmenschen als „externus homo" unter dem Gesetz in den drei Ständen, dem Christenmenschen, der eben in seinem mit dem Glauben identischen „guten Gewissen" ständig angefochten ist vom Gesetz und vom alten Menschen. Das Leben in dieser Anfechtung ist der Vollzug der Einübung der Taufe. Und darum darf die Unterscheidung von Gesetz und Evangelium nicht zur Trennung werden. Das Wort Gottes dient der Unterweisung der Gewissen sowohl gegenüber einer falschen Vermischung von Gesetz und Evangelium im Legalismus oder im Spiritualismus als auch gegenüber falscher Trennung. Und daher erfolgt bei Luther die Unterscheidung der beiden Reiche stets im Zusammenhang antirömischer bzw. antischwärmerischer Polemik. Die Vermischung beider Reiche, mag sie von der Kirche oder mag sie vom Staat ausgehen, ist für Luther ein Werk des Teufels, wobei Übergriffe der Fürsten als Rückschlag auf die geistliche Tyrannei des Papsttums verstanden werden. Das unterschiedene Beieinander der zwei Reiche wehrt so der religiösen Verklärung des Staates auf der einen Seite und der Auflösung der Kirche in eine „civitas Platonica" auf der anderen Seite. Beide Reiche aber werden am jüngsten Tag dem „regnum gloriae" weichen.

[69] Vgl. Søe, Ethik, S. 167.

Harald Diem hat in seiner Schrift keine eigentliche Lehre von den beiden Reichen bei Luther entfaltet, sondern er hat die einschlägigen Gedanken in den Zusammenhang der theologischen Gewissensberatung eingeordnet und damit an den Ort gestellt, an dem sie bei Luther selbst zu stehen kommen. Zur kritischen Prüfung der exegetischen Ansätze Luthers an diesem Punkt kann man jetzt noch ein weiteres Werk heranziehen: W. von Loewenich, „Luther als Ausleger der Synoptiker" (1954). Auch von Loewenich macht klar, daß Luther mit seiner Lehre von den zwei Reichen versucht habe, „die neutestamentliche Eschatologie für eine völlig veränderte Situation fruchtbar zu machen"[70]. — Noch deutlicher äußert sich auf derselben Linie eine Untersuchung von H. Bornkamm (1958). Bornkamm stellt hier — wieder im Blick auf Luther — fest, die Zwei-Reiche-Lehre sei kein sozialethisches Programm — wie es ja für die moderne Fassung gilt —, sondern „die unerläßliche Ortsbestimmung, die der Christ immer wieder für seinen Stand und sein Tun in der Welt vorzunehmen hat. Sie ermöglicht es ihm, dem Gebote Jesu mitten in den vom Ende gezeichneten, aber noch von Gott erhaltenen Ordnungen dieses Daseins zu leben"[71].

Die Forschungsarbeit ist so nach 1945 wieder aufgenommen worden. Hermann Diem hat eine dahingehende Preisfrage der Kanzlei der EKD in seinem Schriftchen „Luthers Predigt in den zwei Reichen" (1947)[72] zu beantworten versucht. Er findet bei Luther überhaupt keine „Lehre" von, sondern nur eine Predigt in den zwei Reichen. Dabei sei die Vorstellung von den beiden Reichen in der Anwendung auf die Reformationszeit — meint Diem — schriftgemäß gewesen, „weil sie in der damaligen Christenheit (nämlich unter dem Aspekt des corpus christianum) das Herrsein Christi über beide Reiche in der Verkündigung des ganzen Christus der Schrift in dem einen Wort der Verkündigung zugleich in Gesetz und Evangelium predigen ließ". Dagegen sei die Anwendung der Zwei-Reiche-Lehre oder — wir müssen hier vorsichtig sagen: — des Gedankens von den zwei Reichen auf die politische Situation des 20. Jahrhunderts nicht schriftgemäß, weil diese Predigt „nach der Auflösung jener Christenheit (in der Idee des corpus christianum) sachlich unmöglich wird und darum auch praktisch nicht mehr ausgeübt wurde". Die Vorordnung etwa des Gesetzes vor das Evangelium würde heute die echte politische Predigt unmöglich machen, zugleich aber auch die Evangeliumspredigt überhaupt verderben. Es ist ja bekannt, daß gerade hier an dieser Stelle der sehr kritische Punkt des Problems der politischen Predigt heute liegt. — Wie man nun immer dazu stehen mag: Das Ergebnis der Schrift von H. Diem ist eine sehr kräftige Warnung davor, die Lehre von den

70 Ebd. S. 233 ff.
71 H. Bornkamm, in: Archiv für Reformationsgeschichte 1958.
72 ThExh NF 6, 1947.

zwei Reichen in einer voreiligen Weise zu dogmatisieren. Und ebenso warnen auch die kritischen Beobachtungen W. von Loewenichs davor, diese Lehre ähnlich voreilig als „biblisch" zu bezeichnen. — Soviel zunächst zur Forschung in bezug auf Luther.

4. Aber die Forschung ist ja weithin auch so etwas wie angewandte Forschung geworden, das heißt: die Diskussion der Sachfrage unter dem Blick auf mögliche Aktualisierung der Ergebnisse ist inzwischen weitergegangen; und so hat sich auch hier die schon eingangs notierte Spannung bemerkbar gemacht zwischen Institutionalisierung und Funktionalisierung. Als Beispiel für die Institutionalisierung nenne ich die Studie von F. Lau: „Luthers Lehre von den beiden Reichen" (1953). (Ich greife ja überhaupt aus der sehr reichen Literatur nur die charakteristischen Dinge heraus!) Als ein Beispiel für die Funktionalisierung werden wir dann in entsprechender Weise die sehr viel größere Arbeit des Schweden Törnvall noch berücksichtigen.

a) Gegenüber der These von H. Diem, daß Luther keine Lehre von den beiden Reichen entwickelt habe, sondern nur eine Predigt in den zwei Reichen kenne, weist Lau darauf hin, daß sich bei Luther jedenfalls doch Reflexionen über diese Predigt in den zwei Reichen fänden, also wohl doch so etwas wie Lehre. Diese Lehre möchte Lau wesentlich aus dem Ockhamismus ableiten, nämlich aus dem ockhamistischen Nebeneinander von Offenbarungswirklichkeit und Weltwirklichkeit[73]. Lau gibt zu: Der Terminus von den beiden Reichen stamme „gewiß nicht aus der heiligen Schrift"[74] und er meint auch feststellen zu können, den Hintergrund bildeten Augustins zwei „civitates" und dazu die Zwei-Schwerter-Theorie des Mittelalters. Lau hebt zunächst hervor, daß der Christ unter doppelter Herrschaft und doppeltem Gebot stehe: Göttliches Regiment und kaiserliches Regiment stehen einander gegenüber. Und daraus folgt nun für Lau — und das ist höchst charakteristisch für den Weg der Institutionalisierung! — folgender Satz: „Das heißt doch praktisch, daß der Christ, sofern er unter dem Kaiser steht, nicht auf Christi Gebot zu hören hat"[75]. Ein solcher Satz ist ja überaus aufschlußreich für die Konsequenzen! — Allerdings meint Lau, dieser Gegensatz sei kein absoluter, und die Formel für die doppelte Existenz des Christen wird dann wieder, wie es schon herkömmlich war, bei ihm gefunden in der Unterscheidung von Amt und Person. Da aber der Christ eigentlich immer im Amt steht, ist das Personenhandeln kaum ein Handeln. Und daraus folgt

[73] Es ist ja höchst charakteristisch, daß man sich immer wieder bemüht, bei diesem rätselhaften Stück der Zwei-Reiche-Lehre sozusagen dogmengeschichtliche Hintergründe zu ertasten — entweder greift man zurück auf Augustins Schema von der „civitas terrena" und der „civitas Dei" oder, wie etwa bei Lau, auf die ockhamistische Trennung von Offenbarungs- und Weltwirklichkeit.

[74] Lau, Lehre, S. 26.

[75] Ebd. S. 28.

der nächste Satz: „Das Christusgebot betrifft nur die Sphäre der Innerlichkeit."[76] Im geistlichen Reich sind alle gleich; es ist das Reich des Wortes, bestimmt durch die Wirklichkeit des Wortes. Im weltlichen Reich hingegen gibt es Über- und Unterordnung; es ist das Reich des Schwertes, rein irdisch. Und der Christ ist mithin „Bürger zweier Welten", und zwar mit der gleichen Unbedingtheit, weil Gott in beiden Reichen gebietet. Beide Reiche haben jedoch eine verschiedene Nähe zu Gott: Das weltliche Reich ist auch „regnum Dei", und zwar als „ordinatio divina", als „Schöpfungsordnung" des stets schaffenden Gottes; in ihm repräsentieren die Übergeordneten Gott. Aber es sei falsch, mit Törnvall Gottes weltliches Regiment als Offenbarung anzusehen. Die Offenbarung gehört allein zum geistlichen Reich: hier offenbart sich Gott. In dem Naturgesetz des weltlichen Reiches hingegen hält er sich verborgen; auch im Volksnomos, dessen Interpretation dann freilich auch zur Verleugnung Gottes führen könne.

Beide Reiche aber sind nicht nur in Gott verbunden, sondern auch in Hinsicht auf die Sünde. Sie sind beide im Hinblick auf sie gestiftet; das geistliche Reich sei insofern „Sündenordnung", als in ihm Sündenvergebung „vorgeht". Für das weltliche Reich ist ja der alte Gedanke — Abwehr des Chaos — die Verbindung zur Sünde. Beide Reiche sind dann aber auch Reiche der göttlichen Liebe. Liebe ist dabei zu begreifen als Erfüllung des Gesetzes, nicht des Evangeliums. Das Liebesgebot komme überein mit der Vernunft, mit der „lex naturae". Und beide Reiche stehen schließlich in wechselseitiger Beziehung: Das weltliche Reich dient dem Predigtamt „und damit dem Werden und Wachsen des Gottesreichs", wie es hier ausdrücklich heißt[77]; das geistliche Reich hingegen stützt das weltliche Reich durch seine Predigt. In allen diesen Zusammenhängen der Gemeinsamkeit und der Wechselbeziehung macht sich der eschatologische Aspekt auf die beiden Reiche geltend. Ihrer Verklammerung im Gottesgedanken entspricht daher insbesondere diejenige in der innerweltlichen „vita christiana" als einer „vita exinanitionis", als eines Lebens also der Selbstverleugnung oder, mit einem Satz von Lau: „Das regnum Christi ist in dieser Welt nicht Herrschaft, sondern Gehorsamwerden."[78]

Bei Luther — meint er — sei die Verbindung der beiden Reiche zu wechselseitigem Dienst in dem Drei-Hierarchien-Schema erfolgt, aber das sei „ein geschichtlich zufälliger Vorgang". Heute, nach dem Nationalsozialismus, sei dieses Schema „endgültig erledigt". Und was zuletzt die Schriftgemäßheit der Zwei-Reiche-Lehre anbelangt, so habe Luthers Lehre durchaus biblischen Grund. Das heißt aber noch nicht, daß sie „als ganze und in ihrer Durchführung im einzelnen schriftgemäß sein muß".

---

[76] Ebd. S. 31. [77] Ebd. S. 53. [78] Ebd. S. 59.

Das ist mit diesen Worten von Lau selbst zugegeben[79]. Den biblischen Grund aber könne man finden sowohl im Ansatz der Bergrede als auch — zum Teil wenigstens — in der einschlägigen Terminologie. Hier aber sei die lutherische Kirche zur Wachsamkeit gerufen, weil eben die Zwei-Reiche-Lehre von staatlichen Machthabern in Anspruch genommen werde. Christokratische Theorien seien als unbiblisch abzuweisen. — Das Gesamtergebnis dieser Studie ist, wenn man näher zusieht, etwas mager. Bei Luthers Zwei-Reiche-Lehre zu bleiben bedeute — so meint Lau — praktisch, auch heute in den weltlichen Ordnungen Gottes Ordnung zu sehen. Die kritische Funktion der Kirche gegenüber der Welt dürfe nicht herrschaftlich, sondern müsse als Dienst wahrgenommen werden.

b) Und nun für die Funktionalisierung noch — allerdings stark verkürzt — das Wesentliche aus der umfangreichen Studie von G. Törnvall: „Geistliches und weltliches Regiment bei Luther" (1940; dt. 1947). Es wird schon deutlich: Lau redet vom „Reich", Törnvall von „Regiment"; „Reich" — Institutionalisierung, „Regiment" — Funktionalisierung! — Bei Törnvall wird die Lehre von den beiden Reichen unter dem Titel eben der „Regimente" in einer sehr eigentümlichen Weise funktionalisiert. Die Zwei-Reiche-Lehre sei, so meint er, weder eine Abwandlung der „corpus christianum"-Idee — wie bei Sohm und Rieker etwa — noch eine Variation des mittelalterlichen Verhältnisses von „spiritualia" und „temporalia" — wie es R. Seeberg angesehen hat —, noch handele es sich bei ihr um das Verhältnis von Religion und Sittlichkeit — wie Holl die Dinge betrachtete — und schließlich auch nicht um einen sozialethischen Ansatz — wie etwa E. Troeltsch meint. Sondern die Zwei-Reiche-Lehre sei vielmehr wesentlich zusammenfassende Aussage über die Welt als göttliche Schöpfung: 1. hinsichtlich der Konkretisierung der Gegenwart Gottes, 2. hinsichtlich der Unterordnung von allem unter Gottes Schöpfermajestät, und zwar in der Weltschau des Glaubens, das heißt also: unter dem Wort des Evangeliums, und 3. hinsichtlich des durch das Böse als gegengöttliche Macht herbeigeführten Mißbrauchs der beiden Regimente. Aber dieser Mißbrauch der beiden Regimente ist eben wesentlich eine religiöse Kategorie: Wendung gegen die Herrschaft des Wortes Gottes.

Gott lenkt die Welt durch das geistliche Reich als „Hörreich" des Wortes, das die Menschen fromm macht, und durch das weltliche Reich als Reich der Ordnungen und Stände mit der Schwertgewalt, das die äußere Ordnung erhält. Beide Reiche sind die konstitutiven Voraussetzungen für das konkrete Gottesverhältnis; sie sind nicht eigentlich — das war etwa bei Schleiermacher sehr charakteristisch — Mittel im Dienst der Gesellschaftsordnung. Daher steht die Schöpfung als solche — eben

---

[79] Ebd. S. 91.

als Ausdruck der Güte Gottes — Gott näher als dem Menschen. Aber über ihr, über der Schöpfung, steht das geistliche Reich, steht auch die Kirche. Denn das durch diese Ordnungen, aber auch durch die Schöpfung vermittelte Gottesverhältnis ist eben ein „audire", ein Hören, das den Menschen von sich selbst frei macht. Die rangmäßige Vorordnung des geistlichen Regiments als des speziellen Hörreiches ist ja von da aus selbstverständlich. Gott ist als Christus auch *in* den weltlichen Ordnungen, und darum repräsentieren die weltlichen Ordnungen den Schöpfer gegenüber dem Geschaffenen. Um das zu erkennen, kommt es freilich darauf an, Christus bzw. das Wort von den Ordnungen selbst zu unterscheiden. Und von da aus ist bei Törnvall wieder in einer gewissen Konsequenz das Evangelium dem Gesetz übergeordnet. Denn das geistliche Regiment ist auf der Linie von unten nach oben Grenzbestimmung für das religiös-ethische Streben des Menschen. Dieses geistliche Reich ist als Hörreich sichtbar und unsichtbar, Macht und Schwachheit, absolute Gerechtigkeit und Sünde, nicht spirituell, sondern in Verbindung mit der geschaffenen Welt; es ist geistlich, sofern es nicht mit Macht, mit Gesetz, mit „ratio" zu tun habe. Das weltliche Reich hingegen ist ohne solche Spannung göttliche Anordnung, aber nie ein göttliches Reich wie das geistliche Regiment, irdisch vielmehr, leiblich, menschlich. Im geistlichen Reich herrscht Christus allein, im weltlichen Regiment ist der Mensch Mitarbeiter Gottes. Sein tragender Grund ist das Gesetz, daher ist es nicht statische „creatura" oder Ordnung, sondern „mandatum divinum" im Gesetz, göttlicher Auftrag im Gesetz. Denn Gebieten heißt ja Schaffen, und infolgedessen ist alles, was hier unter den Nenner des Gebietens fällt, zugleich in Bewegung. „Gott läßt durch den Menschen als cooperator Dei seine göttliche Liebe in den geschaffenen Ordnungen Gestalt annehmen, die als ein Kleid seines Wesens zu betrachten sind."[80] Und in diesem Sinne müssen Gesetz und weltliches Regiment unter dem Aspekt der Schöpfung gehalten werden, das heißt: sie dürfen nicht irgendwie in die Erlösung hineingerückt werden. Nur dann, wenn sie streng unter dem Aspekt der Schöpfung bleiben, bleiben sie Ausdruck der Güte Gottes; im anderen Fall würden sie lediglich zum Mittel für Güte degradiert. Das heißt also: Es entfällt hier bei Törnvall der bei anderen Lutheranern vorkommende Gedanke, daß auch das weltliche Reich dem Heraufkommen des Reiches Gottes diene. Es ist also nicht möglich, den Staat etwa als eine Institution im Dienst des Reiches Gottes zu verstehen, wie es K. Holl getan hat. Gerade weil hier die Betrachtung der irdischen Ordnung als Mittel geleugnet wird, ist nicht das Unitätsprinzip zwischen den Regimenten entscheidend, sondern die Scheidung bzw. Unterscheidung ihrer Eigenart und ihrer gegenseitigen Dienstleistung. Als „Dienst

[80] Törnvall, Regiment, S. 60.

gegen die göttliche Oberkeit“ muß das geistliche Regiment auf alle Gemeinschaftsordnungen angewandt werden, und zwar als Ausgestaltung der Gottesbeziehung zur Hörbereitschaft. Dieser etwas rätselhafte Satz besagt ganz schlicht, daß die Predigt des Evangeliums auch in alle weltlichen Bereiche hineingreift, um hier Hörer des Wortes zu wecken. Das weltliche Regiment hingegen ist das von Gott verliehene Recht, in dieser irdischen Gemeinschaft mit Geboten und Befehlen zu regieren. Im weltlichen Regiment ist der Mensch Diener an Gottes Oberhoheit und übt zugleich Herrschaft in den geschaffenen Ordnungen kraft überlassener Macht. Das geistliche Regiment hingegen ist von Gott behaltene Macht, ist Gottes eigenes Reich, „Gott der Schöpfer selbst in Gestalt des Regiments“ — aber nicht spiritualistisch, sondern im Rahmen der Schöpfung, in gegliederter, aber nicht institutionell abgegrenzter Ordnung. Zwischen diesen beiden Ordnungen bestehe — meint Törnvall — keine Konkurrenz, sondern sie verhalten sich zueinander wie das „opus proprium“ und das „opus alienum Dei“ — das geistliche Regiment als Gottes eigentliches, das weltliche Regiment als Gottes fremdes Werk.

Törnvall hat noch eine Fülle anderer Beobachtungen zusammengestellt, die hier alle übergangen werden müssen. Mir geht es nur darum, daß spürbar wird, wie hier bei Törnvall eine sehr starke Funktionalisierung der lutherischen Zwei-Reiche-Lehre versucht wird. Ihr gegenüber macht sich dann jene, etwa durch Lau repräsentierte, Institutionalisierung bemerkbar, aber zugleich auch eine Neufassung der Begriffe von Reich und Regiment in diesem Lehrzusammenhang, zuletzt durch die sorgfältigen Untersuchungen von Joh. Heckel.

5. Heckel hat in seiner Schrift „Lex charitatis“ (1953) seine Untersuchungen vorgelegt und hat sich etwas später in der Schrift „Im Irrgarten der Zwei-Reiche-Lehre“[82] mit seinen Kritikern auseinandergesetzt. Das sind zwei Stücke zum Thema, an denen man nicht gut vorbeikommt. So gehe ich zum Schluß noch kurz auf eine Kritik an Joh. Heckel und auf seine Stellungnahme dazu ein. Man hat im allgemeinen Joh. Heckel vorgeworfen, daß er Luthers Lehre zum Teil augustinisch verzeichnet habe, sofern er zu stark das Schema von „civitas terrena“, ja, „civitas diaboli“ einerseits und „civitas Dei“ andererseits geltend gemacht habe. Das hat vor allem P. Althaus getan in einem Aufsatz über „Luthers Lehre von den beiden Reichen“[81]. Althaus hat sich ziemlich eng an Lau angeschlossen und hat im Grunde die herkömmliche Auffassung der Regimenten-Lehre wieder geltend gemacht. Diese Auffassung ist bei ihm hineingestellt in die Grundfrage nach Recht und Pflicht des Christen, im weltlichen Regiment mitzuwirken. Die Regimenten-Lehre ist also aufge-

[81] Luther-Jahrbuch 1957, S. 42, Anm. 3.
[82] ThExh NF 55, 1957.

faßt als Problem der „christlichen Welt“, und die Grundthese ist nach wie vor, daß der Christ ein Bürger zweier Reiche sei, das heißt: dem weltlichen Regiment sind Christen und Nicht-Christen unterworfen, und zwar im gleichen soziologischen Status, ohne Rücksicht auf ihren geistlichen Status. Das weltliche Regiment dient der Erhaltung des irdischen Lebens in ihm, und hier sei das Recht stets mit der Macht verbunden. Dabei gehören die Über- und Unterordnungsverhältnisse im weltlichen Regiment notwendig zu seiner Struktur — sie sind nicht etwa durch die Sünde bedingt. Das geistliche Regiment hingegen ist die Hilfe für das ewige Leben; in ihm herrsche der Hl. Geist. Jedes der beiden Reiche wird als ein „corpus mysticum“ begriffen. Und demgegenüber hat nun Joh. Heckel in der Schrift „Im Irrgarten der Zwei-Reiche-Lehre“ noch einmal seine Auffassung zu verdeutlichen versucht. Heckel geht bei seiner Luther-Interpretation aus von dem Begriff des „regnum Christi“ mit seiner „lex spiritualis“. Dieses „regnum Christi“ ist ein „corpus mysticum“, bestimmt 1. durch die Königswürde Christi, 2. dadurch, daß sein Regiment als lebensspendender „influxus capitis“ verstanden wird, und 3. durch das zugeordnete Königsvolk. Diesem „regnum Christi“ stehe gegenüber das „regnum mundi“, das Weltreich, ebenfalls als „corpus mysticum“ mit den ihm eigenen Strukturen. In beiden Fällen ist bisher vom „Reich im Grundsinne“ gesprochen.

Aber nun kann das Wort „regnum“ — und das ist für Heckel wichtig — bei Luther auch noch etwas anderes bedeuten: Nicht nur Reich im Sinne von Bereich (Christusreich und Weltreich — Christusbereich und Weltbereich), sondern „regnum“ kann bei Luther auch bedeuten Machtstellung, Machtausübung, die Gesamtheit der Gewaltunterworfenen, kurz: das Regiment. Und in diesem Sinn nun kann und muß vom „regnum Christi“ gesprochen werden als von der Herrschaft Christi über sein Volk und über seine Feinde. — Es wird deutlich: Wir nähern uns jetzt der eigentlichen Problematik von weltlichem und geistlichem Regiment Gottes! Das ist „regnum“ im Sinne dieses Regimentes. — Diese Herrschaft Christi über sein Volk und über seine Feinde wird ausgeübt durch das Wort — das Wort, das auf der einen Seite „spiritualiter“ die Gemeinde wirkt und so das „regnum Christi“ als Bereich zunächst in der Gestalt von Kirche in der Welt heraufführt. Aber dasselbe Wort wirkt auch „carnaliter“, indem es nämlich den Ungläubigen verstockt und so das „regnum diaboli“, das Reich der „Welt“ im spezifischem Sinne abgrenzt. Ein neuer und beachtlicher Gedanke! Die Unterscheidung von „geistlich“ und „weltlich“ ist also hergestellt sozusagen jeweils durch den „Adressaten des göttlichen Regiments“. Es ist dies bedingt durch den geistlichen Status der Untergebenen des Regiments hier und dort. Und gerade damit wird nun der für Luther in der Tat charakteristische personhafte Grundzug der Regimentenlehre deutlich. Man erinnere sich an das, was wir über Harald Diems Studie berichteten: Unterweisung des Gewissens, personenhafter Bezug der Zwei-Regimenten-Lehre. Das „Reich der Welt" im strengen Sinne ist das Volk der Ungläubigen, regiert durch „das Reich der Welt, als weltliches Regiment". Entsprechendes gilt umgekehrt vom Reiche Christi.

Damit wird ein sehr eigentümlicher Satz Luthers aus seiner Auslegung zum 1.Petrusbrief deutlich; der Satz lautet: „Also sind nu zweyerley regiment auf der wellt, wie auch zweyerley leut sind, nemlich glewbige und unglewbige."[83] — Daraus ergeben sich Folgerungen. Die wichtigste ist die, daß der Christ als Christ aus dem weltlichen Regiment „ausgezogen" ist. Er ist *nicht* Bürger zweier Regimente, sondern er ist Bürger des geistlichen Regimentes und dies *ausschließlich*. Er hat, um es mit dem Neuen Testament zu formulieren, sein „politeuma" im Himmel. Aber: Er ist zugleich noch dem weltlichen Regiment unterstellt. Oder anders ausgedrückt: Als Bürger des Himmelsreiches lebt der Christ noch freiwillig im irdischen Dasein. Das wird von Heckel sehr stark unterstrichen, weil es ihm vor allem um die scharfe Trennung des mittelalterlichen „corpus christianum" geht, jene Idee des „corpus christianum", innerhalb dessen Kirche und Staat miteinander ja eigentümlich vermischt waren. Die Feststellung dieser Trennung ist für *Heckel* das entscheidende an der Lutherschen Zwei-Reiche-Lehre. Und diese Feststellung ermöglicht dann auch, nach dem Reiche Christi (in der Welt) so zu fragen, daß gleichsam auch nach der „lex spiritualis" des „regnum Christi" gefragt wird, oder anders gesagt: daß hier der rechtstheologische Ansatzpunkt für die Entfaltung eines evangelischen Kirchenrechtes in Sicht kommt. Ob man nun diese Betonung der Trennung als eine „augustinische" Verschärfung des Dualismus wird beurteilen müssen, ist fraglich. Denn Luthers Interesse an dieser Trennung läßt sich nicht leugnen und erhellt ganz besonders daraus, daß er umgekehrt das Papsttum immer wieder als eine teuflische, ja, als *die* teuflische Vermischung von geistlich und weltlich beurteilt — eine Vermischung, die für Luther zurückgeht auf das „regnum mundi", das die beiden Regimente in falscher Vermischung durcheinandermengt, indem es ihre organisatorischen Grundprinzipien vermischt. Und das führt dann zum Mißbrauch des „Amtes" im Bereich jedes der beiden Regimente, das führt dann auch zu einer verfehlten Auffassung der Kirche als „corpus permixtum".

Wichtig ist an dieser Heckelschen Auffassung der zwei Regimente, daß hier erstmals deutlich und in einem starken Abweichen von einer mehr „politischen" Interpretation der Zwei-Regimenten-Lehre danach gefragt wird, was denn diese Lehre für das Verständnis der Kirche ge-

[83] WA 12, S. 330, 30.

rade auch im Rechtssinne austrage. Daß Luther bei der Entwicklung seiner Gedanken auch darauf und wahrscheinlich in erster Linie darauf geblickt hat, dürfte dem Befund an den Texten selbst durchaus entsprechen. Man kann eben Luthers Lehre von den zwei Regimenten nicht verstehen, ohne Blick auf seine immer wieder neu vorgetragene Abwehr der „greulichen Vermischung" der Regimente im Papsttum und der dadurch herbeigeführten Knechtung der Gewissen. Man halte sich diesen Gedanken als einen der wichtigsten zum Verständnis dieser etwas schwierigen Lehre fest. Luther entwickelt in der Tat seine Zwei-Regimenten-Lehre im Blick auf das Papsttum. Hier ist geistlich und weltlich durcheinandergemengt, hier werden durch das weltliche Element, nämlich durch die Kirchengebote, die Gewissen geknechtet. Darum ist die Zwei-Reiche-Lehre für Luther ein wichtiges Stück in der Unterweisung der Gewissen zur Freiheit. Es hat eben diese Lehre von den zwei Regimenten — oder sagen wir besser bei Luther: die Ausführungen über die zwei Regimente — bei ihm die Aufgabe, den Christenmenschen, der als Bürger des Reiches Christi noch dem weltlichen Regiment unterstellt ist, echt als Christen im weltlichen Regiment zu sichern, das heißt: auf der einen Seite frei zu machen von jener greulichen päpstlichen Vermischung, auf der anderen Seite frei zu geben und für ein echt weltliches Handeln in dem weltlichen Regiment. Das ist nämlich die Konsequenz nach der anderen Seite; und Luthers Tendenz der Trennung läuft nicht darauf hinaus, sozusagen Staat und Kirche säuberlich voneinander zu distanzieren, den Christen im politischen Amt zu distanzieren von dem Christen im gottesdienstlichen Handeln, sondern diese Trennung läuft darauf hinaus, den Christen zu einem echten innerweltlichen Handeln zu befreien. Gerade weil er als Christ *nicht* Bürger zweier Reiche ist, sondern ausschließlich dem Reiche Christi angehört, ist er nunmehr in der Lage — darauf hat auch Törnvall hingewiesen —, „Mitarbeiter" seines Herrn und Königs in dem Dienst des Handelns Christi gegenüber und an der Welt, der Schöpfung, zu sein, hier, im innerweltlichen Bereich, mitverantwortlich dem Gebot Gottes gehorsam zu sein.

6. Es sind mit diesen Erinnerungen gewiß nicht die Geheimnisse der Zwei-Reiche-Lehre sozusagen mit einem Schlage erhellend gelüftet worden. Es ist aber vielleicht deutlich geworden, daß eben die Lehre von den beiden Reichen heute keineswegs so unbesehen und so, fast möchte ich sagen: geschickt hantiert werden darf — etwa gar unter dem Anspruch des „Fundamentes der lutherischen Ethik", wie das allgemein geschieht. Dies deutlich zu machen, das ist es, worauf es mir bei diesem Exkurs besonders ankam.

Wir haben die Zwei-Reiche-Lehre eben als Problem neuerer theologischer und sozialethischer Überlegungen nach dem Stand der gegenwärtigen Diskussion skizziert und dabei die beiden Grundtendenzen, Institutionalisierung und Funktionalisierung sowie gewisse Ansätze bei Luther herausgehoben. Und wir haben zugleich festgestellt, daß die Zwei-Reiche-Lehre bei Luther selbst jedenfalls nicht als ein sozial-ethisches Programm bzw. als das Fundament lutherischer Ethik erscheint. Vielmehr wird die Zwei-Reiche-Lehre bei Luther verhandelt a) zum Zweck der Unterweisung der Gewissen zur Freiheit — und hier vor allem dann im Gegenüber zur gewissensknechtenden Vermischung von Geistlichem und Weltlichem im Papsttum und in gewisser Weise auch im Schwärmertum. Sie wird verhandelt b) im Rahmen der Frage nach der wahren Gestalt der Kirche gegenüber der drohenden Verfälschung ihres Dienstcharakters zum Herrschaftsanspruch. Insofern ist der Ansatz der Zwei-Reiche-Lehre bei Luther auch für die Grundlagenfrage evangelischen Kirchenrechts von nicht unerheblicher Bedeutung. Mit Hilfe dieser Erwägungen soll gegenüber jener eigentümlichen Verrechtlichung und zugleich Verweltlichung der Kirche im römischen Denken der Versuch gemacht werden, die Gestalt der Kirche eben von der genannten Gefahr des herrschaftlichen Anspruches freizuhalten. — Und die Zwei-Reiche-Lehre wird bei Luther c) verhandelt im Rahmen der Frage nach der Freiheit des Christen zur Weltlichkeit der Welt gegenüber — wiederum — einer drohenden Verdunkelung, einer drohenden Verschiebung des Dienstcharakters zur Klerikalisierung der Welt.

Es ist aber nicht so, daß etwa das weltliche Regiment des „Schwertes" bei Luther gegenüber dem geistlichen des „Wortes" lediglich durch den Sündenfall bedingt sei, sondern sozusagen durch den Menschen selbst. An einer bemerkenswerten Stelle[84] sagt Luther: „Ergo cum conditae sint Politiae et Oeconomiae, cum leges et artes divina ordinatione cum homine concreatae sint." Sofern nämlich die Politien und die Oekonomien, Staat und Wirtschaft, gegründet sind, Gesetze und Künste — „artes" ist der Bereich eines „schöpferischen" Handelns des Menschen — kraft der göttlichen Ordination gegründet sind, sind sie mit dem Menschen zusammen geschaffen. Und von daher ist das weltliche Regiment zuletzt doch auch eine „sanctitas generalis", wie Luther sagt, das heißt: es steht ebenfalls unter der Gnade Gottes. Und der Sinn der Unterscheidung der beiden Regimente oder auch der beiden Reiche ist eben die Sicherung der Einheit Gottes in Schöpfung und Erlösung, und zwar gegenüber der beständigen Bedrohtheit der Güte der Schöpfung durch den Menschen. Luther fährt an jener Stelle fort: „natura fere his abutitur in eo, quod dicit; Ego faciam ..." Die Natur macht davon Mißbrauch, darin daß sie erklärt, ich will es tun; „ego gubernabo et perducam ista dona in hunc finem", von da aus strebe ich *mein* Vergnügen an, *meinen* Ruhm, *meinen* Frieden usw. „Hac praesumptione Deus summe offenditur" — Gott

[84] WA 40 III, S. 223.

gibt dieser Anmaßung keinen Erfolg, und das mit Recht. Es handelt sich also um eine Bedrohtheit, gerade auch der, wie wir jetzt sehen, Schöpfungsgabe des weltlichen Regiments, es handelt sich um eine Bedrohtheit durch den Menschen im besonderen. Luther konnte an einer anderen Stelle[85] sagen: „In demonibus manserint naturalia integra, in hominibus corrupta": Bei den Dämonen blieben die natürlichen Gaben unversehrt, bei dem Menschen verderbt. Dieser Satz ist ja nichts anderes als eine Parallele zu dem schon einmal erwähnten Satz Luthers über die Sünde: ... sed originale per hominem unum".

Damit können wir diesen Punkt, der ein Exkurs zu dem Abschnitt „Staat als Institution" war, abschließen und uns noch einem weiteren zuwenden.

c) Das Problem von Römer 13

Bei all den genannten Entwürfen zur neulutherischen Staatstheologie steht Röm. 13 im Hinter- und z. T. auch im Vordergrund und spielt eine nicht unerhebliche Rolle. Aber auch hier zeigt sich[86] eine eigentümliche Traditionslast — eine Traditionslast, die über die Reformationszeit zurückgreift. Denn die Reformationszeit hat keine eigene, keine spezifisch „reformatorische" Auslegung von Röm. 13 hervorgebracht, jedenfalls nicht im lutherischen Bereich. Sie war hier ausgesprochenermaßen traditionsgebunden — man kann sehr deutlich beobachten, wie Luther schon in seiner Vorlesung über den Römerbrief sich zwischen zwei überkommenen Auslegungen für eine von beiden entscheidet und sie übernimmt. Und damit wurde auch Röm. 13 im Sinne dieser scholastischen Tradition sozusagen ontologisch interpretiert, und auch jene neueren, in den Anfang der dreißiger Jahre fallenden heftigen Auseinandersetzungen um die „exousiai" von Röm. 13 als Engelmächte weichen davon ja nicht prinzipiell ab. Eine Zusammenstellung dieser Auseinandersetzungen um die „exousiai"-Engel-Theorie kann man sich bequem vorführen lassen von O. Cullmann, nämlich in seinem Büchlein „Der Staat im Neuen Testament" (1956).

Es ist charakteristisch, daß eine genauere Einordnung der Stelle Röm. 13,1—7 in den paränetischen Gesamtzusammenhang der Kap. 12 und 13 kaum über allgemeine Feststellungen hinaus versucht wird, und daß man diesen Zusammenhang gerade zugunsten der Staatslehre unterbricht! In dem Römerbriefkommentar von P. Althaus heißt es charakteristisch: „Nicht mehr wie bisher im Stile der Ermahnung, sondern in Form eines allgemein gültigen Grundsatzes stellt Paulus voran das Gebot der gehorsamen Unterordnung unter die Obrigkeit: Jedermann soll sich unterord-

---

[85] WA 40 I, S. 293.

[86] Vgl. auch E. Käsemann, Exegetische Versuche und Besinnungen II, ³1970, S. 204 ff.

nen, also auch die Christen. Die Gehorsamspflicht wird religiös begründet"[87]. Man hat sogar gefragt, ob an dieser Stelle bei Paulus sich nicht so etwas wie eine Auseinandersetzung mit staatsfeindlichen Stimmungen einer schwärmerischen Gruppe in Rom finde; und man hat schließlich mit einem gewissen Pathos konstatiert, „niemand zuvor hat die sittliche Bedeutung und Würde des Staates so erkannt und ausgesprochen wie Paulus, auch die großen griechischen Philosophen nicht" — so wieder Althaus in seiner Auslegung. Und in dem jüngsten Kommentar von O. Michel heißt es ein wenig aenigmatisch zu dieser Stelle: „Die eschatologische Überwindung des Bösen durch das Kreuz Jesu bestätigt die schöpfungsmäßige Setzung der Staatsgewalt" — ich muß bekennen, daß ich diesen Satz bis heute nicht verstanden habe. Aber er ist insofern charakteristisch, als er ja ganz deutlich zeigt — und das müssen wir hier heraushören —, wie intensiv die Bindungen einer bestimmten Interpretation von Röm. 13 bis in die exegetische Arbeit von heute hineinreichen.

All diesen in herkömmlicher Isolierung und Belastung von Röm. 13, 1—7 erfolgten Auslegungen gegenüber ist es nun aber auf der anderen Seite im höchsten Maße wahrscheinlich, daß Paulus hier an dieser Stelle keine tiefsinnigen Aussagen über das *Wesen* des Staates macht noch machen will, sondern daß er hier im paränetischen Zusammenhang eine Weisung für das Verhalten des Christen im Bereich vorgefundener faktischer staatlicher Wirklichkeit seiner Zeit und noch dazu in der üblichen politisch-technischen Terminologie gibt. Das zeigt — worauf Strobel in einer Abhandlung zum Verständnis von Röm. 13[88] hingewiesen hat — bereits das Vokabular des ganzen Abschnittes. Man hat sehr viel in einzelne Ausdrücke hineingeheimnist. Aber „phoros" und „telos" sind Fachausdrücke für direkte und indirekte Steuer; „leitourgos" ist einer, der im Dienste eines Amtes steht, das dem Gemeinwesen dient"[89]; die Belobigung, das Lob, das hier in Aussicht gestellt wird, taucht als gängige Formel in verschiedenen kaiserlichen Schreiben der Zeit an Städte und in Inschriften auf; die Formel „archai kai exousiai" — so auch Lk. 12,11 für „hegemones kai basileis", oder Mt. 10,18 oder Mk. 13,9 oder Lk 21,12 — ist wahrscheinlich nichts anderes als die Übersetzung für die Formel „imperia et potestates" bzw. „magistratus", also für außerordentliche obrigkeitliche Stellungen und für gewöhnliche zivile Ämter, für Reichsbehörden und für städtische Behörden — man vgl. dazu Tit. 3,1; dementsprechend ist Röm. 13,1, jenes stark belastete „exousiai hyperechous", das man eben insbesondere auf die Engelmächte interpretiert hat, „ein Hinweis auf die zahllosen obrigkeitlichen Ämter des umfangreichen Staatsapparates des Weltreiches". Auch der Ausdruck „exousiai tetagmenai" ist wohl technisch — „tetagmenos" oder „protetagmenos" ist die

[87] P. Althaus, Der Römerbrief, NTD 6, [9]1959, S. 112.
[88] ZNW 47, 1956, S. 67 ff. [89] Ebd. S. 86 f.

Übersetzung von „praefectus" —; und „diatage" in Röm. 13,2 ist „Anordnung" im rechtlich-politischen Sinne und hat schlechterdings nichts mit dem göttlichen Vergeltungsgesetz zu tun, wie es Elert annahm; und das „ekdikos" (13,4) meint wohl „defensor", Anwalt. Also, wenn wir die Stelle übersetzen: „Gottes Dienerin nämlich ist sie (die staatliche exousia), ein stellvertretender Anwalt für den Zorn (Gottes) gegenüber dem, der Böses tut[90]. Kurz: Paulus redet hier höchst „profan", „in den Grundbegriffen des Obrigkeitsdenkens seiner Zeit und Umwelt"[91], freilich wohl auch mit einem gewissen Hintergrund rabbinischer Theologie; er redet so, um schlicht zur Loyalität zu ermahnen. Keine Theologie des Staatlichen, sondern eine breite, von der „Anordnung" Gottes her einiges noch begründende Aufforderung zum rechten Verhalten gegenüber dem in seiner besonderen Faktizität sozusagen durch den Juristen beschriebenen Staat — ganz auf der Linie auch der knappen Anweisung von Tit. 3,1, die Christen daran zu erinnern, sich eben den vorhandenen Behörden unterzuordnen, aber, um es noch einmal zu wiederholen, doch wohl auch mit einem im theologischen Unterton von „exousia" mitklingenden Wissen um die Gottgewolltheit des Faktums „Staat".

Man wird also gut daran tun, Röm. 13 nicht nach einer Lehre über den Staat zu befragen, auch nicht im Blick auf seine mögliche Einordnung in ein sogenanntes christozentrisches, neutestamentliches Welt- und Geschichtsbild[92], noch weniger freilich um den Staat als Schöpfungsordnung zu erweisen. Sondern entscheidend ist die Frage, warum Paulus hier so von dem Staat redet und warum er so reden kann. Er rückt hier den Gehorsam gegenüber dem Staat in die Sphäre des Gesetzes, nämlich der „justitia civilis"; fraglos! und er weist sofort dann auf die „agape" als Erfüllung des Gesetzes hin und zugleich auf das nahe Ende dieser Zeit[93].

Das heißt: Die Loyalitätsforderung, die Paulus hier aufstellt, ist zugleich nicht absolut, aber doch durch den Hinweis auf die „agape" betont. Die „agape" ist der Grund; und der eschatologische Aspekt bezeichnet die Grenze jeder christlichen Loyalitätsforderung. Es gibt einen spezifisch „christlichen" Gehorsam gegenüber dem faktisch vorfindlichen Staat, als Gehorsam aus der Freiheit der Kinder Gottes. Es gibt einen solchen Gehorsam — eben *weil* Christus auch den Kosmos rechtfertigt und damit auch den Staat zum Dienst der Liebe im politischen Bereich befreit. Dabei ist die Tragweite dieses Satzes zu beachten! Gegenüber allen Thesen der lutherischen Staatstheologie, denen zufolge der Staat nicht nur Ausweis des Zornes, sondern auch Ausweis der Liebe Gottes

[90] Ebd. S. 90.
[91] Ebd. S. 84.
[92] So Cullmann, Staat, Anm. 64.
[93] Vgl. H. Frhr. v. Campenhausen, Die Begründung kirchlicher Entscheidung beim Apostel Paulus. Zur Grundlegung des Kirchenrechts, 1957, S. 19.

ist und in denen von da aus eine eigentümliche Metaphysik des Staates entwickelt wird, heißt es jetzt, es gibt jenen christlichen Gehorsam, weil Christus auch den Staat zum Dienst der Liebe im politischen Bereich befreit. Angewendet auf die den Staat sozusagen verwirklichenden Personen heißt das ganz schlicht: Die Botschaft des Evangeliums fordert sie auf und ermöglicht ihnen, ihr Geschäft ohne eigenes Interesse im Dienste dessen, was die katholische Ethik dann das Gemeinwohl nennt, zu üben. Gerade nur von da aus kann jener Gehorsam in der ganzen Nüchternheit des neuen Weltverhältnisses des Christen gelebt werden.

Im Neuen Testament und, modifiziert, auch in den Äußerungen der frühen Christenheit können so Röm. 13 zusammen mit 1.Kor. 6 und Apk. 13 nebeneinanderstehen, weil hinter diesen gegensätzlichen Aussagen über den Staat als Ordnung Gottes und über den Staat als Dämon der Glaube steht, daß der auferstandene Christus gesetzt ist über alle Herrschaft und Macht. Nicht nur in diesem Äon, sondern auch im künftigen, Eph. 1,20 ff., ist Christus Sieger über die kosmischen Mächte. „Ihr Herrschaftsanspruch ist mit der Erhöhung Christi erloschen."[94] Denen, die zum Reiche Christi gehören, können jene Mächte nichts anhaben, obwohl ihre Empörung gerade mit ihrer Unterwerfung beginnt. Aber das Neue Testament sagt damit nicht aus, daß der erhöhte Christus die entmachteten Mächte als neue Werkzeuge in seinen Dienst genommen habe. Es kennt in diesem Sinne keine eigentlich christologische Staatsbegründung; wohl aber ist das Verhalten des Christen zu den Gewalten des politischen neu: Sein Gehorsam ist in der Liebe freier, ist kein bedingungsloser, ist ein an der Überwindung des Dämonischen beteiligter Gehorsam.

Die entscheidende Frage auch bei Röm. 13 geht mithin auf die Gehorsamsforderung, auf ihre Voraussetzung und auf ihren Vollzug. Und die Antwort wird *nicht* abgeleitet aus einer die Zustimmung des Verstandes erzwingenden Sinndeutung vom Ursprung und Wesen des Staates. Die Bibel sagt nichts direkt aus über seinen „Stiftungscharakter"; sondern sie stellt seine „nackte Faktizität" fest. Und diese ist insofern zunächst kein eigentlich theologisches Problem. Infolgedessen wird der Theologe gut daran tun, sich diese Faktizität in ihrer jeweiligen Vorfindlichkeit von Juristen beschreiben zu lassen und sich *dann* die Frage vorzulegen, *wie* sich der Christ im Dienst der Liebe in jener Vorfindlichkeit verhalten und zu ihr stellen soll. Und das bedeutet dann *konkret,* eben nach der Stellung der Christen in „ihrem" jeweiligen Staat zu fragen.

Nun wird einem hier an dieser Stelle immer wieder eine Gegenfrage entgegengehalten, eine Gegenfrage, die teils gewiß aus der Last der Tradition kommt, die zum anderen Teil allerdings auch sachlich berechtigt

[94] G. Bornkamm zu Kol. 2,15; 1,13: Die Häresie des Kolosserbriefes, in: Das Ende des Gesetzes. Paulusstudien, 1952, S. 146 f.

ist und nicht abgewiesen werden darf, nämlich die Frage: Soll die Theologie nicht auch das Phänomen des Staates sozusagen existenzerhellend interpretieren? Gehört es nicht auch zu der Aufgabe der Theologie, über diese Sache selbst etwas vom Worte Gottes her und vom Bekenntnis her zu sagen? Soll sie nicht nach der christlichen Wahrheit angesichts säkularer Staatslehren sich umsehen? — Das sind Fragen, die man *nicht* wird abweisen dürfen. Das sind Fragen, die durchaus einen Anspruch auf eine Antwort haben, aber das sind Fragen, die sekundär sind! Das heißt: Die Beantwortung all dieser Fragen kann nicht die Voraussetzung sein für die richtige Beantwortung der Frage nach dem Verhalten zum Staat. Es ist in der Tat nicht so — und es wundert einen immer wieder, wenn man die Dinge einmal von der Ecke her ansieht, warum man bislang der Meinung ist, dem wäre so; nein, es ist nicht so! —, daß ich vorher christlich über den Sinn des Staates genau unterrichtet sein müßte, um dann mein Verhalten zum Staat entsprechend einrichten zu können. Sondern was das Verhalten zum Staat anlangt, geht es um die im einzelnen freilich noch zu klärende Forderung des Glaubensgehorsams. Es dürfen jene Fragestellungen, so berechtigt sie auch sind, sich eben nicht so sehr auf die Ordnungsmacht oder auf das Tier aus dem Abgrund mit dem Ziel einer christlichen Staatsmetaphysik richten, wohl aber hat jene Fragestellung nach dem Sinn des Staates entsprechend den Hinweisen, die Röm. 13 mit „leitourgos", mit „diakonos", mit „ekdikos theou", mit der „diatage theou" gibt, an dem Zweck des Staates sich zu orientieren. Es ist der Fehler der bisher skizzierten politischen Theologie mit ihrer aus dem Gedanken von Macht und Ordnung abgeleiteten Staatslehre, daß hier eben immer wieder primär nach Wesen und Sinn des Staates, nach seiner Würde gefragt wird. Man wird sich hier einen Grundsatz in Erinnerung rufen dürfen: Mit dem Fragen nach dem Sinn weicht man überall zuletzt der schlichten Forderung des Gehorsams gegenüber Gottes Gebot aus.

III Der Vollzug des Glaubensgehorsams

§ 15 Der „usus politicus legis" als „Annahme" der Institutionen im Licht von Gesetz und Evangelium

Das Neuaufleben der Frage nach „Gesetz und Evangelium“ steht, wie wir schon sagten[1], in engstem Zusammenhang mit dem Problem der politischen Predigt, und zwar angesichts der Etablierung des Dritten Reiches, das heißt also: im besonderen bestimmt durch die vor allem von W. Stapel entwickelte und zum Teil auch an F. Gogarten anknüpfende Lehre vom sogenannten Volksnomos. Die ganze Aufregung um den Volksnomos, die damals in den dreißiger Jahren durch die deutsche evangelische Theologie hindurchging, ist ja heute auch schon zurückgetreten, beinahe vergessen; aber die Sache, um die es geht, lebt unter anderem Namen und weniger aufregend durchaus weiter. — Nun, jenes Neuaufleben stellte das Problem hinein in die Frage nach der rechten „politischen“ Existenz des Christen und zugleich in die Frage nach der auf diese Existenz abzielenden Verkündigung oder, kurz gesagt, stellte hinein in die Frage, ob und wie das Ja zum nationalsozialistischen Staat und das Ja zum Evangelium miteinander legitim verbunden werden können. Im Grunde kam man hier über einen additiven Dualismus nicht hinaus, bei dem man immer stärker Gesetz und Evangelium in Parallele zu weltlichem und geistlichem Reich bzw. Regiment Gottes setzte und darüber vergaß, daß — nach Luther jedenfalls — der Dekalog nicht nur „aufs Rathaus“ gehört. So problematisch eine solche Identifizierung der Disjunktionen von Gesetz und Evangelium, von weltlichem und geistlichem Regiment ist, so genau entsprechen einander die besonderen Verbindungen von „Evangelium und Gesetz“ und von „Rechtfertigung und Recht“, sofern nämlich in diesen Verbindungen dem Rechnung getragen wird, daß Gott selbst das erste und das letzte Wort hat in seinem auf die Neuschöpfung seines Menschen gerichteten Handeln. Es sind mithin diese Konjunktionen „Evangelium und Gesetz“, „Rechtfertigung und Recht“, nicht eigentlich die Gegenpole oder, noch besser gesagt: Es bilden diese Konjunktionen nicht eigentlich die Gegenprobe auf die Richtigkeit der Parallelisierung jener Disjunktionen, die ja stets von der Gefahr einer menschlichen Verselbständigung von Gesetz bzw. weltlichem Regiment gegen Evangelium bzw. geistlichem Regiment bedroht sind[2].

---

[1] Vgl. oben § 6.

[2] Gegen W. Joest, in: Festschrift für P. Althaus, 1958, S. 79.

Fehldeutungen des „usus politicus legis“

Man muß sich das in der neueren Gestalt der Diskussion, etwa an der Fragestellung „Gesetz und Evangelium *oder* Evangelium und Gesetz“ klarmachen. Die Disjunktionen, wie sie hier vorgetragen werden unter dem Nenner Gesetz und Evangelium in der Parallele zu weltlichem und geistlichem Regiment, wobei immer wieder ganz besonders scharf auf die *Unterscheidung* gedrängt wird, führen mit einer gewissen Zwangsläufigkeit zur Trennung von Gesetz und Evangelium, von weltlichem und geistlichem Regiment und darüber hinaus dann zu einer Verselbständigung des Gesetzes bzw. des weltlichen Regiments. Man kann dann sehr bequem hier wieder innerhalb der sozialethischen Diskussion den Gedanken von der Eigengesetzlichkeit auf dem Hintergrund irgendwelcher beliebiger Schöpfungsordnungstheologien eindringen lassen. Hingegen bedeuten die sogenannten Konjunktionen, die mehr sind als Konjunktionen, nämlich Evangelium und Gesetz und Rechtfertigung und Recht, die jeweilige Übermacht des Evangeliums bzw. der Rechtfertigung. Sie unterstreichen das unterschiedene Beieinander von Evangelium und Gesetz, von Rechtfertigung und Recht im Handeln Gottes und entziehen dadurch das Gesetz bzw. das weltliche Regiment einem eigenwilligen und eigenmächtigen Zugriff des Menschen. Ist evangelische Sozialethik Ethik aus dem Glauben, dann muß sich das nun gerade hier an diesem Problem bewähren.

Die richtige Unterscheidung von Gesetz und Evangelium ist eben nur innerhalb des Beieinander beider möglich, wenn nämlich durch die „Vorordnung“ gleichsam des Evangeliums festgehalten wird, daß es sich um eine Unterscheidung innerhalb des „geistlichen Regimentes“ Gottes, innerhalb seines *einen* Wortes bzw. innerhalb von dessen Wirken handelt, wenn festgehalten wird, daß das Gegeneinander von Gesetz und Evangelium ein Gegeneinander des „Treffens“ des Wortes auf den Menschen ist als Gericht oder als Gnade, als Anklage oder als Freispruch. Sie erinnern sich daran, daß Joh. Heckel in seiner Verdeutlichung der Unterscheidung von geistlichem und weltlichem Regiment gerade die Unterschiedenheit der Adressaten als ein wichtiges Argument ins Feld geführt hat. Analoges gilt hier. Als Gesetz sagt das Wort, daß wir um der Sünde willen unter Gottes Zorn stehen. Als Evangelium sagt dasselbe Wort, daß Christus für uns unter diesen Zorn getreten ist und daß wir in der Zuwendung zu ihm diesem Zorn entnommen werden. Dieser Gegensatz ist ein stets aktueller, der dem Wirken Gottes, das da „tötet und lebendig macht“ (1.Sam. 2,6), also solchem zu eigen ist, ein Gegensatz, der also nicht etwa im Sinne allgemeiner Wahrheiten formuliert werden dürfte, ein Gegensatz, der jeder menschlichen Verfügung entzogen ist. Dieser Gegensatz ist mithin nicht der einer durchschaubaren Dialektik, sofern etwa das Evangelium in seiner Wirksamkeit das Gesetz dann zu seiner Voraussetzung hätte und das Gesetz umgekehrt für sein Wirken das Evangelium zum Ziel hätte, keines ohne das andere also bestehen könne. Von einer solchen „Dialektik“ kann hier nicht die Rede sein. Gesetz und Evangelium bezeichnen aber auch nicht *zwei Stufen* eines heilsgeschichtlichen Geschehens. Gesetz und Evangelium bezeichnen aber noch weniger eine schematische Ordnung für die Verkündigung.

Diese Gefahren einer auf ein theologisches Prinzip tendierenden Schematisierung der Formel „Gesetz und Evangelium“ und dazu die Gefahr der Entleerung ihres Gehaltes zum theologischen Schlagwort sind akut geworden vor allem im Umkreis der „politischen Predigt“, das heißt also: der sozialethischen Bedeutung der Formel, wobei sich die enge Verbindung mit der Zwei-Reiche-Lehre belastend auswirkt.

Wir haben das mehrfach angedeutet und müssen das jetzt noch ein wenig ausführen. Im Grunde ist man im Bereiche lutherischer Theologie hier noch nicht über jene Mißverständnisse wesentlich hinausgelangt, die etwa um 1933 aufbrachen und die allesamt eben die Trennung von Gesetz und Evangelium zur Voraussetzung einer neuen, dem Schema der Zwei-Reiche-Lehre angepaßten Zuordnung machen. Es wird gewiß hier immer wieder behauptet, Gesetz und Evangelium bleibe ungetrennt — aber diese Behauptung ist nun doch nicht mehr als eine Behauptung! De facto verläuft der Gedankengang in der Regel so, daß die Unterscheidung von Gesetz und Evangelium bis zur Trennung verschärft wird und daß dann hinterher die Zuordnung von Gesetz und Evangelium in einer neuen Verbindung konstruiert wird. Gemeinsam ist sowohl für die Diskussion der dreißiger Jahre wie auch etwa für die Gegenwart ein in seiner Gesamtaussage durchaus richtiger und auch für uns dann später in der positiven Entwicklung wichtiger Satz aus der Apologie, der vielzitierte Satz aus Apologie XVI, 3: „Nec fert evangelium novas leges de statu civili, sed praecipit, ut praesentibus legibus obtemperemus, sive ab ethnicis sive ab aliis conditae sint, et hac oboedientia caritatem iubet exercere.“ Hier ist eine Doppelaussage über das Evangelium gemacht: das Evangelium bringt keine neuen Gesetze für den bürgerlichen Bereich, sondern es tut ein doppeltes: Es schreibt vor, den vorfindlichen Gesetzen zu gehorchen, mögen sie nun von Heiden oder von anderen erlassen sein, und es befiehlt, durch solchen Gehorsam die Liebe zu üben.

Man hat in der Diskussion, die wir jetzt vor Augen haben, das im Schlußsatz formulierte eigentliche theologische Problem — was es nämlich heiße, durch den Gehorsam gegenüber der vorfindlichen staatlichen Ordnung die Liebe zu üben — zunächst ausgeklammert; und man hat dann aus den anderen Aussagen, die ja ganz nüchtern feststellen, daß das Evangelium keine neue Staatsordnung bringt — vor allem gegenüber dem Versuch der Schwärmer, den Gottesbund auf Erden in Gestalt einer politischen Ordnung zu verwirklichen, und daß der Christ der jeweils vorfindlichen politischen Ordnung gegenüber im Sinne des recht verstandenen Wortes von Röm. 13 zunächst — zunächst! — loyal zu sein habe — man hat gegenüber diesen Aussagen aus jenen Feststellungen viel mehr das „Wesen“ des Evangeliums in seinem Gegenüber zum Gesetz zu bestimmen versucht.

Ich verdeutliche das, weil ja die Sache dann wirklich auf einer gehobenen theologischen Ebene und nicht in der in die Niederungen des theologischen und pseudotheologischen Tagesstreites abgesunkenen Weise der Diskussion vor allem der dreißiger Jahre geklärt werden soll, an zwei Broschüren oder Aufsätzen von F. Gogarten, an der Broschüre „Ist Volksgesetz Gottesgesetz?“ (1934) und an dem Aufsatz „Die Lehre von den zwei Reichen und das natürliche Gesetz“ (1935)[3]. Erfahrung des Gesetzes, Wissen um das Gesetz und sein Amt sind hier Vorbedingung für das Predigen und Hören des Evangeliums: „Bevor es zu diesem Glauben (sc. an die sündenvergebende Gnade Gottes) und damit zur Erfüllung des Ersten Gebotes kommt, muß das Erste Gebot als Gesetz gehört sein.“[4] Und so, auf derselben Linie, schaffe das „harte Gesetz“ des Nationalsozialismus die natürliche Voraussetzung für die Predigt des Evangeliums, denn „es ist das *eine* Gesetz Gottes, das uns im Gesetz des Staates und in der Sitte des Volkes in irdisch-menschlicher ‚Fassung‘ und das uns in dem als Gesetz verstandenen Wort Gottes als die unverhüllte Majestät begegnet“. Gesetz Gottes aber ist „kein anderes ... als das in Jesus Christus geoffenbarte Wort Gottes. Aber dieses ist wiederum kein anderes als das Gesetz, das uns in unserem Leben und seinen Verhältnissen begegnet ...“[5].

Diese Gleichsetzung von Volksgesetz und Wort Gottes stellt das Wort Gottes als Evangelium sozusagen an einen anderen Ort. Und dementsprechend werden irdisches Gesetzesreich und ewiges Reich der Gnade getrennt. Der Glaube — so wird uns hier gesagt — hat seine Heimat im Reich der Gnade, *darum* — und das ist das entscheidende „darum“ — ist der Mensch frei zu natürlicher sittlicher Selbsterkenntnis im Gesetz der Wirklichkeit des völkischen, staatlichen und kulturellen Lebens. Die Verbindung der getrennten Reiche erfolgt dann durch den Gedanken einer Zuordnung, die dem Gesetz eine besondere Bedeutung für das Evangelium zuspricht. Das Hören dieses Gesetzes, nämlich des völkischen, staatlichen und kulturellen Lebens, in Verantwortung und Verbindlichkeit, ermöglicht erst das rechte Vernehmen des Evangeliums. „Darum gehört zum Evangelium auch die Predigt *dieses* Gesetzes“, wie es der „Mensch mit einer geschichtsgebundenen und ihn an das ihn tra-

---

[3] Deutsche Theologie, 1935, S. 350 ff.

[4] Gogarten, Volksgesetz, S. 12.

[5] Ebd.

gende und umfangende geschichtliche Geschehen verantwortlich bindenden sittlichen Erkenntnis vernimmt"[6]. Es wird ganz deutlich aus dieser letzten Formulierung die hintergründige Problematik etwa von Offenbarung und Geschichte: die Frage der sogenannten Geschichtlichkeit im Rahmen der Verkündigung, der Versuch, gerade diese Geschichtlichkeit für die Verkündigung zum Tragen zu bringen. Von da aus merkt man, wenn man die letzten Ausstrahlungen gleichsam jener 1933 in die konkrete Fragestellung verdichteten Problematik heute abtastet, wie sehr viel aus dem Problemkreis der Hermeneutik, aus dem heutigen Fragen nach Glauben und Verstehen und ähnliches mehr hier im Hintergrund schwingt und wie vorsichtig man umgekehrt bei dieser Erörterung der hermeneutischen Fragestellung sein muß.

Abgesehen von nun ganz bestimmten und leicht zu durchschauenden Interessen steht hinter dieser Sicht von Gesetz und Evangelium zugleich auch noch eine gewisse Vieldeutigkeit des Gesetzesbegriffs. Wir werden diese Vieldeutigkeit kurz charakterisieren müssen, weil von da aus dann vielleicht doch ein wenig Klarheit in diesen Irrgarten auch der neueren Diskussion von Gesetz und Evangelium gebracht werden könnte. — Also: Vieldeutigkeit, besser gesagt: Mehrdeutigkeit des Gesetzesbegriffes:

a) Gesetz im Sinne vorfindlicher bzw. rational ermittelbarer natürlich-geschichtlicher Ordnungen, also Gesetz als „nomos" — das begegnete uns in den zitierten Texten;

b) Gesetz „als Gesetz Gottes", gleichgesetzt mit dem Evangelium im Rahmen des Bundes, und

c) Gesetz als Gesetz Gottes, und zwar als Offenbarung des Zornes Gottes bzw. als Gesetz zum Tode, das heißt: Gesetz Gottes im Gebrauch der Gesetzlichkeit des sich selbst behauptenden und rechtfertigenden Menschen, der gleichwohl das Gesetz nicht als Gottes Willen zu erfüllen vermag, sondern sich gerade gegen den Willen Gottes stellt, also Gesetz in nomistischem Gebrauch. Hier sind dann Gesetz und Evangelium Gegensätze, hier wirken sie Verurteilung oder Rettung, hier ist Evangelium das Ende des Gesetzes. Aber Gesetz Gottes zunächst inhaltlich gefaßt als Wille Gottes für das Leben des Menschen, dieses Gesetz Gottes kommt durch das Evangelium zu seiner „es erschließenden geistlichen Auslegung". Gerade hier ist, wie das Erste Gebot sagt, Gesetz in der Tat *Form* des Evangeliums und Evangelium Inhalt des Gebotes, denn Gottes Wort ist als Wort des Herrn stets ein *Gebieten,* auch ein Gebieten seines gnädigen Handelns. Wenn also der Satz formuliert wurde: damit es zur Erfüllung des Ersten Gebotes komme, müsse das Erste Gebot als Gesetz gehört sein, so widerspricht das alldem, was Luther selbst in seiner bekannten Auslegung des Ersten Gebotes gerade auch in den

[6] Gogarten, Deutsche Theologie, S. 337.

Katechismen deutlich zu machen versucht, nämlich daß das Erste Gebot Evangelium sei — vom Inhalt her gesehen: Das Erste Gebot ist die Form des Evangeliums; das Evangelium als der Zuspruch: „Ich bin dein Gott“ ist der Inhalt des Gebotes. An dieser Stelle muß mit einem gewissen Aufräumen und mit einer Richtigstellung der Dinge begonnen werden, und von da aus wird sich schon deutlich machen lassen, was jener Satz aus der Apologie bedeutet, jenes entscheidende theologische Problem, daß in dem gebotenen und fraglos nicht unbegrenzten und unbedingten Gehorsam gegenüber den vorfindlichen Gesetzen die Liebe zu üben sei.

Man wird gewiß fragen dürfen, ob die Anwendung der Kategorien Form und Inhalt, wie sie K. Barth vorgenommen hat, ganz glücklich ist; man wird auf der anderen Seite freilich auch bedenken müssen, daß sich auch Luthers Lehre von Gesetz und Evangelium auf sachlich dieselben Aussagen zusammenfassen läßt. — Gottes Wort ist als Wort des Herrn stets ein Gebieten! — dieser Satz muß sofort ergänzt werden: Aber es ist der *Herr*, der gebietet, der Herr, der mit seinem Wort ins Leben ruft, für sich beansprucht, indem er sein Heil zuspricht. Sein Gebot, sein Gesetz als Bundesgesetz zum Leben, kann von ihm nicht gelöst werden. „Wer den Maßstab christlicher Sittlichkeit auf Gebote und Weisungen einengt, ohne die personale Bindung an Jesus Christus hervorzuheben, degradiert den christlichen Glauben zu einer gesetzlichen Ideologie.“[7]

Die antithetische Unterscheidung von Gesetz und Evangelium kann also nicht aus dem Wesen oder dem Inhalt von Gesetz und Evangelium abgeleitet werden, auch nicht aus der Verschiedenheit ihrer Form, sondern von der Wirkung, vom „Gebrauch“ her. So wie das Judentum die „thorah“ als das Bundesgesetz Gottes dann geradezu kultisch zum verfügbaren Heilsweg des Menschen pervertierte, den einseitigen Bund Gottes mit seinen Menschen zu einem zweiseitigen Vertrag umdachte, so ist ja auch das Evangelium als die Heilsbotschaft des Neuen Bundes immer wieder zum Gesetz menschlicher Heilsgewinnung mißbraucht worden. Der Nomismus aber wird durch Gottes Gebot seiner Schuld, seiner Sündhaftigkeit seines hintergründigen Ungehorsams, seiner abgründigen Undankbarkeit überführt. Hier wirkt Gottes Gesetz den Zorn Gottes in Schuldspruch und Todesurteil, und umgekehrt ist der in Christus geschehene Freispruch von diesem Urteil und von dieser Schuld Evangelium.

In der sozialethischen Diskussion werden Gesetz und Evangelium in der Regel nur vom Inhaltlichen her, oder eigentlich noch mehr vom „Geltungsbereich“ her unterschieden und geschieden, sofern Gesetz auf das irdische Dasein und Evangelium auf das ewige Leben bezogen werden. Nur so kann man zum Beispiel meinen, ein über die reine Verkündigung des Wortes Gottes, über die rechte Verwaltung der Sakramente

[7] Glaubenszeugnis in der DDR, JK 6, 1959, S. 274.

und über das Gebet für die Obrigkeit hinausgehende Stellungnahme der Kirche oder des einzelnen Christen, ein sie bekundendes Wort bewege sich „auf dem Boden des ‚Gesetzes', wenn es etwa für die Würde des Menschen oder die Heiligkeit seines Lebens eintritt und darin Staat und Gesellschaft dient ... Dabei" — so sagt man hier — „darf die Kirche allerdings nie vergessen, daß sie so ihr ‚fremdes' Werk tut; ihre ‚eigentliche Bestimmung' erfüllt sie, indem sie durch die Predigt des Evangeliums der Welt das ewige Heil anbietet und ihr das kommende Ende aller Dinge bezeugt. Sie kann nicht zur Politik reden, ohne zugleich die Wiederkunft Jesu Christi und die Vollendung der Werke Gottes in seinem Reich zu verkündigen"[8].

Aber eine solche Meinung verkennt nicht nur das Wesen neutestamentlicher Paränese, die sich auf das Leben des Christen in dieser Welt bezieht und konkret zu irdisch-leiblicher Nächstenschaft auffordert, — sie verkennt vielmehr, daß Gottes gnädiger Zuspruch immer auch zugleich sein unbedingter, den ganzen Menschen fordernder Anspruch ist, wie es die Zweite Barmer These formuliert: „Wie Jesus Christus Gottes Zuspruch der Vergebung aller unserer Sünden ist, so und mit gleichem Ernst ist er auch Gottes kräftiger Anspruch auf unser ganzes Leben. Durch ihn widerfährt uns frohe Befreiung aus den gottlosen Bindungen dieser Welt zu freiem dankbarem Dienst an seinen Geschöpfen." Damals, als diese Sätze formuliert wurden, deren Tragweite ja bis heute noch nicht ausgeschöpft ist, hat man lutherischerseits dagegen protestiert mit der Behauptung, hier werde *nur* Evangelium gepredigt, die Predigt des Gesetzes aber unterlassen. In Wirklichkeit hat man aber gegen „Barmen" eine dualistische Zwei-Reiche-Lehre geltend gemacht in Verbindung mit einem entsprechenden Dualismus von Gesetz und Evangelium als der „zwei" Worte Gottes. Damit aber hat man *Jesus Christus als das eine Wort Gottes* verleugnet. Und ebenso hat man verleugnet, daß die Zorneswirkung des Gesetzes nur in Jesus Christus offenbart ist und darum Gesetz und Evangelium nicht als eine einsehbare „Dialektik" des Wortes Gottes dem Prediger als solchem, dem Vollzug der Verkündigung als verfügbare Anweisung übergeben ist.

Jene ausdrückliche oder hintergründige Identifikation der Unterscheidung der beiden Regimente mit derjenigen von Gesetz und Evangelium, die für das weltliche Regiment nur das Gesetz und für das geistliche nur das Evangelium gelten läßt, hängt zusammen mit der traditionellen Bezeichnung des weltlichen Regiments als „usus politicus legis" gegenüber dem „geistlichen" „usus theologicus", hängt zusammen mit der scheinbaren Nähe von strafendem Zorn Gottes einerseits und der gewaltbedürftigen Durchsetzung weltlichen Rechts zur Aufrechterhaltung von Ord-

[8] Wort des Theol. Konvents der Bek. Gemeinschaft der Ev. Luth. Landeskirche Hannovers, ELKZ IV, 1950, S. 330 ff.

nung und Frieden andererseits. „Usus politicus legis“ im weltlichen Regiment hängt jedenfalls insofern mit dem Gesetz Gottes zusammen, sofern der irdische „nomos“ eine bestimmte Ordnung und Friedenssicherung menschlichen Zusammenlebens und menschenwürdigen Daseins intendiert. Und insofern ist Luthers Meinung, daß die Liebe zum natürlichen Gesetz gehört, richtig. Aber der eigentliche Täter zur Tat der Liebe ist für ihn der Glaube. Das heißt: Das weltliche Regiment kann nicht aus sich heraus Gott als den seine Ordnung gebietenden sichtbar machen, kann nicht aus sich heraus die erste Tafel des Dekalogs zur Forderung machen und daher nicht die Forderungen der zweiten Tafel in das Licht des Ersten Gebotes rücken.

Die Bedeutung des „usus politicus legis“

Die „geistliche“ Auslegung des Gesetzes durch Christus, von der die Bekenntnisschriften sprechen, meint in bezug auf den „usus politicus legis“ die Aufdeckung seiner inhaltlichen Bezogenheit auf Gottes Willen. Man wird das nun nicht dahin auslegen dürfen, daß der Christ eine tiefere und richtigere Einsicht in das „Wesen“ des Politischen oder in das Wesen des Staates habe als der Nichtchrist, sondern daß für den Christen Gehorsam und Verantwortung im Bereich des „usus politicus“ gerade auch hier Gehorsam und Verantwortung gegenüber Gott sind, Gehorsam des Glaubens in dem Tun der Liebe, und das heißt: in der Bewährung der Nächstenschaft. Wenn der Christ der Obrigkeit immer wieder predigt, daß sie für ihr Handeln Gott verantwortlich sei, so ist eine solche Predigt der Unterstellung christlicher Obrigkeit gewiß sinnvoll. Aber man darf das, was auf dieser Linie für das 16. Jahrhundert galt, nicht so ohne weiteres auf die Gegenwart übertragen. Es ist sehr zu fragen, ob mit einer solchen Belehrung gleichsam über die letztinstanzliche Verantwortung der Obrigkeit das, was heute Obrigkeit ist, wirklich getroffen wird, ob nicht vielmehr heute die Verhältnisse sehr viel klarer liegen, indem alle diese Überlegungen auf den Christen appliziert werden, der sich bemüht, als Zeuge Jesu Christi in den Ordnungen und unter den Nöten dieser Welt zu leben, das heißt also, daß man von da aus wohl den sich als christlich bezeichnenden und auch darum bemühenden Politiker wird anreden dürfen, daß aber eine Anrede des Staates im Blick auf seine Verantwortung vor Gott sich als eine nicht zutreffende Übertragung aus einer überholten, aus einer geschichtlich vergangenen Situation darstellt.

Gehorsam und Verantwortung Gott gegenüber, Gehorsam des Glaubens in dem Tun der Liebe, in der Bewährung der Nächstenschaft — eben dies meint aber nun jene Formel aus Apologie XVI, 3, daß das Evangelium gebiete, „praesentibus legibus“ zu gehorchen „et hac oboedientia caritatem exercere". Sie erinnern sich: Es war jener Satz, an dessen Anfang die These stand, daß das Evangelium keine neuen Gesetze für das bürgerliche Dasein erlasse. Weil aber nun dieses Handeln kraft des Glaubens an Gottes Willen orientiert ist, ist es frei von menschlichem Wollen und Wünschen, frei von menschlichen Bindungen und Illusionen; es ist darum sachlich und „nüchtern".

Die vielberufene „Sachlichkeit" christlichen Handelns in politicis ist nicht Sachlichkeit einer besonderen oder gar besseren Sachkunde, — das spielt gewiß alles eine Rolle! —, sondern sie ist die mit der Befreiung vom eigenen „Interesse" identische Sachbezogenheit. Sie ist das Kennzeichen des von Christen durch den Anspruch des Evangeliums geforderten „usus politicus legis" innerhalb des den Christen aufgetragenen Dienstes an Gottes Schöpfung. Dieses Dienen steht nicht unter der Norm der „Eigengesetzlichkeit" der Bereiche des Lebens des Menschen in Gesellschaft, sondern unter der Norm der „lex Christi", des Gesetzes der Freiheit, des Evangeliums als des neuen Gesetzes, von dem aus sowohl die für den Christen ausgeschlossenen Möglichkeiten menschlichen Handelns, von dem aus das Nicht-Dürfen dessen, was er könnte, deutlich wird —, zum Beispiel beim Problem der Euthanasie oder bei der Perfektion der Vernichtung des Lebens —, von dem aus also sowohl diese Grenze gezogen wird als auch die positiven Weisungen zur relativen Wahrung von Recht und Frieden ihre Bestimmung empfangen. Man wird daher nicht, wie es zu eilig geschieht, die Versuche zu konkreter Predigt des „usus politicus" oder unter Umständen auch eines „tertius usus legis" als dem Evangelium widerstreitende Gesetzespredigt abweisen dürfen — ebensowenig wie umgekehrt im „usus theologicus" einer vom Evangelium gesonderten und ihm vorgeordneten Predigt des Gesetzes als „paedagogus in Christum" Raum gegeben werden darf. Weder das eine noch das andere! Der Schreck sozusagen, der bei Anerkennung des allgemeinen Satzes, daß auch das Evangelium den Christen zum Dienst in dieser Welt fordere, jedes Mal dort eintritt, wo man den Versuch macht, dieses Gebot dann zu konkretisieren — dann ertönt allenthalben das Geschrei „Gesetz"! —, wo man vielfach die Predigt des Gesetzes im Sinne eines in Anspruch genommenen „paedagogus in Christum" der Predigt des Evangeliums vorordnet und von da aus eine eindeutige und unaufgebbare Reihenfolge von Gesetz und Evangelium postuliert! — Man wird sich auch nicht auf das beliebte Ausspielen von Ermessenfragen gegenüber Glaubensfragen in politicis einlassen und so den Dienst des Evangeliums an dieser Welt auf die „reine" Wortverkündigung einschränken, die Probleme des gesellschaftlichen Zusammenlebens als „nur ethische" vom Glauben trennen dürfen. Es ist bekannt, daß das heute mannigfaltig geschieht, daß man — immer wieder natürlich mit dem gehörigen Ernst, mit dem man alles und jedes ernst zu nehmen erklärt — darauf hinweist, es seien erhebliche ethische Probleme, aber zugleich unterstreicht, es seien doch „*nur* ethische“ Probleme, die den Glauben nichts angingen! — Man hat offenbar sehr rasch vergessen, daß die als theologische Wiedererwerbung zu buchende Erkenntnis von der Einheit von Dogmatik und Ethik ja eine Zeitlang wenigstens mit zu den Ruhmestiteln der neueren protestantischen Theologie gehörte!

Nun, die Probleme des politischen Handelns sind für den Christen insofern primär Fragen des Glaubensgehorsams, als er bei ihnen durchweg der ihm aufgetragenen Sorge für das Menschsein des Menschen nachzufragen hat im Rahmen jenes „caritatem exercere“. Erst innerhalb dieser Fragestellung an den Glaubensgehorsam werden dann, wenn es um die Wege der Verwirklichung dieses Gehorsams geht, sogenannte Ermessensfragen ihre entscheidende, oder sagen wir besser: ihre wichtige Rolle zu spielen haben. Sie gelten aber für den Christen in der Tat nur innerhalb der Glaubensfragen und nicht neben der Glaubensfrage!

Weiterhin: Das „caritatem exercere“ aus Apologie XVI ist in seinem tiefsten Grund stets ein Akt des Bekennens, Antwort auf Gottes Anrede, Hören auf sein Gebot, Annahme des Zuspruchs im Gehorsam gegen den Anspruch, Betätigung der Dankbarkeit. Man wird gerade im Blick auf die Beurteilung christlicher Entscheidungen etwa in politischen Fragen als „nur ethischer“ dieses Moment des Bekennens als Wirkungsspiegel der Einheit von Gesetz und Evangelium betonen müssen und darf es nicht als eine unzulässige „Überhöhung“ eben angeblich „nur ethischer“ Entscheidungen — in diesem Sinne also als „schwärmerisch“ — abtun. Denn das ganze Leben des Christen als Christen geschieht in den mannigfachen Formen von „confessio“, aber nicht im bloßen Kundgeben „christlicher Wahrheiten“!

An einem aktuellen Beispiel verdeutlicht: Innerhalb der recht verworrenen innerkirchlichen Atomdiskussion flüchtete man sich ja wiederholt etwa zu folgender Erklärung, wie sie zum Beispiel die lutherische Bischofskonferenz vom April 1958 formuliert hat. Da heißt es unter IV: „Die eigentliche Pflicht der Christenheit bleibt es, zu bezeugen, daß Gott auch im atomaren Zeitalter im Regiment sitzt und daß der Glaube an ihn die Furcht überwindet. Es ist unsere gewisse Zuversicht, daß der auferstandene Christus auch in einer vom Tod bedrohten Welt der Sieger ist. Wir wissen, daß das Gebet dem Christen Anteil gibt an Gottes Weltregierung. Wir bitten ihn, er wolle uns durch das drohende Gericht zur Buße führen und unsere Sünden vergeben, seine Barmherzigkeit nicht von uns abwenden.“ Man muß eigentlich vor so viel Richtigkeit geradezu erschrecken, weil so viel Richtigkeit zugleich eine abgründige Hilflosigkeit, Trostlosigkeit und Unbarmherzigkeit verrät. Es genügt eben nicht, auf Gott als den Herrn der Geschichte etwa auch im Atomzeitalter zu verweisen, sondern es kommt darauf an, ihn als solchen wirklich zu bekennen, und das heißt zunächst: danach zu fragen, was er denn von mir heute und an meinem Ort will — sich zumindest mit solcher Frage im Glaubensgehorsam an seine Seite zu stellen: „Hier bin ich, sende mich." Es ist in der Tat unerträglich, daß die Kirche weithin der ihr gestellten Frage ihrer Gegenwart derart ausweicht. Die nicht nur bei ihren Gliedern, sondern auch außerhalb der Christenheit von ihr immer wieder erhoffte Antwort auf die Frage, was wir, zumal als Christen angesichts etwa der atomaren Gefahr tun sollen, wird eben nur in Form einer „confessio" wirksam, als Versuch gehorsamer Antwort auf das Wort Gottes heute. Der Ratschlag oder die Forderung totaler politischer Abstinenz ist nie ein Bekenntnissatz gewesen — gerade auch nicht in dem vielbeschworenen XVI. Artikel der Confessio Augustana.

Vielmehr wird auch im Bereich der politischen Existenz um der Königsherrschaft Christi willen das konkrete Zeugnis gewagt werden müssen. Der Glaube ist eben Gehorsam und Wagnis, Wagnis ohne vorherige sichernde Abschätzung der Folgen für den Glaubenden ohne Garantie eines Erfolges! Wenn im Jakobusbrief ein Glaube „ohne Werke" als „tot" bezeichnet wird, dann handelt es sich nicht nur um einen Glauben ohne Wirken, sondern auch um einen Glauben ohne Wirklichkeit, das heißt ohne konkreten Bezug auf die Gemeinde, auf den Bruder, auf den Mitmenschen. Denn die Wirklichkeit des Menschen ist sein geschichtliches Dasein und Sein in Mitmenschlichkeit, ein Dasein, das er — und darin besteht die Wirklichkeit des Glaubens — vor Gott als dem Herrn der Welt zu verantworten hat. Wagnis ist das Bekennen als Vollzug konkreter Entscheidung für Gott auf Grund der Einheit von Glaube und Gehorsam. Und Wagnis ist es auch insofern, als hier wie auch bei jedem formulierten Bekenntnis die Entscheidung, der fallweise Ratschlag, das vielleicht auszusprechende Wort immer zugleich auch ein „Dokument menschlicher und also beschränkter Einsicht" bleibt. — Hier, darin bekundet sich das *Entscheidungsmoment* dieses Vorganges, sowohl in ihm selbst wie dann freilich auch durch ihn. Man wird nicht übersehen dürfen, daß solches Bekennen stets auch Scheidung der Geister wirkt. Denn Bekenntnis verlangt geistliche Entscheidung und führt dann auch zu innerweltlichen Entscheidungen; Bekenntnis, Christusbekenntnis, wirkt so gewiß auch „politisch", denn es geht den ganzen Menschen in seiner geschichtlichen Existenz und nicht nur seine Innerlichkeit oder sein vom irdischen Leben irgendwie ablösbar gedachtes jenseitiges Heil an. Und das müßte sich etwa bei dem „Modellfall" des Problems der christlichen Stellungnahme zur Atomgefahr zeigen, sofern nämlich für den Christen inmitten der ganzen Verworrenheit, Zwielichtigkeit und auch gewissen Unsicherheit des Argumentierens für und wider die nuklearen Waffen der ihm gebotene Weg eben durch das Fragen nach Gottes Gebot bestimmt ist, nach seinem Willen über den Menschen und über sein Leben, und damit verbunden durch die Aufgabe, das Hören und Verstehen dieses Gebotes zu wagen und es weiterzugeben. Die Gestalt eines kirchlichen Bekenntnisses ist so stets dann auch die einer Entscheidung im Angesicht der Heiligen Schrift, das heißt: einer Entscheidung, die von der Entscheidung Gottes für seinen Menschen herkommt. Gott will ja nicht den Tod des Sünders, er will das Leben des Gerechten, des ihm Gehorsamen. Auf diese Entscheidung Gottes antwortet der Glaube. Sie wird im Bekenntnis kundgegeben und nachvollzogen in Wort und Tat — und Tat! — des Bekennens. Sie ist dabei nicht das Resultat einer menschlichen Wahlfreiheit, sondern Entscheidung im Nachvollzug aus einer von Gott gewirkten Freiheit des Glaubens. Im Geschehen solcher Entscheidung verwirklicht sich das Menschsein des Menschen vor Gott und für seine Mitmenschen. Wir können es noch kürzer sagen: Weil Gott in Christus die Welt liebt, darum führt der in der Liebe sich bewährende Glaube durch sein Bekenntnis jedermann vor die Entscheidung für oder gegen Gottes Willen, das heißt: er führt ihn vor die Entscheidung gegen oder für seinen eigenen Willen, gegen oder für den Willen der Selbstbehauptung um jeden Preis, auch der Behauptung in Besitz genommener sogenannter „christlicher Werte“, die die Freiheit des Dienens unter Umständen sogar in eine Freiheit des Herrschens pervertieren.

Es kommt — und das ist ja auch der tiefste Kern des Problems von „Gesetz und Evangelium“ — immer wieder darauf hinaus, daß uns nichts schlimmer zu vergewaltigen vermag als der sich selbst nach seinen Wünschen entscheidende Gott in der eigenen Brust. Und daraus sind dann noch weitere Konsequenzen zu ziehen, die ich hier nicht im einzelnen andeuten mag — es gehört zum Beispiel dazu, daß die mit dem Bekennen vollzogene Entscheidung dann auch daran kenntlich werden muß, daß sie gegenteilige Meinungen im Namen Gottes abweist. Und hier ist es wiederum jene eigentümliche Verkehrung des Verständnisses des Evangeliums, die ein solches Abweisen gegenteiliger Meinungen im Namen Gottes, ein solches — mit dem traditionellen Ausdruck — Anathema nicht mehr begreift als die Aufforderung zur Selbstprüfung, sondern begreift als moralisches Aburteilen. Im Neuen Testament wird das Anathema verwendet „zum Zeichen der Scheidung, die dann eintritt, wenn die rettende Gemeinschaft mit Gott anderswo gesucht wird als in Gemeinschaft mit Christus und seinem Leib, wenn also die Absolutheit des Heilshandelns Christi wissentlich und willentlich angetastet wird, und zwar innerhalb der Gemeinde. Die Art, wie im Neuen Testament vom Anathema geredet wird, zeigt, daß dabei an einen äußersten Grenzfall gedacht ist, an etwas, das in der Christusgemeinde eigentlich nicht möglich sein sollte“[9]. Und gerade insofern bedeutet zunächst jede Ab-

[9] G. Bornkamm, Ende des Gesetzes, S. 123 ff.

weisung gegenteiliger Meinungen im Namen Gottes stets die Einladung zur Prüfung auf die Echtheit des Glaubens. — Soviel zum „caritatem exercere" als Bekennen, das insofern, wie wir schon sagten, die Einheit von Gesetz und Evangelium zur Voraussetzung hat, als es konkreter Glaubensgehorsam, Antwort auf Gottes Gebot ist.

Und dasselbe gilt nun vom „caritatem exercere" als Akt der Dankbarkeit. Dank und Undank verhalten sich zueinander wie Glaube und Unglaube. Ist der gesamte Inhalt des Gesetzes im Ersten Gebot als Evangelium befaßt — und dem entspricht ja auch das Credo Israels —, dann ist die Erfüllung des Gesetzes im Unterschied zum Tun einzelner Gesetzeswerke zuletzt der dankbare Lobpreis des Gebers des Gesetzes, des Gebers der Gnadenimperative. Der Unglaube hingegen ist Undank, ist An-sich-Raffen der Gaben und Sich-selbst-Zuschreiben der Verdienste und der Gerechtigkeit. Empfangen der Wohltat Gottes bedeutet, von ihr und in ihr zu leben, und auf Grund von ihr, auf Grund der Wohltat Gottes zu handeln. Und darum folgt aus dem Glauben die Tat der Liebe, das Leben des Dankes. Das fordert das Gesetz Gottes, das als Wohltat Gottes — als Gesetz zum Leben! — ergeht. Das Danken ist zugleich die Form des persönlichen Verhältnisses zu Gott. Und darin ist nun die Forderung des Gesetzes die gleiche wie die Forderung des Evangeliums, das den Glauben verlangt und den Glauben befiehlt — gerade auch in der Situation der Anfechtung. *Der Wille Gottes in Gesetz und Evangelium ist der gleiche*. Der Wille Gottes in Gesetz und Evangelium ist darin nicht verschieden; Gott selbst ist die Einheit von Gesetz und Evangelium. „Der Imperativ tritt nicht irgendwie nachträglich zu dem Evangelium hinzu; er ist in der Tat die Form des Evangeliums."[10] Indikativ und Imperativ beim Evangelium verhalten sich ja zueinander wie Zusagen und Begegnungsform seiner Anrede. Die Nachfolgebefehle sind in der Tat „Gnade in Gestalt des Gebotes"[11], Ermöglichung und Erlaubnis von Nachfolge. Glaubensgehorsam als Akt der Dankbarkeit ist so ebenfalls Spiegelung der Einheit von Gesetz und Evangelium. Es ist der Unglaube und der Undank, in dem und durch den ein Gegensatz von Gesetz und Evangelium in Erscheinung und Wirksamkeit tritt. Man könnte versucht sein, in Parallele zu dem früher erwähnten Satz über die Ursünde — „sed originale per hominem tantum" oder „unum" — den anderen Satz zu stellen: „sed lex accusans per hominem tantum" — nachdem nämlich geklärt ist, daß eine Verteilung von Gesetz und Evangelium etwa auf Schöpfung und Erlösung, auf zwei Worte und ein zweifaches Handeln Gottes unmöglich ist. Wenn Paulus die Herrschaft des Gesetzes der Herrschaft der „stoicheia tou kosmou" gleichsetzt (Gal.

[10] H. Gollwitzer, Zur Einheit von Gesetz und Evangelium, in: Antwort, Festschrift für K. Barth, 1956, S. 295.

[11] Barth, KD IV/2, S. 605.

4,3), dann macht er damit nicht eine Aussage über das Gesetz selbst, sondern ... gegen das Gesetzesverständnis der Galater, denen er sagt: mit der Rückkehr ins gesetzliche Leben seid ihr nicht zu Gottes Gesetz zurückgekehrt, sondern den Heiden gleich geworden[12]. Dem entspricht dann auch etwa die paulinische Unterscheidung von „nomos“ und „gramma“, von „thorah“ und jenem falsch verstandenen Gesetz, mit dem die „Juden das Alte Testament im Sinne dieser Weltzeit auslegen und deshalb nicht voll verstehen“[13]. „Thorah ist Inbegriff der heilsamen göttlichen Willenszuwendung an Israel“ — das ist ja die Summe der durch die alttestamentliche Wissenschaft heute dargebotenen Erkenntnis in bezug auf das Gesetz im Alten Testament, in einer Formel v. Rads.

Der „gesetzliche Mißbrauch“ des Gottesgesetzes durch den Menschen, die „opinio carnalis de lege“ — wie Luther sagt —, die nach der „iustitia externa“ trachtet, ist das „tötende Gesetz“, das zum Gericht wird. Denn Gottes Zorn behaftet den Menschen beim mißbrauchten Gesetz! Darauf bezieht sich auch die Rechenschaft nach dem irdischen Tun. „Auch im Mißbrauch, auch als entehrtes und entleertes Gesetz, bleibt Gottes Gesetz in Kraft, aber nicht ein ‚anderes Wort‘, nicht ein Leistungsgesetz, mit dem Gott auf die Sünde reagiert, bringt dem Menschen den Tod, sondern sein Widerspruch zu dem einen ursprünglichen und unveränderlichen Willen“ Gottes[14].

Es ist ein Irrtum zu meinen, Gottes Zornesgericht und Strafe habe den „Erlaß eines Vergeltungsgesetzes zur Voraussetzung“. „Der Zorn Gottes ist nicht eine Folge seiner Gesetzgebung, sondern die ‚accusatio‘ des Gesetzes ist eine Folge des Zornes.“[15] Das Gesetz als Gottes Wille ist — nach Luther — „das wandelbarste, was sich denken läßt“. „Obwohl in sich unveränderlich und ewig, ändert es sich in seiner Wirkung auf den Menschen je nach dessen Verhalten zu Gott unaufhörlich.“[16] Gerade diese Erkenntnis macht das Problem von „Gesetz und Evangelium“ in der Diskussion so verworren.

Das Problem von Gesetz und Evangelium im Bereich der sozialethischen Diskussion kann so auch hier vor keine andere Frage stellen als vor die nach der Gefahr gesetzlicher Fehldeutung des geforderten Glaubensgehorsams, sowohl a) im Sinne einer verbindlichen und „als Gesetz“ gemeinten christlichen Sozialprogrammatik, als auch b) im Sinne geforderter politischer Abstinenz, die das Evangelium von der Wirklichkeit diesseitigen Lebens in gebotener konkreter und mit den Möglichkeiten irdischen Lebens hantierender Nächstenschaft trennt.

---

[12] Gollwitzer, Einheit, S. 299.
[13] E. Kamlah, Buchstabe und Geist, EvTh 1954, S. 276 ff.
[14] Barth, KD IV/1, S. 658; vgl. Gollwitzer, Einheit, S. 301.
[15] Gollwitzer, Einheit, S. 303.
[16] Heckel, Lex charitatis, S. 54.

In der geschenkten Möglichkeit des Sollens, Dürfens und auch Könnens — alles drei gehört zusammen —, von Bekennen und Dank, ist der Raum für die gehorsame Bezeugung der Einheit von Gesetz und Evangelium, von Evangelium und Gesetz in dem innerweltlichen Handeln des Christen als des Zeugen seines Herrn gegeben.

Die Frage nach der „politischen" Existenz der Christenheit wird in den folgenden Paragraphen exemplarisch unter drei Aspekten ausgeführt: Der Totalitarismus des 20. Jahrhunderts hat das ethische Problem von Widerstand, Gewaltanwendung und Revolution neu aufgeworfen (§ 16). Die Verfassungsordnung des demokratischen Rechtsstaates erweist sich gegenwärtig als Herausforderung und Grundproblem theologischer Ethik (§ 17). Das Verhältnis von „Neuinterpretation" und „Veränderung" der Welt — in den Parolen unserer Zeit virulent — ist auf seinen christlichen Gehalt hin zu befragen (§ 18).

§ 16 Das Problem des Widerstandsrechts und der Revolution der Gewaltanwendung

Die mittelalterliche Struktur

Widerstandsrecht im strengen Sinne muß von Widerstandspflicht und Revolution unterschieden werden. Widerstandsrecht fragt nach rechtlicher Legitimation des Widerstandes, während Widerstandspflicht zunächst und im allgemeinen gegenüber zugemutetem Unrecht und sonstiger moralisch-rechtlicher Vergewaltigung nur moralisch legitimiert, nur fallweise auch mit dem Widerstandsrecht verbunden werden kann; Revolution hingegen wird durch ihren etwaigen geschichtlichen Erfolg legitimiert, kann aber ein Widerstandsrecht in sich schließen, wie zum Beispiel in den Freiheitskämpfen der Eidgenossenschaft oder der Niederlande gegenüber der habsburgischen Herrschaft. Widerstandsrecht hat seinen Ort innerhalb der Spannung zwischen Gehorsamspflicht und Widerstandspflicht (moralisch-religiös) und (politisch) zwischen staatlichem Machtgebrauch und Rechtsverletzung, und zwar unter der Voraussetzung der Überordnung des Rechts über den Staat, entweder als Überordnung eines positiven bzw. Gewohnheitsrechtes oder als Überordnung eines Naturrechts vor und über den Staat und sein positives Recht, besonders innerhalb demokratischer Verfassungen, die ihrer Struktur nach bereits das Problem eines legitimen Widerstandes gegen bestehende

Staatsgewalt prinzipiell lösen, als Konsequenz aus dem Bruch der Verfassung, und zum Teil selbst aus dem Widerstandsrecht erwachsen sind.

Kennzeichnend für die erste der beiden Möglichkeiten, die durch positives Recht bestimmte, ist die germanische Rechtsauffassung[1] und ihre Auswirkung im mittelalterlichen Lehens- und Landesrecht im Hinblick auf ein Widerstandsrecht sowohl der (Volks-)Gemeinschaft wie des einzelnen. Treue, also Gegenseitigkeit, und nicht bloß Gehorsam bestimmt das Verhältnis von Untertan und Herrscher. So wurden bei den christianisierten spanischen Westgoten im 6. Jahrhundert von 35 Königen 17 abgesetzt und sogar kraft Widerstandsrechts getötet. Der Sachsenspiegel (III, 78 § 2) formuliert zum Beispiel ein ziemlich allgemeines Widerstandsrecht für „jedermann": „Der Mann muß auch wohl seinem König und Richter, wenn dieser Unrecht tut, widerstehen und sogar dazu helfen, ihm zu wehren in jeder Weise, selbst wenn jener sein Verwandter oder Lehensherr ist. Und damit verletzt er seine Treuepflicht nicht." Der entsprechende Lehensvertrag und seine wechselseitige Treueverpflichtung, dazu die Krönungsgelübde, die den Herrscher an das Recht binden, stellen eine fortgeschrittene formale Fassung dieses Widerstandsrechts dar. Zugleich wird zweitens das Widerstandsrecht im Mittelalter von einem christlichen Naturrecht her fortschreitend legitimiert, wobei die Kirche selbst sich zu der Instanz macht, die, vor allem seit Gregor VII., zum Beispiel durch Verhängung des Kirchenbanns über Herrscher und durch die Inanspruchnahme eines Absetzungsrechts über die Berechtigung konkreten Widerstandes entscheidet und zum Widerstand geradezu herausfordert. Zu Treubruch oder Vertragsbruch kommt jetzt der allgemeine Rechtsbruch maßgebend hinzu. Es fehlt aber auch nicht an Widerspruch gegen das kirchliche Widerstandsrecht, unter anderem mit dem Hinweis darauf, daß das passive Widerstandsrecht der frühen Christenheit nur Duldung und die Waffe des Gebets kennt.

Bei dem mittelalterlichen Ausbau eines Widerstandsrechts innerhalb staatsrechtlichen Denkens werden so zwei Wege beschritten:

1. Der positiv-rechtliche Weg, wie zum Beispiel später bei der Inanspruchnahme richterlicher Befugnis der Kurfürsten gegenüber dem König, den sie, entsprechend ihrer Wahlbefugnis, im Falle des Unrechts auch wieder „abwählen" können, oder wie das in der englischen Magna Charta von 1215 formulierte Recht des Rates der Baronie, den für seine Person und seine Stellung unantastbaren König zur Rückkehr zum Recht zu zwingen oder ihn suspendieren zu können. Dabei wird ein Widerstandsrecht des Volkes bzw. des einzelnen im Zusammenhang mit der Feudalisierung und mit der Ausgestaltung des Ständestaates im 13. Jahr-

[1] Tacitus, Germ. 7: „nec regibus infinita aut libera potestas".

hundert zugunsten eines ausschließlich ständischen Widerstandsrechtes beseitigt. Rechte des gesamten Volkes werden durch Rechte privilegierter Gemeinschaften absorbiert. Aber bis ins 13. Jahrhundert bleibt das Widerstandsrecht trotz der gestaltenden Wirkung des Lehensrechts ziemlich formlos. Bei der theoretischen Begründung des ständischen Widerstandsrechtes verweist man wiederholt auf antike Modelle, auf die spartanischen Ephoren oder die römischen Volkstribunen in ihrer Funktion als Verfassungswächter. Es enthält aber nicht die Befugnis, den Herrscher abzusetzen oder zu töten, trotz Erlaubtheit des Widerstandes mit Waffengewalt. Das Ergebnis dieser Entwicklung ist der „Rechtsstaat" dualistischer Struktur, Herrscher und Stände, und das Widerstandsrecht ist „das aus dem Wesen der Rechtsordnung hervorgehende Korrektiv gegen normwidrige Befehle"[2]. Insofern ist das Widerstandsrecht einer „der klarsten Bestandteile des mittelalterlichen Verfassungsrechts"[3]. Thomas von Aquino hat das entsprechende „regimen commixtum" des Ständestaats als „optimum" gewertet[4].

2. Der naturrechtliche Weg arbeitet mit der Idee der Volkssouveränität und des Herrschaftsvertrages und meldet sich schon Ende des 11. Jahrhunderts theoretisch bei Erzbischof Gebhard von Salzburg (gest. 1088) und bei Manegold von Lautenbach (gest. nach 1103) an. In der theoretischen Ausgestaltung des Widerstandsrechtes im 14. und 15. Jahrhundert (Marsilius von Padua und Johannes von Jandun, Defensor pacis, 1324; Lupold von Bebenburg, Nikolaus von Kues u. a.) stehen die Fragen nach dem Verhältnis von Kaisertum und Papsttum sowie innerkirchliche Verfassungs- und Machtfragen (Episkopalismus, Konziliarismus) im Vordergrund. Diese neue naturrechtliche Argumentation unterstützt in einer im einzelnen noch nicht genügend geklärten Weise auch das positiv-rechtliche Widerstandsrecht und hilft seinerseits dazu, daß das Widerstandsrecht der Landstände im Römischen Reich des 14. Jahrhunderts als Privileg sanktioniert wird.

Im 15. Jahrhundert kommen zur Entwicklung des Widerstandsrechtes monarchomachische Theorien hinzu, zum Teil in Abwehr der durch Vordringen des Römischen Rechts geförderten Gegenlehre von der Fürstensouveränität (zugleich Ansatz einer Ideologisierung des Widerstandsrechtes). Damit tritt in den Zusammenhang des Widerstandsrechtes stärker als bisher das Bild des Tyrannen und die aus Platon und Aristoteles herausgelesene, durch Cicero und Seneca verstärkte Idee des Tyrannenmordes ein. Im allgemeinen verschoben die Monarchomachen mit ihren

---

[2] H. Fehr, Das Widerstandsrecht, Mitt. d. Inst. f. österr. Geschichtsforschung 38, 1918, S. 1—33.

[3] F. Kern, Gottesgnadentum und Widerstandsrecht im frühen Mittelalter, 1914.

[4] Thomas von Aquin, S.Th. 2/I, 95,4.

naturrechtlich-ideologischen Begriffskonstruktionen das positiv-rechtliche aktive Widerstandsrecht der Stände in Richtung auf eine demokratisch-föderalistische Verfassung. Diese Demokratisierung des Widerstandsrechtes, bei der bereits Momente der konfessionellen Spaltung mitwirken, wird dann in Schottland und England weiter ausgebaut, gefördert durch die Lehre von den Grund- und Freiheitsrechten des Menschen (Habeas-Corpus-Akte 1679, Bill of Rights 1689) und vor allem im Anschluß an Milton durch die Puritaner Nordamerikas. Auf dem Kontinent halten sich hingegen im Zeitalter des Absolutismus nur Reste einer naturrechtlichen Widerstandstheorie, während ein positivistisches Widerstandsrecht erst mit der Deklaration der Menschenrechte einerseits, der durch Gewaltenteilung gekennzeichneten Verfassung andererseits in der Französischen Revolution wieder neu beginnt, aber zugleich auch im Blick auf die Gewaltenteilung an Interesse stark verliert, besonders in Deutschland.

Das Widerstandsrecht im Zeitalter der Monarchomachen war verknüpft mit den neuen Forderungen der Glaubens- und Bekenntnisfreiheit. Die beiden großen geschichtlichen Verwirklichungsversuche dieses Widerstandsrechtes sind die Hugenottenkriege und die Freiheitskämpfe der Niederlande. Das weist zurück auf die Frage nach dem Widerstandsrecht bei den Reformatoren.

Die Reformatoren

Gemeinsam ist ihnen neben dem nur für die Privatsphäre gültigen Satz der erlaubten Notwehr, neben dem besonders von Calvin betonten Gedanken, daß Gott „Rächer" erwecken könne und werde, und neben dem Ausweichen vor dem Gewalttäter, das diesem dadurch die Möglichkeit zur Gewalttat entzieht, die Anerkennung des zeitgenössischen positiven Widerstandsrechtes der Stände, aber mit der entscheidenden Erweiterung, die auch den „niedrigen Obrigkeiten" ein Widerstandsrecht zuspricht und ihm so soziologisch wirksame Träger zuordnet, wobei besonders Melanchthon, aber auch Calvin, die antike Ephoren-Theorie aufgreifen und ausbauen, Melanchthon sogar in Verbindung mit der Idee der Volkssouveränität, während Calvin naturrechtliche und auch germanisch-rechtliche Motive ablehnt und Luther mehr oder minder nur widerstrebend die Lehren der Juristen gelten läßt, sich aber vor allem mit dem Problem einer geistlichen Widerstandspflicht des Christen im Kampf zwischen Christus und Satan beschäftigt, die zunächst in der Kirche selbst und erst dann auch im Staat ihren Ort hat.

Luther hat das Widerstandsrecht in seiner Theologie und Rechtslehre wiederholt und als Frage des Grenzfalles in so verschiedener Weise erwogen, daß bis heute das Verständnis seiner Ansicht umstritten ist. Widerstand verbindet sich für ihn immer wieder mit der Vorstellung von Aufruhr. Ein ständisches Widerstandsrecht kommt für ihn erst durch Vorhaltung seitens der Juristen im Blick auf Wandlungen in der verfassungsrechtlichen Lage des Reiches vor Augen. Dazu tritt der Gedanke von Gottes Allmacht, der man auch die Beseitigung „unrechter" Obrigkeit überlassen müsse und die sich unter Umständen in der Berufung von „Wundermännern" manifestiert. Bis 1529 hat Luther jedes aktive Widerstandsrecht gegen die Obrigkeit abgelehnt. Im Hinblick auf die Bedrohung der Reformation durch den Kaiser gibt er dann juristischen Argumenten nach. Zugleich wächst der Gedanke einer theologisch begründeten Widerstandspflicht gegenüber dem Papst. Abgesehen davon hat der einzelne nur das Recht persönlicher Notwehr und des „passiven" Widerstandes, der entschlossenen Gehorsamsverweigerung und ihrer Konsequenzen. Die Fürsten hingegen dürfen dem Kaiser, der die föderalistische Struktur des Reiches mißachtet, zur Aufrechterhaltung der politischen Ordnung gewaltsam widerstehen, und sie müssen es, sofern der Christ überall für die Ordnung einzutreten hat und ein christlicher Fürst einem tyrannischen Kaiser gegenüber für die Wahrung der ersten Tafel des Dekalogs, das heißt: für Reinheit der Lehre und Ordnung der Kirche sorgen soll. Aber weil der Christ unter dem „geistlichen Regiment" Gottes lebt und von daher für das weltliche mitverantwortlich handelt, hat sein Handeln eigentlich doch nur mit geistlichen Mitteln zu geschehen. Sein geistlicher Widerstand, der sich dort, wo die weltliche oder kirchliche Obrigkeit gegen das erste Gebot streitet, nur als Erleiden äußern kann, ist wesentlich Ausfluß einer grundsätzlichen Widerstandspflicht im Kampf zwischen Christus und dem Bösen. Wo weltliche Obrigkeit entgegen dem Naturrecht handelt, hat der Christ für seinen davon betroffenen Nächsten Widerstand zu leisten, vor allem und aktiv gegen einen usurpatorischen Tyrannen, das heißt: gegen jede rechtswidrige Anmaßung von Herrschergewalt, wie zum Beispiel im Bauernkrieg. Der Christ darf also weder einem rechtswidrigen Befehl gehorchen noch die Obrigkeit als (naturrechtliche) Ordnung Gottes selbst gefährden.

Es gibt für Luther aber auch einen Widerstand als göttliches Gebot: nämlich in jenem äußersten Grenzfall, in dem sich die Rechtlosigkeit selbst zum Herrn macht und Herrscherwillkür mit dem Recht gleichsetzt, den menschlichen Machtwillen als die alleinige Quelle des Rechtes gelten läßt. Gegen diesen apokalyptischen Tyrannen (vgl. 2.Thess. 2, 7 ff.) mit seinen totalitären Ansprüchen, der den geistlichen Tyrannen in der Kirche und den weltlichen im einzelnen Staatswesen dämonisch überbietet, kennt Luther eine Revolutionspflicht des Christen. Allerdings begegnet ihm ein solches dämonisch-totalitäres Machtgebilde nur im Papsttum. Und nur der Christ, der um den Unterschied der beiden Reiche und um die Gefahr ihrer Vermengung weiß, erkennt diese äußerste Bedrohung der Ordnung, deren Träger man vernichten muß wie eine „Bestie“[5]. Hier handelt es sich um eine Macht, die sowohl das Evangelium mit Füßen tritt wie auch das weltliche Recht auflöst. Ihr gegenüber ist gewaltsamer Widerstand Pflicht, so sehr Gewaltanwendung im eigenen Interesse oder zur Verteidigung des Evangeliums überhaupt (Kreuzzug) abgelehnt wird. Daß Luther jenes „Untier“ nur im Papsttum geschichtlich vor Augen hat, bestimmt die Grenze dieser Auffassung für ihn selbst. Aber das schließt nicht aus, die Frage einer Ausdehnung dieser Widerstandspflicht auf den Luther noch unbekannten Fall entsprechender Dämonisierung weltlicher Herrschaft zu erwägen.

Faßt man schematisch zusammen, so kann man sagen, daß Luther a) im Falle des „tyrannus ex parte officii“, also des Amtsmißbrauches, ein passives Widerstandsrecht anerkennt, ein aktives nur bei Vorliegen entsprechender verfassungsrechtlicher Bestimmungen. b) Gegen den „tyrannus ex defectu tituli“, den Usurpator, anerkennt er ein aktives Widerstandsrecht auf seiten der für die Ordnung des Ganzen verantwortlichen Stände und Magistrate. c) Dem apokalyptischen Tyrannen gegenüber gibt es eine unbedingte Widerstandspflicht. — Die lutherischen Bekenntnisschriften beschränken sich darauf, daß das Evangelium private Vergeltung verbiete, „daß niemand der Obrigkeit in ihr Amt greife“ (CA XVI, 7) und daß es als Tat der Liebe gebiete, den Gesetzen und der Obrigkeit, auch heidnischer, gehorsam zu sein.

Calvin — erfüllt von Mißtrauen gegen die monarchische Verfassung — hat vor allem im Blick auf die Reformation in Frankreich die Stände als aristokratisches Korrektiv der Monarchie im Zusammenhang mit seiner Bemühung um die Religionsfreiheit und mit seinem Ordnungsgedanken in die Mitte seiner Widerstandslehre gestellt, aber ohne die entsprechenden Theorien des spätmittelalterlichen Widerstandsrechtes als solche zu erneuern. Entscheidend ist, daß Calvin die Stände und die „mittleren Magistrate“ als „populares magistratus“, als die von Gott beauftragten Volksbehörden zur Mäßigung königlicher Willkür, staatsrechtlich und politisch in Anspruch nimmt, ohne jegliche abstrakte politische Theorie, ohne naturrechtliche Doktrin, ohne die Idee der Volkssouveränität und ohne die Konstruktion des Herrschaftsvertrags. Damit hat er durch seine vorsichtige Widerstandspolitik im Kampf um die Glaubensfreiheit der französischen Protestanten die Widerstandstheorien der späteren Monarchomachen und die politische Entwicklung in Schottland vorbereitet. — Beza und Knox sind freilich mit ihrer Widerstandslehre über Calvin hinausgegangen, aber es ist doch zu beachten, daß die in Artikel 14 des schottischen Bekenntnisses von 1560 stehende und vielzitierte Formel

---

[5] Disputation über Mt 19, 21 vom 9. 5. 1539.

„Tyrannei zu unterdrücken“ eingeordnet ist in die Aufzählung der vom Christen „zum Nutzen des Nächsten“ geforderten Werke der zweiten Tafel des Dekalogs und unmittelbar verbunden mit der Forderung, die Schwachen vor der Gewalt des Bösen zu schützen und nicht zu dulden, daß unschuldiges Blut vergossen werde, wenn man es hindern könne. Hier wird nicht nur von erlaubtem, sondern von göttlich gebotenem Widerstand gegen die politische Macht gesprochen, unter Umständen unter Anwendung von Gewalt, aber ausschließlich innerhalb der Verantwortung für den Nächsten und für den Staat.

Juristisch durchkonstruiert werden die bei den Reformatoren zu beobachtenden Elemente und Motive in Frankreich durch die Monarchomachen nach der Bartholomäusnacht, auf deutschem Boden besonders durch J. Althusius in seiner „Politica“ (1603). Hier baut Althusius die Lehre vom Gesellschaftsvertrag und von der Volkssouveränität erstmals wissenschaftlich aus — der regierende Herrscher ist als „maiestas personalis“ der „maiestas realis“ des Volkes untergeordnet — und betont das Gemeinwohl als leitenden Gedanken für alles herrschaftliche Handeln; auch die Auslegung von Röm. 13,4 auf ein Widerstandsrecht, wenn die Obrigkeit ihren gottgegebenen Auftrag verletzt (so Pareus), spielt eine Rolle. Der Gewalt des Volkes sind aber die Schranken des Naturrechts und des göttlichen Rechts gesetzt.

Die neuere Problematik

Die Tradition eines positiv-rechtlichen ständischen Widerstandsrechtes wirkt auch im 19. Jahrhundert nach, allerdings wesentlich in naturrechtlicher Pseudomorphose. — Es ist zuletzt der aus dem Widerstandsgedanken erwachsene konstitutionelle Staat selbst, der das Problem des Widerstandsrechts, so wie es sich im Ständestaat stellte, zum Verstummen bringt, sofern er sich, gerade auch mit der Gewaltenteilung, als „Schutzstaat der bürgerlichen Freiheit“ versteht. Aber diese an der „gleitenden“ Machtübernahme des modernen Totalitarismus manifest gewordene gefährliche Überschätzung der freiheitssichernden Funktion des Rechtsstaates und ein sich immer wieder anmeldendes Schutzbedürfnis der bürgerlichen Freiheit führen dann dazu, daß Widerstandsrecht und Revolution enger aneinanderrücken und daß das Problem der sittlichen Rechtfertigung von Revolution bzw. der sittlich gebotenen Widerstandspflicht die ältere Fragestellung ablöst.

Der politische Totalitarismus im 20. Jahrhundert, besonders der Nationalsozialismus, hat unter diesem Gesichtspunkt die Frage nach dem Widerstandsrecht wieder aktuell und akut gemacht, auch für die Kirchen, für die dabei die Sonderfrage auftaucht, ob das Problem des Widerstandes als ein politisches auch etwas mit dem durch den Glauben bestimmten Christenleben zu tun habe. In der kontinentalen Theologie hat so Karl Barth im Anschluß an das schottische Bekenntnis 1560 vom Glaubensgehorsam her den Gedanken erneuert, daß „der in der Liebe tätige Glaube an Jesus Christus“ unter Umständen „unsere aktive (politische) Resistenz ebenso notwendig“ machen könne, „wie er, wenn wir nicht vor diese Wahl gestellt sind, die passive Resistenz oder auch unsere positive Mitarbeit notwendig macht“[6]. In Überwindung der traditionell-absolutistischen Auslegung des lutherischen Untertanengehorsams hat der norwegische Primas E. Berggrav die Verteidigung des Rechtsstaates als Christenpflicht gelehrt[7] und Luthers Auffassung vom apokalyptischen Tyrannen sinngemäß auf den modernen totalitären Staat angewandt: „Wenn die Obrigkeit ... mit grober Willkür tyrannisch wird, dann gibt es dämonische Zustände und infolgedessen ein Regiment, welches nicht unter Gott steht. Gehorsam einer teuflischen Macht gegenüber wäre aber nichts anderes als Sünde ... Unter solchen Umständen besteht prinzipiell das Recht zum Aufruhr in der einen oder anderen Form“ (so vor dem Lutherischen Weltbund, 1952). Im Bereich des konfessionellen deutschen Luthertums hingegen schwankt man zwischen Auflockerung (Althaus) und starrem Festhalten (Künneth) der altlutherischen Ablehnung jedes „revolutionären“ Widerstandsrechtes. So ist heute die grundsätzliche theologische Erörterung des Widerstandsproblems, veranlaßt durch den Kirchenkampf, auch auf ökumenischer Ebene neu in Gang gekommen. Das bestätigt zugleich die Erkenntnis: „Politische Wissenschaft, wenn sie sich mit dem Widerstandsproblem befaßt, wird zunächst zur Religionssoziologie.“[8] Die Motive für die heutige Beschäftigung mit dem Widerstandsrecht sind wiederum wesentlich in der Erfahrung der Katastrophe auf Grund totalitärer Machtergreifung mit ihren Methoden des Eidmißbrauchs, formaljuristischer Prozeduren, der „Ermächtigungsgesetze“ und anderes mehr zu suchen und in der Frage ihrer Vermeidbarkeit.

Damit ist die Frage des Widerstandsrechts abermals an ihren eigentlichen Ort gerückt: Es geht ihr um die moralische Rechtfertigung der Freiheitssicherung gegenüber dem „tyrannus secundum regimen“, das heißt: gegenüber dem Machtmißbrauch der an sich rechtmäßigen staatlichen Gewalt. Und es geht vor allem um die Frage nach dem politisch wirksamen Träger des Widerstandsrechts. Im modernen Staat, in dem das Berufsbeamtentum der Inhaber der „wirklichen Herrschaft“ (Max Weber) ist und damit ein verantwortlicher Integrationsfaktor in der

---

[6] K. Barth, Gotteserkenntnis und Gottesdienst nach reformierter Lehre, 1938, S. 214; ders., KD III/4, S. 513 ff.

[7] E. Beggrav, Der Staat und der Mensch, 1946.

[8] H. v. Borch, Obrigkeit und Widerstand. Zur politischen Soziologie des Beamtentums, 1954, S. 161.

Gemeinschaft des freiheitlich-demokratischen Staates sein soll (mit und trotz der wesentlich technischen Funktion), kommt ihm bei der Frage des Widerstandsrechts eine ähnliche Rolle zu, wie sie in den reformatorischen Erwägungen zum Widerstandsrecht den „mittleren Magistraten“ zugesprochen wurde. Das moralische Problem der Widerstandspflicht betrifft in der Demokratie gewiß auch den einzelnen Bürger, aber es gewinnt beim Beamten seine besondere Verschärfung, zumal wenn das Widerstandsrecht verfassungsmäßig kaum oder unzureichend (in der BRD nur für Hessen und Bremen) gesichert ist. Das Widerstandsrecht gehört so zu den Erscheinungsformen des staatlichen Lebens als „Integration“ (R. Smend) bzw. als ständigen Prozesses. An diesem ist auch seine Grenze zu bestimmen: „Wo die Integration als ‚Vollzug der Menschenrechte‘ durch Umsturzgefahr bedroht ist, ist der Widerstand legitim. Dieser Satz gilt auch für das Berufsbeamtentum als demokratischen Integrationsfaktor.“[9] Seinen eigentlichen Sinn gewinnt das Widerstandsrecht erst dann, „wenn es als unerläßlicher Bestandteil der freiheitlichen Staatsgesinnung aufgefaßt wird und im klaren, wachen Bewußtsein des Volkes als selbstverständliches Recht lebt“[10].

Es kommt heute darauf an, sowohl für die Öffentlichkeit wie für die Kirche selbst, hinter der Oberfläche mancher Unklarheiten, Ärgerlichkeiten und tastender Unsicherheiten im Bereich der evangelischen Kirchen vor den Problemen politischen Handelns — auch und besonders hinsichtlich des Problems der Anwendung von Gewalt — doch den Aufbruch einer neuen, der Kirche gemäßen grundsätzlichen Einstellung zu erkennen, den immer noch mühsamen Durchbruch durch die Verkrustung jahrhundertealter politischer Karenz und Entmündigung, falscher Weltflucht ebenso wie eines selbstgenügsamen, unkritischen und darum servilen und bedingungslosen Untertanengehorsams.

Und das politische Handeln selbst, in das die Kirche, auch sie, partnerschaftlich gefordert ist, um analog dem Staat den Menschen in Gesellschaft zu besorgen, hat heute die Aufgabe, „die Welt vor dem Chaos zu bewahren“, sie „für den Menschen bewohnbar zu erhalten“[11]. Das bedeutet gegenüber den Jahrhunderten, in denen Politik, ihre Verantwortung, auf den Staat und seine Interessen beschränkt war, in denen man unter Umständen nationalstaatliche Politik betrieb, eine ungeheure Ausweitung, die das Politische sowohl unter dem Einfluß totaler Ideologien erfahren hat wie auch durch die Umgestaltung der politischen Verhältnisse „durch reines Denken“, durch die das Zeitalter der Atomphysik

[9] v. Borch, Obrigkeit, S. 13.

[10] M. Pribilla, Deutsche Schicksalsfragen, 1950, S. 313.

[11] K. Scholder, Ideologie und Politik, 1962.

[12] G. Picht, Laudatio auf C. F. v. Weizsäcker, in: C. F. v. Weizsäcker, Bedingungen des Friedens, [5]1970, S. 32.

begründet wurde[12]. Wir leben in einer von der Wissenschaft beherrschten Welt, in der die Theorie selbst unmittelbar die „radikalste Form der Praxis" ist. Zugleich wird die Politik gleichsam als „Welt-Innenpolitik" (C. F. v. Weizsäcker) vor die Aufgabe einer *Therapie* der Gesellschaft gestellt, zu einem „überaus moralischen Geschäft" (K. Scholder), und genötigt, in Befreiung aus ideologischen Bindungen den Weg einer pragmatischen Politik des Rechts und der Vernunft zu suchen, sich in Glaubwürdigkeit, Rechtlichkeit und Vernünftigkeit zu bewähren — und damit die Autonomie des Ideologischen zu überwinden. Das Mittel der Therapie der Gesellschaft ist allein die Vernunft, und zwar *die* Vernunft, die ihre eigenen Grenzen erkennen kann, die vom Glauben erleuchtete Vernunft.

Für sie einzutreten, ihr zur Wirksamkeit zu verhelfen, die absolute Verantwortung für das Menschsein des Menschen zu wecken und wachzuhalten — das eben verlangt die Lage der Gesellschaft heute nicht zuletzt von der Kirche. Die Neuheit der Fragestellung, durch die Umgestaltung der politischen Verhältnisse bedingt, zeigte sich erstmals auf der Genfer Weltkirchenkonferenz „Kirche und Gesellschaft" im Juli 1966, auf der eine „Theologie der Revolution" zur Stelle war, entstanden vor allem im Blick auf Südamerika und die Dritte Welt. Sie wirkte sich auch zum Teil auf die Vierte Vollversammlung des Ökumenischen Rates der Kirchen im Juli 1968 in Uppsala aus.

Widerstand und Revolution

Für den Übergang von der älteren Fragestellung nach der „responsible society"[13] ist charakteristisch der Genfer Vortrag von H. D. Wendland „Kirche und Revolution" (1966), der einerseits von einer Situation „totaler", nicht nur politischer oder sozialer Revolution spricht, andererseits vom Menschen als freiem „Verwalter, Ordner und Reformator von Staat, Wirtschaft und Gesellschaft"[14] redet und auf dieser Brücke zuletzt doch wieder zum Programm der „verantwortlichen Gesellschaft" zurückfindet: Auftrag des Christen sei „die *Humanisierung* der weltlichen

[13] Vgl. § 9. Zur Theologie der Revolution verweise ich auf folgende Literatur: Zur Theologie der Revolution, EvTh 27, 1967, H. 12 (Sonderheft); H. Gollwitzer, Die reichen Christen und der arme Lazarus, 1968; H. Marcuse, Vernunft und Revolution, 1962; J. Moltmann, Die Revolution der Freiheit, EvTh 27, 1967, S. 595 ff.; Chr. Walther, Die Kirchen vor dem Problem der Revolution, Tutzinger Hefte II, 1968; A. Rich, Revolution als theologisches Problem, Kirchenblatt f. d. ref. Schweiz, 1967, S. 123 ff.; H. J. Benedikt/H. E. Bahr, Kirchen als Träger der Revolution, 1968; Th. Ebert/H.J. Benedikt, Macht von unten. Bürgerrechtsbewegung, außerparlamentarische Opposition, Kirchenreform, 1968.

[14] H. D. Wendland, Die Kirche in der revolutionären Gesellschaft, 1967, S. 92.

Ordnungen, und der kleinste reale Fortschritt, der dabei erzielt werden kann, ist wichtiger als die vollkommenste, christliche Utopie, weil er bestimmten Menschen oder Gesellschaftsgruppen konkrete Hilfe gewährt“[15]. Die Herrschaft Gottes wirke „gleichsam *indirekt* sozial und politisch revolutionär, und zwar nicht durch die Erregung von Aufstand und Aufruhr, nicht durch die Anwendung politischer und militärischer Machtmittel, sondern allein durch das ‚stille‘, machtlose, liebende Handeln und Dienen christlicher Gemeinschaften ...“[16]. Nur auf diese Weise werde die Kirche „als Gemeinde Gottes in der Welt Ursprung und Quellgrund ständig neuer, revolutionärer Veränderungen des Staates und der Gesellschaft“[17].

Aber diese braven Reflexionen wurden alsbald von anderen Darlegungen überholt, die ausgesprochen revolutionäre Utopien entwarfen[18]. Hier konnte man den Satz sagen, „als Form politischer Veränderung stellt Revolution die Messerschneide der Humanisierung dar“ (Shaull). — Diese Differenzen verraten, daß der Begriff der Revolution selbst noch recht unklar war und daß die Gefahr einer Ideologie der Revolution näher lag als die Theologie der Revolution, die sich im besondern mit dem Problem der Gewalt auseinanderzusetzen hat. Von Wendland wurde zum Beispiel die Gewalt aus dem legitimen „weltverändernden Handeln“ der Christen ausdrücklich ausgeschlossen, für Shaull sind Situationen denkbar, in denen Gewaltmaßnahmen für die Heraufführung eines notwendigen Wandlungsprozesses nahezu zwingend sind. Eine notfalls gewaltsame Revolution gilt hier als „obligatorisch für jene Christen, die in ihr den einzigen Weg sehen, auf dem sie das Gebot der Nächstenliebe erfüllen können“. So Castillo-Cardenas aus Kolumbien im Blick auf die Verhältnisse in Lateinamerika[19]. Damit ist das Problem der Gewalt als theologische Frage gestellt. Wie verhält es sich zur gewaltlosen Liebe in der politischen Diakonie? Welche Relevanz hat andrerseits der Begriff der permanenten Revolution für die Ethik, wie steht es überhaupt mit dem Begriff der Revolution?

Ein einigermaßen deutlicher Begriff der Revolution läßt sich erst am geschichtlichen Erscheinungsbild moderner, durch die Französische Revolution eingeleiteter Umwälzungen gesellschaftlicher Verhältnisse gewinnen. Er ist durch drei Momente bestimmt: 1. durch die Gewaltsamkeit der Veränderung des politischen Zustands; 2. durch das Auftreten als Gruppen- und Massenbewegung und 3. durch die ideologische Programmatik positiver sozialer Zielsetzung (Griewank). Gemessen daran fehlt der christlichen Tradition ein eindeutiger Revolutionsbegriff, zumal in ihr die negative Wertung der Revolution als Aufruhr, Revolte, „sedi-

[15] Ebd. S. 94.
[16] Ebd. S. 90.
[17] Ebd. S. 96.
[18] Vgl. EvTh 27, 1967, H. 12.
[19] Ebd. S. 638.

tio" überwiegt, die positive aber von verschiedenen Fassungen theologischer Geschichtsdeutung abhängt. Für diese sind zwei Grundanschauungen im Rahmen der für das Christentum charakteristischen theologischen Auffassung des Geschichtsverlaufs bestimmend:

a) die Idee einer heilsgeschichtlichen Entwicklung und

b) der Gedanke des immer wieder eintretenden Abfalls vom Heil.

Dementsprechend zeigen sich zwei Grundlinien auf dem Hintergrund dessen, daß das Christentum als solches infolge der evangelischen Reichgottesbotschaft die Revolution schlechthin bewertet als Heraufführung der eschatologisch zu verstehenden absolut neuen (End-)Zeit, nämlich:

a) Revolution als spiritualistisch-apokalyptische, chiliastische Herbeiführung der Endstufe in der Entwicklung des Gottesreichs (Joachim von Fiore) oder als der damit gleichgesetzten, vielfach auch naturrechtlich interpretierten Erneuerung des paradiesischen Zustands am Ende der Zeiten (radikales Täufertum) und

b) Revolution als Wiederherstellung, als Restauration der Ideale des Ursprungs, als Rückkehr bzw. Reformation zur Freiheit und Apostolizität der Kirche (so schon in der hierarchischen Revolution Gregors VII.), als Wiedergewinnung des alten Wahren oder als zum Teil naturrechtlich begründete Wiederaufrichtung der alten, gottgewollten Ordnungen sozialen und politischen Daseins (wie zum Beispiel im Bauernkrieg 1524/25).

Gemeinsam ist allen Auffassungen ein zuletzt eschatologisches Kampfmotiv, das Mit- und Gegeneinander von „civitas Dei" (als Vollendungsgestalt der menschlichen Gesellschaft und ihres Friedens) und „civitas terrena" (als Bereich permanenten Machtmißbrauchs, Rechtsbruchs und ständiger Entzweiung), und der Zielgedanke der Realisierung der wahren Menschheit als Volk Gottes. Diese Motive bestimmen in säkularisierter Gestalt dann auch den absoluten marxistischen Revolutionsbegriff und seine Heilsbotschaft. Sie können die Idee der Wiederherstellung der alten Ordnung zugleich einschließen, als die sich zum Beispiel die Glorious Revolution in England (1688) verstand. Gemeinsam ist aber auch eine mit konkreten wirtschaftlichen Veränderungen (Geldwirtschaft, Frühkapitalismus, Großbürgertum, Verarmung des Adels, Handwerkerproletariat) zusammenhängende Wandlung der faktischen sozialen Verhältnisse, in die im 16. Jahrhundert die Reformation durch ihre prinzipielle Entklerikalisierung der Gesellschaft als Katalysator einwirkte. „Revolution" ist die Reformation genau an dieser Stelle durch die grundsätzliche Überwindung der horizontalen Zweigliederung der Gesellschaft in geistlichen und weltlichen Stand. Auch dies ist als Rückführung zur gottgewollten Ordnung des gleichberechtigten (vertikalen) Nebeneinander der drei „Stände" kirchlichen, politischen und wirtschaftlichen Daseins gedacht, deren jedem jeder Mensch in individuell verschiedener Weise zugehört. Von da aus erscheint die klerikalisierte Gesellschaft des Mittelalters mit ihrem weltlichen Herrschaftsanspruch der Kirche als *Tyrannei*, diese selbst (entsprechend mittelalterlicher, schon von Thomas vertretener Auffassung) als „seditio“, als *Aufruhr*. Dies führt — wie wir sahen — vor das Problem des Widerstandsrechts, auf das sich im Rahmen eines konservativen weltanschaulichen Ordnungsdenkens vor allem des Luthertums das Problem der Revolution als positiv zu bewertender historischer Notwendigkeit zumeist reduziert und von dem aus es zugleich in engen Schranken gehalten wird. Während man im reformierten Lager im Zusammenhang mit dem Ringen um Religionsfreiheit sich um eine positiv-rechtliche Fassung der ständischen Widerstandspflicht bemühte, mit den Grundgedanken von Volkssouveränität und Herrschaftsvertrag, und so sich der Demokratie als „permanenter Revolution“ öffnete, ist das Luthertum viel stärker durch seinen personalen Obrigkeitsbegriff und durch den Gedanken des theonomen (Macht- und Autoritäts-)Staates als Schöpfungsordnung gebunden, so daß es im 19. Jahrhundert (Fr. J. Stahl, A. Fr. Chr. Vilmar) die Revolution gradezu als Offenbarung des Unglaubens, als die Sünde schlechthin, als „die Manifestation des Bösen“, als die „vielleicht letzte Stufe in der Entwicklung des Kampfes zwischen den Geistern des Lichts und der Finsternis“ in der Geschichte perhorreszierte. Das bestimmt zum Teil bis heute das theologische Urteil über die Französische Revolution als Brunnenstube modernen Unglaubens, der sich in Liberalismus und Sozialismus politisch auswirkt. Im Hintergrund steht der lutherische Sündenpessimismus, für den jene Revolution eine dämonische Versuchung darstellt.

Das theologische Problem der Revolution führt aber heute vor die grundsätzliche, noch nicht eindeutig beantwortete Frage, ob der Christ auch dazu berufen sei, die „Welt“, das Leben des Menschen in Gesellschaft, um des Menschseins des Menschen willen zu *verändern* durch den Kampf gegen Unrecht und Unfreiheit, um so zugleich für die Königsherrschaft Christi in „politischem Gottesdienst“ Zeugnis abzulegen und damit zum Revolutionären des Ursprungs des Christentums zurückzukehren. Demgegenüber stellt die Reduktion von „Revolution“ auf „Widerstandsrecht“ eine Verkürzung des gebotenen Zeugnisses unter negativem Aspekt dar. Der systematische Grundbegriff der Revolution lautet bekanntermaßen „Veränderung“ (vgl. K. Marx, Thesen über Feuerbach: „Die Philosophen haben die Welt nur verschieden interpretiert, es kommt aber darauf an, sie zu verändern“). Weltveränderung heißt im vormarxistischem Verständnis das Umstürzen der Ordnung zum Zweck der Etablierung einer neuen Ordnung (Französische Revolution; Russische Oktober-Revolution). Die neue Ordnung versteht sich dabei als endgültig. Für Marx bedeutet Veränderung die Umsetzung einer totalen Philosophie in die politische Praxis. Nachmarxistisch (bei Garaudy, Marcuse, Lefèbre u. a.) ist Veränderung nicht orientiert an Ordnung, auch nicht die Umsetzung einer totalen Philosophie, sondern der neuen Wissenschaftstheorie entsprechend: Modell, Entwurf, Hypothese — Hypothesen, die in Permanenz verifiziert werden, Entwürfe, die in Permanenz korrigiert werden, Modelle, die in Permanenz abgewandelt werden müssen.

Zur Diskussion steht bei der „Theologie der Revolution" heute dieser Begriff von „Veränderung". Er ist kritischer und radikaler als die anderen. Seine ethische Verifikation zielt dabei nicht auf gemeinsame praktische Ziele, sondern auf Übereinstimmung in der Theorie.

Sie hat dabei zu bedenken, daß das *ethische Prinzip* der Revolution auf dem Vorrang der Zukunft vor der Gegenwart ruht. Die Zukunft ist der Ort, an dem die Ethik der Revolution verifiziert wird. Das heißt unter theologischem Aspekt: Prophetie, Messianismus, das Kommen Gottes. Zusammengefaßt: „Die Ethik der Revolution sucht die maßgebliche Wirklichkeit allein in der Zukunft. Ihre Theologie erneuert den vorchristlichen Messianismus. Das Bewußtsein der Distanz gegenüber allen Gegebenheiten in Kirche und Welt veranlaßt zu neuer Erarbeitung von Theologie überhaupt" (Sauter).

Die „Theologie der Ordnungen" ist — so darf man vielleicht sagen — ein *post*christlicher Messianismus ohne messianischen Inhalt, ohne Impulse der Hoffnung.

Die Theologie der Revolution vertritt einen *vor*christlichen Messianismus, der alle Vergangenheit zerstört.

Der Messianismus in christologischer Interpretation hingegen rechnet mit einer in der Gegenwart wirksamen, siegergreifenden Zukunft im Sinn einer Prolepse. Das entspricht einer Ethik der Königsherrschaft Christi, für die das Kommen des Reiches in Verborgenheit sich gerade im Setzen von Veränderungen in der Welt um des Menschseins des Menschen willen manifestiert. Das Evangelium wirkt hier als Angriff auf die Nöte der Welt im Sinn einer richtungweisenden Konstante. Der Akzent liegt auf „Angriff". Denn das Zeugnis der gewaltlosen Liebe, das dem Evangelium so konform zu sein scheint und wohl auch ist, „wird nur dort wahr, wo sie nicht quietistisch oder gar ideologisch verstanden wird" (wie in einem prinzipiellen Pazifismus), „sondern wo sie evangelisch ernst bezeugt wird — also revolutionär, im Angriff auf die menschenlosen und gottlosen Strukturen der Welt im Licht des Reiches Gottes. Nur in der ökumenischen Solidarität mit den hungrigen und bedrückten Menschen der Entwicklungsländer, im Unterstützen ihrer gerechten revolutionären Forderungen, können die satten und privilegierten Christen Europas heute ein Zeugnis der gewaltlosen Liebe glaubwürdig bekennen". Nur „im Gefälle der Nachfolge des kommenden

Gottesreichs" kann das Problem von Gewaltlosigkeit und Gewalt in bewegter Dialektik durchgehalten werden, auch gegenüber der Gefahr einer beide, Gewalt und Gewaltlosigkeit, trennenden Ideologisierung der Standpunkte und Motive. Das historische Beispiel dafür ist die böhmische Reformation. Das Motiv jener Nachfolge verband sie, „auch wenn sich die konkreten Wege dieser Nachfolge getrennt haben: bei den Hussiten im Versuch, sie auch auf das Leben der ganzen Gesellschaft verändernd anzuwenden (also mit dem brennenden Problem einer verantwortlichen Gewaltausübung); bei Chelčicky und den Brüdern im Versuch, die verbindliche Autorität Jesu Christi unverkürzt in der christlichen Minoritätsgemeinde gewaltlos zu verwirklichen"[20].

Man wird dieses „Modell" im Auge behalten müssen bei dem heute in der Sozialethik betretenen Weg von einer Ethik der „Ordnungen" zu einer Ethik der „Wandlungen"[21]. Der erste Schritt ist hier die Lösung von der „christlichen" Diskriminierung der Revolution, vor allem im deutschen Luthertum, in der neueren Zeit von Vilmar, bei dem die Kirche „inkarnierte Antirevolution" ist, letzter Hort der Legalität, bis hin nicht nur zu O. Dibelius, der eine Theologie der Revolution schroff verwarf, sondern auch, zum Teil wenigstens, zu Bonhoeffer („Es gibt nach der Hl. Schrift kein Recht auf Revolution"[22]) und etwa W. Trillhaas, der in seiner Ethik Revolution bewertet als „die Entfesselung der Selbstsucht, die Verfälschung der Wahrheit, der Auflösung aller Bande der Ehrfurcht; das Unterste kommt nach oben ..."[23].

Der Weg von einer Ethik der Ordnungen zu einer Ethik der Wandlungen bedeutet den tiefsten Einbruch in den konservativen Hang der bisherigen abendländisch-christlichen Tradition. Ordnung oder Ordnungen können nicht „Fixstern unserer ethischen Entscheidungen" sein. Denn in der Welt sehr zweideutiger Ordnung und Ordnungen kann es dem christlichen Gehorsam nicht zuerst darum gehen, diese zweideutige Welt religiös zu verklären (wie die Kirche in bezug auf die gegebene Gesellschaft meistens tat!): „Es geht darum, diese Welt zu verändern, sie zu ‚humanisieren'" (nach dem Menschen Gottes!) — „bestimmt nicht ‚um jeden Preis', abstrakt, sondern konkret: im Lichte der evangelischen Menschlichkeit."[24] Der christlichen Ethik ist heute primär Transformation der Gesellschaft geboten. Darüber wurde man sich in Genf 1966 prinzipiell einig. Strittig blieben die Wege dazu.

„Die Eschatologie des christlichen Glaubens (entbindet) eine revolutionäre Menschlichkeit."[25] Die These einer „realistischen Skepsis" mit

---

[20] J. M. Lochman, Ökumenische Theologie der Revolution, EvTh 27, 1967, S. 640 f.

[21] Vgl. H. J. Iwand, Von Ordnung und Revolution, in: Nachgel. Werke II, 1966, S. 153 ff.

[22] Bonhoeffer, Ethik, S. 273.

[23] Trillhaas, Ethik, S. 424.

[24] Lochman, Theologie, S. 644.

[25] A. Rich, Glaube in politischer Entscheidung, 1962, S. 96.

dem Satz: „Die Welt und die Menschen ändern sich nicht“[26] stimmt nicht. Konstant bleibt, eben als „richtungweisende Konstante“, das Evangelium als Botschaft der „Revolution Gottes gegen alle Gottlosigkeit und Ungerechtigkeit der Menschen“[27]. *Sie* muß festgehalten werden, auch wenn eine als christlich sich ausgebende Ideologie der Revolution im Sinn permanenter Veränderung per se gerade das Evangelium den veränderten Verhältnissen anpassen will.

Theologie und Kirche, die selber weltbezogen und gesellschaftsgeprägt existieren, müssen die empirische Wirklichkeit hermeneutisch als den Ort bedenken, an dem sie leben und an den sie gewiesen sind. Sie geben sich jedoch preis und bleiben der Gesellschaft das ihnen anbefohlene Wort schuldig, wenn sie in der empirischen Wirklichkeit die sachliche Begründung ihres Wesens und die inhaltliche Bestimmung ihres Auftrags finden wollen.

§ 17 Das Problem des demokratischen Rechtsstaates als im besonderen heute gestellte Aufgabe

„Es hat keinen Sinn zu sagen, Rechtsstaat, Politik, Wirtschaft sind der Herrschaft Christi zu unterstellen. Die Ordnungen können und sollen nicht christianisiert, sondern unter jenen Willen (sc. den Schöpfungs- und Erhaltungswillen) Gottes gestellt und nach ihm ausgerichtet werden. Hier liegt der grundlegende Unterschied evangelischer und schwärmerischer Ethik der Ordnungen“[1] — dieser Satz von Althaus verrät, daß der Rechtsstaat dem deutschen Protestantismus insbesondere zum Problem geworden ist, weil er vergessen oder nicht zur Kenntnis genommen hat, wie sehr der Rechtsstaats-Gedanke, der „im Laufe des 19. Jahrhunderts zu einer zentralen Vorstellung des deutschen Staatsdenkens geworden ist“ (Scheuner), Frucht einer „säkularen“ Auswirkung der Evangeliumsverkündigung von der Herrschaft Jesu Christi ist, sowohl als liberaler wie als sozialer Rechtsstaat.

Auch W. Trillhaas hat in einem gerade auch für die hier auftauchenden Verlegenheiten bezeichnenden und für das Bemühen, aus ihnen herauszukommen, aufschlußreichen Aufsatz über „Die lutherische Lehre von der weltlichen Gewalt und der moderne Staat“[2], in dem sich auch die nahezu zum geflügelten Wort gewordene Feststellung findet, daß für die lutherische Theologie „bis zur Stunde die Demokratie ... das eigentlich

[26] Trillhaas, Ethik, S. 425.
[27] K. Barth, KD III/4, S. 626.

[1] Althaus, Ethik, S. 12.

[2] Macht und Recht, Beiträge zur Lutherischen Staatslehre der Gegenwart, hg. von H. Dombois und E. Wilkens, 1956, S. 22 ff.

unbewältigte Thema" darstelle[3], den Begriff des Rechtsstaates nur ganz kurz erwähnt und unverbindlich-skeptisch beurteilt: „Man wird mit der Handhabung des Begriffes Rechtsstaat sehr vorsichtig sein und sich jedenfalls auf Schritt und Tritt der Vieldeutigkeit des Begriffes bewußt bleiben müssen."[4] Selbst wenn man das lediglich als Ausfluß einer mehr oder minder modischen Zurückhaltung hören wollte, es umschreibt gleichwohl die heutige Stellungnahme zum Problem im Durchschnittlichen lutherischer Theologie. Wie denn überhaupt der ganze Aufsatz noch deutlich genug die herkömmlichen Bindungen und auch Hemmungen im lutherischen Staatsdenken nicht nur zum Teil selbst kritisch referiert, sondern auch einfach unwillkürlich in der eigenen Gedankenführung spüren läßt. So, wenn zum Beispiel das „eigentliche Problem" immer noch „bei der Metaphysik des Staates" gesucht wird[5]; oder wenn auf die „Tatsache" verwiesen wird, daß „die Demokratie einer Fixierung einer Autorität in bestimmten Personen abhold ist und daß sie dazu neigt, die Staatsautorität, sofern von ihr überhaupt die Rede ist, in der Anerkennung vorhandener Grundsätze, also in der bloßen Legalität begründet zu sehen"[6], wenn man also Demokratie bzw. den mit ihr kurzerhand gleichgesetzten Rechtsstaat nur in einem liberalistisch-dezisionistischen Sinne zu verstehen vermag. Oder wenn zusammenfassend erklärt wird: „Die lutherische Staatstheologie übt ... ihre Kritik an dem Autoritätsverfall des heutigen Staates aus einem Tiefblick in das Wesen der Dinge, demgegenüber alle puritanischen und womöglich gar ‚christologischen' Begründungen staatlicher Ordnung bloß als Harmlosigkeit bezeichnet werden können."[7] Das geht in einer zuletzt doch etwas eiligen Weise an der heutigen Diskussion vorbei. Und es überrascht demgegenüber, wenn der Verfasser dann doch betont: „Die Reformatoren haben von Anfang an etwas von der Mitverantwortung des Christen am staatlichen Leben gewußt. Und alle Mitverantwortung ist zukunftsbezogen."[8]

Belastungen durch die Tradition

Die theologische und das heißt weithin zugleich: lutherische Tradition im Staatsdenken innerhalb des deutschen Protestantismus ist — wie wir sahen — belastet durch ihre Herkunft aus dem zeitgebundenen, sich weithin auch biblizistisch legitimierenden Obrigkeitsdenken der Reformation, das zugleich durch die kirchenrechtliche Figur des landesherrlichen Kirchenregiments verstärkt und durch die romantisierende Erweckungsbewegung sowie den Idealismus verklärt worden ist. „Staat"

[3] Ebd. S. 26.
[4] Ebd. S. 25.
[5] Ebd. S. 28.
[6] Ebd. S. 32.
[7] Ebd.
[8] Ebd. S. 33.

wird hier im wesentlichen im Schema von Obrigkeit und Untertan vom Fürsten her gedacht, von der Autorität und der Machtbefugnis und gewiß auch von dem Fürsorgeauftrag des als „Amtmann“ Gottes interpretierten Herrschers aus. Bis in die neueste lutherische Ethik hinein lebt diese Gestalt weiter, wobei, ansetzend beim Gedanken der göttlichen Stiftung des Staates, der Staat selbst als „in seinem Wesen göttlich“ angesehen wird. Begründung: „Alle Machtbegründung in der Welt“ muß eben „als Setzung Gottes“ verstanden werden. Man redete von der „theonomen Wirklichkeit“ des Staates, davon, daß staatliche Souveränität teilhabe an der Souveränität Gottes. „In der Anordnung und Gewährung von Macht, die außerhalb Gottes eine Gültigkeit besitzt, vollzieht sich eine Übertragung eines Stückes göttlicher Schöpfermacht auf die Menschen“ (Künneth). Obrigkeit wird dadurch zum „Organ“ der Macht Gottes. In ihr kommt „das Gottesgesetz der Über- und Unterordnungen zur Durchsetzung“ als „unaufhebbare Urbeziehung des menschlichen Zusammenlebens“. Weil Obrigkeit von Gott herkommt, sind die Träger ihrer Vollmacht „Stellvertreter, Platzhalter, Beauftragte Gottes“.

Auf der anderen Seite stehen gewisse Anfänge zu einem Umdenken. Sie sammeln sich in jenem Bereich, der im wesentlichen von den lutherischen Vertretern als „christologische Staatsbegründung“ in einer sachlich nicht ganz zutreffenden Weise bezeichnet und a limine abgewiesen werden. Auf dieser Linie liegen auch die neueren Erinnerungen an die für die theologische Ethik des Politischen maßgebende und wegweisende Parole des „Rechtsstaates“, etwa bei Karl Barth, aber auch bei Bischof Berggrav, insbesondere in seinem Vortrag auf der Vollversammlung des Lutherischen Weltbundes 1952 in Hannover[9]. Er hat damals nicht nur alsbald lutherischen Protest (im deutschen Bereich) ausgelöst, sondern zugleich auch dazu geführt, sich versuchsweise kritisch mit seinen Thesen zu beschäftigen. Die Ansätze zu solchem Umdenken sind auf deutschem Boden in der Erfahrung mit der „legalen“ Umformung einer rein liberal-dezisionistisch verstandenen Rechtsstaatlichkeit zur Diktatur des totalen Staates zu suchen.

Es kann nun nicht die Aufgabe einer theologischen Besinnung auf das Problem des Rechtsstaates sein, die geistesgeschichtliche Herkunft der Rechtsstaats-Vorstellung, die mannigfaltigen Theorien des Rechtsstaates und die verschiedenen Formen seiner verfassungsgeschichtlichen Gestaltung und staatspolitischen Wirklichkeit im einzelnen vorzuführen und zu beurteilen. Zur Verdeutlichung dessen, worauf es heute, nach jener katastrophalen Depravierung rechtsstaatlicher Elemente auf „legalem“

[9] E. Berggrav, Staat und Kirche in lutherischer Sicht, in: Das lebendige Wort in einer verantwortlichen Kirche, 1952, S. 78—86.

Wege in der Diktatur des Dritten Reiches, ankommt bei einem Aufbau eines demokratischen Rechtsstaates an Stelle einer rechtsstaatlichen Demokratie, genügt ein Vergleich zwischen der Weimarer Verfassung und dem Bonner Grundgesetz. Die Weimarer Reichsverfassung ist gekennzeichnet durch das rechtsstaatliche Legalitätsprinzip des bürgerlich-liberalen Rechtsstaates. Er war „ein aus der Abwehr des Bürgertums gegen die absolute Monarchie entstandener politischer Formalbegriff, dessen Kern neben der Gewaltenteilung und der richterlichen Kontrolle der Verwaltung die Herrschaft des von der Volksvertretung beschlossenen Gesetzes war“[10]. Die Grundrechte erscheinen in ihr nicht als „Gewährleistung vorstaatlich gedachter Grundfreiheiten, sondern als Gewährung seitens des Staates“. Daher kann der Verfassungsgesetzgeber die Grundrechte jederzeit ändern, sogar beseitigen. Beim Übergang zum Dritten Reich ist das „legal“ durch das Neuaufbaugesetz vom 30. Januar 1934 geschehen. Im wesentlichen waren die Grundrechte nur technische Mittel zur „Ausgrenzung“ bestimmter Freiheitsräume gegenüber dem Staat. (Man darf freilich nicht übersehen, daß eine solche enge Auslegung der Grundrechte als bloß individueller negativer Abwehrrechte gegen den Staat eine Einseitigkeit darstellt, die weder für das 19. Jahrhundert in Deutschland uneingeschränkt gilt, noch auch für den angelsächsischen Bereich.) R. Smend hat in seiner berühmten Rede von 1933 „Bürger und Bourgeois im deutschen Staatsrecht“[11] dargetan, daß der Begriff des bürgerlichen Rechtsstaates, für den die Grundrechte „die magna charta des unpolitischen bürgerlichen Individualismus“ (C. Schmitt) darstellen, daß dieser „bourgeoise Rechtsstaat“ zwar in der Literatur im Vordergrund zu stehen scheint, aber keineswegs der Wirklichkeit der deutschen Verfassungsgeschichte und des geltenden Staatsrechts auch der Weimarer Republik entspreche. Vielmehr entsprechen die „Grundrechte und Grundpflichten“ im zweiten Teil der Weimarer Verfassung dem Versuch, „die verschiedenen Bevölkerungsteile mit Freiheiten und Sicherungen“ auszustatten, „die für diese Gruppen als Voraussetzung wirklicher, nicht nur formaler staatsbürgerlicher Freiheit und ihrer Betätigung gerade angesichts der Formaldemokratie notwendig erscheinen“[12]. Der „sittliche Beruf des Staatsbürgers“ stehe als „sinngebende Voraussetzung“ dahinter. Und zumindest habe der Gedanke „des dem Staat sittlich verpflichteten Bürgers“ gegenüber dem „des sich von ihm distanzierenden Bourgeois“ als Voraussetzung des positiven Staatsrechts im 19. Jahrhundert den Vorrang. „Nur wenn man hier den sittlich gebundenen Bürger einsetzt, dem je nach seiner besonderen Eigenart hier sein besonderes staatsbürgerliches Berufs- und Standesrecht im Rahmen des Ganzen zugeteilt

[10] G. Schnorr, Die Rechtsidee im Grundgesetz, Archiv f. öff. Recht 85, 1960, S. 122.
[11] Staatsrechtliche Abhandlungen, 1955, S. 304 ff.
[12] Ebd. S. 319.

wird, nur dann bleibt der Grundgedanke der Verfassung erhalten, ein Volk in Form zu bringen, in der es handelnde Einheit wird und seine geschichtliche Aufgabe erfüllen kann, die ihm gestellt ist."[13] Gleichwohl wird man nicht leugnen können, daß in der Zeit der Weimarer Republik dann doch der Einsatz eines solchen Bürgertums zu schwach gewesen ist und die Möglichkeit der „bourgeoisen" Interpretation der Weimarer Reichsverfassung einem individualistischen oder Gruppenegoismus weiten Spielraum bot. Der Rechtsstaat war hier tatsächlich, wie es in einer hochgradig formalistischen Definition von E. Forsthoff lautet, ein „System rechtstechnischer Kunstgriffe zur Gewährleistung gesetzlicher Freiheit". Das entspricht sowohl dem Demokratiebegriff der Weimarer Republik als auch dem alles beherrschenden Legalitätsprinzip der Weimarer Reichsverfassung von 1919.

Beides nun will das Bonner Grundgesetz vermeiden. „Es setzt der Legalität alles staatlichen Handelns die Legitimität, d. h. die inhaltliche Rechtfertigung und Begrenzung der Staatsgewalt durch die Wertgehalte der Rechtsidee entgegen, wenn es in Art. 20 Abs. 3 bestimmt: ‚Die vollziehende Gewalt und die Rechtssprechung sind an Gesetz und Recht gebunden.'" Wie immer diese Formulierung zu interpretieren sein wird, sie unterscheidet sich wesentlich von der strikten Gesetzesbindung einer Verfassung bürgerlich-liberalen Gepräges. Offen bleibt hier freilich die Frage — und das wird für unsere Erwägungen wichtig sein —, was die in Art. 20 Abs. 3 ausgesprochene Bindung an das „Recht" meint. Der Grundrechtssatz von der Menschenwürde dürfte hier den entscheidenden Hinweis geben können, denn mit ihm ist zugleich gesagt, daß im Bonner Grundgesetz die Grundrechte wieder als vorstaatliche, vom Staat zu gewährleistende, nicht als vom Staat gewährte anzusehen sind. Von ihnen her begrenzt das „Recht" die Staatsgewalt in einer unverfügbaren Weise. Hier ist der Ort der absoluten Normen des Rechtsstaates, von denen aus Demokratie und Rechtsstaat nicht in der Form einer „rechtsstaatlichen Demokratie", sondern als „demokratischer Rechtsstaat" (W. Kägi) zusammengeführt werden können, zumal sich rechtsstaatliches und demokratisches Ideal in der Gemeinsamkeit des sie bestimmenden Menschenbildes treffen. Es sind in der Tat die Grundrechte, die dazu berufen sind, „das Recht aller Stufen auf den rechtsstaatlichen Ausgangspunkt zurückzuführen, auf die Würde des Menschen" (H. Huber).

---

[13] Ebd. S. 323.

Theologische Beurteilung des Rechtsstaates

Damit aber, mit dem Komplex der aus der Vorgegebenheit der Würde des Menschen abzuleitenden und abgeleiteten Grundrechte, ist nun zugleich die Stelle genannt, an der am ehesten der Versuch einer theologischen Beurteilung des Rechtsstaates wird ansetzen können. Von da aus hätte wohl auch eine positive, das heißt: aufbauende Kritik der Weimarer Verfassung seitens der Kirchen ausgehen müssen, die darauf bedacht gewesen wäre, sozusagen die Eigengesetzlichkeit des Legalitätsprinzips durch die immer wieder geltend gemachte Frage nach der Legitimität zumindest einzuschränken. Es handelt sich im Grunde um das, was wir gerade auch im Verlauf des Kirchenkampfes neu zu lernen begonnen hatten, als wir uns gegenüber der zum Teil fragwürdigen Legalität der Reichskirchenregierung, des Reichsbischofs Müller oder des EOK-Präsidenten Werner auf die von der Sache der Gemeinde Jesu Christi her entscheidende Legitimität kirchlicher Ordnung beriefen. Die hier für den Bereich des Kirchenrechts von uns ansatzweise wieder gewonnenen Erkenntnisse können dazu verhelfen, bei dem uns heute gestellten Thema etwas weiterzukommen. Sie ermöglichen zunächst so etwas wie eine theologisch vertretbare Entscheidung zwischen den beiden auch auf das Bonner Grundgesetz angewendeten entgegengesetzten Auslegungsprinzipien, von denen das eine stärker durch den Gedanken der Legalität, das andere stärker durch denjenigen der Legitimität bestimmt zu sein scheint.

Die eine Auffassung knüpft, obwohl sie nicht in Positivismus verfallen will, im Prinzip an jene Formalisierung des Rechtsstaatsgedankens an, die sich besonders seit der Mitte des 19. Jahrhunderts in Deutschland durchgesetzt hat. Für sie ist die Vorherrschaft des Grundsatzes der Gesetzmäßigkeit aller Staatshandlungen, und zwar ohne konstitutive Basierung auf Gewaltenteilung und freiheitlichem Verfassungsprinzip, charakteristisch. Das rechtsstaatliche Element wird auf bloße „Schranken und Kontrollen“ des Staates reduziert, und die Grundrechte werden wesentlich technisch verstanden als Ausgrenzung einer Freiheitssphäre des Invidivuums gegenüber dem Staat. Entscheidend bleibt das Legalitätsprinzip. Diese Auslegungsrichtung, die innerhalb ihrer Verfassungstheorie stärker an dem herrschaftlich-staatspolitischen als an dem rechtsstaatlichen Aspekt interessiert ist, geht von der Gesetzesform der Verfassung aus und verlangt eine spezifisch juristische Auslegung, deren Methode zuletzt auf den Neukantianismus Max Webers und den Dezisionismus eines C. Schmitt zurückweist. Sie stellt diese Methode einer geistesgeschichtlichen bzw. geisteswissenschaftlichen entgegen. Und für sie tritt das rechtsstaatliche Element jeweils dort entscheidend in Erscheinung, wo das herrschaftlich-staatspolitische Handeln des Staates in Freiheit und Eigentum eingreift. Wichtig ist für sie ferner ein elementares dialektisches Verhältnis zwischen Staatlichkeit und Rechtsstaatlichkeit. Im Zusammenhang mit der Gesetzesform der Verfassung ist daher für sie der Rechtsstaat „seinem Wesen nach nicht eine organisierte Gesinnungs- und Erlebniseinheit, sondern ein institutionelles Gefüge, oder um es kraß zu formulieren, ein System rechtstechnischer Kunstgriffe zur Gewährleistung gesetzlicher Freiheit" (Forsthoff). Ihr zentral bestimmender Gedanke ist der, daß besonders für die Bundesrepublik, die stärker als andere freiheitliche Staaten im Schatten der modernen Industriegesellschaft stehe, der Staatsbegriff wiedergewonnen werden müsse als Kristallisationskern des Politischen, und daß dies davon abhänge, daß die Legalität noch stark genug sei, sich durchzusetzen und in Krisensituationen sich als Hort der Neutralität gegenüber widerstreitenden partikularen Interessen zu bewähren. Die wesentlichen Strukturelemente des Rechtsstaates: Gewaltenteilung, allgemeines Gesetz, mit Vorrang ausgestattetes Verfassungsgesetz, Prinzip der Gesetzmäßigkeit in Verwaltung, Gewährleistung der Grundrechte, Unabhängigkeit der Gerichte — alles das wird bei solcher Auslegung hochgradig formalisiert.

Obwohl man in der Sorge um die Wiedergewinnung von Staatlichkeit für die Bundesrepublik ein berechtigtes Anliegen bei dieser Auffassung wird anerkennen müssen und auch den Gedanken der Legalität wird nicht preisgeben dürfen, scheint mir diese Auslegungsrichtung doch dem traditionellen Formalismus und dem Legalitätsprinzip des ausgehenden 19. Jahrhunderts und zum Teil der Weimarer Republik verwandt zu sein. Sie scheint mir nicht dem zu entsprechen, was die Väter des Bonner Grundgesetzes gerade auch im Hinblick auf die an der verfassungsgeschichtlich legal aufgerichteten Diktatur des Dritten Reiches offenkundig gewordene Schwäche des reinen Legalitätsprinzips mit dem neuen Entwurf beabsichtigt haben. Sie wollten, um es kurz zu sagen, an die Stelle eines formalen einen materiellen Rechtsstaat setzen, einen Rechtsstaat, der stärker auf Gewaltenteilung und freiheitlichem Verfassungsprinzip aufruht, in dem also eine Synthese zwischen Rechtsstaatlichkeit und demokratischer Staatsform herbeigeführt werden soll, in der jede Größe die andere sichert. Sie wollten mit dem Grundgesetz für den Neubau eines Staatswesens in veränderter geschichtlicher und gesellschaftlicher Situation ein tragfähiges Gerüst schaffen, unter dem Eindruck der schmerzlichen Erfahrungen mit der nationalsozialistischen Diktatur. Den Vätern des Grundgesetzes scheint daher der Staat viel stärker ein permanenter Lebensvorgang zu sein als eine durch einen bestimmten Normenbestand gekennzeichnete Institution.

Genau dem sucht die sogenannte geisteswissenschaftliche Methode der Verfassungsinterpretation Rechnung zu tragen. Für diese Methode, die in charakteristischer Weise durch R. Smend vertreten wird, ist die Verfassung „die Rechtsordnung des Staates, genauer des Lebens, in dem der Staat seine Lebenswirklichkeit hat, nämlich seines Integrationsprozesses. Der Sinn dieses Prozesses ist die immer neue Herstellung der Lebenstotalität des Staates, und die Verfassung ist die gesetzliche Normierung einzelner Seiten dieses Prozesses“[14]. Hier steht im Mittelpunkt des freiheitsverbürgenden staatsrechtlichen Systems nicht der Gesetzesbegriff, sondern der der Grundrechte als übergesetzlicher Werte. Hier sucht man den wertindifferenten Rechtsstaat etwa der Weimarer Republik nicht fortzusetzen, sondern zu einer werterfüllten Staatlichkeit vorzudringen. Die Konstituierung des Staates selbst ist die entscheidende Aufgabe, die von der Idee der Grundrechte her zu lösen ist. Wenn einst F. J. Stahl die Meinung vertrat, Rechtsstaat bedeute „überhaupt nicht Ziel und Inhalt des Staates sondern nur Art und Charakter, denselben zu verwirklichen“, wenn für ihn Rechtsstaat Kennzeichen eines Staates war, der „die Bahnen und Grenzen seiner Wirksamkeit wie die freie Sphäre seiner Bürger in der Weise des Rechts genau bestimmen und unverbrüchlich sichern“ solle, der aber dabei „die sittlichen Ideen von Staats wegen, also direkt, nicht weiter verwirklichen (erzwingen) solle, als es der Rechtssphäre angehört, das ist nur bis zur notwendigsten Umzäunung“, so geht man bei der auf Wertverwirklichung zielenden Staatstheorie gerade an dieser Stelle einen entscheidenden Schritt weiter. Man hat von der Gegenseite her dieser Auslegung, indem man sie als einen Rückzug der Staatsrechtslehre auf die Grundrechte bezeichnete (bei dem die anderen Teile der Verfassung, etwa die Regelung der Staatswillensbildung, die Abgrenzung der Zuständigkeiten als Normen nur noch technisch und dann eben nach der herkömmlichen Methode der Gesetzesauslegung behandelt würden), vorgeworfen, daß sie mit ihrer auf den Grundrechten als Werten basierenden Verfassungstheorie lediglich als Surrogat einer fehlenden Staatsideologie diene, im wesentlichen unpolitisch sei und mit ihren ungeschützten Legitimitätsvorstellungen einer „Verstrickung in Bürgerkriegsparolen“ ausgesetzt sei, kurz, man hat hier von einem introvertierten Rechtsstaat“ gesprochen[15].

Wir können diese Vorwürfe auf sich beruhen lassen. Vielmehr ist gerade dieser „Rückzug auf die Grundrechte“ für unsere Frage wichtig. Hier geht es um das Problem der Legitimität des Staates, an dem die Theologie im besonderen interessiert ist. Denn hier, bei der Frage der Grundrechte, hat sie, ganz abgesehen von ihrer historischen Verbindung mit der Herausstellung von Grundrechten, im Rahmen ihrer Anthropologie, ihres Menschenbildes, wirklich mitzusprechen.

[14] Verfassung und Verfassungsrecht (1928), in: Staatsrechtliche Abhandlungen, 1955, S. 189.

[15] E. Forsthoff, Der introvertierte Rechtsstaat und seine Verortung, in: Der Staat II, 1963, S. 385 ff.

H. Simon hat bei seiner Frage danach, ob in der theologischen Ethik Platz für den Rechtsstaat sei, gemeint, evangelische Ethik müsse mindestens dem rechtsstaatlichen Ausgangspunkt zustimmen, der im Grundgesetz mit Art. 1 umschrieben ist, „wenn von der Würde des Mitmenschen her gedacht wird“[16] und sozusagen auf sie zu: *Menschenwürde* also *als Ziel des Staates*. Simon hat damit das für die theologische Stellungnahme entscheidende Problem anvisiert, das noch etwas deutlicher wird, wenn man aus dem Satz: „wenn von der Würde des Mitmenschen her gedacht wird“ die Begründung heraushört: „*weil* hier von der Würde des Mitmenschen her gedacht wird.“ Allerdings ist dieses „weil“ in seinem geistesgeschichtlichen Zusammenhang nahezu unsichtbar geworden. Es wieder irgendwie „sichtbar“ zu machen, das scheint mir an dieser Stelle die nächste theologische Aufgabe zu sein. Denn der Gedanke der Menschenwürde hat sich erst allmählich im christlichen Abendland aus der sie umklammernden traditional-sakralen Gruppenbildung gelöst. Der Gedanke subjektiver Grundrechte ist fraglos das Ergebnis einer bestimmten geschichtlichen Entwicklung im Bereich vor allem des abendländischen Kulturkreises. Das heißt aber, daß an dieser Entwicklung das christliche Erbe dieses Kulturkreises maßgeblich beteiligt sein dürfte, zugleich auch in einer bekannten Verknüpfung mit Erbstücken der spätantiken stoischen Anthropologie. Gleichwohl ist das christliche Verständnis der Menschenwürde nicht einfach identisch mit dem idealistischen. Es kennt auf keinen Fall die Individualisierung der Menschenwürde im Selbstverständnis des autonomen Menschen der Moderne. Es kann daher auch nicht die dem liberalistischen Optimismus entstammende individualistische Doktrin teilen, daß den Staat die Würde des Menschen im Grunde nichts angehe. Sofern nach christlichem Verständnis die Würde des Menschen darin gründet, daß die Menschlichkeit Gottes ihn, den Menschen, gewürdigt hat, zum Leben in Mitmenschlichkeit berufen zu werden, ist für christliches Verständnis die Würde des Menschen von vornherein bezogen auf das Leben aus personaler Verantwortung in mitmenschlicher Gemeinschaft. Auch der Persönlichkeitsbegriff wird von daher tiefer bestimmt werden können, als das gemeinhin dort geschieht, wo man ihn oder auch den Begriff der Menschenwürde durch Abgrenzung gegenüber dem Tier zu gewinnen versucht und ihn aus Geist, Selbstbewußtsein, Selbstbeherrschung, Gewissen, apriorischem Wertebewußtsein, aus der Möglichkeit und Fähigkeit zur Werteverwirklichung in autonomer Entscheidung, herleitet und den Menschen von da aus gleichsam als „Mitschöpfer“ der Welt beurteilt. Christliche Ethik wird gleichwohl solche Versuche gedanklicher Begründung von Menschenwürde und Persönlichkeit, die dann bei dem Bemühen, Persönlichkeit im Rechts-

[16] unterwegs 20, 1963, S. 62—76.

sinne zu definieren, im wesentlichen auf Beschreibungen aus dem abendländischen Kulturbewußtsein angewiesen sind, mit positiver Kritik begleiten dürfen und müssen, die bemüht ist, jene säkularen Vorstellungen, in denen ja auch das Erbe einer christlichen Erziehung verwandelt zur Geltung kommt, aus einer gleichsam tieferen Sicht und einer absoluten Verantwortung heraus in ihren das Menschsein des Menschen sichernden Auswirkungen zu fördern und zu stützen. Darum kann evangelische Ethik es im Grunde nur begrüßen, wenn der sittliche Wert der Menschenwürde durch die Übernahme in das Verfassungswerk des Grundgesetzes zu einem „Rechtswert" geworden ist, für den man, was bei den einzelnen Grundrechten noch umstritten werden kann, jedenfalls das Moment des Vorstaatlichen und des Überpositiven wird auf jeden Fall gelten lassen müssen. Evangelische Ethik wird gerade darin die verfassungsrechtliche Grundlage der Rechtsstaatlichkeit anerkennen und wird sich für sie einzusetzen haben. Sie wird daher auch mit positiver Kritik jene Versuche begleiten, die aus dem Grundrechtssatz von der Menschenwürde ein Wertsystem der Grundrechte (etwas aus Art. 1 Abs. 1 in Verbindung mit Art. 19 Abs. 2 GG) zu entwerfen suchen[17]. Der Aufbau von Art. 1 GG scheint nämlich zu zeigen, daß die Menschenwürde hier nicht ein Grundrecht neben anderen ist (wie z. B. noch im Art. 100 der bayerischen Verfassung), sondern den Charakter eines obersten Konstitutionsprinzips allen objektiven Rechts hat, das dann schrittweise zugunsten des einzelnen Rechtsträgers realisiert wird. Abs. 2 gliedert dann den Gesamtanspruch in einzelne Menschenrechte auf, die nur soweit wirklich Menschenrechte sind, das heißt: „vorgegebene, staatlich und deklaratorisch anerkannte Rechte mit unverletzlichem und unveräußerlichem Inhalt", soweit der materielle Gehalt der Menschenwürde reicht. Abs. 3 macht deutlich, daß die Grundrechte von der Verfassung gewährleistet und nicht vom Staat erst gewährt werden.

Mit alledem wird deutlich, daß bei dieser Konzeption ernst gemacht wird mit dem Gedanken, daß der Staat dem Menschen zu seinem Menschsein zu dienen hat und nicht umgekehrt. Würden die Grundrechte nämlich zur staatlichen Disposition gestellt, wie das noch in der Weimarer Verfassung der Fall war (die daher auch keine materielle Grenze der Verfassungsänderung kennt und offen war für die „legale" Umwandlung zur Diktatur des Dritten Reiches), würde noch die Vorstellung von der Unfehlbarkeit des in der gesetzgebenden Volksvertretung verkörperten Volkswillens hier im Hintergrund stehen, würde man in den Grundrechten nur technische Mittel sehen zur „Ausgrenzung" bestimmter subjektiver oder auch kollektiver Freiheitsräume gegenüber

---

[17] Besonders nachdrücklich G. Dürig, Der Grundrechtssatz von der Menschenwürde, Archiv f. öff. Recht 81, 1956, S. 117 ff.

dem Staat, würde man auf der Linie ihres liberal-bürgerlichen Verständnisses ihr Ziel darin erblicken, „die Freiheit des Eigentums, der Arbeit und des Marktes zu gewährleisten und damit die Grundstuktur der freien kapitalistischen Verkehrsgesellschaft verfassungsrechtlich zu sichern" und so „eine bestimmte Sozialordnung zu stabilisieren" (Forsthoff), dann müßte theologische Ethik einem solchen Verständnis gegenüber — also einem dezisionistisch-legalistischen Verständnis von Rechtsstaatlichkeit gegenüber — prinzipielle kritische Bedenken anmelden. Denn hier würde trotz aller Legalität und im Zusammenhang mit ihr der Mensch in letzter Konsequenz der Eigengesetzlichkeit von Mächten, politischen, wirtschaftlichen, weltanschaulichen Mächten, ausgeliefert werden. Er würde aus dem bestimmenden Subjekt staatlichen Handelns in mannigfachen Variationen zum Objekt.

Art. 1 des Grundgesetzes begründet so eine materiale Rechtsstaatlichkeit der demokratischen Verfassung. Er will es wenigstens tun.

Die *Menschenwürde* erscheint damit zweitens *als Sicherung der Staatlichkeit* des Staates. Gerade von daher sind dann eine Reihe anderer Bestimmungen des Grundgesetzes sozusagen als Schutzbestimmungen dieser Tendenz wichtig. Insbesondere Art. 19 Abs. 2 als sogenannte „Wesensgehaltssperre", durch die der Menschenrechtsgehalt jedes einzelnen Grundrechtes abgeschirmt wird, nach Art. 79 Abs. 3 sogar gegenüber verfassungsändernder Mehrheit. „In Form einer ‚Staatsfundamentalnorm' (Nawiasky) fällt hier das Grundgesetz eine axiomatische Ewigkeitsentscheidung zugunsten des der Verfassung vorgegebenen Wertgehalts der Grundrechte."[18] Sofern Art. 1 die Grundvorstellung von dem Menschen entwirft, um dessen willen der Staat da ist, liefert er „den wertausfüllenden Maßstab für alles staatliche Handeln; denn er bestimmt und beschränkt Staatszweck und Staatsaufgabe und er bestimmt und beschränkt die Legitimität von Staat und Recht aus den Werten personaler Ethik"[19]. Wir werden uns fragen müssen, ob wir im Bereich der evangelischen Ethik nicht auch von dieser anderen Seite des Satzes von der unantastbaren Menschenwürde und den unverletzlichen und unveräußerlichen Menschenrechten als Grundlage jeder menschlichen Gemeinschaft, des Friedens und der Gerechtigkeit in der Welt, nämlich von der von hier aus angedeuteten Konzeption des damit nicht nur aufzubauenden, sondern auch zu sichernden und einzuschränkenden Staatswesens her dazu gedrungen sind, diese Konzeption theologisch ernst zu nehmen, zumal sie zugleich dem entspricht, worauf jene Wandlungen in einem evangelischen Verständnis des Staates hinzielen, die bereits mit den anfangsweisen Formulierungen der 5. Barmer These umschrieben

[18] Dürig, Grundrechtssatz, S. 121.
[19] Ebd. S. 123.

sind. Ich meine hier das doppelte aufbauende und einschränkende Ausgehen nicht von irgendeiner Metaphysik des Staates, irgendeinem Staatsideal — insofern werden wir „den Rechtsstaat" durchaus nicht als ein Staats*ideal* ansehen dürfen, wohl aber die rechtsstaatliche Ordnung als den entscheidenden Maßstab echter Staatlichkeit —, sondern von der Nachfrage nach Zweck und Aufgabe des Staates.

Als drittes Moment kommt mit alledem dann auch der *Rechtsbegriff des Grundgesetzes* hinzu, wie er in der Formulierung von Art. 20 — „Die Gesetzgebung ist an die verfassungsmäßige Ordnung, die vollziehende Gewalt und die Rechtssprechung sind an Gesetz *und Recht* gebunden" — signalisiert ist. Man wird den Rechtsbegriff des Grundgesetzes hier wohl nicht naturrechtlich, sondern „nur im Sinn eines apriorischen Rechtswesensbegriffes mit seinen drei im Grundgesetz selbst positivierten Grundformen der Menschbezogenheit, der Sozialbezogenheit und der Organisationsbezogenheit" verstehen dürfen[20]. Und gerade dadurch, daß diese Rechtsidee in den Artikeln 1—3 GG positiviert ist, daß die Legitimität des demokratischen Rechtsstaates hier material ausgesprochen wird, dadurch ist auch einer revolutionären Umwälzung von vornherein die Gestalt möglicher „Legalität" genommen, denn die Mißachtung dieser Rechtsidee wäre ja gleichbedeutend mit Verfassungsbruch. An dieser Stelle wird auch die Sinnhaftigkeit eines Verfassungsgerichtshofes deutlich, mit dem im Interesse des Legitimitätsprinzips sozusagen das Verwaltungsgericht früherer Konzeptionen rechtsstaatlicher Demokratie noch transzendiert wird, das ja im wesentlichen der Sicherung des Legalitätsprinzips zu dienen hatte. Nicht nur die Gesetzmäßigkeit, sondern jetzt auch die Rechtmäßigkeit bzw. die Verfassungsgemäßheit bestimmter staatlicher Handlungen sind damit einer ordentlichen Kontrollinstanz unterstellt, und zwar einem Gericht, das „auf Grund der ihm verliehenen Kompetenzen in den staatlichen Integrationsprozeß selbst eingeflochten ist"[21]. Aber es bedarf diese Grundkonzeption des permanenten Ausbaus ihrer konkreten Inhaltlichkeit. Ihr Wesensbegriff des Rechtes muß mit einem bestimmten Kulturinhalt gefüllt werden, was das Grundgesetz den verfassungsgebundenen Gewalten und namentlich der Rechtsprechung überläßt. Aber „weder der Demokratiebegriff im Sinne einer politischen Mehrheitsherrschaft noch das Gewaltenteilungsprinzip können nach dem Grundgesetz absolute Gültigkeit beanspruchen. Sie werden beschattet durch den Rechtsbegriff, der — von seiner ideologischen und systempluralistischen Anfälligkeit befreit — als apriorischer Wesensbegriff in Erscheinung tritt und in der Verfassung selbst positiviert ist. Um dieses Rechtes willen muß sich selbst der Verfassungsgesetzgeber

---

[20] Schnorr, Rechtsidee, S. 146.

[21] G. Leibholz, Rechtsgewalt und Staatsgewalt in der Bundesrepublik Deutschland, Journal der internationalen Juristenkommission IV, Genf 1963, S. 259.

eine justizmäßige Kontrolle gefallen lassen. Der deutsche Rechtsstaat ist daher heute nicht mehr ein bloßer sozialer Seinsbegriff im Sinne der bürgerlich-liberalen Legalitätstheorie; er ist vielmehr ein materieller Normativbegriff, in dem Staat und Recht in einer ethischen Einheit zusammenfließen ..."[22].

Evangelische Ethik wird im Blick darauf von den in ihr wieder heranwachsenden Erkenntnissen über das Wesen des Rechts[23] aus zu einer Mitarbeit an der Konkretisierung der Konzeption des demokratischen Rechtsstaates energisch aufgerufen. Das gilt auch von Einzelheiten, wenn zum Beispiel der Staat durch Art. 1 Abs. 1 dazu genötigt wird, „seine Gesamtrechtsordnung (vor allem also das Privatrecht) so auszugestalten, daß auch von außerstaatlichen Kräften eine Verletzung der Menschenwürde nicht möglich ist"[24]. Die Fülle von Fragen, die hier aufbrechen, von der Neuordnung des Eherechts bis hin zur Neugestaltung des Strafrechtes, um einige große Komplexe zu nennen, wird die Kirche um ihrer neuen, partnerschaftlichen Stellung zum Staat willen[25] nicht ignorieren und wird die Theologie als denkerische Vorbereitung und kritische Prüfung kirchlichen Handelns nicht als ein Adiaphoron behandeln dürfen. Sie wird um der Sachgerechtheit einzelner Entscheidungen willen, gerade weil der Satz von der Menschenwürde in Art. 1 Abs. 1 eine „für die Rechtsanwender aller geistigen und weltanschaulichen Richtungen gedanklich vollziehbare" Menschenauffassung zu umschreiben sucht[26], ihr theologisches Menschenbild hier immer wieder zur Geltung zu bringen versuchen müssen. Sie wird sich nicht mit dem Geltendmachen einer allgemeinen christlichen Weltanschauung und ihrer säkularisierten, humanistischen Elemente begnügen können. Gerade auch, weil in diesem christlich-weltanschaulichen Bereich wesentliche Stücke christlicher Erkenntnis bereits wieder verbogen und einer Gefährdung durch autonome menschliche Ansprüche ausgesetzt worden sind.

Damit ist ein Aufgabenkreis positiver Mitarbeit evangelischer Ethik am mitverantwortlichen Aufbau der Rechtsstaatlichkeit angedeutet, der einen mehr oder minder „konstruktiven" Charakter hat, aber weithin im Bereich des Theoretischen zu verbleiben scheint.

---

[22] Schnorr, Rechtsidee, S. 148.

[23] Überblick bei W. Schweitzer, Verwirklichung des Rechts unter der Verkündigung des Evangeliums, ZEE 8, 1964, S. 193—219.

[24] Dürig, Grundrechtssatz, S. 123.

[25] Dazu R. Smend, Staat und Kirche nach dem Bonner Grundgesetz, ZevKR 1, 1951, S. 4—14.

[26] Dürig, Grundrechtssatz, S. 123.

Grundlinien einer evangelischen Tugendlehre des Politischen

Ein uns im allgemeinen viel bedrängenderer Bereich öffnet sich hingegen dort, wo die allem Anschein nach wachsende Kluft zwischen der Verfassung einerseits und der Wirklichkeit staatlichen Lebens andererseits die ganze Fülle der Gefährdungen des durch Menschenwürde und Grundrechte prinzipiell bestimmten Verfassungswillens in Erscheinung treten läßt, der Bereich nämlich, in dem jener Integrationsprozeß zur Lebenswirklichkeit des Staates, dem die Verfassung als gesetzliche Normierung dienen will, zwischen Skylla und Charybdis hindurchzusteuern ist, um zu einer werterfüllten Staatlichkeit zu gelangen. Was hier grundsätzlich zu sagen ist, haben die kirchlichen Bruderschaften 1957 in Barmen bereits angedeutet: „Positive Mitarbeit an konkreten Entscheidungen zur Verwirklichung der Zwecke des Staates innerhalb des Zweckes des Staates" — nämlich innerhalb der relativen Ermöglichung und Sicherung menschenwürdigen Lebens auf Erden — „erfolgt im Hantieren mit der jeweils gegebenen staatlichen Wirklichkeit, d. h. heute mit der Demokratie als dem Versuch, Herrschaft und Freiheit in einer lebendigen Verfassung zu vereinen. Die Frage besonderer Affinität von Demokratie und Christentum kann man ruhig beiseite lassen. Die Demokratie ist gewiß nicht ohne Einwirkung des Christentums, aber wesentlich an ihm vorbei entstanden. Jedenfalls bedarf es, damit Demokratie möglich sei, bestimmter moralischer Voraussetzungen, zumal Demokratie als Lebensform vor Demokratie als Staatsform steht. Die Kirche hat hier heute die Verwirklichung der nie fertigen Demokratie zu unterstützen, weil sie eben den Bereich des Politischen nicht dirigiert, sondern in ihm zu jeweils konkretem Dienst gefordert ist. ... Es wird sich daher die Kirche immer wieder für Vernünftigkeit bei der Verwirklichung von Demokratie einzusetzen haben, d. h. sie wird sich gegen jede ideologische Simplifizierung der Sachverhalte wenden, im Interesse der von ihr besser erkannten Wirklichkeit des Menschen. Sie wird sich vor allem auch immer wieder gegen die Einhüllung der Politik von Gruppen-Interessen in ideologischer Auseinandersetzung zu wenden haben. ... Sie wird sich nicht nur negativ, durch Betonung der Grenzen des Politischen ..., am Aufbau eines moralischen Klimas der Demokratie beteiligen müssen, sondern auch positiv für die Entwicklung eines Sinnes für Gerechtigkeit und Billigkeit, für politische Partnerschaftsformen ..., in denen die gleiche Verantwortung aller für die Gemeinschaft Gestalt gewinnen soll ... Christliche Verkündigung wird schließlich zu jenem vernünftigen Gebrauch der Freiheit anleiten müssen, der sich in der freiwilligen Zurückstellung der Einzelinteressen gegenüber der Gemeinschaft bewährt. Und sie wird dafür zu sorgen haben, daß die mit alledem angerufene Verantwortung des Einzelnen Raum, Räume ihrer Auswirkung erhält."

Wir hatten in diesem Zusammenhang schon früher deutlich gemacht, daß es richtiger sei, anstelle verschiedener Entwürfe einer christlichen Theorie des Staates so etwas wie eine politische Tugendlehre im Bereich evangelischer Ethik zu entwerfen. Das war damals beiläufig erwähnt. Ich bin der Meinung, daß wir es uns jetzt noch etwas deutlicher machen sollten, indem wir die rechtsstaatliche Ordnung dabei als die besondere Beziehungsmitte für die Entfaltung oder besser gesagt: für die durch praktisches Handeln zu erwerbenden Grundlinien einer evangelischen Tugendlehre des Politischen in die Mitte rücken.

Die bewußte Orientierung an dem Gedanken werterfüllter rechtsstaatlicher Ordnung als Aufgabe würde bedeuten, daß die evangelische Ethik und ein durch sie geleitetes Handeln jene Integration zu staatlicher Lebendigkeit ihrerseits breiter *zu Bewußtsein* bringen könnte, deren Verlöschen einstmals den Weg zu zentral geleitetem Zwang öffnete und schließlich dem Terror Raum gab.

Es wird zunächst und umfassend darauf ankommen, unter Bezug auf die Achtungspflicht des Staates gegenüber der Menschenwürde alle Ansätze dazu abzufangen, daß der Mensch als Rechtssubjekt entmachtet, zum Objekt eines staatlichen Verfahrens gemacht wird. Von daher werden die Merkmale der Rechtsstaatlichkeit im einzelnen auch für eine theologische Ethik relevant:

1. Die Verfassung, sowohl hinsichtlich ihrer verfassungsrechtlichen Leitgrundsätze wie hinsichtlich der Umgrenzung der Befugnisse der Staatsorgane in Verteilung auf gesetzgebende, vollziehende und rechtsprechende Gewalt.

2. Die Sicherung politischer und sozialer Freiheit durch Grundrechte, verbunden mit der Sozialstaatsklausel: „Die Bundesrepublik Deutschland ist ein demokratischer und sozialer Bundesstaat“ (Art. 20 Abs. 1), bzw. ein „republikanischer, demokratischer und sozialer Rechtsstaat“ (Art. 28 Abs. 1).

3. Die Gesetzmäßigkeit der Verwaltung und der Vorbehalt und Vorrang des Gesetzes, die staatliches Handeln gegen willkürlichen Machtmißbrauch und Rechtsunsicherheit abschirmen.

4. Die Einrichtung unabhängiger, nur an Verfassung und Gesetz gebundener richterlicher Kontrollinstanzen.

Zu 1.: Die theologische Ethik wird *Verfassung*, insbesondere demokratische Verfassung samt dem Prinzip der Gewaltenteilung als Ausdruck dafür bejahen müssen, daß der Staat als eine „menschliche Wirkungseinheit“ anzusehen ist, zumindest soweit es sich um seine konkrete Verwirklichung handelt, und daß er durch verantwortliches, ethisch gebundenes und begrenztes Handeln „zu Stand und Wesen“ gebracht werden soll. Die Aufgabe der Zusammenführung und des Ausgleichs verschiedener Willensrichtungen zu einem relativ gemeinsamen und sodann auch die Aufgabe selbstkritischer Absicherung gegenüber menschlichem Versagen aus egoistischer Selbstbehauptung auf Kosten des Mitmenschen, beides kann durch Verfassung und Gewaltenteilung auf dem Grund rechtsstaatlicher Leitgrundsätze als ein Ringen um relative irdische Gerechtigkeit und relativen irdischen Frieden von der theologischen Ethik nur bejaht werden. Theologische Ethik wird aber über die bloße Bejahung hinaus daran mitwirken müssen, daß bedrohliche, nicht zuletzt von ihr selbst konservierte Restbestände aus einem lange Zeit auch christlich legitimierten obrigkeits-, polizei- und verwaltungsstaatlichen Denken nicht bei einzelnen der drei Grundgewalten, vor allem bei Exekutive und Rechtsprechung, ungeprüft weiterleben und so den werterfüllten Rechtsstaat zu einem Verwaltungs- oder Justizstaat sich depravieren lasse, bei denen die Reduktion auf bloße Legalität in Verwaltung bzw. Rechtsprechung wieder zu technischen Mitteln einer hintergründigen Macht- und Interessenpolitik werden. Deutlich wird diese Gefahr vor allem im Bereich des politischen Strafrechts, das schon seit dem 1., damals vom Sprecher der Parlamentsmehrheit als „Waffe, die geschmiedet wurde, um im Kalten Krieg zu bestehen“ bewerteten Strafrechtsänderungsgesetz von 1951 mit seinen im Zeichen des Koreakrieges stehenden Bestimmungen über die sogenannte Staatsgefährdung in spürbare Spannung zur Verfassung geraten ist. Der Mangel an der Feststellung klarer Straftatbestände, der immer mit der Tendenz zu ungehemmter politischer Inquisition verbundene Hintergrund einer nur verderblichen Anti-Ideologie, die unbewußt den Methoden des totalitären Gegners sich öffnet, führen zu einem fortgesetzten Abbau der Rechtsstaatlichkeit dieser politischen Justiz und zur Nötigung, unablässig auf die Verfassungskonformität der Gestaltung und vor allem der Anwendung des politischen Strafrechts zu dringen. Ein Beispiel dafür ist die Anwendung von § 90 a StGB nach dem Verbot der KPD zu nachträglicher bzw. rückwirkender Bestrafung früherer parteipolitischer Tätigkeit und die Stellungnahme des Bundesverfassungsgerichts dazu vom 21. 3. 1961, die im Blick auf Art. 21 GG solches Vorgehen für verfassungswidrig erklärte. Die Frage der Wiedergutmachung des in diesem Rahmen in nicht unerheblichem Maße begangenen Unrechts im Kalten Krieg etwa auf dem Wege einer großzügigen Amnestie für alle politischen Handlungen, die nichts mit Gewaltmaßnahmen zu tun hatten, wird gerade auch den Christen nicht in Ruhe lassen dürfen, noch weniger das bisherige Schweigen der Kirchen dazu. Der Christ wird mit darauf drängen müssen, daß die politische Justiz im Rechtsstaat ultima ratio der Politik bleibt und daß das politische Strafrecht durch klare Festlegung der Straftatbestände umgekehrt wesentlich zur Sicherung der Freiheit politischer Betätigung des Bürgers gesetzmäßig beiträgt. Daneben wären weitere Beispiele bis hin zur sogenannten Abhör-Affäre und ihrer völlig unbefriedigenden Erledigung zu nennen; das 1964 vorbereitete Gesetz zur Einschränkung von Art. 10 GG (Unverletzlichkeit des Brief-, Post- und Fernmeldegeheimnisses) im Interesse des Staatsschutzes kann nicht als verfassungskonform gelten.

Auch dort, wo in der Tradition christlichen Denkens der Staat seinem Wesen nach als göttliche Stiftung angesehen wird — oder wie man es heute begrifflich zu fassen versucht: als Institution —, wird man, obwohl und weil der Staatsform kaum mehr als solcher ein Stiftungscharakter zuerkannt werden kann, den demokratischen Rechtsstaat, der in verfassungsgeschichtlichem Aspekt durchaus als ein spätes und in der Konzeption reifes Produkt christlicher Erziehung des Abendlandes angesehen werden kann, als die gebotene Form der „Annahme" der Institution Staat zur Konkretisierung kraft menschlicher Vernunft und sittlicher Verantwortung theologisch zu beurteilen haben.

Zu 2.: Was die Sicherung sozialer und politischer Freiheit betrifft, wird theologische Ethik ihrerseits dafür eintreten müssen, den Wertgehalt der Grundrechtsbestimmungen von der theologischen Anthropologie her im Licht der der Kirche aufgetragenen Sorge für die Menschlichkeit des Menschen zu vertiefen und vor allem überall dort zu verteidigen, wo er bedroht erscheint. Art. 19 Abs. 3: „In keinem Fall darf ein Grundrecht in seinem Wesensgehalt angetastet werden", umschreibt diese Aufgabe.

Den Wesensgehalt bildet die Menschenwürde zusammen mit den Hauptgrundrechten der *Freiheit* und — da jedem Menschen diese Freiheit zukommt — der *Gleichheit*. Diese Hauptgrundrechte sind freilich so abstrakt, daß sie nicht die Würde des Menschen konstituieren, sondern durch diese inhaltlich bestimmt werden müssen. Gerade christliche Anthropologie wird das Menschsein des Menschen nämlich auch dort erkennen und anerkennen, wo der konkrete Mensch etwa als Geisteskranker der durchschnittlichen Freiheit zur Selbst- und Lebensgestaltung in Mitmenschlichkeit partiell verlustig geworden ist oder wo er als Verbrecher die Freiheit zur Selbsterniedrigung mißbraucht. Christliche Anthropologie sieht — in zum Teil formaler Übereinstimmung mit dem Menschenbild des Grundgesetzes — den Menschen auch in dem noch nicht Geborenen und in dem Toten und verteidigt ihn auch in dem Erscheinungsbereich sogenannten lebensunwerten Lebens. Daß sich das alles auch aus dem Grundrechtssatz von der Menschenwürde im Grundgesetz ableiten läßt[27], kann evangelische Ethik nur darin bestärken, eine solche Ableitung ihrerseits zu kräftigen. Ebenso muß sie es entgegen allem herkömmlichen Sündenpessimismus begrüßen, daß sich zum Beispiel im Privatrecht ein „allgemeines Persönlichkeitsrecht" durchgesetzt hat, das die Freiheit der Persönlichkeit sichert.

[27] Vgl. Dürig, Grundrechtssatz.

Das Hauptfreiheitsrecht auf die freie Entfaltung der Persönlichkeit nach Art. 2 Abs. 1 wird im Grundgesetz seinerseits zum Schutz vor verschiedenen historischen Gefährdungen in Einzelfreiheitsrechte aufgegliedert: Glaubens- und Gewissensfreiheit (Art. 4), Meinungs- und Pressefreiheit (Art. 5), Lehrfreiheit (Art. 5), Versammlungsfreiheit (Art. 8), Vereinigungsfreiheit (Art. 9), Freizügigkeit (Art. 11), Freiheit der Berufswahl, der Wahl des Arbeitsplatzes und der Arbeitsstätte (Art. 12). So sehr wir diese Freiheiten als Ansprüche oder Errungenschaften des autonomen Menschen und damit als etwas zweifelhafte Früchte revolutionären Denkens immer noch christlichem Urteil und Aburteil unterwerfen, wir werden gerade um des Geschenks der Freiheit in Christus willen besonders empfindlich reagieren müssen, wo diese Freiheiten durch staatlichen Eingriff ohne präzise Gesetze berührt werden, zumal das Freiheitsprinzip des Grundgesetzes nicht in liberalem Sinn als „antistaatliches" erscheint, sondern als „Prinzip der Gemeinschaftsordnung". Aber eine solche Reaktion muß erst wieder gelernt werden. Die Kirche reagiert nämlich noch kaum auf willkürliche Freiheitsverletzungen und auf damit verbundene Eingriffe in Privat- und Geheimnissphäre, nicht einmal, wo sie, wie im Falle Dohrmann[28], selbst betroffen ist, von *Spiegel*- und Abhöraffäre ganz zu schweigen. Sie tut das nicht zuletzt darum nicht, weil ihr noch die allgemeine Überzeugung von dem Wertcharakter dieser Freiheiten, von ihrer Unantastbarkeit um des Menschseins des Menschen willen zu fehlen scheint.

Sie wird also zunächst nicht verkennen dürfen, daß im Grundgesetz der Katalog der Grundrechte nicht mehr im Sinne des älteren liberalbürgerlichen Rechtsstaates Ausdruck einer liberal-individualistischen Freiheitsauffassung sein will, sondern zusammen mit der Sozialstaatsklausel Art. 20 und 28 als Wertungsnorm eine sozial positiv verpflichtete Freiheit meint, die soziales Verhalten verlangt und nicht nur unsoziales verbietet.

Aus der Sozialstaatsklausel der Art. 20. 28. 79 Abs. 3 des Grundgesetzes folgt aber in Verbindung mit Art. 1 Abs. 1 auch eine „aktuelle Staatspflicht auf Verschaffung mindestens des Existenzminimums" und für den unverschuldet Hilfsbedürftigen ein „einklagbares subjektives öffentliches Recht auf Fürsorge"[29]. Andererseits wird gerade die Sozialstaatsklausel, durch die das Grundgesetz „die Gegebenheiten der modernen technischen, wirtschaftlichen und sozialen Entwicklung in sich" aufnimmt, die damit auftretenden Aufgaben normiert und deren Erfüllung „unter die Gebote des Rechtsstaats" stellt (K. Hesse), um ihrer Verbindung mit Menschenwürde, Freiheit und Gleichheit willen die Grenze gegenüber einem die selbstverantwortliche Freiheit aufhebenden Wohl-

[28] Vgl. JK 24, 1963, S. 147 ff., 215 f., 279 f., 546 f.
[29] Dürig, Grundrechtssatz, S. 132.

fahrtsstaat sichern. Eben damit aber geht es um die Wahrung des Menschseins des Menschen als selbstverantwortlicher Person, und hier wird die Kirche abermals von der ihr aufgetragenen Sorge um die Menschlichkeit des Menschen her vor die Frage partnerschaftlicher Mitarbeit gestellt; sie muß ihrerseits dieser Frage mit der Erkenntnis entgegenkommen, daß damit eindeutig ihr Ort in der Welt bezeichnet ist, an dem sie durch ihr Handeln ihren Glauben in Solidarität mit den Nöten dieser Welt zu bewähren hat. Sie muß die Sozialstaatsklausel als sozialethischen Anruf hören, und zwar im Blick auf die Aufgabe neuer Gestaltung auch des Verhältnisses von Staat und Gesellschaft als einander heute unausweichlich durchdringender Größen. Weder der Staat noch die Kirche stehen der Gesellschaft distanziert gegenüber. Beide sind von ihr abhängig und für sie verantwortlich. Eine freie Gesellschaft aber braucht mündige Staatsbürger; diese können nur heranwachsen, wenn für sie unter Überwindung fortwirkender ungewollt überlieferter Ungleichheiten und der damit zusammenhängenden konservativen Verwerfung von „Modernität“ das Recht auf die freie Entfaltung der Persönlichkeit die erforderliche auch soziale Begründung erhält.

Zu den Wertungsnormen der Würde des Menschen, der Freiheit, der Sozialität tritt — mit ihnen und untereinander verknüpft — die der Gleichheit. Der Gleichheitssatz von Art. 3 wird durch den Art. 19 Abs. 2 gesichert, wenn wiederum der Wesensgehalt des Grundrechtes der Gleichheit von der Würde des Menschen her bestimmt wird. „Die Würde des Menschen als solchen ist das absolut gesetzte tertium comparationis jedes rechtlichen Gleichbewertens, das erkennbar macht, was als wesentlich Gleiches anzuerkennen und folglich absolut gleich zu behandeln ist“[30], daß also einem jeden Gleichheit der Rechtsfähigkeit, des Rechtsschutzes und der Rechtsanwendung zukommt. Darüber hinaus ist das Gleichheitsprinzip „zum rechtlichen Grundprinzip des leistenden und verteilenden staatlichen Handelns geworden“ (K. Hesse).

Es tauchen aber in der konkreten Verwirklichung in Fülle Unvollkommenheiten und größere wie kleinere Verletzungen des Gleichheitssatzes auf. Auch hier wird evangelische Ethik aus der Befangenheit durch ein traditionelles Ungleichheitsdenken innerhalb wie außerhalb der Gemeinde herausfinden müssen. Die herkömmliche protestantische Ethik hat Gleichheit und Ungleichheit auf den Schöpfer, genauer: auf eine Schöpfungsidee zurückgeführt. Sie hat die Ungleichheit als Voraussetzung von Gemeinschaft postuliert und die Rechtsgleichheit „für alles, was Menschenantlitz trägt“, in der Lehre von einer geschöpflichen Ebenbildlichkeit zu Gott als dem „Fundamentalprinzip“ der Gerechtigkeitsidee be-

---

[30] Dürig, Grundrechtssatz, S. 143; zum Ganzen: G. Leibholz, Die Gleichheit vor dem Gesetz, ²1959.

gründet[31]. Sie hat aber von da aus in keiner Weise die Einschränkungen des Gleichheitssatzes durch die Ungleichheit in den mannigfachen Formen auch bewußter wie unbewußter Klassenjustiz zum Beispiel wirklich ernsthaft zu überwinden versucht. Denn das Postulat schöpfungsgemäßer Ungleichheit hat zusammen mit der Vorfindlichkeit rassischer, kultureller, sozialer, ethischer, auch biologisch-pathologischer Stufen die Gleichheit zu einer Gleichheit unter an sich Gleichen werden lassen. Nur die von der Rechtfertigungslehre her gestaltete Lehre vom Menschen als dem Geschöpf und neugeschaffenen Kind Gottes, von dem am Kreuz enthüllten, am Ecce homo abgelesenen Ebenbild — Christus ist für *alle* Menschen gestorben —, statuiert eine Gleichheit, die quer durch alle irdische Ungleichheit hindurchgeht. Die Universalität des christlichen Heilsglaubens — Gott in Christus für alle — hat *diese* Gleichheit zur Voraussetzung. Und im christlichen Kulturbereich lebt das Ringen um Rechtsgleichheit zutiefst davon, und nicht von einer abstrakten Gleichheitsidee. In aller nicht aus der Welt zu schaffenden Ungleichheit leuchtet bei dem Bemühen um Verwirklichung der Rechtsgleichheit diese Gleichheit durch, obschon oder gerade weil *wir* sie nicht verwirklichen können.

Zu 3. und 4.: *Gesetzmäßigkeit der Verwaltung*, richterliche *Kontrollinstanzen:* „Ein wenig außerhalb der Legalität" — auch hier blieb in der SPIEGEL-Affäre und bei anderen Gelegenheiten die Kirche stumm. Es mag hier wieder ein ererbtes Obrigkeitsdenken, mögen auch wieder gewisse nicht näher durchdachte Vorbehalte gegen Gesetz und Gerichte, Vorbehalte aus der Sorge vor „Gesetzlichkeit" daran mitbeteiligt sein. Es ist aber die Legalität, die Gesetzmäßigkeit staatlichen Handelns und die Verfassungsmäßigkeit der Gesetze und Verordnungen ebenso wie die Gewaltenteilung eine notwendige Sicherung der Freiheitsrechte gegen Mißbrauch durch die Freiheit selbst. Umschreibt Art. 1 Abs. 2 GG nicht so sehr eine seinsmäßige Gegebenheit — „unverletzliche und unveräußerliche Menschenrechte als Grundlage jeder menschlichen Gemeinschaft, des Friedens und der Gerechtigkeit in der Welt" —, sondern eine Aufgabe, ist die freie Entfaltung der Persönlichkeit Verfassungsziel[32], dann werden die Sicherungen des Weges zu diesem Ziel, also Legalität und Gewaltenteilung, nicht minder ernst zu nehmen und wachsam zu hüten sein wie die Grundrechte als oberster Richtwert für das Beschreiten dieses Weges, um die dauernde Achtung und Sicherung der Menschenwürde im politischen Handeln relativ zu verwirklichen.

Es wird daher die Kirche auch von der Mitbejahung des Zieles her und in Erinnerung an die theologische Bejahung des „usus politicus

[31] E. Brunner, Gerechtigkeit, 1943, S. 29 ff., bes. S. 43.

[32] H. Peters, Die freie Entfaltung der Persönlichkeit als Verfassungsziel, in: Gegenwartsprobleme des internationalen Rechts und der Rechtsphilosophie. Festschrift R. Laun, 1953, S. 669 ff.

legis", der „iustitia civilis" und ihrer Vernünftigkeit, es werden theologische Ethik und kirchliches Handeln es nicht gleichgültig hinnehmen können, wenn der Gewaltenteilungsgrundsatz mehr und mehr abgebaut würde durch Verlagerung etwa der gesetzgeberischen Aufgaben zu den Verwaltungsspitzen auf dem Weg einer Ermächtigungsgesetzgebung; wenn so auch die Kontrollfunktionen von Parlament und unabhängigem Gericht praktisch zurückgedrängt würden bzw. in ihrer Autorität nicht mehr respektiert würden. Dann stagniert, wie in steigendem Maß zu beobachten ist, der Verwaltungsrechtsschutz. Die Bestimmung von Art. 19, Abs. 3: „Wird jemand durch die öffentliche Gewalt in seinen Rechten verletzt, so steht ihm der Rechtsweg offen", funktioniert sozusagen nur unter erheblichen Hemmungen. (Vgl. dazu den Gesetzentwurf zur Einschränkung von Art. 10 GG aus dem Jahre 1964.) Dafür zu sorgen, daß die Kontrolle der öffentlichen Verwaltung durch unabhängige Gerichte für staatsbürgerliches Empfinden und Verantwortlichsein zur „Selbstverständlichkeit" wird, ist auch ein Stück der Sorge um die Menschlichkeit menschlichen Daseins und geht von daher auch die Kirche an. Dies um so mehr, als praktisch „in der Geschichte des modernen Staates und der Grundrecnte ... der Schutz des einzelnen vor der Übermacht des Staates zurücktritt hinter dem Streben, den Staat vor der Gefährlichkeit der Massenbewegungen zu schützen, die" — wirklich oder vorgeblich — „mit der Beseitigung des freiheitlichen Staates auch der Freiheit des einzelnen ein Ende setzen. Die sogenannten Staatsschutzgesetze der echten Demokratien (z. B. das Strafrechtsänderungsgesetz vom 30. August 1951 ...) haben hier ihren Ort"[33]. Allerdings auch jener bedenkliche Kurzschluß, der einseitig die Freiheitlichkeit des Staates zur Bedingung der individuellen Freiheit des Bürgers macht und dabei übersieht, daß beide, die „vorstaatlich" begründete individuelle Freiheit der Grundrechte und die institutionelle Freiheit des sozialen Rechtsstaats, in einem einander sichernden unauflöslichen Wechselverhältnis stehen, so daß die „freiheitliche demokratische Grundordnung" des Grundgesetzes, die durch den freien, aktiven demokratischen Staatsbürger im Prozeß des Politischen verwirklicht wird, Bedingung rechtsstaatlicher Freiheit, diese umgekehrt durch die Gewährleistung der demokratischen Freiheiten des Bürgers institutionelle Vorbedingung der demokratischen Ordnung ist. Staatsschutz und Schutz der Freiheiten des Bürgers stehen in einem dialektischen Verhältnis positiven Aufeinanderangewiesenseins. Dieses muß mit aller Umsicht gewahrt werden und darf nicht einer zur Verteidigung der Interessen der jeweils an der Macht befindlichen Partei aufgebotenen Freiheitsideologie geopfert werden. Problematik und Gefahr einer Notstandsgesetzgebung gehören hierher, zumal diese eng mit der die Grund-

[33] E. Fechner, Die soziologische Grenze der Grundrechte, 1954, S. 23.

rechte tangierenden Gefahr eines interessegebundenen politischen Strafrechts zusammenhängt, das die im Prinzip zureichenden Bestimmungen der Art. 18, 21 Abs. 2 (Verbot einer verfassungswidrigen Partei) und 9 Abs. 2 (Verbot einer verfassungswidrigen Vereinigung) überschreitet.

Kein Zweifel, daß hier, sofern die Struktur des Ermächtigungsgesetzes, die Gefahr weitgehender Übertragung rechtsetzender Gewalt auf die Exekutive drohen, ein grundsätzliches Nein als Richtpunkt der Stellungnahme geboten ist im Interesse der Sicherung der Rechtsstaatlichkeit und der Freiheitsrechte. Aber freilich ebenso kein Zweifel, daß dort, wo eine solche Notstandsgesetzgebung bereits auf dem Wege ist, ein bloßer Protest der Pflicht zur Mitverantwortung nicht mehr genügt, sondern daß es dann darauf ankommt, dem berechtigten oder zumindest verständlichen Anliegen des Schutzes des Staates dadurch Rechnung zu tragen, daß man sich darum bemüht, das Notstandswerk soweit irgend möglich im Rahmen des verfassungsmäßigen und der rechtsstaatlichen Legalität und damit unter der höchsten Norm der Menschenwürde und der Grundrechte zu halten. Und wenn es wirklich stimmt, was Rudolf Smend über das durch das Dritte Reich und den durch es ausgelösten Widerstand kirchlicher Selbstbesinnung herbeigeführte neue Verhältnis von Staat und Kirche sagt — und es stimmt —, daß dieses neue Verhältnis nämlich die Kirche zu echter Partnerschaft auch an der Formung staatlichen Lebens aufrufe, dann wird die Kirche gerade auch an dieser Stelle, in der Not der Notstandsgesetzgebung, nicht schweigen dürfen. Nicht, weil sie dabei ihre eigenen Interessen zu wahren hätte — wie man das z. B. bei den Gewerkschaften miteinrechnen muß —, sondern weil es ihr um des Menschen willen gehen muß um die Staatlichkeit des Staates in rechtsstaatlicher Ordnung.

In der Mitte steht hier zuletzt das Problem der *Rechtssicherheit.* Auch für sie wird sich theologische Ethik einzusetzen haben, nicht nur obwohl, sondern auch weil sie „auch durch fehlerhaftes weltliches Recht weitgehend erreicht werden kann“. Denn „der christliche Glaube kann auch ein durch und durch menschliches Recht anerkennen als ein von Gott in seiner Gnade gebrauchtes Mittel zur Erhaltung des Lebens der Menschen“, wie H. Simon mit Recht betont[34]. Und der Christenmensch wird als solcher gerade um des nächsten willen solches im Gesetz positiviertes menschliches Recht auch für sich in Anspruch zu nehmen haben, Rechtsschutz und Rechtsgleichheit, wie sie durch Art. 19 Abs. 2 von verfassungswegen gesichert werden: „Jeder hat ein Recht darauf, daß der staatliche Rechtsanwender nicht von einer Rechtsnorm abweicht. Jeder hat ein Recht darauf, daß der staatliche Rechtsanwender eine vorhandene Rechtsnorm nicht unangewendet läßt. Jeder hat ein Recht darauf,

---

[34] H. Simon, in: unterwegs 20, S. 71.

daß der Rechtsanwender das zu seiner Disposition stehende Ermessen nicht mißbraucht."[35]

Mitverantwortliche Einordnung

Wir zitieren gerne Ps. 99,4: „Im Reiche dieses Königs hat man das Recht lieb", und wir haben unter dieser Parole im Kirchenkampf ansatzweise auch einen Kampf um das Recht geführt, nicht nur um das Recht der Kirche, sondern auch um staatliches Recht für den Menschen. Das Psalmwort meint freilich Gottes Recht und Gottes Gebot. Aber gerade von der Rechtfertigung des Gottlosen durch Gottes Gerechtigkeit kraft seiner freien Gnade her und auf Grund der damit verbundenen Wiedereinsetzung in das „dominium terrae" wird man auch eine Bezogenheit weltlichen Rechts auf das Recht Gottes behaupten dürfen und vom Recht aus den Staat in Blick zu nehmen haben. Es ist mir stets merkwürdig gewesen, daß die politische Ethik des Luthertums zwar den Staat vergöttlichte, aber zugleich irdischem Recht und seiner rechtsstaatlichen Funktion gegenüber in einer im Sündenpessimismus verwurzelten tiefen Skepsis verharrte. Beides paßt zwar zusammen, jedoch nur innerhalb der Grundstrukturen solchen ideologischen Denkens. Nimmt man hingegen das irdische Recht ernst, dann vergeht einem die Apotheosierung des Staates. Dann wird man zu jener Nüchternheit zurückgeführt, die in 1.Tim. 2,1 f. sich ausspricht: „. . . Bitte, Gebet, Fürbitte und Danksagung für alle Menschen, für die Könige und für alle Obrigkeit, auf daß wir ein ruhiges und stilles Leben führen mögen in aller Gottseligkeit und Ehrbarkeit." — Das ist keineswegs Ausdruck einer staatsfernen „unpolitischen" Loyalität der frühen Christenheit, sondern Ausdruck mitverantwortlicher Einordnung in die traditionellen heidnischen Voten, die auf die „salus publica" und damit auf das Wohl des einzelnen gerichtet sind.

Das sogenannte Toleranzedikt des Galerius von 311 hat die politische Gleichwertigkeit dieser christlichen Fürbitte mit den heidnischen religiösen Voten anerkannt, indem es die Christen dazu ausdrücklich verpflichtet: „Unde iuxta hanc indulgentiam nostram *debebunt* Deum suum orare pro salute nostra et rei publicae ac sua, ut undique versum res publica perstet incolumis et securi vivere in sedibus suis possint".

„Securi vivere" — auf dieser Linie des Appells an das Recht machte Paulus einst sein römisches Bürgerrecht gerade als Christ geltend!

Es entspricht dem, wenn der erste große lutherische Rechtsdenker, Johannes Oldendorp († 1567), in seinem „Lexicon iuris" von 1546 definiert: „Iuris finis est, ut pacifice transigamus hanc vitam umbratilem, ac

[35] Dürig, Grundrechtssatz, S. 144.

perducamus ad Christum et aeternam vitam."[36] Und es wäre verkehrt, jene Nüchternheit von 1.Tim. 2,1 f., wie es häufig genug geschah und geschieht, auf ein bewußt „apolitisches" Christendasein zu deuten. Im Gegenteil, auch hier geht es um aufgetragene Mitsorge für die „salus publica", für das „öffentliche Wohl". Diese Mitsorge bewährt sich zunächst darin, daß heute eine Einübung des Christen in die Demokratie als Lebensform Schritt für Schritt und im Blick auf den demokratischen Rechtsstaat als politische Form bewußt versucht wird. Dies um so ernsthafter, als gewisse Tendenzen des Grundgesetzes in Richtung auf eine „Repräsentativ-Demokratie" und vor allem das wachsende Auseinanderstreben von Verfassung und Verfassungswirklichkeit die aktive Mitsorge des Bürgers für „seinen" Staat im politischen Leben, für die demokratische Struktur des politischen Alltags, heute eher entmutigen, sofern man bei jeder ernsthaften Kritik gewärtigen muß, im Namen von Wirtschaftswunder und Antikommunismus verketzert und ausgeschaltet zu werden. Die Versuchung zu Resignation oder zu opportunistischer Anpassung wächst und droht, die zarten Keime demokratischer Lebensform zu ersticken.

§ 18 Die Veränderung der Welt durch Christus und die Antwort des Menschen darauf

Die „Neuheit des Lebens"

Die Formulierung dieses Paragraphen überrascht auf den ersten Blick, denn man pflegt in der christlichen Tradition immer wieder das „gewandelte Herz" als „die Keimzelle der Weltveränderung" anzusehen[1]. Das heißt, der Veränderung der Strukturen müsse die Veränderung der Individuen vorangehen. Dieses Schema verkennt zweierlei, nämlich erstens, daß die Änderung des Individuums und die Änderung der Strukturen nicht eine einlinige Kausalität darstellen, sondern in einem dialektischen Verhältnis zueinander stehen. Dies zu verkennen ist nur möglich auf Grund einer großzügigen Mißachtung des Marxismus. Zum andern verkennt die These von der Voraussetzung der Veränderung der Individuen für die Veränderung der Strukturen das Gefälle, die Richtung in der zentralen Botschaft des Evangeliums (Mk. 1,15): „Die Herrschaft Gottes ist nahe herbeigekommen. Kehrt um!" Es heißt nicht, daß die Umkehr des einzelnen dann zum Kommen der Gottesherrschaft führen

---

[36] Vgl. Erik Wolf, Große Rechtsdenker der deutschen Geistesgeschichte, [4]1962, S. 162.

[1] H. Thielicke, Können sich Strukturen bekehren?, ZThK 66, 1969, S. 98 ff.

solle, sondern diese Umkehr hängt wesentlich davon ab, daß die große Erneuerung, die mit dem Kommen der Gottesherrschaft in die Welt tritt, bereits geschehen ist. Der „neue Bund“ Gottes mit seiner Welt schließt den „neuen Menschen“ in sich. Was mit dem Kommen des Reiches Gottes in Jesus Christus Wirklichkeit geworden ist, bringt Paulus knapp auf den Begriff der „Neuheit des Lebens“ (Röm. 6,4), die mit der Auferweckung Jesu von den Toten gleichgesetzt wird, oder auf die Formel von der „Neuheit des Geistes“ (Röm. 7,6), die dem alten Buchstaben entgegengestellt wird. Das Neue aber, von dem im Neuen Testament immer wieder hier entscheidend die Rede ist, ist durch das Moment der Modalität gekennzeichnet. Es ist kein absolut Neues, sondern es ist jeweils die Erfüllung der Typik des „Alten“, seine Hinaufführung zur Vollkommenheit. Es ist derselbe Geist, der im Alten Testament gewirkt hat und der jetzt, in der Heilszeit, wirkt, aber auf neue Weise. Der Gegenbegriff zu „neu“ (kainon) kann lauten: „ta proota“ (vgl. Apk. 21,5) *oder* „ta archaia“ (vgl. 2.Kor. 5,17); „ta proota“, das Frühere, wird erfüllt und dadurch für sich zum Veralteten, zu „ta palaia“, wie es Hebr. 8,13 unter Bezugnahme auf das Neue Testament, den neuen Bund, heißt: „Indem er sagt ein Neues [Testament], hat er das frühere zum Alten gemacht.“ Es handelt sich hier also um die jeweils den schöpferischen Anfang setzende Neuheit, von der aus und durch die das „Frühhere“ zum „Alten“ wird. Es ist ein eschatologischer Neuheitsbegriff, der so die „Erfüllung“ des „Früheren“ (ta proota) in der Überwindung des alten Wesens (ta archaia) in sich schließt. Nur so wird auch von der „kaine diatheke“, dem „neuen Bund“ gesprochen (Lk. 22,20; 1.Kor. 11, 25; Hebr. 8,8.13; 9,15), von dem „neuen Wein“ beim eschatologischen Freudenmahl (Mk. 14,25) und der „ode kaine“, dem „neuen Lied“ (Apc. 5,9; 14,3), aber auch den „neuen Zungen“ (Mk. 16,17) im Namen Jesu und von dem „neuen Gebot“ (Joh. 13,34; 1.Joh. 2,7.8; 2.Joh. 5). Ebenso dann auch vom „neuen Menschen“ (Eph. 2,15; 4,24) und dem ihm entsprechenden „neuen Jerusalem“ (Apc. 21,2), vom „onoma kainon“ (Apc. 2,17), von „neuen Himmeln und neuer Erde“ (2.Petr. 3,13; Apc. 21,1), von der „kaine ktisis“ (2.Kor. 5,17; Gal. 6,15) bis hin zu den Jes. 43,19 („Siehe, nun schaffe ich Neues“) aufgreifenden großen Aussagen in 2. Kor. 5,17: „Das Alte ist vergangen, siehe Neues ist geworden“ und Apk. 21,5: „Siehe, ich mache alles neu.“ Den entscheidungsmächtigen Ereignischarakter dieser Neuheit umschreibt das Neue Testament mit dem paulinischen „anakainoun“ = „erneuert werden“ (2.Kor, 4,16; vgl. Kol. 3, 10) und dem deutlich auf das bestimmte Geschehnis der Buße, der Umkehr, bezogenen „anakainizein“ = „(sich) erneuern“ (Hebr. 6,6).

Diese Neuheit also, um die es hier geht, ist nicht eine Neuheit, die ein lediglich Veraltetes ablöst, sondern eine solche Neuheit, die das Alte als dessen eschatologische Erfüllung überwindet und erlöst, die es *so* in sich hineinzieht, daß seine „Vergangenheit“ eine völlige ist und sein zeitliches prius außer Geltung gesetzt wird, so daß das „Alte“ nun nicht mehr in einem Gegenüber zum „Neuen“ als seine fortlebende Infragestellung und Bedrohung verharrt, als die zum Schatten gewordene Gestalt gegenüber der nunmehr ans Licht getretenen. Soll das Alte neu werden — und es soll neu werden! —, dann nur so, daß das Alte mit Christus stirbt und durch die Auferstehung Jesu von den Toten zu einem neuen Wandel in einem neuen Leben gerufen wird.

Die Neuheit, und zwar die Neuheit des Geistes, als die das Evangelium sich versteht, schließt so das Moment der Veränderung in sich und bewirkt Veränderung, Veränderung der Welt. In welchem Verhältnis der „neue Mensch“ zu dieser Veränderung der Welt steht und wie auf der andern Seite die Welt gegenüber der Veränderung reagiert, das wird im einzelnen noch zu verdeutlichen sein.

Karl Marx hat bekanntlich einmal erklärt: „Alle Philosophen haben die Welt bisher nur verschieden interpretiert. Es kommt aber darauf an, sie zu verändern.“ Im Evangelium aber gehört beides zusammen; es interpretiert die Welt, und es verändert sie zugleich. Darauf weist Kol. 3,9 f., wenn es hier heißt: „Lüget nicht untereinander; ziehet den alten Menschen mit seinen Werken aus und ziehet den neuen an, der da erneuert wird zu der Erkenntnis nach dem Ebenbilde des, der ihn geschaffen hat.“ Diese Erkenntnis meint die durch den Glauben erneuerte Vernunft in ihrem Gegenüber zur Schöpfungswelt Gottes. Nur ein gnostischer Spiritualismus hat diese Schöpfungswelt als Werk des schlechten Demiurgen und damit als von Grund auf böse abgewiesen. Der Christ aber erkennt und anerkennt diese Welt als die gute Schöpfung Gottes. Darin besteht die Interpretation der Welt durch das Evangelium. Es verweist eindeutig auf Gott bzw. auf Jesus Christus als ihren Herrn. Die Schöpfung gehört Gott und nicht dem Menschen und wird von ihrem Schöpfer nicht verlassen. Aber sie hat sich von Gott abgewendet, hat ihren Herrn verleugnet und hat dadurch sich selbst verdorben und entstellt. Sie ist zur gottfremden, zu „dieser“ Welt geworden.

Röm. 12,1 schreibt Paulus: „Ich ermahne euch nun, liebe Brüder, durch die Barmherzigkeit Gottes, daß ihr eure Leiber begebet zum Opfer, das da lebendig, heilig und Gott wohlgefällig sei, welches sei euer vernünftiger Gottesdienst. Und stellet euch nicht dieser Welt gleich, sondern verändert euch durch Erneuerung eures Sinnes, auf daß ihr prüfen möget, welches da sei der gute, wohlgefällige und vollkommene Gotteswille.“ Paulus fordert hier die Gemeinde auf, ihre Leiber, und das heißt sich selbst in all seinem Handeln und Tun, darzubringen als vernünftigen Gottesdienst. Die ganze Welt ist der Ort, an dem diese Christen ihren Gottesdienst im Alltag ihres Tuns verrichten sollen. Daher sollen sie sich nicht der Gewalt dieses Äon unterwerfen, sondern sich leiten lassen durch die Erneuerung ihres verstehenden Urteilens, die sich an ihnen vollzieht. Durch die Erneuerung des ganzen Menschen, die auch seine Vernunft, seine Fähigkeit zu kritischem Denken und Urteilen betrifft. *Darum* geht es hier, im Gegensatz zu dem Urteil über die Heiden, deren vernehmender und verstehender Sinn eitel und nichtig geworden ist (Röm. 1,28), daß Gottes erneuerndes Handeln am Menschen sich gerade auch auf sein Urteil bezieht. Es schenkt ihm eine nüchterne Sicht auf die Welt, so wie sie sich dem christlichen Glauben neu zeigt, und dadurch wird zugleich auch die Fähigkeit geweckt, in kritischem Urteilen zu handeln. Ohne ein besonderes Gesellschaftsprogramm, nach dem die Welt und die Ordnung der menschlichen Gesellschaft gestaltet werden sollte, sondern in der Mannigfaltigkeit zahlreicher sachgerechter Entscheidungen. Sie sind jetzt unter der Herrschaft Christi möglich. Denn wo Christus als der Herr bekannt wird, wo sich diese gottgewirkte Erneuerung ereignet, die dem ganzen Menschen gilt, da sind auch Freiheit und Vollmacht zu einem weltlichen Handeln gegeben, das von wahrhaft vernünftigem Urteil und auch von der erfinderischen Kraft der Liebe im Sinne der Solidarität mit den Gottlosen geleitet ist. Von da aus können wir auch heute die Formel „Kirche für die Welt" glaubwürdig gebrauchen. Es geht bei der konkreten Verwirklichung der Solidarität mit den Nöten der Welt ganz schlicht zu, nicht schwärmerisch, sondern vernünftig, nicht programmatisch, sondern nüchtern, pragmatisch. Alles freilich unter der *einen* Voraussetzung, daß die Neuheit des Seins, in das der Christ durch das Widerfahrnis der Rechtfertigung mit der Taufe durch seinen Herrn gerufen ist, im Glauben immer wieder wahrgenommen wird als die ausschließliche Grundlage seines Daseins *in* der Welt *für* die Welt, seiner Existenz unter dem Vorzeichen der Sendung und des Dienstes, seines neuen Lebens im Gehorsam des Glaubens und in seiner Freiheit.

Aber wir wissen alle, wie unvollkommen es damit in unserer vordergründigen Wirklichkeit aussieht, wie sehr wir durch ein noch so ernsthaftes Sonntags-Christentum gehemmt sind, dadurch gehemmt, daß wir neben einem, wie wir meinen, „realistischen" Verhalten in der Welt mit ihren natürlichen kulturellen und politischen Gesetzmäßigkeiten eben jenes Sonntagschristentum pflegen, weil wir zutiefst noch Vorbehalte haben gegenüber dem Erbarmen Gottes, das uneingeschränkt uns als Ganzem gilt. Wir hören in der Regel die Botschaft des Evangeliums mehr als Trost denn als Ermunterung, mehr als Hilfe denn als nach vorne fordernde Weisung. Wir leben doppelgleisig und doppelherzig in der Welt, jedenfalls in der großen Menge derer, die wir uns Christen nennen. „Es gibt ‚etwas' in diesem Christentum" — sagte der holländische Techniker C. J. Dippel vor einigen Jahren —, „wodurch das christliche Volk einschließlich seiner Führer immer hinter der Weltgeschichte herläuft, ... immer den Fortschritt hemmt und nachher, fünfzig Jahre später, mitmacht, immer seine Seher, Propheten und Märtyrer zu spät ehrt, nach ihrem Tode, und nachher, fünfzig Jahre später, sich selber mit der Märtyrerkrone krönt. Dieses ‚Etwas' verhindert, daß sich in der Welt vom Evangelium her neue Wirklichkeitsschichten öffnen", daß durch deren Erkenntnis dann „die profane Wirklichkeit auf Gott hin transparent wird. Offenbar macht dieses ‚Etwas' das Christentum blind für die Zukunft." Aber auch für die Gegenwart. „Und daher kommt es, daß alles Elend in der Geschichte — Sklaverei, Rassenhaß, Hunger, Kolonialismus, Nationalismus, Kriege, die Übelstände der industriellen Revolution usw. — immer zu seiner Zeit christlich gutgeheißen wurde. Offenbar verstehen es die Christen nicht, die großen Fragen der Zeit vorauszunehmen."[2]

Der Grund dafür ist, daß wir die Verantwortung in der Freiheit zuletzt doch nicht wagen, daß wir jener Forderung rückhaltloser Solidarität vielfach mit „christlichen" Vorwänden ausweichen, daß wir die „unfreien Selbstverständlichkeiten" der in sich gefangenen Welt „mit religiösen Argumenten ... unterbauen", daß wir zu rasch vergessen, in wessen Dienst wir gerufen, zu welchem Dienst wir befreit sind, was es um eine echte Sorge für den Menschen und die Welt seines irdischen Daseins auf sich hat.

„Wir mißbrauchen und pervertieren die technischen und wissenschaftlichen Möglichkeiten, Gaben Gottes für den Menschen durch Menschen in der Technik, die tatsächlich als Hand Gottes in der Natur arbeitet", weil wir zugleich vielfach noch der Meinung sind, nur die „natürliche" Natur sei Gottes Werk und weil wir den selbstsüchtigen, von Verantwortungslosigkeit bedrohten Umgang des Menschen mit seiner Technik für das Eigentliche der Technik nehmen. Und wir wagen es schließlich auch nicht, wirkliche Kommunikation mit den Mitmenschen zu suchen, „offen Mensch unter Menschen zu sein, so wie wir sind". So wie wir *sind;* denn wahrscheinlich kommt von all diesen verschiedenartigen Hemmungen her die ständige Frage danach, was wir denn nun im einzelnen *tun* sollen, und überdeckt damit die andere Frage, wie wir denn *sein* sollen, genauer: was wir durch Gottes Erbarmen als seine Menschen in seiner Gemeinde kraft der Befreiung durch seine uns in Christus zugewendete freie Gnade *sind.* Was wir als „neue Menschen" sind eben auf Grund der großen Erneuerung, die mit dem Einbruch des Reiches Gottes in Jesus Christus in die Welt Wirklichkeit geworden ist. Auf Grund unseres neuen Seins soll all unser Tun ein Zeugnis sein für dieses Kommen des Reiches Gottes im Verborgenen, für das Beanspruchtsein durch Gottes die Welt mit sich versöhnendes, zu sich heimholendes Handeln.

[2] C. J. Dippel, Immer Ärger mit den Christen, in: Deutscher Evangelischer Kirchentag Dortmund 1963, Dokumente, 1963, S. 341 ff.

Hier geht es um Vernünftigkeit, Rechtlichkeit, Glaubwürdigkeit eines Tuns, das nunmehr frei ist von Selbstbezogenheit, Interessengebundenheit und Furcht; es verlangt eine gewisse Findigkeit und Phantasie in der Auswahl der erforderlichen Einzelmaßnahmen, die alle orientiert sind an der Sorge um die Gewinnung und Bewahrung der Menschlichkeit des Menschen, mag er uns zunächst als Freund oder als Feind begegnen. Das Wort von der Brüderlichkeit in Christus, dem Erstgeborenen unter den Brüdern, darf nicht leer zurückkommen. Es darf auch nicht vergessen, daß das Reich Gottes Verheißung für die Erlösung der Gesellschaft ist.

Das Medium der Veränderung

Mit dem Bisherigen ist im wesentlichen verdeutlicht, daß die große Erneuerung in Jesus Christus diese Welt als Welt Gottes neu interpretiert. Zugleich ist deutlich geworden, daß mit dieser Neuinterpretation der Vorgang der Veränderung dieser Welt aufs engste verbunden ist. Neue Interpretation und Veränderung lassen sich hier einfach nicht trennen. Das erleuchtende Licht der Herrschaft Christi ist zugleich die Kraft seines Wirkens und Handelns und umgekehrt. Dabei ist der wiedergeborene Mensch in der mit dieser Wiedergeburt zugleich gesetzten Gemeinde das Medium der Veränderungen. Gott wirkt an seiner Welt *durch* seinen Menschen. Er hat ihn von Anbeginn an, wie schon die Schöpfungsgeschichte sagt, für seine Schöpfung als seinen Mitarbeiter in Anspruch genommen. Die Realität dieser Erkenntnisse erweist sich, wenngleich immer nur zeichenhaft und stets unvollendet, an der Geschichte des Ganges des Evangeliums über diese Welt.

So wird der Gegensatz zwischen der neuen Welt Gottes, dem Reich Gottes, und der alten Welt schon in der Urchristenheit bezeugt durch den Gegensatz des sozialen Lebens der Gemeinde gegenüber der Umwelt. Die christliche Gemeinde lebt für ihren Herrn unter den Bedingungen des alten Äon, das heißt der alten Weltverhältnisse. Sie proklamiert, daß in Jesus Christus alles neu geworden ist. Damit werden von dem im Evangelium begründeten Humanismus der Gemeinde her die bislang geltenden Institutionen in Frage gestellt. Die Gemeinde ist eine durch Brüderlichkeit und Gleichheit bestimmte Gesellschaft. Jeder in ihr ist von Gott in Christus geliebt und für das Zusammenleben im Reiche Gottes bestimmt. Infolgedessen können sich die Christen an einem Teil der vorgefundenen weltlichen Institutionen nicht mehr beteiligen — die alte Christenheit kannte einen Katalog ausgeschlossener Berufe — oder sie muß im Rahmen der weltlichen Institution nach den Kriterien der Brüderlichkeit und der Gleichheit anders zusammenleben. Die Gemeindeethik der Christen ist, was die persönliche Forderung betrifft, radikaler.

Das zeigt sich an der Zuschärfung des Liebesgebots, an der Betonung der Freiheit des einzelnen, an der Gewaltlosigkeit; und sie ist im Vergleich zu anderen Sekten der Zeit weniger radikal, was die Gesetze und Strukturen der Welt anlangt. Sie hat zunächst kein sozialreformatorisches Programm und läßt zum Beispiel auch die der Zeitlage entsprechende Institution der Sklaverei noch unberührt. Dennoch steht die Bruderschaft der Christusgemeinde im Gegensatz zum Konkurrenz- und Klassenkampf der Mangelgesellschaften. In alldem zeigt sich eine Vorwegnahme des Neuen unter den Bedingungen des Alten. Diese Vorwegnahme muß möglich sein, wenn die Ausrufung des Gottesreiches nicht nur Hoffnung auf künftige Freude bedeutet, sondern wenn dieses Reich mit Jesu Tod und Auferstehung schon gegenwärtige Wirklichkeit ist. Die Christen sind nach Röm. 8,12 nicht „Schuldner dem Fleisch, daß wir nach dem Fleische leben", sondern sie können „durch den Geist die Praxis des Fleisches töten". Wie ihr — sagt Paulus der Gemeinde (Röm. 6,19) — „eure Glieder begeben habet zum Dienst der Unreinigkeit und von einer Ungerechtigkeit zu der anderen, also begebet auch nun eure Glieder zum Dienst der Gerechtigkeit, daß sie heilig werden."

Jene Frage nach der Möglichkeit der Vorwegnahme des Neuen bedeutet aber eine Infragestellung des christlichen Glaubens selbst. Diese kann nur durch einen Akt des Glaubens beantwortet werden: Glauben heißt dann, die verheißene Möglichkeit des neuen Lebens zu ergreifen und zu leben. Es widerspricht dem Evangelium, zu behaupten, innerlich sei der Mensch neu, äußerlich aber bleibe alles beim alten. Es spricht zwar alles in unserer innerweltlichen Erfahrung für die Übermacht des Alten, aber der Glaube spricht gegen sie. „Im Glauben unternimmt die christliche Gemeinde den abenteuerlichen Versuch der Vorwegnahme des neuen Lebens: brüderliches Leben, anti-autoritär, ohne Herrschaft und Hierarchie, gesellschaftliche und sonstige Privilegien zum Nutzen aller, insbesondere der Unterprivilegierten zur Verfügung stellend" (Gollwitzer). Freilich handelt es sich bei all dem um immer wieder neue Versuche, mit denen die Gemeinde je neu auf die gesellschaftlichen Veränderungen der Umwelt antwortet. Sie stellt so wie der einzelne das Kampffeld des Kampfes zwischen dem Neuen und dem Alten dar. Aber das neue Leben der neuen Gesellschaft ist noch nicht perfekt. Sie lebt in der noch unveränderten alten Welt, das heißt: in der Welt, die von der großen Erneuerung noch nichts weiß; sie lebt noch unter den Bedingungen der Mangelgesellschaft und in einer unerneuerten Menschheit, in der böser Wille Realität ist. Auch die christliche Gemeinde nimmt immer wieder teil an der Selbsterhaltung mittels des Kampfes ums Dasein, an der Konkurrenz, an der gegenseitigen Verdrängung, am objektiv Schuldigwerden. Sie muß daher auch jene weltlichen Regulierungen bejahen und ihrerseits mitgestalten, die in der Mangelgesellschaft das soziale Leben ermöglichen sollen durch Rechtssetzungen, durch Sanktionen gegen böses Tun, durch Staat und durch Gewaltanwendung. Sie steht aber zugleich gegen die Verabsolutierung der Trennungen unter den Menschen zum Freund-Feind-Gegensatz, sie bezeugt das Übergreifende der Verantwortung eines jeden Menschen für jeden Menschen, auch für den im feindlichen Lager. Sie mildert dadurch die Gegensätze und macht Kompromisse möglich, die das Miteinanderleben jetzt schon in einem gewissen Ausmaß garantieren. Sie kann den status quo dieser Welt nicht einfach hinnehmen, sondern sie muß ihn zu überwinden versuchen.

Durch das Dasein der christlichen Gemeinde wird in Frage gestellt, daß die weltlichen Strukturen der Herrschaft und der Ausbeutung durch alle Veränderungen ihrer Formen hindurch sich durchzuhalten vermögen. Sie werden verändert dadurch, daß das Leben der Gemeinde sich jetzt in ihnen abzuspielen sucht. Das gemeinsame Leben in der Gemeinde mit ihrer Gleichberechtigung wirkt korrigierend dahin, daß sich die neue Lebensweise der Bruderschaft auch in den alten Formen durchsetzt. Der Widerspruch zwischen den Strukturen der alten Welt und der neuen Lebensweise der Gemeinde „ist eine Gestalt des Kampfes zwischen dem Alten und dem Neuen. Eben darum ist wichtig, daß die Gemeinde als übergreifende Gemeinschaft die durch die Rechtsformen Getrennten miteinander zur Bruderschaft vereint. Dadurch wird aus einem Kampf der einen gegen die anderen a) ein Kampf, der sich in der Brust eines jeden vollzieht: der Kampf der Bruderschaft gegen die Unbrüderlichkeit, die ja in jedem sitzt . . . und b) ein Kampf beider gemeinsam gegen den von den Rechtsformen, aus den Strukturen, ausgehenden Zwang zur Unbrüderlichkeit“ (Gollwitzer) bis hin zu einem Kampf gegen diese Strukturen selbst. Dieser Kampf wirft aber zugleich auch das Problem der Gewaltanwendung durch Christen auf.

Ein Beispiel: Das antike Rechtsinstitut der Sklaverei blieb auch in christlichen Ländern bis in die Mitte des 19. Jahrhunderts erhalten. Fraglos ist seine Überwindung durch das christliche Ringen um das Menschsein des Menschen moralisch vorbereitet worden. Aber es bedurfte in den USA eines blutigen Bürgerkriegs, um die Sklaverei wenigstens als Rechtsform abzuschaffen. Ihr Inhalt, die Unterdrückung, Ausbeutung und Nichtgleichberechtigung ist damit freilich noch immer nicht aus der Welt geschafft.

Man hat der Urchristenheit bereits den Vorwurf gemacht, daß sie nicht die Sklaverei ausgerottet habe. Aber auch für die Urchristenheit war die Sklaverei die gegebene Grundlage des Wirtschaftslebens ihrer Zeit. Dennoch war die frühe Christenheit um eine bis dahin unerhörte Humanisierung der Beziehungen inmitten inhumaner Klassenbeziehungen und Rechtsformen bemüht. Der Onesimus-Brief ist ein deutliches Zeichen dafür, daß man bemüht war, den rechtlosen Sklaven als gleichberechtigten Menschen anzuerkennen. Die Grundlinie nennt 1.Kor. 7,22: „Denn wer als Knecht berufen ist in dem Herrn, der ist ein Freigelassener des Herrn; desgleichen, wer als Freier berufen ist, der ist ein Knecht Christi." Das wird der Gemeinde gesagt und hat ihr Verhalten zu bestimmen. Es geht hier nicht um die Innerlichkeit des stoischen Freiheitsbegriffs, sondern um die Gemeinsamkeit des einen Herrn über alles, in der soziale Differenzen zumindest relativiert werden.

Ähnliches gilt von der neuzeitlichen Demokratie. Sie ist gewiß nicht durch die Reformation in die Welt gebracht worden, aber auch nicht an ihr vorbei entstanden.

Beide Beispiele mögen als Zeichen für die Auswirkung der großen Veränderung gelten, die mit der Proklamation der Gottesherrschaft in dieser Welt in Jesus Christus begonnen hatte. Beide können zugleich zeigen, wie weit und wie mühsam der Weg zur vollkommenen Verwirklichung ist. Und beides wiederum fordert dazu auf, diesen Weg unablässig zu beschreiten.

Auf der anderen Seite läßt sich nicht leugnen, daß die christliche Kirche bestehende weltliche Herrschafts- und Abhängigkeitsverhältnisse ihrerseits sanktioniert hat. Seitdem Konstantin das Christentum als Staatsreligion anerkannt und ihm so allmählich die herrschende Oberschicht zugeführt hat, wurde der lebensändernde Einfluß des Evangeliums in der Gesellschaft immer mehr eingeschränkt auf Einzelfragen der politischen Moral, im Mittelalter zum Beispiel auf den Widerstand gegen das Zinswesen, positiv in der Diskussion des „gerechten Krieges"; zugleich wurde eine Spiritualisierung, Individualisierung und Privatisierung der christlichen Heilsbotschaft und der christlichen Ethik in Gang gesetzt. So hat sich die Kirche weithin in die babylonische Gefangenschaft der besitzenden und herrschenden Schichten begeben und war nicht in der Lage, im 19. Jahrhundert den Sozialismus als die entscheidende Anfrage auch an die Kirche zu begreifen.

Die Jüngerschaft Jesu, die er selbst als das Salz der Erde und das Licht der Welt bezeichnet hat (Mt. 5,13 f.), muß eben aus diesem ihrem Sein heraus über den eigenen Lebensbereich hinaus wirken. „Wo brüderliche Gemeinde real lebt, erweckt sie über ihren Kreis hinaus, also auch bei den Nichtglaubenden, den Geschmack für Brüderlichkeit, Freiheit, Toleranz — eröffnet sie Phantasie für neue Möglichkeiten gesellschaftlichen Lebens, für antiautoritäre und solidarische Möglichkeiten und verdirbt den Geschmack an den bisherigen Herrschafts- und Ausbeutungsstrukturen" (Gollwitzer). Von da aus schließt das Evangelium die Tendenz auf Sozialismus in sich, auf den Bruch mit der Klassengesellschaft, auf den Gegensatz zur feudalen und zur bürgerlich-kapitalistischen Lebensweise. „Das bedeutet für die durch das Evangelium gesammelte Gruppe, die Gemeinde, und jeden einzelnen Christen die Forderung, in jeder gegebenen Zeit zu prüfen, wieweit die Überwindung der Klassengesellschaft heute möglich und dringlich ist, was dazu getan werden kann und muß, und mit welchen anderswoher kommenden gesellschaftlichen und politischen Gruppen für dieses Ziel zusammengearbeitet werden muß" (Gollwitzer). Darin wirkt sich aus, daß die Botschaft des Evangeliums in sich selbst eine revolutionäre Größe ist. Sie erlaubt es nicht, die Freiheitsbotschaft der Gnade Gottes auf den einzelnen Menschen einzuschränken, das Heilsangebot an die Welt zu individualisieren und sich so von einem Mithelfen bei der Überwindung der strukturellen Zwänge der irdisch-weltlichen Existenz zu dispensieren.

Die Frage nach der Antwort des Menschen auf die Veränderung der Welt durch Christus läßt sich zusammenfassend kurz beantworten: Der Mensch, der an Jesus Christus glaubt und ihn als seinen Herrn anerkennt, ist zugleich mit hineingerufen in die Königsherrschaft Christi, in das Anbrechen der Gottesherrschaft. Er ist dadurch zum Mitarbeiter Gottes an der Veränderung der Welt durch Christus gefordert. Dabei begegnet er als „neuer Mensch" nicht nur dem Widerstand des „alten Menschen" in sich selbst, der ständigen Versuchung zur Selbstbehauptung anstelle der Solidarität mit den Verlorenen, sondern auch dem Widerspruch derer, die die Herrschaft Christi nicht anerkennen wollen und um ihrer eigenen Interessen und ihrer Selbstbehauptung willen gegen alles protestieren, was Eigeninteresse und Selbstbehauptung grundsätzlich in Frage stellt. Sie können gewiß auch christliche Parolen aufgreifen, aber nur um sie zu mißbrauchen. Auch sie können Revolutionen proklamieren, aber ihre Revolution ist gemessen an der Revolution des Evangeliums immer Konterrevolution, — das umschreibt kurz die zweite Antwort des Menschen auf die Veränderung der Welt durch Christus. Es ist die Antwort der Selbstherrlichkeit gegenüber dem Dienst, des Eigennutzes gegenüber der Solidarität, des Herrschaftsanspruchs gegenüber der Liebe.

Abkürzungsverzeichnis

Apol.	Apologia Confessionis Augustanae, in: Die Bekenntnisschriften der Ev.-Luth. Kirche, 6. Aufl. 1967, S. 141 ff.
CA	Confessio Augustana, in: Bekenntnisschriften, S. 33 ff.
CR	Corpus Reformatorum
Denz.	Denzinger, Enchriridion Symbolorum et Definitionum, 34. Aufl. 1967
EA	Luther, Werke, Erlanger Ausgabe
EKD	Evangelische Kirche in Deutschland
ELKZ	Evangelisch-lutherische Kirchenzeitung
EvTh	Evangelische Theologie
FC	Formula Concordiae, in: Bekenntnisschriften, S. 734 ff.
JK	Junge Kirche
LThK	Lexikon für Theologie und Kirche
RGG	Religion in Geschichte und Gegenwart
SD	Solida Declaratio, in: Bekenntnisschriften, S. 828 ff.
ThExh	Theologische Existenz heute
ThWBNT	Theologisches Wörterbuch zum NT
Trident.	Concilium Tridentinum. Nova Collectio, 1901 ff.
VuF	Verkündigung und Forschung
WA	Luther, Werke, Weimarer Ausgabe
ZEE	Zeitschrift für evangelische Ethik
ZevKR	Zeitschrift für evangelisches Kirchenrecht
ZThK	Zeitschrift für Theologie und Kirche
ZZ	Zwischen den Zeiten

Autorenregister

Grammatikübungen für DaZ-Lerner

Trai[illegible]ngsmaterial für die entschei[illegible] Problemfälle

Bogumiła Baumgartner

Verlag an der Ruhr

Impressum

Titel
Grammatikübungen für DaZ-Lerner –
Trainingsmaterial für die entscheidenden Problemfälle

Autorin
Bogumiła Baumgartner

Layout
ideenreich, Mülheim an der Ruhr

Titelbildmotiv
© Dreadlock – fotolia.com

Verlag an der Ruhr
Mülheim an der Ruhr
www.verlagruhr.de

Geeignet für die Klassen 5–13

Unser Beitrag zum Umweltschutz:

Wir sind seit 2008 ein ÖKOPROFIT®-Betrieb und setzen uns damit aktiv für den Umweltschutz ein. Das ÖKOPROFIT®-Projekt unterstützt Betriebe dabei, die Umwelt durch nachhaltiges Wirtschaften zu entlasten. Unsere Produkte sind grundsätzlich auf chlorfrei gebleichtes und nach Umweltschutzstandards zertifiziertes Papier gedruckt.

ISBN 978-3-8346-2465-9

Printed in Germany

Inhaltsverzeichnis

Inhaltsverzeichnis

Vorwort

Vorwort

Über die Autorin

Im Mittelpunkt meiner pädagogischen Arbeit steht der **Lerner***: ein Fremdsprachiger mit seinen beharrlichen Schwierigkeiten, die deutsche Sprache zu erlernen. Für ihn entwickelte ich ein **neues didaktisches Konzept**, das entstanden ist, weil ich …

- mich für das Unterrichten von Studenten begeisterte,
- meine Schüler beim Prozess des Erlernens der deutschen Sprache intensiv beobachtete,
- eine tiefgründige sprachliche Analyse der Schwierigkeiten des Lerners durchführte,
- feststellte, dass die Lerner Ehrgeiz und Willen zeigen, Deutsch gut zu beherrschen,
- bereit bin, zu helfen, die sprachliche Kompetenz der Lerner zu entwickeln
- und einen Ehrgeiz habe, den sozialen Wert eines Fremdsprachigen zu erhöhen.

Ich erkannte, dass die Probleme der Lerner nicht mit der fehlenden Konzentration oder den gewöhnlichen sprachlichen Begabungen zusammenhängen, sondern viel mehr mit den **spezifischen Unterschieden zwischen den beiden Sprachsystemen**: der deutschen Sprache und der Ausgangssprache. Das Ziel ist es also, die Unterschiede mithilfe von gezielten Aufgaben zu erkennen, bestimmte grammatische Phänomene zu verstehen und in diversen Übungen zu vertiefen, damit sie zur **neuen Sprachgewohnheit** werden.

Darüber hinaus bin ich auch vom Einfluss der Sprache auf die Psyche des Menschen fasziniert. So ähnlich, wie das türkische Sprichwort sagt: „Bir dil bir insan, iki dil iki insan" – „Eine Sprache ein Mensch, zwei Sprachen zwei Menschen", fühle ich mich als gebürtige Polin selbst und so sehe ich auch die anderen. Meine Sicht auf die **Mehrsprachigkeit und Bikulturalität** beschreibe ich deshalb in einem Elternratgeber: „Gelebte Zweisprachigkeit. Wie erziehe ich mein Kind zweisprachig?".

Nach dem Studium der Germanistik, Deutsch als Fremdsprachenphilologie, Deutsch als Zweitsprache und Polnisch als Fremdsprache und langjähriger Unterrichtserfahrung in beiden Sprachen studiere ich zurzeit Soziale Arbeit an der Fachhochschule Regensburg.

Bogumiła Baumgartner

* Aus Gründen der besseren Lesbarkeit haben wir in diesem Buch durchgehend die männliche Form verwendet. Natürlich sind damit auch immer Frauen und Mädchen gemeint, also Lehrerinnen, Schülerinnen etc.

Über das Buch

Wer sind „Fließendfalschsprecher" und DaZ-Jugendliche?

„Fließendfalschsprecher" (FFS) sind Menschen, die genau wissen, dass sie in den Alltagsgesprächen kein richtiges Deutsch anwenden. Sie sind sich dessen bewusst, obwohl die Zuhörer es ihnen verschweigen und obwohl alle so tun, als ob man sie immer problemlos verstehen würde.

Die FFS besitzen einen breiten Wortschatz, ein sehr gut entwickeltes Hörverstehen und in sozialen Situationen gelten sie als kommunikative Gesprächspartner. Was sie aber nicht haben, ist ausreichendes Wissen darüber, wie die deutsche Sprache funktioniert, wie Sätze richtig gebildet werden, wie und warum konjugiert und dekliniert wird. Diese Kenntnisse sind aber unentbehrlich für das korrekte Sprechen und Schreiben.

Auch 8- bis 10-jährige Grundschulkinder, die mit ihren Eltern aus einem anderen Land nach Deutschland kommen, lernen Deutsch in einem **ungesteuerten Spracherwerb**. Das bedeutet, sie eignen sich ihre Zweitsprache so ähnlich wie die Muttersprache an – durch einen unbewussten, natürlichen Vorgang. Dieser findet bei alltäglichen sozialen Kontakten in informellen (natürlichen) Situationen statt, z. B. beim gemeinsamen Spielen mit anderen Kindern im Pausenhof.

In den ersten Jahren des Aufenthalts in Deutschland bekommen die Kinder in der Schule sehr oft einen entsprechenden **Förderunterricht im Fach Deutsch**, wo sie ihr Vokabular erweitern, die korrekte Schreibweise der neu gehörten Wörtern üben und die Sprache intensiv erforschen. Es ist aber viel zu kurz und zu wenig, um die Zweitsprache ganz korrekt zu erlernen, denn an einer weiterführenden Schule bekommen die Jugendlichen meistens keine besondere sprachliche Unterstützung mehr. Sie können sich zwar mühelos verständigen, jedoch weist ihr Deutsch viele Satzbau- und Grammatikfehler auf und beim Schreiben kämpfen sie zusätzlich mit der Orthografie.

Diese Kinder nenne ich **DaZ-Jugendliche** (sie sind zwischen 11 und 18 Jahren alt und seit mindestens zwei Jahren in Deutschland). Meiner Meinung nach gehören sie auch zu der Gruppe der „Fließendfalschsprecher".

Sowohl die FFS als auch die DaZ-Jugendlichen sprechen nach Regeln, die sie selbst gebildet haben, doch diese Regeln stimmen nicht immer mit der Zielsprache überein. Und das ist auch gut so, da die **Interimssprache beim Spracherwerb** eine wichtige Rolle spielt. Entscheidend ist aber, dass sich die Lerner auch innerhalb dieser Zwischenphase sprachlich weiterentwickeln, und dies kann nach meiner Erfahrung nur dann gewährleistet werden, wenn die falsch gebildeten Regeln korrigiert werden und die Lerner auf Ausnahmen aufmerksam gemacht werden.

Beide Lernergruppen haben den **Ehrgeiz**, sprachlich besser zu werden, d. h. beispielsweise ohne Fehler Klassenarbeiten schreiben, Amtsformulare problemlos ausfüllen, Anträge schriftlich formulieren und auch ihren Kindern bei den Hausaufgaben helfen zu können. Sie haben ein großes Bedürfnis, von der deutschsprachigen Umwelt klar und eindeutig verstanden zu werden, sich besser in das Leben zu integrieren sowie gute Kontakte in der Schule, bei der Arbeit und zur Nachbarschaft zu knüpfen und zu pflegen.

Vorwort

Wie soll mit FFS und DaZ-Jugendlichen gearbeitet werden?
FFS und DaZ-Jugendliche sind schwer zu unterrichten, da ihre Fehler tief verankert sind. Herkömmliche Lehrwerke und gewöhnliche Lehrmethoden bringen nur wenig Nutzen, weil sie in gleicher Verteilung alle vier oben genannten Fertigkeiten trainieren. Diese Lernergruppe braucht aber keine intensiven Übungen in Hör- und Leseverstehen, Sprechen oder in Wortschatzarbeit. Vielmehr benötigen sie **Aufgaben in Sprachbetrachtung und Schreiben**.
Erwachsene Sprachenlerner benötigen **klare Richtlinien**, an denen sie sich orientieren können, die ihnen Halt und Sicherheit geben. Diese Linien stellen im Unterricht die **Grammatikregeln** dar. Diese müssen anschaulich und greifbar sein, verständlich dargestellt und vor allem von den Lernern auswendig gelernt werden.

Der Lernprozess bei den FFS dauert länger als bei anderen Fremdsprachenlernern, weil sie ihr **sprachliches Denken ändern** müssen. Die im Unterricht gelernten Regeln müssen im Gehirn reifen und dafür brauchen die Lerner viel Zeit, sehr viel Übungsmaterial, Anwendungsmöglichkeiten und vor allem eine konstruktive Fehlerkorrektur.
Die FFS und die DaZ-Jugendlichen sind sich dessen bewusst, dass sie nicht richtig sprechen, sonst hätten sie nicht das Bedürfnis danach, besser in Deutsch zu werden. Ihre sprachlichen Probleme müssen im Unterricht angesprochen werden und auch die sprachliche Ausgangssituation soll klar und deutlich gemacht werden. Den Lernern soll während des Spracherwerbs beigebracht werden, Fragen bezüglich der Regeln zu stellen, damit die situativen Verständigungsprobleme gleich und erfolgreich gelöst werden können. Das oberste Ziel ist es, die **alten und fehlerhaften Sprachgewohnheiten zu verändern** und sie durch die richtigen Schemata zu ersetzen.

Ausgebildete **Lehrer**, die die Problematik der „sprachlichen Fossilierung" (= Verfestigung der Fehler bei FFS) erkennen, sollten den Ehrgeiz entwickeln, aus einem FFS einen „FRS = Fließendrichtigsprecher" machen zu wollen. Dieses Buch soll dabei behilflich sein.

Für wen ist das Buch geeignet?
Die Grammatikhilfe kann sowohl in **regulären Deutschkursen** bzw. im **Deutschunterricht** als auch in speziellen **FFS- oder DaZ-Sprachkursen** angewendet werden. Sie eignet sich auch hervorragend zum **Selbststudium**.

Worin unterscheidet sich dieses Buch von einem traditionellen Grammatikbuch?
In diesem Arbeitsbuch werden nur **ausgewählte Grammatikthemen** behandelt, die einem FFS besondere Schwierigkeiten bereiten, und nicht jedes grammatische Phänomen der deutschen Sprache.

Die **sprachlichen Erklärungen** und die **Regeln** werden genau, möglichst einfach und verständlich erklärt und durch zahlreiche Tabellen, Grafiken und Bilder visualisiert. Sie unterstützen und aktivieren den Lernprozess und sind eine hilfreiche Stütze für das Gedächtnis des Lernenden.

Ab der Zeit der Pubertät braucht man für das Erlernen einer Fremdsprache ein Basiswissen für das Funktionieren der Sprache und dafür ist die Kenntnis der **grammatischen Fachausdrücke** unentbehrlich. Aus diesem Grund gibt es zudem eine Liste von lateinischen grammatischen Begriffen.

Die neuen Strukturen werden systematisch eingeführt und in einer **großen Anzahl von Übungen** vertieft und gefestigt, denn es ist sehr wichtig, dass die einwandfreien Mustersätze im Gedächtnis des Lernenden „gespeichert" werden. Jede Grammatikaufgabe soll von den Lernern so oft wiederholt werden, bis sie zum Schluss, auch nach einer längeren Pause, ganz fehlerfrei gelöst wird. Dazu gibt es jeweils am Ende einer Einheit einen **Lösungsschlüssel**, der zum Nachschauen, Vergleichen und Korrigieren für den Lehrer oder die Schüler selbst bereitsteht.

Wie sind die Übungen inhaltlich aufgebaut?

Die zahlreichen zu ergänzenden **Sätze und Übungen sind nicht immer kommunikativ**, das bedeutet, manche von ihnen werden im täglichen Leben bei einer sprachlichen Interaktion kaum zu hören sein: Niemand sagt z. B.: „Das sind Anastasia und ihr Arbeitszeugnis". Die Sätze dienen aber als **Vorübung** für eine spätere Aussage, z. B.: „Anastasia hat ihr Arbeitszeugnis übersetzen lassen."
Folgende Ziele sollen mit diesen Aufgabenstellungen für den Lernenden erreicht werden:

1. **sprachliche Überlegung**
   Der Lernende muss zuerst überlegen, welches Possessivpronomen zu „Anastasia" passt. In dem Fall ist es ein „ihr" und nicht z. B. ein „sein". Dann braucht er den richtigen Artikel für das Wort „Arbeitszeugnis". Es ist das Neutrum, also „das".

2. **das Anwenden einer Regel**
   Der Lernende hat zuvor gelernt, dass das Possessivpronomen vor Maskulinum und Neutrum keine Endung hat, deshalb ist also die Form „ihr" korrekt und nicht „ihre".

3. **Automatisierung des sprachlichen Phänomens**
   Durch das häufige Wiederholen einer konkreten Aufgabenstellung (hier das richtige Ergänzen des Possessivpronomens) prägt sich der Lernende ein bestimmtes Schema ein. Nach einer gewissen Zeit weiß er dann, worauf er aufpassen muss, damit seine Aussage immer fehlerfrei wird.

Beim Lernen ist darüber hinaus sehr wichtig, dass das **Neugelernte abgefragt und überprüft** wird, aber nicht in sozialen Interaktionen, sondern in schriftlichen Arbeiten. Dazu dienen Aufgaben zur Sprachreflexion. Mithilfe von falschen Sätzen werden die Lerner aufgefordert, nach fehlerhaften Konstruktionen zu suchen und eine Fehleranalyse durchzuführen. Nur durch eine derartige Übungsart können die Lerner die nötige Erfahrung sammeln und immer exakt überprüfen, ob die neue Regel richtig verstanden und begriffen wurde.

Warum „du" und nicht „Sie"?

Bei der Aufgabestellung wird hier der Lerner aus folgenden Gründen geduzt:

1. Er bekommt das Gefühl, dass der **Lehrer ihn persönlich anspricht**. Das ist wichtig, da er sich dadurch sowohl geschmeichelt und verstanden fühlt als auch merkt, dass er nicht auf sich allein gestellt ist. Darüber hinaus ist dies die Form, in der er in der Schule in der Regel, zumindest in der Sekundarstufe 1, angesprochen wird.

2. Das Personalpronomen „Sie" in Verbindung mit der konjugierten Verbform ist sprachlich identisch mit der Form des Infinitivs. Die Endung „-en" ist für die FFS sehr leicht zu benutzen und auszusprechen.

Das konjugierte Verb in der 2. Person Singular ist komplizierter und verlangt eine Umstellung, eine **neue sprachliche Gewohnheit und Automatisierung**. Hier kann es sich der Lerner aneignen.

3. Das Personalpronomen „du" wird in der „öffentlichen" Sprache, unter Fremden, sehr selten verwendet, jedoch unter Freunden schon. Wenn der Lerner in den Aufgabenanweisungen diese Form immer wieder sieht und liest, merkt er sie sich und sie wird für ihn nicht mehr fremd klingen. So kann er sie später bei einer **alltäglichen Kommunikation** mit guten Bekannten oder Freunden, die er eigentlich duzen darf und soll, direkt und korrekt anwenden.

Fehlerkorrektur

Jeder Lerner muss genau wissen, warum er sich in einem FFS-Sprachkurs befindet bzw. extra in diesem Bereich gefördert wird: Er ist aufgefordert, sich seiner Fehler bewusst zu werden, und muss bereit sein, sie durch eine intensive Arbeit zu eliminieren. Dabei ist es erlaubt, Fehler zu machen, denn jeder Fehler ist wichtig und wertvoll. Dies gilt aber nur dann, wenn er „laut ausgesprochen", also thematisiert wird. Damit müssen alle Lerner einverstanden sein. Die **Fehlerkorrektur** muss offen stattfinden, damit auch andere von den Fehlern bzw. den Verbesserungen profitieren können. Ein FFS muss immer, laufend und möglichst sofort korrigiert werden, denn spätere Verbesserungen außerhalb des direkten Kontextes tragen nicht zur Verbesserung bei.

Die Lerner benötigen eine **konstruktive Kritik** und viele von ihnen sehnen sich auch danach. Nur durch regelmäßige und vernünftige Korrekturen bekommen sie das Gefühl, dass sie etwas lernen, dass sie besser werden und sich sprachlich weiterentwickeln. Der Lerner soll eine derartige Korrektur bewusst wahrnehmen, begreifen und in sein Regelwerk einbauen. Und so kann er auch von der Fremdkorrektur lernen. Jeder soll nach Fehlern suchen, die dann gemeinsam im Plenum bearbeitet und aufgelöst werden. Jeder sollte verstehen, wo der Fehler liegt, warum er gemacht wurde und wie es richtig heißen muss.

Wenn fehlerhafte Formen groß an die Tafel geschrieben, besprochen und verbessert werden, haben die Lerner eine besonders große Chance, ihre Fehler zu überwinden. Es darf und muss sogar dabei **gelacht** und gescherzt werden. Es ist dabei jedoch sehr wichtig, dass sich kein Lerner beleidigt, verletzt oder angegriffen fühlt.

Dieser detaillierte Prozess erzielt nach und nach eine sprachliche Autoreflexion und führt letztendlich zu einer **Veränderung des sprachlichen Verhaltens**.

Der höchste Erfolg besteht darin, dass sich der Lerner während einer sprachlichen Handlung, einer Grammatikübung oder einer Schreibaufgabe **selbst korrigieren** kann. Damit ist das Ziel erreicht. Und das wünsche ich allen!

Arbeitsblätter

Verb, Substantiv, Adjektiv, Akkusativ

Grammatische Begriffe | **Übung**

Einführung

Wenn man eine neue Sprache lernen will, gibt es einige Voraussetzungen, über die sich der Lerner klar sein muss:

- Jugendliche und Erwachsene lernen eine fremde Sprache anders als Kinder: Sie brauchen klare Strukturen und grammatische Regeln.
- Grammatische Regeln erklären, wie eine Sprache funktioniert.
- Grammatische Regeln sind sehr hilfreich, aber man muss sie sehr gut verstehen.
- Grammatik kann man nur dann verstehen, wenn man bestimmte Fachbegriffe kennt.
- Ausländer lernen die Fachbegriffe in Latein, Kinder in der Schule lernen die Fachbegriffe zunächst auf Deutsch.
  Wichtig ist, dass man beide Begriffe kennt und versteht.
- In den folgenden Übungen wirst du die wichtigsten Begriffe kennenlernen.

Hier hast du eine kleine Auswahl von grammatischen Fachbegriffen mit Beispielen (zuerst in Latein, dann auf Deutsch).

Latein	**Deutsch**	**Beispiel**	**in deiner Sprache**
Das Verb	das Tuwort/ Tätigkeitswort		
Der Infinitiv • In dieser Form steht das Verb im Wörterbuch. • In dieser Form hat das Verb folgende Endungen: *-en, -eln, -ern*	die Grundform	lesen, gehen, lächeln, wandern	
Die Konjugation • Ein Verb wird immer konjugiert. • „Konjugiert" bedeutet, dass das Verb eine bestimmte Endung hat. • Das Verb verändert sich optisch. Es sieht anders aus. • Die Endung des Verbs hängt immer von zwei Sachen ab: *von der Person, vom Numerus*	die Beugung	ich geh|e du geh|st er/sie/es geh|t wir geh|en ihr geh|t sie geh|en	
Das Präsens • Das Präsens ist eine Zeitform. • Es beschreibt eine Tätigkeit (Handlung, Aktivität), die heute oder jetzt passiert.	die Gegenwart	ich lese ich gehe	

Verb, Substantiv, Adjektiv, Akkusativ

Grammatische Begriffe | **Übung**

Latein	Deutsch	Beispiel	in deiner Sprache
Das Perfekt • Das Perfekt ist eine Zeitform. • Es beschreibt eine Tätigkeit (Handlung, Aktivität), die in der Vergangenheit passiert ist. • Vergangenheit bedeutet: gestern, vor einer Woche, heute früh, vor fünf Minuten. • Das Perfekt besteht aus zwei Verben: einem Hilfsverb (haben oder sein) und dem Partizip Perfekt. • Das Partizip Perfekt ist eine besondere Form des Verbs.	die zweite Vergangenheit	ich habe gelesen ich bin gegangen	
Das Imperfekt • Das Imperfekt ist eine Zeitform. • Es beschreibt eine Tätigkeit (Handlung, Aktivität), die in der Vergangenheit passiert ist.	die erste Vergangenheit	ich las ich ging	
Der Numerus	die Zählform		
Der Singular (Sg.) • Der Singular bedeutet eine Person, eine Sache.	die Einzahl	der Junge der Apfel	
Der Plural (Pl.) • Der Plural bedeutet zwei oder mehr Personen, eine Gruppe, viele Sachen.	die Mehrzahl	die Jungen die Äpfel	
Das Genus	das Geschlecht		
Maskulinum	männlich	der Mann der Tisch der Hund	
Femininum	weiblich	die Frau die Wand die Maus	
Neutrum	sächlich	das Mädchen das Buch das Pferd	
Der Artikel	der Begleiter		
bestimmt	der, die, das, die		
unbestimmt	ein, eine, ein		

Verb, Substantiv, Adjektiv, Akkusativ

Grammatische Begriffe | **Übung**

Latein	Deutsch	Beispiel	in deiner Sprache
Das Substantiv/Nomen	das Namenwort		
Der Nominativ • Der Nominativ ist der erste Fall. • Er beantwortet die Fragen: wer? und was?	1. Fall	der Mond die Sonne das Meer	
Der Dativ • Der Dativ ist der dritte Fall. • Er beantwortet die Frage: wem? • Er beantwortet die Frage: wo?	3. Fall	dem Mond der Sonne dem Meer im Geschäft	
Der Akkusativ • Der Akkusativ ist der vierte Fall. • Er ist der wichtigste Fall! • Er beantwortet die Fragen: wen? und was? • Er beantwortet die Frage: wohin?	4. Fall	den Mond die Sonne das Meer in die Stadt	
Das Adjektiv	das Eigenschafts-wort	schön, intelligent, rund	
Das Pronomen	das Fürwort		
Personalpronomen	persönliches Fürwort	ich, du, er, sie, es, wir, ihr, sie	
Reflexivpronomen	rückbezügliches Fürwort	er wäscht sich	
Demonstrativpronomen	hinweisendes Fürwort	dieser, diese, dieses, diese	
Possessivpronomen	besitzanzeigendes Fürwort	mein, deine, unser, eure …	
Die Präposition	das Verhältniswort	in, nach, wegen, durch, für …	
Das Prädikat Das Verb in einem Satz nennt man Prädikat.	die Satzaussage		
• Ein einteiliges Prädikat besteht aus nur einem Verb.		Melanie **backt** einen Kuchen. Ich **feiere** heute meinen Geburts-tag.	

Latein	Deutsch	Beispiel	in deiner Sprache
• Ein zweiteiliges Prädikat besteht aus zwei Verben.		Meine lieben Eltern **haben** gestern meine Oma im Krankenhaus **besucht**. Onkel Heinz und Tante Marianne **möchten** ihren Urlaub in Spanien **verbringen**.	
• Ein mehrteiliges Prädikat besteht aus drei Verben.		Gestern **habe** ich zu Fuß zur Arbeit **gehen müssen**.	
Das Subjekt	der Satzgegenstand		
• Das Subjekt beantwortet die Fragen: wer oder was? • Es steht immer im Nominativ!		**Der nette Lehrer** hat jetzt eine lange Pause. Am Montag fährt **die liebe und kinderreiche Familie** in den Urlaub.	

Duden, Wahrig und Co.

Das Wörterbuch | **Info + Übung**

Einführung

Um Deutsch richtig gut zu lernen, brauchst du unbedingt ein **Wörterbuch**.
Im Wörterbuch stehen sehr wichtige Informationen, die dir weiterhelfen können.

Beispiel

Wenn du in deinem zweisprachigen Wörterbuch (z. B.: Deutsch – Türkisch) ein deutsches Wort findest, dann siehst du dort folgende Information:

- Fisch m (-es, -e) Dann folgt die Übersetzung in deiner Sprache.
- Aussicht f Dann folgt die Übersetzung in deiner Sprache.
- Silber n (-s, 0) Dann folgt die Übersetzung in deiner Sprache.

Regeln

- **m** bedeutet Maskulinum, also „der", **f** bedeutet Femininum, also „die", **n** bedeutet Neutrum, also „das".
- In der Klammer steht die Endung für den Genitiv, danach kommt die Pluralform.
- Bei Femininum steht fast nie die Pluralform, da sie die Endung „-en" hat.

1. **Schreibe den richtigen Artikel auf.**

		der Artikel
1.	Blitz *m*	der
2.	Gewinnspiel *n*	
3.	Kälte *f*	
4.	Fußballclub *m*	
5.	Geburtstagsparty *f*	
6.	Projekt *n*	
7.	Feierabend *m*	
8.	Geschirr *n*	
9.	Film *m*	
10.	Geldstrafe *f*	
11.	Sonderangebot *n*	
12.	Tarif *m*	
13.	Dorf *n*	
14.	Gabel *f*	
15.	Internet n	
16.	Vorschlag *m*	
17.	Kontakt *m*	
18.	Telefonat *n*	
19.	Schuld *f*	
20.	Müll *m*	

1. Schreibe den richtigen Artikel auf.

		der Artikel
1.	Blitz *m*	der
2.	Gewinnspiel *n*	das
3.	Kälte *f*	die
4.	Fußballclub *m*	der
5.	Geburtstagsparty *f*	die
6.	Projekt *n*	das
7.	Feierabend *m*	der
8.	Geschirr *n*	das
9.	Film *m*	der
10.	Geldstrafe *f*	die
11.	Sonderangebot *n*	das
12.	Tarif *m*	der
13.	Dorf *n*	das
14.	Gabel *f*	die
15.	Internet *n*	das
16.	Vorschlag *m*	der
17.	Kontakt *m*	der
18.	Telefonat *n*	das
19.	Schuld *f*	die
20.	Müll *m*	der

Der heilige Nikolaus gibt Diana Apfelkuchen

Nomen und die vier Fälle | **Info**

Einführung

Die **vier Fälle** sind der wichtigste Grammatikteil der deutschen Sprache.

Die meisten Grammatikthemen basieren auf der Tabelle, die unten auf der Seite steht. Wenn du diese Tabelle lernst, wird für dich alles andere sehr leicht, verständlich und logisch sein. Lies deshalb die untere Tabelle sehr aufmerksam!

Regel

Der Fall	**Singular**			**Plural**
	Maskulinum	Femininum	Neutrum	
Nominativ Wer? Was?	der	die	das	die
Genitiv Wessen?	des + s	der	des + s	der
Dativ Wem? Wo?	dem	der	dem	den + n
Akkusativ Wen? Was? Wohin?	den	die	das	die

Der heilige Nikolaus gibt Diana Apfelkuchen

Nomen und die vier Fälle | **Übung + Lösung**

1. Schreibe hier alle Artikel im Nominativ auf.

2. Schreibe hier alle Artikel vom Maskulinum auf.

3. Schreibe hier alle Artikel im Dativ auf.

4. Schreibe hier alle Artikel im Plural auf.

5. Schreibe hier alle Artikel im Akkusativ auf.

6. Schreibe hier alle Artikel vom Femininum auf.

7. Schreibe hier alle Artikel vom Neutrum auf.

8. Schreibe hier alle Artikel im Genitiv auf.

---

1. Schreibe hier alle Artikel im Nominativ auf.
   der, die, das, die
2. Schreibe hier alle Artikel vom Maskulinum auf.
   der, des, dem, den
3. Schreibe hier alle Artikel im Dativ auf.
   dem, der, dem, den+n
4. Schreibe hier alle Artikel im Plural auf.
   die, der, den+n, die
5. Schreibe hier alle Artikel im Akkusativ auf.
   den, die, das, die
6. Schreibe hier alle Artikel vom Femininum auf.
   die, der, der, die
7. Schreibe hier alle Artikel vom Neutrum auf.
   das, des, dem, das
8. Schreibe hier alle Artikel im Genitiv auf.
   des, der, des, der

Der Winter, die Rose, das Gold

Der Artikel | **Info**

Einführung

Es gibt ein paar Regeln für den Artikelgebrauch. Sie sind sehr hilfreich: Wenn du sie lernst, kannst du bei 80 Prozent aller Wörter den **Artikel** richtig verwenden.

Regeln

Artikel für bestimmte Nomen

der (Maskulinum)

Kategorie	Beispiele
männliche Personen 	der Mann, der Opa, der Junge
männliche Berufe 	der Lehrer, der Koch, der Handwerker
Wochentage 	der Montag, der Mittwoch, der Sonntag
Tageszeiten 	der Morgen, der Vormittag, der Abend aber: **die Nacht**
Monatsnamen 	der Januar, der März, der Dezember
Jahreszeiten 	der Frühling, der Sommer, der Herbst, der Winter

Der Winter, die Rose, das Gold

Kategorie	Beispiele
alkoholische Getränke 	der Sekt, der Wodka, der Wein aber: **das Bier**
Automarken 	der Fiat, der Audi, der BMW, der VW
Niederschläge 	der Regen, der Schnee, der Hagel
Himmelsrichtungen 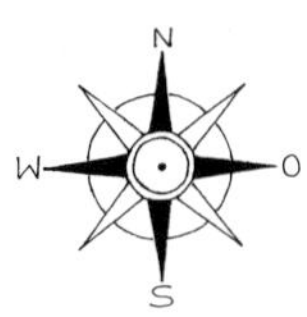	der Norden, der Osten, der Süden, der Westen
Namen von Winden 	der Sturm, der Orkan, der Hurrikan
männliche Tiere (70 %) (30 % sind Neutrum) 	der Stier, der Wolf, der Eisbär aber: **das Pferd, das Schwein**
Substantive, die vom Verb gebildet werden • Sie sind einsilbig. • Das Verb verliert seine Endung „-en". • Das neue Wort (Substantiv) wird großgeschrieben. • Die Kategorie heißt: Substantiv vom Infinitiv ohne Endung.	lauf|en — der Lauf geh|en — der Gang — e : a schlag|en — der Schlag aber: **das Lob**

Der Winter, die Rose, das Gold

Der Artikel | **Info**

die (Femininum)

Kategorie	Beispiele
weibliche Personen 	die Mutter, die Tante, die Hexe aber: **das Fräulein, das Mädchen**
weibliche Berufe 	die Friseurin, die Verkäuferin, die Kindergärtnerin
Namen von Blumen und Bäumen 	die Rose, die Nelke, die Buche aber: **der Krokus, der Löwenzahn** **alle, die nicht mit „e" enden**
Deutsche Flüsse 	die Donau, die Wolga, die Oder aber: **der Rhein, der Main**
Substantive, die von einem Verb gebildet werden • Sie sind einsilbig. • Das Verb verliert seine Endung „-en". • Das neue Wort bekommt die Endung „-t". • Das neue Wort (Substantiv) wird groß-geschrieben. • Die Kategorie heißt: Substantiv vom Verb mit der Endung „-t".	mach|en +t die Macht fahr|en +t die Fahrt arbeit|en +Ø die Arbeit

© Verlag an der Ruhr | Autorin: Bogumiła Baumgartner | ISBN 978-3-8346-2465-9 | www.verlagruhr.de

Der Winter, die Rose, das Gold

das (Neutrum)

Kategorie	**Beispiele**
Namen von Ländern (90 %) haben keinen Artikel (nur in Verbindung mit Adjektiven haben sie den Artikel „das") 	(das heutige) Deutschland (das nördliche) Polen (das reizvolle) Ungarn
Namen von Städten haben keinen Artikel (nur in Verbindung mit Adjektiven haben sie den Artikel „das")	(das schöne) Berlin (das moderne) Gdansk (das kriegszerstörte) Dresden
Namen von Kontinenten haben keinen Artikel (nur in Verbindung mit Adjektiven haben sie den Artikel „das")	(das heiße) Afrika (das riesige) Amerika (das heiße) Australien
Namen von Metallen	das Gold, das Kupfer, das Eisen aber: **der Stahl, die Bronze**
Substantive, die von einem Verb gebildet werden • Das Verb steht im Infinitiv (behält seine Endung „-en"). • Das neue Wort sieht genauso aus wie das Verb. • Das neue Wort (das Substantiv) wird großgeschrieben. • Die Kategorie heißt: Substantiv vom Verb im Infinitiv.	essen – das Essen (zum Essen) spielen – das Spielen (beim Spielen) trinken – das Trinken (zum Trinken)

Manche Länder haben einen anderen Artikel als „das".

der	der Irak der Sudan der Iran der Libanon	der Kongo der Niger der Tschad der Vatikan
die	die Ukraine die Schweiz die Türkei die Slowakei	die Toskana die Bundesrepublik die Dominikanische Republik die Mongolei
Plural	die Niederlande die USA, die Vereinigten Staaten die Vereinigten Arabischen Emirate	
Inselgruppen	die Kanaren die Balearen	die Philippinen

© Verlag an der Ruhr | Autorin: Bogumila Baumgartner | ISBN 978-3-8346-2465-9 | www.verlagruhr.de

Der Winter, die Rose, das Gold

Der Artikel | **Info**

Regeln

Die wichtigsten Endungen für „der, die, das"

der		die		das	
-ismus	Mechanismus	-ei	Bäckerei	-chen	Mädchen
-ing	Säugling	-keit	Möglichkeit	-lein	Fräulein
-or	Motor	-heit	Freiheit	-um	Museum
-ig	Käfig	-schaft	Freundschaft	-ment	Instrument
		-e (70 %)	Lampe	-tel	Viertel
		-ung	Übung	-tum	Eigentum
		-anz	Distanz	-o	Auto
		-enz	Intelligenz	-in	Benzin
		-tät	Universität		
		-ur	Kultur		
		-tion	Sozialisation		
		-ik	Physik		
		-ie	Komödie		

Ausnahmen

Es gibt Substantive auf „-e", die nicht weiblich sind (siehe Kapitel „n-Deklination"), z. B.: **der**

Länder-bewohner	**männliche Personen**	**männliche Berufs-bezeichnungen**	**Tiere**	**andere**
der Brite der Chinese der Russe der Grieche	der Postbote der Experte der Junge der Kollege der Kunde der Neffe der Zeuge	der Dermatologe der Endokrinologe der Kardiologe der Psychologe der Radiologe der Soziologe der Urologe	der Affe der Bulle der Drache der Hase der Falke der Löwe der Rabe	der Buchstabe der Name der Gedanke der Glaube der Vorname der Wille

das

das Auge	das Ende	das Gebirge	das Gemüse
das Gebäude	das Wochenende	das Interesse	das Café

Es gibt Substantive auf „-in", die nicht Neutrum sind, vor allem weibliche Berufsbezeichnungen.

die

die Lehrerin	die Bäuerin	die Beamtin	die Redakteurin

Der Winter, die Rose, das Gold

Der Artikel | **Übung**

1. Wie heißt der Artikel und warum?
Beantworte zuerst die Fragen und fülle dann die Tabelle aus.

a) Welche Endung hat das Wort?
b) Was bedeutet das Wort?
c) Zu welcher Kategorie gehört die Regel?
d) Ist es eine Ausnahme oder nicht?

		Artikel	Welche Kategorie?	Ausnahme? ja oder nein
1.	Redakteur	der	männlicher Beruf	nein
2.	Hochschule			
3.	Produktivität			
4.	Mai			
5.	Versprechen			
6.	Fiat			
7.	Italien			
8.	Sonntag			
9.	Stier			
10.	Konditorei			
11.	Schweiz			
12.	Sozialismus			
13.	Erhöhung			
14.	Wolf			
15.	Praktikum			
16.	Parlament			
17.	Festigkeit			
18.	Tischler			
19.	Regierung			
20.	Lotterie			
21.	Eisen			
22.	Notwendigkeit			
23.	Schlosser			
24.	Irak			
25.	Mannschaft			

Der Winter, die Rose, das Gold

Der Artikel | **Übung**

2. Wie heißt der Artikel und warum? Beantworte zuerst die Fragen und fülle dann die Tabelle aus.

   a) Wie ist die Endung?
   b) Was bedeutet das Wort?
   c) Ist es eine Ausnahme oder nicht?

		Artikel	Welche Kategorie?	Ausnahme? ja oder nein
1.	Mitnehmen	das	Substantiv vom Verb im Infinitiv	nein
2.	Türkei			
3.	Fischer			
4.	Fakultät			
5.	Vormittag			
6.	Säugling			
7.	Spree			
8.	Psychologie			
9.	Winter			
10.	Unabhängigkeit			
11.	Mädchen			
12.	Tragödie			
13.	Tradition			
14.	Essen			
15.	Panik			
16.	Fassade			
17.	Verkäufer			
18.	Bier			
19.	USA			
20.	Realismus			
21.	König			
22.	Nacht			
23.	Osten			
24.	Studium			
25.	Homöopathie			

3. Wie heißt der Artikel und warum? Beantworte zuerst die Fragen und fülle dann die Tabelle aus.

   a) Wie ist die Endung?
   b) Was bedeutet das Wort?
   c) Ist es eine Ausnahme oder nicht?

		Artikel	Welche Kategorie?	Ausnahme? ja oder nein
1.	Kopie	die	Endung -ie	nein
2.	Mönch			
3.	Banane			
4.	Kino			
5.	Fräulein			
6.	Karibik			
7.	Dokument			
8.	Lampe			
9.	Fantasie			
10.	Struktur			
11.	Foto			
12.	Lehrer			
13.	Johannisbeere			
14.	Westen			
15.	Friseurin			
16.	Sommer			
17.	Polen			
18.	Gewerkschaft			
19.	Museum			
20.	Bundesrepublik			
21.	Auto			
22.	Briefmarke			
23.	Tomate			
24.	Läufer			
25.	Laboratorium			

Der Winter, die Rose, das Gold

Der Artikel | **Übung**

4. Wie heißt der Artikel und warum? Fülle die Tabelle aus.

		Artikel	Welche Kategorie?	Ausnahme? ja oder nein
1.	Penizillin	das	Endung -in	nein
2.	Freundschaft			
3.	März			
4.	Silber			
5.	Klarheit			
6.	Opel			
7.	Unterschrift			
8.	Käfig			
9.	Medikament			
10.	Mechaniker			
11.	Taifun			
12.	Ukraine			
13.	Kommen			
14.	Humor			
15.	Viertel			
16.	Honig			
17.	Fasching			
18.	Musik			
19.	Montag			
20.	Opium			
21.	Wein			
22.	Abend			
23.	Feuerzeug			
24.	Fabrik			
25.	Regen			
26.	Karikatur			
27.	Anschrift			
28.	Öffnung			
29.	Wirtschaft			
30.	Sprechen			

Der Winter, die Rose, das Gold

5. Hier kannst du dein Wissen überprüfen.
Überlege, warum meine Erklärung falsch ist.
Schreibe daneben, wie es richtig sein muss!

		Meine Erklärung ist falsch	Deine Erklärung ist richtig
1.	der Nacht	Tageszeit	Ausnahme. Tageszeiten sind maskulin, außer „die Nacht".
2.	die Porsche	Endung -e	
3.	die Mädchen	weibliche Person	
4.	die Buchstabe	Endung -e	
5.	der Pferd	männliches Tier	
6.	die Auge	Endung -e	
7.	(das) Türkei	Ländername	
8.	die Schnee	Endung -e	
9.	der Bier	alkoholisches Getränk	
10.	die Name	Endung -e	
11.	die Rhein	Flussname	
12.	die Löwenzahn	Blumenname	
13.	die Pole	Endung -e	
14.	(das) Irak	Ländername	
15.	die Gemüse	Endung -e	

Der Winter, die Rose, das Gold

Der Artikel | **Lösung**

1. Wie heißt der Artikel und warum?

		Artikel	Welche Kategorie?	Ausnahme? ja oder nein
1.	Redakteur	der	männlicher Beruf	nein
2.	Hochschule	die	Endung -e	nein
3.	Produktivität	die	Endung -tät	nein
4.	Mai	der	Monatsname	nein
5.	Versprechen	das	Substantiv vom Verb im Infinitiv	nein
6.	Fiat	der	Automarke	nein
7.	Italien	---	Ländername	nein
8.	Sonntag	der	Wochentag	nein
9.	Stier	der	männliches Tier	nein
10.	Konditorei	die	Endung -ei	nein
11.	Schweiz	die	Ländername	ja
12.	Sozialismus	der	Endung -ismus	nein
13.	Erhöhung	die	Endung -ung	nein
14.	Wolf	der	männliches Tier	nein
15.	Praktikum	das	Endung -um	nein
16.	Parlament	das	Endung -ment	nein
17.	Festigkeit	die	Endung -keit	nein
18.	Tischler	der	männlicher Beruf	nein
19.	Regierung	die	Endung -ung	nein
20.	Lotterie	die	Endung -ie	nein
21.	Eisen	das	Metallname	nein
22.	Notwendigkeit	die	Endung -keit	nein
23.	Schlosser	der	männlicher Beruf	nein
24.	Irak	der	Ländername	ja
25.	Mannschaft	die	Endung -schaft	nein

Der Winter, die Rose, das Gold

2. Wie heißt der Artikel und warum?

		Artikel	Welche Kategorie?	Ausnahme? ja oder nein
1.	Mitnehmen	**der**	**Substantiv vom Verb im Infinitiv**	**nein**
2.	Türkei	die	Ländername, Endung -ei	ja
3.	Fischer	der	männlicher Beruf	nein
4.	Fakultät	die	Endung -tät	nein
5.	Vormittag	der	Tageszeit	nein
6.	Säugling	der	Endung -ing	nein
7.	Spree	die	Flussname	nein
8.	Psychologie	die	Endung -ie	nein
9.	Winter	der	Jahreszeit	nein
10.	Unabhängigkeit	die	Endung -keit	nein
11.	Mädchen	das	weibliche Person, Endung -chen	ja
12.	Tragödie	die	Endung -ie	nein
13.	Tradition	die	Endung -tion	nein
14.	Essen	das	Substantiv vom Verb im Infinitiv	nein
15.	Panik	die	Endung -ik	nein
16.	Fassade	die	Endung -e	nein
17.	Verkäufer	der	männlicher Beruf	nein
18.	Bier	das	alkoholisches Getränk	ja
19.	USA	die	Ländername	ja
20.	Realismus	der	Endung -ismus	nein
21.	König	der	männlicher Beruf	nein
22.	Nacht	die	Tageszeit	ja
23.	Osten	der	Himmelsrichtung	nein
24.	Studium	das	Endung -um	nein
25.	Homöopathie	die	Endung -ie	nein

Der Winter, die Rose, das Gold

Der Artikel | **Lösung**

3. Wie heißt der Artikel und warum?

		Artikel	Welche Kategorie?	Ausnahme? ja oder nein
1.	Kopie	**die**	**Endung -ie**	**nein**
2.	Mönch	der	männlicher Beruf	nein
3.	Banane	die	Endung -e	nein
4.	Kino	das	Endung -o	nein
5.	Fräulein	das	weibliche Person, Endung -lein	ja
6.	Karibik	die	Ländername, Endung -ik	ja
7.	Dokument	das	Endung -ment	nein
8.	Lampe	die	Endung -e	nein
9.	Fantasie	die	Endung -ie	nein
10.	Struktur	die	Endung -ur	nein
11.	Foto	das	Endung -o	nein
12.	Lehrer	der	männlicher Beruf	nein
13.	Johannisbeere	die	Endung -e	nein
14.	Westen	der	Himmelsrichtung	nein
15.	Friseurin	die	weiblicher Beruf	nein
16.	Sommer	der	Jahreszeit	nein
17.	Polen	---	Ländername	nein
18.	Gewerkschaft	die	Endung -schaft	nein
19.	Museum	das	Endung -um	nein
20.	Bundesrepublik	die	Ländername, Endung -ik	ja
21.	Auto	das	Endung -o	nein
22.	Briefmarke	die	Endung -e	nein
23.	Tomate	die	Endung -e	nein
24.	Läufer	der	männlicher Beruf	nein
25.	Laboratorium	das	Endung -um	nein

4. Wie heißt der Artikel und warum?

		Artikel	Welche Kategorie?	Ausnahme? ja oder nein
1.	Penizillin	das	Endung -in	nein
2.	Freundschaft	die	Endung -schaft	nein
3.	März	der	Monatsname	nein
4.	Silber	das	Metallname	nein
5.	Klarheit	die	Endung -heit	nein
6.	Opel	der	Automarke	nein
7.	Unterschrift	die	Substantiv vom Verb, Endung „-t"	nein
8.	Käfig	der	Endung -ig	nein
9.	Medikament	das	Endung -ment	nein
10.	Mechaniker	der	männlicher Beruf	nein
11.	Taifun	der	Windname	nein
12.	Ukraine	die	Ländername, Endung -e	ja
13.	Kommen	das	Substantiv vom Verb im Infinitiv	nein
14.	Humor	der	Endung -or	nein
15.	Viertel	das	Endung -tel	nein
16.	Honig	der	Endung -ig	nein
17.	Fasching	der	Endung -ing	nein
18.	Musik	die	Endung -ik	nein
19.	Montag	der	Wochentag	nein
20.	Opium	das	Endung -um	nein
21.	Wein	der	alkoholisches Getränk	nein
22.	Abend	der	Tageszeit	nein
23.	Liebschaft	die	Endung -schaft	nein
24.	Fabrik	die	Endung -ik	nein
25.	Regen	der	Niederschlag	nein
26.	Karikatur	die	Endung -ur	nein
27.	Anschrift	die	Substantiv vom Verb, Endung „-t"	nein
28.	Öffnung	die	Endung -ung	nein
29.	Wirtschaft	die	Endung -schaft	nein
30.	Sprechen	das	Substantiv vom Verb im Infinitiv	nein

Der Winter, die Rose, das Gold

Der Artikel | **Lösung**

5. Warum ist meine Erklärung falsch?

		Meine Erklärung ist falsch	Deine Erklärung ist richtig
1.	der Nacht	Tageszeit	Ausnahme. Tageszeiten sind maskulin, außer „die Nacht".
2.	die Porsche	Endung -e	Automarken sind maskulin.
3.	die Mädchen	weibliche Person	Ausnahme und Endung -chen.
4.	die Buchstabe	Endung -e	Ausnahme. Siehe Kapitel „n-Deklination"
5.	der Pferd	männliches Tier	Ausnahme. 70 % von männlichen Tieren sind maskulin, außer „das Pferd".
6.	die Auge	Endung -e	Ausnahme, es heißt: das Auge
7.	(das) Türkei	Ländername	Ausnahme. Ländernamen sind Neutrum, außer „die Türkei".
8.	die Schnee	Endung -e	Niederschläge sind maskulin.
9.	der Bier	alkoholisches Getränk	Alkoholische Getränke sind maskulin, außer „das Bier".
10.	die Name	Endung -e	Ausnahme. Siehe Kapitel „n-Deklination"
11.	die Rhein	Flussname	Ausnahme. 70 % der Flussnamen sind feminin, außer „der Rhein".
12.	die Löwenzahn	Blumenname	Ausnahme. 70 % der Blumen- und Baumnamen sind feminin, außer „der Löwenzahn".
13.	die Pole	Endung -e	Länderbewohner. Siehe Kapitel „n-Deklination"
14.	(das) Irak	Ländername	Ausnahme. Ländernamen sind Neutrum, außer „der Irak".
15.	die Gemüse	Endung -e	Ausnahme. Siehe Kapitel „n-Deklination"

Laufen, springen, ein|kaufen, fern|sehen

Einführung

Verben haben verschiedene Aufgaben:

- Ein Verb zeigt, was man **machen** kann: tanzen, trinken, schlafen.
- Ein Verb zeigt, was man **haben** kann: ein Auto, Grippe, eine lange Hose, Stress.
- Ein Verb zeigt, was man **sein** kann: krank, glücklich, geärgert.

Beispiele

Er **ist** müde.

Er **fährt** sehr schnell.

Er **fährt** nach rechts.

Er **tritt** auf die Pedale.

Er **hat** keinen Helm auf dem Kopf.

Er **beeilt** sich.

Er **schwitzt**.

Er **trägt** eine schwarze Radlerhose.

Das **ist** ein Rennrad.

Sie **sitzen** im Café.

Seine Freundin **trägt** ein Kleid.

Der Mann **ist** sehr leger gekleidet.

Sie **ist** sehr schlank.

Der Mann **hat** einen Pullover **an**.

Sie **lieben sich** und **sind** glücklich.

Beide **sitzen** an einem runden Tisch.

Ich **glaube**, sie **sind** verliebt.

Die Frau und der Mann **haben** eine Portion Eis **bestellt**.

Regeln

- Wenn du vor das Verb „ich, du, er …" setzt, dann verändert sich seine Form. Das Verb sieht dann optisch ein bisschen anders aus.
- Mitten im Satz schreibt man das Verb klein.
- Bei einer Frage steht das Verb am Anfang, dann schreibt man es groß:
  Feiert ihr auch Weihnachten?
  Gehst du in die Stadt?

Laufen, springen, ein|kaufen, fern|sehen

Das Verb | **Übung**

Alles, was du bisher gelernt hast, kannst du jetzt anwenden.

1. **Welches Wort ist das Verb? Unterstreiche es.**

bearbeiten, plus, nicht, nur, Wände, September, reden, Tatzen, ich, wir, woran, Pfeffer, ebenso, Flasche, Stuhl, putzen, groß, interessant, aufschreiben, Knödel, allein, Beispiel, staubsaugen, außer, Aussage, aktuell, anders, Kind, danken, fanatisch, Tasche, gegen, bezahlen, Frau, frei, erst, fahren, üben, Stift, bügeln, Architekt, Haus, blau, herzlich, dem, Nudeln, neutral, bescheinigen, separat, der September, wiederholen, leise, Banane, Maskulinum, oh, das Ohr, selbst, Teilnehmer, sitzen, dort, übermorgen, dann, manchmal, man, mager, im, Boden, leicht, am meisten, das, solche, haben, telefonisch, Osterhase, damit, um, wenn, Hasen, Handy, ein, manche, Tisch, gelb, Postkarte, modern, morgen, Theater, stempeln, ein, groß, aufmachen, Fernsehen, zerkleinern, salzig, Anmeldung, frei, begrenzt, Beate, Mittagspause, zu, abholen, Zahnarzt, schaukeln, vom, warum, nun, gehören, Traum, aber, Gasthof, heute, Schritte, ohne, Geburtsname, hinfallen, Glückwunsch, durch, auch, Briefmarke, immer, Jahr, grün, formell, nicht, Bluse, aussehen, Moritz, beginnen, Brille, fehlen, die, Geburtsdatum, hin, holen, ich, Klasse, liefern, Grillfest, informieren, Kopf, sofort, rechnen, ohne, mündlich, laufen, LKW, der, trotzdem, Maschine, übertragen, Verdienst, verlieren, zurück, dem, tunesisch, Vormittag, reparieren, Putzhilfe, praktisch, nehmen, Taxifahrer, selbst, schwierig, sein, Studium, ruhig, schließen, unten, täglich, lernen, Wagen, Handy, essen, keinen, mein, klingeln

2. Welches Wort ist das Verb? Beantworte zuerst die Fragen. Fülle dann die Tabelle aus.

   a) Ist das Wort groß oder klein geschrieben?
   b) Kannst du vor das Wort „ich, du, er" setzen? Wie sieht es dann aus?
   c) Verändert sich das Wort? Sieht es anders aus?
   d) Ist dieses Wort ein Verb?

	Wort	**groß/ klein**	**ich**	**du**	**er**	**Verändert sich das Wort?**	**Verb? ja/nein**
1.	macht	klein	mache	machst	macht		ja
2.	Zeichen						
3.	selbst						
4.	Essen						
5.	erleben						
6.	geht						
7.	nicht						
8.	bekommen						
9.	Sekret						
10.	springt						
11.	sofort						
12.	Trinken						
13.	getäuscht						
14.	Licht						
15.	rot						
16.	Examen						
17.	bekannt						
18.	hat						
19.	Imitat						
20.	Antwort						
21.	weit						
22.	evident						
23.	Ansicht						
24.	sein						
25.	München						

Laufen, springen, ein|kaufen, fern|sehen

Das Verb | **Lösung**

1. Welches Wort ist das Verb? Unterstreiche es.

bearbeiten, plus, nicht, nur, Wände, September, reden, Tatzen, ich, wir, woran, Pfeffer, ebenso, Flasche, Stuhl, putzen, groß, interessant, aufschreiben, Knödel, allein, Beispiel, staubsaugen, außer, Aussage, aktuell, anders, Kind, danken, fanatisch, Tasche, gegen, bezahlen, Frau, frei, erst, fahren, üben, Stift, bügeln, Architekt, Haus, blau, herzlich, dem, Nudeln, neutral, bescheinigen, separat, der September, wiederholen, leise, Banane, Maskulinum, oh, das Ohr, selbst, Teilnehmer, sitzen, dort, übermorgen, dann, manchmal, man, mager, im, Boden, leicht, am meisten, das, solche, haben, telefonisch, Osterhase, damit, um, wenn, Hasen, Handy, ein, manche, Tisch, gelb, Postkarte, modern, morgen, Theater, stempeln, ein, groß, aufmachen, Fernsehen, zerkleinern, salzig, Anmeldung, frei, begrenzt, Beate, Mittagspause, zu, abholen, Zahnarzt, schaukeln, vom, warum, nun, gehören, Traum, aber, Gasthof, heute, Schritte, ohne, Geburtsname, hinfallen, Glückwunsch, durch, auch, Briefmarke, immer, Jahr, grün, formell, nicht, Bluse, aussehen, Moritz, beginnen, Brille, fehlen, die, Geburtsdatum, hin, holen, ich, Klasse, liefern, Grillfest, informieren, Kopf, sofort, rechnen, ohne, mündlich, laufen, LKW, der, trotzdem, Maschine, übertragen, Verdienst, verlieren, zurück, dem, tunesisch, Vormittag, reparieren, Putzhilfe, praktisch, nehmen, Taxifahrer, selbst, schwierig, sein, Studium, ruhig, schließen, unten, täglich, lernen, Wagen, Handy, essen, keinen, mein, klingeln

2. Welches Wort ist das Verb?

	Wort	groß/ klein	ich	du	er	Verändert sich das Wort?	Verb? ja/nein
1.	macht	klein	mache	machst	macht		ja
2.	Zeichen	groß	---	---	---	nein	nein
3.	selbst	klein	---	---	---	nein	nein
4.	Essen	groß	---	---	---	nein	nein
5.	erleben	klein	erlebe	erlebst	erlebt	ja	ja
6.	geht	klein	gehe	gehst	geht	ja	ja
7.	nicht	klein	---	---	---	nein	nein
8.	bekommen	klein	bekomme	bekommst	bekommt	ja	ja
9.	Sekret	groß	---	---	---	nein	nein
10.	springt	klein	springe	springst	springt	ja	ja
11.	sofort	klein	---	---	---	nein	nein
12.	Trinken	groß	---	---	---	nein	nein
13.	getäuscht	klein	---	---	---	nein	nein
14.	Licht	groß	---	---	---	nein	nein
15.	rot	klein	---	---	---	nein	nein
16.	Examen	groß	---	---	---	nein	nein
17.	bekannt	klein	---	---	---	nein	nein
18.	hat	klein	habe	hast	hat	ja	ja
19.	Imitat	groß	---	---	---	nein	nein
20.	Antwort	groß	---	---	---	nein	nein
21.	weit	klein	---	---	---	nein	nein
22.	evident	klein	---	---	---	nein	nein
23.	Ansicht	groß	---	---	---	nein	nein
24.	sein	klein	bin	bist	ist	ja	ja
25.	München	groß	---	---	---	nein	nein

Ich singe, du singst, er singt

Das Verb und seine Endungen | **Info**

Einführung

Das Verb im Wörterbuch steht immer im **Infinitiv** (das ist der lateinische Name der Form). Ein Verb im Infinitiv kann folgende **Endung** haben:

- **-en:** tanz**en**, trink**en**, schlaf**en**
- **-eln:** läch**eln**, schauk**eln**, streich**eln**
- **-ern:** wand**ern**, änd**ern**, hind**ern**

Ein Verb wird immer **konjugiert**. „Konjugiert" bedeutet, dass das Verb eine bestimmte **Endung** hat. Das Verb verändert sich dabei optisch, das bedeutet, es sieht anders aus.

Die Endung von einem konjugierten Verb hängt immer von zwei Sachen ab:

1. von der Person
2. vom Numerus

1. Die **Personen** sind:

- ich / wir (es ist die Person, die selbst spricht)
- du / ihr (es ist die Person, die man anspricht)
- er, sie, es / sie (es ist die Person, die man beschreibt)

2. Der **Numerus** ist:

- Singular (Einzahl)
- Plural (Mehrzahl)

Die Personen verteilen sich folgendermaßen auf den Numerus:

Singular	**Plural**
ich	wir
du	ihr
er	
sie	sie
es	

Ich singe, du singst, er singt

Regeln

Die Endungen vom konjugierten Verb

Singular	Endung	Plural	Endung
ich	-e	wir	-en
du	-st	ihr	-t
er/sie/es	-t	sie	-en

So sieht das konjugierte Verb aus, z. B.:

trinken	ich	trink|**e**
	du	trink|**st**
	er/sie/es	trink|**t**
	wir	trink|**en**
	ihr	trink|**t**
	sie	trink|**en**

Bei trennbaren Verben trennt sich die Vorsilbe von dem Rest des Verbs und stellt sich an das Ende des Satzes, z. B.:

ein|steigen	ich	steig|**e**	ein
	du	steig|**st**	ein
	er/sie/es	steig|**t**	ein
	wir	steig|**en**	ein
	ihr	steig|**t**	ein
	sie	steig|**en**	ein

Bei reflexiven Verben bekommt das Wort „sich" auch eine andere Form, z. B.:

sich kämmen	ich	kämm|**e**	mich
	du	kämm|**st**	dich
	er/sie/es	kämm|**t**	sich
	wir	kämm|**en**	uns
	ihr	kämm|**t**	euch
	sie	kämm|**en**	sich

Schreibweisen des Verbs

Ein Verb mitten im Satz schreibt man klein.

- Die Kinder **spielen** im Hof.

Bei einer Frage steht das Verb am Anfang, dann schreibt man es groß.

- **Trinkst** du mit mir einen Kaffee?
- **Isst** du noch etwas?

Ich singe, du singst, er singt

Das Verb und seine Endungen | **Übung**

1. Konjugiere das Verb und schreibe die richtige Form in die Tabelle.

	Infinitiv	Person	richtige Form
1.	kommen	du	kommst
2.	lachen	ihr	
3.	antworten	er/sie/es	
4.	fragen	ich	
5.	hören	wir	
6.	machen	ihr	
7.	markieren	du	
8.	sich aus|kennen	ich	
9.	sagen	er/sie/es	
10.	schreiben	ihr	
11.	suchen	sie	
12.	zeigen	ich	
13.	sich entscheiden	ihr	
14.	wohnen	wir	
15.	leben	sie	
16.	brauchen	du	
17.	finden	ihr	
18.	sich erkälten	du	
19.	kaufen	sie	
20.	mieten	er/sie/es	

2. Konjugiere das Verb (schreibe die richtige Form).

	Infinitiv	**Person**	**richtige Form**
1.	sich freuen	**sie**	**freuen sich**
2.	besichtigen	wir	
3.	diskutieren	ihr	
4.	ab|stellen	er/sie/es	
5.	beachten	du	
6.	arbeiten	du	
7.	verbieten	sie	
8.	aus|gehen	wir	
9.	sich beeilen	ich	
10.	ein|richten	ihr	
11.	sich rasieren	er/sie/es	
12.	hängen	er/sie/es	
13.	her|stellen	sie	
14.	probieren	ich	
15.	sich beschäftigen	sie	
16.	gewinnen	wir	
17.	aus|packen	du	
18.	verteilen	du	
19.	schneiden	ich	
20.	sich schämen	ihr	

Ich singe, du singst, er singt

Das Verb und seine Endungen | **Übung**

3. Konjugiere das Verb (schreibe die richtige Form).

	Infinitiv	Person	richtige Form
1.	meinen	ich	meine
2.	möblieren	sie	
3.	sich trauen	wir	
4.	erzählen	er/sie/es	
5.	grillen	sie	
6.	schwimmen	er/sie/es	
7.	mit|bringen	ihr	
8.	lernen	du	
9.	ein|steigen	sie	
10.	sich an|ziehen	ihr	
11.	erlauben	er/sie/es	
12.	erziehen	du	
13.	verwöhnen	ihr	
14.	mit|kommen	ich	
15.	erleben	wir	
16.	improvisieren	sie	
17.	packen	du	
18.	sich erholen	ihr	
19.	verpassen	sie	
20.	versuchen	ich	

1. Konjugiere das Verb.

	Infinitiv	Person	richtige Form
1.	kommen	**du**	**kommst**
2.	lachen	ihr	lacht
3.	antworten	er/sie/es	antwortet
4.	fragen	ich	frage
5.	hören	wir	hören
6.	machen	ihr	macht
7.	markieren	du	markierst
8.	sich aus|kennen	ich	kenne mich aus
9.	sagen	er/sie/es	sagt
10.	schreiben	ihr	schreibt
11.	suchen	sie	suchen
12.	zeigen	ich	zeige
13.	sich entscheiden	ihr	entscheidet euch
14.	wohnen	wir	wohnen
15.	leben	sie	leben
16.	brauchen	du	brauchst
17.	finden	ihr	findet
18.	sich erkälten	du	erkältest dich
19.	kaufen	sie	kaufen
20.	mieten	er/sie/es	mietet

Ich singe, du singst, er singt

Das Verb und seine Endungen | **Lösung**

2. Konjugiere das Verb.

	Infinitiv	**Person**	**richtige Form**
1.	sich freuen	sie	freuen sich
2.	besichtigen	wir	besichtigen
3.	diskutieren	ihr	diskutiert
4.	ab|stellen	er/sie/es	stellt ab
5.	beachten	du	beachtest
6.	arbeiten	du	arbeitest
7.	verbieten	sie	verbieten
8.	aus|gehen	wir	gehen aus
9.	sich beeilen	ich	beeile mich
10.	ein|richten	ihr	richtet ein
11.	sich rasieren	er/sie/es	rasiert sich
12.	hängen	er/sie/es	hängt
13.	her|stellen	sie	stellen her
14.	probieren	ich	probiere
15.	sich beschäftigen	sie	beschäftigen sich
16.	gewinnen	wir	gewinnen
17.	aus|packen	du	packst aus
18.	verteilen	du	verteilst
19.	schneiden	ich	schneide
20.	sich schämen	ihr	schämt euch

3. Konjugiere das Verb.

	Infinitiv	Person	richtige Form
1.	meinen	ich	meine
2.	möblieren	sie	möblieren
3.	sich trauen	wir	trauen uns
4.	erzählen	er/sie/es	erzählt
5.	grillen	sie	grillen
6.	schwimmen	er/sie/es	schwimmt
7.	mit|bringen	ihr	bringt mit
8.	lernen	du	lernst
9.	ein|steigen	sie	steigen ein
10.	sich an|ziehen	ihr	zieht euch an
11.	erlauben	er/sie/es	erlaubt
12.	erziehen	du	erziehst
13.	verwöhnen	ihr	verwöhnt
14.	mit|kommen	ich	komme mit
15.	erleben	wir	erleben
16.	improvisieren	sie	improvisieren
17.	packen	du	packst
18.	sich erholen	ihr	erholt euch
19.	verpassen	sie	verpassen
20.	versuchen	ich	versuche

Ich fahre aber Du fährst

Das Verb: unregelmäßige Konjugation | **Info**

Einführung

Wenn manche Verben konjugiert werden, **verändern sie ein bisschen ihre Form**, z. B. verschwindet ein Buchstabe, ein neuer Buchstabe kommt dazu oder das ganze Wort sieht plötzlich anders aus. Es gibt verschiedene Arten dieser Veränderung. Die Veränderung bedeutet, dass das **Verb nicht regelmäßig konjugiert** wird.

Regeln

- Bei **manchen Verben** verändert sich in der Mitte des Wortes der Vokal, wenn sie konjugiert werden. Der Vokal wechselt folgendermaßen:
  1. a in ä
  2. e in i
  3. e in ie
  4. o in ö
  5. ö in i
- Der Vokal verändert sich aber **nur** in der 2. und der 3. Person Singular, also bei **„du"** und **„er/sie/es"**.
- Bei der 2. Person Plural, also bei **„ihr"**, bleibt die Form wie beim Infinitiv.

Beispiele

	a–ä	**e–i**	**e–ie**	**o–ö**	**ö–i**
	fahren	**geben**	**lesen**	**stoßen**	**erlöschen**
ich	fahre	gebe	lese	stoße	erlösche
du	fährst	gibst	liest	stößt	erlischst
er, sie, es	fährt	gibt	liest	stößt	erlischt
wir	fahren	geben	lesen	stoßen	erlöschen
ihr	fahrt	gebt	lest	stoßt	erlöscht
sie	fahren	geben	lesen	stoßen	erlöschen

Beispiele für andere Verben

a–ä	**in deiner Sprache**	**e–i**	**in deiner Sprache**	**e–i**	**in deiner Sprache**
laufen		essen		befehlen	
fangen		geben		empfehlen	
halten		helfen		geschehen	
laden		nehmen		sehen	
lassen		sprechen		stehlen	
schlafen		stechen			
schlagen		sterben			
tragen		treten			
sich unterhalten		treffen			

Ich fahre aber Du fährst

Das Verb: unregelmäßige Konjugation | **Info**

■ **Bei Verben auf „-eln"** kann bei „ich" dieses „-e" wegfallen.

Beispiel	**klingeln**	ich	klingl|e
		du	klingel|st
		er/sie/es	klingel|t
		wir	klingel|n
		ihr	klingel|t
		sie	klingel|n

Beispiele für andere Verben

	in deiner Sprache		**in deiner Sprache**
bügeln		schütteln	
bummeln		stempeln	
handeln		streicheln	
lächeln		wackeln	
rubbeln		wechseln	
schaukeln		zweifeln	

■ **Verben auf „-sen", „-ßen", „-ssen" „-zen"** haben kein zusätzliches „-s" in der 2. Person Singular, also bei „du".

Beispiel	me**ss**en	ich	mess|e
		du	miss|t
		er/sie/es	miss|t
		wir	mess|en
		ihr	mess|t
		sie	mess|en

Beispiele für andere Verben

	in deiner Sprache		**in deiner Sprache**
lesen		grüßen	
niesen		heißen	
lösen		heizen	
abschließen		küssen	
beißen		reizen	
salzen		tanzen	
schießen		wachsen	
schmelzen			

Ich fahre aber Du fährst

Das Verb: unregelmäßige Konjugation | **Info**

- **Verben auf „-ten" oder „-den"** haben ein zusätzliches **„-e"** in der 2. Person Singular und Plural, also bei „du", „er/sie/es" und bei „ihr".
- **Bei Verben auf „-men" oder „-nen"** kommt das manchmal ebenfalls vor.

Beispiel

antwor**t**en	ich	antwort|e
	du	antwort**e**|st
	er	antwort**e**|t
	wir	antwort|en
	ihr	antwort**e**|t
	sie	antwort|en

Beispiele für andere Verben

	in deiner Sprache		**in deiner Sprache**
baden		öffnen	
bearbeiten		rechnen	
mieten		reden	
retten		zeichnen	
streiten		verbieten	
verabschieden		warten	

- Die zwei **Verben „werden" und „wissen"** werden ganz anders als alle anderen konjugiert. Wie das aussieht, liest du in der Tabelle.

	werden	**in deiner Sprache**	**wissen**	**in deiner Sprache**
ich	werde		weiß	
du	wirst		weißt	
er, sie, es	wird		weiß	
wir	werden		wissen	
ihr	werdet		wisst	
sie	werden		wissen	

- **Modalverben** (sollen, können, wollen, dürfen, müssen, mögen, möchten) haben ihre eigene Regel für die Konjugation.
  Wie das aussieht, liest du in der Tabelle.

	sollen	**können**	**wollen**
ich	soll	kann	will
du	sollst	kannst	willst
er, sie, es	soll	kann	will
wir	sollen	können	wollen
ihr	sollt	könnt	wollt
sie	sollen	können	wollen

	dürfen	**müssen**	**mögen**	**möchten**
ich	darf	muss	mag	möchte
du	darfst	musst	magst	möchtest
er, sie, es	darf	muss	mag	möchte
wir	dürfen	müssen	mögen	möchten
ihr	dürft	müsst	mögt	möchtet
sie	dürfen	müssen	mögen	möchten

Ich fahre aber Du fährst

Das Verb: unregelmäßige Konjugation | **Übung**

1. Konjugiere das Verb. Schreibe die richtige Form von „du" in die Tabelle.

	Verb	du
1.	schaden	schadest
2.	waschen	
3.	essen	
4.	werden	
5.	erschrecken	
6.	schlafen	
7.	mit|nehmen	
8.	warten	
9.	backen	
10.	müssen	
11.	fressen	
12.	blasen	
13.	geben	
14.	ein|laden	
15.	halten	
16.	retten	
17.	messen	
18.	wollen	
19.	helfen	
20.	streiten	
21.	wissen	
22.	graben	
23.	lassen	
24.	mögen	
25.	verbieten	

2. Konjugiere das Verb. Schreibe die richtige Form von „er/sie/es" in die Tabelle.

	Verb	**er/sie/es**
1.	**mit|nehmen**	**nimmt mit**
2.	öffnen	
3.	möchten	
4.	waschen	
5.	essen	
6.	stechen	
7.	erschrecken	
8.	schmelzen	
9.	mögen	
10.	bearbeiten	
11.	helfen	
12.	graben	
13.	werfen	
14.	gelten	
15.	auf|laden	
16.	tragen	
17.	sterben	
18.	dürfen	
19.	backen	
20.	reden	
21.	messen	
22.	fressen	
23.	schlagen	
24.	an|fangen	
25.	mieten	

Ich fahre aber Du fährst

Das Verb: unregelmäßige Konjugation | **Übung**

3. Konjugiere das Verb. Schreibe die richtige Form von „ihr" in die Tabelle.

	Verb	ihr
1.	erschrecken	erschreckt
2.	verbinden	
3.	schlafen	
4.	auf|halten	
5.	befehlen	
6.	stechen	
7.	müssen	
8.	tragen	
9.	ein|laden	
10.	essen	
11.	backen	
12.	fressen	
13.	verabschieden	
14.	geben	
15.	ein|schlafen	
16.	gelten	
17.	blasen	
18.	erwarten	
19.	graben	
20.	helfen	
21.	messen	
22.	wollen	
23.	brechen	
24.	auf|essen	
25.	baden	

4. Konjugiere das Verb. Schreibe die richtige Form von „ich" und „du" in die Tabelle.

	Verb	ich	du
1.	bügeln	bügle	bügelst
2.	niesen		
3.	heißen		
4.	klingeln		
5.	ab|schließen		
6.	beißen		
7.	lösen		
8.	schütteln		
9.	küssen		
10.	streicheln		
11.	heizen		
12.	wackeln		
13.	schaukeln		
14.	reizen		
15.	lächeln		
16.	salzen		
17.	zweifeln		
18.	lesen		
19.	wechseln		
20.	grüßen		
21.	stempeln		
22.	schießen		
23.	handeln		
24.	pflanzen		
25.	segeln		

Ich fahre aber Du fährst

Das Verb: unregelmäßige Konjugation | **Übung**

5. Konjugiere das Verb. Schreibe die richtige Form von „du" in die Tabelle.

	Verb	**du**
1.	können	kannst
2.	nehmen	
3.	schmelzen	
4.	werfen	
5.	stechen	
6.	sollen	
7.	sterben	
8.	schlagen	
9.	tragen	
10.	an|fangen	
11.	treffen	
12.	sprechen	
13.	laufen	
14.	befehlen	
15.	dürfen	
16.	brechen	
17.	wachsen	
18.	vergessen	
19.	treten	
20.	waschen	

6. Konjugiere das Verb. Schreibe die richtige Form von „er/sie/es" in die Tabelle.

	Verb	er/sie/es
1.	sollen	soll
2.	blasen	
3.	geben	
4.	waschen	
5.	laufen	
6.	befehlen	
7.	treffen	
8.	brechen	
9.	können	
10.	ein|laden	
11.	lassen	
12.	halten	
13.	schlafen	
14.	vergessen	
15.	sprechen	
16.	müssen	
17.	treten	
18.	wachsen	
19.	zurück|geben	
20.	wollen	

Ich fahre aber Du fährst

Das Verb: unregelmäßige Konjugation | **Übung**

7. Konjugiere das Verb. Schreibe die richtige Form von „ihr" in die Tabelle.

	Verb	ihr
1.	fangen	fangt
2.	waschen	
3.	mögen	
4.	erhalten	
5.	treten	
6.	laufen	
7.	sollen	
8.	lassen	
9.	schmelzen	
10.	können	
11.	schlafen	
12.	sterben	
13.	treffen	
14.	vergessen	
15.	schlagen	
16.	dürfen	
17.	wachsen	
18.	sprechen	
19.	möchten	
20.	werfen	

8. Schreibe die richtige Verbform zu der Person in der Tabelle.

	Verb	Person
1.	**essen**	**ihr esst**
2.	schlafen	er/sie/es
3.	müssen	ich
4.	werfen	du
5.	erschrecken	du
6.	graben	ihr
7.	wollen	du
8.	schmelzen	es
9.	sprechen	ihr
10.	gelten	es
11.	ein|schlafen	ihr
12.	helfen	ihr
13.	können	er/sie/es
14.	wachsen	du
15.	sterben	er/sie/es
16.	tragen	ihr
17.	stechen	er/sie/es
18.	vergessen	ihr
19.	treten	du
20.	möchten	er/sie/es

Ich fahre aber Du fährst

Das Verb: unregelmäßige Konjugation | **Übung**

9. Schreibe die richtige Verbform zu der Person in der Tabelle.

	Verb	richtige Form
1.	backen	ihr backt
2.	fressen	er/sie/es
3.	messen	er/sie/es
4.	befehlen	er/sie/es
5.	dürfen	du
6.	lassen	ihr
7.	blasen	du
8.	weg|werfen	ihr
9.	waschen	er/sie/es
10.	halten	ihr
11.	mögen	du
12.	treffen	ihr
13.	brechen	ihr
14.	ein|laden	er/sie/es
15.	sollen	er/sie/es
16.	schlagen	ihr
17.	geben	er/sie/es
18.	laufen	ihr
19.	können	ihr
20.	an|fangen	ihr

Ich fahre aber Du fährst

Das Verb: unregelmäßige Konjugation | **Lösung**

1. Konjugiere das Verb. Schreibe die richtige Form von „du“ in die Tabelle.

	Verb	du
1.	**schaden**	**schadest**
2.	waschen	wäschst
3.	essen	isst
4.	werden	wirst
5.	erschrecken	erschrickst
6.	schlafen	schläfst
7.	mit|nehmen	nimmst mit
8.	warten	wartest
9.	backen	bäckst
10.	müssen	musst
11.	fressen	frisst
12.	blasen	bläst
13.	geben	gibst
14.	ein|laden	lädst ein
15.	halten	hältst
16.	retten	rettest
17.	messen	misst
18.	wollen	willst
19.	helfen	hilfst
20.	streiten	streitest
21.	wissen	weißt
22.	graben	gräbst
23.	lassen	lässt
24.	mögen	magst
25.	verbieten	verbietest

Ich fahre aber Du fährst

Das Verb: unregelmäßige Konjugation | **Lösung**

2. Konjugiere das Verb. Schreibe die richtige Form von „er / sie / es" in die Tabelle.

	Verb	**er / sie / es**
1.	mit | nehmen	nimmt mit
2.	öffnen	öffnet
3.	möchten	möchte
4.	waschen	wäscht
5.	essen	isst
6.	stechen	sticht
7.	erschrecken	erschrickt
8.	schmelzen	schmilzt
9.	mögen	mag
10.	bearbeiten	bearbeitet
11.	helfen	hilft
12.	graben	gräbt
13.	werfen	wirft
14.	gelten	gilt
15.	auf | laden	lädt auf
16.	tragen	trägt
17.	sterben	stirbt
18.	dürfen	darf
19.	backen	bäckt
20.	reden	redet
21.	messen	misst
22.	fressen	frisst
23.	schlagen	schlägt
24.	an | fangen	fängt an
25.	mieten	mietet

3. Konjugiere das Verb. Schreibe die richtige Form von „ihr" in die Tabelle.

	Verb	ihr
1.	erschrecken	erschreckt
2.	verbinden	verbindet
3.	schlafen	schlaft
4.	auf|halten	haltet auf
5.	befehlen	befehlt
6.	stechen	stecht
7.	müssen	müsst
8.	tragen	tragt
9.	ein|laden	ladet ein
10.	essen	esst
11.	backen	backt
12.	fressen	fresst
13.	verabschieden	verabschiedet
14.	geben	gebt
15.	ein|schlafen	schlaft ein
16.	gelten	geltet
17.	blasen	blast
18.	erwarten	erwartet
19.	graben	grabt
20.	helfen	helft
21.	messen	messt
22.	wollen	wollt
23.	brechen	brecht
24.	auf|essen	esst auf
25.	baden	badet

Ich fahre aber Du fährst

Das Verb: unregelmäßige Konjugation | **Lösung**

4. Konjugiere das Verb. Schreibe die richtige Form von „ich“ und „du“ in die Tabelle.

	Verb	ich	du
1.	bügeln	bügle	bügelst
2.	niesen	niese	niest
3.	heißen	heiße	heißt
4.	klingeln	klingle	klingelst
5.	ab|schließen	schließe ab	schließt ab
6.	beißen	beiße	beißt
7.	lösen	löse	löst
8.	schütteln	schüttle	schüttelst
9.	küssen	küsse	küsst
10.	streicheln	streichle	streichelst
11.	heizen	heize	heizt
12.	wackeln	wackle	wackelst
13.	schaukeln	schaukle	schaukelst
14.	reizen	reize	reizt
15.	lächeln	lächle	lächelst
16.	salzen	salze	salzt
17.	zweifeln	zweifle	zweifelst
18.	lesen	lese	liest
19.	wechseln	wechsle	wechselst
20.	grüßen	grüße	grüßt
21.	stempeln	stemple	stempelst
22.	schießen	schieße	schießt
23.	handeln	handle	handelst
24.	pflanzen	pflanze	pflanzt
25.	segeln	segle	segelst

5. Konjugiere das Verb. Schreibe die richtige Form von „du" in die Tabelle.

	Verb	**du**
1.	**können**	**kannst**
2.	nehmen	nimmst
3.	schmelzen	schmilzt
4.	werfen	wirfst
5.	stechen	stichst
6.	sollen	sollst
7.	sterben	stirbst
8.	schlagen	schlägst
9.	tragen	trägst
10.	an|fangen	fängst an
11.	treffen	triffst
12.	sprechen	sprichst
13.	laufen	läufst
14.	befehlen	befiehlst
15.	dürfen	darfst
16.	brechen	brichst
17.	wachsen	wächst
18.	vergessen	vergisst
19.	treten	trittst
20.	waschen	wäschst

Ich fahre aber Du fährst

Das Verb: unregelmäßige Konjugation | **Lösung**

6. Konjugiere das Verb. Schreibe die richtige Form von „er / sie / es" in die Tabelle.

	Verb	er / sie / es
1.	sollen	soll
2.	blasen	bläst
3.	geben	gibt
4.	waschen	wäscht
5.	laufen	läuft
6.	befehlen	befiehlt
7.	treffen	trifft
8.	brechen	bricht
9.	können	kann
10.	ein|laden	lädt ein
11.	lassen	lässt
12.	halten	hält
13.	schlafen	schläft
14.	vergessen	vergisst
15.	sprechen	spricht
16.	müssen	muss
17.	treten	tritt
18.	wachsen	wächst
19.	zurück|geben	gibt zurück
20.	wollen	will

7. Konjugiere das Verb. Schreibe die richtige Form von „ihr" in die Tabelle.

	Verb	**ihr**
1.	fangen	fangt
2.	waschen	wascht
3.	mögen	mögt
4.	erhalten	erhaltet
5.	treten	tretet
6.	laufen	lauft
7.	sollen	sollt
8.	lassen	lasst
9.	schmelzen	schmelzt
10.	können	könnt
11.	schlafen	schlaft
12.	sterben	sterbt
13.	treffen	trefft
14.	vergessen	vergesst
15.	schlagen	schlagt
16.	dürfen	dürft
17.	wachsen	wachst
18.	sprechen	sprecht
19.	möchten	möchtet
20.	werfen	werft

Ich fahre aber Du fährst

Das Verb: unregelmäßige Konjugation | **Lösung**

8. Schreibe die richtige Verbform zu der Person in der Tabelle.

	Verb	Person
1.	essen	ihr esst
2.	schlafen	er/sie/es schläft
3.	müssen	ich muss
4.	werfen	du wirfst
5.	erschrecken	du erschrickst
6.	graben	ihr grabt
7.	wollen	du willst
8.	schmelzen	es schmilzt
9.	sprechen	ihr sprecht
10.	gelten	es gilt
11.	ein|schlafen	ihr schlaft ein
12.	helfen	ihr helft
13.	können	er/sie/es kann
14.	wachsen	du wächst
15.	sterben	er/sie/es stirbt
16.	tragen	ihr tragt
17.	stechen	er/sie/es sticht
18.	vergessen	ihr vergesst
19.	treten	du trittst
20.	möchten	er/sie/es möchte

9. Schreibe die richtige Verbform zu der Person in der Tabelle.

	Verb	richtige Form
1.	backen	ihr backt
2.	fressen	er/sie/es frisst
3.	messen	er/sie/es misst
4.	befehlen	er/sie/es befiehlt
5.	dürfen	du darfst
6.	lassen	ihr lasst
7.	blasen	du bläst
8.	weg|werfen	ihr werft weg
9.	waschen	er/sie/es wäscht
10.	halten	ihr haltet
11.	mögen	du magst
12.	treffen	ihr trefft
13.	brechen	ihr brecht
14.	ein|laden	er/sie/es lädt ein
15.	sollen	er/sie/es soll
16.	schlagen	ihr schlagt
17.	geben	er/sie/es gibt
18.	laufen	ihr lauft
19.	können	ihr könnt
20.	an|fangen	ihr fangt an

Das ist ein Eisbär, er hat ein weißes Fell

Die Verben „sein" und „haben" | **Info**

Einführung sein

Das Wort **„sein"** bedeutet: existieren, bestehen, vorhanden sein, anwesend sein. Es gibt verschiedene Formen, wie es eingesetzt wird.

1. **„sein" + Nominativ** (gilt für alle Nomen):

Beispiele
- Wir sind Geschwister.
- Er ist 15 Jahre alt.

2. **„sein" + Adjektiv:**

Beispiele
- Frau Braun ist müde.
- Er ist sympathisch.

3. **Substantiv/Personalpronomen im Dativ + Adjektiv:**

Beispiele
- Mir ist kalt.
- Ihm ist schlecht.
- Uns ist übel, heiß und langweilig.

Am Ende des Buches findest du das Wort „sein" in 20 verschiedenen Sprachen.

Regel

ich	bin	wir	sind
du	bist	ihr	seid
er, sie, es	ist	sie	sind

Einführung haben

Das Wort **„haben"** bedeutet: besitzen, verfügen.
Es gibt nur eine Form, wie es eingesetzt wird.

- **„haben" + Akkusativ** (gilt für alle Nomen):
  Er hat einen I-Pod.
  Ich habe Husten und Schnupfen.

Am Ende des Buches findest du das Wort „haben" in 20 verschiedenen Sprachen.

Regel

ich	habe	wir	haben
du	**hast**	ihr	habt
er, sie, es	hat	sie	haben

Das ist ein Eisbär, er hat ein weißes Fell

Die Verben „sein" und „haben" | **Übung**

1. Welches Wort passt besser: „haben" oder „sein"?
   Schreibe einen Satz.

		haben oder **sein**	**dein Satz**
1.	**hier**	**sein**	**Du bist hier.**
2.	schlechte Laune		Er
3.	gesund		Ihr
4.	Wunsch		Du
5.	Recht		Ihr
6.	müde		Du
7.	schuldig		Sie (Sg.)
8.	Besuch		Du
9.	dort		Ihr
10.	Familie		Du
11.	fleißig		Du
12.	mutig		Er
13.	hohes Fieber		Ihr
14.	klug		Ihr
15.	Urlaub		Du
16.	schockiert		Du
17.	schlechte Zähne		Er
18.	böse		Ihr
19.	genervt		Du
20.	blaue Augen		Er
21.	seltsam		Du
22.	Gäste		Ihr
23.	oben		Du
24.	Kinder		Ihr
25.	ledig		Er
26.	fertig		Wioletta
27.	Halsweh		Du
28.	Schluckauf		Er
29.	gelangweilt		Martin
30.	Mittagspause		Ihr

Das ist ein Eisbär, er hat ein weißes Fell

Die Verben „sein" und „haben" | **Übung**

2. Welches Wort passt besser: „haben" oder „sein"?
   Schreibe einen Satz.

		haben oder **sein**	**dein Satz**
1.	**Freunde**	**haben**	**Du hast Freunde.**
2.	laut		Ihr
3.	Schwester		Du
4.	schwanger		Monika
5.	krank		Du
6.	Erfahrung		Er
7.	intelligent		Du
8.	Arbeit		Ihr
9.	Zeit		Du
10.	erkältet		Du
11.	Haus		Er
12.	Geld		Ihr
13.	schön		Ihr
14.	Frau		Du
15.	groß		Du
16.	Kraft		Er
17.	reich		Ihr
18.	Auto		Du
19.	Idee		Er
20.	frei		Du
21.	zufrieden		Die Gäste
22.	Mann		Du
23.	hübsch		Ihr
24.	mobil		Er
25.	Schnupfen		Betül
26.	aggressiv		Du
27.	Kopfschmerzen		Ich
28.	draußen		Ihr
29.	verliebt		Paul
30.	bekannt		Du

3. Bilde Sätze mit „sein".

	Satz mit „haben"	**Satz mit „sein"**
1.	**Ich habe Mut.**	**Ich bin mutig.**
2.	Ich habe Hunger.	
3.	Ich habe Geduld.	
4.	Ich habe Ruhe.	
5.	Ich habe Macht.	
6.	Ich habe Energie.	

4. Bilde Sätze mit **„haben"**.

	Satz mit „sein"	**Satz mit „haben"**
1.	**Ich bin kräftig.**	**Ich habe Kraft.**
2.	Ich bin ängstlich.	
3.	Ich bin aggressiv.	
4.	Ich bin zornig.	
5.	Ich bin mächtig.	
6.	Ich bin familiär.	
7.	Ich bin durstig.	
8.	Ich bin glücklich.	

Das ist ein Eisbär, er hat ein weißes Fell

Die Verben „sein“ und „haben“ | **Lösung**

1. Welches Wort passt besser: „haben“ oder „sein“?

		haben oder **sein**	**dein Satz**
1.	hier	sein	Du bist hier.
2.	schlechte Laune	haben	Er hat schlechte Laune.
3.	gesund	sein	Ihr seid gesund.
4.	Wunsch	haben	Du hast einen Wunsch.
5.	Recht	haben	Ihr habt Recht.
6.	müde	sein	Du bist müde.
7.	schuldig	sein	Sie ist schuldig.
8.	Besuch	haben	Du hast Besuch.
9.	dort	sein	Ihr seid dort.
10.	Familie	haben	Du hast eine Familie.
11.	fleißig	sein	Du bist fleißig.
12.	mutig	sein	Er ist mutig.
13.	hohes Fieber	haben	Ihr habt hohes Fieber.
14.	klug	sein	Ihr seid klug.
15.	Urlaub	haben	Du hast Urlaub.
16.	schockiert	sein	Du bist schockiert.
17.	schlechte Zähne	haben	Er hat schlechte Zähne.
18.	böse	sein	Ihr seid böse.
19.	genervt	sein	Du bist genervt.
20.	blaue Augen	haben	Er hat blaue Augen.
21.	seltsam	sein	Du bist seltsam.
22.	Gäste	haben	Ihr habt Gäste.
23.	oben	sein	Du bist oben.
24.	Kinder	haben	Ihr habt Kinder.
25.	ledig	sein	Er ist ledig.
26.	fertig	sein	Wioletta ist fertig.
27.	Halsweh	haben	Du hast Halsweh.
28.	Schluckauf	haben	Er hat Schluckauf.
29.	gelangweilt	sein	Martin ist gelangweilt.
30.	Mittagspause	haben	Ihr habt Mittagspause.

2. Welches Wort passt besser: „haben" oder „sein"?

		haben oder **sein**	**dein Satz**
1.	Freunde	haben	Du hast Freunde.
2.	laut	sein	Ihr seid laut.
3.	Schwester	haben	Du hast eine Schwester.
4.	schwanger	sein	Monika ist schwanger.
5.	krank	sein	Du bist krank.
6.	Erfahrung	haben	Er hat Erfahrung.
7.	intelligent	sein	Du bist intelligent.
8.	Arbeit	haben	Ihr habt eine Arbeit.
9.	Zeit	haben	Du hast Zeit.
10.	erkältet	sein	Du bist erkältet.
11.	Haus	haben	Er hat ein Haus.
12.	Geld	haben	Ihr habt Geld.
13.	schön	sein	Ihr seid schön.
14.	Frau	haben/sein	Du bist eine Frau.
15.	groß	sein	Du bist groß.
16.	Kraft	haben	Er hat Kraft.
17.	reich	sein	Ihr seid reich.
18.	Auto	haben	Du hast ein Auto.
19.	Idee	haben	Er hat eine Idee.
20.	frei	sein/haben	Du bist frei. Du hast frei.
21.	zufrieden	sein	Die Gäste sind zufrieden.
22.	Mann	haben/sein	Du hast einen Mann. Du bist ein Mann.
23.	hübsch	sein	Ihr seid hübsch.
24.	mobil	sein	Er ist mobil.
25.	Schnupfen	haben	Betül hat Schnupfen.
26.	aggressiv	sein	Du bist aggressiv.
27.	Kopfschmerzen	haben	Ich habe Kopfschmerzen.
28.	draußen	sein	Ihr seid draußen.
29.	verliebt	sein	Paul ist verliebt.
30.	bekannt	sein	Du bist bekannt.

© Verlag an der Ruhr | Autorin: Bogumiła Baumgartner | ISBN 978-3-8346-2465-9 | www.verlagruhr.de

Das ist ein Eisbär, er hat ein weißes Fell

Die Verben „sein" und „haben" | **Lösung**

3. Bilde Sätze mit „sein".

	Satz mit „haben"	Satz mit „sein"
1.	**Ich habe Mut.**	**Ich bin mutig.**
2.	Ich habe Hunger.	Ich bin hungrig.
3.	Ich habe Geduld.	Ich bin geduldig.
4.	Ich habe Ruhe.	Ich bin ruhig.
5.	Ich habe Macht.	Ich bin mächtig.
6.	Ich habe Energie.	Ich bin energisch.

4. Bilde Sätze mit **„haben"**.

	Satz mit „sein"	Satz mit „haben"
1.	**Ich bin kräftig.**	**Ich habe Kraft.**
2.	Ich bin ängstlich.	Ich habe Angst.
3.	Ich bin aggressiv.	Ich habe Aggressionen (in mir).
4.	Ich bin zornig.	Ich habe Zorn (in mir).
5.	Ich bin mächtig.	Ich habe die Macht.
6.	Ich bin familiär.	Ich habe eine Familie.
7.	Ich bin durstig.	Ich habe Durst.
8.	Ich bin glücklich.	Ich habe Glück.

Tante Marianne will eine Schokoladentorte backen

Satzglieder: Das Prädikat | **Info**

Einführung

- Jeder Mensch hat ein Herz. Ohne das Herz kann er nicht leben.
- Das Verb ist das Herz in einem Satz.
  Das Verb in einem Satz nennt man Prädikat.
  Ein Satz kann ohne das Prädikat nicht leben.
- Wenn du einen Satz ohne das Prädikat sagst, kann man dich nicht richtig verstehen. Dieser Satz hat keine klare und eindeutige Bedeutung. Aber das Prädikat bedeutet auch nicht immer das, was du sagen wolltest!

Regeln

- Das Prädikat kann aus einem, aus zwei oder aus drei Verben bestehen.
- Diese Verben sind Teile des Prädikats.
- Der erste Teil des Prädikats wird immer konjugiert.
- Der zweite Teil des Prädikats kann im Infinitiv oder im Partizip Perfekt stehen.

Beispiel

	Prädikat – der erste Teil		**Prädikat – der zweite Teil**
Melanie	bäckt	einen leckeren Kuchen.	---
Meine lieben Eltern	haben	gestern meine Oma im Krankenhaus	besucht.
Ich	bin	zwei Stunden lang Fahrrad	gefahren.
Onkel Heinz und Tante Marianne	möchten	ihren Urlaub in Spanien	verbringen.
Die Tochter von Beate	wird	diese Woche ihren 20. Geburtstag	feiern.
Gestern	habe	ich zu Fuß zur Arbeit	gehen müssen.

© Verlag an der Ruhr | Autorin: Bogumiła Baumgartner | ISBN 978-3-8346-2465-9 | www.verlagruhr.de

Tante Marianne will eine Schokoladentorte backen

Satzglieder: Das Prädikat | **Übung**

1. Suche das Prädikat.

   a) Unterstreiche alle Teile des Prädikats.
   b) Schreibe auf, aus wie vielen Teilen das Prädikat besteht.

	Satz	Prädikat	Wie viele Teile?
1.	Das Kind schläft schon.	schläft	ein
2.	Meine Mutter fährt morgen mit dem Auto zur Arbeit.		
3.	Die Pizza wird dir bestimmt sehr gut schmecken.		
4.	Bist du nicht müde?		
5.	Der Hund von Peter bellt überhaupt nicht.		
6.	Warum gehst du noch nicht ins Bett?		
7.	Am Wochenende mag ich lange schlafen.		
8.	Hat dein Vater heute viel gearbeitet?		
9.	Bitte, nehmen Sie die Apothekenzeitung für Ihre Kinder mit!		
10.	Das neue Fitnessstudio ist in der Maximilianstraße.		
11.	Die Touristen werden jetzt umsteigen müssen.		
12.	Kauft ihr euren Kindern einen Adventskalender?		
13.	Sein neues Auto steht immer in der Garage.		
14.	In Ägypten kann man sehr viele Sehenswürdigkeiten bewundern.		
15.	Es schneit.		
16.	Um wie viel Uhr gehen die griechischen Kinder in Athen zur Schule?		
17.	Ihr kranker Opa musste ein paar Tage im Krankenhaus bleiben.		
18.	Jürgen sieht fern.		
19.	Ihre Tochter Marina besucht die achte Klasse.		
20.	Im Sommer ist das Wetter sehr schön gewesen.		
21.	Die weißen, bitteren Tabletten soll man immer nach dem Essen einnehmen.		
22.	Er hat gar nicht heiraten wollen.		
23.	Am Sonntag haben alle Geschäfte geschlossen.		
24.	Wir werden morgen nach Bulgarien fliegen.		
25.	Brave Kinder essen alles auf.		

Tante Marianne will eine Schokoladentorte backen

Satzglieder: Das Prädikat | **Lösung**

1. Suche das Prädikat.

	Satz	Prädikat	Wie viele Teile?
1.	Das Kind schläft schon.	schläft	ein
2.	Meine Mutter fährt morgen mit dem Auto zur Arbeit.	fährt	ein
3.	Die Pizza wird dir bestimmt sehr gut schmecken.	wird schmecken	zwei
4.	Bist du nicht müde?	bist	ein
5.	Der Hund von Peter bellt überhaupt nicht.	bellt	ein
6.	Warum gehst du noch nicht ins Bett?	gehst	ein
7.	Am Wochenende mag ich lange schlafen.	mag schlafen	zwei
8.	Hat dein Vater heute viel gearbeitet?	hat gearbeitet	zwei
9.	Bitte, nehmen Sie die Apothekenzeitung für Ihre Kinder mit!	mitnehmen	ein
10.	Das neue Fitnessstudio ist in der Maximilianstraße.	ist	ein
11.	Die Touristen werden jetzt umsteigen müssen.	werden umsteigen müssen	drei
12.	Kauft ihr euren Kindern einen Adventskalender?	kauft	ein
13.	Sein neues Auto steht immer in der Garage.	steht	ein
14.	In Ägypten kann man sehr viele Sehenswürdigkeiten bewundern.	kann bewundern	zwei
15.	Es schneit.	schneit	ein
16.	Um wie viel Uhr gehen die griechischen Kinder in Athen zur Schule?	gehen	ein
17.	Ihr kranker Opa musste ein paar Tage im Krankenhaus bleiben.	musste bleiben	zwei
18.	Jürgen sieht fern.	fernsehen	ein
19.	Ihre Tochter Marina besucht die achte Klasse.	besucht	ein
20.	Im Sommer ist das Wetter sehr schön gewesen.	ist gewesen	zwei
21.	Die weißen, bitteren Tabletten soll man immer nach dem Essen einnehmen.	soll einnehmen	zwei
22.	Er hat gar nicht heiraten wollen.	hat heiraten wollen	drei
23.	Am Sonntag haben alle Geschäfte geschlossen.	haben geschlossen	zwei
24.	Wir werden morgen nach Bulgarien fliegen.	werden fliegen	zwei
25.	Brave Kinder essen alles auf.	aufessen	ein

Die wunderschöne Frau hat geheiratet

Satzglieder: Das Subjekt | **Info**

Einführung

Jeder Mensch hat einen Kopf. Er kann ohne den Kopf nicht leben.
Das **Subjekt** ist der Kopf in einem Satz.

Regeln

- Das Subjekt beantwortet die Fragen „wer?" oder „was?".
- Das Subjekt steht **immer** im Nominativ.
- Das Subjekt (der Kopf) steht immer in der Nähe eines Verbs (des Herzens), direkt davor oder direkt danach.
- Es ist eine Person oder eine Sache.
- Das Subjekt kann ein Substantiv (das Kind, ein schönes Mädchen) sein oder durch ein Personalpronomen (er, wir, ich) ersetzt werden.
- Das Subjekt kann aus einem Wort oder aus mehreren Wörtern bestehen. Sie gehören zusammen und beschreiben eine Person oder eine Sache. Die beschreibenden Wörter stehen **vor** dem Substantiv.

Beispiel

Satz	**Frage nach dem Subjekt**	**Subjekt**
Der nette Lehrer hat jetzt eine Pause.	Wer hat jetzt eine Pause?	der nette Lehrer
Michaela ist heute krank.	Wer ist krank?	Michaela
Warum besuchst **du** mich heute nicht?	Wer besucht mich heute nicht?	du
Das Haus am See ist schon sehr alt.	Was ist schon sehr alt?	das Haus am See
Ich bin gestern sehr müde gewesen.	Wer ist gestern sehr müde gewesen?	ich
Funktioniert **deine alte Mikrowelle** noch?	Was funktioniert noch?	deine alte Mikrowelle

Die wunderschöne Frau hat geheiratet

Satzglieder: Das Subjekt | **Übung**

1. Unterstreiche das Subjekt.

Am Abend sitzt Familie Tomasch zu Hause. Frau Tomasch bereitet das Abendessen vor. Sie ist in der Küche. Ihre Tochter Susanne schmiert die Brote. Ihr Sohn Peter nimmt die Butter aus dem Kühlschrank. Gleich wird das Wasser für den Tee fertig. Auf dem Tisch liegen schon Wurst, Tomaten, Käse und Quark. Alle warten auf den Vater. Er ist noch bei der Arbeit. Wahrscheinlich kommt der Ehemann gleich nach Hause. Um 18 Uhr sollen alle zusammen am Tisch sitzen. Plötzlich klingelt es. Der müde Vater steht an der Tür. Seine Haare, sein Mantel und seine Schuhe sind ganz nass.
Es regnet. Herr Tomasch trocknet sich ab. In zehn Minuten kommt er ins Zimmer. Jetzt kann die ganze Familie zusammen essen.
Das Essen schmeckt allen. Es ist ein schöner Abend.

2. Unterstreiche das Subjekt.

Asien ist der größte Kontinent auf der Erde. Dort wohnen vier Milliarden Menschen. In Thailand oder auf den Philippinen befinden sich tropische Strände. Im Norden, im russischen Sibirien, herrscht eine starke Kälte. Der Mount Everest ist der höchste Berg in Asien.

In Asien leben sehr viele Völker. Die Menschen sprechen verschiedene Sprachen. Sie benutzen auch unterschiedliche Schriften.
In Arabien ähnelt das Schriftbild einem Ornament. In Russland schreibt man kyrillisch. Die Chinesen beherrschen über 50 000 Zeichen. Die Bewohner Südostasiens haben auch ihre eigenen Schriften. Viele schreiben von rechts nach links.

Die wunderschöne Frau hat geheiratet

Satzglieder: Das Subjekt | **Übung**

3. Suche das Subjekt. Bilde dazu eine passende Frage (Fragewörter sind „wer" oder „was").

	Satz	Frage	Subjekt
1.	Die Uhr geht falsch.	Was geht falsch?	die Uhr
2.	Der braune Pullover hat ein Loch.		
3.	Sein Opa ist oft sehr krank.		
4.	Auf dem Teller liegt eine Scheibe Brot.		
5.	Juliane hat ein Smartphone bekommen.		
6.	Der Bus ist zu früh abgefahren.		
7.	Sahras Mutter bügelt eine Tischdecke.		
8.	Der Schreibtisch von meiner Schwester ist sehr klein.		
9.	Viele Kinder mögen Chips.		
10.	Die Wasserflasche ist schon wieder leer.		
11.	Herr und Frau Bergmann haben zwei Kanarienvögel.		
12.	Regensburg liegt an drei Flüssen.		
13.	Zu Weihnachten wünscht sich die ganze Familie einen Hund.		
14.	In zwei Jahren findet in Aachen die moderne Kunstausstellung statt.		
15.	Zum Abendessen macht die Mutter Bratkartoffeln mit Spiegelei.		
16.	Onkel Joachim möchte keine Tabletten schlucken.		
17.	Die neue Tankstelle ist sehr teuer.		
18.	Nächste Woche beginnen die Winterferien.		
19.	Im Sommer fahren wir ans Meer.		
20.	Dieses Buch ist sehr langweilig.		

Die wunderschöne Frau hat geheiratet

Satzglieder: Das Subjekt | **Lösung**

1. Unterstreiche das Subjekt.

Am Abend sitzt Familie Tomasch zu Hause. Frau Tomasch bereitet das Abendessen vor. Sie ist in der Küche. Ihre Tochter Susanne schmiert die Brote. Ihr Sohn Peter nimmt die Butter aus dem Kühlschrank. Gleich wird das Wasser für den Tee fertig. Auf dem Tisch liegen schon Wurst, Tomaten, Käse und Quark. Alle warten auf den Vater. Er ist noch bei der Arbeit. Wahrscheinlich kommt der Ehemann gleich nach Hause. Um 18 Uhr sollen alle zusammen am Tisch sitzen. Plötzlich klingelt es. Der müde Vater steht an der Tür. Seine Haare, sein Mantel und seine Schuhe sind ganz nass.
Es regnet. Herr Tomasch trocknet sich ab. In zehn Minuten kommt er ins Zimmer. Jetzt kann die ganze Familie zusammen essen.
Das Essen schmeckt allen. Es ist ein schöner Abend.

2. Unterstreiche das Subjekt.

Asien ist der größte Kontinent auf der Erde. Dort wohnen vier Milliarden Menschen. In Thailand oder auf den Philippinen befinden sich tropische Strände. Im Norden, im russischen Sibirien, herrscht eine starke Kälte. Der Mount Everest ist der höchste Berg in Asien.

In Asien leben sehr viele Völker. Die Menschen sprechen verschiedene Sprachen. Sie benutzen auch unterschiedliche Schriften.
In Arabien ähnelt das Schriftbild einem Ornament. In Russland schreibt man kyrillisch. Die Chinesen beherrschen über 50 000 Zeichen. Die Bewohner Südostasiens haben auch ihre eigenen Schriften. Viele schreiben von rechts nach links.

Die wunderschöne Frau hat geheiratet

Satzglieder: Das Subjekt | **Lösung**

3. Suche das Subjekt. Bilde dazu eine passende Frage (Fragewörter sind „wer“ oder „was“).

	Satz	Frage	Subjekt
1.	Die Uhr geht falsch.	Was geht falsch?	die Uhr
2.	Der braune Pullover hat ein Loch.	Was hat ein Loch?	der braune Pullover
3.	Sein Opa ist oft sehr krank.	Wer ist oft sehr krank?	sein Opa
4.	Auf dem Teller liegt eine Scheibe Brot.	Was liegt auf dem Teller?	eine Scheibe Brot
5.	Juliane hat ein Smartphone bekommen.	Wer hat ein Smartphone bekommen?	Juliane
6.	Der Bus ist zu früh abgefahren.	Was ist zu früh abgefahren?	der Bus
7.	Sahras Mutter bügelt eine Tischdecke.	Wer bügelt eine Tischdecke?	Sahras Mutter
8.	Der Schreibtisch von meiner Schwester ist sehr klein.	Was ist sehr klein?	der Schreibtisch von meiner Schwester
9.	Viele Kinder mögen Chips.	Wer mag Chips?	viele Kinder
10.	Die Wasserflasche ist schon wieder leer.	Was ist schon wieder leer?	die Wasserflasche
11.	Herr und Frau Bergmann haben zwei Kanarienvögel.	Wer hat zwei Kanarienvögel?	Herr und Frau Bergmann
12.	Regensburg liegt an drei Flüssen.	Was liegt an drei Flüssen?	Regensburg
13.	Zu Weihnachten wünscht sich die ganze Familie einen Hund.	Wer wünscht sich zu Weihnachten einen Hund?	die ganze Familie
14.	In zwei Jahren findet in Aachen die moderne Kunstausstellung statt.	Was findet in zwei Jahren in Aachen statt?	die moderne Kunstausstellung
15.	Zum Abendessen kocht die Mutter Bratkartoffeln mit Spiegelei.	Wer kocht zum Abendessen Bratkartoffeln mit Spiegelei?	die Mutter
16.	Onkel Joachim möchte keine Tabletten schlucken.	Wer möchte keine Tabletten schlucken?	Onkel Joachim
17.	Die neue Tankstelle ist sehr teuer.	Was ist sehr teuer?	die neue Tankstelle
18.	Nächste Woche beginnen die Winterferien.	Was beginnt nächste Woche?	die Winterferien
19.	Im Sommer fahren wir ans Meer.	Wer fährt im Sommer ans Meer?	wir
20.	Dieses Buch ist sehr langweilig.	Was ist sehr langweilig?	dieses Buch

Selim tanzt oft am Strand

Einführung

Ein **Satz** besteht wie ein Mensch aus verschiedenen Teilen.
Die wichtigsten zwei Satzteile heißen Prädikat und Subjekt.
Jeder Satz **muss** ein Prädikat und ein Subjekt haben.

Satz = Mensch → *Subjekt = Kopf*
Satz = Mensch → *Prädikat = Herz*

Regeln

Satzanfänge und Satzenden

- Ein Satz **beginnt** immer mit **einem großen Buchstaben**.
- Er kann auf verschiedene Weise **enden**:
  - mit einem **Punkt** „."
    Tante Leonie aus Berlin ist Witwe.
  - mit einem **Fragezeichen** „?"
    Hast du auch Kinder?
  - mit einem **Ausrufezeichen** „!"
    Beeile dich, der Bus kommt gleich!

Regeln

Position des Prädikats in einem Satz

- Das Prädikat hat die erste Position im Satz bei einer Frage.

der konjugierte Teil des Prädikats	**Subjekt**	
Gehst	du	mit uns ins Hallenbad?
Hat	das Einkaufszentrum	schon geöffnet?
Muss	dein Vater	am Wochenende verreisen?

© Verlag an der Ruhr | Autorin: Bogumiła Baumgartner | ISBN 978-3-8346-2465-9 | www.verlagruhr.de

Selim tanzt oft am Strand

Satzglieder: Der vollständige Satz | **Info**

Regeln

- Das Prädikat hat die zweite Position in einem Aussagesatz.
  a) Der konjugierte Teil des Prädikats steht nach dem Subjekt.

Subjekt	**der konjugierte Teil des Prädikats**	
Ein frischer Schokoladenkuchen	**schmeckt**	am besten mit Schlagsahne.
Unsere Lehrerin und der Schuldirektor	**haben**	gestern geheiratet.
Kleine Kinder	**müssen**	oft gewickelt werden.

  b) Der konjugierte Teil des Prädikats steht vor dem Subjekt, wenn am Anfang des Satzes eine Erklärung steht, wann oder warum etwas passiert.

eine Erklärung	**der konjugierte Teil des Prädikats**	**Subjekt**	
An Weihnachten	**schmücken**	viele Menschen	einen Tannenbaum.
Ungefähr 18 Uhr	**gibt**	es	in den Großstädten oft Staus.
Wegen des kalten Regens	**kauft**	Frau Müller	einen Schirm und einen warmen Pullover.
Nach der Schule	**sollen**	alle Kinder	nach Hause gehen.

- Das Prädikat hat die zweite Position in einer Frage und der konjugierte Teil des Prädikats steht vor dem Subjekt, wenn es eine W-Frage ist.

W-Frage	**der konjugierte Teil des Prädikats**	**Subjekt**	
Wann	**sind**	Tante Sonja und Onkel Martin	aus Paris nach Deutschland zurückgekommen?
Wie lange	**fliegt**	man	nach Tunesien?
Warum	**darf**	sie	nicht tanzen?

Selim tanzt oft am Strand

Satzglieder: Der vollständige Satz | **Übung**

1. Ergänze die Tabelle. Beantworte zuerst die Fragen.
   a) Wie heißt das Subjekt?
   b) Wie heißt das Prädikat?
   c) Welche Form hat das Prädikat?
   d) Welches Zeichen steht am Ende jedes Satzes?

	Satz	**Subjekt**	**Prädikat**	**Form des Prädikats**	**Zeichen am Ende des Satzes**
1.	**Du musst heute viel lernen.**	**du**	**musst** **lernen**	**steht in der 2. Person Sg.** **steht im Infinitiv**	**Punkt**
2.	Wohin fahrt ihr?				
3.	Mein Wochenende war sehr entspannt.				
4.	Seine Oma ist schon vor ein paar Jahren verstorben.				
5.	Um wie viel Uhr müssen die Kinder heute in die Schule gehen?				
6.	Hat sie ihre Hausaufgaben schon gemacht?				
7.	Vor dem Essen soll man immer die Hände waschen.				
8.	Wie viel kostet ein Kilo Fleisch?				
9.	Am Sonntagnachmittag fährt kein Bus mehr in die Innenstadt.				
10.	Hat sie vor einem oder vor zwei Monaten geheiratet?				
11.	Auf dem Weihnachtsmarkt kann man einen heißen Glühwein trinken.				

Selim tanzt oft am Strand

Satzglieder: Der vollständige Satz | **Übung**

	Satz	Subjekt	Prädikat	Form des Prädikats	Zeichen am Ende des Satzes
12.	Wie lange hat Maria Französisch gelernt?				
13.	Meine Großeltern haben am Samstag um 16 Uhr ferngesehen.				
14.	Seid ihr schon mal mit dem Flugzeug geflogen?				
15.	Ein scharfes Messer kann sehr gefährlich sein.				
16.	Ich bin DJ.				
17.	Warum verspätest du dich so oft?				
18.	Ihre Katze ist aggressiv, aber sehr süß.				
19.	Die Wanduhr geht immer zu schnell.				
20.	Kann sie nicht aufpassen?				
21.	Herr Meier hat sich einen tollen LED-Fernseher geleistet.				
22.	Ich bin so müde.				
23.	Kommst du zu uns?				
24.	Warum schneit es immer noch?				
25.	Er wünscht uns alles Gute.				

Selim tanzt oft am Strand

Satzglieder: Der vollständige Satz | **Übung**

2. Ergänze. Beantworte zuerst die Fragen.

   a) Warum sind die Wörter kein Satz?
   b) Welches Verb fehlt? Manchmal gibt es mehrere Möglichkeiten.

		Warum ist es kein Satz?	**Welches Verb fehlt? Welches Verb passt?**
1.	Ich Schule	Das Verb fehlt.	Ich gehe in die Schule. Ich lerne in der Schule. Ich komme aus der Schule.
2.	Ich schon Deutsch.		
3.	Sie alt.		
4.	Er nicht Bus.		
5.	Er krank.		
6.	Sie Geburtstag.		
7.	Ich Polen.		
8.	Warum du nicht?		
9.	Deine Mutter jung.		
10.	Sie kein Auto.		
11.	Warum er?		
12.	Ich Stadt.		

Selim tanzt oft am Strand

Satzglieder: Der vollständige Satz | **Übung**

		Warum ist es kein Satz?	Welches Verb fehlt? Welches Verb passt?
13.	Ich Fahrschule.		
14.	Du kein Wörterbuch.		
15.	Mein Mann Hühnchenwagen.		

3. Unterstreiche nur richtige Sätze. Markiere das Prädikat in diesen Sätzen.

Meine Schwester **ist** krank. hier ist meine Krankschreibung. Herr Kismir arbeitet in einem Büro. Dein Deutsch aber nix gut. Am Freitag fährt unsere Oma auf die Kur Herr Abebe Termin Sozialamt. Meine Frau kann nicht gut kochen. er hat schon viel gelernt. Meine Kinder sind schon groß. Ich 25. Warum lernst du so wenig? Sie ist sehr krank. Meine Frau Beruf Krankenschwester. Ich habe wirklich keine Ahnung. Wie spät ist es? Sie nix Deutsch. Samira alles Kopf. Sie muss nichts aufschreiben. Er morgen Arzttermin. ist Ihr Name Flexi? Ich weiß nicht, ob ich komme. Hast du die Wörter gelernt? Nächste Woche Ferien? Wir müssen den langen Text lesen. Seine Frau Putzfrau Hotel. Ich nix Buch. Es schneit. Wir kommen am Nachmittag. er schreibt nicht richtig. Ich nicht so viel Guthaben.

Selim tanzt oft am Strand

4. Bilde aus diesen Wörtergruppen richtige Sätze und schreibe sie auf. Beantworte zuerst die Fragen.

   a) Wo ist das Subjekt? (Unterstreiche es.)
   b) Wo muss das Subjekt stehen?
   c) Welche Teile gehören zum Prädikat? (Markiere sie.)
   d) Wo muss der konjugierte Teil des Prädikats stehen?

1. hat; die Lehrerin; den Text; diktiert; zu schnell; .

   Die Lehrerin *hat* den Text zu schnell *diktiert*.

2. machen; viele Fehler; die Schüler; .

   ___

3. wir; verbessert; haben; zusammen; die Fehler; .

   ___

4. hat; dann; die Klasse; einen Text von der CD; gehört; .

   ___

5. ziehe; an; ich; mein Abendkleid; .

   ___

6. jedes Jahr; er; den Geburtstag von meiner Schwester; vergisst; .

   ___

7. es; sehr stark; regnet; ?

   ___

8. am Montag; Monika; mit der Straßenbahn zur Arbeit; fährt; .

   ___

9. mit Stefanie in den Park; gegangen; ich; bin; .

   ___

10. eine E-Mail; du; mir; schreibst; .

    ___

11. geht; wann; ins Kino; ihr; ?

    ___

12. der Tee; mir; schmeckt; sehr gut; .

    ___

13. auf; um wie viel Uhr; ihr; morgen; steht; ?

    ___

Selim tanzt oft am Strand

Satzglieder: Der vollständige Satz | **Lösung**

1. Ergänze die Tabelle. Beantworte zuerst die Fragen.

	Satz	Subjekt	Prädikat	Form des Prädikats	Zeichen am Ende des Satzes
1.	Du musst heute viel lernen.	du	musst lernen	steht in der 2. Person Sg. steht im Infinitiv	Punkt
2.	Wohin fahrt ihr?	ihr	fahrt	steht in der 2. Person Plural	Fragezeichen
3.	Mein Wochenende war sehr entspannt.	mein Wochenende	war	steht in der 3. Person Singular	Punkt
4.	Seine Oma ist schon vor ein paar Jahren verstorben.	seine Oma	ist verstorben	steht in der 3. Person Singular steht im Partizip Perfekt	Punkt
5.	Um wie viel Uhr müssen die Kinder heute in die Schule gehen?	die Kinder	müssen gehen	steht in der 3. Person Plural steht im Infinitiv	Fragezeichen
6.	Hat sie ihre Hausaufgaben schon gemacht?	sie	hat gemacht	steht in der 3. Person Singular steht im Partizip Perfekt	Fragezeichen
7.	Vor dem Essen soll man immer die Hände waschen.	man	soll waschen	steht in der 3. Person Singular steht im Infinitiv	Punkt
8.	Wie viel kostet ein Kilo Fleisch?	ein Kilo Fleisch	kostet	steht in der 3. Person Singular	Fragezeichen
9.	Am Sonntagnachmittag fährt kein Bus mehr in die Innenstadt.	kein Bus	fährt	steht in der 3. Person Singular	Punkt
10.	Hat sie vor einem oder vor zwei Monaten geheiratet?	sie	hat geheiratet	steht in der 3. Person Singular steht im Partizip Perfekt	Fragezeichen
11.	Auf dem Weihnachtsmarkt kann man einen heißen Glühwein trinken.	man	kann trinken	steht in der 3. Person Singular steht im Infinitiv	Punkt
12.	Wie lange hat Maria Französisch gelernt?	Maria	hat gelernt	steht in der 3. Person Singular steht im Partizip Perfekt	Fragezeichen

Selim tanzt oft am Strand

Satzglieder: Der vollständige Satz | **Lösung**

	Satz	Subjekt	Prädikat	Form des Prädikats	Zeichen am Ende des Satzes
13.	Meine Großeltern haben am Samstag um 16 Uhr ferngesehen.	meine Großeltern	haben fern-gesehen	steht in der 3. Person Plural steht im Partizip Perfekt	Punkt
14.	Seid ihr schon mal mit dem Flugzeug geflogen?	ihr	seid geflogen	steht in der 2. Person Plural steht im Partizip Perfekt	Fragezeichen
15.	Ein scharfes Messer kann sehr gefährlich sein.	ein scharfes Messer	kann sein	steht in der 3. Person Singular steht im Infinitiv	Punkt
16.	Ich bin DJ.	ich	bin	steht in der 1. Person Singular	Punkt
17.	Warum verspätest du dich so oft?	du	verspätest	steht in der 2. Person Singular	Fragezeichen
18.	Ihre Katze ist aggressiv, aber sehr süß.	Ihr Katze	ist	steht in der 3. Person Singular	Punkt
19.	Die Wanduhr geht immer zu schnell.	die Wand-uhr	geht	steht in der 3. Person Singular	Punkt
20.	Kann sie nicht aufpassen?	sie	kann aufpassen	steht in der 3. Person Singular steht im Infinitiv	Fragezeichen
21.	Herr Meier hat sich einen tollen LED-Fernseher geleistet.	Herr Meier	hat sich geleistet	steht in der 3. Person Singular steht im Partizip Perfekt	Punkt
22.	Ich bin so müde.	ich	bin	steht in der 1. Person Singular	Punkt
23.	Kommst du zu uns?	du	kommst	steht in der 2. Person Singular	Fragezeichen
24.	Warum schneit es immer noch?	es	schneit	steht in der 3. Person Singular	Fragezeichen
25.	Er wünscht uns alles Gute.	er	wünscht	steht in der 3. Person Singular	Punkt

Selim tanzt oft am Strand

Satzglieder: Der vollständige Satz | **Lösung**

2. Ergänze. Beantworte zuerst die Fragen.

		Warum ist es kein Satz?	**Welches Verb fehlt? Welches Verb passt?**
1.	**Ich Schule**	**Das Verb fehlt.**	**Ich gehe in die Schule. Ich lerne in der Schule. Ich komme aus der Schule.**
2.	Ich schon Deutsch.	Das Verb fehlt	Ich verstehe schon mehr Deutsch. Ich lerne schon Deutsch. (Ich bin schon ein Deutscher. Ich habe die deutsche Staatsbürgerschaft.)
3.	Sie alt.	Das Verb fehlt	Sie ist alt.
4.	Er nicht Bus.	Das Verb fehlt	Er fährt nicht mit dem Bus.
5.	Er krank.	Das Verb fehlt	Er ist krank.
6.	Sie Geburtstag.	Das Verb fehlt	Sie hat Geburtstag. Sie hatte gestern Geburtstag. Sie hat gestern ihren Geburtstag gefeiert.
7.	Ich Polen.	Das Verb fehlt	Ich komme aus Polen. Ich fahre nach Polen. Ich bin Pole (Polin).
8.	Warum du nicht?	Das Verb fehlt	Warum kommst du nicht? Warum machst du es nicht? Warum verstehst du es nicht?
9.	Deine Mutter jung.	Das Verb fehlt	Deine Mutter ist jung. Deine Mutter sieht jung aus.
10.	Sie kein Auto.	Das Verb fehlt	Sie hat kein Auto. Sie fährt kein Auto.
11.	Warum er?	Das Verb fehlt	Warum schläft er? Warum trinkt er? Warum arbeitet er?
12.	Ich Stadt.	Das Verb fehlt	Ich gehe in die Stadt. Ich fahre in die Stadt. Ich bin in der Stadt.

		Warum ist es kein Satz?	Welches Verb fehlt? Welches Verb passt?
13.	Ich Fahrschule.	Das Verb fehlt	Ich putze die Fahrschule. Ich arbeite in der Fahrschule. Ich lerne in der Fahrschule. Ich mache einen Führerschein.
14.	Du kein Wörterbuch.	Das Verb fehlt	Du hast kein Wörterbuch. Hast du kein Wörterbuch?
15.	Mein Mann Hühnchenwagen.	Das Verb fehlt	Mein Mann fährt einen Hühnchenwagen. Mein Mann hat einen Hühnchenwagen. Mein Mann verkauft auf einem Hühnchenwagen.

3. Wo ist ein richtiger Satz?

Meine Schwester **ist** krank. hier ist meine Krankschreibung. Herr Kismir **arbeitet** in einem Büro. Dein Deutsch aber nix gut. Am Freitag fährt unsere Oma auf die Kur Herr Abebe Termin Sozialamt. Meine Frau **kann** nicht gut **kochen**. er hat schon viel gelernt. Meine Kinder **sind** schon groß. Ich 25. Warum **lernst** du so wenig? Sie **ist** sehr krank. Meine Frau Beruf Krankenschwester. Ich **habe** wirklich keine Ahnung. Wie spät **ist** es? Sie nix Deutsch. Samira alles Kopf. Sie **muss** nichts **aufschreiben**. Er morgen Arzttermin. ist Ihr Name Flexi? Ich **weiß** nicht, ob ich komme. **Hast** du die Wörter **gelernt**? Nächste Woche Ferien? Wir **müssen** den langen Text **lesen**. Seine Frau Putzfrau Hotel. Ich nix Buch. Es **schneit**. Wir **kommen** am Nachmittag. er schreibt nicht richtig. Ich nicht so viel Guthaben.

Selim tanzt oft am Strand

Satzglieder: Der vollständige Satz | **Lösung**

4. **Bilde aus diesen Wörtergruppen richtige Sätze.**

1. Die Lehrerin ***hat*** den Text zu schnell ***diktiert***.
2. Die Schüler ***machen*** viele Fehler.
3. Wir ***haben*** die Fehler zusammen ***verbessert***.
4. Dann ***hat*** die Klasse einen Text von der CD ***gehört***.
   Die Klasse ***hat*** dann einen Text von der CD ***gehört***.
5. Ich ***ziehe*** mein Abendkleid ***an***.
6. Er ***vergisst*** jedes Jahr den Geburtstag meiner Schwester.
   Jedes Jahr ***vergisst*** er den Geburtstag meiner Schwester.
7. ***Regnet*** es sehr stark?
8. Monika ***fährt*** am Montag mit der Straßenbahn zur Arbeit.
   Am Montag ***fährt*** Monika mit der Straßenbahn zur Arbeit.
9. Ich ***bin*** mit Stefanie in den Park ***gegangen***.
10. Du ***schreibst*** mir eine E-Mail.
11. Wann ***geht*** ihr zusammen ins Kino?
12. Der Tee ***schmeckt*** mir sehr gut.
13. Um wie viel Uhr ***steht*** ihr morgen ***auf***?

ich, du, er/sie/es, wir, ihr, sie

Das Personalpronomen | **Info**

Einführung

Für diesen Abschnitt solltest du folgendes Problem wiederholen:

- Was ist ein Subjekt?

Ein **Personalpronomen** ist ein kleines Wort. Es kann folgende Wörter ersetzen:

- ein Substantiv
- ein Subjekt

Die Personalpronomen heißen:

		Singular					**Plural**		
				Maskulinum	Femininum	Neutrum			
Nominativ	wer/ was	ich	du	er	sie	es	wir	ihr	sie

Regeln

Ersetzen eines Substantivs

Substantiv	**Pronomen**
der Vater, der Hund, der Computer die Mutter, die Katze, die Schultasche das Kind, das Haustier, das Auto die Eltern, die Haustiere, die Busse	er sie es sie (Plural)

der = er die = sie das = es	die (Plural) = sie

Ersetzen eines Subjekts

Das ist sein neuer Computer.	**Sein neuer Computer** hat 1 500 Euro gekostet.	**Er** hat 1 500 Euro gekostet.
Frau Braun ist unsere nette Nachbarin.	Manchmal arbeitet **unsere nette Nachbarin** in einem Friseursalon.	Manchmal arbeitet **sie** in einem Friseursalon.
Siehst du das Mädchen mit den langen Haaren?	**Das Mädchen mit den langen Haaren** geht mit mir in die Schule.	**Es** geht mit mir in die Schule.
In der Ecke liegen bunte Spielzeuge.	**Die bunten Spielzeuge** sind sehr teuer.	**Sie** sind sehr teuer.

Das Personalpronomen | **Übung**

1. Ergänze das Personalpronomen. Beantworte die folgende Frage.
   Wie heißt das Subjekt?

		Personalpronomen	Subjekt
1.	Ist ihr neuer Freund nett?	Nein, er ist ein bisschen arrogant.	ihr neuer Freund
2.	Schmeckt dir die Schokolade?	Ja, _______ ist sehr süß.	
3.	Ist dieses Gebäude in der Innenstadt neu?	Ja, _______ steht erst seit einem Monat da.	
4.	Geht deine Uhr richtig?	Nein, _______ geht fünf Minuten vor.	
5.	Müssen eure Kinder in diesem Jahr viel lernen?	Ja, _______ möchten aufs Gymnasium gehen.	
6.	Wo steht Ihr Auto, Frau Bosch?	_______ steht vorne am Parkplatz.	
7.	Ist das dein altes Handy?	Ja, _______ ist schon sechs Jahre alt.	
8.	Wo ist der Sekt?	_______ kühlt im Keller.	
9.	Hängt der neue Kalender schon im Sekretariat?	Nein, _______ liegt noch eingepackt im Schrank.	
10.	Wo ist die kalte Platte mit dem Schinken?	_______ ist noch im Kühlschrank.	
11.	Wann läuft der Film?	_______ läuft um 20.30 Uhr im Ersten.	
12.	Ist deine Oma schon wieder gesund?	Ja, _______ fühlt sich schon besser.	
13.	Wo arbeitet Nikola?	_______ arbeitet an der Tankstelle.	
14.	Wann ist der Geburtstag von Mirko?	_______ ist am Freitag.	
15.	Wo schlafen die Gäste aus Frankreich?	_______ schlafen im Zimmer 205.	
16.	Ist das Bier kalt?	Nein, _______ hat Zimmertemperatur.	
17.	Wo sind jetzt eure Eltern?	_______ sind im Urlaub.	
18.	Warum kommt Isabell nicht nach Hause?	_______ übernachtet bei ihrer Freundin.	
19.	Wo ist mein linker Schuh?	Dort. _______ liegt unter dem Schrank.	
20.	Ist die Pizza noch warm?	Leider nicht. _______ ist schon ganz kalt.	

2. Ergänze das Personalpronomen. Beantworte die folgende Frage.
   Wie heißt das Subjekt?

		Subjekt
1.	Frau Blau ist sehr krank. Am Montag fährt sie in die Kur.	Frau Blau
2.	Wo ist der Stuhl? – _______ steht im Arbeitszimmer.	
3.	Wo haben wir die Weihnachtskugeln hingelegt? Sind _______ im Keller?	
4.	Herr und Frau Zeichner haben Urlaub. _______ verreisen an diesem Wochenende.	
5.	Herr Tativ arbeitet oft in der Nacht. _______ ist Arzt von Beruf.	
6.	Viele Schüler der Klasse 8d verbringen die Sommerferien in Frankreich. Fahren _______ mit einem Reisebus oder mit dem Zug dorthin?	
7.	Julia und Laura gehen zusammen in eine Klasse. Sitzen _______ auch zusammen?	
8.	Herr Kraus arbeitet im Garten. _______ trägt einen Sonnenhut.	
9.	Kennst du Herrn und Frau Schmidt? Wo wohnen _______?	
10.	Frau Bäumler hat einen Termin beim Friseur. Wahrscheinlich bekommt _______ eine neue Haarfarbe.	
11.	Warum kommen deine Kinder nicht? Wo bleiben _______ denn?	
12.	Wo arbeitet Herr Pest? – Ich weiß es nicht, aber _______ geht immer zu Fuß zur Arbeit.	
13.	Am Samstag feiern Herr und Frau Dörrer ihren Hochzeitstag. Zusammen sind _______ seit 15 Jahren.	
14.	In der U-Bahn-Linie 5 sitzt Professor Lauber. Fährt _______ zu einer Pressekonferenz?	
15.	Wo stecken meine Überweisungsscheine? Sind _______ in der Schublade?	
16.	Avocados sind sehr gesund. Weißt du, wie _______ schmecken?	
17.	Herr Müller ist unser neuer Lehrer. _______ ist total nett.	

ich, du, er/sie/es, wir, ihr, sie

Das Personalpronomen | **Übung**

		Subjekt
18.	Klaus und Patricia studieren an der Uni Göttingen. In welchem Semester sind _______ jetzt?	
19.	„Das ist mein neuer Nagellack. Gefällt _______ dir?"	
20.	Chips schmecken sehr gut. Sind _______ aber wirklich so ungesund?	
21.	Martin und Martina sind noch nicht zu Hause. Wo bleiben _______ denn so lange?	
22.	Herr Bakari liegt schon wieder im Krankenhaus. Ist _______ sehr krank?	
23.	Meine Tochter benimmt sich ein bisschen eigenartig. Ist _______ vielleicht verliebt?	
24.	Auf der Straße laufen zwei Hunde. Neben dem Garagentor haben _______ etwas zum Trinken.	
25.	Chris ist fünf Jahre alt. _______ geht noch in den Kindergarten.	
26.	Meine Eltern arbeiten sehr viel, aber am Wochenende haben _______ frei.	
27.	Die bunten Stifte hat mir mein Onkel geschenkt. Wo sind _______ jetzt?	
28.	Das ist Ines. Am Wochenende arbeitet _______ in der Pizzeria La Luna.	
29.	Frau Braun ist meine Nachbarin. An der Uni Köln studiert _______ Medizin.	
30.	Markus schläft sehr viel. Ist _______ so beschäftigt?	

1. Ergänze das Personalpronomen. Beantworte die folgende Frage.

		Personalpronomen	Subjekt
1.	**Ist ihr neuer Freund nett?**	**Nein, er ist ein bisschen arrogant.**	**ihr neuer Freund**
2.	Schmeckt dir die Schokolade?	Ja, sie ist sehr süß.	die Schokolade
3.	Ist dieses Gebäude in der Innenstadt neu?	Ja, es steht erst seit einem Monat da.	dieses Gebäude
4.	Geht deine Uhr richtig?	Nein, sie geht fünf Minuten vor.	deine Uhr
5.	Müssen eure Kinder in diesem Jahr viel lernen?	Ja, sie möchten aufs Gymnasium gehen.	eure Kinder
6.	Wo steht Ihr Auto, Frau Bosch?	Es steht vorne am Parkplatz.	Ihr Auto
7.	Ist das dein altes Handy?	Ja, es ist schon sechs Jahre alt.	dein altes Handy
8.	Wo ist der Sekt?	Er kühlt im Keller.	der Sekt
9.	Hängt der neue Kalender schon im Sekretariat?	Nein, er liegt noch eingepackt im Schrank.	der neue Kalender
10.	Wo ist die kalte Platte mit dem Schinken?	Sie ist noch im Kühlschrank.	die kalte Platte mit dem Schinken
11.	Wann läuft der Film?	Er läuft um 20.30 Uhr im Ersten.	der Film
12.	Ist deine Oma schon wieder gesund?	Ja, sie fühlt sich schon besser.	deine Oma
13.	Wo arbeitet Nikola?	Sie arbeitet an der Tankstelle.	Niki
14.	Wann ist der Geburtstag von Mirko?	Er ist am Freitag.	der Geburtstag von Mirko
15.	Wo schlafen die Gäste aus Frankreich?	Sie schlafen im Zimmer 205.	die Gäste aus Frankreich
16.	Ist das Bier kalt?	Nein, es hat Zimmertemperatur.	das Bier
17.	Wo sind jetzt eure Eltern?	Sie sind im Urlaub.	eure Eltern
18.	Warum kommt Isabell nicht nach Hause?	Sie übernachtet bei ihrer Freundin.	Isabell
19.	Wo ist mein linker Schuh?	Dort. Er liegt unter dem Schrank.	mein linker Schuh
20.	Ist die Pizza noch warm?	Leider nicht. Sie ist schon ganz kalt.	die Pizza

ich, du, er/sie/es, wir, ihr, sie

Das Personalpronomen | **Lösung**

1. Ergänze das Personalpronomen. Beantworte die folgende Frage.

		Subjekt
1.	Frau Blau ist sehr krank. Am Montag fährt sie in die Kur.	Frau Blau
2.	Wo ist der Stuhl? – Er steht im Arbeitszimmer.	der Stuhl
3.	Wo haben wir die Weihnachtskugeln hingelegt? Sind sie im Keller?	die Weihnachtskugeln
4.	Herr und Frau Zeichner haben Urlaub. Sie verreisen an diesem Wochenende.	Herr und Frau Zeichner
5.	Herr Tativ arbeitet oft in der Nacht. Er ist Arzt von Beruf.	Herr Tativ
6.	Viele Schüler der Klasse 8d verbringen die Sommerferien in Frankreich. Fahren sie mit einem Reisebus oder mit dem Zug dorthin?	viele Schüler der Klasse 8d
7.	Julia und Laura gehen zusammen in eine Klasse. Sitzen sie auch zusammen?	Julia und Laura
8.	Herr Kraus arbeitet im Garten. Er trägt einen Sonnenhut.	Herr Kraus
9.	Kennst du Herrn und Frau Schmidt? Wo wohnen sie?	Herr und Frau Schmidt
10.	Frau Bäumler hat einen Termin beim Friseur. Wahrscheinlich bekommt sie eine neue Haarfarbe.	Frau Bäumler
11.	Warum kommen deine Kinder nicht? Wo bleiben sie denn?	deine Kinder
12.	Wo arbeitet Herr Pest? – Ich weiß es nicht, aber er geht immer zu Fuß zur Arbeit.	Herr Pest
13.	Am Samstag feiern Herr und Frau Dörrer ihren Hochzeitstag. Zusammen sind sie schon seit 15 Jahren.	Herr und Frau Dörrer
14.	In der U-Bahn-Linie 5 sitzt Professor Lauber. Fährt er zu einer Pressekonferenz?	Professor Lauber
15.	Wo stecken meine Überweisungsscheine? Sind sie in der Schublade?	meine Überweisungs-scheine
16.	Avocados sind sehr gesund. Weißt du, wie sie schmecken?	Avocados
17.	Herr Müller ist unser neuer Lehrer. Er ist total nett.	Herr Müller

		Subjekt
18.	Klaus und Patricia studieren an der Uni Göttingen. In welchem Semester sind sie jetzt?	Klaus und Patricia
19.	Das ist mein neuer Nagellack. Gefällt er dir?	mein neuer Nagellack
20.	Chips schmecken sehr gut. Sind sie aber wirklich so ungesund?	Chips
21.	Martin und Martina sind noch nicht zu Hause. Wo bleiben sie denn so lange?	Martin und Martina
22.	Herr Bakari liegt schon wieder im Krankenhaus. Ist er sehr krank?	Herr Bakari
23.	Meine Tochter benimmt sich ein bisschen eigenartig. Ist sie vielleicht verliebt?	Meine Tochter
24.	Auf der Straße laufen zwei Hunde. Neben dem Garagentor haben sie etwas zum Trinken.	zwei Hunde
25.	Chris ist fünf Jahre alt. Er geht noch in den Kindergarten.	Chris
26.	Meine Eltern arbeiten sehr viel, aber am Wochenende haben sie frei.	meine Eltern
27.	Die bunten Stifte hat mir mein Onkel geschenkt. Wo sind sie jetzt?	die bunten Stifte
28.	Das ist Ines. Am Wochenende arbeitet sie in der Pizzeria La Luna.	Ines
29.	Frau Braun ist meine Nachbarin. An der Uni Köln studiert sie Medizin.	Frau Braun
30.	Markus schläft sehr viel. Ist er so beschäftigt?	Markus

Du, ihr und Sie

Das Personalpronomen: Anrede | **Info**

Einführung

In den unteren Beispielsätzen spielt oft das Komma (,) eine wichtige Rolle.
In diesen Sätzen sprichst du die Personen direkt an.
Sie stehen direkt vor dir. Du stellst diesen Personen eine Frage.

Regeln

du

„Du" ist eine Person, die du sehr gut kennst.

Beispiele

- „Du, gehst du am Wochenende mit uns in die Stadt?"
- „Martin, was machst du heute Abend?"
- „Susanne, kommst du bitte zu mir!"

ihr

„Ihr" ist eine Gruppe von mehreren Personen.
Diese Personen kennst du sehr gut; es sind deine Bekannten oder Freunde.

Beispiele

- „Martin und Paul, wann besucht ihr uns?"
- „Könnt ihr bitte leiser sein?"
- „Was macht ihr morgen?"

Sie (groß)

„Sie" ist eine Person oder es sind mehrere Personen, die du nicht gut kennst.
Diese Personen sprichst du **höflich** an.

Beispiele

- „Herr Zimmermann, ab wie viel Uhr sind Sie morgen im Büro?"
- „Könnten Sie bitte das Fenster zumachen?" (z. B. zu jemandem im Bus)
- „Haben Sie noch frisches Brot?" (z. B. zu einer Verkäuferin)

Du, ihr und Sie

Das Personalpronomen: Anrede | **Übung**

1. Ergänze das Personalpronomen und das Verb.

	Personalpronomen und Verb
1.	Marianne, gehst du mit uns ins Kino? (gehen)
2.	Susanne und Alex, um wie viel Uhr ______________ ____________? (frühstücken)
3.	Thomas, wie lange ______________ ____________ zu Hause? (bleiben)
4.	Frau Brau, ______________ ____________ bitte hier unterschreiben? (können)
5.	Adrianna, was ______________ ____________ jetzt? (machen)
6.	Claudia und Patric, ______________ ____________ mir bitte? (helfen)
7.	Andreas, wo ______________ ____________? Wir müssen jetzt los. (stecken)
8.	Frau und Herr Blumm, wann ______________ ____________ in der Kirche? (heiraten)
9.	Markus, was ______________ ____________? Kaffee oder Tee? (trinken)
10.	Herr Mauerer, wo ______________ ____________ ____________? (aus|steigen)
11.	Johann und Josef, das ______________ ____________ unbedingt probieren. (müssen)
12.	Herr und Frau Bergmann, wann ______________ ____________ sich mit meinen Eltern? (sich treffen)
13.	Sina und Martin, seit wann ______________ ____________ zusammen? (sind)
14.	Uwe, warum ______________ ____________ so spät? (kommen)
15.	Michael und Thomas, ______________ ____________ zu Hause ____________? (an|rufen)
16.	Mia und Teo, wie lange ______________ ____________ euch schon? (kennen)
17.	Frau Blumm, ______________ ____________ die schönen Rosen? (sehen)
18.	Dominika und Martha, was ______________ ____________ in den Ferien? (machen)
19.	Aaron, ______________ ____________ meine Tochter schon? (kennen)
20.	Boris und Sylwia, wann ______________ ____________ fertig? (sind)
21.	Thomas, wie oft ______________ ____________ dich? (rasieren)
22.	Frau Baumann, ______________ ____________ sich schon auf Ihren Urlaub? (freuen)
23.	Andi und Simon, ______________ ____________ jetzt ____________? (fern|sehen)
24.	Filip und Timo, wann ______________ ____________ mir eure Hausaufgaben? (geben)
25.	Herr Mann, bitte ______________ ____________ das Formular ____________! (aus|füllen)

Du, ihr und Sie

Das Personalpronomen: Anrede | **Lösung**

1. Ergänze das Personalpronomen und das Verb.

	Personalpronomen und Verb
1.	Marianne, gehst du mit uns ins Kino? (gehen)
2.	Susanne und Alex, um wie viel Uhr frühstückt ihr?
3.	Thomas, wie lange bleibst du zu Hause?
4.	Frau Brau, können Sie bitte hier unterschreiben?
5.	Adrianna, was machst du jetzt?
6.	Claudia und Patric, helft ihr mir bitte?
7.	Andreas, wo steckst du? Wir müssen jetzt los.
8.	Frau und Herr Blumm, wann heiraten Sie in der Kirche?
9.	Markus, was trinkst du? Kaffee oder Tee?
10.	Herr Mauerer, wo steigen Sie aus?
11.	Johann und Josef, das müsst ihr unbedingt probieren.
12.	Herr und Frau Bergmann, wann treffen Sie sich mit meinen Eltern?
13.	Sina und Martin, seit wann seid ihr zusammen?
14.	Uwe, warum kommst du so spät?
15.	Michael und Thomas, ruft ihr zu Hause an?
16.	Mia und Teo, wie lange kennt ihr euch schon?
17.	Frau Blumm, sehen Sie die schönen Rosen?
18.	Dominika und Martha, was macht ihr in den Ferien?
19.	Aaron, kennst du meine Tochter schon?
20.	Boris und Sylwia, wann seid ihr fertig?
21.	Thomas, wie oft rasierst du dich?
22.	Frau Baumann, freuen Sie sich schon auf Ihren Urlaub?
23.	Andi und Simon, seht ihr jetzt fern?
24.	Filip und Timo, wann gebt ihr mir eure Hausaufgaben?
25.	Herr Mann, bitte füllen Sie das Formular aus!

Unsere Kinder sind die Besten

Das Possessivpronomen im Nominativ | **Info**

Für diesen Abschnitt solltest du folgendes Problem wiederholen:
- Was ist ein Personalpronomen?

Einführung

Ein **Possessivpronomen** ist ein kleines Wort. Es zeigt, dass man etwas besitzt, etwas hat, über etwas disponiert. Wichtig ist immer die Person, die etwas besitzt. Man nennt sie die „Besitzperson".

Beispiel

Marie hat ein schönes Fahrrad. **Sie** fährt oft damit. **Ihr** Rad hat eine rote Farbe.
„Marie" ist die Besitzperson, „sie" ist das Personalpronomen,
„ihr" ist das Possessivpronomen.

Regeln

- Possessivpronomen stehen vor einem Substantiv.
- Das Possessivpronomen **muss** eine bestimmte Endung haben.
  Die Endung hängt davon ab, ob das Substantiv Maskulinum und Neutrum oder Femininum und Plural ist:
  Maskulinum und Neutrum haben keine Endung Ø.
  Femininum und Plural haben die Endung „**-e**".

Personal-pronomen	Possessivpronomen			
	Singular			Plural
	Maskulinum	Femininum	Neutrum	
ich	mein	meine	mein	meine
du	dein	deine	dein	deine
er	sein	seine	sein	seine
sie	ihr	ihre	ihr	ihre
es	sein	seine	sein	seine
wir	unser	unsere	unser	unsere
ihr	euer	eure	euer	eure
sie	ihr	ihre	ihr	ihre

Beispiele

Du sprichst mit deinem Freund über eine Person. (Die Person ist wie auf einem Foto.)

	Besitzperson	**Personal-pronomen**	
Du sprichst mit deinem Freund über:	Christian	er	Das sind Christian und **seine** Oma.
	Monika	sie	Das sind Monika und **ihr** Hund.
	Thomas und Sonja	sie	Das sind Thomas, Sonja und **ihr** Musiklehrer.

Unsere Kinder sind die Besten

Das Possessivpronomen im Nominativ | **Info**

1. **Auf dem Foto sind ich und mein Bruder.**
   a) Die Besitzperson ist „ich".
   b) „Ich" hat das Possessivpronomen „mein".
   c) „ich" hat (besitzt) einen Bruder.
   d) „Bruder" ist maskulin.
   e) Maskulin hat keine Endung **Ø**.

Auf dem Foto sind ich und mein**Ø** Bruder.

2. **Martin und seine Schultasche sind unzertrennlich.**
   a) Die Besitzperson ist „Martin".
   b) Martin ist ein Mann.
   c) Ein Mann hat das Personalpronomen „er".
   d) „Er" hat das Possessivpronomen „sein".
   e) „Er" hat eine „Schultasche".
   f) „Schultasche" ist Femininum.
   g) Femininum hat die Endung „**-e**".

Martin und sein**e** Schultasche sind unzertrennlich.

3. **Wir und unser Hund schlafen heute im Zelt.**
   a) Die Besitzperson ist „wir".
   b) „Wir" hat das Possessivpronomen „unser".
   c) „Wir" hat einen Hund.
   d) „Hund" ist maskulin.
   e) Maskulin hat keine Endung **Ø**.

Wir und unser**Ø** Hund schlafen heute im Zelt.

4. **Frau Blau und ihre Kinder fahren im Sommer ans Meer.**
   a) Die Besitzperson ist „Frau Blau".
   b) Frau Blau ist eine Frau.
   c) Eine Frau hat das Personalpronomen „sie".
   d) „Sie" hat das Possessivpronomen „ihr".
   e) „Sie" hat „Kinder".
   f) „Kinder" sind Plural.
   g) Plural hat die Endung „**-e**"

Frau Blau und ihr**e** Kinder fahren im Sommer ans Meer.

Unsere Kinder sind die Besten

Das Possessivpronomen im Nominativ | **Übung**

1. **Ergänze das Possessivpronomen. Beantworte dazu zuerst die Fragen.**
   a) Wie heißt die Besitzperson? (Besitzperson = Personalpronomen)
   b) Welchen Artikel hat das Substantiv?

		Besitzperson	**Artikel**
1.	du und dein Rucksack	du	der
2.	wir und ________ Stadt		
3.	ich und ________ Kinderwagen		
4.	du und ________ Bücher		
5.	sie und ________ Bruder		
6.	er und ________ Garage		
7.	ihr und ________ Urlaub		
8.	ich und ________ Schwestern		
9.	wir und ________ Skateboard		
10.	sie und ________ Zeugnis		
11.	du und ________ Gitarre		
12.	er und ________ Hotel		
13.	ich und ________ Eltern		
14.	ihr und ________ Zelt		
15.	wir und ________ Flugzeug		
16.	sie und ________ Autos		
17.	ihr und ________ Roller		
18.	er und ________ Hut		
19.	wir und ________ Taschentücher		
20.	sie und ________ Adresse		
21.	du und ________ Schwiegersohn		
22.	sie und ________ Schulfreunde		
23.	er und ________ Fahrrad		
24.	sie und ________ Stift		
25.	ihr und ________ Haustiere		

Unsere Kinder sind die Besten

Das Possessivpronomen im Nominativ | **Übung**

2. Ergänze das Possessivpronomen. Beantworte dazu zuerst die Fragen.

   a) Wie heißt die Besitzperson? (Besitzperson = Personalpronomen)
   b) Wie heißt das Personalpronomen?
   c) Welchen Artikel hat das Substantiv?

		Besitzperson	Personal-pronomen	Artikel
1.	Sofie und ihr Nagellack	Sofie	sie	der
2.	wir und ________ Fernseher			
3.	der Papa und ________ Mädchen			
4.	ihr und ________ Lehrerin			
5.	Bogdan und Ewelina und ________ Liebe			
6.	wir und ________ Deutschkurs			
7.	die Oma und ________ Schal			
8.	ihr und ________ Flugticket			
9.	Pedro und ________ Hund			
10.	wir und ________ Zug			
11.	ich und ________ Winterjacke			
12.	ihr und ________ Lied			
13.	Maximilian und ________ Taschenrechner			
14.	ihr und ________ Erziehung			
15.	du und ________ Garten			
16.	die Kinder und ________ Zahnspangen			
17.	die Mama und ________ Foto			
18.	Klemens und ________ Ski (Pl.)			
19.	Herr Ziegler und ________ Mercedes			
20.	Anja und ________ Tee			
21.	du und ________ Schokohase			
22.	der Gast und ________ Bier			
23.	wir und ________ Regensburg			
24.	Frau Ast und ________ Sohn Toni			
25.	ihr und ________ Witze			

3. **Ergänze das Possessivpronomen. Beantworte dazu zuerst die Fragen.**

   a) Wie heißt die Besitzperson? (Besitzperson = Personalpronomen)
   b) Wie heißt das Personalpronomen?
   c) Welchen Artikel hat das Substantiv?

		Besitzperson	**Personal-pronomen**	**Artikel**
1.	die Oma und <u>ihre</u> Sonnenbrille	die Oma	sie	die
2.	die Gäste und ________ Getränk			
3.	Herr Braun und ________ Mietvertrag			
4.	die Studenten und ________ Professor			
5.	ihr und ________ Bank			
6.	wir und ________ Führerschein			
7.	die Familie und ________ Reisekoffer (Sg.)			
8.	der Physiklehrer und ________ Experiment			
9.	ihr und ________ Skiurlaub			
10.	er und ________ Wochenende			
11.	die Enkelkinder und ________ Opa			
12.	wir und ________ Sommerferien			
13.	der Biologe und ________ Fachgebiet			
14.	die Patientin und ________ Medikament			
15.	ich und ________ Geheimnis			
16.	der Nachbar und ________ Zaun			
17.	ihr und ________ Mittagessen			
18.	die Braut und ________ Hochzeitskleid			
19.	ihr und ________ Klassenfahrt			
20.	die Polizei und ________ Zeuge			
21.	meine Tante und ________ Backrezept			
22.	der Arzt und ________ Überweisung			
23.	wir und ________ Wasserkasten			
24.	Herr Mann und ________ Hosenanzug			
25.	ihr und ________ Kontonummer			

Unsere Kinder sind die Besten

Das Possessivpronomen im Nominativ | **Übung**

4. Ergänze das Possessivpronomen.

		Besitz-person	Personal-prono-men	Artikel
1.	**Timo hat einen I-Pod. Das ist sein I-Pod.**	Timo	er	der
2.	Frau Braun hat einen Computer. Das ist ______ Computer.			
3.	Herr Eßler reist um die Welt. ______ Ausflüge dokumentiert er in einem Buch.			
4.	Darf ich vorstellen? Das ist ______ Arbeitskollege.			
5.	Herr Thiele und ______ Frau sind seit 34 Jahren verheiratet.			
6.	Ihr unterhaltet euch sehr gerne. ______ Argumente sind sehr interessant.			
7.	Lukas ist im Krankenhaus. ______ Vater ist sehr krank.			
8.	Du bist mein bester Freund. ______ Freundschaft bedeutet mir sehr viel.			
9.	Vera und Viktor haben falsch geparkt. ______ Strafzettel steckt hinter dem Scheibenwischer.			
10.	Mein Nachbar raucht sehr viel. ______ Zigaretten riechen auch sehr stark.			
11.	Meine Oma sieht schlecht. ______ Lesebrille liegt auf dem Tisch.			
12.	Wir haben ein neues Haustier. ______ Kaninchen heißt Trupi.			
13.	Tobias und ______ Cousin fahren morgen nach Stuttgart.			
14.	Ihr heiratet. ______ Hochzeitstorte hat drei Etagen.			
15.	Im Restaurant bestellen die Gäste etwas zum Trinken. ______ Getränke kommen gleich.			
16.	Warum beeilst du dich? ______ Bus kommt erst in zehn Minuten.			
17.	Ich muss Geld abheben. ______ Bank ist gleich um die Ecke.			
18.	Ivo arbeitet sehr schwer. ______ Urlaub ist aber erst in einem Monat.			
19.	Meine Tante hustet sehr. ______ Hustensaft steht im Kühlschrank.			
20.	Die Studenten unterhalten sich mit einem Mann. Das ist ______ Physikprofessor.			

Unsere Kinder sind die Besten

Das Possessivpronomen im Nominativ | **Lösung**

1. Ergänze das Possessivpronomen. Beantworte dazu zuerst die Fragen.

		Besitzperson	Artikel
1.	du und dein Rucksack	du	der
2.	wir und unsere Stadt	wir	die
3.	ich und mein Kinderwagen	ich	der
4.	du und deine Bücher	du	die (Pl.)
5.	sie und ihr Bruder	sie	der
6.	er und seine Garage	er	die
7.	ihr und euer Urlaub	ihr	der
8.	ich und meine Schwestern	ich	die (Pl.)
9.	wir und unser Skateboard	wir	das
10.	sie und ihr Zeugnis	sie	das
11.	du und deine Gitarre	du	die
12.	er und sein Hotel	er	das
13.	ich und meine Eltern	ich	die (Pl.)
14.	ihr und euer Zelt	ihr	das
15.	wir und unser Flugzeug	wir	das
16.	sie und ihre Autos	sie	die (Pl.)
17.	ihr und euer Roller	ihr	der
18.	er und sein Hut	er	der
19.	wir und unsere Taschentücher	wir	die (Pl.)
20.	sie und ihre Adresse	sie	die
21.	du und dein Schwiegersohn	du	der
22.	sie und ihre Schulfreunde	sie	die (Pl.)
23.	er und sein Fahrrad	er	das
24.	sie und ihr Stift	sie	der
25.	ihr und eure Haustiere	ihr	die (Pl.)

Unsere Kinder sind die Besten

Das Possessivpronomen im Nominativ | **Lösung**

2. Ergänze das Possessivpronomen. Beantworte dazu zuerst die Fragen.

		Besitzperson	Personal-pronomen	Artikel
1.	Sofie und ihr Nagellack	Sofie	sie	der
2.	wir und unser Fernseher	wir	wir	der
3.	der Papa und sein Mädchen	der Papa	er	das
4.	ihr und eure Lehrerin	ihr	ihr	die
5.	Bogdan und Ewelina und ihre Liebe	Bogdan und Ewelina	sie (Pl.)	die
6.	wir und unser Deutschkurs	wir	wir	der
7.	die Oma und ihr Schal	die Oma	sie	der
8.	ihr und euer Flugticket	ihr	ihr	das
9.	Pedro und sein Hund	Pedro	er	der
10.	wir und unser Zug	wir	wir	der
11.	ich und meine Winterjacke	ich	ich	die
12.	ihr und euer Lied	ihr	ihr	das
13.	Maximilian und sein Taschenrechner	Maxi	er	der
14.	ihr und eure Erziehung	ihr	ihr	die
15.	du und dein Garten	du	du	der
16.	die Kinder und ihre Zahnspangen	die Kinder	sie (Pl.)	die (Pl.)
17.	die Mama und ihr Foto	die Mama	sie	das
18.	Klemens und seine Ski	Klemens	er	die (Pl.)
19.	Herr Ziegler und sein Mercedes	Herr Ziegler	er	der
20.	Anja und ihr Tee	Anja	sie	der
21.	du und dein Schokohase	du	du	der
22.	der Gast und sein Bier	der Gast	er	das
23.	wir und unser Regensburg	wir	wir	das
24.	Frau Ast und ihr Sohn Toni	Frau Ast	sie	der
25.	ihr und eure Witze	ihr	ihr	die (Pl.)

Unsere Kinder sind die Besten

Das Possessivpronomen im Nominativ | **Lösung**

3. Ergänze das Possessivpronomen. Beantworte dazu zuerst die Fragen.

		Besitzperson	Personal-pronomen	Artikel
1.	**die Oma und ihre Sonnenbrille**	**die Oma**	**sie**	**die**
2.	die Gäste und ihr Getränk	die Gäste	sie (Pl.)	das
3.	Herr Braun und sein Mietvertrag	Herr Braun	er	der
4.	die Studenten und ihr Professor	die Studenten	sie (Pl.)	der
5.	ihr und eure Bank	ihr	ihr	die
6.	wir und unser Führerschein	wir	wir	der
7.	die Familie und ihr Reisekoffer (Sg.)	die Familie	sie	der
8.	der Physiklehrer und sein Experiment	der Physiklehrer	er	das
9.	ihr und euer Skiurlaub	ihr	ihr	der
10.	er und sein Wochenende	er	er	das
11.	die Enkelkinder und ihr Opa	die Enkelkinder	sie (Pl.)	der
12.	wir und unsere Sommerferien	wir	wir	die (Pl.)
13.	der Biologe und sein Fachgebiet	der Biologe	er	das
14.	die Patientin und ihr Medikament	die Patientin	sie	das
15.	ich und mein Geheimnis	ich	ich	das
16.	der Nachbar und sein Zaun	der Nachbar	er	der
17.	ihr und euer Mittagessen	ihr	ihr	das
18.	die Braut und ihr Hochzeitskleid	die Braut	sie	das
19.	ihr und eure Klassenfahrt	ihr	ihr	die
20.	die Polizei und ihr Zeuge	die Polizei	sie	der
21.	meine Tante und ihr Backrezept	meine Tante	sie	das
22.	der Arzt und seine Überweisung	der Arzt	er	die
23.	wir und unser Wasserkasten	wir	wir	der
24.	Herr Mann und sein Hosenanzug	Herr Mann	er	der
25.	ihr und eure Kontonummer	ihr	ihr	die

Unsere Kinder sind die Besten

Das Possessivpronomen im Nominativ | **Lösung**

4. Ergänze das Possessivpronomen.

		Besitz-person	**Personal-prono-men**	**Artikel**
1.	Timo hat einen I-Pod. Das ist <u>sein</u> I-Pod.	Timo	er	der
2.	Frau Braun hat einen Computer. Das ist <u>ihr</u> Computer.	Frau Braun	sie	der
3.	Herr Eßler reist um die Welt. <u>Seine</u> Ausflüge dokumentiert er in einem Buch.	Herr Eßler	er	die (Pl.)
4.	Darf ich vorstellen? Das ist <u>mein</u> Arbeitskollege.	ich	ich	der
5.	Herr Thiele und <u>seine</u> Frau sind seit 34 Jahren verheiratet.	Herr Thiele	er	die
6.	Ihr unterhaltet euch sehr gerne. <u>Eure</u> Argumente sind sehr interessant.	ihr	ihr	die (Pl.)
7.	Lukas ist im Krankenhaus. <u>Sein</u> Vater ist sehr krank.	Lukas	er	der
8.	Du bist mein bester Freund. <u>Deine</u> Freundschaft bedeutet mir sehr viel.	du	du	die
9.	Vera und Viktor haben falsch geparkt. <u>Ihr</u> Strafzettel steckt hinter dem Scheibenwischer.	Vera und Viktor	sie (Pl.)	der
10.	Mein Nachbar raucht sehr viel. <u>Seine</u> Zigaretten riechen auch sehr stark.	mein Nachbar	er	die (Pl.)
11.	Meine Oma sieht schlecht. <u>Ihre</u> Lesebrille liegt auf dem Tisch.	meine Oma	sie	die
12.	Wir haben ein neues Haustier. <u>Unser</u> Kaninchen heißt Trupi.	wir	wir	das
13.	Tobias und <u>sein</u> Cousin fahren morgen nach Stuttgart.	Tobias	er	der
14.	Ihr heiratet. <u>Eure</u> Hochzeitstorte hat drei Etagen.	ihr	ihr	die
15.	Im Restaurant bestellen die Gäste etwas zum Trinken. <u>Ihre</u> Getränke kommen gleich.	die Gäste	sie (Pl.)	die (Pl.)
16.	Warum beeilst du dich? <u>Dein</u> Bus kommt erst in zehn Minuten.	du	du	der
17.	Ich muss Geld abheben. <u>Meine</u> Bank ist gleich um die Ecke.	ich	ich	die
18.	Ivo arbeitet sehr schwer. <u>Sein</u> Urlaub ist aber erst in einem Monat.	Ivo	er	der
19.	Meine Tante hustet sehr. <u>Ihr</u> Hustensaft steht im Kühlschrank.	meine Tante	sie	der
20.	Die Studenten unterhalten sich mit einem Mann. Das ist <u>ihr</u> Physikprofessor.	die Studenten	sie (Pl.)	der

„Dein“, „euer“, „ihr“

Das Possessivpronomen in der Anrede | **Info**

Einführung

Stelle dir vor, du fragst eine Person etwas. Diese Person steht direkt vor dir. Dann wählst du je nach Person eine bestimmte **Anrede**.

Regeln

- Wenn du diese Person gut kennst, dann sagst du „du“ zu ihr.
- Wenn du mehrere Personen gut kennst, sagst du „ihr“ zu ihnen.
- Wenn du die Person nicht kennst, sagst du „Sie“ zu ihr. (höflich)
- Wenn du mehrere Personen nicht kennst, sagst du „Sie“ zu ihnen. (höflich)
- Das **Possessivpronomen** bezieht sich immer auf die angeredete Person.
- Das Possessivpronomen **muss** wieder eine bestimmte Endung haben.
- Achte beim Schreiben immer auf die kleinen und großen Buchstaben!

Beispiele

In den Beispielsätzen spielt das Komma (,) eine wichtige Rolle.
Dieses grafische Zeichen bedeutet, dass du diese Personen direkt ansprichst.
Sie stehen direkt vor dir.

	Wen fragst du? Besitzperson			
Das bist du: (zeichne dich)	„David	,	ist das dein Skate-board?“	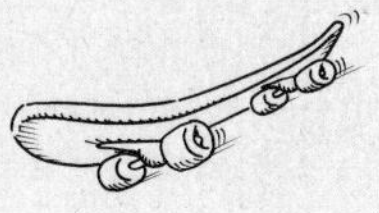
	„Jessica	,	sind das deine Brüder?“	
	„Dorota und Alina	,	ist das euer Auto?“	
	„Frau Braun	,	sind das Ihre Kinder?“	
	„Herr Grün	,	ist das Ihre Ehefrau?“	
	„Frau und Herr Neumann	,	ist das Ihr Hund?“	

„Dein", „euer", „ihr"

Das Possessivpronomen in der Anrede | **Übung**

1. Ergänze das Possessivpronomen. Du fragst diese Personen. Sie stehen direkt vor dir. Beantworte zuerst die Fragen:

   a) Wen fragst du? Wie heißt die Besitzperson?
   b) Wie heißt das Personalpronomen?
   c) Welchen Artikel hat das Substantiv?

		Wen fragst du? Besitzperson	**Personal-pronomen**	**Artikel**
1.	Marie und Tela, wann kommt euer Papa nach Hause?	Marie und Tela	ihr	der
2.	Sind das ______ Dokumente, Herr Meier?			
3.	Bernd, ist das ______ Bier?			
4.	______ Apfelkuchen, Frau Bösl, schmeckt fantastisch!			
5.	Martin und Peter, sind ______ Hausaufgaben schwer?			
6.	Arbeitet ______ Frau nicht in diesem Zimmer, Herr Thomas?			
7.	Eva und Monika, wann fährt ______ U-Bahn ab?			
8.	Amira, wann ist morgen ______ Training?			
9.	Geht ______ Mann nicht mit uns ins Kino, Frau Baumann?			
10.	Kinder, wo sind ______ Hausschlüssel?			
11.	Frau Zeller, ist ______ Anrufbeantworter kaputt?			
12.	Simon, sind das ______ Schuhe?			
13.	Axel und Dominik, ist das ______ Nachtisch?			
14.	Frau und Herr Schwarz, ist das ______ Kursleiter?			
15.	Frau Nolte, ist das ______ Telefon?			
16.	Sabrina, sind das ______ Tabletten?			
17.	Daniel und Claudia, ist das ______ Stellenanzeige?			
18.	Ist das ______ Mantel, Herr Arnold?			
19.	Kinga, wo ist ______ Arbeitsstelle?			
20.	Wann kommt ______ Taxi, Frau Sommer?			

2. Ergänze das Possessivpronomen. Du fragst diese Personen.
   Sie stehen direkt vor dir. Beantworte zuerst die Fragen:

   a) Wen fragst du? Wie heißt die Besitzperson?
   b) Wie heißt das Personalpronomen?
   c) Welchen Artikel hat das Substantiv?
   d) Was antwortet die Person?

		Wen fragst du? Besitzperson	**Personal-pronomen**	**Artikel**
1.	**Beata, ist das <u>dein</u> Ehemann? – Natürlich ist das <u>mein</u> Ehemann.**	Beata	du	der
2.	Herr Schmidt, ist das ______ Hemd? – Nein, das ist nicht ______ Hemd.			
3.	Hans und Eva, ist das ______ Onkel? – Ja, das ist ______ Onkel.			
4.	Markus, sind das ______ Schulbücher? – Ja, das sind ______ Schulbücher.			
5.	Herr und Frau Braun, sind das ____ Handtücher? – Nein, das sind nicht _____ Handtücher.			
6.	Frau Schröder, ist das ______ Sohn? – Ja, das ist ______ Sohn.			
7.	Marc und Michelle, ist das ______ Grundstück? – Nein, nein, das ist nicht ______ Grundstück.			
8.	Herr Meier, ist das ______ Aktentasche? – Nein, ______ Aktentasche sieht anders aus.			
9.	Paola, ist das ______ Spiegel? – Nein, ______ Spiegel ist es nicht.			
10.	Herr und Frau Kennedy, ist das ______ Enkelkind? – Ja, das ist ______ Enkelkind.			
11.	Robert, ist das ______ Großtante? – Ja, das ist ______ Großtante.			
12.	Herr Knopf, ist das ______ Skianzug? – Ja, vielleicht ist das ______ Skianzug.			
13.	Magda, sind das ______ Taschen? – Nein, das sind nicht ______ Taschen.			
14.	Anne und Jule, ist das ______ Wagen vor der Garage? – Ja, dort steht ______ Wagen.			
15.	Maria, ist das ______ Bus? – Ja, das ist ______ Bus.			

„Dein", „euer", „ihr"

Das Possessivpronomen in der Anrede | **Übung**

		Wen fragst du? Besitzperson	**Personal-pronomen**	**Artikel**
16.	Frau Klein, ist das ______ Einfahrt? – Natürlich ist das ______ Einfahrt.			
17.	Frau und Herr Horn, ist das ______ Nachbar? – Nein, das ist nicht ______ Nachbar.			
18.	Mirjam und Jonas, sind das ______ Cousinen? – Ja, das sind ______ Cousinen.			
19.	Martin, ist das ______ I-Phone? – Aber nein. ______ I-Phone ist nicht schwarz.			
20.	Diana und Anne, ist das ______ Deutschlehrer? – Nein, das ist nicht ______ Deutschlehrer.			
21.	Herr Braun, ist das ______ Laptop? – Nein, das ist nicht ______ Laptop.			
22.	Marina, sind das ______ Schokoriegel? – Ja, ja, das sind nur ______ Schokoriegel.			
23.	Johannes und Martin, ist das ______ Vater? – Nein, das ist nicht ______ Vater.			
24.	Herr Blau, ist das ______ Nichte? – Ja, das ist ______ Nichte.			
25.	Barbara, ist das ______ Arbeitsblatt? – Ja, vielleicht ist das ______ Arbeitsblatt.			

3. Ergänze das Possessivpronomen. Beantworte zuerst die Fragen:

   a) Wen fragst du? Wie heißt die Besitzperson?
   b) Wie heißt das Personalpronomen?
   c) Welchen Artikel hat das Substantiv?

		Besitzperson	Personal-pronomen	Artikel
1.	**Paul, wo ist dein Anmeldeformular?**	Paul	du	das
2.	Wie war _______ Vorname, Herr Braun?			
3.	Ich habe eine Versichertenkarte. Das ist _______ Versichertenkarte.			
4.	Wisst ihr, wo _______ Mietvertrag liegt?			
5.	Wir sammeln alle Kontoauszüge. _______ Kontoauszüge heften wir zusammen ein.			
6.	Frau Tahn, wo ist _______ Krankmeldung?			
7.	Herr Neumann bekommt _______ Versicherungs-nummer morgen.			
8.	Wo ist _______ Führerschein, Jürgen?			
9.	Herr Schmidt, ist das _______ Rezept?			
10.	Wo ist _______ EC-Karte, Frau Guth?			
11.	Sie geht zum Neurologen. Sie weiß aber nicht, wo _______ Überweisungsschein liegt.			
12.	Sie hat keinen Reisepass. _______ Reisepass ist noch beim Einwohnermeldeamt.			
13.	Welche Nummern haben _______ Girokonten, Herr und Frau Schuhmann?			
14.	Du, _______ Lebenslauf ist wirklich sehr interessant.			
15.	Wann habt ihr morgen _______ Weihnachtsfeier?			
16.	Hat er keinen Ausweis dabei? _______ Ausweis steckt in der Tasche.			
17.	Frau Herta, was ist _______ Traumberuf?			
18.	Klaus ist in Schwierigkeiten. _______ Probleme überfordern ihn sehr.			
19.	Sie hat _______ Arbeitsvertrag schon unterschrieben.			

© Verlag an der Ruhr | Autorin: Bogumiła Baumgartner | ISBN 978-3-8346-2465-9 | www.verlagruhr.de

„Dein“, „euer“, „ihr“

Das Possessivpronomen in der Anrede | **Übung**

		Besitzperson	Personal-pronomen	Artikel
20.	Otto hat zum Geburtstag einen Gutschein bekommen. Wo liegt ______ Gutschein jetzt?			
21	Tom, sind ______ Heizkosten in diesem Jahr auch so hoch?			
22.	Viktoria ist meine Freundin. ______ Vorname gefällt mir sehr gut.			
23.	Ist Herr Neumann ______ Berufsberater, Frau Plank?			
24.	Das ist mein Onkel. An der Bushaltestelle wartet ______ Nachbarin.			
25.	Hans und Andreas fehlen heute. ______ Mutter ist schwer krank.			
26.	Arbeitet ______ Frau heute gar nicht, Herr Thomas?			
27.	Martha hatte gestern Geburtstag. ______ Geburtstagsgeschenk liegt noch im Wohnzimmer.			
28.	Kati und Monika, ist ______ Haushaltsgeld schon auf dem Konto?			
29.	Wir haben ein schönes Hochzeitsfoto. Unser ______ Hochzeitsfoto hängt im Schlafzimmer.			
30.	Ihr habt einen MP3-Player. Das ist ______ MP3-Player.			

„Dein", „euer", „ihr"

Das Possessivpronomen in der Anrede | **Lösung**

1. Ergänze das Possessivpronomen. Du fragst diese Personen. Sie stehen direkt vor dir. Beantworte zuerst die Fragen.

		Wen fragst du? Besitzperson	Personal-pronomen	Artikel
1.	Marie und Tela, wann kommt euer Papa nach Hause?	Marie und Tela	ihr	der
2.	Sind das Ihre Dokumente, Herr Meier?	Herr Meier	Sie (höflich)	die (Pl.)
3.	Bernd, ist das dein Bier?	Bernd	du	das
4.	Ihr Apfelkuchen, Frau Bösl, schmeckt fantastisch!	Frau Bösl	Sie (höflich)	der
5.	Martin und Peter, sind eure Hausaufgaben schwer?	Martin und Peter	ihr	die (Pl.)
6.	Arbeitet Ihre Frau nicht in diesem Zimmer, Herr Thomas?	Herr Thomas	Sie (höflich)	die
7.	Eva und Monika, wann fährt eure U-Bahn ab?	Eva und Monika	ihr	die
8.	Amira, wann ist morgen dein Training?	Amira	du	das
9.	Geht Ihr Mann nicht mit uns ins Kino, Frau Baumann?	Frau Baumann	Sie (höflich)	der
10.	Kinder, wo sind eure Hausschlüssel?	Kinder	ihr	die (Pl.)
11.	Frau Zeller, ist Ihr Anrufbeantworter kaputt?	Frau Zeller	Sie (höflich)	der
12.	Simon, sind das deine Schuhe?	Simon	du	die (Pl.)
13.	Axel und Dominik, ist das euer Nachtisch?	Axel und Dominik	ihr	der
14.	Frau und Herr Schwarz, ist das Ihr Kursleiter?	Frau und Herr Schwarz	Sie (höflich)	der
15.	Frau Nolte, wo liegt Ihr Telefon?	Frau Nolte	Sie (höflich)	das
16.	Sabrina, sind das deine Tabletten?	Sabrina	du	die (Pl.)
17.	Daniel und Claudia, ist das eure Stellenanzeige?	Daniel und Claudia	ihr	die
18.	Wo hängt Ihr Mantel, Herr Arnold?	Herr Arnold	Sie (höflich)	der
19.	Kinga, wo ist deine Arbeitsstelle?	Kinga	du	die
20.	Wann kommt Ihr Taxi, Frau Sommer?	Frau Sommer	Sie (höflich)	das

„Dein“, „euer“, „ihr“

Das Possessivpronomen in der Anrede | **Lösung**

2. Ergänze das Possessivpronomen. Du fragst diese Personen. Sie stehen direkt vor dir. Beantworte zuerst die Fragen.

		Besitzperson	Personal-pronomen	Artikel
1.	**Beata, ist das dein Ehemann? – Natürlich ist das mein Ehemann.**	**Beata**	**du**	**der**
2.	Herr Schmidt, ist das Ihr Hemd? – Nein, das ist nicht mein Hemd.	Herr Schmidt	Sie (höflich)	das
3.	Hans und Eva, ist das euer Onkel? – Ja, das ist unser Onkel.	Hans und Eva	ihr	der
4.	Markus, sind das deine Schulbücher? – Ja, das sind meine Schulbücher.	Markus	du	die (Pl.)
5.	Herr und Frau Braun, sind das Ihre Handtücher? – Nein, das sind nicht unsere Handtücher.	Herr und Frau Braun	Sie (höflich)	die (Pl.)
6.	Frau Schröder, ist das Ihr Sohn? – Ja, das ist mein Sohn.	Frau Schröder	Sie (höflich)	der
7.	Marc und Michelle, ist das euer Grundstück? – Nein, nein, das ist nicht unser Grundstück.	Marc und Michelle	ihr	das
8.	Herr Meier, ist das Ihre Aktentasche? – Nein, meine Aktentasche sieht anders aus.	Herr Meier	Sie (höflich)	die
9.	Paola, ist das dein Spiegel? – Nein, mein Spiegel ist es nicht.	Paola	du	der
10.	Herr und Frau Kennedy, ist das Ihr Enkelkind? – Ja, das ist unser Enkelkind.	Herr und Frau Kennedy	Sie (höflich)	das
11.	Robert, ist das deine Großtante? – Ja, das ist meine Großtante.	Robert	du	die
12.	Herr Knopf, ist das Ihr Skianzug? – Ja, vielleicht ist das mein Skianzug.	Herr Knopf	Sie (höflich)	der
13.	Magda, sind das deine Taschen? – Nein, das sind nicht meine Taschen.	Magda	du	die (Pl.)
14.	Anne und Jule, ist das euer Wagen vor der Garage? – Ja, dort steht unser Wagen.	Anne und Jule	ihr	der
15.	Maria, ist das dein Bus? – Ja, das ist mein Bus.	Maria	du	der

Das Possessivpronomen in der Anrede | **Lösung**

		Besitzperson	Personal-pronomen	Artikel
16.	Frau Klein, ist das Ihre Einfahrt? – Natürlich ist das meine Einfahrt.	Frau Klein	Sie (höflich)	die
17.	Frau und Herr Horn, ist das Ihr Nachbar? – Nein, das ist nicht unser Nachbar.	Frau und Herr Horn	Sie (höflich)	der
18.	Mirjam und Jonas, sind das eure Cousinen? – Ja, das sind unsere Cousinen.	Mirjam und Jonas	ihr	die (Pl.)
19.	Martin, ist das dein I-Phone? – Aber nein. Mein I-Phone ist nicht schwarz.	Martin	du	das
20.	Diana und Anne, ist das euer Deutschlehrer? – Nein, das ist nicht unser Deutschlehrer.	Diana und Anne	ihr	der
21.	Herr Braun, ist das Ihr Laptop? – Nein, das ist nicht mein Laptop.	Herr Braun	Sie (höflich)	der
22.	Marina, sind das deine Schokoriegel? – Ja, ja, das sind nur meine Schokoriegel.	Marina	du	die (Pl.)
23.	Johannes und Martin, ist das euer Vater? – Nein, das ist nicht unser Vater.	Johannes und Martin	ihr	der
24.	Herr Blau, ist das Ihre Nichte? – Ja, das ist meine Nichte.	Herr Blau	Sie (höflich)	die
25.	Barbara, ist das dein Arbeitsblatt? – Ja, vielleicht ist das mein Arbeitsblatt.	Barbara	du	das

© Verlag an der Ruhr | Autorin: Bogumiła Baumgartner | ISBN 978-3-8346-2465-9 | www.verlagruhr.de

„Dein", „euer", „ihr"

Das Possessivpronomen in der Anrede | **Lösung**

3. Ergänze das Possessivpronomen. Beantworte zuerst die Fragen.

		Besitzperson	Personal-pronomen	Artikel
1.	Paul, wo ist dein Anmeldeformular?	Paul	du	das
2.	Wie war Ihr Vorname, Herr Braun?	Herr Braun	Sie (höflich)	der
3.	Ich habe eine Versichertenkarte. Das ist meine Versichertenkarte.	ich	ich	die
4.	Wisst ihr, wo euer Mietvertrag liegt?	ihr	ihr	der
5.	Wir sammeln alle Kontoauszüge. Unsere Kontoauszüge heften wir zusammen ein.	wir	wir	die (Pl.)
6.	Frau Tahn, wo ist Ihre Krankmeldung?	Frau Tahn	Sie (höflich)	die
7.	Herr Neumann bekommt seine Versicherungsnummer morgen.	Herr Neumann	er	die
8.	Wo ist dein Führerschein, Jürgen?	Jürgen	du	der
9.	Herr Schmidt, ist das Ihr Rezept?	Herr Schmidt	Sie (höflich)	das
10.	Wo ist Ihre EC-Karte, Frau Guth?	Frau Guth	Sie (höflich)	die
11.	Sie geht zum Neurologen. Sie weiß aber nicht, wo ihr Überweisungsschein liegt.	sie	sie	der
12.	Sie hat keinen Reisepass. Ihr Reisepass ist noch beim Einwohnermeldeamt.	sie	sie	der
13.	Welche Nummern haben Ihre Girokonten, Herr und Frau Schuhmann?	Herr und Frau Schuhmann	Sie (höflich)	die (Pl.)
14.	Du, dein Lebenslauf ist wirklich sehr interessant.	du	du	der
15.	Wann habt ihr morgen eure Weihnachtsfeier?	ihr	ihr	die
16.	Hat er keinen Ausweis dabei? Nein, sein Ausweis steckt in der Tasche.	er	er	der
17.	Frau Herta, was ist Ihr Traumberuf?	Frau Herta	Sie (höflich)	der
18.	Klaus ist in Schwierigkeiten. Seine Probleme überfordern ihn sehr.	Klaus	er	die (Pl.)
19.	Sie hat ihren Arbeitsvertrag schon unterschrieben.	sie	sie	der
20.	Otto hat zum Geburtstag einen Gutschein bekommen. Wo liegt sein Gutschein jetzt?	Otto	er	der

„Dein", „euer", „ihr"

Das Possessivpronomen in der Anrede | **Lösung**

		Besitzperson	**Personal-pronomen**	**Artikel**
21.	Tom, sind deine Heizkosten in diesem Jahr auch so hoch?	Tom	du	die (Pl.)
22.	Viktoria ist meine Freundin. Ihr Vorname gefällt mir sehr gut.	Viktoria	sie	der
23.	Ist Herr Neumann Ihr Berufsberater, Frau Plank?	Frau Plank	Sie (höflich)	der
24.	Das ist mein Onkel. An der Bushaltestelle wartet seine Nachbarin.	mein Onkel	er	die
25.	Hans und Andreas fehlen heute. Ihre Mutter ist schwer krank.	Hans und Andreas	sie (Pl.)	die
26.	Arbeitet Ihre Frau heute gar nicht, Herr Thomas?	Herr Thomas	Sie (höflich)	die
27.	Martha hatte gestern Geburtstag. Ihr Geburtstagsgeschenk liegt noch im Wohnzimmer.	Martha	sie	das
28.	Kati und Monika, ist euer Haushaltsgeld schon auf dem Konto?	Kati und Monika	ihr	das
29.	Wir haben ein schönes Hochzeitsfoto. Unser schönes Hochzeitsfoto hängt im Schlafzimmer.	wir	wir	das
30.	Ihr habt einen MP3-Player. Das ist euer MP3-Player.	ihr	ihr	der

„Ihr" oder „sein"

Das Posssessivpronomen in der Beschreibung | **Info**

Einführung

Stelle dir vor, du siehst eine Person. Du machst ein Foto von ihr.
Jetzt beschreibe das Foto. Was siehst du?

Das ist Michelle.
Sie ist 18 Jahre alt. **Ihr** Gesicht sieht schön aus.
Sie hat leicht lockige Haare. **Ihre** Haare sind schwarz.
Michelle trägt ein Kleid. **Ihr** Kleid ist sehr kurz.
Sie ist Sekretärin von Beruf. **Ihr** Büro befindet sich in Berlin-Mitte.

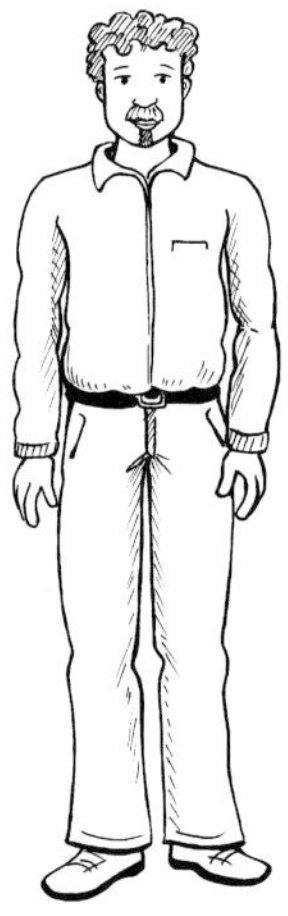

Das ist Edward.
Edward ist älter als Michelle. **Sein** Alter ist aber unbekannt.
Er kleidet sich sportlich-elegant.
Seine Hose und **sein** Pullover sind sehr modern.
Er hat eine Frau. **Seine** Frau ist die Schwester von Michelle.
Seine Kinder sprechen Finnisch und Englisch.

Regeln

- Wenn du **über eine Frau** sprichst, sagst du „ihr". So kannst du dir das merken: Im Wort „Frau" ist ein „**-r**" und „**ihr**" hat auch ein „-r".
- Wenn du **über einen Mann** sprichst, sagst du „sein". In dem Wort „sein" ist auch ein „n" wie in Mann.
- Das Possessivpronomen muss wieder eine bestimmte Endung haben.

	Maskulinum	**Femininum**	**Neutrum**	**Plural**
Frau	ihr Vater	ihre Mutter	ihr Kind	ihre Eltern
Mann	sein Vater	seine Mutter	sein Kind	seine Eltern

1. **Ergänze die Sätze. Du siehst Maria und erzählst von ihr. Beantworte zuerst die Fragen.**

   a) Wie heißt das Substantiv?
   b) Welchen Artikel hat das Substantiv?
   c) Was ist richtig: ihr oder ihre?

	Maria	**Substantiv**	**Artikel**
1.	**Das ist Maria. Sie möchte <u>ihre</u> Familie vorstellen.**	Familie	die
2.	______ Eltern wohnen nicht mehr zusammen. Sie sind geschieden.		
3.	______ Vater ist 60 Jahre alt und heißt Theodor.		
4.	______ Mutter heißt Liliana. Sie ist 55 Jahre alt.		
5.	Maria hat noch einen Bruder. ______ Bruder ist fünf Jahre jünger als sie.		
6.	Sie liebt Tiere. ______ Hund (1) heißt Luna und ______ Katze (2) heißt Linus.	(1) (2)	(1) (2)
7.	Maria wohnt in Regensburg in einer großen Wohnung. ______ Wohnung liegt direkt an der Donau.		
8.	Sie hat fünf Zimmer. ______ Zimmer sind nicht allzu groß, dafür aber sehr hell.		
9.	Maria ist Innenarchitektin von Beruf. ______ Büro liegt gleich in der Nähe, vielleicht nur zehn Minuten zu Fuß.		
10.	Sie ist eine sehr gute Architektin. ______ Chef lobt sie oft.		
11.	Sie ist verheiratet. ______ Mann arbeitet sehr viel und sehr lange.		
12.	Maria hat drei Kinder. ______ Kinder sind noch klein und gehen in die Grundschule.		
13.	Am Morgen wartet ______ Sohn an der Bushaltestelle auf einen Schulbus.		
14.	Sie frühstückt gern. Auf dem Küchentisch warten schon ______ Brötchen (Pl.) (1) und ______ Croissant (2).	(1) (2)	(1) (2)
15.	Den Kaffee trinkt sie mit Milch und Zucker. ______ Kaffee ist immer sehr süß.		

„Ihr" oder „sein"

Das Posssessivpronomen in der Beschreibung | **Übung**

2. Ergänze die Sätze. Beantworte zuerst die Fragen.

   a) Wie heißt das Substantiv?
   b) Welchen Artikel hat das Substantiv?
   c) Was ist richtig: sein oder seine?

	Rudolf	**Substantiv**	**Artikel**
1.	Rudolf ist Privatdozent von Beruf. Seine Arbeitsstelle ist die Universität Dortmund.	Arbeitsstelle	die
2.	_____ Institut heißt Institut für Rehabilitationswissenschaft.		
3.	_____ Studenten werden später in einem Krankenhaus arbeiten.		
4.	Rudolf kommt aus Siebenbürgen und _____ Muttersprache ist Rumänisch.		
5.	Rudolf hat viele Freunde. _____ bester Freund wohnt in der gleichen Straße wie er.		
6.	_____ Großeltern wohnen auch nicht weit weg.		
7.	_____ Oma macht den besten Apfelstrudel der Welt.		
8.	_____ Opa ist sehr reich. Er besitzt einen Wald.		
9.	Rudolf trainiert 2-mal in der Woche in einem Fitnessstudio. _____ Studio ist modern, aber sehr teuer.		
10.	Manchmal joggt er. _____ Laufstrecke beträgt vier Kilometer.		
11.	Rudolf ist sehr elegant. _____ Hemd (1) ist immer perfekt gebügelt und _____ Schuhe (2) glänzen.	(1) (2)	(1) (2)
12.	Rudolf wohnt in einer Villa. _____ Haus ist wirklich sehr groß.		
13.	Er ist nicht verheiratet, aber er hat eine Freundin. _____ Freundin ist zehn Jahre jünger als er.		
14.	Er hat ein Haustier. _____ Hamster heißt Rexi und sieht schön aus.		
15.	Rudolf ist ein netter Mann. _____ Gesicht strahlt immer vor Freude.		

„Ihr“ oder „sein“

Das Posssessivpronomen in der Beschreibung | **Übung**

3. Was ist hier falsch? Beantworte zuerst die Fragen.

   a) Wie heißt das Substantiv nach dem Possessivpronomen?
   b) Welchen Artikel hat das Substantiv?
   c) Welche Endung muss das Possessivpronomen haben?

		Possessiv-pronomen	**Endung**	**Richtig ist …**
1.	Das ist Elisa. **Seine** Mutter ist sehr krank, sie liegt seit einer Woche im Krankenhaus.	Elisa“ ist eine Frau, daher „ihr“	„Mutter“ ist feminin, also Endung „-e“	ihre
2.	Markus hat einen Hund. Ihre Hund heißt Peterson.			
3.	Mein Freund hat viele Tiere. Sein Tiere leben im Haus.			
4.	Julia hat eine Schwester. Ihr Schwester ist sieben Jahre alt.			
5.	Emil hat eine neue Uhr zum Geburtstag bekommen. Sein Uhr ist ganz aus Silber.			
6.	Maria und sein Schwester wohnen immer noch im gleichen Zimmer.			
7.	Mein Bruder hat ein neues Auto gekauft. Seine Auto hat 40000 Euro gekostet.			
8.	Meine Tante und ihre Mann wohnen auf dem Dorf in der Nähe von Frankfurt.			
9.	Siehst du Herrn Mayer an der Haltestelle? Wie war seine Vorname?			
10.	Meine Freundin hat ein Nintendo-Spiel. Das ist ihre Lieblingsspiel.			
11.	Ich finde Justin Bieber sehr gut. Ihre Musik gefällt mir.			
12.	Tante Rosi und seine Freund leben in einem Altenheim.			
13.	Beate hat ein neues Handy. Ihre Handy ist sehr schön, ich wünsche mir auch so eins.			
14.	Daniel mag keine Socken, daher sind ihr Füße oft kalt.			
15.	Herr Brau macht eine Ausbildung als Busfahrer. Ihre Praktikum beginnt heute.			

„Ihr" oder „sein"

Das Posssessivpronomen in der Beschreibung | **Lösung**

1. Ergänze die Sätze. Du siehst Maria und erzählst von ihr.
   Beantworte zuerst die Fragen.

	Maria	**Substantiv**	**Artikel**
1.	**Das ist Maria. Sie möchte ihre Familie vorstellen.**	**Familie**	**die**
2.	Ihre Eltern wohnen nicht mehr zusammen. Sie sind geschieden.	Eltern	die (Pl.)
3.	Ihr Vater ist 60 Jahre alt und heißt Theodor.	Vater	der
4.	Ihre Mutter heißt Liliana. Sie ist 55 Jahre alt.	Mutter	die
5.	Maria hat noch einen Bruder. Ihr Bruder ist fünf Jahre jünger als sie.	Bruder	der
6.	Sie liebt Tiere. Ihr Hund (1) heißt Luna und ihre Katze (2) heißt Linus.	(1) Hund (2) Katze	(1) der (2) die
7.	Maria wohnt in Regensburg in einer großen Wohnung. Ihre Wohnung liegt direkt an der Donau.	Wohnung	die
8.	Sie hat fünf Zimmer. Ihre Zimmer sind nicht allzu groß, dafür aber sehr hell.	Zimmer	die (Pl.)
9.	Maria ist Innenarchitektin von Beruf. Ihr Büro liegt gleich in der Nähe, vielleicht nur zehn Minuten zu Fuß.	Büro	das
10.	Sie ist eine sehr gute Architektin. Ihr Chef lobt sie oft.	Chef	der
11.	Sie ist verheiratet. Ihr Mann arbeitet sehr viel und sehr lange.	Mann	der
12.	Maria hat drei Kinder. Ihre Kinder sind noch klein und gehen in die Grundschule.	Kinder	die (Pl.)
13.	Am Morgen wartet ihr Sohn an der Bushaltestelle auf einen Schulbus.	Sohn	der
14.	Sie frühstückt gern. Auf dem Küchentisch warten schon ihre Brötchen (1) und ihr Croissant (2).	(1) Brötchen (2) Croissant	(1) die (Pl.) (2) das
15.	Den Kaffee trinkt sie mit viel Milch und Zucker. Ihr Kaffee ist immer sehr süß.	Kaffee	der

2. Ergänze die Sätze. Du siehst Rudolf und erzählst von ihr.
   Beantworte zuerst die Fragen.

	Rudolf	Substantiv	Artikel
1.	Rudolf ist Privatdozent von Beruf. Seine Arbeitsstelle ist die Universität Dortmund.	Arbeitsstelle	die
2.	Sein Institut heißt Institut für Rehabilitationswissenschaft.	Institut	das
3.	Seine Studenten werden später in einem Krankenhaus arbeiten.	Studenten	die (Pl.)
4.	Rudolf kommt aus Siebenbürgen und seine Muttersprache ist Rumänisch.	Muttersprache	die
5.	Rudolf hat viele Freunde. Sein bester Freund wohnt in der gleichen Straße wie er.	Freund	der
6.	Seine Großeltern wohnen auch nicht weit weg.	Großeltern	die (Pl.)
7.	Seine Oma macht den besten Apfelstrudel der Welt.	Oma	die
8.	Sein Opa ist sehr reich. Er besitzt einen Wald.	Opa	der
9.	Rudolf trainiert 2-mal in der Woche in einem Fitnessstudio. Sein Studio ist modern, aber sehr teuer.	Studio	das
10.	Manchmal joggt er. Seine Laufstrecke beträgt vier Kilometer.	Laufstrecke	die
11.	Rudolf ist sehr elegant. Sein Hemd (1) ist immer perfekt gebügelt und seine Schuhe (2) glänzen.	(1) Hemd (2) Schuhe	(1) das (2) die (Pl.)
12.	Rudolf wohnt in einer Villa. Sein Haus ist wirklich sehr groß.	Haus	das
13.	Er ist nicht verheiratet, aber er hat eine Freundin. Seine Freundin ist zehn Jahre jünger als er.	Freundin	die
14.	Er hat ein Haustier. Sein Hamster heißt Rexi und sieht schön aus.	Hamster	der
15.	Rudolf ist ein netter Mann. Sein Gesicht strahlt immer vor Freude.	Gesicht	das

„Ihr" oder „sein"

Das Posssessivpronomen in der Beschreibung | **Lösung**

3. Was ist hier falsch? Beantworte zuerst die Fragen.

		Possessiv-pronomen	Endung	Richtig ist ...
1.	Das ist Elisa. Seine Mutter ist sehr krank, sie liegt seit einer Woche im Krankenhaus.	Elisa" ist eine Frau, daher „ihr"	„Mutter" ist feminin, also Endung „-e"	ihre
2.	Markus hat einen Hund. Ihre Hund heißt Peterson.	„Markus" ist ein Mann, daher „sein"	„Hund" ist maskulin, ø	sein
3.	Mein Freund hat viele Tiere. Sein Tiere leben im Haus.	---	„Tiere" ist Plural, Endung „-e"	seine
4.	Julia hat eine Schwester. Ihr Schwester ist sieben Jahre alt.	---	„Schwester" ist feminin, Endung „-e"	ihre
5.	Emil hat eine neue Uhr zum Geburtstag bekommen. Sein Uhr ist ganz aus Silber.	---	„Uhr" ist feminin, Endung „-e"	seine
6.	Maria und sein Schwester wohnen immer noch im gleichen Zimmer.	„Maria" ist eine Frau, daher „ihr"	„Schwester" ist feminin, Endung „-e"	ihre
7.	Mein Bruder hat ein neues Auto gekauft. Seine Auto hat 40000 Euro gekostet.	---	„Auto" ist Neutrum, ø	sein
8.	Meine Tante und ihre Mann wohnen auf dem Dorf in der Nähe von Frankfurt.	---	„Mann" ist maskulin, ø	ihr
9.	Siehst du Herrn Mayer an der Haltestelle? Wie war seine Vorname?	---	„Name" ist maskulin, ø	sein
10.	Meine Freundin hat ein Nintendo-Spiel. Das ist ihre Lieblingsspiel.	---	„Lieblingsspiel" ist Neutrum, ø	ihr
11.	Ich finde Justin Bieber sehr gut. Ihre Musik gefällt mir.	„Justin Bieber" ist ein Mann, daher „sein"	„Musik" ist feminin, Endung „-e"	seine
12.	Tante Rosi und seine Freund leben in einem Altenheim.	„Tante Rosi" ist eine Frau, daher „ihr"	„Freund" ist maskulin, ø	ihr
13.	Beate hat ein neues Handy. Ihre Handy ist sehr schön, ich wünsche mir auch so eins.	---	„Handy" ist Neutrum, ø	ihr
14.	Daniel mag keine Socken, daher sind ihr Füße oft kalt.	„Daniel" ist ein Mann, daher „sein"	„Füße" ist Plural, Endung „-e"	seine
15.	Herr Brau macht eine Ausbildung als Busfahrer. Ihre Praktikum beginnt heute.	„Herr Braun" ist ein Mann, daher „sein"	„Praktikum" ist Neutrum, ø	sein

Der nette Vater aber Ein netter Vater

Das Adjektiv und seine Endungen im Nominativ | **Info**

Für diesen Abschnitt solltest du folgende Probleme wiederholen:

- Die vier Fälle
- Die Regeln für den Artikel vom Substantiv
- Was ist ein Possessivpronomen?

Einführung

Der **Nominativ** (1. Fall) beantwortet die Fragen:

- **Wer?** bei Personen
- **Was?** bei Sachen und Tieren

Das **Adjektiv** beschreibt, wie jemand oder etwas ist:
schön, böse, intelligent, rot, eckig, dunkel, sympathisch

Regeln zum Adjektiv im Singular

- Im Nominativ bekommt das Adjektiv eine **bestimmte Endung**.
- Bei mehreren Adjektiven bekommen alle die **gleiche Endung**.
- Die Endung hängt davon ab, welches Wort (aus verschiedenen Kategorien) **vor dem Adjektiv** steht. Hier sind die Kategorien für den Singular:

Kategorie	
bestimmter Artikel	der, die, das
Demonstrativpronomen	dieser, diese, dieses
unbestimmter Artikel	ein, eine, ein
„kein"	kein, keine, kein
Possessivpronomen	mein, unser, ihre, sein …

Beispiel

Wer ist das?	**Was ist das?**	
Maskulinum	**Femininum**	**Neutrum**
Das ist der elegante Mann.	Das ist die kleine Kirche.	Das ist das moderne Flugzeug.
Das ist ein eleganter Mann.	Das ist eine kleine Kirche.	Das ist ein modernes Flugzeug.
		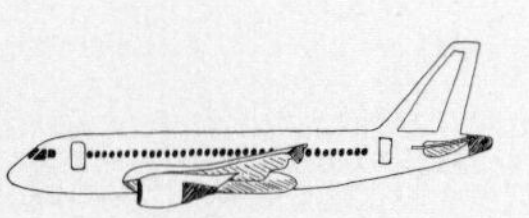

Der nette Vater aber Ein netter Vater

Das Adjektiv und seine Endungen im Nominativ | **Info**

Einführung: Maskulinum Singular

Man kann nicht sagen: „Das ist elegant Mann."
Der Satz ist falsch, denn:

- „Mann" ist Maskulinum.
- „Mann" braucht einen Artikel.
- Das Adjektiv braucht eine Endung.
- Die Endung zeigt, dass „Mann" Maskulinum ist.
- Maskulinum (der) hat den Buchstaben „r" → der.
- Das „**r**" ist entweder bei dem bestimmten Artikel „de**r**" oder bei dem Adjektiv „eleganter".

Richtig ist: Das ist de**r** elegante Mann. Das ist ein elegante**r** Mann.

Regel: Maskulinum Singular

- Es gibt immer nur **zwei** Möglichkeiten für eine Endung vom Adjektiv Maskulinum: Entweder sie ist ein „**-e**" oder ein „**-er**".

Adjektivendung	Kategorie	Wer?	Was?
„-e"	bestimmter Artikel	der elegante Vater	der blaue Stift
	Demonstrativpronomen	dieser elegante Vater	dieser blaue Stift
„-er"	unbestimmter Artikel	ein eleganter Vater	ein blauer Stift
	„kein"	kein eleganter Vater	kein blauer Stift
	Possessivpronomen	mein eleganter Vater	mein blauer Stift

Regel: Femininum Singular

- Die Regel für das Femininum ist sehr einfach. Hier sind die Endungen für das Adjektiv immer gleich. Überall ist es ein „**-e**".

Adjektivendung	Kategorie	Wer?	Was?
„-e"	bestimmter Artikel	die mutige Frau	die kleine Kapelle
	Demonstrativpronomen	diese mutige Frau	diese kleine Kapelle
	unbestimmter Artikel	eine mutige Frau	eine kleine Kapelle
	„kein"	keine mutige Frau	keine kleine Kapelle
	Possessivpronomen	meine mutige Frau	meine kleine Kapelle

Der nette Vater aber Ein netter Vater

Das Adjektiv und seine Endungen im Nominativ | **Info**

Einführung: Neutrum Singular

Man kann nicht sagen: Das ist freche Kind.
Es ist falsch, weil:

- „Kind" ist Neutrum.
- „Kind" braucht einen Artikel.
- Das Adjektiv braucht eine Endung.
- Die Endung zeigt, dass „Kind" Neutrum ist.
- Neutrum (das) hat den Buchstaben „**s**" → da**s**.
- Das „**s**" ist entweder bei dem bestimmten Artikel „da**s**" oder bei dem Adjektiv „freche**s**".

Richtig ist: Das ist da**s** freche Kind. Das ist ein freche**s** Kind.

Regel: Neutrum Singular

- Es gibt immer nur **zwei** Möglichkeiten für eine Endung von dem Adjektiv. Entweder ist ein „**-e**" oder ein „**-es**".

Adjektivendung	Kategorie	Wer?	Was?
„-e"	bestimmter Artikel	das freche Kind	das moderne Flugzeug
	Demonstrativpronomen	dieses freche Kind	dieses moderne Flugzeug
„-es"	unbestimmter Artikel	ein freches Kind	ein modernes Flugzeug
	„kein"	kein freches Kind	kein modernes Flugzeug
	Possessivpronomen	mein freches Kind	mein modernes Flugzeug

Beispiel

Man kann immer an den Endungen erkennen, ob ein Wort Maskulinum oder Neutrum ist. An diesem Beispiel kann man es nicht erkennen:

- ein nette Vater
- ein nette Kind

→ Die Formen sind falsch.

Korrektur:

- „Vater" ist maskulin, muss also ein „**-r**" haben: ein nette**r** Vater
- „Kind" ist Neutrum, muss also ein „**-s**" haben: ein nette**s** Kind

Der nette Vater aber Ein netter Vater

Das Adjektiv und seine Endungen im Nominativ | **Info**

Regeln: Adjektiv im Plural

- Im Nominativ bekommt das Adjektiv eine bestimmte Endung.
- Bei mehreren Adjektiven bekommen alle die gleiche Endung.
- Die Endung hängt davon ab, welches Wort (Kategorie) vor dem Adjektiv steht:

Kategorie	
bestimmter Artikel	die
Demonstrativpronomen	diese
„kein"	keine
Possessivpronomen	meine, unsere, ihre, seine
Plural nach „alle"	
Plural nach „viele"	
Plural ohne Artikel (---)	

- Im Plural gibt es **keine** Kategorie „unbestimmter Artikel"!
- Im Plural musst du **immer** aufpassen! Es gibt **zwei** Endungen für das Adjektiv, entweder ein **„-en"** oder ein **„-e"**!

Adjektivendung	**Kategorie**	**Wer?**	**Was?**
„-en"	bestimmter Artikel	die lustigen Kinder	die bunten Blumen
	Demonstrativ-pronomen	diese lustigen Kinder	diese bunten Blumen
	„keine"	keine lustigen Kinder	keine bunten Blumen
	Possessivpronomen	meine lustigen Kinder	meine bunten Blumen
	Plural nach „alle"	alle lustigen Kinder	alle bunten Blumen
„-e"	Plural nach „viele"	viele lustige Kinder	viele bunte Blumen
	Plural ohne Artikel (---)	(---) lustige Kinder	(---) bunte Blumen

Beispiel

Wer ist das?	**Was ist das?**
Das sind die lustigen Kinder.	Das sind die bunten Blumen.
Das sind lustige Kinder.	Das sind viele bunte Blumen.

Der nette Vater aber Ein netter Vater

Das Adjektiv und seine Endungen im Nominativ | **Info**

Regeln: Überblick Adjektive im Singular und Plural

- Maskulinum muss irgendwo ein „**-r**" haben, entweder bei „**der**" (Kategorie 1 und 2) oder bei „nett**er**".
- Neutrum muss irgendwo ein „**-s**" haben, entweder bei „**das**" (Kategorie 1 und 2) oder bei „frech**es**".
- Feminin ist einfach. Es hat immer ein „**-e**".

Singular Maskulinum	der	-e
	dieser	-e
	ein	-er
	kein	-er
	mein	-er

Singular Femininum	die	-e
	diese	-e
	eine	-e
	keine	-e
	meine	-e

Singular Neutrum	das	-e
	dieses	-e
	ein	-es
	kein	-es
	mein	-es

Plural	viele	-e
	---	-e
	die	-en
	diese	-en
	keine	-en
	meine	-en
	alle	-en

Der nette Vater aber Ein netter Vater

Das Adjektiv und seine Endungen im Nominativ | **Übung**

1. Wie heißt die Kategorie?

		Kategorie
1.	dieser blaue Mantel	Demonstrativpronomen
2.	keine moderne Regenjacke	
3.	ein weicher BH	
4.	seine helle Hose	
5.	dieses gelbe Nachthemd	
6.	die schöne Bluse	
7.	euer dickes Sweatshirt	
8.	der neue Anorak	
9.	kein kleiner Badeanzug	
10.	der bunte Kapuzenpulli	
11.	ein rotes T-Shirt	
12.	mein kariertes Hemd	
13.	kein gestrickter Bikini	
14.	dein alter Hut	
15.	dieser lange Schal	
16.	ihr grüner Rock	
17.	ein großes Kostüm	
18.	die lange Krawatte	
19.	dieses hellgraue Kleid	
20.	sein teurer Trainingsanzug	

Der nette Vater aber Ein netter Vater

Das Adjektiv und seine Endungen im Nominativ | **Übung**

2. Ergänze die Endungen. Beantworte zuerst die Fragen.

   a) Wie heißt das Substantiv?
   b) Welchen Artikel hat das Substantiv?
   c) Wie heißt die Kategorie?

		Kategorie	Substantiv	Artikel
1.	der rote Wein	bestimmter Artikel	Wein	der
2.	dies____hell____Bier			
3.	kein____weiß____Winter			
4.	ein____sonnig____Sonntag			
5.	kein____nett____Sohn			
6.	ein____modern____BMW			
7.	d____südlich____Italien			
8.	kein____ruhig____Liegen			
9.	dies____warm____Sommer			
10.	sein____zärtlich____Kuss			
11.	kein____romantisch____Regensburg			
12.	die____duftend____Rose			
13.	ein____intelligent____Mann			
14.	d____kalt____Regen			
15.	kein____schnell____Donau			
16.	mein____lieb____Polen			
17.	dies____gefährlich____Wolf			
18.	d____traurig____Schluss			
19.	kein____gut____Verkäufer			
20.	dies____langsam____Gehen			
21.	ein____hell____Morgen			
22.	d____lustig____Onkel			
23.	d____sommerlich____Slowakei			
24.	kein____regnerisch____Mittwoch			
25.	ein____dunkl____Nacht			

Der nette Vater aber Ein netter Vater

Das Adjektiv und seine Endungen im Nominativ | **Übung**

3. Ergänze die Endungen. Beantworte zuerst die Fragen.

   a) Wie heißt das Substantiv?
   b) Welchen Artikel hat das Substantiv?
   c) Wie heißt die Kategorie?

		Kategorie	Substantiv	Artikel
1.	dieser nette Gruß	Demonstrativpronomen	Gruß	der
2.	ein___reich___Tante			
3.	d___gefährlich___Spielen vor der Garage			
4.	sein___sympathisch___Schuldirektor			
5.	kein___schwarz___Porsche			
6.	ein___pünktlich___Ankunft			
7.	kein___gesund___Gang			
8.	sein___geliebt___Türkei			
9.	ein___teur___Orchidee			
10.	unser___lang___Wochenende			
11.	sein___jung___Krankenschwester			
12.	dies___schwer___Arbeit			
13.	kein___süß___Mädchen			
14.	d___heiß___Afrika			
15.	ein___gut___Essen			
16.	dies___verflucht___Freitag			
17.	kein___erfolgreich___Monat			
18.	sein___verspätet___Abfahrt			
19.	ein___glücklich___Jahr			
20.	d___liebevoll___Kindergärtnerin			
21.	d___groß___Sudan			
22.	sein___kalt___Getränk			
23.	d___riesig___Rhein			
24.	dies___praktisch___Übung			
25.	kein___logisch___Denken			

4. Wie heißt die Kategorie? Trage sie in die Tabelle ein.

		Kategorie
1.	viele alte Zahnbürsten	Plural nach „viele"
2.	die feuchten Handtücher	
3.	duftende Seifen	
4.	diese durchsichtigen Zahnputzbecher	
5.	keine warmen Badewannen	
6.	seine billigen Rasierapparate	
7.	frisch gewaschene Waschlappen	
8.	die nötigen Wärmflaschen	
9.	ihre modernen Lippenstifte	
10.	viele bunte Nagellacke	
11.	diese nassen Duschvorhänge	
12.	keine großen Fliesen	
13.	alle teuren Waschmaschinen	
14.	dreckige Badeteppiche	
15.	keine duftenden Klopapierrollen	
16.	diese schweren Personenwaagen	
17.	unsere kaputten Spiegel	
18.	viele weiße Wattestäbchen	
19.	kleine Haargummis	
20.	alle geöffneten Zahnpastatuben	

Der nette Vater aber Ein netter Vater

Das Adjektiv und seine Endungen im Nominativ | **Übung**

5. Ergänze die Endungen. Überlege zuerst die richtige Kategorie.

		Kategorie
1.	seine gebügelten Handtücher	Possessivpronomen
2.	viel____ gefährlich____ Autobahnen	
3.	all____ bequem____ Betten	
4.	d____ alt____ Zeitschriften	
5.	grün____ Tomaten	
6.	dies____ ungelesen____ Bücher	
7.	unser____ kaputt____ Sofas	
8.	viel____ leer____ Flaschen	
9.	all____ getrocknet____ Nüsse	
10.	kein____ dick____ Wörterbücher	
11.	dunkl____ Bananen	
12.	viel____ schnell____ Autos	
13.	all____ klein____ Puppenhäuser	
14.	dies____ bunt____ Blumen	
15.	eure____ ausgepresst____ Orangensäfte	
16.	kein____ dreckig____ Teppiche	
17.	all____ dunkl____ Vorhänge	
18.	d____ gekocht____ Karotten	
19.	bitter____ Medikamente	
20.	ihr____ müd____ Katzen	
21.	all____ frisch____ Brötchen	
22.	dies____ bellend____ Hunde	
23.	mein____ lecker____ Süßigkeiten	
24.	viel____ lustig____ Kinder	
25.	polnisch____ Krapfen	

6. Ergänze die Endungen. Es ist nur Plural. Überlege zuerst die richtige Kategorie.

		Kategorie
1.	die roten Paprikas	bestimmter Artikel
2.	kein___ frisch___ Spiegeleier	
3.	all___ bunt___ Legosteine	
4.	viel___ neu___ Spielsachen	
5.	dein___ hungrig___ Haustiere	
6.	d___ frisch___ Äpfel	
7.	kein___ schwer___ Taschen	
8.	dies___ schlank___ Barbiepuppen	
9.	lieb___ Eltern	
10.	d___ lang___ Haare	
11.	kein___ sauber___ Fenster	
12.	all___ hungrig___ Babys	
13.	groß___ Schiffe	
14.	dies___ schwer___ Vokabeln	
15.	all___ dick___ Männer	
16.	langweilig___ Schulfächer	
17.	dies___ glücklich___ Großeltern	
18.	kein___ lang___ E-Mails	
19.	viel___ schwanger___ Frauen	
20.	weit___ Strände	
21.	viel___ nett___ Griechen	
22.	traurig___ Gesichter	
23.	dies___ sympathisch___ Verkäuferinnen	
24.	mein___ schnell___ Fahrräder	
25.	all___ süß___ Schokoriegel	

Der nette Vater aber Ein netter Vater

Das Adjektiv und seine Endungen im Nominativ | **Übung**

7. Ergänze die Endungen. Lies zuerst den ganzen Satz. Es ist nur Singular. Beantworte dann die Fragen.

   a) Wie heißt das Substantiv?
   b) Welchen Artikel hat das Substantiv?
   c) Wie heißt die Kategorie?

		Substantiv	**Artikel**	**Kategorie**
1.	Kein neuer und unbenutzt<u>er</u> Computer funktioniert sofort. Man muss zuerst alles installieren.	Computer	der	„kein"
2.	Dies___ kariert___, bunt___ und ungebügelt___ Tischdecke gefällt mir überhaupt nicht.			
3.	Kann d___ grün___ und flach___ I-Pod auch SMS verschicken?			
4.	Mein___ klein___, gelb___ Wörterbuch sieht schon ziemlich benutzt aus.			
5.	D___ weiß___, frisch___ und weich___ Schnee bringt den Kindern sehr viel Freude.			
6.	Im Sommer schmeckt ein___ gegrillt___ oder gekocht___ Fleisch am besten.			
7.	D___ blau___, warm___ und kariert___ Pullover (1) ist wärmer als sein___ lang___, schwarz___ Hemd (2).	(1) (2)	(1) (2)	(1) (2)
8.	Ein___ gut___, neu___ und erfolgreich___ Jahr ist das Beste, was man sich wünschen kann.			
9.	In meinem Federmäppchen befinden sich folgende Gegenstände: Da ist ein___ grün___, zweiteilig___ Kugelschreiber (1), ein___ rot___ und sehr scharf___ Schere (2), ein___ weiß___ und weich___ Radiergummi (3), ein___ lang___, durchsichtig___ Lineal (4), bunt___ Farben (5) und ein___ stumpf___, blau___ Bleistift (6).	(1) (2) (3) (4) (5) (6)	(1) (2) (3) (4) (5) (6)	(1) (2) (3) (4) (5) (6)
10.	Kein___ frisch___, gesund___ und ungespritzt___ Obst (1) schmeckt besser als ein___ weich___, kalorienreich___ und teur___ Schokoriegel (2).	(1) (2)	(1) (2)	(1) (2)

© Verlag an der Ruhr | Autorin: Bogumiła Baumgartner | ISBN 978-3-8346-2465-9 | www.verlagruhr.de

Der nette Vater aber Ein netter Vater

Das Adjektiv und seine Endungen im Nominativ | **Übung**

8. Ergänze die Endungen. Lies zuerst den ganzen Satz. Es ist nur Plural.
   Beantworte zuerst die Fragen.

   a) Wie heißt das Substantiv?
   b) Welchen Artikel hat das Substantiv?
   c) Wie heißt die Kategorie?

		Substantiv	Artikel	Kategorie
1.	**Auf der Autobahn sieht man nur schnelle, bunte Autos.**	Autos	die (Pl.)	Plural ohne Artikel
2.	Viel___ neugeboren___, klein___ Babys können schon sehr gut schwimmen.			
3.	Im Mittelwald wachsen verschieden___ hoh___ und grün___ Bäume (1), viel___ bunt___ und unbekannt___ Blumen (2), dies___ gepunktet___ giftig___ Fliegenpilze (3), aber leider kein____ süß___, rot___ und sehr gesund___ Waldbeeren (4).	(1) (2) (3) (4)	(1) (2) (3) (4)	(1) (2) (3) (4)
4.	Um sechs Uhr morgens warten an der Bushaltestelle kein___ entspannt___, ausgeschlafen___ und energievoll___ Menschen (1), sondern nur müd___, bockig___ und genervt___ Frühaufsteher (2).	(1) (2)	(1) (2)	(1) (2)
5.	Interessant___, dick___ und spannend___ Bücher (1) sind immer wertvoller als d___ kommerziell___, laut___ und langweilig___ Filme (2), die man im Kino sieht.	(1) (2)	(1) (2)	(1) (2)
6.	Viel___ begabt___ und motiviert___ Schüler der Klasse 7b fahren im Sommer nach Spanien.			
7.	Vor der Garage stehen zwei billig___ und alt___ Autos.			
8.	Am Münchner Hauptbahnhof stehen kein___ kurz___, alt___ und langsam___ Züge (1), sondern nur viel___ sauber___, modern___ und schnell___ ICEs (2).	(1) (2)	(1) (2)	(1) (2)
9.	All___ gut___ und all___ schlecht___ Schulnoten sollen im Klassenbuch stehen.			
10.	Viel___ schön___ und temperamentvoll___ Frauen kommen aus Südeuropa.			

© Verlag an der Ruhr | Autorin: Bogumila Baumgartner | ISBN 978-3-8346-2465-9 | www.verlagruhr.de

Der nette Vater aber Ein netter Vater

Das Adjektiv und seine Endungen im Nominativ | **Übung**

9. Ergänze die Endungen. Lies zuerst den ganzen Satz. Beantworte dann die Fragen.

   a) Wie heißt das Substantiv?
   b) Welchen Artikel hat das Substantiv?
   c) Wie heißt die Kategorie?

		Substantiv	Artikel	Kategorie
1.	Ist das dein Vater? Er ist ein ruhiger, freundlicher und sehr liebevoller Mensch.	Mensch	der	unbe-stimmter Artikel
2.	Mein___jünger___, herzlich___, aber ein bisschen dick___ Bruder isst gerade eine Pizza.			
3.	Ein___attraktiv___ und interessant___ Arbeitsstelle ist immer etwas Gutes.			
4.	Dem kleinen Kind gefallen all___ fantastisch___ und genial___ Spielzeuge der Welt.			
5.	D___ lang___, weit___ und hässlich___ Bluse von meiner Tante ist mir schon zu klein.			
6.	Jeden Tag arbeiten in großen Betrieben tausend___ ausgebildet___ und motiviert___ Arbeiter (1) und kein___ neu___, unerfahren___ und ungeübt___ Praktikanten (2).	(1) (2)	(1) (2)	(1) (2)
7.	Frau Tonis ist kein___ kompetent___, fürsorglich___ und fröhlich___ Krankenschwester.			
8.	Am Freitag fährt d___ kinderreich___ Familie Meier nach Frankreich.			
9.	Weich___, jung___ und sauber___ Haustiere (1) sind viel besser als d___ groß___, gefährlich___ und laut___ Tiere (2) im Zoo.	(1) (2)	(1) (2)	(1) (2)
10.	D___ traurig___, alt___ und braun___ Hund meiner Schwester ist leider sehr krank.			
11.	Ihr___ neu___ und modern___ Büro ist montags und freitags von 14.00 bis 18.00 Uhr geöffnet.			
12.	All___ nutzlos___ und unpraktisch___ Sachen in deinem Zimmer musst du heute aufräumen.			
13.	Viel___ jung___ und alt___ Menschen aus Regensburg fahren jeden Tag nach München zum Arbeiten.			
14.	Euer___ wunderschön___ und groß___ Garten sieht im Frühling herrlich aus.			

10. Überlege, warum die Endungen falsch sind.

		Was ist falsch?	Wie ist die Erklärung, Regel?	So ist es richtig
1.	Am Wochenende fährt die ganzen, glücklichen Familie nach Italien.	1. Die Adjektive haben eine falsche Endung. 2. „Familie" als Plural	1. „Familie" ist Singular 2. Kategorie: „bestimmter Artikel" 3. richtig: die ganze, glückliche	Am Wochenende fährt die ganze, glückliche Familie nach Italien.
2.	Der lustiger, süßer und weißer Hund von meinem Bruder schläft den ganzen Tag.			
3.	Seines neues, rotes und modernes Fahrrad fährt sehr schnell.			
4.	Die dicke, uninteressante Bücher sind total langweilig. Wer liest sie überhaupt?			
5.	Ihres älter, lieber, aber ein bisschen frecher Cousin trinkt gerade kalten Kakao.			
6.	Meine zweite Nachname ist Reinmann.			
7.	Viel kluger und intelligenter Schüler der Klasse 1a sitzen in der ersten Reihe.			

Der nette Vater aber Ein netter Vater

Das Adjektiv und seine Endungen im Nominativ | **Übung**

		Was ist falsch?	Wie ist die Erklärung, Regel?	So ist es richtig
8.	Wozu brauchst du die ganze, unnötige Sachen auf deinem Schreibtisch?			
9.	Unterhaltsames, modernes und buntes Handy-Apps sind für Jugendliche sehr interessant.			
10.	Keiner neuer, riesiger und cooler Fernseher ist besser als das Kino.			
11.	Vielen schnellen, bequemen und sehr beliebten Züge sind leider teuer.			
12.	Der kommerzielle, laute und langweilige Filme, die man im Kino sieht, sind nicht immer empfehlenswert.			
13.	Meiner Schwester gefällt deines teure und möblierte Kinderzimmer.			
14.	Im Sommer verreist die lauten, fröhlichen und kinderlieben Familie Blasius.			
15.	In meiner Schultasche befindet sich eines weißes und weiches Füller.			

Der nette Vater aber Ein netter Vater

Das Adjektiv und seine Endungen im Nominativ | **Lösung**

1. Wie heißt die Kategorie?

		Kategorie
1.	dieser blaue Mantel	Demonstrativpronomen
2.	keine moderne Regenjacke	„kein"
3.	ein weicher BH	unbestimmter Artikel
4.	seine helle Hose	Possessivpronomen
5.	dieses gelbe Nachthemd	Demonstrativpronomen
6.	die schöne Bluse	bestimmter Artikel
7.	euer dickes Sweatshirt	Possessivpronomen
8.	der neue Anorak	bestimmter Artikel
9.	kein kleiner Badeanzug	„kein"
10.	der bunte Kapuzenpulli	bestimmter Artikel
11.	ein rotes T-Shirt	unbestimmter Artikel
12.	mein kariertes Hemd	Possessivpronomen
13.	kein gestrickter Bikini	„kein"
14.	dein alter Hut	Possessivpronomen
15.	dieser lange Schal	Demonstrativpronomen
16.	ihr grüner Rock	Possessivpronomen
17.	ein großes Kostüm	unbestimmter Artikel
18.	die lange Krawatte	bestimmter Artikel
19.	dieses hellgraue Kleid	Demonstrativpronomen
20.	sein teurer Trainingsanzug	Possessivpronomen

Der nette Vater aber Ein netter Vater

Das Adjektiv und seine Endungen im Nominativ | **Lösung**

2. Ergänze die Endungen. Beantworte zuerst die Fragen.

		Kategorie	Substantiv	Artikel
1.	der rote Wein	bestimmter Artikel	Wein	der
2.	dieses helle Bier	Demonstrativpronomen	Bier	das
3.	kein weißer Winter	„kein"	Winter	der
4.	ein sonniger Sonntag	unbestimmter Artikel	Sonntag	der
5.	kein netter Sohn	„kein"	Sohn	der
6.	ein moderner BMW	unbestimmter Artikel	BMW	der
7.	das südliche Italien	bestimmter Artikel	Italien	das
8.	kein ruhiges Liegen	„kein"	Liegen	das
9.	dieser warme Sommer	Demonstrativpronomen	Sommer	der
10.	sein zärtlicher Kuss	Possessivpronomen	Kuss	der
11.	kein romantisches Regensburg	„kein"	Regensburg	das
12.	diese duftende Rose	Demonstrativpronomen	Rose	die
13.	ein intelligenter Mann	unbestimmter Artikel	Mann	der
14.	der kalte Regen	bestimmter Artikel	Regen	der
15.	keine schnelle Donau	„kein"	Donau	die
16.	mein liebes Polen	Possessivpronomen	Polen	das
17.	dieser gefährliche Wolf	Demonstrativpronomen	Wolf	der
18.	der traurige Schluss	bestimmter Artikel	Schluss	der
19.	kein guter Verkäufer	„kein"	Verkäufer	der
20.	dieses langsame Gehen	Demonstrativpronomen	Gehen	das
21.	ein heller Morgen	unbestimmter Artikel	Morgen	der
22.	der lustige Onkel	bestimmter Artikel	Onkel	der
23.	die sommerliche Slowakei	bestimmter Artikel	Slowakei	die
24.	kein regnerischer Mittwoch	„kein"	Mittwoch	der
25.	eine dunkle Nacht	unbestimmter Artikel	Nacht	die

Der nette Vater aber Ein netter Vater

Das Adjektiv und seine Endungen im Nominativ | **Lösung**

3. Ergänze die Endungen. Beantworte zuerst die Fragen.

		Kategorie	Substantiv	Artikel
1.	dieser nette Gruß	Demonstrativpronomen	Gruß	der
2.	eine reiche Tante	unbestimmter Artikel	Tante	die
3.	das gefährliche Spielen vor der Garage	bestimmter Artikel	Spielen	das
4.	sein sympathischer Schuldirektor	Possessivpronomen	Schuldirektor	der
5.	kein schwarzer Porsche	„kein"	Porsche	der
6.	eine pünktliche Ankunft	unbestimmter Artikel	Ankunft	die
7.	kein gesunder Gang	„kein"	Gang	der
8.	seine geliebte Türkei	Possessivpronomen	Türkei	die
9.	eine teure Orchidee	unbestimmter Artikel	Orchidee	die
10.	unser langes Wochenende	Possessivpronomen	Wochenende	das
11.	seine junge Krankenschwester	Possessivpronomen	Kranken-schwester	die
12.	diese schwere Arbeit	Demonstrativpronomen	Arbeit	die
13.	kein süßes Mädchen	„kein"	Mädchen	das
14.	das heiße Afrika	bestimmter Artikel	Afrika	das
15.	ein gutes Essen	unbestimmter Artikel	Essen	das
16.	dieser verfluchte Freitag	Demonstrativpronomen	Freitag	der
17.	kein erfolgreicher Monat	„kein"	Monat	der
18.	seine verspätete Abfahrt	Possessivpronomen	Abfahrt	die
19.	ein glückliches Jahr	unbestimmter Artikel	Jahr	das
20.	die liebevolle Kindergärtnerin	bestimmter Artikel	Kindergärtnerin	die
21.	der große Sudan	bestimmter Artikel	Sudan	der
22.	sein kaltes Getränk	Possessivpronomen	Getränk	das
23.	der riesige Rhein	bestimmter Artikel	Rhein	der
24.	diese praktische Übung	Demonstrativpronomen	Übung	die
25.	kein logisches Denken	„kein"	Denken	das

Der nette Vater aber Ein netter Vater

Das Adjektiv und seine Endungen im Nominativ | **Lösung**

4. Wie heißt die Kategorie? Trage sie in die Tabelle ein.

		Kategorie
1.	viele alte Zahnbürsten	Plural nach „viele"
2.	die feuchten Handtücher	bestimmter Artikel
3.	duftende Seifen	Plural ohne Artikel
4.	diese durchsichtigen Zahnputzbecher	Demonstrativpronomen
5.	keine warmen Badewannen	„keine"
6.	seine billigen Rasierapparate	Possessivpronomen
7.	frisch gewaschene Waschlappen	Plural ohne Artikel
8.	die nötigen Wärmflaschen	bestimmter Artikel
9.	ihre modernen Lippenstifte	Possessivpronomen
10.	viele bunte Nagellacke	Plural nach „viele"
11.	diese nassen Duschvorhänge	Demonstrativpronomen
12.	keine großen Fliesen	„keine"
13.	alle teuren Waschmaschinen	Plural nach „alle"
14.	dreckige Badeteppiche	Plural ohne Artikel
15.	keine duftenden Klopapierrollen	„keine"
16.	diese schweren Personenwaagen	Demonstrativpronomen
17.	unsere kaputten Spiegel	Possessivpronomen
18.	viele weiße Wattestäbchen	Plural nach „viele"
19.	kleine Haargummis	Plural ohne Artikel
20.	alle geöffneten Zahnpastatuben	Plural nach „alle"

Der nette Vater aber Ein netter Vater

Das Adjektiv und seine Endungen im Nominativ | **Lösung**

5. Ergänze die Endungen. Überlege zuerst die richtige Kategorie.

		Kategorie
1.	seine gebügelten Handtücher	Possessivpronomen
2.	viele gefährliche Autobahnen	Plural nach „viele"
3.	alle bequemen Betten	Plural nach „alle"
4.	die alten Zeitschriften	bestimmter Artikel
5.	grüne Tomaten	Plural ohne Artikel
6.	diese ungelesenen Bücher	Demonstrativpronomen
7.	unsere kaputten Sofas	Possessivpronomen
8.	viele leere Flaschen	Plural nach „viele"
9.	alle getrockneten Nüsse	Plural nach „alle"
10.	keine dicken Wörterbücher	„keine"
11.	dunkle Bananen	Plural ohne Artikel
12.	viele schnelle Autos	Plural nach „viele"
13.	alle kleinen Puppenhäuser	Plural nach „alle"
14.	diese bunten Blumen	Demonstrativpronomen
15.	eure ausgepressten Orangensäfte	Possessivpronomen
16.	keine dreckigen Teppiche	„keine"
17.	alle dunklen Vorhänge	Plural nach „alle"
18.	die gekochten Karotten	bestimmter Artikel
19.	bittere Medikamente	Plural ohne Artikel
20.	ihre müden Katzen	Possessivpronomen
21.	alle frischen Brötchen	Plural nach „alle"
22.	diese bellenden Hunde	Demonstrativpronomen
23.	meine leckeren Süßigkeiten	Possessivpronomen
24.	viele lustige Kinder	Plural nach „viele"
25.	polnische Krapfen	Plural ohne Artikel

Der nette Vater aber Ein netter Vater

Das Adjektiv und seine Endungen im Nominativ | **Lösung**

6. Ergänze die Endungen. Es ist nur Plural. Überlege zuerst die richtige Kategorie.

		Kategorie
1.	die roten Paprikas	bestimmter Artikel
2.	keine frischen Spiegeleier	„keine"
3.	alle bunten Legosteine	Plural nach „alle"
4.	viele neue Spielsachen	Plural nach „viele"
5.	deine hungrigen Haustiere	Possessivpronomen
6.	die frischen Äpfel	bestimmter Artikel
7.	keine schweren Taschen	„keine"
8.	diese schlanken Barbiepuppen	Demonstrativpronomen
9.	liebe Eltern	Plural ohne Artikel
10.	die langen Haare	bestimmter Artikel
11.	keine sauberen Fenster	„keine"
12.	alle hungrigen Babys	Plural nach „alle"
13.	große Schiffe	Plural ohne Artikel
14.	diese schweren Vokabeln	Demonstrativpronomen
15.	alle dicken Männer	Plural nach „alle"
16.	langweilige Schulfächer	Plural ohne Artikel
17.	diese glücklichen Großeltern	Demonstrativpronomen
18.	keine langen E-Mails	„keine"
19.	viele schwangere Frauen	Plural nach „viele"
20.	weite Strände	Plural ohne Artikel
21.	viele nette Griechen	Plural nach „viele"
22.	traurige Gesichter	Plural ohne Artikel
23.	diese sympathischen Verkäuferinnen	Demonstrativpronomen
24.	meine schnellen Fahrräder	Possessivpronomen
25.	alle süßen Schokoriegel	Plural nach „alle"

Der nette Vater aber Ein netter Vater

Das Adjektiv und seine Endungen im Nominativ | **Lösung**

7. Ergänze die Endungen. Lies zuerst den ganzen Satz. Es ist nur Singular. Beantworte dann die Fragen.

		Substantiv	Artikel	Kategorie
1.	**Kein neuer und unbenutzter Computer funktioniert sofort. Man muss zuerst alles installieren.**	Computer	der	„kein"
2.	Diese karierte, bunte, ungebügelte Tischdecke gefällt mir überhaupt nicht.	Tischdecke	die	Demonstrativpronomen
3.	Kann der grüne und flache I-Pod auch SMS verschicken?	I-Pod	der	bestimmter Artikel
4.	Mein kleines, gelbes Wörterbuch sieht schon ziemlich benutzt aus.	Wörterbuch	das	Possessivpronomen
5.	Der weiße, frische und weiche Schnee bringt den Kindern sehr viel Freude.	Schnee	der	bestimmter Artikel
6.	Im Sommer schmeckt ein gegrilltes oder gekochtes Fleisch am besten.	Fleisch	das	unbestimmter Artikel
7.	Der blaue, warme und karierte Pullover (1) ist wärmer als sein langes, schwarzes Hemd (2).	(1) Pullover (2) Hemd	(1) der (2) das	(1) bestimmter Artikel (2) Possessivpronomen
8.	Ein gutes, neues und erfolgreiches Jahr ist das Beste, was man sich wünschen kann.	Jahr	das	unbestimmter Artikel
9.	In meinem Federmäppchen befinden sich folgende Gegenstände: Da ist ein grüner, zweiteiliger Kugelschreiber (1), eine rote und sehr scharfe Schere (2), ein weißer und weicher Radiergummi (3), ein langes, durchsichtiges Lineal (4), bunte Farben (5) und ein stumpfer, blauer Bleistift (6).	(1) Kugel-schreiber (2) Schere (3) Radiergummi (4) Lineal (5) Farben (6) Bleistift	(1) der (2) die (3) der (4) das (5) die (Pl.) (6) der	(1) unbestimmter Artikel (2) unbestimmter Artikel (3) unbestimmter Artikel (4) unbestimmter Artikel (5) Plural ohne Artikel (6) unbestimmter Artikel
10.	Kein frisches gesundes und ungespritztes Obst (1) schmeckt besser als ein weicher, kalorienreicher und teurer Schokoriegel.	(1) Obst (2) Schokoriegel	(1) das (2) der	(1) „kein" (2) unbestimmter Artikel

Der nette Vater aber Ein netter Vater

Das Adjektiv und seine Endungen im Nominativ | **Lösung**

8. Ergänze die Endungen. Lies zuerst den ganzen Satz. Es ist nur Plural. Beantworte zuerst die Fragen.

		Substantiv	Artikel	Kategorie
1.	Auf der Autobahn sieht man nur schnelle, bunte Autos.	Autos	die (Pl.)	Plural ohne Artikel
2.	Viele neugeborene, kleine Babys können schon sehr gut schwimmen.	Babys	die (Pl.)	Plural nach „viele"
3.	Im Mittelwald wachsen verschiedene hohe und grüne Bäume (1), viele bunte und unbekannte Blumen (2), diese gepunkteten, giftigen Fliegenpilze (3), aber leider keine süßen, roten und sehr gesunden Waldbeeren (4).	1) Bäume (2) Blumen (3) Fliegenpilze (4) Waldbeeren	(1) die (Pl.) (2) die (Pl.) (3) die (Pl.) (4) die (Pl.)	(1) Plural ohne Artikel (2) Plural nach „viele" (3) Demonstrativ-pronomen (4) „keine"
4.	Um sechs Uhr morgens warten an der Bushaltestelle keine entspannten, ausgeschlafenen und energievollen Menschen (1), sondern nur müde, bockige und genervte Frühaufsteher (2).	(1) Menschen (2) Frühaufsteher	(1) die (Pl.) (1) die (Pl.)	(1) „keine" (2) Plural ohne Artikel
5.	Interessante, dicke und spannende Bücher (1) sind immer wertvoller als die kommerziellen, lauten und langweiligen Filme (2), die man im Kino sieht.	(1) Bücher (2) Filme	(1) die (Pl.) (2) die (Pl.)	(1) Plural ohne Artikel (2) bestimmter Artikel
6.	Viele begabte und motivierte Schüler der Klasse 7b fahren im Sommer nach Spanien.	Schüler	die (Pl.)	Plural nach „viele"
7.	Vor der Garage stehen zwei billige und alte Autos.	Autos	die (Pl.)	Plural ohne Artikel
8.	Am Münchner Hauptbahnhof stehen keine kurzen, alten und langsamen Züge (1), sondern nur viele saubere, moderne und schnelle ICEs (2).	(1) Züge (2) ICEs	(1) die (Pl.) (2) die (Pl.)	(1) „keine" (2) Plural nach „viele"
9.	Alle guten und alle schlechten Schulnoten sollen im Klassenbuch stehen.	Schulnoten	die (Pl.)	Plural nach „alle"
10.	Viele schöne und temperamentvolle Frauen kommen aus Südeuropa.	Frauen	die (Pl.)	Plural nach „viele"

© Verlag an der Ruhr | Autorin: Bogumila Baumgartner | ISBN 978-3-8346-2465-9 | www.verlagruhr.de

Der nette Vater aber Ein netter Vater

Das Adjektiv und seine Endungen im Nominativ | **Lösung**

9. Ergänze die Endungen. Lies zuerst den ganzen Satz. Beantworte dann die Fragen.

		Substantiv	Artikel	Kategorie
1.	Ist das dein Vater? Er ist ein ruhiger, freundlicher und sehr liebevoller Mensch.	Mensch	der	unbestimmter Artikel
2.	Mein jüngerer, herzlicher, aber ein bisschen dicker Bruder isst gerade eine Pizza.	Bruder	der	Possessivpronomen
3.	Eine attraktive und interessante Arbeitsstelle ist immer etwas Gutes.	Arbeitsstelle	der	unbestimmter Artikel
4.	Dem kleinen Kind gefallen alle fantastischen und genialen Spielzeuge der Welt.	Spielzeuge	die	Plural nach „alle"
5.	Die lange, weite und hässliche Bluse von meiner Tante ist mir schon zu klein.	Bluse	die (Pl)	bestimmter Artikel
6.	Jeden Tag arbeiten in großen Betrieben tausende ausgebildete und motivierte Arbeiter (1) und keine neuen, unerfahrenen und ungeübten Praktikanten (2).	(1) Arbeiter (2) Praktikanten	(1) die (Pl.) (2) die (Pl.)	(1) Plural ohne Artikel (2) „keine"
7.	Frau Tonis ist keine kompetente, fürsorgliche und fröhliche Krankenschwester.	Kranken-schwester	die	„kein"
8.	Am Freitag fährt die kinderreiche Familie Meier nach Frankreich.	Familie Meier	die	bestimmter Artikel
9.	Weiche, junge und saubere Haustiere (1) sind viel besser als die großen, gefährlichen und lauten Tiere (2) im Zoo.	(1) Haustiere (2) Tiere	(1) die (Pl.) (2) die (Pl.)	(1) Plural ohne Artikel (2) bestimmter Artikel
10.	Der traurige, alte und braune Hund meiner Schwester ist leider sehr krank.	Hund	der	bestimmter Artikel
11.	Ihr neues und modernes Büro ist montags und freitags von 14.00 bis 18.00 Uhr geöffnet.	Büro	das	Possessivpronomen
12.	Alle nutzlosen und unpraktischen Sachen in deinem Zimmer musst du heute aufräumen.	Sachen	die (Pl.)	Plural nach „alle"
13.	Viele junge und alte Menschen aus Regensburg fahren jeden Tag nach München zum Arbeiten.	Menschen	die (Pl.)	Plural nach „viele"
14.	Euer wunderschöner und großer Garten sieht im Frühling herrlich aus.	Garten	der	Possessivpronomen

Der nette Vater aber Ein netter Vater

Das Adjektiv und seine Endungen im Nominativ | **Lösung**

10. Überlege, warum die Endungen falsch sind.

		Was ist falsch?	Wie ist die Erklärung, Regel?	So ist es richtig
1.	Am Wochenende fährt die ganzen, glücklichen Familie nach Italien.	1. Die Adjektive haben eine falsche Endung. 2. „Familie" als Plural	1. „Familie" ist Singular 2. Kategorie: „bestimmter Artikel" 3. richtig: die ganze, glückliche	Am Wochenende fährt die ganze, glückliche Familie nach Italien.
2.	Der lustiger, süßer und weißer Hund von meinem Bruder schläft den ganzen Tag.	1. die Adjektive haben eine falsche Endung 2. hier wurden zwei Kategorien miteinander verbunden: „unbestimmter Artikel" und „bestimmter Artikel" 3. 2-mal „-r" geht nicht (der lustiger)	1. Kategorie: „bestimmter Artikel" 2. richtig: der lustige, süße, weiße	Der lustige, süße und weiße Hund von meinem Bruder schläft den ganzen Tag.
3.	Seines neues, rotes und modernes Fahrrad fährt sehr schnell.	1. das Possessivpronomen hat eine falsche Endung 2. 2-mal „-s" geht nicht (seines neues)	1. Kategorie: „Possessivpronomen" 2. richtig: sein Fahrrad	Sein neues, rotes und modernes Fahrrad fährt sehr schnell.
4.	Die dicke, uninteressante Bücher sind total langweilig. Wer liest sie überhaupt?	1. die Adjektive haben eine falsche Endung 2. „Bücher" ist nicht Singular	1. „Bücher" ist Plural 2. Kategorie: „bestimmter Artikel" 3. richtig: die dicken, uninteressanten	Die dicken, uninteressanten Bücher sind total langweilig. Wer liest sie überhaupt?
5.	Ihres älter, lieber, aber ein bisschen frecher Cousin trinkt gerade kalten Kakao.	1. das Possessivpronomen hat eine falsche Endung 2. 2-mal „-r" geht nicht (seiner lieber) 3. „älter" hat keine Adjektivendung	1. Kategorie: „Possessivpronomen" 2. richtig ist: ihr 3. „älter" ist eine Steigerungsform von „alt", keine Adjektivendung 4. richtig ist „älterer"	Ihr älterer, lieber, aber ein bisschen frecher Cousin trinkt gerade kalten Kakao.

Der nette Vater aber Ein netter Vater

Das Adjektiv und seine Endungen im Nominativ | **Lösung**

		Was ist falsch?	Wie ist die Erklärung, Regel?	So ist es richtig
6.	Meine zweite Nachname ist Reinmann.	1. das Possessivpronomen hat eine falsche Endung 2. das Adjektiv hat eine falsche Endung 3. „Nachname" als feminin	1. Kategorie: „Possessivpronomen" 2. „Nachname" ist maskulin 3. richtig: mein 4. richtig: zweiter	Mein zweiter Nachname ist Reinmann.
7.	Viel kluger und intelligenter Schüler der Klasse 1a sitzen in der ersten Reihe.	1. „viel" hat keine Endung 2. die Adjektive haben eine falsche Endung 3. „Schüler" als Singular	1. Kategorie: „Plural nach viele" 2. richtig ist: viel 3. „Schüler" ist Plural 4. richtig ist: viele kluge und intelligente	Viele kluge und intelligente Schüler der Klasse 1a sitzen in der ersten Reihe.
8.	Wozu brauchst du die ganze, unnötige Sachen auf deinem Schreibtisch?	1. die Adjektive haben eine falsche Endung 2. „Sachen" als Singular	1. „Sachen" ist Plural 2. Kategorie: „bestimmter Artikel" 3. richtig: die ganzen, unnötigen	Wozu brauchst du die ganzen, unnötigen Sachen auf deinem Schreibtisch?
9.	Unterhaltsames, modernes und buntes Handy-Apps sind für Jugendliche sehr interessant.	1. die Adjektive haben eine falsche Endung 2. „Handy-Apps" als Singular, Neutrum 3. Adjektivendungen sind wie bei der Kategorie „unbestimmter Artikel"	1. „Handy-Apps" ist Plural. 2. Kategorie: „Plural ohne Artikel" 3. richtig: unterhaltsame, moderne und bunte	Unterhaltsame, moderne und bunte Handy-Apps sind für Jugendliche sehr interessant.
10.	Keiner neuer, riesiger und cooler Fernseher ist besser als das Kino.	1. „kein" hat eine falsche Endung 2. 2-mal „-r" geht nicht (keiner neuer)	1. Kategorie: „kein" 2. richtig ist: kein	Kein neuer, riesiger und cooler Fernseher ist besser als das Kino.
11.	Vielen schnellen, bequemen und sehr beliebten Züge sind leider teuer.	1. „viel" hat eine falsche Endung 2. die Adjektive haben eine falsche Endung	1. Kategorie: „Plural nach viele" 2. richtig ist: viele 3. richtig ist: viele kluge und intelligente	Viele schnelle, bequeme und sehr beliebte Züge sind leider teuer.
12.	Der kommerzielle, laute und langweilige Filme, die man im Kino sieht, sind nicht immer empfehlenswert.	1. die Adjektive haben eine falsche Endung 2. der bestimmte Artikel ist falsch 3. „Filme" als Singular	1. „Filme" ist Plural 2. Kategorie: „bestimmter Artikel" 3. richtig: die kommerziellen, lauten und langweiligen	Die kommerziellen, lauten und langweiligen Filme, die man im Kino sieht, sind nicht immer empfehlenswert.

© Verlag an der Ruhr | Autorin: Bogumiła Baumgartner | ISBN 978-3-8346-2465-9 | www.verlagruhr.de

Der nette Vater aber Ein netter Vater

Das Adjektiv und seine Endungen im Nominativ | **Lösung**

		Was ist falsch?	Wie ist die Erklärung, Regel?	So ist es richtig
13.	Meiner Schwester gefällt deines teure und möblierte Kinderzimmer.	1. das Possessivpronomen hat eine falsche Endung 2. die Adjektive haben eine falsche Endung 3. „Kinderzimmer" als feminin	1. Kategorie: „Possessivpronomen" 2. „Kinderzimmer" ist Neutrum 3. richtig: dein 4. richtig: teures und möbliertes	Meiner Schwester gefällt dein teures und möbliertes Kinderzimmer.
14.	Im Sommer verreist die lauten, fröhlichen und kinderlieben Familie Blasius.	1. die Adjektive haben eine falsche Endung 2. „Familie" als Plural	1. „Familie" ist Singular 2. Kategorie: „bestimmter Artikel" 3. richtig ist: laute, fröhliche und kinderliebe	Im Sommer verreist die laute, fröhliche und kinderliebe Familie Blasius.
15.	In meiner Schultasche befindet sich eines weißes und weiches Füller.	1. der unbestimmte Artikel hat eine falsche Endung 2. die Adjektive haben eine falsche Endung 3. „Füller" als Neutrum	1. Kategorie: „unbestimmter Artikel" 2. richtig ist: ein 3. richtig ist: weißer und weicher 4. „Füller" ist maskulin, der	In meiner Schultasche befindet sich ein weißer und weicher Füller.

Ich sehe einen eleganten Mann

Das Adjektiv und seine Endungen im Akkusativ | **Info**

Für diesen Abschnitt solltest du folgendes Problem wiederholen:
- Welche Endungen hat das Adjektiv im Nominativ?

Einführung

Fast 70 % aller deutschen Verben verlangen den Akkusativ. Hier hast du eine kleine Auswahl von den wichtigsten und häufigsten Verben.
Nach ihnen kommt **immer** der Akkusativ.

	in deiner Sprache		**in deiner Sprache**
an|haben		es gibt	
an|rufen		essen	
backen		finden	
bekommen		fragen	
benutzen		haben	
besorgen		heiraten	
bestellen		kaufen	
besuchen		kennen	
bezahlen		kennenlernen	
bitten		kochen	
brauchen		kontrollieren	
ein|laden		lernen	

Der Akkusativ beantwortet die Fragen:
- Wen?, bei Personen: Wen siehst du?
- Was?, bei Sachen und Tieren: Was siehst du?

Ich sehe einen eleganten Mann

Das Adjektiv und seine Endungen im Akkusativ | **Info**

Regel: Maskulinum Singular

Maskulinum hat im Akkusativ **immer** die Endung„**-en**".
Bei Maskulinum bekommen auch die Kategorien die Endung „**-en**".

Wer ist das?	**Was ist das?**
Ich sehe einen schnellen Koch.	Ich sehe einen langen Fluss.
Ich sehe den schnellen Koch.	Ich sehe den langen Fluss.

Ich sehe …

Adjektivendung	**Kategorie**	**Wen?**	**Was?**
	bestimmter Artikel	den schnellen Koch.	den langen Fluss.
	Demonstrativ-pronomen	diesen schnellen Koch.	diesen langen Fluss.
„-en"	**unbestimmter Artikel**	einen schnellen Koch.	einen langen Fluss.
	„keine"	keinen schnellen Koch.	keinen langen Fluss.
	Possessivpronomen	meinen schnellen Koch.	meinen langen Fluss.

Regel: Femininum Singular

Die Regel für das Femininum ist sehr einfach. Es sind dieselben Endungen für das Adjektiv wie im Nominativ. Überall ist es ein „**-e**".

Ich sehe …

Beispiel

Adjektivendung	**Kategorie**	**Wen?**	**Was?**
	bestimmter Artikel	die mutige Mutter.	die kleine Kapelle.
	Demonstrativ-pronomen	diese mutige Mutter.	diese kleine Kapelle.
„-e"	**unbestimmter Artikel**	eine mutige Mutter.	eine kleine Kapelle.
	„keine"	keine mutige Mutter.	keine kleine Kapelle.
	Possessivpronomen	meine mutige Mutter.	meine kleine Kapelle.

Ich sehe einen eleganten Mann

Das Adjektiv und seine Endungen im Akkusativ | **Info**

Regel: Neutrum Singular Es sind die gleichen Endungen wie im Nominativ:
Es gibt immer nur **zwei** Möglichkeiten für eine Endung von dem Adjektiv.
Entweder ist ein „**-e**" oder ein „**-es**".

Beispiel Ich sehe …

Adjektivendung	Kategorie	Wen?	Was?
„-e"	bestimmter Artikel	das freche Kind.	das moderne Flugzeug.
	Demonstrativ-pronomen	dieses freche Kind.	dieses moderne Flugzeug.
„-es"	unbestimmter Artikel	ein freches Kind.	ein modernes Flugzeug.
	„keine"	kein freches Kind.	kein modernes Flugzeug.
	Possessivpronomen	mein freches Kind.	mein modernes Flugzeug.

Regel: Plural Es sind die gleichen Endungen wie im Nominativ.
Es gibt **zwei** Endungen für das Adjektiv, entweder ein „**-en**" oder ein „**-e**"!

Beispiel Ich sehe…

Adjektivendung	Kategorie	Wer?	Was?
„-en"	bestimmter Artikel	die lustigen Kinder	die bunten Blumen
	Demonstrativ-pronomen	diese lustigen Kinder	diese bunten Blumen
	„keine"	keine lustigen Kinder	keine bunten Blumen
	Possessivpronomen	meine lustigen Kinder	meine bunten Blumen
	Plural nach „alle"	alle lustigen Kinder	alle bunten Blumen
„-e"	Plural nach „viele"	viele lustige Kinder	viele bunte Blumen
	Plural ohne Artikel (---)	(---) lustige Kinder	(---) bunte Blumen

Ich sehe einen eleganten Mann

Das Adjektiv und seine Endungen im Akkusativ | **Info**

Regeln: Überblick Adjektive im Singular und Plural

- **Maskulinum**
  Adjektive und alle Kategorien haben die Endung „**-en**".
- **Femininum**
  Nominativ = Akkusativ
- **Neutrum**
  Nominativ = Akkusativ
- **Plural**
  Nominativ = Akkusativ

Maskulinum	den	-en
	diesen	-en
	ein	-en
	kein	-en
	mein	-en

Femininum	die	-e
	diese	-e
	eine	-e
	keine	-e
	meine	-e

Neutrum	das	-e
	dieses	-e
	ein	-es
	kein	-es
	mein	-es

Plural	viele	-e
	---	-e
	die	-en
	diese	-en
	keine	-en
	meine	-en
	alle	-en

Ich sehe einen eleganten Mann

Das Adjektiv und seine Endungen im Akkusativ | **Übung**

1. Ergänze die Endungen. Beantworte zuerst die Fragen.
   a) Wie heißt die Kategorie?
   b) Welchen Artikel hat das Substantiv?

	Ich esse:	**Kategorie**	**Artikel**
1.	das heiße Spiegelei	bestimmter Artikel	das
2.	dies____ ungewürzt____ Reis		
3.	kein____ geröstet____ Bratkartoffeln		
4.	ein____ frisch____ Salat		
5.	dünn____ Pommes frites		
6.	mein____ geliebt____ Käse		
7.	viel____ knusprig____ Brötchen		
8.	kein____ gesalzen____ Quark		
9.	dies____ weich____ Butter		
10.	d____ alt____ Toastbrot		

	Du trinkst:	**Kategorie**	**Artikel**
11.	d____ schwarz____ Tee		
12.	kein____ heiß____ Schokolade		
13.	mein____ satt machend____ Milchsuppe		
14.	dies____ weiß____ Kaffee		
15.	kein____ warm____ Apfelschorle		
16.	ein____ süß____ Milch		
17.	sein____ kalt____ Orangensaft		
18.	kein____ bitter____ Kakao		
19.	d____ gesund____ Mineralwasser		
20.	dies____ saur____ Trinkjoghurt		

Ich sehe einen eleganten Mann

Das Adjektiv und seine Endungen im Akkusativ | **Übung**

2. Ergänze die Endungen. Beantworte zuerst die Fragen.

   a) Wie heißt die Kategorie?
   b) Welchen Artikel hat das Substantiv?

	Er mag:	**Kategorie**	**Artikel**
1.	keine dünne Tomatensuppe	„kein"	die
2.	d____ frisch____ Obst		
3.	dies____ kalt____ Schweinebraten		
4.	hart gekocht____ Eier		
5.	kein____ klebrig____ Honig		
6.	ein____ verbrannt____ Bratwurst		
7.	sein____ gebraten____ Hühnchen (Sg.)		
8.	d____ gegrillt____ Fisch		
9.	fett____ Fischstäbchen (Pl.)		
10.	kein____ ungekocht____ Gemüse		

	Auf dem Tisch gibt es:	**Kategorie**	**Artikel**
11.	d____ scharf____ Messer		
12.	modern____ Untertassen		
13.	dies____ verrostet____ Toaster		
14.	kein____ scharf____ Dosenöffner (Pl.)		
15.	ein____ alt____ Gabel		
16.	unser____ silbern____ Besteck		
17.	kein____ billig____ Korkenzieher		
18.	d____ angebrannt____ Kochtöpfe		
19.	dies____ tief____ Suppenteller		
20.	viel____ Saftflaschen		

Ich sehe einen eleganten Mann

Das Adjektiv und seine Endungen im Akkusativ | **Übung**

3. Ergänze die Endungen. Beantworte zuerst die Fragen.

   a) Wie heißt die Kategorie?
   b) Welchen Artikel hat das Substantiv?

	Wir brauchen:	**Kategorie**	**Artikel**
1.	diesen alten, dreckigen Putzbecher	Demonstrativpronomen	der
2.	ein___ duftend___, weiß___ Gesichtscreme		
3.	kein___ kalt___, eckig___ Fliesen		
4.	d___ neu___, sanft___ Shampoo		
5.	mein___ trocken___, bunt___ Handtücher		
6.	kein___ teur___, ökologisch___ Rasierwasser		
7.	d___ energiesparend___, preiswert___ Wäschetrockner		
8.	sein___ lang___, schwarz___ Bademantel		
9.	unser___ bunt___, weich___ Zahnbürsten		
10.	ein___ nass___, saugfähig___ Schwamm		

	Unsere Schwester hat in ihrem Wohnzimmer:	**Kategorie**	**Artikel**
11.	ein___ modern___, originell___ Bild		
12.	dies___ groß___, modern___ Kamin		
13.	kein___ hell___, traumhaft___ Lampe		
14.	viel___ schön___, aber trocken___ Pflanzen		
15.	mein___ uralt___, kaputt___ Videorekorder		
16.	kein___ hell___, praktisch___ Regal		
17.	objektiv___ und aktuell___ Zeitungen		
18.	d___ flach___, breit___ LED-Fernseher		
19.	kein___ warm___, modern___ Teppich		
20.	dies___ dick___ und ungelesen___ Bücher		

Ich sehe einen eleganten Mann

Das Adjektiv und seine Endungen im Akkusativ | **Übung**

4. Ergänze die Endungen. Beantworte zuerst die Fragen.

   a) Wie heißt das Substantiv?
   b) Welchen Artikel hat das Substantiv?
   c) Wie heißt die Kategorie?

		Substantiv	Artikel	Kategorie
1.	Der Arzt empfiehlt mir sehr viele verschiedene und kräftigende Rückenübungen.	Rückenübungen	die (Pl.)	Plural nach „viele“
2.	Bitte, Herr Professor, korrigieren Sie dies___ sehr kompliziert___ und lang___ Hausaufgabe.			
3.	Was, du kennst kein___ einfühlsam___, taktvoll___ und sensibl___ Zahnarzt in deiner Stadt?			
4.	Herr Feldmann vermietet sein___ hell___ und ganz klein___ Zimmer für nur 250,– € monatlich.			
5.	„Hast du schon d___ nagelneu___, sehr interessant___ und spannend___ Buch gelesen?“			
6.	Er macht d___ neu___, groß___ und sehr modern___ Fernseher an.			
7.	Frau Meier holt ihr___ klein___ und krank___ Kinder vom Kindergarten ab.			
8.	In unserem Kühlschrank gib es kein___ frisch___ und kalt___ Milch.			
9.	Kreuzen Sie d___ richtig___ und passend___ Wort an!			
10.	Frau und Herr Eber rufen sehr oft ihr___ jünger___, lebenslustig___ Tochter in der Schweiz an.			
11.	Leider muss ich heute mein___ wichtig___ Arzttermin absagen.			
12.	Bitte füllen Sie dies___ standardisiert___ Anmeldeformular aus, Frau Meier!			
13.	Heute bäckt meine Mutter ein___ frisch___, schokoladig___ und nussig___ Marmorkuchen.			
14.	Alle müssen lernen, ihr___ eigen___, egal ob ein___ kurz___ oder lang___ Familiennamen (Sg.) zu buchstabieren.			

Ich sehe einen eleganten Mann

Das Adjektiv und seine Endungen im Akkusativ | **Übung**

		Substantiv	Artikel	Kategorie
15.	Herr Neumann grüßt all___ nett___, groß___ und klein___, krank___ und gesund___ Nachbarn.			
16.	Morgen besuchen wir unser___ liebevoll___ und großzügig___ Onkel im Krankenhaus.			
17.	Ich werde d___ teur___ und ungünstig___ Miete nicht bezahlen.			
18.	Samira kennt kein___ deutsch___, bekannt___ und beliebt___ Schriftsteller (Pl.).			
19.	Er trinkt kein___ stark___, pur___ und kalt___ Martini mehr.			
20.	Wann hast du d___ schön___, ungarisch___ Mädchen kennengelernt?			
21.	Herr Blumm trägt nur schön___ und elegante___ Krawatten!			
22.	Meine ganze Familie benutzt ein___ 10-jährig___ und gebraucht___, aber immer noch funktionsfähig___ PC.			
23.	Heute besuchen wir unser___ reich___ Freunde.			
24.	Jeden Morgen treffe ich dies___ erschöpft___ und ungepflegt___ Mann.			
25.	Der Biologieprofessor kennt viel___ exotisch___, tropisch___ und einheimisch___ Blumensorten.			
26.	Wir besichtigen morgen ein___ modern___ und sehr interessant___ Museum.			
27.	Er fragt all___ bekannt___ Taxifahrer (Pl.) nach dem Weg.			
28.	Warum besuchst du dein___ lieb___ Oma nicht im Altenheim?			
29.	In diesem Jahr kaufen wir kein___ neu___ Küchenschränke.			
30.	Bei der Geburtstagsfeier trinken die Gäste ein___ trocken___, italienisch___ Rotwein.			

Ich sehe einen eleganten Mann

Das Adjektiv und seine Endungen im Akkusativ | **Übung**

5. Ergänze die Endungen. Beantworte zuerst die Fragen.
   a) Wie heißt das Substantiv?
   b) Welchen Artikel hat das Substantiv?
   c) Wie heißt die Kategorie?

		Substantiv	Artikel	Kategorie
1.	In der neuen Klasse von Frau Josef gibt es keine neugierigen und keine fleißigen Schüler (Pl.) (1), sondern nur sehr faule und freche Jungen und Mädchen (2).	(1) Schüler (2) Jungen und Mäd-chen	(1) die (Pl.) (2) die (Pl.)	(1) „keine" (2) Plural ohne Artikel
2.	Peter lädt sein ___ jünger___ Bruder (1), sein___ älter___ Zwillingsschwester (2) und ihr___ neugeboren___ Baby (3) zum Geburts-tag ein.	(1) (2) (3)	(1) (2) (3)	(1) (2) (3)
3.	Im Sommer grillen viele Menschen verschieden___, ungewohnt___ Sachen (1), zum Beispiel: d___ grün___, gelb___ oder rot___ Paprika (2), d___ mariniert___, frisch___ Fleisch (3), d___ gesalzen___ Fisch (4), aber auch gewürzt___ Kartoffeln (5), d___ weiß___ oder d___ rot___ Zwiebelringe (6) und viel___ lang___, grün___ Zucchini (7).	(1) (2) (3) (4) (5) (6) (7)	(1) (2) (3) (4) (5) (6) (7)	(1) (2) (3) (4) (5) (6) (7)
4.	In ihrer Nachbarschaft gibt es überhaupt gar kein___ groß___ Geschäft (1), kein___ wichtig___, praktisch___ Bankautomaten (Sg.) (2), kein___ groß___ und hell___ Bäckerei (3), kein___ bequem___ und geräumig___ Parkplätze (4).	(1) (2) (3) (4)	(1) (2) (3) (4)	(1) (2) (3) (4)
5.	Kleine Kinder sollen jeden Tag ein___ gesund___, warm___ oder auch kalt___ Getränk (1) trinken und ihre Eltern ein___ süß___, aber nicht allzu stark___ Kaffee (2) genießen.	(1) (2)	(1) (2)	(1) (2)
6.	Die Verkäuferin in der Bäckerei Paulus verkauft täglich ein___ frisch___, weich___ Brot (1), viel___ rund___, knusprig___ und warm___ Brötchen (2) und lecker___, traditionell___ und regional___ Backwaren (3).	(1) (2) (3)	(1) (2) (3)	(1) (2) (3)

Ich sehe einen eleganten Mann

Das Adjektiv und seine Endungen im Akkusativ | **Übung**

		Substantiv	Artikel	Kategorie
7.	Sie möchte in ihrem Kinderzimmer kein___ lang___, bunt___ und schwer___ Vorhang (1), kein___ lackiert___ und massiv___ Etagenbett (2) und kein___ kuschelig___ Teppich (3) haben, sondern nur leicht___, hell___ und modern___ Gardinen (4), ein___ sauber___ und staubfrei___ Laminatboden (5), ein___ schön___ und bequem___ Matratze (6), ein___ geräumig, stabil___ Schreibtisch (7) und natürlich ein___ hübsch___, originell___ Bild (8).	(1) (2) (3) (4) (5) (6) (7) (8)	(1) (2) (3) (4) (5) (6) (7) (8)	(1) (2) (3) (4) (5) (6) (7) (8)
8.	Er mag kein___ gekocht___ und kein___ roh___ Gemüse. (1) Außerdem kein___ frisch___ und gesund___ Obst (2).	(1) (2)	(1) (2)	(1) (2)
9.	In unserem Stadtteil findet man nur ein___ einzig___, bunt___, sonnig___ Reisebüro (1), ein___ stinkend___ und dreckig___ Restaurant (2), viel___ klein___ und überfüllt___ Papierkörbe (3) und ein___ eng___, dunkl___ Metzgerei (4).	(1) (2) (3) (4)	(1) (2) (3) (4)	(1) (2) (3) (4)
10.	In unserem Badezimmer haben wir: drei blau___ Plastikbecher (1), fünf verschieden___, weich___ und fünf hart___, elektrisch___ Zahnbürsten (2), ein___ duftend___ Seife (3), ein___ braun___, natürlich___ und rund___ Schwamm (4), ein___ erfrischend___ und mild___ Schaumbad (5) und natürlich ein___ toll___, abwaschbar___ und nicht alltäglich___ Rasierapparat (6).	(1) (2) (3) (4) (5) (6)	(1) (2) (3) (4) (5) (6)	(1) (2) (3) (4) (5) (6)
11.	Familie Neumeier braucht unbedingt ein___ modern___, zweitürig___ und hochwertig___ Kühlschrank (1), ein___ preiswert___ und günstig___ Kaffeemaschine (2), praktisch___, aber erstklassig___ Tassen und Teller (3) sowie ein___spülmaschinenfest___, scharf___ und groß___ Fleischmesser (4).	(1) (2) (3) (4)	(1) (2) (3) (4)	(1) (2) (3) (4)
12.	Herr Ober, haben Sie ein___ kalt___ Bier (1) für mich oder muss ich d___ warm___ Wodka (2) trinken?	(1) (2)	(1) (2)	(1) (2)

© Verlag an der Ruhr | Autorin: Bogumiła Baumgartner | ISBN 978-3-8346-2465-9 | www.verlagruhr.de

Ich sehe einen eleganten Mann

Das Adjektiv und seine Endungen im Akkusativ | **Übung**

		Substantiv	Artikel	Kategorie
13.	In dieser komischen Stadt treffen sie kein___ nett___ Touristen (1) mehr, sondern nur viel___ langweilig___, müd___ und uninteressiert___ Einheimische (2).	(1) (2)	(1) (2)	(1) (2)
14.	Meine Großeltern haben ihr___ alt___ Garten (1) renoviert und dort ein___ hässlich___ Gartenhaus (2) hingestellt.	(1) (2)	(1) (2)	(1) (2)
15.	Im Einwohnermeldeamt gibt es lang___ Flure (1), viel___ geschlossen___ Zimmer (2) und kein___ ausgeschaltet___ Lampen (3).	(1) (2) (3)	(1) (2) (3)	(1) (2) (3)
16.	In deiner Heimatstadt kennst du all___ offen___ Tankstellen (1), d___ zuverlässig___ Busplan (2) und viel___ schön___ Parks (3).	(1) (2) (3)	(1) (2) (3)	(1) (2) (3)
17.	„Frau Meier, nehmen Sie dies___ frei___ Taxi (1) oder d___ schnell___ und bequem___ Bus (2)?"	(1) (2)	(1) (2)	(1) (2)
18.	Emilia benutzt kein___ mild___, weich___ und flüssig___ Seife (1) mehr, sondern sie kauft immer d___ billig___, grün___ und sehr ergiebig___ Spülmittel (2).	(1) (2)	(1) (2)	(1) (2)
19.	Ich mag kein___ braun___ Zucker (1), ich nehme immer nur d___ weiß___ und fein___ Süßstoff (2).	(1) (2)	(1) (2)	(1) (2)

Ich sehe einen eleganten Mann

Das Adjektiv und seine Endungen im Akkusativ | **Übung**

		Substantiv	Artikel	Kategorie
20.	Eine Sekretärin braucht immer ein___ voll gefüllt___ Hefter (1), d___ funktionsfähig___ Locher (2) und ein___ langv und durchsichtig___ Lineal (3).	(1) (2) (3)	(1) (2) (3)	(1) (2) (3)
21.	Viel___ begabt___ Schüler (1) aus unserer Klasse und all___ intelligent___ Lehrer (2) fahren in den Ferien in die Schweiz.	(1) (2)	(1) (2)	(1) (2)
22.	In unserem Fernsehen kann man nur dies___ einseitig___ Sender (Sg.) (1) sehen und total uninteressant___ Musikprogramme (2) hören.	(1) (2)	(1) (2)	(1) (2)
23.	Für die Führerscheinprüfung muss Laura nicht nur all___ nötig___ Vorschriften (1) und viel___ lebensnotwendig___ Verkehrszeichen (2) lernen, sondern auch d___ wichtigst___ Verkehrsregeln (3) beherrschen.	(1) (2) (3)	(1) (2) (3)	(1) (2) (3)
24.	Wo finde ich d___ renoviert___ Hauptbahnhof (1) und dies___ gelb___ Bushaltestelle (2)?	(1) (2)	(1) (2)	(1) (2)
25.	Für eine Bewerbungsmappe brauchst du unbedingt d___ elegant___ Deckblatt (1), dies___ interessant___ Anschreiben (2) und einv tabellarisch___, lückenlos___ Lebenslauf (3).	(1) (2) (3)	(1) (2) (3)	(1) (2) (3)

Ich sehe einen eleganten Mann

Das Adjektiv und seine Endungen im Akkusativ | **Lösung**

1. Ergänze die Endungen.

	Ich esse:	Kategorie	Artikel
1.	das heiße Spiegelei	bestimmter Artikel	das
2.	diesen ungewürzten Reis	Demonstrativpronomen	der
3.	keine gerösteten Bratkartoffeln	„keine"	die (Pl.)
4.	einen frischen Salat	unbestimmter Artikel	der
5.	dünne Pommes frites	Plural ohne Artikel	die (Pl.)
6.	meinen geliebten Käse	Possessivpronomen	der
7.	viele knusprige Brötchen	Plural nach „viele"	die (Pl.)
8.	keinen gesalzenen Quark	„kein"	der
9.	diese weiche Butter	Demonstrativpronomen	die
10.	das alte Toastbrot	bestimmter Artikel	das

	Du trinkst:	Kategorie	Artikel
11.	den schwarzen Tee	bestimmter Artikel	der
12.	keine heiße Schokolade	„keine"	die
13.	meine satt machende Milchsuppe	Possessivpronomen	die
14.	diesen weißen Kaffee	Demonstrativpronomen	der
15.	keine warme Apfelschorle	„kein"	die
16.	eine süße Milch	unbestimmter Artikel	die
17.	seinen kalten Orangensaft	Possessivpronomen	der
18.	keinen bitteren Kakao	„kein"	der
19.	das gesunde Mineralwasser	bestimmter Artikel	das
20.	diesen sauren Trinkjoghurt	Demonstrativpronomen	der

Ich sehe einen eleganten Mann

Das Adjektiv und seine Endungen im Akkusativ | **Lösung**

2. Ergänze die Endungen.

	Er mag:	**Kategorie**	**Artikel**
1.	keine dünne Tomatensuppe	„kein"	die
2.	das frische Obst	bestimmter Artikel	das
3.	diesen kalten Schweinebraten	Demonstrativpronomen	der
4.	hart gekochte Eier	Plural ohne Artikel	die (Pl.)
5.	keinen klebrigen Honig	„kein"	der
6.	eine verbrannte Bratwurst	unbestimmter Artikel	die
7.	sein gebratenes Hühnchen	Possessivpronomen	das
8.	den gegrillten Fisch	bestimmter Artikel	der
9.	fette Fischstäbchen	Plural ohne Artikel	die (Pl.)
10.	kein ungekochtes Gemüse	„kein"	das

	Auf dem Tisch gibt es:	**Kategorie**	**Artikel**
11.	das scharfe Messer	**bestimmter Artikel**	**das**
12.	moderne Untertassen	Plural ohne Artikel	die (Pl.)
13.	diesen verrosteten Toaster	Demonstrativpronomen	der
14.	keine scharfen Dosenöffner	„keine"	die (Pl.)
15.	eine alte Gabel	unbestimmter Artikel	die
16.	unser silbernes Besteck	Possessivpronomen	das
17.	keinen billigen Korkenzieher	„kein"	der
18.	die angebrannten Kochtöpfe	bestimmter Artikel	die (Pl.)
19.	diesen tiefen Suppenteller	Demonstrativpronomen	der
20.	viele Saftflaschen	Plural nach „viele"	die (Pl.)

Ich sehe einen eleganten Mann

Das Adjektiv und seine Endungen im Akkusativ | **Lösung**

3. Ergänze die Endungen. Beantworte zuerst die Fragen.

	Wir brauchen:	**Kategorie**	**Artikel**
1.	**diesen alten, dreckigen Putzbecher**	**Demonstrativ-pronomen**	**der**
2.	eine duftende, weiße Gesichtscreme	unbestimmter Artikel	die
3.	keine kalten, eckigen Fliesen	„keine"	die (Pl.)
4.	das neue, sanfte Shampoo	bestimmter Artikel	das
5.	meine trockenen, bunten Handtücher	Possessivpronomen	die (Pl.)
6.	kein teures, ökologisches Rasierwasser	„kein"	das
7.	den energiesparenden, preiswerten Wäschetrockner	bestimmter Artikel	der
8.	seinen langen, schwarzen Bademantel	Possessivpronomen	der
9.	unsere bunten, weichen Zahnbürsten	Possessivpronomen	die (Pl.)
10.	einen nassen, saugfähigen Schwamm	unbestimmter Artikel	der

	Unsere Schwester hat in ihrem Wohnzimmer:	**Kategorie**	**Artikel**
11.	ein modernes, originelles Bild	**unbestimmter Artikel**	**das**
12.	diesen großen, modernen Kamin	Demonstrativ-pronomen	der
13.	keine helle, traumhafte Lampe	„kein"	die
14.	viele schöne, aber trockene Pflanzen	Plural nach „viele"	die (Pl.)
15.	meinen uralten, kaputten Videorekorder	Possessivpronomen	der
16.	kein helles, praktisches Regal	„kein"	das
17.	objektive und aktuelle Zeitungen	Plural ohne Artikel	die (Pl.)
18.	den flachen, breiten LED-Fernseher	bestimmter Artikel	der
19.	keinen warmen, modernen Teppich	„kein"	der
20.	diese dicken und ungelesenen Bücher	Demonstrativ-pronomen	die (Pl.)

Ich sehe einen eleganten Mann

Das Adjektiv und seine Endungen im Akkusativ | **Lösung**

4. Ergänze die Endungen.

		Substantiv	Artikel	Kategorie
1.	Der Arzt empfiehlt mir sehr viele verschiedene und kräftigende Rückenübungen.	Rückenübungen	die (Pl.)	Plural nach „viele"
2.	Bitte, Herr Professor, korrigieren Sie diese sehr komplizierte und lange Hausaufgabe.	Hausaufgabe	die	Demonstrativpronomen
3.	Was, du kennst keinen einfühlsamen, taktvollen und sensiblen Zahnarzt in deiner Stadt?	Zahnarzt	der	„kein"
4.	Herr Feldmann vermietet sein helles und ganz kleines Zimmer für nur 250,– € monatlich.	Zimmer	das	Possessivpronomen
5.	Hast du schon das nagelneue, sehr interessante und spannende Buch gelesen?	Buch	das	bestimmter Artikel
6.	Er macht den neuen, großen und sehr modernen Fernseher an.	Fernseher	der	bestimmter Artikel
7.	Frau Meier holt ihre kleinen und kranken Kinder vom Kindergarten ab.	Kinder	die (Pl.)	Possessivpronomen
8.	In unserem Kühlschrank gib es keine frische und kalte Milch.	Milch	die	„kein"
9.	Kreuzen Sie das richtige und passende Wort an!	Wort	das	bestimmter Artikel
10.	Frau und Herr Eber rufen sehr oft ihre jüngere und lebenslustige Tochter in der Schweiz an.	Tochter	die	Possessivpronomen
11.	Leider muss ich heute meinen wichtigen Arzttermin absagen.	Arzttermin	der	Possessivpronomen
12.	Bitte füllen Sie dieses standardisierte Anmeldeformular aus, Frau Meier!	Anmeldeformular	das	Demonstrativpronomen
13.	Heute bäckt meine Mutter einen frischen, schokoladigen und nussigen Marmorkuchen.	Marmorkuchen	der	unbestimmter Artikel
14.	Alle müssen lernen, ihren eigenen, egal ob einen kurzen oder langen Familiennamen zu buchstabieren.	Familienname	der	Possessivpronomen
15.	Herr Neumann grüßt alle netten, großen und kleinen, kranken und gesunden Nachbarn.	Nachbarn	die (Pl.)	Plural nach „alle"
16.	Morgen besuchen wir unseren liebevollen und großzügigen Onkel im Krankenhaus.	Onkel	der	Possessivpronomen

© Verlag an der Ruhr | Autorin: Bogumila Baumgartner | ISBN 978-3-8346-2465-9 | www.verlagruhr.de

Ich sehe einen eleganten Mann

Das Adjektiv und seine Endungen im Akkusativ | **Lösung**

		Substantiv	Artikel	Kategorie
17.	Ich werde die teure und ungünstige Miete nicht bezahlen.	Miete	die	bestimmter Artikel
18.	Samira kennt keine deutschen, bekannten und beliebten Schriftsteller (Pl.).	Schriftsteller	die (Pl.)	„keine"
19.	Er trinkt keinen starken, puren, und kalten Martini mehr.	Martini	der	„kein"
20.	Wann hast du das schöne, ungarische Mädchen kennengelernt?	Mädchen	das	bestimmter Artikel
21.	Herr Blumm trägt nur schöne und elegante Krawatten!	Krawatten	die (Pl.)	Plural ohne Artikel
22.	Meine ganze Familie benutzt einen 10-jährigen und gebrauchten, aber immer noch funktionsfähigen PC.	PC	der	unbestimmter Artikel
23.	Heute besuchen wir unsere reichen Freunde.	Freunde	die (Pl.)	Possessivpronomen
24.	Jeden Morgen treffe ich diesen erschöpften und ungepflegten Mann.	Mann	der	Demonstrativ-pronomen
25.	Der Biologieprofessor kennt viele exotische, tropische und einheimische Blumensorten.	Blumen-sorten	die (Pl.)	Plural nach „viele"
26.	Wir besichtigen morgen ein modernes und sehr interessantes Museum.	Museum	das	unbestimmter Artikel
27.	Er fragt alle bekannten Taxifahrer (Pl.) nach dem Weg.	Taxifahrer	die (Pl.)	Plural nach „alle
28.	„Warum besuchst du deine liebe Oma im Altenheim nicht?"	Oma	die	Possessivpronomen
29.	In diesem Jahr kaufen wir keine neuen Küchenschränke.	Küchen-schränke	die (Pl.)	„keine"
30.	Bei der Geburtstagsfeier trinken die Gäste einen trockenen, italienischen Rotwein.	Rotwein	der	unbestimmter Artikel

Ich sehe einen eleganten Mann

Das Adjektiv und seine Endungen im Akkusativ | **Lösung**

5. Ergänze die Endungen. Beantworte zuerst die Fragen.

a) Wie heißt das Substantiv?
b) Welchen Artikel hat das Substantiv?
c) Wie heißt die Kategorie?

		Substantiv	Artikel	Kategorie
1.	In der neuen Klasse von Frau Josef gibt es keine neugierigen und keine fleißigen Schüler (Pl.) (1), sondern nur sehr faule und freche Jungen und Mädchen (2).	(1) Schüler (2) Jungen und Mädchen	(1) die (Pl.) (2) die (Pl.)	(1) „keine" (2) Plural ohne Artikel
2.	Peter lädt seinen jüngeren Bruder (1), seine ältere Zwillingsschwester (2) und ihr neugeborenes Baby (3) zum Geburtstag ein.	(1) Bruder (2) Zwillingsschwester (3) Baby	(1) der (2) die (3) das	(1) Possessivpronomen (2) Possessivpronomen (3) Possessivpronomen
3.	Im Sommer grillen viele Menschen verschiedene, ungewohnte Sachen (1), zum Beispiel: die grüne, gelbe oder rote Paprika (2), das marinierte, frische Fleisch (3), den gesalzenen Fisch (4), aber auch gewürzte Kartoffeln (5), die weißen oder die roten Zwiebelringe (6) und viele lange, grüne Zucchini (7).	(1) Sachen (2) Paprika (3) Fleisch (4) Fisch (5) Kartoffeln (6) Zwiebelringe (7) Zucchini	(1) die (Pl.) (2) die (3) das (4) der (5) die (Pl.) (6) die (Pl.) (7) die (Pl.)	(1) Plural nach „viele" (2) bestimmter Artikel (3) bestimmter Artikel (4) bestimmter Artikel (5) Plural ohne Artikel (6) bestimmter Artikel (7) Plural nach „viele"
4.	In ihrer Nachbarschaft gibt es überhaupt gar kein großes Geschäft (1), keinen wichtigen, praktischen Bankautomaten (Sg.) (2), keine große und helle Bäckerei (3), keine bequemen und räumigen Parkplätze (4).	(1) Geschäft (2) Bankautomat (3) Bäckerei (4) Parkplätze	(1) das (2) der (3) die (4) die (Pl.)	(1) „kein" (2) „kein" (3) „kein" (4) „keine"
5.	Kleine Kinder sollen jeden Tag ein gesundes, warmes oder auch kaltes Getränk (1) trinken und ihre Eltern einen süßen, aber nicht allzu starken Kaffee (2) genießen.	(1) Getränk (2) Kaffee	(1) das (2) der	(1) unbestimmter Artikel (2) unbestimmter Artikel
6.	Die Verkäuferin in der Bäckerei Paulus verkauft täglich ein frisches, weiches Brot (1), viele runde, knusprige und warme Brötchen (2) und leckere, traditionelle und regionale Backwaren (3).	(1) Brot (2) Brötchen (3) Backwaren	(1) das (2) die (Pl.) (3) die (Pl.)	(1) unbestimmter Artikel (2) Plural nach „viele" (3) Plural ohne Artikel

Ich sehe einen eleganten Mann

Das Adjektiv und seine Endungen im Akkusativ | **Lösung**

		Substantiv	Artikel	Kategorie
7.	Sie möchte in ihrem Kinderzimmer keinen langen, bunten und schweren Vorhang (1), kein lackiertes und massives Etagenbett (2) und keinen kuscheligen Teppich (3) haben, sondern nur leichte, helle und moderne Gardinen (4), einen sauberen und staubfreien Laminatboden (5), eine schöne und bequeme Matratze (6), einen geräumigen, stabilen Schreibtisch (7) und natürlich ein hübsches, originelles Bild (8).	(1) Vorhang (2) Etagenbett (3) Teppich (4) Gardinen (5) Laminatboden (6) Matratze (7) Schreibtisch (8) Bild	(1) der (2) das (3) der (4) die (Pl.) (5) der (6) die (7) der (8) das	(1) „kein" (2) „kein" (3) „kein" (4) Plural ohne Artikel (5) unbestimmter Artikel (6) unbestimmter Artikel (7) unbestimmter Artikel (8) unbestimmter Artikel
8.	Er mag kein gekochtes und kein rohes Gemüse (1). Außerdem kein frisches und gesundes Obst (2).	(1) Gemüse (2) Obst	das das	(1) „kein" (2) „kein"
9.	In unserem Stadtteil findet man nur ein einziges, buntes und sonniges Reisebüro (1), ein stinkendes und dreckiges Restaurant (2), viele kleine und überfüllte Papierkörbe (3) und eine enge, dunkle Metzgerei (4).	(1) Reisebüro (2) Restaurant (3) Papierkörbe (4) Metzgerei	(1) das (2) das (3) die (Pl.) (4) die	(1) unbestimmter Artikel (2) unbestimmter Artikel (3) Plural nach „viele" (4) unbestimmter Artikel
10.	In unserem Badezimmer haben wir: drei blaue Plastikbecher (1), fünf verschiedene, weiche und fünf harte, elektrische Zahnbürsten (2), eine duftende Seife (3), einen braunen, natürlichen und runden Schwamm (4), ein erfrischendes und mildes Schaumbad (5) und natürlich einen tollen, abwaschbaren und nicht alltäglichen Rasierapparat (6).	(1) Plastikbecher (2) Zahnbürsten (3) Seife (4) Schwamm (5) Schaumbad (6) Rasierapparat	(1) die (Pl.) (2) die (Pl.) (3) die (4) der (5) das (6) der	(1) Plural ohne Artikel (2) Plural ohne Artikel (3) unbestimmter Artikel (4) unbestimmter Artikel (5) unbestimmter Artikel (6) unbestimmter Artikel
11.	Familie Neumeier braucht unbedingt einen modernen, zweitürigen und hochwertigen Kühlschrank (1), eine preiswerte und günstige Kaffeemaschine (2), praktische, aber erstklassige Tassen und Teller (3) sowie ein spülmaschinenfestes, scharfes und großes Fleischmesser (4).	(1) Kühlschrank (2) Kaffeemaschine (3) Tassen und Teller (4) Fleischmesser	(1) der (2) die (3) die (Pl.) (4) das	(1) unbestimmter Artikel (2) unbestimmter Artikel (3) Plural ohne Artikel (4) unbestimmter Artikel

Ich sehe einen eleganten Mann

Das Adjektiv und seine Endungen im Akkusativ | **Lösung**

		Substantiv	Artikel	Kategorie
12.	Herr Ober, haben Sie ein kaltes Bier (1) für mich oder muss ich den warmen Wodka (2) trinken?	(1) Bier (2) Wodka	(1) das (2) der	(1) unbestimmter Artikel (2) bestimmter Artikel
13.	In dieser komischen Stadt treffen sie keine netten Touristen (1) mehr, sondern nur viele langweilige, müde und uninteressierte Einheimische (2).	(1) Touristen (2) Einheimische	(1) die (Pl.) (2) die (Pl.)	(1) „keine" (2) Plural nach „viele"
14.	Meine Großeltern haben ihren alten Garten (1) renoviert und dort ein hässliches Gartenhaus (2) hingestellt.	(1) Garten (2) Gartenhaus	(1) der (2) das	(1) Possessivpronomen (2) unbestimmter Artikel
15.	Im Einwohnermeldeamt gibt es lange Flure (1), viele geschlossene Zimmer (2) und keine ausgeschalteten Lampen (3).	(1) Flure (2) Zimmer (3) Lampen	(1) die (Pl.) (2) die (Pl.) (3) die (Pl.)	(1) Plural ohne Artikel (2) Plural nach „viele" (3) „keine"
16.	In deiner Heimatstadt kennst du alle offenen Tankstellen (1), den zuverlässigen Busplan (2) und viele schöne Parks (3).	(1) Tankstellen (2) Busplan (3) Parks	(1) die (Pl.) (2) der (3) die (Pl.)	(1) Plural nach „alle" (2) bestimmter Artikel (3) Plural nach „viele"
17.	„Frau Meier, nehmen Sie dieses freie Taxi (1) oder den schnellen und bequemen Bus (2)?"	(1) Taxi (2) Bus	(1) das (2) der	(1) Demonstrativpronomen (2) bestimmter Artikel
18.	Emilia benutzt keine milde, weiche und flüssige Seife (1) mehr, sondern sie kauft immer das billige, grüne und sehr ergiebige Spülmittel (2).	(1) Seife (2) Spülmittel	(1) die (2) das	(1) „kein" (2) bestimmter Artikel

Ich sehe einen eleganten Mann

Das Adjektiv und seine Endungen im Akkusativ | **Lösung**

		Substantiv	Artikel	Kategorie
19.	Ich mag keinen braunen Zucker (1), ich nehme immer nur den weißen und feinen Süßstoff (2).	(1) Zucker (2) Süßstoff	(1) der (2) der	(1) „kein" (2) bestimmter Artikel
20.	Eine Sekretärin braucht immer einen voll gefüllten Hefter (1), den funktionsfähigen Locher (2) und ein langes und durchsichtiges Lineal (3).	(1) Hefter (2) Locher (3) Lineal	(1) der (2) der (3) das	(1) unbestimmter Artikel (2) bestimmter Artikel (3) unbestimmter Artikel
21.	Viele begabte Schüler (1) aus unserer Klasse und alle intelligenten Lehrer (2) fahren in den Ferien in die Schweiz.	(1) Schüler (2) Lehrer	(1) die (Pl.) (2) die (Pl.)	(1) Plural nach „viele" (2) Plural nach „alle"
22.	In unserem Fernsehen kann man nur diesen einseitigen Sender (1) sehen und total uninteressante Musikprogramme (2) hören.	(1) Sender (2) Musik-programme	(1) der (2) die (Pl.)	(1) Demonstrativ-pronomen (2) Plural ohne Artikel
23.	Für die Führerscheinprüfung muss Laura nicht nur alle nötigen Vorschriften (1) und viele lebensnotwendige Verkehrszeichen (2) lernen, sondern auch die wichtigsten Verkehrsregeln (2) beherrschen.	(1) Vorschrif-ten (2) Verkehrs-zeichen (3)Verkehrs-regeln	(1) die (Pl.) (2) die (Pl.) (3) die (Pl.)	(1) Plural nach „alle" (2) Plural nach „viele" (3) bestimmter Artikel
24.	Wo finde ich den renovierten Hauptbahnhof (1) und diese gelbe Bushaltestelle (2)?	(1) Haupt-bahnhof (2) Bushalte-stelle	(1) der (2) die	(1) bestimmter Artikel (2) Demonstrativ-pronomen
25.	Für eine Bewerbungsmappe brauchst du unbedingt das elegante Deckblatt (1), dieses interessante Anschreiben (2) und einen tabellarischen, lückenlosen Lebenslauf (3).	(1) Deckblatt (2) Anschrei-ben (3) Lebenslauf	(1) das (2) das (3) der	(1) bestimmter Artikel (2) Demonstrativ-pronomen (3) unbestimmter Artikel

Ich sehe meinen Vater oder Ich sehe ihn

Das Personalpronomen im Akkusativ | **Info**

Für diesen Abschnitt solltest du folgende Probleme wiederholen:

- Was ist ein Personalpronomen?
- Wie heißt das Personalpronomen im Nominativ?
- Welche Verben verlangen den Akkusativ?

Einführung

Das Personalpronomen bekommt im Akkusativ eine andere Form, es sieht anders aus. Es beantwortet die Fragen: „wen?" oder „was?"

Regel

		Singular					**Plural**		
				Mas-kuli-num	Femi-ninum	Neut-rum			
Nominativ	wer/ was	ich	du	er	sie	es	wir	ihr	sie
	↓	↓	↓	↓	↓	↓	↓	↓	↓
Akkusativ	wen/ was	mich	dich	ihn	sie	es	uns	euch	sie

Beispiel

Wen fragst du?
Ich frage Peter. = Ich frage **ihn**.

1. Peter ist ein Mann.
2. „Mann" ist Maskulinum.
3. Das Personalpronomen Maskulinum heißt im Nominativ „er".
4. Im Akkusativ heißt es „**ihn**".

Was isst du?
Ich esse eine Pizza. = Ich esse **sie**.

1. „Pizza" ist Femininum.
2. Das Personalpronomen Femininum heißt im Nominativ „sie".
3. Im Akkusativ heißt es „**sie**".

Ich sehe meinen Vater oder Ich sehe ihn

Das Personalpronomen im Akkusativ | **Übung**

1. Ergänze die Sätze. Verwende dazu die Antworten.
   Benutze das Personalpronomen im Akkusativ.

	Antwort	Personalpronomen im Akkusativ
1.	Richard	Marianne liebt ihn.
2.	du	Sie kennen _____.
3.	er	Ich frage _____.
4.	sie (Sg.)	Wir rufen _____ an.
5.	ich	Susanne lädt _____ ein.
6.	Laura	Ihr besucht _____.
7.	Herr Doktor Meier	Ich vermisse _____.
8.	du	Frau Jahnus kennt _____.
9.	wir	Ihr ruft _____ an.
10.	Frau und Herr Wagner	Du lädst _____ zum Kaffee ein.
11.	Herr Müller	Herr Müller, sie bittet _____ um einen Rat.
12.	ihr	Er bestellt _____ die Karten.
13.	wir	Wir sehen _____ morgen in der Schule.
14.	sie (Sg.)	Ihr müsst _____ fragen.
15.	er	Julia liebt _____ schon seit fünf Jahren.
16.	Frau Simon	Jeden Tag sieht sie _____ an der Bushaltestelle.
17.	wir	Er kennt _____ aus der Schule.
18.	ich	Lädst du _____ auch ein?
19.	Thomas	Wir besuchen _____ in Berlin.
20.	ihr	Ich vermisse _____ sehr.
21.	ich	Du rufst _____ an, o.k.?
22.	du	Wir sehen _____ jeden Morgen.
23.	sein Baby	Marianne mag _____.
24.	Juliane	Kennen Sie _____ sehr gut, Frau Müller?
25.	Herr Jahnus	Ich weiß es nicht. Ich werde _____ morgen fragen.
26.	wir	Ihr kennt _____, nicht wahr?
27.	sein Kind	Er bringt _____ in den Kindergarten.
28.	sie (Pl.)	Wann ruft ihr _____ an?
29.	Simon	Liebt sie _____ wirklich?
30.	wir	Beate fragt _____, ob wir morgen kommen.

2. Ergänze die Sätze. Beantworte zuerst die Frage.
   Wie heißt der Artikel und das Substantiv oder wie heißt das Personalpronomen?

		Artikel und Substantiv/ Personalpronomen
1.	Sie kauft ein Buch, aber sie liest es nicht.	das Buch
2.	Onkel Peter ist sehr lieb. Ich mag _____ sehr.	
3.	Ich kaufe eine Pizza, aber ich esse _____ nicht.	
4.	Seht ihr diesen Mann dort? Kennt ihr _____?	
5.	Frau Müller öffnet die Tasche und dann schließt sie _____ wieder.	
6.	Euer Bücherregal ist sehr geräumig. Wo habt ihr _____ gekauft?	
7.	Wie heißt diese Frau? Wir kennen _____ nicht.	
8.	Ich bestelle einen Cappuccino, aber mein lieber Freund bezahlt _____.	
9.	Ich habe am Wochenende Zeit. Habt ihr auch frei? Ich besuche _____ gern.	
10.	Frau Neubauer und Herr Neumann sind sehr gute Ärzte. Die Patienten mögen _____.	
11.	Juliane hat ein neues Auto. Hast du _____ schon gesehen?	
12.	Unsere Nachbarin ist eine schöne Frau. Herr Braun mag _____ sehr.	
13.	Wir feiern morgen unseren Hochzeitstag. Besucht ihr _____?	
14.	Er schaltet den Fernseher ein, dann schaltet er _____ wieder aus.	
15.	Wo ist das neue Shampoo? Ich finde _____ nicht.	
16.	Unser Deutschlehrer erklärt die neuen Wörter, dann schreibt er _____ an die Tafel.	
17.	Julia nimmt den Bus und sie verlässt _____ in Nürnberg.	
18.	Was ist mit deinem Salat? Isst du _____ nicht?	
19.	Wir haben ein neues Wohnzimmer. Wollt ihr _____ sehen?	
20.	Wo ist mein I-Pod? Ich finde _____ nicht.	
21.	Wer kauft die Kinokarten? Julian kauft _____.	
22.	Onkel Simon hat heute Geburtstag. Wir besuchen _____ zu Hause.	
23.	Wir wohnen jetzt in Bremen. Besucht ihr _____ bald?	
24.	Das ist seine Mutter. Er liebt _____.	
25.	Trinkst du den Tee noch? Ja, ich trinke _____ noch.	

Ich sehe meinen Vater oder Ich sehe ihn

Das Personalpronomen im Akkusativ | **Lösung**

1. Ergänze die Sätze. Verwende dazu die Antworten.
   Benutze das Personalpronomen im Akkusativ.

	Antwort	Personalpronomen im Akkusativ
1.	Richard	Marianne liebt ihn.
2.	du	Sie kennen dich.
3.	er	Ich frage ihn.
4.	sie (Sg.)	Wir rufen sie an.
5.	ich	Susanne lädt mich ein.
6.	Laura	Ihr besucht sie.
7.	Herr Doktor Meier	Ich vermisse ihn.
8.	du	Frau Jahnus kennt dich.
9.	wir	Ihr ruft uns an.
10.	Frau und Herr Wagner	Du lädst sie zum Kaffee ein.
11.	Herr Müller	Herr Müller, sie bittet Sie um einen Rat.
12.	ihr	Er bestellt euch die Karten.
13.	wir	Wir sehen uns morgen in der Schule.
14.	sie (Sg.)	Ihr müsst sie fragen.
15.	er	Julia liebt ihn schon seit fünf Jahren.
16.	Frau Simon	Jeden Tag sieht sie sie an der Bushaltestelle.
17.	wir	Er kennt uns aus der Schule.
18.	ich	Lädst du mich auch ein?
19.	Thomas	Wir besuchen ihn in Berlin.
20.	ihr	Ich vermisse euch sehr.
21.	ich	Du rufst mich an, o.k.?
22.	du	Wir sehen dich jeden Morgen.
23.	sein Baby	Marianne mag es.
24.	Juliane	Kennen Sie sie sehr gut, Frau Müller?
25.	Herr Jahnus	Ich weiß es nicht. Ich werde ihn morgen fragen.
26.	wir	Ihr kennt uns, nicht wahr?
27.	sein Kind	Er bringt es in den Kindergarten.
28.	sie (Pl.)	Wann ruft ihr sie an?
29.	Simon	Liebt sie ihn wirklich?
30.	wir	Beate fragt uns, ob wir morgen kommen.

2. Ergänze die Sätze. Beantworte zuerst die Frage.

		Artikel und Substantiv/ Personalpronomen
1.	Sie kauft ein Buch, aber sie liest es nicht.	das Buch
2.	Onkel Peter ist sehr lieb. Ich mag ihn sehr.	der Onkel Peter
3.	Ich kaufe eine Pizza, aber ich esse sie nicht.	die Pizza
4.	„Seht ihr diesen Mann dort? Kennt ihr ihn?"	der Mann
5.	Frau Müller öffnet die Tasche und dann schließt sie sie wieder.	die Tasche
6.	„Euer Bücherregal ist sehr geräumig. Wo habt ihr es gekauft?"	das Bücherregal
7.	„Wie heißt diese Frau? Wir kennen sie nicht."	die Frau
8.	Ich bestelle einen Cappuccino, aber mein lieber Freund bezahlt ihn.	der Cappuccino
9.	„Ich habe am Wochenende Zeit. Habt ihr auch frei? Ich besuche euch gern."	ihr
10.	Frau Neubauer und Herr Neumann sind sehr gute Ärzte. Die Patienten mögen sie.	Frau Neubauer und Herr Neumann (Pl.)
11.	„Juliane hat ein neues Auto. Hast du es schon gesehen?"	das Auto
12.	Unsere Nachbarin ist eine schöne Frau. Herr Braun mag sie sehr.	die Nachbarin
13.	„Wir feiern morgen unseren Hochzeitstag. Besucht ihr uns?"	wir
14.	Er schaltet den Fernseher ein, dann schaltet er ihn wieder aus.	der Fernseher
15.	„Wo ist das neue Shampoo? Ich finde es nicht."	das Shampoo
16.	Unser Deutschlehrer erklärt die neuen Wörter, dann schreibt er sie an die Tafel.	die Wörter (Pl.)
17.	Julia nimmt den Bus und sie verlässt ihn in Nürnberg.	der Bus
18.	„Was ist mit deinem Salat? Isst du ihn nicht?"	der Salat
19.	„Wir haben ein neues Wohnzimmer. Wollt ihr es sehen?"	das Wohnzimmer
20.	„Wo ist mein I-Pod? Ich finde ihn nicht."	der I-Pod
21.	„Wer kauft die Kinokarten?" „Julian kauft sie."	die Kinokarten (Pl.)
22.	Onkel Simon hat heute Geburtstag. Wir besuchen ihn zu Hause.	der Onkel Simon
23.	„Wir wohnen jetzt in Bremen. Besucht ihr uns bald?"	wir
24.	Das ist seine Mutter. Er liebt sie.	die Mutter
25.	„Trinkst du den Tee noch?" „Ja, ich trinke ihn noch."	der Tee

Das ist ein eleganter Mann aber Ich sehe einen eleganten Mann

Das Personalpronomen im Nominativ und Akkusativ | **Info**

Für diesen Abschnitt solltest du folgende Probleme wiederholen:

- In welchem Fall steht das Subjekt?
- Welche Fragen stellst du beim Nominativ?
- Welche Fragen stellst du beim Akkusativ?
- Nach welchen Verben kommt der Akkusativ?

Regel

Bei einem Satz in der **Vergangenheitsform** (Perfekt) entscheidet das Verb im **Partizip Perfekt**, ob man den Nominativ oder den Akkusativ braucht.

Beispiel

	Partizip Perfekt	**Infinitiv**	**Frage**	**Nominativ oder Akkusativ**
Er hat einen kleinen Hund gesehen.	gesehen	sehen	wen/was sehen	Akkusativ
Am Montag ist mein lieber Bruder bei mir gewesen.	gewesen	sein	wer/was sein	Nominativ
Warum hast du gestern kein frisches Brot gekauft?	gekauft	kaufen	wen/was kaufen	Akkusativ
Auf dem Tisch hat ein großer, blauer Ordner gelegen.	gelegen	liegen	wer/was liegt	Nominativ

Regel

Bei einem Satz mit einem **Modalverb** entscheidet das Verb im **Infinitiv**, ob man den Nominativ oder den Akkusativ braucht.

Beispiel

	Infinitiv	**Frage**	**Nominativ oder Akkusativ**
Morgen will ich deinen neuen Freund kennenlernen.	kennenlernen	wen/was kennenlernen	Akkusativ
Er möchte ein guter Vater werden.	werden	wer/was wird	Nominativ
Er darf keine billigen Zigaretten rauchen.	rauchen	wen/was rauchen	Akkusativ
Auf dem Schreibtisch soll sich immer mein neuer Laptop befinden.	befinden	wer/was befindet sich	Nominativ

Das ist ein eleganter Mann aber Ich sehe einen eleganten Mann

Das Personalpronomen im Nominativ und Akkusativ | **Übung**

1. **Ergänze die Endungen. Das Subjekt steht immer im Nominativ. Beantworte zuerst die Fragen.**

   a) Wie heißen das Substantiv und der Artikel?
   b) Wie heißt das Verb im Infinitiv?
   c) Welche Frage stellst du: wer oder was? wen oder was?
   d) Ist es Nominativ oder Akkusativ?

		Artikel und Substantiv	Verb im Infinitiv	Frage	Nom. oder Akk.
1.	Heute kommt zu mir mein lieber, älterer und lustiger Onkel.	der Onkel	kommen	wer/was kommt?	Nom.
2.	Markus ist mein___ best___ und liebst___ Freund.				
3.	Herr Ober, haben Sie ein___ kalt___ Martini für mich?"				
4.	Warum trägst du heute ein___ blau___ Anzug (1), ein___ hell___ Hemd (2) und kein___ weiß___ Hose (3), dein___ dunkl___ Sonnenbrille (4) und d___ dreckig___ weiß___ Socken (5)?	(1) (2) (3) (4) (5)	(1) (2) (3) (4) (5)	(1) (2) (3) (4) (5)	(1) (2) (3) (4) (5)
5.	Du sollst doch ein___ elegant___ Frau heiraten und nicht eine, die nichts von der Mode versteht!				
6.	Dies___ unbekannt___ und neu___ Geschäft in der Innenstadt gefällt mir sehr.				
7.	Mein Vater hat als Kind ein___ alt___, klassisch___ Musikinstrument gespielt.				
8.	Sie haben noch kein___ einzig___ Satz geschrieben, Frau Müller.				
9.	Ist d__ braun__ und teur__ Füller von meiner Mutter gewesen?				
10.	Ein___ dick___ und böse___ Kind (1) hat sein___ verloren___ Mama (2) gesucht.	(1) (2)	(1) (2)	(1) (2)	(1) (2)
11.	Sind Sie d___ neu___ Lehrer von meiner Tochter, Herr Thon?				
12.	Ich trinke immer ein___ warm___ Getränk, auch wenn es draußen ganz heiß ist.				

Das ist ein eleganter Mann aber Ich sehe einen eleganten Mann

Das Personalpronomen im Nominativ und Akkusativ | **Übung**

		Artikel und Substantiv	Verb im Infinitiv	Frage	Nom. oder Akk.
13.	Im Juni haben wir viel___ deutsch___ und für uns unbekannt___ Orte besichtigt und bewundert.				
14.	Hans ist ein___ gut___ Freund von meiner Schwester.				
15.	Herr Neumann hat ein___ neu___ Busticket für diesen Monat gekauft.				
16.	Juliane hat in den Ferien überhaupt kein___ neu___ Bücher gelesen.				
17.	Ein___ schön___ und langbeinig___ Mädchen hat mich nach dem Weg gefragt.				
18.	Sie hat kein___ selbst gemacht___ Plätzchen mehr für mich.				
19.	Ihr___ reich___ und hochnäsig___ Eltern (1) bezahlen unser___ erträumt___ Urlaub (2) nicht.	(1) (2)	(1) (2)	(1) (2)	(1) (2)
20.	Gestern Abend habe ich ein___ langen, aber sehr spannend___ Artikel gelesen.				
21.	Und wie gefällt dir sein___ neu möbliert___ Büro?				
22.	Du hast aber ein___ schön___, modern___ Hosenanzug an!				
23.	Kennt ihr schon mein___ jünger___ Schwester?				
24.	Wo parken Sie Ihr___ neu___, blau___ Auto, Frau Schwarz?				
25.	Mein Vater hat ein___ schön___ und lang___ E-Mail geschrieben.				

Das ist ein eleganter Mann aber Ich sehe einen eleganten Mann

Das Personalpronomen im Nominativ und Akkusativ | **Übung**

2. Ergänze die Endungen. Das Subjekt steht immer im Nominativ.
   Beantworte zuerst die Fragen.

   a) Wie heißen das Substantiv und der Artikel?
   b) Wie heißt das Verb im Infinitiv?
   c) Welche Frage stellst du: wer oder was? wen oder was?
   d) Ist es Nominativ oder Akkusativ?

		Artikel und Substantiv	Verb im Infinitiv	Frage	Nom. oder Akk.
1.	Hast du schon mal so eine hübsche und schlanke Frau gesehen?	Frau	sehen	wen/was hast du gesehen?	Akk.
2.	Mein___ jünger___ Kind (1) lernt in der Schule d___ neu___ Buchstaben (Sg.) (2) „m".	(1) (2)	(1) (2)	(1) (2)	(1) (2)
3.	Ich wollte schon immer ein___ klein___ und schnell___ Hund haben.				
4.	Unser___ frisch renoviert___ Büro ist von Montag bis Donnerstag geöffnet.				
5.	Wir wollen ein___ neu___, umweltfreundlich___ und sparsam___ Honda kaufen.				
6.	Mein___ klein___, lieb___ Baby (1) braucht sehr viel___ frisch___ Windeln (2).	(1) (2)	(1) (2)	(1) (2)	(1) (2)
7.	Herkules ist ein___ schön___ und seltsam___ Name, nicht wahr?				
8.	Kein___ jung___ Student (1) hat immer ein___ voll___ Bauch (2).	(1) (2)	(1) (2)	(1) (2)	(1) (2)
9.	D___ warm___ und trüb___ Apfelsaft ist leider sauer.				
10.	Ich habe neulich sein___ französisch___ Mädchen kennengelernt.				
11.	Zu Weihnachten möchte er ein___ neu___ Kaffeemaschine (1) und kein___ modern___ Mixer (2) haben.	(1) (2)	(1) (2)	(1) (2)	(1) (2)
12.	Mein___ best___ Freund heißt Ralf.				

© Verlag an der Ruhr | Autorin: Bogumiła Baumgartner | ISBN 978-3-8346-2465-9 | www.verlagruhr.de

Das ist ein eleganter Mann aber Ich sehe einen eleganten Mann

Das Personalpronomen im Nominativ und Akkusativ | **Übung**

		Artikel und Substantiv	Verb im Infinitiv	Frage	Nom. oder Akk.
13.	D___ grün___ und knackig___ Salat (1) schmeckt viel besser als viel___ klein___ und frisch___ Tomaten (2).	(1) (2)	(1) (2)	(1) (2)	(1) (2)
14.	Die Arbeit bei Netto ist mein___ einzig___, sicher___ Job.				
15.	Frau Meier hat gestern ein___ jung___ Hamster (1) gekauft und wir haben unser___ weiß___ Katze (2) verkauft.	(1) (2)	(1) (2)	(1) (2)	(1) (2)
16.	Das ist aber ein___ billig___ und altmodisch___ Fotoapparat!				
17.	Ein___ angebrannt___ Milch schmeckt einfach furchtbar.				
18.	Ich kann jeden Tag nur ein___ frisch___, mager___ Quark essen.				
19.	Kennst du schon ihr___ neu___ Nachnamen (Sg.)? Sie hat doch geheiratet, oder?				
20.	In meiner Stadt wohnt kein___ bekannt___ Schauspieler.				
21.	Möchtest du zum Geburtstag ein___ modern___ und schnell___ Handy haben?				
22.	D___ silbern___ Gabel (1), d___ golden___ Messer (2) und d___ klein___ Löffel (3) sind von meiner Mutter.	(1) (2) (3)	(1) (2) (3)	(1) (2) (3)	(1) (2) (3)
23.	Herr Professor, wir verstehen die___ schwer___ und lang___ Sätze nicht.				
24.	Möchtest du ein___ kalt___ oder ein___ warm___ Bier trinken?				
25.	D___ weiß___, groß___ und flach___ Teller liegt immer noch in der Spülmaschine.				

Das ist ein eleganter Mann aber Ich sehe einen eleganten Mann

Das Personalpronomen im Nominativ und Akkusativ | **Lösung**

1. Ergänze die Endungen. Das Subjekt steht immer im Nominativ.
   Beantworte zuerst die Fragen.

		Artikel und Substantiv	**Verb im Infinitiv**	**Frage**	**Nom. oder Akk.**
1.	**Heute kommt zu mir mein lieber, älterer und lustiger Onkel.**	**der Onkel**	**kommen**	**wer/was kommt?**	**Nom.**
2.	Markus ist mein bester und liebster Freund.	der Freund (Subjekt)	sein	Wer/was ist?	Nom.
3.	Herr Ober, haben Sie einen kalten Martini für mich?	der Martini	haben	Wen/was haben Sie?	Akk.
4.	„Warum trägst du heute einen blauen Anzug (1), ein helles Hemd (2) und keine weiße Hose (3), deine dunkle Sonnenbrille (4) und die dreckigen weißen Socken (5)?"	(1) der Anzug (2) das Hemd (3) die Hose (4) die Sonnen-brille (5) die Socken (Pl.)	tragen	Wen/was trägst du?	Akk.
5.	Du sollst doch eine elegante Frau heiraten und nicht eine, die nichts von der Mode versteht!	die Frau	heiraten	Wen/was sollst du heiraten?	Akk.
6.	Dieses unbekannte und neue Geschäft in der Innenstadt gefällt mir sehr.	das Geschäft (Subjekt)	gefallen	Wer/was gefällt mir?	Nom.
7.	Mein Vater hat als Kind ein altes, klassisches Musikinstrument gespielt.	das Musik-instrument	spielen	Wen/was hat er gespielt?	Akk.
8.	Sie haben noch keinen einzigen Satz geschrieben, Frau Müller.	der Satz	schreiben	Wen/was hat sie geschrieben?	Akk.
9.	Ist der braune und teure Füller von meiner Mutter gewesen?	der Füller (Sub-jekt)	sein	Wer/was ist gewesen?	Nom.
10.	Ein dickes und böses Kind (1) hat seine verlorene Mama (2) gesucht.	(1) das Kind (Subjekt) (2) die Mama	suchen	(1) Wer/was hat gesucht? (2) Wen/was hat es gesucht?	(1) Nom. (2) Akk.
11.	Sind Sie der neue Lehrer von meiner Tochter, Herr Thon?	der Lehrer	sein	Wer/was ist er?	Nom.
12.	Ich trinke immer ein warmes Getränk, auch wenn es draußen ganz heiß ist.	das Getränk	trinken	Wen/was trinke ich?	Akk.

Das ist ein eleganter Mann aber Ich sehe einen eleganten Mann

Das Personalpronomen im Nominativ und Akkusativ | **Lösung**

		Artikel und Substantiv	Verb im Infinitiv	Frage	Nom. oder Akk.
13.	Im Juni haben wir viele deutsche und für uns unbekannte Orte besichtigt und bewundert.	die Orte (Pl.)	besichtigen und bewundern	Wen/was haben wir besichtigt und bewundert?	Akk.
14.	Hans ist ein guter Freund von meiner Schwester.	der Freund (Subjekt)	sein	Wer/was ist Hans?	Nom.
15.	Herr Neumann hat ein neues Busticket für diesen Monat gekauft.	das Busticket	kaufen	Wen/was hat er gekauft?	Akk.
16.	Juliane hat in den Ferien überhaupt keine neuen Bücher gelesen.	die Bücher (Pl.)	lesen	Wen/was hat sie gelesen?	Akk.
17.	Ein schönes und langbeiniges Mädchen hat mich nach dem Weg gefragt.	das Mädchen (Subjekt)	fragen	Wer/was hat gefragt?	Nom.
18.	Sie hat keine selbst gemachten Plätzchen mehr für mich.	die Plätzchen (Pl.)	haben	Wen/was hat sie?	Akk.
19.	Ihre reichen und hochnäsigen Eltern (1) bezahlen unseren erträumten Urlaub (2) nicht.	(1) die Eltern (Pl.) (Subjekt) (2) der Urlaub	bezahlen	(1) Wer/was bezahlt? (2) Wen/was bezahlen sie?	(1) Nom. (2) Akk.
20.	Gestern Abend habe ich einen langen, aber sehr spannenden Artikel gelesen.	der Artikel	lesen	Wen/was habe ich gelesen?	Akk.
21.	Und wie gefällt dir sein neu möbliertes Büro?	das Büro (Subjekt)	gefallen	Wer/was gefällt dir?	Nom.
22.	Du hast aber einen schönen, modernen Hosenanzug an!	der Hosen- anzug	an|haben	Wen/was hast du an?	Akk.
23.	Kennt ihr schon meine jüngere Schwester?	die Schwester	kennen	Wen/was kennt ihr?	Akk.
24.	Wo parken Sie Ihr neues, blaues Auto, Frau Schwarz?	das Auto	parken	Wen/was parken Sie?	Akk.
25.	Mein Vater hat eine schöne und lange E-Mail geschrieben.	die E-Mail	schreiben	Wen/was schreibt er?	Akk.

© Verlag an der Ruhr | Autorin: Bogumila Baumgartner | ISBN 978-3-8346-2465-9 | www.verlagruhr.de

Das ist ein eleganter Mann aber Ich sehe einen eleganten Mann

Das Personalpronomen im Nominativ und Akkusativ | **Lösung**

2. Ergänze die Endungen. Das Subjekt steht immer im Nominativ. Beantworte zuerst die Fragen.

		Artikel und Substantiv	Verb im Infinitiv	Frage	Nom. oder Akk.
1.	Hast du schon mal so eine hübsche und schlanke Frau gesehen?	Frau	sehen	wen/was hast du gesehen?	Akk.
2.	Mein jüngeres Kind (1) lernt in der Schule den neuen Buchstaben (Sg.) (2) „m".	(1) das Kind (Subjekt) (2) der Buchstabe	lernen	(1) Wer/was lernt? (2) Wen/was lernt es?	(1) Nom. (2) Akk.
3.	Ich wollte schon immer einen kleinen und schnellen Hund haben.	der Hund	haben	Wen/was wollte ich haben?	Akk.
4.	Unser frisch renoviertes Büro ist von Montag bis Donnerstag geöffnet.	das Büro (Subjekt)	sein	Wer/was ist geöffnet?	Nom.
5.	Wir wollen einen neuen, umweltfreundlichen und sparsamen Honda kaufen.	der Honda	kaufen	Wen/was wollen wir kaufen?	Akk.
6.	Mein kleines, liebes Baby (1) braucht sehr viele frische Windeln (2).	(1) das Baby (Subjekt) (2) die Windeln (Pl.)	brauchen	(1) Wer/was braucht? (2) Wen/was braucht es?	(1) Nom. (2) Akk.
7.	Herkules ist ein schöner und seltsamer Name, nicht wahr?	der Name (Subjekt)	sein	Wer/was ist schön?	Nom.
8.	Kein junger Student (1) hat immer einen vollen Bauch (2).	(1) der Student (Subjekt) (2) der Bauch	haben	(1) Wer/was hat? (2) Wen/was hat er?	(1) Nom. (2) Akk.
9.	Der warme und trübe Apfelsaft ist leider sauer.	der Apfelsaft (Subjekt)	sein	Wer/was ist?	Nom.
10.	Ich habe neulich sein französisches Mädchen kennengelernt.	das Mädchen	kennenlernen	Wen/was habe ich kennengelernt?	Akk.
11.	Zu Weihnachten möchte er eine neue Kaffeemaschine (1) und keinen modernen Mixer (2) haben.	(1) die Kaffeemaschine (2) der Mixer	haben	Wen/was möchte er haben?	Akk.
12.	Mein bester Freund heißt Ralf.	der Freund (Subjekt)	heißen	Wer/was heißt Ralf?	Nom.

Das ist ein eleganter Mann aber Ich sehe einen eleganten Mann

Das Personalpronomen im Nominativ und Akkusativ | **Lösung**

		Artikel und Substantiv	Verb im Infinitiv	Frage	Nom. oder Akk.
13.	Der grüne und knackige Salat (1) schmeckt viel besser als viele kleine und frische Tomaten (2).	(1) der Salat (Subjekt) (2) die Tomaten (Pl.) (Subjekt)	schmecken	(1) Wer/was schmeckt? (2) Wer/was schmeckt?	(1) Nom. (2) Nom.
14.	Die Arbeit beim Netto ist mein einziger, sicherer Job.	der Job (Subjekt)	sein	Wer/was ist?	Nom.
15.	Frau Meier hat gestern einen jungen Hamster (1) gekauft und wir haben unsere weiße Katze (2) verkauft.	(1) der Hamster (2) die Katze	(1) kaufen (2) verkaufen	(1) Wen/was hat sie gekauft? (2) Wen/was hat sie verkauft?	(1) Akk. (2) Akk.
16.	Das ist aber ein billiger und altmodischer Fotoapparat!	der Foto-apparat (Subjekt)	sein	Wer/was ist?	Nom.
17.	Eine angebrannte Milch schmeckt einfach furchtbar.	die Milch (Subjekt)	sein	Wer/was schmeckt?	Nom.
18.	Ich kann jeden Tag nur einen frischen, mageren Quark essen.	der Quark	essen	Wen/was kann ich essen?	Akk.
19.	Kennst du schon ihren neuen Nachnamen (Sg.)? Sie hat doch geheiratet, oder?	der Nachname	kennen	Wen/was kennst du?	Akk.
20.	In meiner Stadt wohnt kein bekannter Schauspieler.	der Schau-spieler (Subjekt)	wohnen	Wer/was wohnt?	Nom.
21.	Möchtest du zum Geburtstag ein modernes und schnelles Handy haben?	das Handy	haben	Wen/was möchtest du haben?	Akk.
22.	Die silberne Gabel (1), das goldene Messer (2) und der kleine Löffel (3) sind von meiner Mutter.	(1) die Gabel (2) das Messer (3) der Löffel (alle Subjekt)	sein	Wer/was sind?	Nom.
23.	Herr Professor, wir verstehen diese schweren und langen Sätze nicht.	die Sätze (Pl.)	verstehen	Wen/was ver-stehen wir nicht?	Akk.
24.	Möchtest du ein altes oder ein warmes Bier trinken?	das Bier	trinken	Wen/was möchtest du trinken?	Akk.
25.	Der weiße, große und flache Teller liegt immer noch in der Spülmaschine.	der Teller (Subjekt)	liegen	Wer/was liegt?	Nom.

Das Geschenk ist für meinen lieben Vater

Die Präpositionen mit dem Akkusativ | **Info**

Für diesen Abschnitt solltest du folgende Probleme wiederholen:
- Welche Endungen hat das Adjektiv im Nominativ?
- Welche Endungen hat das Adjektiv im Akkusativ?

Einführung

Die **Präposition** ist ein sehr kleines Wort.
Es zeigt ein **Verhältnis oder eine Beziehung** zwischen Personen oder Sachen an.

Regeln

Nach den Präpositionen kommt immer der **Akkusativ**.
Wenn du in einem Satz diese Präpositionen **vor** einem Substantiv siehst, musst du immer den Akkusativ verwenden.
Es gibt nur **sechs Präpositionen**, die du unbedingt lernen solltest:

	in deiner Sprache
durch	
für	
gegen	
ohne	
um	
entlang (nur nach dem Substantiv)	

- Nicht das Verb ist wichtig, sondern die **Präposition**, die vor dem Substantiv steht.

Beispiele

Diese Pralinen sind **für** unseren glücklichen Opa.
Am Freitag gehen wir **ohne** meine liebe Freundin ins Kino.
Sie rennt **durch** den dunklen Park nach Hause.
Den Fluss **entlang** gibt es Radwege.

Das Geschenk ist für meinen lieben Vater

Die Präpositionen mit dem Akkusativ | **Übung**

1. Ergänze die Endungen. Beantworte dazu zuerst die Fragen.

   a) Wie heißt die Präposition?
   b) Wie heißt das Substantiv und der Artikel?

		Präposition	**Artikel und Substantiv**
1.	**Was kaufst du für deine ungeduldigen, aber braven Kinder zu Weihnachten?**	für	die Kinder (Pl.)
2.	Seit längerer Zeit bewirbt sich unsere Schwester um ein___ neu___ und gut bezahlt___ Job.		
3.	Schwierige Sätze erklärt man durch viel___ einfach___ Beispielsätze.		
4.	Vorgestern hat meine Tante einen Kuchen ohne frisch___ Eier (1) und ohne d___ fein___ Zucker (2) gebacken.	(1) (2)	(1) (2)
5.	Ich habe gestern ein Geburtstagsgeschenk für dein___ bezaubernd___, lieb___ und sympathisch___ Tante gekauft.		
6.	Die Demonstranten protestieren gegen d___ ungerecht___ und stur___ Staat.		
7.	Auch das interessanteste Seminar an der Uni gelingt nicht ohne d___ zahlreich___ und spontan___ Beteiligung der Studenten.		
8.	Die weit___, schmal___ Mauer entlang blühen bunte Blumen.		
9.	Herr Meier geht ohne sein___ teur___, modern___ und praktisch___ Handy nicht aus dem Haus.		
10.	Ich danke dir für dein___ hilfreich___ und nötig___ Rat.		
11.	Jeder Mensch auf der Welt ist gegen all___ sinnlos___, brutal___ und grausam___ Kriege.		
12.	D___ renoviert___ und neu gestrichen___ Zaun entlang wachsen sehr schöne Bäume.		
13.	Kaufen Sie oft Blumen für Ihr___ faszinierend___ und bildhübsch___ Arbeitskollegin, Herr Netter?		
14.	Beate kommt in die Disco, aber ohne ihr___ elegant___ und charmant___ Freund.		
15.	Ich brauche sehr viel Zeit für mein___ lang___ und kompliziert___ Hausaufgaben.		

Das Geschenk ist für meinen lieben Vater

Die Präpositionen mit dem Akkusativ | **Übung**

		Präposition	Artikel und Substantiv
16.	Der Autofahrer fährt mit einer hohen Geschwindigkeit gegen ein___ groß___, breit___ und gefährlich___ Baum.		
17.	Marianne geht jeden Tag durch d___ grün___ und dunkl___ Park zur Arbeit.		
18.	Wir kümmern uns immer um unser___ freundlich___, herzlich___ und großzügig___ Gäste.		
19.	Peter und Klaus rennen im Regen ohne ein___ groß___ und elegant___ Regenschirm nach Hause.		
20.	Mein Vater hat überhaupt gar keine Lust, viel Geld für ein___ teur___ und schnell___ Auto auszugeben.		
21.	Niemand kann durch ein___ verstopft___ Nase atmen.		
22.	D___ breit___ und gefährlich___ Fluss entlang stehen breite Dämme.		
23.	In der Schule funktioniert einfach nichts ohne unser___ zuverlässig___, nett___ und hilfsbereit___ Hausmeister.		
24.	Er arbeitet schon lange für dies___ bekannt___ und groß___ Laden.		
25.	Kann ich dich um ein___ richtig___ und sinnvoll___ Vorschlag bitten?		

Das Geschenk ist für meinen lieben Vater

Die Präpositionen mit dem Akkusativ | **Übung**

Jetzt musst du aufpassen: In dieser Übung kommt alles vor, was du bis jetzt über den Nominativ und Akkusativ gelernt hast!

Was entscheidet über die Adjektivendung?

das Verb → Wer? Was? → Nominativ (Subjekt)

das Verb → Wen? Was? → Akkusativ

die Präposition → Akkusativ

2. Ergänze die Endungen. Beantworte dazu zuerst die Fragen.

a) Was entscheidet über die Adjektivendung? Das Verb oder die Präposition?
b) Gibt es eine Präposition in diesem Satz? Welche?
c) Auf welche Substantive oder auf welches Personalpronomen bezieht sich die Präposition?
d) Wie heißt das Verb? Verlangt dieses Verb den Akkusativ?
e) Wie heißt das Substantiv und der Artikel?
f) Ist das Nominativ (N) oder Akkusativ (A)?

		Präposition	Verb	Artikel und Substantiv	Frage nach dem Verb	Nom. oder Akk.
1.	Er kauft keine bunten und frischen Blumen (1) für seine besten und geliebten Eltern (2).	(1) --- (2) für	(1) kaufen (2) ---	(1) die Blumen (Pl.) (2) die Eltern (Pl.)	(1) Wen/was kauft er? (2) ---	(1) A (2) A
2.	In unserem Land gibt es kein___ alt___ und reich___ König.					
3.	Wie viel Euro hast du für d___ neuest___ I-Pod (1) und für dies___ cool___, aber teur___ Computerspiel (2) bezahlt?	(1) (2)	(1) (2)	(1) (2)	(1) (2)	(1) (2)
4.	Warum sieht er immer nur d___ uninteressante___ und langweilig___ Filme von der Videothek an?					
5.	All___ eingeladen___ Gäste (1) sitzen um d___ rund___ und sehr alt___ Gartentisch (2) und essen ein___ frisch gebacken___ Schokoladenkuchen (3).	(1) (2) (3)	(1) (2) (3)	(1) (2) (3)	(1) (2) (3)	(1) (2) (3)

Das Geschenk ist für meinen lieben Vater

Die Präpositionen mit dem Akkusativ | **Übung**

		Präpo-sition	Verb	Artikel und Substantiv	Frage nach dem Verb	Nom. oder Akk.
6.	Maria, dies___ klein___ Geschenk (1) ist nicht für ___ (2), sondern für dein___ älter___ Bruder (3).	(1) (2) (3)	(1) (2) (3)	(1) (2) (3)	(1) (2) (3)	(1) (2) (3)
7.	Gestern ist sein___ liebst___ (1) Onkel mit dem Auto gegen d___ hart___ und weiß___ Garagentor (2) gefahren.	(1) (2)	(1) (2)	(1) (2)	(1) (2)	(1) (2)
8.	D___ rot___, schnell___ Feuerwehrwagen (1) findet dies___ blau___ und neu renoviert___ Gebäude (2) nicht.	(1) (2)	(1) (2)	(1) (2)	(1) (2)	(1) (2)
9.	Trinkst du immer dein___ geliebt___ Kaffee (1) ohne d___ kalt___ Kondensmilch (2) und ohne d___ braun___, sehr süß___ Rohzucker (3)?	(1) (2) (3)	(1) (2) (3)	(1) (2) (3)	(1) (2) (3)	(1) (2) (3)
10.	In unserer Bäckerei an der Ecke gibt es kein___ frisch___ und warm___ Brötchen (Pl.) (1) und kein___ knusprig___ Brot (2) mehr.	(1) (2)	(1) (2)	(1) (2)	(1) (2)	(1) (2)
11.	D___ großartig___, weltberühmt___ Dirigent (1) sorgt hervorragend für sein___ lieb___ und enthusiastisch___ Publikum (2).	(1) (2)	(1) (2)	(1) (2)	(1) (2)	(1) (2)
12.	Ohne unser___ lieb___ Opa Franz (1) mache ich mein___ schwierig___ Hausaufgaben (2) nicht.	(1) (2)	(1) (2)	(1) (2)	(1) (2)	(1) (2)
13.	Es gibt ein___ schnell___, modern___ und pünktlich___ Zug von Regensburg nach München.					
14.	Seid ihr unser___ neu___ und ruhig___ Nachbarn?					
15.	Wer bezahlt für d___ kostbar___ und lebenswichtig___ Medikament (1) für mein___ sehr krank___, aber stark___ Opa (2)?	(1) (2)	(1) (2)	(1) (2)	(1) (2)	(1) (2)

© Verlag an der Ruhr | Autorin: Bogumila Baumgartner | ISBN 978-3-8346-2465-9 | www.verlagruhr.de

Das Geschenk ist für meinen lieben Vater

Die Präpositionen mit dem Akkusativ | **Übung**

		Präposition	Verb	Artikel und Substantiv	Frage nach dem Verb	Nom. oder Akk.
16.	Familie Meier geht jeden Sonntag zusammen mit den Kindern durch d___ riesig___ und sehr vielseitig___ Tierpark spazieren.					
17.	Herr und Frau Blau kaufen kein___ frisch___ Obst (1), sondern nur dies___ tiefgefroren___ und schön verpackt___ Früchte (2).	(1) (2)	(1) (2)	(1) (2)	(1) (2)	(1) (2)
18.	D___ ganz___ Klasse (1) kämpft gegen dies___ monatlich___, sehr schwierig___ Schulaufgaben (2).	(1) (2)	(1) (2)	(1) (2)	(1) (2)	(1) (2)
19.	Frau Meier findet immer noch kein___ treu___, humorvoll___ und liebenswert___ Mann (1) für ihr___ restlich___ Leben (2).	(1) (2)	(1) (2)	(1) (2)	(1) (2)	(1) (2)
20.	Unser___ sehr streng___ Lehrer (1) bittet oft ein___ freiwillig___ Schüler (Sg.) (2) um ein___ klein___, weiß___ Stück Kreide (3).	(1) (2) (3)	(1) (2) (3)	(1) (2) (3)	(1) (2) (3)	(1) (2) (3)
21.	Mein___ neu___ Freund (1) kauft ein___ rot___ Füller (2) und viel___ groß___, bunt___ Spielzeuge (3) für sein___ klein___ Cousin (4).	(1) (2) (3) (4)	(1) (2) (3) (4)	(1) (2) (3) (4)	(1) (2) (3) (4)	(1) (2) (3) (4)
22.	Antonia und Josef feiern heute ihr___ zehnt___ Hochzeitstag (1). Alle freuen sich für ___ (2).	(1) (2)	(1) (2)	(1) (2)	(1) (2)	(1) (2)
23.	Die Studenten bedanken sich bei dem Professor für d___ erfolgreich___ und interessant___ Experiment.					
24.	D___ dick___ Neffe (1) bittet sein___ nett___ und reich___ Mutter (2) um sein___ klein___, monatlich___, lang erwartet___ Taschengeld (3).	(1) (2) (3)	(1) (2) (3)	(1) (2) (3)	(1) (2) (3)	(1) (2) (3)
25.	Ein___ groß___, braun___ und hungrig___ Löwe (1) mag kein___ winzig___ und grau___ Mäuse (2).	(1) (2)	(1) (2)	(1) (2)	(1) (2)	(1) (2)

Das Geschenk ist für meinen lieben Vater

Die Präpositionen mit dem Akkusativ | **Lösung**

1. Ergänze die Endungen. Beantworte dazu zuerst die Fragen.

		Präposition	Artikel und Substantiv
1.	Was kaufst du für deine ungeduldigen, aber braven Kinder zu Weihnachten?	für	die Kinder (Pl.)
2.	Seit längerer Zeit bewirbt sich unsere Schwester um einen neuen und gut bezahlten Job.	um	der Job
3.	Schwierige Sätze erklärt man durch viele einfache Beispielsätze.	durch	die Beispielsätze (Pl.)
4.	Vorgestern hat meine Tante einen Kuchen ohne frische Eier (1) und ohne den feinen Zucker (2) gebacken.	(1) ohne (2) ohne	(1) die Eier (Pl.) (2) der Zucker
5.	Ich habe gestern ein Geburtstagsgeschenk für deine bezaubernde, liebe und sympathische Tante gekauft.	für	die Tante
6.	Die Demonstranten protestieren gegen den ungerechten und sturen Staat.	gegen	der Staat
7.	Auch das interessanteste Seminar an der Uni gelingt nicht ohne die zahlreiche und spontane Beteiligung der Studenten.	ohne	die Beteiligung
8.	Die weite, schmale Mauer entlang blühen bunte Blumen.	entlang	die Mauer
9.	Herr Meier geht ohne sein teures, modernes und praktisches Handy nicht aus dem Haus.	ohne	das Handy
10.	Ich danke dir für deinen hilfreichen und nötigen Rat.	für	der Rat
11.	Jeder Mensch auf der Welt ist gegen alle sinnlosen, brutalen und grausamen Kriege.	gegen	die Kriege (Pl.)
12.	Den renovierten und neu gestrichenen Zaun entlang wachsen sehr schöne Bäume.	entlang	der Zaun
13.	„Kaufen Sie oft Blumen für Ihre faszinierende und bildhübsche Arbeitskollegin, Herr Netter?"	für	die Arbeitskollegin
14.	Beate kommt in die Disco, aber ohne ihren eleganten und charmanten Freund.	ohne	der Freund
15.	Ich brauche sehr viel Zeit für meine langen und komplizierten Hausaufgaben.	für	die Hausaufgaben (Pl.)
16.	Der Autofahrer fährt mit einer hohen Geschwindigkeit gegen einen großen, breiten und gefährlichen Baum.	gegen	der Baum

© Verlag an der Ruhr | Autorin: Bogumila Baumgartner | ISBN 978-3-8346-2465-9 | www.verlagruhr.de

Das Geschenk ist für meinen lieben Vater

Die Präpositionen mit dem Akkusativ | **Lösung**

		Präposition	Artikel und Substantiv
17.	Marianne geht jeden Tag durch den grünen und dunklen Park in die Arbeit.	durch	der Park
18.	Wir kümmern uns immer um unsere freundlichen, herzlichen und großzügigen Gäste.	um	die Gäste (Pl.)
19.	Peter und Klaus rennen im Regen ohne einen großen und eleganten Regenschirm nach Hause.	ohne	der Regenschirm
20.	Mein Vater hat überhaupt gar keine Lust, viel Geld für ein teures und schnelles Auto auszugeben.	für	das Auto
21.	Niemand kann durch eine verstopfte Nase atmen.	durch	die Nase
22.	Den breiten und gefährlichen Fluss entlang stehen breite Dämme.	entlang	der Fluss
23.	In der Schule funktioniert einfach nichts ohne unseren zuverlässigen, netten und hilfsbereiten Hausmeister.	ohne	der Hausmeister
24.	Er arbeitet schon lange für diesen bekannten und großen Laden.	für	der Laden
25.	Kann ich dich um einen richtigen und sinnvollen Vorschlag bitten?	um	der Vorschlag

Das Geschenk ist für meinen lieben Vater

Die Präpositionen mit dem Akkusativ | **Lösung**

2. Ergänze die Endungen. Beantworte dazu zuerst die Fragen.

		Präposition	Verb	Artikel und Substantiv	Frage nach dem Verb	(N) oder (A)
1.	Er kauft keine bunten und frischen Blumen (1) für seine besten und geliebten Eltern (2).	(1) --- (2) für	(1) kaufen (2) ---	(1) die Blumen (Pl.) (2) die Eltern (Pl.)	(1) Wen/ was kauft er? (2) ---	(1) A (2) A
2.	In unserem Land gibt es keinen alten und reichen König.	---	es gibt	der König	Wen/was gibt es?	A
3.	„Wie viel Euro hast du für den neuesten I-Pod (1) und für dieses coole, aber teure Computerspiel (2) bezahlt?"	(1) für (2) für	(1) --- (2) ---	(1) der I-Pod (2) das Computer-spiel	(1) --- (2) ---	(1) A (2) A
4.	Warum sieht er immer nur die uninteressanten und langweiligen Filme von der Videothek an?	---	an|sehen	die Filme (Pl.)	Wen/was sieht er an?	A
5.	Alle eingeladenen Gäste (1) sitzen um den runden und sehr alten Gartentisch (2) und essen einen frisch gebackenen Schokoladenkuchen (3).	(1) --- (2) um (3) ---	(1) --- (2) --- (3) essen	(1) die Gäste (Pl.) (Subjekt) (2) der Gartentisch (3) der Schokoladen-kuchen	(1) Wer/was sitzt? (2) --- (3) Wen/was essen sie?	(1) N (2) A (3) A
6.	Maria, dieses kleine Geschenk (1) ist nicht für dich (2), sondern für deinen älteren Bruder (3).	(1) --- (2) für (3) für	(1) --- (2) --- (3) ---	1) das Geschenk (Subjekt) (2) du (3) der Bruder	(1) Wer/was ist? (2) --- (3) ---	(1) N (2) A (3) A
7.	Gestern ist sein liebster (1) Onkel mit dem Auto gegen das harte und weiße Garagentor (2) gefahren.	(1) --- (2) gegen	(1) --- (2) gegen	(1) der Onkel (Subjekt) (2) das Gar-agentor	(1) Wer/was ist gefahren? (2) ---	(1) N (2) A
8.	Der rote, schnelle Feuerwehrwagen (1) findet dieses blaue und neu renovierte Gebäude (2) nicht.	(1) --- (2) ---	(1) --- (2) ---	(1) der Feuer-wehrwagen (Subjekt) (2) das Gebäude	(1) Wer/was findet? (2) Wen/was findet er nicht?	(1) N (2) A
9.	Trinkst du immer deinen geliebten Kaffee (1) ohne die kalte Kondensmilch (2) und ohne den braunen, sehr süßen Rohzucker (3)?	(1) --- (2) ohne (3) ohne	(1) --- (2) ohne (3) ohne	(1) der Kaffee (2) die Kon-densmilch (3) der Rohzucker	(1) Wen/was trinkst du? (2) --- (3) ---	(1) A (2) A (3) A

Das Geschenk ist für meinen lieben Vater

Die Präpositionen mit dem Akkusativ | **Lösung**

		Präposition	Verb	Artikel und Substantiv	Frage nach dem Verb	(N) oder (A)
10.	In unserer Bäckerei an der Ecke gibt es keine frischen und warmen Brötchen (Pl.) (1) und kein knuspriges Brot (2) mehr.	(1) --- (2) ---	(1) --- (2) ---	(1) es gibt (2) es gibt	(1) die Brötchen (Pl.) (2) das Brot	(1) A (2) A
11.	Der großartige, weltberühmte Dirigent (1) sorgt hervorragend für sein liebes und enthusiastisches Publikum (2).	(1) --- (2) für	(1) --- (2) ---	(1) der Dirigent (Subjekt) (2) das Publikum	(1) Wer/was sorgt? (2) ---	(1) N (2) A
12.	Ohne unseren lieben Opa Franz (1) mache ich meine schwierigen Hausaufgaben (2) nicht.	(1) ohne (2) ---	(1) --- (2) machen	(1) der Opa Franz (2) die Hausaufgaben (Pl.)	(1) --- (2) Wen/was mache ich nicht?	(1) A (2) A
13.	Es gibt einen schnellen, modernen und pünktlichen Zug von Regensburg nach München.	---	es gibt	der Zug	Wen/was gibt es?	A
14.	Seid ihr unsere neuen und ruhigen Nachbarn?	---	sein	die Nachbarn (Pl.)	Wer/was seid ihr?	N
15.	Wer bezahlt für das kostbare und lebenswichtige Medikament (1) für meinen sehr kranken, aber starken Opa (2)?	(1) für (2) für	(1) --- (2) ---	(1) das Medikament (2) der Opa	(1) --- (2) ---	(1) A (2) A
16.	Familie Meier geht jeden Sonntag zusammen mit den Kindern durch den riesigen und sehr vielseitigen Tierpark spazieren.	durch	---	der Tierpark	---	A
17.	Herr und Frau Blau kaufen kein frisches Obst (1), sondern nur diese tiefgefrorenen und schön verpackten Früchte (2).	(1) --- (2) ---	(1) kaufen (2) kaufen	(1) das Obst (2) die Früchte (Pl.)	(1) Wen/was kaufen sie? (2) Wen/was kaufen sie?	(1) A (2) A
18.	Die ganze Klasse (1) kämpft gegen diese monatlichen, sehr schwierigen Schulaufgaben (2).	(1) ---- (2) gegen	(1) --- (2) ---	(1) die Klasse (Subjekt) (2) die Schulaufgaben (Pl.)	(1) Wer/was kämpft? (2) ---	(1) N (2) A
19.	Frau Meier findet immer noch keinen treuen, humorvollen und liebenswerten Mann (1) für ihr restliches Leben (2).	(1) --- (2) für	(1) finden (2) ---	(1) der Mann (2) das Leben	(1) Wen/was findet sie? (2) ---	(1) A (2) A

Das Geschenk ist für meinen lieben Vater

Die Präpositionen mit dem Akkusativ | **Lösung**

		Präposition	**Verb**	**Artikel und Substantiv**	**Frage nach dem Verb**	**(N) oder (A)**
20.	Unser sehr strenger Lehrer (1) bittet oft einen freiwilligen Schüler (Sg.) (2) um ein kleines, weißes Stück Kreide (3).	(1) --- (2) --- (3) um	(1) --- (2) bitten (3) ---	(1) der Lehrer (Subjekt) (2) der Schüler (3) das Stück Kreide	(1) Wer/was bittet? (2) Wen/was bittet er? (3) ---	(1) N (2) A (3) A
21.	Mein neuer Freund (1) kauft einen roten Füller (2) und viele große, bunte Spielzeuge (3) für seinen kleinen Cousin (4).	(1) --- (2) --- (3) --- (4) für	(1) --- (2) kaufen (3) kaufen (4) ---	(1) der Freund (Subjekt) (2) der Füller (3) die Spielzeuge (Pl.) (4) der Cousin	(1) Wer/was kauft? (2) Wen/was kauft er? (3) Wen/was kauft er? (4) ---	(1) N (2) A (3) A (4) A
22.	Antonia und Josef feiern heute ihren zehnten Hochzeitstag (1). Alle freuen sich für sie (2).	(1) --- (2) für	(1) feiern (2) ---	(1) der Hochzeitstag (2) sie (Pl.)	(1) Wen/was feiern sie? (2) ---	(1) A (2) A
23.	Die Studenten bedanken sich bei dem Professor für das erfolgreiche und interessante Experiment.	für	---	das Experiment	---	A
24.	Der dicke Neffe (1) bittet seine nette und reiche Mutter (2) um sein kleines, monatliches, lang erwartetes Taschengeld (3).	(1) --- (2) --- (3) um	(1) --- (2) bitten (3) ---	(1) der Neffe (Subjekt) (2) die Mutter (3) das Taschengeld	(1) Wer/was bittet? (2) Wen bittet er? (3) ---	(1) N (2) A (3) A
25.	Ein großer, brauner und hungriger Löwe (1) mag keine winzigen und grauen Mäuse (2).	(1) --- (2) ---	(1) --- (2) mögen	(1) der Löwe (Subjekt) (2) die Mäuse (Pl.)	(1) Wer/was mag? (2) Wen/was mag ein Löwe?	(1) N (2) A

Ich gehe heute mit meinem besten Freund ins Kino

Der Dativ: Das Adjektiv und die Präpositionen | **Info**

Für diesen Abschnitt solltest du folgende Probleme wiederholen:
- Welche Adjektivendungen gibt es im Nominativ und im Akkusativ?
- Welche Kategorien gibt es?

Einführung

Nach bestimmten Präpositionen folgt immer der Dativ.

Regeln

- Wenn du in einem Satz die folgenden Präpositionen **vor** einem Substantiv siehst, musst du immer den Dativ verwenden.
- Diese neun Präpositionen solltest du unbedingt lernen. In dieser Reihenfolge kannst du dir die Präpositionen am besten merken.

	in deiner Sprache		**in deiner Sprache**		**in deiner Sprache**
aus		von		außer	
bei		zu		gegenüber	
mit		seit			
nach					

- Die Adjektivendung im Dativ ist immer die Endung „**-en**".
- Im Plural bekommen auch die **Substantive** eine Endung, „**-n**".

Ich gehe mit …

Beispiel: Maskulinum Singular

Adjektivendung	**Kategorie**	**Wen?**
	bestimmter Artikel	dem eleganten Mann.
	Demonstrativpronomen	diesem eleganten Mann.
„-en"	unbestimmter Artikel	einem eleganten Mann.
	„kein"	keinem eleganten Mann.
	Possessivpronomen	meinem eleganten Mann.

Ich gehe mit …

Beispiel: Femininum Singular

Adjektivendung	**Kategorie**	**Wen?**
	bestimmter Artikel	der mutigen Frau.
	Demonstrativpronomen	dieser mutigen Frau.
„-en"	unbestimmter Artikel	einer mutigen Frau.
	„kein"	keiner mutigen Frau.
	Possessivpronomen	meiner mutigen Frau.

Ich gehe heute mit meinem besten Freund ins Kino

Der Dativ: Das Adjektiv und die Präpositionen | **Info**

Beispiel: Neutrum Singular

Ich gehe mit …

Adjektivendung	Kategorie	Wen?
	bestimmter Artikel	dem frechen Kind.
	Demonstrativpronomen	diesem frechen Kind.
„-en“	unbestimmter Artikel	einem frechen Kind.
	„kein“	keinem frechen Kind.
	Possessivpronomen	meinem frechen Kind.

Ausnahmen

Normalerweise muss vor einem Substantiv ein Artikel stehen.
Manchmal **braucht das Substantiv aber keinen Artikel**,
dann bekommt das Adjektiv im Dativ bei Maskulinum und Neutrum

- die Endung „**-em**“.
- bei Femininum die Endung „**-er**“.

Beispiel

Ich trinke Tee mit braun**em** Zucker (Maskulinum).
Das Besteck von meiner Oma ist aus rein**em** Gold (Neutrum).
Er mag Brot mit gesalzen**er** Butter (Femininum).

Beispiel: Plural

Ich gehe mit …

Adjektivendung	Kategorie	Wen?
	bestimmter Artikel	den lustigen Kindern
	Demonstrativpronomen	diesen lustigen Kindern
	„kein“	keinen lustigen Kindern
„-en“	Possessivpronomen	meinen lustigen Kindern
	Plural nach „alle“	allen lustigen Kindern
	Plural nach „viele“	vielen lustigen Kindern
	Plural ohne Artikel (---)	(---) lustigen Kindern

Ausnahmen

Substantive, die im Plural schon auf „**-n**“ enden, bekommen **kein** zweites „**-n**“.
Substantive, die im Plural auf „**-s**“ enden, bekommen kein „**-n**“.

Beispiel

Eltern, Schulen, Freundinnen, Uhren, Ideen
Autos, Kameras, Büros, Parks, Studios.

Ich gehe heute mit meinem besten Freund ins Kino

Der Dativ: Das Adjektiv und die Präpositionen | **Info**

Regeln: Präpositionen mit dem Dativ

- Der Dativ ist sehr leicht. Überall bekommt das Adjektiv die Endung „**-en**".
- Im **Plural** musst du aufpassen:
  Hier bekommt das Substantiv zusätzlich die Endung „**-n**".

Maskulinum	dem	-en
	diesem	-en
	einem	-en
	keinem	-en
	meinem	-en

Femininum	der	-en
	dieser	-en
	einer	-en
	keiner	-en
	meiner	-en

Neutrum	dem	-en
	diesem	-en
	einem	-en
	keinem	-en
	meinem	-en

Plural	den		
	diesen	-en	
	keinen	-en	
	meinen	-en	**-n**
	allen	-en	
	vielen	-en	

Ich gehe heute mit meinem besten Freund ins Kino

Der Dativ: Das Adjektiv und die Präpositionen | **Übung**

1. Ergänze die Endungen. Beantworte zuerst die Frage.
   Wie heißen der Artikel und das Substantiv?

	Eine Pizza schmeckt am besten mit:	Artikel und Substantiv
1.	einer grünen Paprika	die Paprika
2.	d___ knackig___ Mais	
3.	kein___ saftig___ Thunfisch	
4.	d___ gebraten___ Champignons___	
5.	ein___ geschnitten___ Kiwi	
6.	dies___ gegrillt___ Zucchini	
7.	viel___ rot___ Tomaten__	
8.	ein___ gelb___ Curry-Soße	
9.	mein___ geliebt___, weich___ Käse	
10.	kein___ gebraten___ Zwiebeln___	
11.	ein___ hart gekocht___ Ei	
12.	dies___ sahnig___ Mozzarella	
13.	grün___ Oliven___	
14.	d___ klein gehackt___ Blattspinat	
15.	kein___ roh___ Fleisch	
16.	d___ scharf___ Tomatensoße	
17.	viel___ schmackhaft___ Meeresfrüchten___	
18.	ein___ klein___ Paprikaschote	
19.	kein___ gekocht___ Vorderschinken	
20.	ein___ gebraten___ Hühnchenbrust	
21.	ihr___ geliebt___ Barbecue-Soße	
22.	ein___ weich___ Edamer	
23.	dies___ frisch___ Mandarinen___	
24.	d___ duftend___ Basilikum	
25.	viel___ Krabben___	

Ich gehe heute mit meinem besten Freund ins Kino

Der Dativ: Das Adjektiv und die Präpositionen | **Übung**

2. Ergänze die Endungen. Beantworte zuerst die Frage.
   Wie heißen der Artikel und das Substantiv?

	Ich habe einen Termin bei:	**Artikel und Substantiv**
1.	unserem hilfsbereiten Hausmeister	der Hausmeister
2.	dies___ elegant___ Sekretärin	
3.	all___ städtisch___ Berufsschulen___	
4.	d___ reich___ HNO-Arzt	
5.	sein___ streng___ Chef	
6.	sachlich___ Ärzte___	
7.	kein___ bekannt___ Institut	
8.	viel___ klein___ Betriebe___	
9.	d___ bekannt___ Computerfirma	
10.	sein___ altmodisch___ Mathelehrerin	
11.	dein___ nett___ Direktor	
12.	all___ pünktlich___ Kinder___	
13.	kein___ kommunal___ Stadtverwaltung	
14.	mein___ perfekt___ Friseurin	
15.	ein___ nett___ Apothekenberater	
16.	d___ bekannt___ Buchverlag	
17.	viel___ verschieden___ Schuhgeschäfte___	
18.	d___ alt___ Rathaus	
19.	ein___ polnischsprachig___ Frauenärztin	
20.	dies___ nötig___ Ämter___	
21.	unser___ vertraut___ Autowerkstatt	
22.	d___ nett___ Familie Wanisch	
23.	kein___ geschlossen___ Amt für Soziales	
24.	ein___ interessant___ Informationsstelle am Bahnhof	
25.	zwei reich___ Restaurantbesitzer___	

3. Ergänze die Endungen. Beantworte zuerst die Frage.
   Wie heißen der Artikel und das Substantiv?

	Wir gehen zu:	Artikel und Substantiv
1.	einem guten Hautarzt	der Hautarzt
2.	mein___ neu___ Freund	
3.	kein___ laut___ Einkaufszentren___	
4.	sein___ alt___ Freundin	
5.	ein___ 15-jährig___ Geburtstagskind	
6.	d___ modern___ Bürohäuser___	
7.	dies___ wichtig___ Heilpraktiker	
8.	all___ bedeutend___ Museen___	
9.	d___ krank___ Baby	
10.	ein___ gut___ Friseur	
11.	viel___ bekannt___ Zahnarztpraxen___	
12.	d___ neu___ Bäcker	
13.	kein___ neu eröffnet___ Blumengeschäft	
14.	d___ best___ Schulleiter	
15.	ein___ gut___ Notar	
16.	mein___ lieb___ Brüder___	
17.	dies___ einsam___ Frau Baumann	
18.	d___ klein___ Mädchen	
19.	kein___ neu gebaut___ Postamt	
20.	all___ ideenreich___ Lehrer___	

Ich gehe heute mit meinem besten Freund ins Kino

Der Dativ: Das Adjektiv und die Präpositionen | **Übung**

4. Ergänze die Endungen. Beantworte zuerst die Frage.
   Wie heißen der Artikel und das Substantiv?

	Das Geld für den Führerschein bekommt er von:	**Artikel und Substantiv**
1.	seiner lieben Oma	die Oma
2.	viel___ nett___ Bekannten___	
3.	d___ neu___ Nachbarin	
4.	unser___ reich___ Onkel Martin	
5.	d___ älter___ Patenkind	
6.	ein___ unbekannt___ Schwägerin	
7.	sein___ geliebt___ Cousin	
8.	dies___ treu___ Freunden___	
9.	d___ ganz___ Kirchgemeinde	
10.	all___ freundlich___ Menschen___	
11.	unser___ reich___, amerikanisch___ Tante	
12.	sein___ best___ Eltern___	
13.	d___ lustig___ Opa	
14.	all___ lieb___ Geburtstagsgäste___	
15.	d___ ehemalig___ Freundin	
16.	dein___ sportlich___ Trainer	
17.	kein___ sympathisch___ Taufpatin	
18.	dies___ blauäugig___ Fräulein	
19.	d___ geizig___ Schwester	
20.	unser___ lieb___ Stiefbrüder___	

5. Ergänze die Endungen. Beantworte zuerst die Frage.
   Wie heißen der Artikel und das Substantiv?

	Maria wartet auf dich seit:	**Artikel und Substantiv**
1.	ein<u>er</u> langweilig<u>en</u> Stunde	die Stunde
2.	d___ letzt___ Minute	
3.	viel___ lang___ Monate___	
4.	ein___ halb___ Jahr	
5.	kein___ ruhig___ Sonntag	
6.	mehrer___ schnell___ Sekunden___	
7.	ein___ halb___ Ewigkeit	
8.	drei fern___ und einsam___ Tage___	
9.	d___ vergangen___ Sommer	
10.	unser___ schön___ Nacht	
11.	dies___ unendlich___ Wochen___	
12.	d___ vorletzt___ Wochenende	
13.	viel___ schrecklich___ Momente___	
14.	unser___ lustig___ Freitag	
15.	all___ unzählig___ Augenblicke___	

6. Ergänze die Endungen. Beantworte zuerst die Frage.
   Wie heißen der Artikel und das Substantiv?

	Wir fahren mit:	**Artikel und Substantiv**
1.	dies<u>em</u> breit<u>en</u> Flugzeug	das Flugzeug
2.	d___ gelb___ Bus	
3.	ein___ dunkl___ U-Bahn	
4.	kein___ schnell___ Auto	
5.	viel___ rot___ Straßenbahnen___	
6.	mein___ verkehrssicher___ Fahrrad	
7.	dies___ unbequem___ Roller	
8.	all___ modern___ und cool___ Autos___	
9.	dies___ schnell___ und laut___ Krankenwagen	
10.	kein___ alt___ Fahrzeug	

Ich gehe heute mit meinem besten Freund ins Kino

Der Dativ: Das Adjektiv und die Präpositionen | **Übung**

7. Schreibe die richtige Endung. Beantworte zuerst die Fragen.

   a) Wie heißt die Präposition?
   b) Wie heißen das Substantiv und der Artikel?

		Präposition	**Artikel und Substantiv**
1.	**Heute Abend um 20 Uhr gehe ich mit meinem coolen, sportlichen und älteren Cousin ins Konzert.**	**mit**	**der Cousin**
2.	Er hat sehr viel Geld von sein___ verstorben___ Opa geerbt.		
3.	Wir lernen schon seit viel___ lang___ Jahre___ Deutsch.		
4.	Wir wohnen in dem Haus gegenüber dies___ alt___, prächtig___ Bibliothek.		
5.	Immer nach ein___ stark___ und erfrischend___ Regen kommt die Sonne.		
6.	Sie fährt mit kein___ schnell___, unsicher___ und nicht geprüft___ Auto.		
7.	Diese alte Kirche besteht aus riesig___, grau___ und schwer___ Steine___.		
8.	Ich habe schon oft einen Taxifahrer nach d___ kürzest___ Weg (1) zu d___ abgelegen___ Stadt (2) gefragt.	(1) (2)	(1) (2)
9.	Am Wochenende geht meine Freundin mit ihr___ neue___ Freund Claus ins Kino.		
10.	Ich hätte gern zwei Kilo von dies___ rot___ Äpfel___.		
11.	Der Gasthof „Zur Linde" befindet sich gegenüber d___ alt___ und laut___ Kirche.		
12.	Nach d___ gut___ und schmackhaft___ Essen raucht er immer eine Zigarette.		
13.	Eine ältere Dame kann nicht ganz einfach aus ein___ groß___ und rutschig___ Badewanne steigen.		
14.	Wir brauchen nichts mehr außer ein___ klein___, durchsichtig___ Netz Kartoffeln (1), drei mittelgroß___ Karotten___ (2), d___ knusprig___ Brot (3) und ein___ frisch___, kalt___ Milch (4).	(1) (2) (3) (4)	(1) (2) (3) (4)

		Präposition	**Artikel und Substantiv**
15.	Zu ein___ gut gewürzt___ und goldbraun gegrillt___ Fisch passen gebratene Kartoffeln am besten.		
16.	Seit fünf lang___ Jahr___ (1) arbeitet er bei sein___ vertraut___ und langjährig___ Partner___ (Pl.) (2).	(1) (2)	(1) (2)
17.	Wir nehmen unsere Bücher aus d___ unterst___ Schublade.		
18.	Nach wenig___ kurz___ Minuten___ wird es in der Schule läuten.		
19.	Der neue Bus fährt von dies___ neu___ und gelb___ Haltestelle Richtung Hauptbahnhof ungefähr fünf Minuten lang.		
20.	Seit mehrer___ lang___ Tage___ regnet es ununterbrochen.		
21.	Bei d___ familiär___ Mittagessen (1) und nach d___ lang___ Abendbrot (2) wird bei uns zu Hause nicht mehr ferngesehen.	(1) (2)	(1) (2)
22.	Sie ist noch nie mit ein___ schnell___ und sehr bequem___ Flugzeug geflogen.		
23.	Ich habe von ein___ groß___, düster___ Wald geträumt.		
24.	Außer mein___ warmherzig___, einfühlsam___ und hilfsbereit___ Eltern___ mag mich keiner so sehr.		
25.	Zu dein___ nächst___ rund___ Geburtstag werde ich eine große Torte bestellen.		
26.	Gegenüber d___ städtisch___ Park befindet sich unsere Stadtbibliothek.		
27.	Aus d___ link___ Hand kann man viel herauslesen.		
28.	Bei ein___ gut___ und sinnvoll___ PowerPoint-Präsentation werden die Zuhörer sicher nicht einschlafen.		
29.	Jedes Wochenende trifft sie sich mit viel___ verschieden___ Politiker___.		
30.	Was hältst du von ein___ ruhig___ und länger___ Spaziergang?		

Ich gehe heute mit meinem besten Freund ins Kino

Der Dativ: Das Adjektiv und die Präpositionen | **Lösung**

1. Ergänze die Endungen. Beantworte zuerst die Frage.

	Eine Pizza schmeckt am besten mit:	**Artikel und Substantiv**
1.	einer grünen Paprika	die Paprika
2.	dem knackigen Mais	der Mais
3.	keinem saftigen Thunfisch	der Thunfisch
4.	den gebratenen Champignons	die Champignons (Pl.)
5.	einer geschnittenen Kiwi	die Kiwi
6.	dieser gegrillten Zucchini	die Zucchini
7.	vielen roten Tomaten	die Tomaten (Pl.)
8.	einer gelben Curry-Soße	die Curry-Soße
9.	meinem geliebten, weichen Käse	der Käse
10.	keinen gebratenen Zwiebeln	die Zwiebeln (Pl.)
11.	einem hart gekochten Ei	das Ei
12.	diesem sahnigen Mozzarella	der Mozzarella
13.	grünen Oliven	die Oliven (Pl.)
14.	dem klein gehackten Blattspinat	der Blattspinat
15.	keinem rohen Fleisch	das Fleisch
16.	der scharfen Tomatensoße	die Tomatensoße
17.	vielen schmackhaften Meeresfrüchten	die Meeresfrüchte (Pl.)
18.	einer kleinen Paprikaschote	die Paprikaschote
19.	keinem gekochten Vorderschinken	der Vorderschinken
20.	einer gebratenen Hühnchenbrust	die Hühnchenbrust
21.	ihrer geliebten Barbecue-Soße	die Barbecue-Soße
22.	einem weichen Edamer	der Edamer
23.	diesen frischen Mandarinen	die Mandarinen (Pl.)
24.	dem duftenden Basilikum	das Basilikum
25.	vielen Krabben	die Krabben (Pl.)

2. Ergänze die Endungen. Beantworte zuerst die Frage.

	Ich habe einen Termin bei:	Artikel und Substantiv
1.	unserem hilfsbereiten Hausmeister	der Hausmeister
2.	dieser eleganten Sekretärin	die Sekretärin
3.	allen städtischen Berufsschulen	die Berufsschulen (Pl.)
4.	dem reichen HNO-Arzt	der HNO-Arzt
5.	seinem strengen Chef	der Chef
6.	sachlichen Ärzten	die Ärzte (Pl.)
7.	keinem bekannten Institut	das Institut
8.	vielen kleinen Betrieben	die Betriebe (Pl.)
9.	der bekannten Computerfirma	die Computerfirma
10.	seiner altmodischen Mathelehrerin	die Mathelehrerin
11.	deinem netten Direktor	der Direktor
12.	allen pünktlichen Kindern	die Kinder (Pl.)
13.	keiner kommunalen Stadtverwaltung	die Stadtverwaltung
14.	meiner perfekten Friseurin	die Friseurin
15.	einem netten Apothekenberater	der Apothekenberater
16.	dem bekannten Buchverlag	der Buchverlag
17.	vielen verschiedenen Schuhgeschäften	die Schuhgeschäfte (Pl.)
18.	dem alten Rathaus	das Rathaus
19.	einer polnischsprachigen Frauenärztin	die Frauenärztin
20.	diesen nötigen Ämtern	die Ämter (Pl.)
21.	unserer vertrauten Autowerkstatt	die Autowerkstatt
22.	der netten Familie Wanisch	die Familie Wanisch
23.	keinem geschlossenen Amt für Soziales	das Amt für Soziales
24.	einer interessanten Informationsstelle am Bahnhof	die Informationsstelle
25.	zwei reichen Restaurantbesitzern	die Restaurantbesitzer (Pl.)

Ich gehe heute mit meinem besten Freund ins Kino

Der Dativ: Das Adjektiv und die Präpositionen | **Lösung**

3. Ergänze die Endungen. Beantworte zuerst die Frage.

	Wir gehen zu:	Artikel und Substantiv
1.	einem guten Hautarzt	der Hautarzt
2.	meinem neuen Freund	der Freund
3.	keinen lauten Einkaufszentren	die Einkaufszentren (Pl.)
4.	seiner alten Freundin	die Freundin
5.	einem 15-jährigen Geburtstagskind	das Geburtstagskind
6.	den modernen Bürohäusern	die Bürohäuser (Pl.)
7.	diesem wichtigen Heilpraktiker	der Heilpraktiker
8.	allen bedeutenden Museen	die Museen (Pl.)
9.	dem kranken Baby	das Baby
10.	einem guten Friseur	der Friseur
11.	vielen bekannten Zahnarztpraxen	die Zahnarztpraxen (Pl.)
12.	dem neuen Bäcker	der Bäcker
13.	keinem neu eröffneten Blumengeschäft	das Blumengeschäft
14.	dem besten Schulleiter	der Schulleiter
15.	einem guten Notar	der Notar
16.	meinen lieben Brüdern	die Brüder (Pl.)
17.	dieser einsamen Frau Baumann	die Frau Baumann
18.	dem kleinen Mädchen	das Mädchen
19.	keinem neu gebauten Postamt	das Postamt
20.	allen ideenreichen Lehrern	die Lehrer (Pl.)

Ich gehe heute mit meinem besten Freund ins Kino

Der Dativ: Das Adjektiv und die Präpositionen | **Lösung**

4. Ergänze die Endungen. Beantworte zuerst die Frage.

	Das Geld für den Führerschein bekommt er von:	**Artikel und Substantiv**
1.	seiner lieben Oma	die Oma
2.	vielen netten Bekannten	die Bekannten (Pl.)
3.	der neuen Nachbarin	die Nachbarin
4.	unserem reichen Onkel Martin	der Onkel Martin
5.	dem älteren Patenkind	das Patenkind
6.	einer unbekannten Schwägerin	die Schwägerin
7.	seinem geliebten Cousin	der Cousin
8.	diesen treuen Freunden	die Freunde (Pl.)
9.	der ganzen Kirchgemeinde	die Kirchgemeinde
10.	allen freundlichen Menschen	die Menschen (Pl.)
11.	unserer reichen, amerikanischen Tante	die Tante
12.	seinen besten Eltern	die Eltern (Pl.)
13.	dem lustigen Opa	der Opa
14.	allen lieben Geburtstagsgästen	die Geburtstagsgäste (Pl.)
15.	der ehemaligen Freundin	die Freundin
16.	deinem sportlichen Trainer	der Trainer
17.	keiner sympathischen Taufpatin	die Taufpatin
18.	diesem blauäugigen Fräulein	das Fräulein
19.	der geizigen Schwester	die Schwester
20.	unseren lieben Stiefbrüdern	die Stiefbrüder (Pl.)

Ich gehe heute mit meinem besten Freund ins Kino

Der Dativ: Das Adjektiv und die Präpositionen | **Lösung**

5. Ergänze die Endungen. Beantworte zuerst die Frage.

	Maria wartet auf dich seit:	**Artikel und Substantiv**
1.	einer langweiligen Stunde	die Stunde
2.	der letzten Minute	die Minute
3.	vielen langen Monaten	die Monate (Pl.)
4.	einem halben Jahr	das Jahr
5.	keinem ruhigen Sonntag	der Sonntag
6.	mehreren schnellen Sekunden	die Sekunden (Pl.)
7.	einer halben Ewigkeit	die Ewigkeit
8.	drei fernen und einsamen Tagen	die Tage (Pl.)
9.	dem vergangenen Sommer	der Sommer
10.	unserer schönen Nacht	die Nacht
11.	diesen unendlichen Wochen	die Wochen (Pl.)
12.	dem vorletzten Wochenende	das Wochenende
13.	vielen schrecklichen Momenten	die Momente (Pl.)
14.	unserem lustigen Freitag	der Freitag
15.	allen unzähligen Augenblicken	die Augenblicke (Pl.)

6. Ergänze die Endungen. Beantworte zuerst die Frage.

	Wir fahren mit:	**Artikel und Substantiv**
1.	diesem breiten Flugzeug	das Flugzeug
2.	dem gelben Bus	der Bus
3.	einer dunklen U-Bahn	die U-Bahn
4.	keinem schnellen Auto	das Auto
5.	vielen roten Straßenbahnen	die Straßenbahnen (Pl.)
6.	meinem verkehrssicheren Fahrrad	das Fahrrad
7.	diesem unbequemen Roller	der Roller
8.	allen modernen und coolen Autos	die Autos (Pl.)
9.	diesem schnellen und lauten Krankenwagen	der Krankenwagen
10.	keinem alten Fahrzeug	das Fahrzeug

© Verlag an der Ruhr | Autorin: Bogumiła Baumgartner | ISBN 978-3-8346-2465-9 | www.verlagruhr.de

7. Schreibe die richtige Endung. Beantworte zuerst die Fragen.

		Präposition	Artikel und Substantiv
1.	Heute Abend um 20 Uhr gehe ich mit meinem coolen, sportlichen und älteren Cousin ins Konzert.	mit	der Cousin
2.	Er hat sehr viel Geld von seinem verstorbenen Opa geerbt.	von	der Opa
3.	Wir lernen schon seit vielen langen Jahren Deutsch.	seit	die Jahre (Pl.)
4.	Wir wohnen in dem Haus gegenüber dieser alten, prächtigen Bibliothek.	gegenüber	die Bibliothek
5.	Immer nach einem starken und erfrischenden Regen kommt die Sonne.	nach	der Regen
6.	Sie fährt mit keinem schnellen, unsicheren und nicht geprüften Auto.	mit	das Auto
7.	Diese alte Kirche besteht aus riesigen, grauen und schweren Steinen.	aus	die Steine (Pl.)
8.	Ich habe schon oft einen Taxifahrer nach dem kürzesten Weg (1) zu der abgelegenen Stadt (2) gefragt.	(1) nach (2) zu	(1) der Weg (2) die Stadt
9.	Am Wochenende geht meine Freundin mit ihrem neuen Freund Claus ins Kino.	mit	der Freund
10.	Ich hätte gern zwei Kilo von diesen roten Äpfeln.	von	die Äpfel (Pl.)
11.	Der Gasthof „Zur Linde" befindet sich gegenüber der alten und lauten Kirche.	gegenüber	die Kirche
12.	Nach dem guten und schmackhaften Essen raucht er immer eine Zigarette.	nach	das Essen
13.	Eine ältere Dame kann nicht ganz einfach aus einer großen und rutschigen Badewanne steigen.	aus	die Bade-wanne
14.	Wir brauchen nichts mehr außer einem kleinen, durchsichtigen Netz Kartoffeln (1), drei mittelgroßen Karotten (2), dem knusprigen Brot (3) und einer frischen, kalten Milch (4).	außer	(1) das Netz Kartoffeln (2) die Karotten (Pl.) (3) das Brot (4) die Milch
15.	Zu einem gut gewürzten und goldbraun gegrillten Fisch passen gebratene Kartoffeln am besten.	zu	der Fisch

Ich gehe heute mit meinem besten Freund ins Kino

Der Dativ: Das Adjektiv und die Präpositionen | **Lösung**

		Präposition	Artikel und Substantiv
16.	Seit fünf langen Jahren (1) arbeitet er bei seinen vertrauten und langjährigen Partnern (2).	(1) seit (2) bei	(1) die Jahre (Pl.) (2) die Partner (Pl.)
17.	Wir nehmen unsere Bücher aus der untersten Schublade.	aus	die Schublade
18.	Nach wenigen kurzen Minuten wird es in der Schule läuten.	nach	die Minuten (Pl.)
19.	Der neue Bus fährt von dieser neuen und gelben Haltestelle Richtung Hauptbahnhof ungefähr fünf Minuten lang.	von	die Haltestelle
20.	Seit mehreren langen Tagen regnet es ununterbrochen.	seit	die Tage (Pl.)
21.	Bei dem familiären Mittagessen (1) und nach dem langen Abendbrot (2) wird bei uns zu Hause nicht mehr ferngesehen.	(1) bei (2) nach	(1) das Mittagessen (2) das Abendbrot
22.	Sie ist noch nie mit einem schnellen und sehr bequemen Flugzeug geflogen.	mit	das Flugzeug
23.	Ich habe von einem großen, düsteren Wald geträumt.	von	der Wald
24.	Außer meinen warmherzigen, einfühlsamen und hilfsbereiten Eltern mag mich keiner so sehr.	außer	die Eltern (Pl.)
25.	Zu deinem nächsten, runden Geburtstag werde ich eine große Torte bestellen.	zu	der Geburtstag
26.	Gegenüber dem städtischen Park befindet sich unsere Stadtbibliothek.	gegenüber	der Park
27.	Aus der linken Hand kann man viel heraus-lesen.	aus	die Hand
28.	Bei einer guten und sinnvollen PowerPoint-Präsentation werden die Zuhörer sicher nicht einschlafen.	bei	die PowerPoint-Präsentation
29.	Jedes Wochenende trifft sie sich mit vielen verschiedenen Politikern.	mit	die Politiker (Pl.)
30.	Was hältst du von einem ruhigen und längeren Spaziergang?	von	der Spaziergang

Ich danke meinem lieben Vater

Der Dativ: Die Verben | **Info**

Einführung

Der **Dativ** beantwortet die Frage „wem?“.

Regeln

Es gibt eine Reihe von Verben, auf die der Dativ folgt.
Hier hast du eine kleine Auswahl von den wichtigsten und häufigsten Verben, nach denen **immer** der Dativ kommt:

	in deiner Sprache		**in deiner Sprache**
antworten		gratulieren	
begegnen		gelingen	
ähneln		gehören	
drohen		helfen	
danken		leidtun	
fehlen		nützen	
gefallen		passieren	
ein|fallen		passen	
glauben		raten	
schaden		widersprechen	
schmecken		winken	
vertrauen		zu|hören	
verzeihen		zu|stimmen	
wehtun			

Beispiele

	Verb im Infinitiv	**Artikel und Substantiv**
Dieses schöne Kleid gehört meiner kleinen Schwester.	gehören	die Schwester
Er ähnelt seinem lieben Opa sehr.	ähneln	der Opa
Ich helfe den älteren Damen beim Aussteigen.	helfen	die Damen (Pl.)
Sie hat dem fröhlichen Mädchen geantwortet.	antworten	das Mädchen

Ich danke meinem lieben Vater

Der Dativ: Die Verben | **Übung**

1. Schreibe die richtige Endung. Beantworte zuerst die Fragen.
   a) Wie heißt das Verb?
   b) Wie heißen das Substantiv und der Artikel?

		Verb im Infinitiv	Artikel und Substantiv
1.	Die helle Jeans passt meiner schönen, hübschen und bezaubernden Schwester sehr gut.	passen	die Schwester
2.	D___ älter___ und unsympathisch___ Männer___ soll man nicht alles glauben.		
3.	Peters Mutter verzeiht ihr___ ungeduldig___ und zappelig___ Sohn immer wieder.		
4.	Das Trinken von alkoholischen Getränken schadet unheimlich dein___ kostbar___ und wertvoll___ Gesundheit.		
5.	Gestern auf der Straße haben zwei Jugendliche ein___ jung___ und schwanger___ Frau gedroht.		
6.	Er rät sein___ krank___ und arbeitsunfähi___ Vater, so schnell wie möglich zum Arzt zu gehen.		
7.	Ihr___ anständig___ und schick___ Freund schmeckt das Essen meiner Mutter immer sehr gut.		
8.	Der Mann meiner Cousine hat sie betrogen. Jetzt kann sie ihr___ charmant___, elegant___, aber widerlich___ Mann nicht mehr vertrauen.		
9.	In der Schule sollen die Schüler kein___ streng___ und unzugänglich___ Lehrer widersprechen.		
10.	Gestern bin ich am Bahnhof mein___ ehemalig___, sehr vornehm___ und süß___ Schwager begegnet.		
11.	Die Scheidung hat sein___ liebevoll___ und kinderlieb___ Tochter sehr weh getan.		
12.	Leider gehört diese Schokolade d___ egoistisch___, selbstsüchtig___ und ehrgeizig___ Kind.		
13.	Das Glück, im Lotto zu gewinnen, passiert selten ein___ arm___ und bedürftig___ Person.		

		Verb im Infinitiv	**Artikel und Substantiv**
14.	Claudia hilft immer ihr___ nett___, reich___ und gesprächig___ Nachbarin.		
15.	Wir gratulieren dein___ begabt___ und intelligent___ Freundinnen___ zum bestandenen Examen!		
16.	Das kleine Mädchen ähnelt sein___ ideenreich___, spontan___ und faszinierend___ Großvater.		
17.	Mein___ einsam___ und traurig___ Schwester fehlt der verstorbene Mann sehr.		
18.	In einer toleranten Familie sollen auch die Eltern d___ wissbegierig___ und neugierig___ Kinder___ zuhören.		
19.	Zu diesem Konflikt fällt d___ klug___ und ruhig___ Direktor nichts mehr ein.		
20.	Sein___ groß___ und fröhlich___ Cousin gefällt der neue Pullover sehr.		
21.	Gefragte Schüler müssen d___ besorgt___ Lehrer___ (Pl.) immer ehrlich antworten.		
22.	Die Nusstorte hat unser___ hungrig___ und laut___ Familie sehr gut geschmeckt.		
23.	Warum hast du d___ unvorbereitet___ und lautv Schülerv (Pl.) verziehen?		
24.	Alle Mädchen und Jungen in der Klasse haben d___ hervorragend___ und interessant___ Plan zugestimmt.		
25.	Sogar ein___ gut___ und erfahrenv Autofahrer wird ein Auto ohne Benzin nichts nützen.		
26.	Du schadest dein___ beid___ gesund___ Augen___, wenn du im Dunkeln liest.		
27.	Hat unser___ lieb___ und hungrig___ Gäste___ das Essen gut geschmeckt?		
28.	Der Vortrag hat all___ interessiert___ und geduldigv Zuhörer___ (Pl.) unheimlich gut gefallen.		
29.	Das kalte Wetter passt mein___ älter___ und schwach___ Oma nicht.		
30.	Maria winkt dies___ lustig___ und fröhlich___ Busfahrer.		

Ich danke meinem lieben Vater

Der Dativ: Die Verben | **Lösung**

1. Schreibe die richtige Endung. Beantworte zuerst die Fragen.

		Verb im Infinitiv	**Artikel und Substantiv**
1.	**Die helle Jeans passt meiner schönen, hübschen und bezaubernden Schwester sehr gut.**	**passen**	**die Schwester**
2.	Den älteren und unsympathischen Männern soll man nicht alles glauben.	glauben	die Männer (Pl.)
3.	Peters Mutter verzeiht ihrem ungeduldigen und zappeligen Sohn immer wieder.	verzeihen	der Sohn
4.	Das Trinken von alkoholischen Getränken schadet unheimlich deiner kostbaren und wertvollen Gesundheit.	schaden	die Gesundheit
5.	Gestern auf der Straße haben zwei Jugendliche einer jungen und schwangeren Frau gedroht.	drohen	die Frau
6.	Er rät seinem kranken und arbeitsunfähigen Vater, so schnell wie möglich zum Arzt zu gehen.	raten	der Vater
7.	Ihrem anständigen und schicken Freund schmeckt das Essen meiner Mutter immer sehr gut.	schmecken	der Freund
8.	Der Mann meiner Cousine hat sie betrogen. Jetzt kann sie ihrem charmanten, eleganten, aber widerlichen Mann nicht mehr vertrauen.	vertrauen	der Mann
9.	In der Schule sollen die Schüler keinem strengen und unzugänglichen Lehrer widersprechen.	widersprechen	der Lehrer
10.	Gestern bin ich am Bahnhof meinem ehemaligen, sehr vornehmen und süßen Schwager begegnet.	begegnen	der Schwager
11.	Die Scheidung hat seiner liebevollen und kinderlieben Tochter sehr weh getan.	wehtun	die Tochter
12.	Leider gehört diese Schokolade dem egoistischen, selbstsüchtigen und ehrgeizigen Kind.	gehören	das Kind
13.	Das Glück, im Lotto zu gewinnen, passiert selten einer armen und bedürftigen Person.	passieren	die Person
14.	Claudia hilft immer ihrer netten, reichen und gesprächigen Nachbarin.	helfen	die Nachbarin

		Verb im Infinitiv	**Artikel und Substantiv**
15.	Wir gratulieren deinen begabten und intelligenten Freundinnen zum bestandenen Examen!	gratulieren	die Freundinnen (Pl.)
16.	Das kleine Mädchen ähnelt seinem ideenreichen, spontanen und faszinierenden Großvater.	ähneln	der Großvater
17.	Meiner einsamen und traurigen Schwester fehlt der verstorbene Mann sehr.	fehlen	die Schwester
18.	In einer toleranten Familie sollen auch die Eltern den wissbegierigen und neugierigen Kindern zuhören.	zu|hören	die Kinder (Pl.)
19.	Zu diesem Konflikt fällt dem klugen und ruhigen Direktor nichts mehr ein.	ein|fallen	der Direktor
20.	Seinem großen und fröhlichen Cousin gefällt der neue Pullover sehr.	gefallen	der Cousin
21.	Gefragte Schüler müssen den besorgten Lehrern (Pl.) immer ehrlich antworten.	antworten	die Lehrer (Pl.)
22.	Die Nusstorte hat unserer hungrigen und lauten Familie sehr gut geschmeckt.	schmecken	die Familie
23.	Warum hast du den unvorbereiteten und lauten Schülern (Pl.) verziehen?	verzeihen	die Schüler (Pl.)
24.	Alle Mädchen und Jungen in der Klasse haben dem hervorragenden und interessanten Plan zugestimmt.	zu|stimmen	der Plan
25.	Sogar einem guten und erfahrenen Autofahrer wird ein Auto ohne Benzin nichts nützen.	nützen	der Autofahrer
26.	Du schadest deinen beiden gesunden Augen, wenn du im Dunkeln liest.	schaden	die Augen (Pl.)
27.	Hat unseren lieben und hungrigen Gästen das Essen gut geschmeckt?	schmecken	die Gäste (Pl.)
28.	Der Vortrag hat allen interessierten und geduldigen Zuhörern (Pl.) unheimlich gut gefallen.	gefallen	die Zuhörer (Pl.)
29.	Das kalte Wetter passt meiner älteren und schwachen Oma nicht.	passen	die Oma
30.	Maria winkt diesem lustigen und fröhlichen Busfahrer.	winken	der Busfahrer

Du ähnelst deinem Vater oder Du ähnelst ihm

Der Dativ: Das Personalpronomen | **Info**

Einführung

Das Personalpronomen im Dativ wird sehr oft benutzt.
Am häufigsten kommt das Personalpronomen in Verbindung mit den Präpositionen vor.

Regeln

		Singular					Plural		
				Mas-kuli-num	Femi-ninum	Neut-rum			
Nominativ	wer/ was	ich	du	er	sie	es	wir	ihr	sie
	↓	↓	↓	↓	↓	↓	↓	↓	↓
Dativ	wem	mir	dir	ihm	ihr	ihm	uns	euch	ihnen/ Ihnen

Beispiele

Das ist **Martin**. Ich treffe mich heute mit **ihm**.

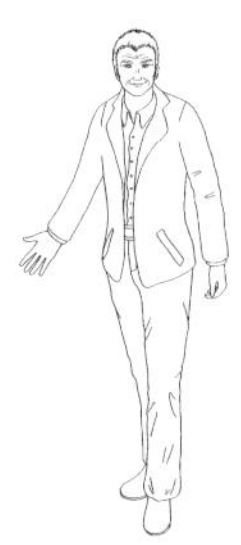

1. „Mit" ist eine Präposition mit dem Dativ.
2. Martin ist ein „Mann".
3. „Mann" ist Maskulinum.
4. Das Personalpronomen maskulin heißt im Nominativ „er".
5. Im Dativ heißt es „**ihm**".

Das sind **Elisa und Annika**. Wir gehen heute zu ihnen.

1. „Zu" ist eine Präposition mit dem Dativ.
2. Elisa und Annika sind zwei Personen.
3. Zwei Personen bilden eine Gruppe.
4. „Eine Gruppe" ist Plural und hat das Personalpronomen „sie".
5. Im Dativ heißt es „ihnen".

Das ist **Tante Sofie**. Du hilfst **ihr**.

1. Tante Sofie ist eine Frau.
2. Eine Frau ist „sie".
3. Im Dativ heißt es „**ihr**".

Du ähnelst deinem Vater oder Du ähnelst ihm

Der Dativ: Das Personalpronomen | **Übung**

1. Ergänze die Sätze. Verwende die angegebenen Personen.
   Beantworte zuerst die Frage. Wie heißt die Präposition?

	Person	Satz	Präposition
1.	sie	Ich arbeite mit ihr zusammen.	mit
2.	du	Danke schön, sind die Blumen von ___?	
3.	sie	Meine Oma ist im Krankenhaus. Ich gehe heute zu ___.	
4.	er	Trifft sich heute Marlene mit ___?	
5.	Claudia	Von wem hast du dein neues Handy? Natürlich von ___!	
6.	sie (Pl.)	Du hast so viele verschiedene Arbeitsblätter. Was machst du mit ___?	
7.	du	Er kommt um 16 Uhr zu ___, stimmt das?	
8.	ich	Musst du mit ___ so gefühllos reden? Ich kriege gleich Angst.	
9.	Herr Direktor	Dürfen wir uns zu ___ setzen, Herr Direktor?	
10.	sie (Pl.)	Kommst du mit deinen Kindern zu uns? Ja, ich komme mit ___.	
11.	(1) ihr (2) wir	Treffen wir uns bei ___ (1) oder bei ___ (2)?	(1) (2)
12.	ich	Du bekommst von ___ fünf Euro.	
13.	Frau Braun	Darf ich heute mit ___ spazieren gehen, Frau Braun?	
14.	er	Mama, kann ich zu ___ fahren?	
15.	(1) du (2) ich	Feiern wir bei ___ (1) oder gehen wir zu ___ (2)?	(1) (2)
16.	ihr	Martin oder Peter, wer von ___ kann besser Ski fahren?	
17.	sie (Pl.)	Schaust du mit ___ fern?	
18.	Sie	Ist der Platz bei ___ noch frei?	
19.	Marita	Wirst du heute Abend Marita sehen? – Ja, ich gehe später zu ___.	
20.	Constantin	Bist du mit ___ befreundet?	
21.	Frau und Herr Neubauer	Frau und Herr Neubauer, wann kommen die Enkelkinder zu ___?	
22.	ihr	Können wir heute bei ___ übernachten?	
23.	du	Es ist nicht mehr weit von ___.	

Du ähnelst deinem Vater oder Du ähnelst ihm

Der Dativ: Das Personalpronomen | **Übung**

	Person	Satz	Präposition
24.	wir	Theresa, frühstückst du mit ___ zusammen?	
25.	Großeltern	Wann besuchst du die Großeltern? Morgen. Ich gehe morgen zu ___.	
26.	wir	Kommt ihr nach dem Kino zu ___?	
27.	Sonja und Barbara	Woher hast du die Schokolade? Ich habe sie von ___ bekommen.	
28.	wir	Der Vater wird noch mit ___ sprechen.	
29.	ihr	Leider kann ich am Wochenende nicht zu ___ kommen.	
30.	(1) sie (2) ich	Gehst du mit ___ (1) oder mit ___ (2) ins Kino?	(1) (2)

Du ähnelst deinem Vater oder Du ähnelst ihm

Der Dativ: Das Personalpronomen | **Lösung**

1. Ergänze die Sätze. Verwende die angegebenen Personen.
   Beantworte zuerst die Frage.

	Person	Satz	Präposition
1.	sie	Ich arbeite mit ihr zusammen.	mit
2.	du	Danke schön, sind die Blumen von dir?	von
3.	sie	Meine Oma ist im Krankenhaus. Ich gehe heute zu ihr.	zu
4.	er	Trifft sich heute Marlene mit ihm?	mit
5.	Claudia	Von wem hast du dein neues Handy? Natürlich von ihr.	von
6.	sie (Pl.)	Du hast so viele verschiedene Arbeitsblätter. Was machst du mit ihnen?	mit
7.	du	Er kommt um 16 Uhr zu dir, stimmt das?	zu
8.	ich	Musst du mit mir so gefühllos reden? Ich kriege gleich Angst.	mit
9.	Herr Direktor	Dürfen wir uns zu Ihnen setzen, Herr Direktor?	zu
10.	sie (Pl.)	Kommst du mit deinen Kindern zu uns? Ja, ich komme mit ihnen.	mit
11.	(1) ihr (2) wir	Treffen wir uns bei euch (1) oder bei uns (2)?	(1) bei (2) bei
12.	ich	Du bekommst von mir fünf Euro.	von
13.	Frau Braun	Darf ich heute mit Ihnen spazieren gehen, Frau Braun?	mit
14.	er	Mama, kann ich zu ihm fahren?	zu
15.	(1) du (2) ich	Feiern wir bei dir (1) oder gehen wir zu mir (2)?	(1) bei (2) zu
16.	ihr	Martin oder Peter, wer von euch kann besser Ski fahren?	von
17.	sie (Pl.)	Schaust du mit ihnen fern?	mit
18.	Sie	Ist der Platz bei Ihnen noch frei?	bei
19.	Marita	Wirst du heute Abend Marita sehen? – Ja, ich gehe später zu ihr.	zu
20.	Constantin	Bist du mit ihm befreundet?	mit
21.	Frau und Herr Neubauer	Frau und Herr Neubauer, wann kommen die Enkelkinder zu Ihnen?	zu
22.	ihr	Können wir heute bei euch übernachten?	bei

© Verlag an der Ruhr | Autorin: Bogumila Baumgartner | ISBN 978-3-8346-2465-9 | www.verlagruhr.de

Du ähnelst deinem Vater oder Du ähnelst ihm

Der Dativ: Das Personalpronomen | **Lösung**

	Person	Satz	Präposition
23.	du	Es ist nicht mehr weit von dir.	von
24.	wir	Theresa, frühstückst du mit uns zusammen?	mit
25.	Großeltern	Wann besuchst du die Großeltern? Morgen. Ich gehe morgen zu ihnen.	zu
26.	wir	Kommt ihr nach dem Kino zu uns?	zu
27.	Sonja und Barbara	Woher hast du die Schokolade? Ich habe sie von ihnen bekommen.	von
28.	wir	Der Vater wird noch mit uns sprechen.	mit
29.	ihr	Leider kann ich am Wochenende nicht zu euch kommen.	zu
30.	(1) sie (2) ich	Gehst du mit ihr (1) oder mit mir (2) ins Kino?	(1) mit (2) mit

Ich schenke meiner lieben Oma einen bunten Blumenstrauß

Verben mit Ergänzungen im Dativ und im Akkusativ | **Info**

Für diesen Abschnitt solltest du folgende Probleme wiederholen:
- Was ist ein Prädikat?
- In welchem Fall steht das Subjekt?

Einführung

Es gibt **Verben**, die in einem Satz eine **Ergänzung** brauchen.
Man kann nicht sagen: „Ich zeige." In dem Satz fehlt etwas.
Man möchte fragen: „Was zeigst du?" oder „Wem zeigst du etwas?"

Dieses Verb braucht nämlich noch eine Ergänzung.
Man könnte sagen: Ich zeige dir ein schönes Haus.

- „dir" und „ein schönes Haus" sind Ergänzungen.
- Das Verb „zeigen" braucht eine Ergänzung im Dativ und im Akkusativ.

Regeln

- „Ergänzung" bedeutet, dass nach dem Verb noch eine zusätzliche Erklärung kommt.
- Das Verb in einem Satz beantwortet vier Fragen.

wer?	**was macht?**	**wem?**	**wen/was?**
Nominativ	Verb	Dativ	Akkusativ

- Manche Verben brauchen eine Ergänzung im Dativ **und** im Akkusativ. Hier hast du eine kleine Auswahl von diesen Verben.

	in deiner Sprache		**in deiner Sprache**
empfehlen		mit|teilen	
erklären		leihen	
erlauben		schenken	
erzählen		schicken	
geben		senden	

Beispiel

Meine Schwester schenkt ihrem frechen Bruder einen bunten Stein.

wer?	**was macht?**	**wem?**	**wen/was?**
Meine Schwester	schenkt	ihrem frechen Bruder	einen bunten Stein
Subjekt (Nominativ)	Verb (Prädikat)	Dativ	Akkusativ

Ich schenke meiner lieben Oma einen bunten Blumenstrauß

Verben mit Ergänzungen im Dativ und im Akkusativ | **Übung**

1. Bilde korrekte Sätze oder Fragen.
   Die Beispiele stehen im Nominativ und das Prädikat im Infinitiv.

	Bilde	Subjekt	Prädikat	Dativ	Akkusativ
1.	Aussage-satz	meine beste Freundin	schenken	ihre liebe Mutter	viele schöne Blumen
Meine beste Freundin schenkt ihrer lieben Mutter viele schöne Blumen.					
2.	Aussage-satz	Frau Jung	kochen	ihr hungriger Mann	ein schmackhafter Gemüseeintopf
3.	Frage	du	haben geschenkt	dein jüngerer Bruder	dieser grüne I-Pod
4.	Aussage-satz	der tüchtige Arbeiter	zeigen	sein strenger Chef	ein wichtiger Text
5.	Frage	die müde Mutter	vor|lesen	ihr kleiner Sohn	diese lange Geschichte
6.	Frage	du	haben zurück-gegeben	dein netter Freund	das geliehene Geld
7.	Frage	der stadtbekannte Friseur	schneiden	die elegante Kundin	ihre lockigen Haare
8.	Aussage-satz	der motivierte Lehrer	erklären	viele ausländi-sche Kursteil-nehmer	diese unbekannten Wörter
9.	Aussage-satz	das internationale Fernsehen	zeigen	alle neugierigen Zuschauer (Pl.)	der interessante, finnische Film

Ich schenke meiner lieben Oma einen bunten Blumenstrauß

Verben mit Ergänzungen im Dativ und im Akkusativ | **Übung**

	Bilde	Subjekt	Prädikat	Dativ	Akkusativ
10.	Aussage-satz	der aufgeregte Autofahrer	erklären	der ernsthafte Fahrradfahrer	der nicht so schlimme Unfall
11.	Aussage-satz	unser netter Nachbar	mit|teilen	wir	eine wichtige Nachricht
12.	Frage	die reiche Frau	zeigen	ihre elegante Schwester	der schöne Pullover
13.	Frage	du	bringen	ich	mein dickes und geliebtes Buch
14.	Aussage-satz	die neuen Mieter (Pl.)	bezahlen	der gierige Hausbesitzer	die sehr hohe Miete
15.	Aussage-satz	er	geben	seine kleine Schwester	ein kleines Stück Schokotorte
16.	Aussage-satz	Martin	zeigen	die neue Schülerin	unsere helle Schule
17.	Frage	der pünktliche Postbote	bringen	der ungedul-dige Mann	ein kleines Paket
18.	Aussage-satz	die böse Nachbarin	verbieten	viele kleine Kinder	das laute Spielen im Hof
19.	Aussage-satz	wir	wünschen	ihr	schöne und erholsame Weihnachten

Ich schenke meiner lieben Oma einen bunten Blumenstrauß

Verben mit Ergänzungen im Dativ und im Akkusativ | **Übung**

	Bilde	Subjekt	Prädikat	Dativ	Akkusativ
20.	Frage	ihr	haben übersetzt	die neue Sekretärin	der französische Brief
21.	Aussage-satz	der begabte Reiseführer	zeigen	sie (Pl.)	das interessante Museum
22.	Aussage-satz	unser kleiner Hamster	schenken	wir	sehr viel Freude
23.	Aussage-satz	Herr Müller	zeigen	der verärgerte Hausmeister	die nicht gekehrte Straße
24.	Frage	der strenge Trainer	geben	die sportlichen Fußballspieler (Pl.)	die neuen Fußballtrikots
25.	Aussage-satz	der schwache Patient	mit|teilen	ein fürsorg-licher Arzt	seine unerträglichen Schmerzen

Ich schenke meiner lieben Oma einen bunten Blumenstrauß

Verben mit Ergänzungen im Dativ und im Akkusativ | **Übung**

2. **Schreibe die richtige Endung in den Satz. Beantworte zuerst die Fragen.**

   a) Wie heißt das Subjekt?
   b) Wie heißt das Prädikat?
   c) Was steht im Dativ?
   d) Was steht im Akkusativ?

		Subjekt	**Prädikat**	**Dativ wem?**	**Akkusativ wen/was?**
1.	**Der geduldige Lehrer erklärt den schwachen und energielosen Schülern (Pl.) die schwierige Mathematikaufgabe.**	der Lehrer	erklärt	die Schüler (Pl.)	die Mathematikaufgabe
2.	Tante Mia erlaubt ihr___ erwachsen___ Tochter d___ gesundheitsschädlich___ Rauchen nicht.				
3.	D___ lustig___ Opa erzählt sein___ jüngst___ Enkel ein___ lang___ und interessant___ Gutenachtgeschichte.				
4.	Gibst du dein___ fröhlich___ Söhne___ (Pl.) ein___ groß___ und schmackhaft___ Brotzeit für die Schule?				
5.	Sofia bringt ihr___ krank___ Mutter d___ vom Arzt verschrieben___, sehr wichtig___ Medikament.				
6.	Kann er mein___ verlobt___ Schwester ein___ gut___ Restaurant empfehlen?				
7.	Hat dies ___ herzlich___ Onkel mein ___ hungrig ___ Tochter ein ___ süß ___, klein ___, bunt ___ Lutscher gegeben?				
8.	Ich kann kein ___ unbekannt ___ Person mein ___ kostbar ___, grün ___ Fahrrad leihen.				
9.	D ___ fleißig ___ Verkäuferin schickt d___ reich___ Kundin d___ bestellt___ Ware nach Hause.				
10.	Zu Weihnachten kauft mein___ lieb___ Mann unser___ klein___ und neugierig___ Kinder___ immer verschieden___, außergewöhnlich___ und hochwertig___ Geschenke.				

Ich schenke meiner lieben Oma einen bunten Blumenstrauß

Verben mit Ergänzungen im Dativ und im Akkusativ | **Übung**

		Subjekt	Prädikat	Dativ wem?	Akkusativ wen/was?
11.	Dein___ liebevoll___ Großeltern schenken ihr___ geliebt___ Enkelkinder___ ein___ traumhaft___ Reise nach Ägypten.				
12.	Unser___ verliebt___ Tochter schickt ihr___ langjährig___ Freund ein___ spannend___ und sehr liebevoll___ Brief.				
13.	D___ besorgt___ Mutter verbietet unser___ frech___ und leichtsinnig___ Bruder d___ lang erwartet___ und geplant___ Discobesuch.				
14.	Zeigst du d___ elegant___ Dame d___ schnellst___ Weg ins Einkaufszentrum?				
15.	Ein___ schön angezogen___, friedlich___ Mädchen gibt ein___ braun___ schnell___ und ein bisschen ängstlich___ Hund ein___ voll___ Schüssel Hundefutter.				
16.	Tante Rosi und Onkel Rudi schenken unser___ lustig___ und energievoll___ Zwillinge ___ (Pl.) viel___ bunt___, interessant___ und wertvoll___ Bücher.				
17.	Bringt d___ schnell___, fremdsprachig___ Briefträger dein___ glücklich___ und fröhlich___ Mann d___ ersehnt___ Paket?				
18.	Ein___ erschrocken___, aber glücklich___ Autofahrer beschreibt ein___ ernsthaft___ und sehr sachlich___ Feuerwehrmann d___ gefährlich___ Unfall.				
19.	Mein___ vorsichtig___ Schwager zeigt kein___ fremd___ Person sein___ neu___ und preiswert___ Handy.				
20.	Unser___ streng___ Chef erklärt viel___ neu___ Arbeiter___ (Pl.) alle___ klein___ und groß___ Probleme.				

Ich schenke meiner lieben Oma einen bunten Blumenstrauß

Verben mit Ergänzungen im Dativ und im Akkusativ | **Übung**

		Subjekt	Prädikat	Dativ wem?	Akkusativ wen/was?
21.	D___ freundlich___ Friseurin empfiehlt ein___ unentschlossen___ Jungen ein___ ein bisschen unpraktisch___ Skaterfrisur.				
22.	Ein___ streng___ Mann erlaubt sein___ verrückt___, dürr___ Katze d___ gefährlich___ Springen auf das Balkongeländer.				
23.	Morgen kaufe ich unser___ schick___ Schulleiterin ein___ riesig___, bunt___ und prachtvoll___ Blumenstrauß.				
24.	Du darfst nie dein___ unverantwortlich___, hektisch___ und unordentlich___ Freund Markus dein___ schwarz___, bequem___ und neu___ Schlittschuhe leihen.				
25	Warum erzählt d___ gemein___ Kind sein___ unglücklich___ Mutter d___ tragisch___ und traurig___ Geschichte?				

Ich schenke meiner lieben Oma einen bunten Blumenstrauß

Verben mit Ergänzungen im Dativ und im Akkusativ | **Übung**

Jetzt musst du sehr aufpassen:
In dieser Übung kommt alles vor, was du bis jetzt über Sätze, Akkusativ und Dativ gelernt hast!

3. Ergänze die Sätze. Beantworte zuerst die Fragen.

a) Wie heißt das Subjekt? (Nominativ)
b) Hat der Satz eine Präposition? Welche?
c) Wie heißt das Prädikat?
d) Verlangt das Verb eine Ergänzung nur im Dativ?
e) Verlangt das Verb eine Ergänzung im Dativ und im Akkusativ?

		Subjekt	**Präposition**	**Prädikat**	**Dativ wem?**	**Akkusativ wen?**
1.	Wir fahren mit unseren gastfreundlichen und großzügigen Großeltern nach Berlin.	wir	mit	---	die Großeltern (Pl.)	---
2.	Ich kaufe meinen treuen Freundinnen (Pl.) eine große Flasche Martini (1) und eine prachtvolle Schachtel Pralinen (2).	ich	---	kaufe	die Freundinnen (Pl.)	(1) die Flasche Martini (2) die Schachtel Pralinen
3.	Mein___ pubertierend___ und übermütig___ Neffe (1) und sein___ sympathisch___ Schwester (2) kommen heute zu mein___ lieb___ und krank___ Oma (3).					
4.	Nach d___ monoton___ Unterricht (1) gehen alle gelangweilt___ Kinder (2) in den Hof spielen.					
5.	D___ begabt___ Schüler (Sg.) (1) schenkt sein___ freundlich___ Banknachbarin ein___ grün___ Textmarker (2), ein___ weich___ Radiergummi (3) und ein___ bunt___ Tintenkiller (4).					
6.	Warum gebt ihr eur___ bescheiden___, hilfsbereit___ Mutter (1) keine bunt___ und duftend___ Blumen (2)?					
7.	Gehen Sie doch endlich zu ein___ gut___ und erfahren___ Augenarzt!					

Ich schenke meiner lieben Oma einen bunten Blumenstrauß

Verben mit Ergänzungen im Dativ und im Akkusativ | **Übung**

		Subjekt	Präposition	Prädikat	Dativ wem?	Akkusativ wen?
8.	Außer ___ (ich) (1) geht niemand zu unser___ schwer krank___ Großmutter (2) ins Altenheim.					
9.	D___ älter___ Vater (1) schickt d___ klein___ und frech___ Cousin (2) ein___ bunt___ Kinokarte (3).					
10.	Warum hat d___ schnell___ Verkäuferin (1) d___ bös___ Mann (2) ein___ alte___ Brötchen (3) (Sg.) verkauft?					
11.	Er fährt heute mit kein___ grün___ und modern___ Fahrrad (1) zu d___ weit entfernt___ Universität (2), sondern er rast mit sein___ braun___ und schnell___ Roller (3) zu sein___ attraktiv___ Freundin (4) nach Hause.					
12.	Dies___ verrückt___, spontan___ und lustig___ Autofahrer (1) gefällt mein___ faul___, energielos___ Bruder (2) und mein___ temperamentvoll___ und lebhaft___ Cousine (3).					
13.	Um wie viel Uhr soll er sein___ krank___ Tante (1) dies___ nötig___ Hustensaft (2) und d___ bitter___ Tabletten (3) geben?					
14.	D___ braun___ Schirmständer (1) steht bei d___ weit geöffnet___, hell___ und schwer___ Eingangstür (2).					
15.	Dein___ neu___ Ehemann (1) gehört leider zu kein___ interessant___ und wertvoll___ Verein (2).					
16.	Kein___ nett___ Mieter (1) empfiehlt unser___ freundlich___ und neu eingezogen___ Nachbarin (2) ein___ gut___, frisch___ und duftend___ Apfelkuchen (3).					

Ich schenke meiner lieben Oma einen bunten Blumenstrauß

Verben mit Ergänzungen im Dativ und im Akkusativ | **Übung**

		Subjekt	Präposition	Prädikat	Dativ wem?	Akkusativ wen?
17.	Unser___ geliebt___ Tante Marianne (1) kocht die Kartoffelsuppe immer nach ein___ sehr alt___ und bewährt___ Rezept (2).					
18.	Wie oft muss dies___ besorgt___ Vater (1) sein___ energievoll___ Kinder (2) d___ gefährlich___ Schaukeln (3) verbieten?					
19.	Frau Meier trinkt Coca-Cola nur aus d___ berühmt___, rot___ Dose.					
20.	Jede___ sommerlich___ Wochenende (1) verbringen wir bei unser___ klein___ Schwägerin (2) in der Schweiz.					
21.	D___ klug___ Herr Meier (1) erzählt seine___ freundlich___ und nett___ Arbeitskollegin (2) keine vertraute___ und persönlich___ Familiengeschichten (3).					
22.	Wann bringst du dein___ hungrig___ Hunde___ (Pl.) (1) einen frisch___ und saftig___ Knochen (Sg.) (2)?					
23.	Nach d___ feierlich___ Gottesdienst (1) fahren all___ eingeladen___ Gäste (2) zu mein___ herzlich___ Onkel (3) ins Gebirge.					
24.	Dies___ spannend___ und interessant___ Buch (1) stammt aus d___ dunkl___, rückständig___ Mittelalter (2).					
25	Viel___ jung___ und modern___ Mädchen (1) telefonieren lange und gern mit ihr___ wichtig___ Freunde___ (2).					
26.	Mein___ neu___ Büro (1) liegt gegenüber d___ erneuert___ und modernisiert___ Bahnhof (2).					

Ich schenke meiner lieben Oma einen bunten Blumenstrauß

Verben mit Ergänzungen im Dativ und im Akkusativ | **Übung**

		Subjekt	Präposition	Prädikat	Dativ wem?	Akkusativ wen?
27.	Wann hat ___ (wir) (1) d___ geschickt___ Kellner (2) d___ groß___ Teller Tomatensuppe (3) und d___ klein___ Schüssel Tiramisu (4) gebracht?					
28.	Inge geht zu ihr___ langjährig___, zuverlässig___ und vertraut___ Frauenärztin.					
29.	Wir treffen uns morgen bei d___ neu und sehr modern eingerichtet___ Café in der Stadt.					
30.	D___ klug___ Lehrerin (1) zeigt all___ wissbegierig___ Schüler___ (Pl.) (2) viel___ selbst gemacht___, groß___ und durchsichtig___ Seifenblasen (3).					

Ich schenke meiner lieben Oma einen bunten Blumenstrauß

Verben mit Ergänzungen im Dativ und im Akkusativ | **Lösung**

1. Bilde korrekte Sätze oder Fragen.
   Die Beispiele stehen im Nominativ und das Prädikat im Infinitiv.

	Richtiger Aussagesatz/richtige Frage
1.	Meine beste Freundin schenkt ihrer lieben Mutter viele schöne Blumen.
2.	Frau Jung kocht ihrem hungrigen Mann einen schmackhaften Gemüseeintopf.
3.	Hast du deinem jüngeren Bruder diesen grünen I-Pod geschenkt?
4.	Der tüchtige Arbeiter zeigt seinem strengen Chef einen wichtigen Text.
5.	Liest die müde Mutter ihrem kleinen Sohn diese lange Geschichte vor?
6.	Hast du deinem netten Freund das geliehene Geld zurückgegeben?
7.	Schneidet der stadtbekannte Friseur der eleganten Kundin ihre lockigen Haare?
8.	Der motivierte Lehrer erklärt vielen ausländischen Kursteilnehmern diese unbekannten Wörter.
9.	Das internationale Fernsehen zeigt allen neugierigen Zuschauern den interessanten, finnischen Film.
10.	Der aufgeregte Autofahrer erklärt dem ernsthaften Fahrradfahrer den nicht so schlimmen Unfall.
11.	Unser netter Nachbar teilt uns eine wichtige Nachricht mit.
12.	Zeigt die reiche Frau ihrer eleganten Schwester den schönen Pullover?
13.	Bringst du mir mein dickes und geliebtes Buch mit?
14.	Die neuen Mieter müssen dem gierigen Hausbesitzer ihre sehr hohe Miete bezahlen.
15.	Er gibt seiner kleinen Schwester ein kleines Stück Schokotorte.
16.	Martin zeigt der neuen Schülerin unsere helle Schule.
17.	Bringt der pünktliche Postbote dem ungeduldigen Mann ein kleines Paket?
18.	Die böse Nachbarin verbietet vielen kleinen Kindern das laute Spielen im Hof.
19.	Wir wünschen euch schöne und erholsame Weihnachten.
20.	Habt ihr der neuen Sekretärin den französischen Brief übersetzt?
21.	Der begabte Reiseführer zeigt ihnen das interessante Museum.
22.	Unser kleiner Hamster schenkt uns sehr viel Freude.
23.	Herr Müller zeigt dem verärgerten Hausmeister die nicht gekehrte Straße.
24.	Gibt der strenge Trainer den sportlichen Fußballspielern die neuen Fußballtrikots?
25.	Der schwache Patient teilt einem fürsorglichen Arzt seine unerträglichen Schmerzen mit.

Ich schenke meiner lieben Oma einen bunten Blumenstrauß

Verben mit Ergänzungen im Dativ und im Akkusativ | **Lösung**

2. Schreibe die richtige Endung in den Satz. Beantworte zuerst die Fragen.

		Subjekt	**Prädikat**	**Dativ** wem?	**Akkusativ** wen/was?
1.	Der geduldige Lehrer erklärt den schwachen und energielosen Schülern (Pl.) die schwierige Mathematikaufgabe.	der Lehrer	erklärt	die Schüler (Pl.)	die Mathematik-aufgabe
2.	Tante Mia erlaubt ihrer erwachsenen Tochter das gesundheitsschädliche Rauchen nicht.	Tante Mia	erlaubt	die Tochter	das Rauchen
3.	Der lustige Opa erzählt seinem jüngsten Enkel eine lange und interessante Gutenachtgeschichte.	der Opa	erzählt	der Enkel	die Gutenacht-geschichte
4.	Gibst du deinen fröhlichen Söhnen eine große und schmackhafte Brotzeit für die Schule?	du	gibst	die Söhne (Pl.)	die Brotzeit
5.	Sofia bringt ihrer kranken Mutter das vom Arzt verschriebene, sehr wichtige Medikament.	Sofia	bringt	die Mutter	das Medikament
6.	Kann er meiner verlobten Schwester ein gutes Restaurant empfehlen?	er	kann empfehlen	die Schwester	das Restaurant
7.	Hat dieser herzliche Onkel meiner hungrigen Tochter einen süßen, kleinen, bunten Lutscher gegeben?	der Onkel	hat gegeben	die Tochter	der Lutscher
8.	Ich kann keiner unbekannten Person mein kostbares, grünes Fahrrad leihen.	ich	kann leihen	die Person	das Fahrrad
9.	Die fleißige Verkäuferin schickt der reichen Kundin die bestellte Ware nach Hause.	die Verkäuferin	schickt	die Kundin	die Ware
10.	Zu Weihnachten kauft mein lieber Mann unseren kleinen und neugierigen Kindern immer verschiedene, außergewöhnliche und hochwertige Geschenke.	der Mann	kauft	die Kinder (Pl.)	die Geschenke (Pl.)
11.	Deine liebevollen Großeltern schenken ihren geliebten Enkelkindern eine traumhafte Reise nach Ägypten.	die Groß-eltern (Pl.)	schenken	die Enkelkinder (Pl.)	die Reise

© Verlag an der Ruhr | Autorin: Bogumiła Baumgartner | ISBN 978-3-8346-2465-9 | www.verlagruhr.de

Ich schenke meiner lieben Oma einen bunten Blumenstrauß

Verben mit Ergänzungen im Dativ und im Akkusativ | **Lösung**

		Subjekt	**Prädikat**	**Dativ wem?**	**Akkusativ wen/was?**
12.	Unsere verliebte Tochter schickt ihrem langjährigen Freund einen spannenden und sehr liebevollen Brief.	die Tochter	schickt	der Freund	der Brief
13.	Die besorgte Mutter verbietet unserem frechen und leichtsinnigen Bruder den lang erwarteten und geplanten Discobesuch.	die Mutter	verbietet	der Bruder	der Discobesuch
14.	Zeigst du der eleganten Dame den schnellsten Weg ins Einkaufszent-rum?	du	zeigst	die Dame	der Weg
15.	Ein schön angezogenes friedliches Mädchen gibt einem braunen, schnellen und ein bisschen ängst-lichen Hund eine volle Schüssel Hundefutter.	das Mädchen	gibt	der Hund	die Schüssel
16.	Tante Rosi und Onkel Rudi schenken unseren lustigen und energievollen Zwillingen viele bunte, interessante und wertvolle Bücher.	Tante Rosi und Onkel Rudi	schenken	die Zwillinge (Pl.)	die Bücher (Pl.)
17.	Bringt der schnelle, fremdsprachige Briefträger deinem glücklichen und fröhlichen Mann das ersehnte Paket?	der Briefträ-ger	bringt	der Mann	das Paket
18.	Ein erschrockener, aber glücklicher Autofahrer beschreibt einem ernst-haften und sehr sachlichen Feuer-wehrmann den gefährlichen Unfall.	der Autofahrer	beschreibt	der Feuer-wehrmann	der Unfall
19.	Mein vorsichtiger Schwager zeigt keiner fremden Person sein neues und preiswertes Handy.	der Schwager	zeigt	die Person	das Handy
20.	Unser strenger Chef erklärt vielen neuen Arbeitern alle kleinen und großen Probleme.	der Chef	erklärt	die Arbeiter (Pl.)	die Probleme (Pl.)
21.	Die freundliche Friseurin empfiehlt einem unentschlossenen Jungen eine ein bisschen unpraktische Skaterfrisur.	die Friseurin	empfiehlt	der Junge	die Skaterfrisur
22.	Ein strenger Mann erlaubt seiner verrückten, dürren Katze das gefährliche Springen auf das Balkon-geländer.	der Mann	erlaubt	die Katze	das Springen

Ich schenke meiner lieben Oma einen bunten Blumenstrauß

Verben mit Ergänzungen im Dativ und im Akkusativ | **Lösung**

		Subjekt	Prädikat	Dativ wem?	Akkusativ wen/was?
23.	Morgen kaufe ich unserer schicken Schulleiterin einen riesigen, bunten und prachtvollen Blumenstrauß.	ich	kaufe	die Schulleiterin	der Blumen-strauß
24.	Du darfst nie deinem unverantwort-lichen, hektischen und unordent-lichen Freund Markus deine schwarzen, bequemen und neuen Schlittschuhe leihen.	du	darfst leihen	der Freund	die Schlittschuhe (Pl.)
25	Warum erzählt das gemeine Kind seiner unglücklichen Mutter die tragische und traurige Geschichte?	das Kind	erzählt	die Mutter	die Geschichte

Ich schenke meiner lieben Oma einen bunten Blumenstrauß

Verben mit Ergänzungen im Dativ und im Akkusativ | **Lösung**

3. Ergänze die Sätze. Beantworte zuerst die Fragen.

		Subjekt	Präposition	Prädikat	Dativ wem?	Akkusativ wen?
1.	Wir fahren mit unseren gastfreundlichen und großzügigen Großeltern nach Berlin.	wir	mit	---	die Großeltern (Pl.)	---
2.	Ich kaufe meinen treuen Freundinnen (Pl.) eine große Flasche Martini (1) und eine prachtvolle Schachtel Pralinen (2).	ich	---	kaufe	die Freundinnen (Pl.)	(1) die Flasche Martini (2) die Schachtel Pralinen
3.	Mein pubertierender und übermütiger Neffe und seine sympathische Schwester kommen heute zu meiner lieben und kranken Oma.	der Neffe die Schwester	zu	---	die Oma	---
4.	Nach dem monotonen Unterricht gehen alle gelangweilten Kinder in den Hof spielen.	die Kinder (Pl.)	nach	---	der Unterricht	---
5.	Der begabte Schüler schenkt seiner freundlichen Banknachbarin einen grünen Textmarker, einen weichen Radiergummi und einen bunten Tintenkiller.	der Schüler	---	schenkt	die Banknachbarin	der Textmarker der Radiergummi der Tintenkiller
6.	Warum gebt ihr eurer bescheidenen, hilfsbereiten Mutter keine bunten und duftenden Blumen?	ihr	---	gebt	die Mutter	die Blumen (Pl.)
7.	Gehen Sie doch endlich zu einem guten und erfahrenen Augenarzt!	Sie (höflich)	zu	---	der Augenarzt	---
8.	Außer mir geht niemand zu unserer schwer kranken Großmutter ins Altenheim.	niemand	außer zu	---	ich	die Großmutter
9.	Der ältere Vater schickt dem kleinen und frechen Cousin eine bunte Kinokarte.	der Vater	---	schickt	der Cousin	die Kinokarte
10.	Warum hat die schnelle Verkäuferin dem bösen Mann ein altes Brötchen verkauft?	die Verkäuferin	---	hat verkauft	der Mann	das Brötchen

Ich schenke meiner lieben Oma einen bunten Blumenstrauß

Verben mit Ergänzungen im Dativ und im Akkusativ | **Lösung**

		Subjekt	Präposition	Prädikat	Dativ wem?	Akkusativ wen?
11.	Er fährt heute mit keinem grünen und modernen Fahrrad zu der weit entfernten Universität, sondern er rast mit seinem braunen und schnellen Roller zu seiner attraktiven Freundin nach Hause.	er	mit zu mit zu	___	das Fahrrad die Universität der Roller die Freundin	___
12.	Dieser verrückte, spontane und lustige Autofahrer gefällt meinem faulen, energielosen Bruder und meiner temperamentvollen und lebhaften Cousine.	der Autofahrer	---	gefällt	der Bruder die Cousine	___
13.	Um wie viel Uhr soll er seiner kranken Tante diesen nötigen Hustensaft und die bitteren Tabletten geben?	er	---	soll geben	die Tante	der Hustensaft die Tabletten (Pl.)
14.	Der braune Schirmständer steht bei der weit geöffneten, hellen und schweren Eingangstür.	der Schirmständer	bei	--	die Eingangstür	___
15.	Dein neuer Ehemann gehört leider zu keinem interessanten und wertvollen Verein.	der Ehemann	zu	---	die Person	___
16.	Kein netter Mieter empfiehlt unserer freundlichen und neu eingezogenen Nachbarin einen guten, frischen und duftenden Apfelkuchen.	der Mieter	---	empfiehlt	die Nachbarin	der Apfelkuchen
17.	Unsere geliebte Tante Marianne kocht die Kartoffelsuppe immer nach einem sehr alten und altbewährten Rezept.	die Tante Marianne	nach	___	das Rezept	die Kartoffelsuppe
18.	Wie oft muss dieser besorgte Vater seinen energievollen Kindern das gefährliche Schaukeln verbieten?	der Vater	___	muss verbieten	die Kinder (Pl.)	das Schaukeln
19.	Frau Meier trinkt Coca-Cola nur aus der berühmten, roten Dose.	Frau Meier	aus	---	die Dose	die Coca-Cola
20.	Jedes sommerliche Wochenende verbringen wir bei unserer kleinen Schwägerin in der Schweiz.	wir	bei	---	die Schwägerin	das Wochenende

Ich schenke meiner lieben Oma einen bunten Blumenstrauß

Verben mit Ergänzungen im Dativ und im Akkusativ | **Lösung**

		Subjekt	Präposition	Prädikat	Dativ wem?	Akkusativ wen?
21.	Der kluge Herr Meier erzählt seiner freundlichen und netten Arbeitskollegin keine vertrauten und persönlichen Familiengeschichten.	der Herr Meier	–––	erzählt	die Arbeitskollegin	die Familiengeschichten (Pl.)
22.	Wann bringst du deinen hungrigen Hunden einen frischen und saftigen Knochen?	du	–––	bringst	die Hunde (Pl.)	der Knochen
23.	Nach dem feierlichen Gottesdienst fahren alle eingeladenen Gäste zu meinem herzlichen Onkel ins Gebirge.	die Gäste (Pl.)	nach zu	–––	der Gottesdienst der Onkel	–––
24.	Dieses spannende und interessante Buch stammt aus dem dunklen, rückständigen Mittelalter.	das Buch	aus	–––	das Mittelalter	–––
25	Viele junge und moderne Mädchen telefonieren lange und gern mit ihren wichtigen Freunden.	die Mädchen (Pl.)	mit	–––	die Freunde (Pl.)	–––
26.	Mein neues Büro liegt gegenüber dem erneuerten und modernisierten Bahnhof.	das Büro	gegenüber	–––	der Bahnhof	–––
27.	Wann hat uns der geschickte Kellner den großen Teller Tomatensuppe und die kleine Schüssel Tiramisu gebracht?	der Kellner	–––	hat gebracht	wir	der Teller die Schüssel
28.	Inge geht zu ihrer langjährigen, zuverlässigen und vertrauten Frauenärztin.	Inge	zu	–––	die Frauenärztin	–––
29.	Wir treffen uns morgen bei dem neu und sehr modern eingerichteten Café in der Stadt.	wir	bei	–––	das Café	–––
30.	Die kluge Lehrerin zeigt allen wissbegierigen Schülern viele selbst gemachte, große und durchsichtige Seifenblasen.	die Lehrerin	–––	zeigt	die Schüler (Pl.)	die Seifenblasen (Pl.)

Ich habe dich gestern im Kino gesehen

Die Zeitform Perfekt | **Info**

Für diesen Abschnitt solltest du folgende Probleme wiederholen:

- Was ist ein Prädikat?
- Aus wie vielen Teilen kann ein Prädikat bestehen?
- Wo steht das konjugierte Verb in einem Satz?
- Was bedeutet „Präsens"?

Einführung

Perfekt

Das **Perfekt** ist eine **Zeitform**. Sie beschreibt eine Tätigkeit, die in der **Vergangenheit** passiert ist. „Vergangenheit" bedeutet: gestern, vor einer Woche, heute früh, vor fünf Minuten usw.

Regeln: Perfekt

- Für diese Zeitform brauchst du immer zwei Verben: Das **Hilfsverb** und das **Partizip Perfekt**. Diese zwei Verben bilden das „zweiteilige Prädikat". Das wichtigste ist das Partizip Perfekt.
- Du musst immer wissen, wie die Infinitivform heißt.

Regeln: Hilfsverben

- Hilfsverben sind „haben" oder „sein".
- Die Hilfsverben musst du konjugieren:

sein		**haben**	
ich	bin	ich	habe
du	bist	du	hast
er/sie/es	ist	er/sie/es	hat
wir	sind	wir	haben
ihr	seid	ihr	habt
sie	sind	sie	haben

- 70 % aller deutschen Verben brauchen das Hilfsverb „haben".
- 30 % der Verben brauchen das Hilfsverb „sein". Das sind im Wesentlichen folgende:
  - Verben, die eine Bewegung mit dem ganzen Körper bedeuten

	in deiner Sprache		**in deiner Sprache**
springen		schwimmen	
laufen		fliegen	

© Verlag an der Ruhr | Autorin: Bogumiła Baumgartner | ISBN 978-3-8346-2465-9 | www.verlagruhr.de

Ich habe dich gestern im Kino gesehen

Die Zeitform Perfekt | **Info**

- Verben, die eine **Zustandsänderung** bedeuten.
  Zustandsänderung bedeutet: eine andere neue Position, eine neue Situation oder ein Lagefinden.

Beispiele

Wenn etwas beginnt:

	in deiner Sprache		in deiner Sprache
auf|wachen		erscheinen	
auf|stehen		auf|blühen	
entstehen		werden	

Wenn sich etwas verändert:

	in deiner Sprache		in deiner Sprache
wachsen		schwellen	
schmelzen		ein|frieren	

Wenn etwas endet:

	in deiner Sprache		in deiner Sprache
ein|schlafen		ertrinken	
sterben		brechen	
ersticken		verschwinden	

Ausnahmen

Das Hilfsverb „sein" brauchen zudem noch folgende Verben:

	in deiner Sprache		in deiner Sprache
sein		passieren	
bleiben		gelingen	
werden		geschehen	
begegnen			

Ich habe dich gestern im Kino gesehen

Partizip Perfekt

Das Partizip Perfekt kann **regelmäßig** oder **unregelmäßig** sein.

Regeln

- **unregelmäßig**
  - Diese Formen musst du auswendig lernen.
  - Die wichtigsten und die häufigsten Formen stehen in einer Tabelle am Ende des Buches.
- **regelmäßig**
  - Wenn ein Verb nicht in der Tabelle steht, dann ist es meistens regelmäßig.
  - Diese regelmäßigen Formen bildet man auf die gleiche Art und Weise, indem man die Silbe „**ge-**“ davorsetzt und die Endung „**-t**“ oder „**-et**“ anhängt.

Beispiele

Verb im Infinitiv		**Partizip Perfekt**			
lachen	lach|~~en~~	ge +	lach	+ t	gelacht
machen	mach|~~en~~	ge +	mach	+ t	gemacht
antworten	antwort|~~en~~	ge +	antwort	+ et	geantwortet

Ausnahmen

Manchmal bildet man die Form Partizip Perfekt ein bisschen anders.

- Verben mit der Endung „-ieren“ haben **kein „ge-“** im Partizip Perfekt.

Beispiele

Infinitiv		**Partizip Perfekt**
stud|ieren	studiert	
repar|ieren	repariert	~~ge-~~
mont|ieren	montiert	

- Nicht trennbare Verben haben **kein „ge-“**.

Beispiele

Verb im Infinitiv		**Partizip Perfekt**	
be-	beginnen	begonnen	
ge-	gefallen	gefallen	
er-	erzählen	erzählt	
ver-	verstehen	verstanden	
zer-	zerkleinern	zerkleinert	~~ge-~~
emp-	empfinden	empfunden	
ent-	entnehmen	entnommen	
miss-	misstrauen	misstraut	

Ich habe dich gestern im Kino gesehen

Die Zeitform Perfekt | **Info**

- Trennbare Verben haben das „**ge-**“ zwischen der **Vorsilbe** und dem Verb..

Beispiele

Verb im Infinitiv		Partizip Perfekt	
ab-	ab|holen	ab|**ge**|holt	**... ge ...**
an-	an|kommen	an|**ge**|kommen	
auf-	auf|stehen	auf|**ge**|standen	
aus-	aus|schalten	aus|**ge**|schaltet	
ein-	ein|laden	ein|**ge**|laden	
her-	her|stellen	her|**ge**|stellt	
hin-	hin|fahren	hin|**ge**|fahren	
vor-	vor|stellen	vor|**ge**|stellt	
weg-	weg|werfen	weg|**ge**|worfen	
zu-	zu|nehmen	zu|**ge**|nommen	

Regeln: Zeitangaben

Manche Wörter (Zeitangaben) kannst du **nur im Präsens** benutzen und manche **nur im Perfekt**.

Beispiele

- Liest du das Buch **noch**?
  Nein, ich habe es **schon** gelesen. (Perfekt)
- Mit wem hat er sich **gestern** getroffen? (Perfekt)
- Mit wem trifft er sich **heute**? (Präsens)

Perfekt	Präsens
gestern	heute
noch lange	noch
noch nicht	nicht
schon	noch
schon	gleich

Ich habe dich gestern im Kino gesehen

Die Zeitform Perfekt | **Info**

Beispiele

Diese müde Katze schläft jetzt auf dem Kissen.

Jetzt willst du sagen, dass es in der Vergangenheit passiert ist.

Zuerst musst du folgende Fragen beantworten:

1. Wie heißt das Verb?
   „schlafen"
2. Bedeutet „schlafen" eine Bewegung mit dem ganzen Körper?
   nein
3. Welches Hilfsverb braucht „schlafen"?
   „haben"
4. Wie heißt das Partizip Perfekt von „schlafen"? Steht es in der Tabelle?
   ja, es heißt „geschlafen"
5. Welche Position hat im Satz das konjugierte Verb?
   die zweite

Beachte:
Das Wort „jetzt" kannst du in der Vergangenheit nicht benutzen.

Der Satz heißt in der Vergangenheit:
Diese müde Katze **hat** auf dem Kissen **geschlafen**.

Um acht Uhr steht Andreas auf.

1. Wie heißt das Verb?
   „aufstehen"
2. Bedeutet „aufstehen" eine Bewegung mit dem ganzen Körper?
   ja
3. Welches Hilfsverb braucht „aufstehen"?
   „sein"
4. Wie heißt das Partizip Perfekt von „aufstehen? Steht es in der Tabelle?
   nein
5. Steht das Verb „stehen" in der Tabelle?
   ja, es heißt „gestanden"

Beachte:
„auf" ist eine Vorsilbe. Diese Vorsilbe muss vor dem Verb stehen.
„auf|**ge**|standen"

Der Satz heißt in der Vergangenheit:
Um acht Uhr **ist** Andreas **aufgestanden**.

Ich habe dich gestern im Kino gesehen

Die Zeitform Perfekt | **Übung**

1. Welche Sätze stehen im Perfekt? Unterstreiche sie.
   Beachte: Manche Sätze sind falsch.

Ich dich gesehen. Tante Marianne ist nach New York geflogen. Ich war Schule angemelden. Er Deutsch gelernt. Mein Vater hat gestern sehr viel gearbeitet. Warum bist du müde? Er hat im See geschwommen. Wir haben gearbeitet gestern. Hat dich die Lehrerin um Hilfe gebeten? Habe Deutschkurs gemacht für nur 5 Geld. Ich gesagt. Du verstanden? Wie lange habt ihr Ferien gehabt? Warum du nicht verstanden? Maria geht heute ins Kino. Er Berlin gegangen. Wann hast du das Buch fertig gelesen? Ich ferngesehen. Du nicht gefragst? Er hat einen Unfall gebaut. Bist du mit dem Flugzeug geflogen? Hat geredet mit mir. Habst du gefrühstückt? Am Wochenende ist meine Schwester geheiratet. Sein Bruder hat die Prüfung nicht bestanden. Er nix gesagt. Der Verkäufer hat mir keine Garantie gegeben. Der hat schon geredet mit dir. Letzte Woche hat sie sich ein schönes Kleid gekauft. Du habst sie gesehen? Sie Schule gegangen. Sie gefreut fürs Geschenk. Du hattest gesehen. Ich habe die ganze Übung richtig gemacht. Das Kinder alles getrunken. Die ganze Klasse ist zum Skilager nach Frankreich gefahren. Er nach Indien gefliegt. Habt ihr wirklich noch nichts gegessen?

Ich habe dich gestern im Kino gesehen

2. Bilde das Präsens (jetzt). Beantworte zuerst die Fragen.

   a) Wie heißt das Verb im Partizip Perfekt?
   b) Wie heißt der Infinitiv?
   Benutze ggf. auch die Rückseite des Blattes.

		Partizip Perfekt	Infinitiv	Präsens
1.	**Er hat den Geburtstag meiner Schwester vergessen.**	**vergessen**	**vergessen**	**Er vergisst den Geburtstag meiner Schwester.**
2.	Ich habe die Präsentation in der Nacht geschrieben.			
3.	Ist Jürgen gestern mit der Straßenbahn zur Arbeit gefahren?			
4.	Wer hat dieses Jahr den „Oscar" bekommen?			
5.	Habt ihr noch lange diskutiert?			
6.	Unser Mathelehrer hat uns schon wieder unter Druck gesetzt.			
7.	Habt ihr den Ofen angemacht?			
8.	Frau Braun hat ihren Mann verlassen.			
9.	Wie oft hast du dein Handy aufgeladen?			
10.	Mama, sie hat mich geärgert!			
11.	Wir haben wirklich keine Ahnung davon gehabt.			
12.	Sie hat zwei verschiedene Socken angezogen.			
13.	Warum hast du das Formular noch nicht ausgefüllt?			
14.	Mir hat der 3-D-Film sehr gut gefallen.			

Ich habe dich gestern im Kino gesehen

Die Zeitform Perfekt | **Übung**

		Partizip Perfekt	Infinitiv	Präsens
15.	Meine kleine Tochter hat den Knopf ganz alleine angenäht.			
16.	Die Maschine aus Frankfurt ist schon gelandet.			
17.	Hat sie die Gebrauchsanweisung nicht gelesen?			
18.	Seit wann bist du krank gewesen?			
19.	Warum hast du die ganze Flasche Cola ausgetrunken?			
20.	Professor Eckert hat sich wieder nicht rasiert.			
21.	Barbara hat in der Schwangerschaft kein Fleisch gegessen.			
22.	Hat sie eingekauft?			
23.	Herr Winkler hat seinen Urlaub in Marokko verbracht.			
24.	Wann hat sich Frau Meier die Haare gefärbt?			
25.	Maria hat ihr Zimmer noch nicht aufgeräumt.			
26.	Die Rumtorte hat mir echt nicht geschmeckt.			
27.	Was hast du dir zu Weihnachten gewünscht?			
28.	Die ältere Dame ist falsch ausgestiegen.			
29.	Peter und Markus haben leider ihren Bus verpasst.			
30.	Vanessa hat schon wieder angerufen.			

Ich habe dich gestern im Kino gesehen

3. **Ergänze die Sätze mit den Hilfsverben „haben" oder „sein" und schreibe den richtigen Satz noch einmal auf. Beantworte zuerst die Fragen.**

   a) Wie heißt das Partizip Perfekt?
   b) Wie heißt der Infinitiv?
   c) Bedeutet das Verb im Partizip Perfekt eine Bewegung (B), Zustandsänderung (Z) oder ist es eine Ausnahme (A)?
   d) Wo muss das Hilfsverb stehen?

   Beachte:
   In einem längeren Satz mit „und" brauchst du zwei Hilfsverben.
   Du kannst auch die Rückseite des Blattes benutzen.

		Partizip Perfekt	Infinitiv	B/Z/A	Hilfsverb
1.	Am Montag Herr Schneider um 6.30 Uhr aufgestanden. Am Montag <u>ist</u> Herr Schneider um 6.30 Uhr aufgestanden.	aufgestanden	auf|stehen	ja	sein
2.	Er ein Toastbrot mit Butter und Nutella gemacht.				
3.	Dazu er einen Cappuccino mit viel Zucker getrunken.				
4.	Nach dem Frühstück er mit kaltem Wasser geduscht.				
5.	Im Schlafzimmer er dann einen eleganten Anzug und ein weißes Hemd angezogen.				
6.	Danach er seine Frau geküsst (1) und er Richtung U-Bahn gegangen (2).	(1) (2)	(1) (2)	(1) (2)	(1) (2)
7.	Gleich der Zug gekommen (1) und er 15 Minuten lang gefahren (2).	(1) (2)	(1) (2)	(1) (2)	(1) (2)

Ich habe dich gestern im Kino gesehen

Die Zeitform Perfekt | **Übung**

		Partizip Perfekt	**Infinitiv**	**B/Z/A**	**Hilfsverb**
8.	Er um 7.30 Uhr im Büro gewesen.				
9.	Seine Sekretärin, Frau Müller, schon fleißig gearbeitet.				
10.	Sie zehn Seiten von einem wichtigen Dokument gedruckt (1), ein Fax geschickt (2), eine lange E-Mail geschrieben (3) und ins Café gegangen (4).	(1) (2) (3) (4)	(1) (2) (3) (4)	(1) (2) (3) (4)	(1) (2) (3) (4)
11.	Herr Schneider Kaffee getrunken (1) und sein Frühstück gegessen (2).	(1) (2)	(1) (2)	(1) (2)	(1) (2)
12.	Danach er über Skype mit seinem Chef telefoniert.				
13.	Er eine halbe Stunde lang mit ihm gesprochen.				
14.	Dann ihn seine Arbeitskollegin auf dem Handy angerufen.				
15.	Sie (Pl.) sich zu einem Meeting verabredet.				
16.	Von 13.30 bis 14.00 Uhr er seine Mittagspause in der Kantine verbracht.				

		Partizip Perfekt	Infinitiv	B/Z/A	Hilfsverb
17.	Er sich etwas zum Essen bestellt.				
18.	Sein Essen 3,80 € gekostet.				
19.	Um 17 Uhr er sich mit seinen Mitarbeitern bei einer Webkonferenz getroffen.				
20.	Danach er mit seinem Porsche nach Hause gefahren.				
21.	Unterwegs Herr Schneider noch getankt.				
22.	Es Valentinstag gewesen (1) und er noch für seine Frau Blumen gekauft (2).	(1) (2)	(1) (2)	(1) (2)	(1) (2)
23.	Am Abend er seine Frau ins Kino eingeladen.				
24.	Der Film über zwei Stunden lang gedauert (1) und er ihnen sehr gut gefallen (2).	(1) (2)	(1) (2)	(1) (2)	(1) (2)
25.	Herr Schneider einen schönen Tag gehabt.				

Ich habe dich gestern im Kino gesehen

Die Zeitform Perfekt | **Übung**

4. Bilde das Perfekt. Verwende anstatt „heute" „gestern".
   Beantworte dazu die folgenden Fragen.

   a) Wie heißt das Verb im Infinitiv?
   b) Wie muss das Hilfsverb heißen?

	Präsens	**Infinitiv**	**Hilfsverb**	**Perfekt**
1.	Heute kommt er gar nicht nach Hause.	kommen	sein	Gestern ist er gar nicht nach Hause gekommen.
2.	Seine Frau gibt den Kindern das Frühstück.			
3.	Nimmst du die Tabletten gleich ein?			
4.	Der Briefträger vergisst unsere Adresse.			
5.	Unser Kanarienvogel verschwindet manchmal.			
6.	Ayshin ergänzt die fehlenden Wörter.			
7.	Er trinkt seinen Tee wieder nicht aus.			
8.	Warum stirbt dein Hamster?			
9.	Zu Weihnachten bekommt Sabine ein neues I-Pad.			
10.	Welche Angebote gibt es?			
11.	Herr und Frau Ebner fahren mit dem Taxi in die Stadt.			
12.	Die Mutter verbietet ihrem Sohn das Nintendo-Spielen.			
13.	Warum bist du bei ihm?			
14.	Am Wochenende arbeitet sie sehr lange.			

Ich habe dich gestern im Kino gesehen

Die Zeitform Perfekt | **Übung**

	Präsens	Infinitiv	Hilfsverb	Perfekt
15.	Sonja bedankt sich nicht für das Geschenk.			
16.	Bleibt er länger bei ihr?			
17.	Frau Blum hat eine Katze.			
18.	Mein Bruder verliert seine Schlüssel.			
19.	Anja, wirfst du meinen Brief ein?			
20.	Beim starken Gewitter ertrinkt die graue Katze.			
21.	Wäscht die Mama die Wäsche noch?			
22.	Ich finde den Film überhaupt nicht schön.			
23.	Wie viel bezahlst du für das Mittagessen?			
24.	Dienstagnachmittag ist sie im Kino.			
25.	Sie verbringt die Nacht am Bahnhof.			
26.	Mein Mann rasiert sich 2-mal am Tag.			
27.	Begegnet er seiner Frau im Kino?			
28.	Thomas nimmt sich einfach Schokolade.			
29.	Julia hat heute gar keine Zeit.			
30.	Mit wem telefonierst du jetzt?			

Ich habe dich gestern im Kino gesehen

Die Zeitform Perfekt | **Übung**

5. Bilde Sätze im Perfekt.

	Präsens	Perfekt
1.	Josef verabredet sich.	Josef hat sich verabredet.
2.	Ich weiß es nicht.	
3.	Du schaffst es!	
4.	Er macht sich über sie lustig.	
5.	Um wie viel Uhr wachst du auf?	
6.	Claudia vergisst ihre Hausaufgaben.	
7.	Was suchen Sie zum Essen aus, Frau Müller?	
8.	Die kleine Mirjam fällt oft vom Stuhl.	
9.	Meine Kinder schlafen erst um 21 Uhr ein.	
10.	Dein Handy klingelt.	
11.	Ihr Freund fehlt ihr sehr.	
12.	Wie viel verdient er im Monat?	
13.	Es passiert wirklich nichts.	
14.	Wie lädst du das kostenlose Download runter?	
15.	Wählt ihr schon etwas zum Trinken aus?	

	Präsens	Perfekt
16.	Du verspätest dich schon wieder.	
17.	Der Hauptdarsteller stirbt gleich.	
18.	Was, du isst das ganze Eis auf?	
19.	Die Schulkinder sehen sehr viel fern.	
20.	Versöhnt ihr euch wieder?	
21.	Deine Tochter krabbelt durch das ganze Zimmer.	
22.	Sie holt noch ihren Sohn vom Kindergarten ab.	
23.	Iwona verreist am Dienstag, dem 15. März 2011.	
24.	Wo bleibst du denn so lange?	
25.	Martin verliebt sich in Maria.	
26.	Er hebt noch das Geld von der Bank ab.	
27.	Meine Lieblingsblumen, Krokusse, blühen im März voll auf.	
28.	Wo parkst du?	
29.	Julia trainiert seit ihrem fünften Lebensjahr Karate.	
30.	Es stört mich überhaupt nicht.	

© Verlag an der Ruhr | Autorin: Bogumiła Baumgartner | ISBN 978-3-8346-2465-9 | www.verlagruhr.de

Ich habe dich gestern im Kino gesehen

Die Zeitform Perfekt | **Übung**

6. Verbessere die Aussagen.

	Falsche Aussage	Richtiger Satz
1.	Ich dich gesehen.	Ich habe dich gesehen.
2.	Er Deutsch gelernt.	
3.	Ich nicht so viel Guthaben gehabt.	
4.	Du müde gewesen, warum?	
5.	Er hat im See geschwommen.	
6.	Wir haben gearbeitet gestern.	
7.	Habe Deutschkurs gemacht für nur 5 Geld.	
8.	Ich gesagt.	
9.	Er geschreibt nicht richtig.	
10.	Du verstanden?	
11.	Wie lange habt du Ferien gehabt?	
12.	Er Berlin gegangen.	
13.	Ich ferngesehen.	
14.	Du nicht gefragst?	
15.	Hast du mit dem Flugzeug gefliegt?	

	Falsche Aussage	Richtiger Satz
16.	Hat er geredet mit mir.	
17.	Letzte Woche sie Ferien gehabt?	
18.	Habst du gefrühstückt?	
19.	Am Wochenende ist meine Schwester geheiratet.	
20.	Warum er mir nicht verstanden?	
21.	Seine Bruder habe die Prüfung nicht bestanden.	
22.	Er nix gesagt.	
23.	Der hat schon geredet mit dir.	
24.	Er hat Pizza gebestellt.	
25.	Ich war Deutschkurs angemelden.	
26.	Du habst sie gesehen?	
27.	Sie gefreut über dieses Geschenk.	
28.	Du hattest gesehen.	
29.	Das Kinder alles getrunken.	
30.	Was hast du gestudiert?	

Ich habe dich gestern im Kino gesehen

Die Zeitform Perfekt | **Übung**

7. Ergänze die Tabelle auf der nächsten Seite mit den angegebenen Verben. Alle Verben stehen hier im Infinitiv.

essen	austrinken	vorstellen	öffnen
fragen	**anmachen**	empfinden	korrigieren
dekorieren	zusteigen	**entnehmen**	helfen
ausschalten	sich setzen	**einladen**	bauen
erholen	sehen	bemalen	**reiten**
aussteigen	gehören	anrufen	rennen
renovieren	sein	erblicken	ankommen
gratulieren	mitspielen	einkaufen	verzeihen
treffen	empfangen	laufen	**landen**
zugeben	**aufwachen**	abnehmen	verreisen
schreiben	**wegfliegen**	erscheinen	**bestellen**
besprechen	probieren	lernen	aufblühen
aufessen	schaukeln	joggen	**entstehen**
gefallen	heiraten	verschwinden	entkommen

Ich habe dich gestern im Kino gesehen

Die Zeitform Perfekt | **Übung**

keine Bewegung Hilfsverb **„haben"**						
regelmäßig (-t)				unregelmäßig (Tabelle)		
ohne Vorsilbe		**mit Vorsilbe**		**ohne Vorsilbe**	**mit Vorsilbe**	
	-ieren	nicht trennbar	trennbar		nicht trennbar	trennbar
1	**2**	**3**	**4**	**5**	**6**	**7**
fragen	gratulieren	bestellen	anmachen	essen	entnehmen	einladen

Bewegung / Zustandsänderung / Ausnahme Hilfsverb **„sein"**					
regelmäßig (-t)			unregelmäßig (Tabelle)		
ohne Vorsilbe	**mit Vorsilbe**		**ohne Vorsilbe**	**mit Vorsilbe**	
	trennbar	nicht trennbar		nicht trennbar	trennbar
8	**9**	**10**	**11**	**12**	**13**
landen	aufwachen	verreisen	reiten	entstehen	wegfliegen

Ich habe dich gestern im Kino gesehen

Die Zeitform Perfekt | **Übung**

8. Bilde richtige Sätze oder Fragen im Perfekt.

1. du; stehen; wie lange; in dieser Schlange; ?

   Wie lange hast du in dieser Schlange gestanden?

2. wirklich; glauben; du; ihm; ?

   ___

3. nicht; reagieren; überhaupt; sie; .

   ___

4. schneiden; unsere Pizza; schon; der Kellner; .

   ___

5. sein; du; in der Allianz Arena in München; schon mal; ?

   ___

6. so spät; warum; starten; das Flugzeug; ?

   ___

7. in Frankreich; dieses Jahr; gewinnen; noch niemand; im Lotto; .

   ___

8. Schweinegrippe; ein Mädchen aus unserer Klasse; haben; .

   ___

9. bestehen; seine Fahrprüfung; leider nicht; er; .

   ___

10. wie viele Gäste; du; einladen; für den Samstag; ?

    ___

11. ich; erkennen; echt nicht mehr; sie; .

    ___

12. im Hotelzimmerkühlschrank; wir; etwas Gutes; finden; .

    ___

13. der Reiseführer; die Gruppe; treffen; vor dem Bahnhof; .

    ___

14. sich entscheiden; Eva; wofür; letztendlich; ?

    ___

15. gelingen; dir; der Kuchen; aber überhaupt nicht; .

    ___

16. letzten Sommer; sind; in den Alpen; wir; .

17. der Schnupperkurs; stattfinden; für das Einradfahren; schon; ?

18. wirklich kein Recht; haben; ihr; .

19. Frau Meier; meine Kinder in die Stadt; mitnehmen; .

20. das neue Parfüm; riechen; sehr schön; .

21. wiegen; fünf Kilo mehr; Juliane; vor der Operation; ?

22. Bogdan; eine Ehefrau; noch nie; haben; .

23. sein; bei seiner Schwester; Frau Braun; gestern; .

24. du; sich umziehen; warum; schon wieder; ?

25. im Traum; sehen; eine zauberhafte Fee; seine kleine Tochter; .

26. schon wieder; das Stadttheater; schließen; .

27. sich setzen; mit ihrer Bank; in Verbindung; Celina; .

28. letzte Woche; warum; sein; nicht bei seiner Mutter; Herr Müller; ?

29. zwei Stunden lang; sich unterhalten; mit seiner neuen Freundin; Paul; .

30. haben; Windpocken; du; schon mal; ?

Ich habe dich gestern im Kino gesehen

Die Zeitform Perfekt | **Lösung**

1. Welche Sätze stehen im Perfekt? Unterstreiche sie.
   Beachte: Manche Sätze sind falsch.

Ich dich gesehen. Tante Marianne ist nach New York geflogen. Ich war Schule angemelden. Er Deutsch gelernt. Mein Vater hat gestern sehr viel gearbeitet. Warum bist du müde? Er hat im See geschwommen. Wir haben gearbeitet gestern. Hat dich die Lehrerin um Hilfe gebeten? Habe Deutschkurs gemacht für nur 5 Geld. Ich gesagt. Du verstanden? Wie lange habt ihr Ferien gehabt? Warum du nicht verstanden? Maria geht heute ins Kino. Er Berlin gegangen. Wann hast du das Buch fertig gelesen? Ich ferngesehen. Du nicht gefragst? Er hat einen Unfall gebaut. Bist du mit dem Flugzeug geflogen? Hat geredet mit mir. Habst du gefrühstückt? Am Wochenende ist meine Schwester geheiratet. Sein Bruder hat die Prüfung nicht bestanden. Er nix gesagt. Der Verkäufer hat mir keine Garantie gegeben. Der hat schon geredet mit dir. Letzte Woche hat sie sich ein schönes Kleid gekauft. Du habst sie gesehen? Sie Schule gegangen. Sie gefreut fürs Geschenk. Du hattest gesehen. Ich habe die ganze Übung richtig gemacht. Das Kinder alles getrunken. Die ganze Klasse ist zum Skilager nach Frankreich gefahren. Er nach Indien gefliegt. Habt ihr wirklich noch nichts gegessen?

2. Bilde das Präsens.

		Partizip Perfekt	Infinitiv	Präsens
1.	Er hat den Geburtstag meiner Schwester vergessen.	vergessen	vergessen	Er vergisst den Geburtstag meiner Schwester.
2.	Ich habe die Präsentation in der Nacht geschrieben.	geschrieben	schreiben	Ich schreibe die Präsentation in der Nacht.
3.	Ist Jürgen gestern mit der Straßenbahn zur Arbeit gefahren?	gefahren	fahren	Fährt Jürgen heute mit der Straßenbahn zur Arbeit?
4.	Wer hat dieses Jahr den Oscar bekommen?	bekommen	bekommen	Wer bekommt dieses Jahr den Oscar?
5.	Habt ihr noch lange diskutiert?	diskutiert	diskutieren	Diskutiert ihr noch?
6.	Unser Mathelehrer hat uns schon wieder unter Druck gesetzt.	gesetzt	setzen	Unser Mathelehrer setzt uns schon wieder unter Druck.
7.	Habt ihr den Ofen angemacht?	angemacht	an|machen	Macht ihr den Ofen an?
8.	Frau Braun hat ihren Mann verlassen.	verlassen	verlassen	Frau Braun verlässt ihren Mann.
9.	Wie oft hast du dein Handy aufgeladen?	aufgeladen	auf|laden	Wie oft lädst du dein Handy auf?
10.	Mama, sie hat mich geärgert!	geärgert	ärgern	Mama, sie ärgert mich!
11.	Wir haben wirklich keine Ahnung davon gehabt.	gehabt	haben	Wir haben wirklich keine Ahnung davon.
12.	Sie hat zwei verschiedene Socken angezogen.	angezogen	an|ziehen	Sie zieht zwei verschiedene Socken an.
13.	Warum hast du das Formular noch nicht ausgefüllt?	ausgefüllt	aus|füllen	Warum füllst du das Formular nicht aus?
14.	Mir hat der 3-D-Film sehr gut gefallen.	gefallen	gefallen	Mir gefällt der 3-D-Film sehr gut.
15.	Meine kleine Tochter hat den Knopf ganz alleine angenäht.	angenäht	an|nähen	Meine kleine Tochter näht den Knopf ganz alleine an.

Ich habe dich gestern im Kino gesehen

Die Zeitform Perfekt | **Lösung**

		Partizip Perfekt	**Infinitiv**	**Präsens**
16.	Die Maschine aus Frankfurt ist schon gelandet.	gelandet	landen	Die Maschine aus Frankfurt landet gleich.
17.	Hat sie die Gebrauchsanweisung nicht gelesen?	gelesen	lesen	Liest sie die Gebrauchs-anweisung nicht?
18.	Seit wann bist du krank gewesen?	gewesen	sein	Seit wann bist du krank?
19.	Warum hast du die ganze Flasche Cola ausgetrunken?	ausgetrunken	aus|trinken	Warum trinkst du die ganze Flasche Cola aus?
20.	Professor Eckert hat sich wieder nicht rasiert.	rasiert	rasieren	Professor Eckert rasiert sich wieder nicht.
21.	Barbara hat in der Schwangerschaft kein Fleisch gegessen.	gegessen	essen	Barbara isst in der Schwangerschaft kein Fleisch.
22.	Hat sie eingekauft?	eingekauft	ein|kaufen	Kauft sie ein?
23.	Herr Winkler hat seinen Urlaub in Marokko verbracht.	verbracht	verbringen	Herr Winkler verbringt seinen Urlaub in Marokko.
24.	Wann hat sich Frau Meier die Haare gefärbt?	gefärbt	färben	Wann färbt sich Frau Meier die Haare?
25.	Maria hat ihr Zimmer noch nicht aufgeräumt.	aufgeräumt	auf|räumen	Maria räumt ihr Zimmer nicht auf.
26.	Die Rumtorte hat mir echt nicht geschmeckt.	geschmeckt	schmecken	Die Rumtorte schmeckt mir echt nicht.
27.	Was hast du dir zu Weihnachten gewünscht?	gewünscht	wünschen	Was wünschst du dir zu Weihnachten?
28.	Die ältere Dame ist falsch ausgestiegen.	ausgestiegen	aus|steigen	Die ältere Dame steigt falsch aus.
29.	Peter und Markus haben leider ihren Bus verpasst.	verpasst	verpassen	Peter und Markus ver-passen leider ihren Bus.
30.	Vanessa hat schon wieder angerufen.	angerufen	an|rufen	Vanessa ruft schon wieder an.

Ich habe dich gestern im Kino gesehen

Die Zeitform Perfekt | **Lösung**

3. Ergänze die Sätze mit den Hilfsverben „haben" oder „sein".

		Partizip Perfekt	Infinitiv	B/Z/A	Hilfsverb
1.	Am Montag ist Herr Schneider um 6.30 Uhr aufgestanden.	aufgestanden	auf|stehen	ja	sein
2.	Er hat ein Toastbrot mit Butter und Nutella gemacht.	gemacht	machen	nein	haben
3.	Dazu hat er einen Cappuccino mit viel Zucker getrunken.	getrunken	trinken	nein	haben
4.	Nach dem Frühstück hat er mit kaltem Wasser geduscht.	geduscht	duschen	nein	haben
5.	Im Schlafzimmer hat er dann einen eleganten Anzug und ein weißes Hemd angezogen.	angezogen	an|ziehen	nein	haben
6.	Danach hat er seine Frau geküsst (1) und er ist Richtung U-Bahn gegangen (2).	(1) geküsst (2) gegangen	(1) küssen (2) gehen	(1) nein (2) ja	(1) haben (2) sein
7.	Gleich ist der Zug gekommen (1) und er ist 15 Minuten lang gefahren (2).	(1) gekommen (2) gefahren	(1) kommen (2) fahren	(1) ja (2) ja	(1) sein (2) sein
8.	Er ist um 7.30 Uhr im Büro gewesen.	gewesen	sein	ja	sein
9.	Seine Sekretärin, Frau Müller, hat schon fleißig gearbeitet.	gearbeitet	arbeiten	nein	haben
10.	Sie hat zehn Seiten von einem wichtigen Dokument gedruckt (1), hat ein Fax geschickt (2), hat eine lange E-Mail geschrieben (3) und ist ins Café gegangen (4).	(1) gedruckt (2) geschickt (3) geschrieben (4) gegangen	(1) drucken (2) schicken (3) schreiben (4) gehen	(1) nein (2) nein (3) nein (4) ja	(1) haben (2) haben (3) haben (4) sein
11.	Herr Schneider hat Kaffee getrunken (1) und hat sein Frühstück gegessen (2).	(1) getrunken (2) gegessen	(1) trinken (2) essen	(1) nein (2) nein	(1) haben (2) haben
12.	Danach hat er über Skype mit seinem Chef telefoniert.	telefoniert	telefonieren	nein	haben
13.	Er hat mit ihm eine halbe Stunde lang gesprochen.	gesprochen	sprechen	nein	haben

Ich habe dich gestern im Kino gesehen

Die Zeitform Perfekt | **Lösung**

		Partizip Perfekt	Infinitiv	B/Z/A	Hilfsverb
14.	Dann hat ihn seine Arbeitskollegin auf dem Handy angerufen.	angerufen	an|rufen	nein	haben
15.	Sie haben sich zu einem Meeting verabredet.	verabredet	verabreden	nein	haben
16.	Von 13.30 bis 14.00 Uhr hat er seine Mittagspause in der Kantine verbracht.	verbracht	verbringen	nein	haben
17.	Er hat sich etwas zum Essen bestellt.	bestellt	bestellen	nein	haben
18.	Sein Essen hat 3,80 € gekostet.	gekostet	kosten	nein	haben
19.	Um 17 Uhr hat er sich mit seinen Mitarbeitern bei einer Webkonferenz getroffen.	getroffen	treffen	nein	haben
20.	Danach ist er mit seinem Porsche nach Hause gefahren.	gefahren	fahren	ja	sein
21.	Unterwegs hat Herr Schneider noch getankt.	getankt	tanken	nein	haben
22.	Es ist Valentinstag gewesen (1) und er hat noch für seine Frau Blumen gekauft (2).	(1) gewesen (2) gekauft	(1) sein (2) kaufen	(1) ja (2) nein	(1) sein (2) haben
23.	Am Abend hat er seine Frau ins Kino eingeladen.	eingeladen	ein|laden	nein	haben
24.	Der Film hat über zwei Stunden lang gedauert (1) und er hat ihnen sehr gut gefallen (2).	(1) gedauert (2) gefallen	(1) dauern (2) gefallen	(1) nein (2) nein	(1) haben (2) haben
25.	Herr Schneider hat einen schönen Tag gehabt.	gehabt	haben	nein	haben

Ich habe dich gestern im Kino gesehen

Die Zeitform Perfekt | **Lösung**

4. Bilde das Perfekt.

	Präsens	Infinitiv	Hilfsverb	Perfekt
1.	Heute kommt er gar nicht nach Hause.	kommen	sein	Gestern ist er gar nicht nach Hause gekommen.
2.	Seine Frau gibt den Kindern das Frühstück.	geben	haben	Seine Frau hat den Kindern das Frühstück gegeben.
3.	Nimmst du die Tabletten gleich ein?	ein|nehmen	haben	Hast du die Tabletten gleich eingenommen?
4.	Der Briefträger vergisst unsere Adresse.	vergessen	haben	Der Briefträger hat unsere Adresse vergessen.
5.	Unser Kanarienvogel verschwindet manchmal.	verschwinden	sein	Unser Kanarienvogel ist manchmal verschwunden.
6.	Ayshin ergänzt die fehlenden Wörter.	ergänzen	haben	Ayshin hat die fehlenden Wörter ergänzt.
7.	Er trinkt seinen Tee wieder nicht aus.	aus|trinken	haben	Er hat seinen Tee wieder nicht ausgetrunken.
8.	Warum stirbt dein Hamster?	sterben	sein	Warum ist dein Hamster gestorben?
9.	Zu Weihnachten bekommt Sabine ein neues I-Pad.	bekommen	haben	Zu Weihnachten hat Sabine ein neues i-Pad bekommen.
10.	Welche Angebote gibt es?	geben	haben	Welche Angebote hat es gegeben?
11.	Herr und Frau Ebner fahren mit dem Taxi in die Stadt.	fahren	sein	Herr und Frau Ebner sind mit dem Taxi in die Stadt gefahren.
12.	Die Mutter verbietet ihrem Sohn das Nintendo-Spielen.	verbieten	haben	Die Mutter hat ihrem Sohn das Nintendo-Spielen verboten.
13.	Warum bist du bei ihm?	sein	sein	Warum bist du bei ihm gewesen?
14.	Am Wochenende arbeitet sie sehr lange.	arbeiten	haben	Am Wochenende hat sie sehr lange gearbeitet.

Ich habe dich gestern im Kino gesehen

Die Zeitform Perfekt | **Lösung**

	Präsens	Infinitiv	Hilfsverb	Perfekt
15.	Sonja bedankt sich nicht für das Geschenk.	bedanken	haben	Sonja hat sich nicht für das Geschenk bedankt.
16.	Bleibt er länger bei ihr?	bleiben	sein	Ist er länger bei ihr geblieben?
17.	Frau Blum hat eine Katze.	haben	haben	Frau Blum hat noch nie eine Katze gehabt.
18.	Mein Bruder verliert seine Schlüssel.	verlieren	haben	Mein Bruder hat seine Schlüssel verloren.
19.	Anja, wirfst du meinen Brief ein?	ein|werfen	haben	Anja, hast du meinen Brief eingeworfen?
20.	Beim starken Gewitter ertrinkt die graue Katze.	ertrinken	sein	Beim starken Gewitter ist die graue Katze ertrunken.
21.	Wäscht die Mama die Wäsche noch?	waschen	haben	Hat die Mama die Wäsche schon gewaschen?
22.	Ich finde den Film überhaupt nicht schön.	finden	haben	Ich habe den Film überhaupt nicht schön gefunden.
23.	Wie viel bezahlst du für das Mittagessen?	bezahlen	haben	Wie viel hast du für das Mittagessen bezahlt?
24.	Dienstagnachmittag ist sie im Kino.	sein	sein	Dienstagnachmittag ist sie im Kino gewesen.
25.	Sie verbringt die Nacht am Bahnhof.	verbringen	haben	Sie hat die Nacht am Bahnhof verbracht
26.	Mein Mann rasiert sich 2-mal am Tag.	sich rasieren	haben	Mein Mann hat sich 2-mal am Tag rasiert.
27.	Begegnet er seiner Frau im Kino?	begegnen	sein	Ist er seiner Frau im Kino begegnet?
28.	Thomas nimmt sich einfach Schokolade.	nehmen	haben	Thomas hat sich einfach Schokolade genommen.
29.	Julia hat heute gar keine Zeit.	haben	haben	Julia hat gestern gar keine Zeit gehabt.
30.	Mit wem telefonierst du jetzt?	telefonieren	haben	Mit wem hast du jetzt telefoniert?

Ich habe dich gestern im Kino gesehen

5. Bilde Sätze im Perfekt.

	Präsens
1.	Josef hat sich verabredet.
2.	Ich habe es nicht gewusst.
3.	Du hast es geschafft!
4.	Er hat sich über sie lustig gemacht.
5.	Um wie viel Uhr bist du aufgewacht?
6.	Claudia hat ihre Hausaufgaben vergessen.
7.	Was haben Sie zum Essen ausgesucht, Frau Müller?
8.	Die kleine Mirjam ist oft vom Stuhl gefallen.
9.	Meine Kinder sind erst um 21 Uhr eingeschlafen.
10.	Dein Handy hat geklingelt.
11.	Ihr Freund hat ihr sehr gefehlt.
12.	Wie viel hat er im Monat verdient?
13.	Es ist wirklich nichts passiert.
14.	Wie hast du das kostenlose Download runtergeladen?
15.	Habt ihr schon etwas zum Trinken ausgewählt?
16.	Du hast dich schon wieder verspätet.
17.	Der Hauptdarsteller ist schon gestorben.
18.	Was, du hast das ganze Eis aufgegessen?
19.	Die Schulkinder haben sehr viel ferngesehen.
20.	Habt ihr euch wieder versöhnt?
21.	Deine Tochter ist durch das ganze Zimmer gekrabbelt.
22.	Sie hat noch ihren Sohn vom Kindergarten abgeholt.
23.	Iwona ist am Dienstag, dem 15. März 2011, verreist.
24.	Wo bist du so lange geblieben?
25.	Martin hat sich in Maria verliebt.
26.	Er hat noch das Geld von der Bank abgehoben.
27.	Meine Lieblingsblumen, Krokusse, sind im März voll aufgeblüht.
28.	Wo hast du geparkt?
29.	Julia hat seit ihrem fünften Lebensjahr Karate trainiert.
30.	Es hat mich überhaupt nicht gestört.

Ich habe dich gestern im Kino gesehen

Die Zeitform Perfekt | **Lösung**

6. Verbessere die Aussagen.

	Richtiger Satz
1.	Ich habe dich gesehen.
2.	Er hat Deutsch gelernt.
3.	Ich habe nicht so viel Guthaben gehabt.
4.	Warum bist du müde gewesen?
5.	Er ist im See geschwommen.
6.	Wir haben gestern gearbeitet.
7.	Ich habe einen Deutschkurs für nur 5 Euro (pro Stunde) gemacht.
8.	Ich habe es gesagt.
9.	Er hat nicht richtig geschrieben.
10.	Hast du verstanden?
11.	Wie lange hast du Ferien gehabt?
12.	Er ist nach Berlin gegangen (gefahren).
13.	Ich habe ferngesehen.
14.	Hast du nicht gefragt?
15.	Bist du mit dem Flugzeug geflogen?
16.	Er hat mit mir geredet.
17.	Hat sie letzte Woche Ferien gehabt?
18.	Hast du gefrühstückt?
19.	Am Wochenende hat meine Schwester geheiratet.
20.	Warum hat er mich nicht verstanden?
21.	Sein Bruder hat die Prüfung nicht bestanden.
22.	Seine Brüder haben die Prüfung nicht bestanden.
23.	Er hat nichts gesagt.
24.	Der (Er) hat schon mit dir geredet.
25.	Er hat Pizza bestellt.
26.	Ich habe mich zum Deutschkurs angemeldet.
27.	Hast du sie gesehen?
28.	Sie hat sich über dieses Geschenk gefreut.
29.	Du hast es gesehen.
30.	Das Kind hat alles getrunken.

Ich habe dich gestern im Kino gesehen

Die Zeitform Perfekt | **Lösung**

<u>keine</u> Bewegung Hilfsverb „**haben**“						
regelmäßig (-t)				unregelmäßig (Tabelle)		
ohne Vorsilbe		**mit Vorsilbe**		**ohne Vorsilbe**	**mit Vorsilbe**	
	-ieren	nicht trennbar	trennbar		nicht trennbar	trennbar
1	**2**	**3**	**4**	**5**	**6**	**7**
fragen	**gratulieren**	**bestellen**	**anmachen**	**essen**	**entnehmen**	**einladen**
öffnen	dekorieren	bemalen	aus-schalten	helfen	empfinden	anrufen
sich setzen	korrigieren	erholen	einkaufen	sehen	empfangen	ab-nehmen
lernen	renovieren	erblicken	vorstellen	schrei-ben	verzeihen	austrinken
bauen	probieren	gehören	mitspielen	treffen	besprechen	zugeben
heira-ten					gefallen	aufessen

Bewegung/Zustandsänderung/Ausnahme Hilfsverb „**sein**“					
regelmäßig (-t)			unregelmäßig (Tabelle)		
ohne Vorsilbe	**mit Vorsilbe**		**ohne Vorsilbe**	**mit Vorsilbe**	
	trennbar	nicht trennbar		nicht trennbar	trennbar
8	**9**	**10**	**11**	**12**	**13**
landen	**aufwachen**	**verreisen**	**reiten**	**entstehen**	**wegfliegen**
hüpfen	abreisen	erscheinen	rennen	ver-schwinden	ankommen
joggen	aufblühen	ersticken	sein		zusteigen
schaukeln			laufen		aussteigen

Ich habe dich gestern im Kino gesehen

Die Zeitform Perfekt | **Lösung**

8. Bilde richtige Sätze im Perfekt.

	Richtiger Satz
1.	Wie lange hast du in dieser Schlange gestanden?
2.	Hast du ihm wirklich geglaubt?
3.	Sie hat überhaupt nicht reagiert.
4.	Der Kellner hat schon unsere Pizza geschnitten.
5.	Bist du schon mal in der Allianz Arena in München gewesen?
6.	Warum ist das Flugzeug so spät gestartet?
7.	In Frankreich hat dieses Jahr noch niemand im Lotto gewonnen.
8.	Ein Mädchen aus unserer Klasse hat Schweinegrippe gehabt.
9.	Er hat seine Fahrprüfung leider nicht bestanden.
10.	Wie viele Gäste hast du für den Samstag eingeladen?
11.	Ich habe sie echt nicht mehr erkannt.
12.	Im Hotelzimmerkühlschrank haben wir etwas Gutes gefunden.
13.	Der Reiseführer hat die Gruppe vor dem Bahnhof getroffen.
14.	Wofür hat sich Eva letztendlich entschieden?
15.	Der Kuchen ist dir aber überhaupt nicht gelungen.
16.	Letzten Sommer sind wir in den Alpen gewesen.
17.	Hat der Schnupperkurs für das Einradfahren schon stattgefunden?
18.	Ihr habt wirklich kein Recht gehabt.
19.	Frau Meier hat meine Kinder in die Stadt mitgenommen.
20.	Das neue Parfüm hat sehr schön gerochen.
21.	Hat Juliane vor der Operation fünf Kilo mehr gewogen?
22.	Bogdan hat noch nie eine Ehefrau gehabt.
23.	Frau Braun ist gestern bei seiner Schwester gewesen.
24.	Warum hast du dich schon wieder umgezogen?
25.	Seine kleine Tochter hat eine zauberhafte Fee im Traum gesehen.
26.	Das Stadttheater hat schon wieder geschlossen.
27.	Celina hat sich mit ihrer Bank in Verbindung gesetzt.
28.	Warum ist letzte Woche Herr Müller nicht bei seiner Mutter gewesen?
29.	Paul hat sich zwei Stunden lang mit seiner neuen Freundin unterhalten.
30.	Hast du schon mal Windpocken gehabt?

Die Kanadierin liebt einen spanischen Fotografen

Für diesen Abschnitt solltest du folgende Probleme wiederholen:
- Was ist der Dativ?
- Was ist der Akkusativ?

Einführung n-Deklination

- Bei der **n-Deklination** bekommen manche Substantive eine **bestimmte Endung**.
- Es gibt drei Gruppen von diesen Substantiven.

Regeln: n-Deklination

Gruppe 1
Männliche Substantive mit der Endung „**-e**" bekommen im Dativ und Akkusativ im Singular und im Plural in allen Fällen die Endung „**-n**".

Beispiele

Länder-bewohner	Personen	Berufe mit der Endung „-loge"	Tiere	Andere
der Brite	der Junge	der Dermatologe	der Hase	der Buchstabe
der Chinese	der Kollege	der Kardiologe	der Löwe	der Gedanke
der Russe	der Kunde	der Psychologe	der Rabe	der Glaube

- Meine Tochter trifft sich mit einem schönen Junge**n**.
- Dieser teure Wein ist für unseren langjährigen Arbeitskollege**n**.

Gruppe 2
Bestimmte männliche Substantive bekommen im Dativ und Akkusativ im Singular und im Plural in allen Fällen die Endung „**-en**".

Beispiele

männliche Personen
der Mensch, der Fürst, der Prinz

Gruppe 3
Männliche Substantive mit folgenden Endungen bekommen im Dativ und Akkusativ im Singular und im Plural in allen Fällen die Endung „**-en**".

Beispiele

-ant	-at	-ent	-et	-ist
der Praktikant	der Kandidat	der Absolvent	der Planet	der Tourist
der Diamant	der Adressat	der Präsident	der Athlet	der Polizist

- Für einen Elefant**en** im Zoo ist ein kalter Winter nicht gesund.
- Kennst du alle Planet**en** in unserem Sonnensystem?

Die Kanadierin liebt einen spanischen Fotografen

Die Länderbewohner | **Info**

Einführung

Länderbewohner

In der Tabelle hast du eine Auswahl von vielen Ländernamen, den Bewohnern der Länder und ihren Sprachen.

Regeln: Singular

Lerne die Begriffe. Es ist schön, wenn man sie kennt und verwendet.

Länder

	Land	**Maskulinum**	**Femininum**	**die Sprache**
	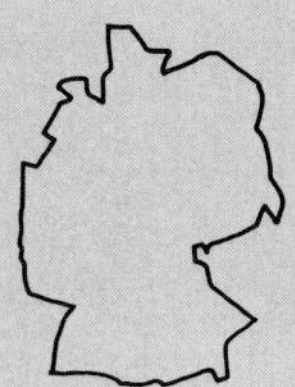			
1.	Ägypten	Ägypter	Ägypterin	Arabisch
2.	Albanien	Albaner	Albanerin	Albanisch
3.	Algerien	Algerier	Algerierin	Arabisch, Französisch
4.	Argentinien	Argentinier	Argentinierin	Spanisch
5.	Belgien	Belgier	Belgierin	Niederländisch, Französisch, Deutsch
6.	Bosnien	Bosnier	Bosnierin	Bosnisch, Serbisch, Kroatisch
7.	Brasilien	Brasilianer	Brasilianerin	Portugiesisch
8.	Bulgarien	Bulgare	Bulgarin	Bulgarisch
9.	Chile	Chilene	Chilenin	Spanisch
10.	China	Chinese	Chinesin	Chinesisch
11.	Dänemark	Däne	Dänin	Dänisch
12.	Ecuador	Ecuadorianer	Ecuadorianerin	Spanisch
13.	England	Engländer	Engländerin	Englisch
14.	Estland	Este	Estin	Estnisch
15.	Finnland	Finne	Finnin	Finnisch
16.	Frankreich	Franzose	Französin	Französisch
17.	Griechenland	Grieche	Griechin	Griechisch
18.	Großbritannien	Brite	Britin	Englisch

	Land	Maskulinum	Femininum	die Sprache
19.	Holland	Holländer	Holländerin	Holländisch
20.	Indien	Inder	Inderin	Hindi, Englisch
21.	Indonesien	Indonesier	Indonesierin	Indonesisch
22.	Irak	Iraker	Irakerin	Arabisch, Kurdisch
23.	Iran	Iraner	Iranerin	Persisch
24.	Irland	Ire	Irin	Irisch
25.	Island	Isländer	Isländerin	Isländisch
26.	Israel	Israeli	Israelin	Neuhebräisch, Arabisch
27.	Italien	Italiener	Italienerin	Italienisch
28.	Jamaika	Jamaikaner	Jamaikanerin	Englisch
29.	Japan	Japaner	Japanerin	Japanisch
30.	Kanada	Kanadier	Kanadierin	Englisch, Französisch
31.	Kolumbien	Kolumbianer	Kolumbianerin	Spanisch
32.	Korea	Koreaner	Koreanerin	Koreanisch
33.	Kroatien	Kroate	Kroatin	Kroatisch
34.	Kuba	Kubaner	Kubanerin	Spanisch
35.	Lettland	Lette	Lettin	Lettisch
36.	Libanon	Libanese	Libanesin	Arabisch
37.	Libyen	Libyer	Libyerin	Arabisch
38.	Litauen	Litauer	Litauerin	Litauisch
39.	Luxemburg	Luxemburger	Luxemburgerin	Luxemburgisch, Deutsch, Französisch
40.	Malta	Malteser	Malteserin	Maltesisch, Englisch
41.	Marokko	Marokkaner	Marokkanerin	Arabisch
42.	Mazedonien	Mazedonier	Mazedonierin	Mazedonisch
43.	Mexiko	Mexikaner	Mexikanerin	Spanisch
44.	Moldawien	Moldauer	Moldauer	Moldauisch
45.	Monaco	Monegasse	Monegassin	Französisch
46.	Niederlande	Niederländer	Niederländerin	Niederländisch

Die Kanadierin liebt einen spanischen Fotografen

Die Länderbewohner | **Info**

	Land	Maskulinum	Femininum	die Sprache
47.	Norwegen	Norweger	Norwegerin	Norwegisch
48.	Österreich	Österreicher	Österreicherin	Deutsch
49.	Peru	Peruaner	Peruanerin	Spanisch
50.	Philippinen	Philippiner	Philippinerin	Filipino, Englisch
51.	Polen	Pole	Polin	Polnisch
52.	Portugal	Portugiese	Portugiesin	Portugiesisch
53.	Rumänien	Rumäne	Rumänin	Rumänisch
54.	Russland	Russe	Russin	Russisch
55.	Saudi-Arabien	Saudi-Araber	Saudi-Araberin	Arabisch
56.	Schottland	Schotte	Schottin	Englisch
57.	Schweden	Schwede	Schwedin	Schwedisch
58.	Schweiz	Schweizer	Schweizerin	Deutsch, Italienisch, Französisch, Rätoromanisch
59.	Serbien	Serbe	Serbin	Serbisch
60.	Slowakei	Slowake	Slowakin	Slowakisch
61.	Slowenien	Slowene	Slowenin	Slowenisch
62.	Spanien	Spanier	Spanierin	Spanisch
63.	Syrien	Syrer	Syrerin	Arabisch
64.	Thailand	Thailänder	Thailänderin	Thai
65.	Togo	Togolese	Togolesin	Französisch
66.	Tschechien	Tscheche	Tschechin	Tschechisch
67.	Tunesien	Tunesier	Tunesierin	Arabisch
68.	Türkei	Türke	Türkin	Türkisch
69.	Ukraine	Ukrainer	Ukrainerin	Ukrainisch
70.	Ungarn	Ungar	Ungarin	Ungarisch
71.	USA	US-Amerikaner	US-Amerikanerin	Englisch
72.	Venezuela	Venezolaner	Venezolanerin	Spanisch
73.	Vietnam	Vietnamese	Vietnamesin	Vietnamesisch
74.	Weißrussland	Weißrusse	Weißrussin	Weißrussisch
75.	Zypern	Zyprer, Zypriote	Zyprerin, Zypriotin	Griechisch

Kontinentenbewohner

	Kontinent	**Maskulinum**	**Femininum**
1.	Amerika	Amerikaner	Amerikanerin
2.	Afrika	Afrikaner	Afrikanerin
3.	Europa	Europäer	Europäerin
4.	Asien	Asiat	Asiatin
5.	Australien	Australier	Australierin

Regeln:
Plural

- Männliche Bewohner mit der Endung „**-e**" bekommen im Plural die Endung „**-n**".

Beispiele

ein Türke	viele Türke**n**
ein Finne	viele Finne**n**

Ausnahme

ein Ungar	viele Ungar**n**

- Männliche Bewohner mit der Endung „**-er**" haben im Plural **keine Endung** Ø.

Beispiele

ein Kanadier	viele Kanadier Ø
ein Belgier	viele Belgier Ø

- Weibliche Bewohner bekommen im Plural die Endung „**-nen**".
  Das Wort hat dann zwei Buchstaben „**n**".

Beispiele

eine Albanerin	zwei Albaneri<u>n</u>**nen**
eine Französin	zwei Französi<u>n</u>**nen**

- Menschen aus Deutschland

Ausnahme

	Singular	**Plural**		**Singular**	**Plural**
ein Mann	ein Deutsch**er**	viele Deutsch**e**	eine Frau	eine Deutsch**e**	viele Deutsch**e**
	der Deutsch**e**	die Deutsch**en**		die Deutsch**e**	die Deutsch**en**

Die Kanadierin liebt einen spanischen Fotografen

Die Länderbewohner | **Übung**

1. Ergänze die Endungen. Wie heißen die Länderbewohner?

1.	**Ihr Freund spricht Serbisch. Er ist ein Serbe.**
2.	Sein Vater ist kein Ukrain___, sondern ein Weißruss___.
3.	Mein Karatemeister kommt aus Algerien. Er ist ein Algeri___, aber seine Frau ist ein___ Deutsch___.
4.	Die meisten Pol___ sprechen sehr gut Englisch.
5.	Fast jeder Engländ___ interessiert sich für Fußball.
6.	Der beste Marathonläufer 2010 war der Südkorean___ Junsu Hyun.
7.	Familie Brečko ist eine internationale Familie. Herr Brečko ist ein Slowen___ und seine Frau ist eine Rumän___.
8.	In Deutschland leben Deutsch___. Das ist ganz logisch.
9.	Zum Internationalen Kongress der Physik in Bonn kamen: zehn Ungar___, fünf Kanadier___ und ein Finn___.
10.	Ist dein Mann ein Schwed___ oder ein Norweg___?
11.	Eine Frau aus Deutschland ist eine Deutsch___ und viele Frauen aus Deutschland nennt man Deutsch___.
12.	Bei meiner Oma in Schweden wohnen in der Nachbarschaft zwei Deutsch___.
13.	Er wohnt in einem internationalen Haus. Im ersten Stock wohnen zwei Alban___, im zweiten ein Griech___ und ein Italien___ und im dritten Stock zwei Franzos___.
14.	In der Klasse von meiner Tochter sind zwei Afroamerikaner___, drei Südasiat___ und fünf Ostinder___.
15.	Ein Mann aus Deutschland ist ein Deutsch___ oder der Deutsch___.
16.	Ist dein Nachbar ein Bulgar___ oder ein Mazedoni___?
17.	Die Togo___ kochen Suppen auf der Grundlage von Palmennüssen, Erdnüssen und Mais.
18.	In Luxemburg leben Luxemburg___, aber auch sehr viele Belgi___.
19.	Die Tunesi___ feiern kein Weihnachten, weil sie keine Christen sind.
20.	Ein Mann und eine Frau aus Deutschland sind Deutsch___.
21.	In unserem internationalen Sprachkurs in Heidelberg waren Studenten aus fast allen Erdteilen. Bei uns waren zehn Asiat___, fünf Afrikan___, sehr viele Südmerikan___, ein Australi___ und fast 20 Europä___.
22.	Meine spanische Freundin hat viele europäische Bekannte. Es sind Dän___, Ägypt___, Serb___ und Österreich___.
23.	Jeder Ecuador___ kennt sicher die Galapagos-Riesenschildkröten.
24.	In Deutschland gibt es viele Migranten. Zu den zahlreichsten gehören die Türk___, die Italien___, die Chines___, die Vietnames___ und die Arab___.
25.	Viele Deutsch___ sprechen sehr gut Englisch, Französisch oder Spanisch.

2. Ergänze die Endungen. Es ist die n-Deklination.
   Alle Substantive sind im Singular. Beantworte zuerst die Fragen.

   a) Was entscheidet über die Endung: das Verb, die Präposition oder das Subjekt?
   b) Welcher Fall ist das?

		Verb, Präposition, Subjekt	**Welcher Fall?**
1.	Sie unterhält sich mit unserem Nachbarn	Präposition „mit"	Dativ
2.	Ich kenne deinen Nachnamen nicht.	kennen	Akkusativ
3.	Was verschreibt der Arzt d___ Patient___ (Sg.)?		
4.	Tante Gisela trifft sich heute mit ihr___ Neff___ (Sg.).		
5.	Siehst du d___ Tourist___ (Sg.) dort?		
6.	Was bietet die Bank d___ neu___ Kund___ (Sg.)?		
7.	Beata fährt im Zug mit ein___ elegant___ Jung___.		
8.	Wie viele Löw___ gibt es in diesem Zoo?		
9.	Das hat nichts mit d___ Glaub___ zu tun.		
10.	Was ist mit d___ Braunbär___ (Sg.) passiert?		
11.	Leo, ich wünsche dir von ganzem Herz___ alles, alles Liebe!		
12.	Du solltest dich wirklich mit ein___ Optimist___ befreunden.		
13.	Der Professor unterrichtet ein___ deutsch___ Polizist___.		
14.	Wie bedankst du dich bei d___ nett___ Postbot___ (Sg.)?		

Die Kanadierin liebt einen spanischen Fotografen

Die Länderbewohner | **Übung**

		Verb, Präposition, Subjekt	**Welcher Fall?**
15.	In der Mittagspause geht Edward mit sein___ Arbeitskolleg___ (Sg.) zehn Minuten lang spazieren.		
16.	Bei meiner Bank kann man nach 22 Uhr kein Geld aus d___ Bankautomat___ (Sg.) abheben.		
17.	Was sagt dein___ neu___ Praktikant___ dazu?		
18.	Frau Fürst hat doch ihr___ geliebt___ Fotograf___ geheiratet.		
19.	Warst du schon bei d___ neu___ Internist___ (Sg.) in der Wilhelmstraße?		
20.	Isabell kennt ein___ asiatisch___ Student___.		
21.	Mein Sohn schläft immer noch mit d___ klein___ Stoffhas___ (Sg.).		
22.	Nenne mir alle Planet___ (Pl.) von unserem Sonnensystem.		
23.	Ein Inder kann auf ein__ Elefant___ reiten.		
24.	Wie heißt d___ neu___ Assistent___ von Direktor Neumeier?		
25.	Wie lange war sie mit ihr___ Lebensgefährt___ zusammen?		
26.	Ich kenne wirklich kein___ gut___ Fernseh-expert___ (Sg.).		
27.	Welch___ Buchstab___ (Sg.) lernt dein Kind jetzt in der Schule?		
28.	Einen Brief muss man so adressieren: An Herr___ Hans Peter Meier.		
29.	Ich muss mich nächste Woche mit d___ berühmt___ Schuhproduzent___ (Sg.) treffen.		
30.	Frau Felix hat einen goldenen Ring mit ein___ Diamant___.		

Die Kanadierin liebt einen spanischen Fotografen

Die Länderbewohner | **Übung**

3. Ergänze die Endungen. Beantworte zuerst die Fragen.

a) Wie heißt das Substantiv?
b) Was entscheidet über die Endung: das Verb oder die Präposition?
c) Welcher Fall ist das?

		Substantiv	Verb oder Präposition	Fall
1.	Bitte rufen Sie jetzt den Chirurgen an! Ich habe so große Schmerzen.	Chirurg	an|rufen	Akkusativ
2.	Warum besuchen wir d___ Schott___ (Sg.) nicht?			
3.	Hast du schon mit d___ Lett___ (Sg.) telefoniert? Was hat er gesagt?			
4.	Um wie viel Uhr soll ich zu d___ Gynäkolog___ (Sg.) gehen?			
5.	Ist sie wirklich mit d___ Soziolog___ (Sg.) verheiratet?			
6.	Wie lange wohnst du schon bei d___ Libanes___ (Sg.)?			
7.	Meine Schwägerin hat ein___ Dän___ geheiratet.			
8.	Kannst du mir ein___ gut___ Kardiolog___ empfehlen?			
9.	Margarita liebt ein___ Türk___.			
10.	Verstehst du überhaupt ein___ Griech___ oder ein___ Zypriot___?			
11.	Ich kenne viele Chines___, Kroat___ und Portugies___.			
12.	Wann gehen wir zu d___ Soziolog___ (Sg.)?			
13.	Hast du schon mit ein___ Chilen___ getanzt?			
14.	Frau Heinz mag ein___ Ir___.			
15.	Mit ein___ Finn___ kann man sich auf Englisch sehr gut unterhalten.			
16.	Ich bin gestern bei d___ neue___ Dermatolog___ (Sg.) gewesen.			
17.	Seine Schwester trifft sich mit ein___ Tschech___.			
18.	Seit wann kennst du dies___ Asiat___ (Sg.)?			
19.	Tante Mia ist mit ein___ Brit___ und ein___ Pol___ befreundet.			
20.	Seine Tochter hat ein___ Russ___ geküsst.			

Die Kanadierin liebt einen spanischen Fotografen

Die Länderbewohner | **Lösung**

1. Ergänze die Endungen. Wie heißen die Länderbewohner?

1.	Ihr Freund spricht Serbisch. Er ist ein Serbe.
2.	Sein Vater ist kein Ukrainer, sondern ein Weißrusse.
3.	Mein Karatemeister kommt aus Algerien. Er ist ein Algerier, aber seine Frau ist eine Deutsche.
4.	Die meisten Polen sprechen sehr gut Englisch.
5.	Fast jeder Engländer interessiert sich für Fußball.
6.	Der beste Marathonläufer 2010 war der Südkoreaner Junsu Hyun.
7.	Familie Brečko ist eine internationale Familie. Herr Brečko ist ein Slowene und seine Frau ist eine Rumänin.
8.	In Deutschland leben Deutsche. Das ist ganz logisch.
9.	Zum Internationalen Kongress der Physik in Bonn kamen: zehn Ungarn, fünf Kanadier und ein Finne.
10.	Ist dein Mann ein Schwede oder ein Norweger?
11.	Eine Frau aus Deutschland ist eine Deutsche und viele Frauen aus Deutschland nennt man Deutsche.
12.	Bei meiner Oma in Schweden wohnen in der Nachbarschaft zwei Deutsche.
13.	Er wohnt in einem internationalen Haus. Im ersten Stock wohnen zwei Albaner, im zweiten ein Grieche und ein Italiener und im dritten Stock zwei Franzosen.
14.	In der Klasse von meiner Tochter sind zwei Afroamerikaner, drei Südasiaten und fünf Ostinder.
15.	Ein Mann aus Deutschland ist ein Deutscher oder der Deutsche.
16.	Ist dein Nachbar ein Bulgare oder ein Mazedonier?
17.	Die Togolesen kochen Suppen auf der Grundlage von Palmennüssen, Erdnüssen und Mais.
18.	In Luxemburg leben Luxemburger, aber auch sehr viele Belgier.
19.	Die Tunesier feiern kein Weihnachten, weil sie keine Christen sind.
20.	Ein Mann und eine Frau aus Deutschland sind Deutsche.
21.	In unserem internationalen Sprachkurs in Heidelberg waren Studenten aus fast allen Erdteilen. Bei uns waren zehn Asiaten, fünf Afrikaner, sehr viele Südamerikaner, ein Australier und fast 20 Europäer.
22.	Meine spanische Freundin hat viele europäische Bekannte. Es sind Dänen, Ägypter, Serben und Österreicher.
23.	Jeder Ecuadorianer kennt sicher die Galapagos-Riesenschildkröten.
24.	In Deutschland gibt es viele Migranten. Zu den zahlreichsten gehören die Türken, die Italiener, die Chinesen, die Vietnamesen und die Araber.
25.	Viele Deutsche sprechen sehr gut Englisch, Französisch oder Spanisch.

2. Ergänze die Endungen. Es ist die n-Deklination.
   Alle Substantive sind im Singular. Beantworte zuerst die Fragen.

		Verb, Präposition, Subjekt	Welcher Fall?
1.	Sie unterhält sich mit unserem Nachbarn.	Präposition „mit"	Dativ
2.	Ich kenne deinen Nachnamen nicht.	kennen	Akkusativ
3.	Was verschreibt der Arzt dem Patienten?	verschreiben	Dativ
4.	Tante Gisela trifft sich heute mit ihrem Neffen.	Präposition „mit"	Dativ
5.	Siehst du den Touristen dort?	sehen	Akkusativ
6.	Was bietet die Bank dem neuen Kunden?	bieten	Dativ
7.	Beata fährt im Zug mit einem eleganten Jungen.	Präposition „mit"	Dativ
8.	Wie viele Löwen gibt es in diesem Zoo?	es gibt	Akkusativ
9.	Das hat nichts mit dem Glauben zu tun.	Präposition „mit"	Dativ
10.	Was ist mit dem Braunbären passiert?	Präposition „mit"	Dativ
11.	Leo, ich wünsche dir von ganzem Herzen alles, alles Liebe!	Präposition „von"	Dativ
12.	Du solltest dich wirklich mit einem Optimisten befreunden.	Präposition „mit"	Dativ
13.	Der Professor unterrichtet einen deutschen Polizisten.	unterrichten	Akkusativ
14.	Wie bedankst du dich bei dem netten Postboten?	Präposition „bei"	Dativ
15.	In der Mittagspause geht Edward mit seinem Arbeitskollegen zehn Minuten lang spazieren.	Präposition „mit"	Dativ

Die Kanadierin liebt einen spanischen Fotografen

Die Länderbewohner | **Lösung**

		Verb, Präposition, Subjekt	Welcher Fall?
16.	Bei meiner Bank kann man nach 22 Uhr kein Geld aus dem Bankautomaten abheben.	Präposition „aus"	Dativ
17.	Was sagt dein neuer Praktikant dazu?	Subjekt	Nominativ
18.	Frau Fürst hat doch ihren geliebten Fotografen geheiratet.	heiraten	Akkusativ
19.	Warst du schon bei dem neuen Internisten in der Wilhelmstraße?	Präposition „bei"	Dativ
20.	Isabell kennt einen asiatischen Studenten.	kennen	Akkusativ
21.	Mein Sohn schläft immer noch mit dem kleinen Stoffhasen.	Präposition „mit"	Dativ
22.	Nenne mir alle Planeten von unserem Sonnensystem.	nennen	Akkusativ
23.	Ein Inder kann auf einem Elefanten reiten.	Frage „wo"	Dativ
24.	Wie heißt der neue Assistent von Direktor Neumeier?	Subjekt	Nominativ
25.	Wie lange war sie mit ihrem Lebensgefährten zusammen?	Präposition „mit"	Dativ
26.	Ich kenne wirklich keinen guten Fernsehexperten.	kennen	Akkusativ
27.	Welchen Buchstaben lernt dein Kind jetzt in der Schule?	lernen	Akkusativ
28.	Einen Brief muss man so adressieren: An Herrn Hans Peter Meier.	Frage „wohin"	Akkusativ
29.	Ich muss mich nächste Woche mit dem berühmten Schuhproduzenten treffen.	Präposition „mit"	Dativ
30.	Frau Felix hat einen goldenen Ring mit einem Diamanten.	Präposition „mit"	Dativ

Die Kanadierin liebt einen spanischen Fotografen

Die Länderbewohner | **Lösung**

3. Ergänze die Endungen. Beantworte zuerst die Fragen.

		Substantiv	**Verb oder Präposition**	**Fall**
1.	Bitte rufen Sie jetzt den Chirurgen an! Ich habe so große Schmerzen.	Chirurg	an|rufen	Akkusativ
2.	Warum besuchen wir den Schotten nicht?	Schotte	besuchen	Akkusativ
3.	Hast du schon mit dem Letten telefoniert? Was hat er gesagt?	Lette	Präposition „mit"	Dativ
4.	Um wie viel Uhr soll ich zu dem Gynäkologen gehen?	Gynäkologe	Präposition „zu"	Dativ
5.	Ist sie wirklich mit dem Soziologen verheiratet?	Soziologe	Präposition „mit"	Dativ
6.	Wie lange wohnst du schon bei dem Libanesen?	Libanese	Präposition „bei"	Dativ
7.	Meine Schwägerin hat einen Dänen geheiratet.	Däne	heiraten	Akkusativ
8.	Kannst du mir einen guten Kardiologen empfehlen?	Kardiologe	empfehlen	Akkusativ
9.	Margarita liebt einen Türken.	Türke	lieben	Akkusativ
10.	Verstehst du überhaupt einen Griechen oder einen Zyprioten?	Grieche, Zypriote	verstehen	Akkusativ
11.	Ich kenne viele Chinesen, Kroaten und Portugiesen.	Chinese, Kroate, Portugiese	kennen	Akkusativ
12.	Wann gehen wir zu dem Soziologen?	Soziologe	Präposition „zu"	Dativ
13.	Hast du schon mit einem Chilenen getanzt?	Chilene	Präposition „mit"	Dativ
14.	Frau Heinz mag einen Iren.	Ire	mögen	Akkusativ
15.	Mit einem Finnen kann man sich auf Englisch sehr gut unterhalten.	Finne	Präposition „mit"	Dativ
16.	Ich bin gestern bei dem neuen Dermatologen gewesen.	Dermatologe	Präposition „bei"	Dativ
17.	Seine Schwester trifft sich mit einem Tschechen.	Tscheche	Präposition „mit"	Dativ
18.	Seit wann kennst du diesen Asiaten?	Asiat	kennen	Akkusativ
19.	Tante Mia ist mit einem Briten und einem Polen befreundet.	Brite, Pole	Präposition „mit"	Dativ
20.	Seine Tochter hat einen Russen geküsst.	Russe	küssen	Akkusativ

Sie ist beim Bäcker aber Sie geht zur Post

Lokalpräpositionen | **Info**

Für diesen Abschnitt solltest du folgendes Problem wiederholen:
- Wie heißen die Präpositionen mit dem Dativ?

Einführung

- **Lokalpräpositionen** beschreiben einen **Ort**, wo etwas stattfindet.
- Es gibt keine einheitlichen Regeln, wann und warum eine bestimmte Präposition richtig ist. Manchmal passen zwei oder drei Präpositionen zu einer Bezeichnung.
- Viele Ortsangaben lassen sich in kleine Gruppen unterteilen. Man nennt sie **Kategorien**. Sie helfen dir, zu 80% alles richtig zu sagen.
- Alle Kategorien beantworten die drei folgenden Fragen.
  - wohin (Wohin gehst du?) beschreibt eine Richtung, eine Bewegung, verlangt den Akkusativ, hat die Präpositionen: in, an, auf
  - wo (Wo bist du gerade?) beschreibt einen Stillstand (Ruhe), verlangt den Dativ, hat die Präpositionen: in, an, auf, bei
  - woher (Woher kommst du gerade?) beschreibt, wo man gerade gewesen ist, verlangt den Dativ, hat die Präpositionen: aus, von

Regeln

- Die Präpositionen „in", „an" und „auf" können **Dativ und Akkusativ** verlangen.
- Wichtig ist die **Frage**, die man stellt:
  - wo? = Dativ
  - wohin? = Akkusativ

Beispiele

Satz mit Präposition	Frage	Dativ oder Akkusativ
Sofia fährt in die Schule.	Wohin fährt Sofia?	Akkusativ
Sofia ist in der Schule.	Wo ist Sofia?	Dativ
Meine Eltern fliegen ans Meer.	Wohin fliegen meine Eltern?	Akkusativ
Meine Eltern verbringen ihren Urlaub am Meer.	Wo verbringen meine Eltern ihren Urlaub?	Dativ
Morgen gehen Thomas und Christine auf eine Geburtstagsparty.	Wohin gehen morgen Thomas und Christine?	Akkusativ
Am Samstag haben Thomas und Christine keine Zeit. Sie sind auf einer Geburtstagsparty.	Wo sind Thomas und Christine am Samstag?	Dativ

- Die Präpositionen „in" und „aus" gehören immer zusammen.

Wohin?	Woher?
in	aus

Sie ist beim Bäcker aber Sie geht zur Post

Lokalpräpositionen | **Info**

- Die Präpositionen „zu“, „nach“, „an“, „auf“ bei der Frage „wohin“ haben bei der Antwort immer „von“.

Beispiel Ich gehe zu Lukas. Ich komme von Lukas.

Wohin?	**Woher?**
zu	von
nach	
an	
auf	

- Sehr selten sagt man, woher man gerade kommt. Man sagt dann, wo man gewesen ist.

Beispiel Woher kommst du gerade? Ich war in der Mittagspause.
selten: Woher kommst du gerade? Ich komme aus der Mittagspause.

Kategorien mit ihren Lokalpräpositionen:

Kategorie	**Wohin?**	**Wo?**	**Woher?**
	zu	**bei**	**von**
Person	zu Lukas	bei Lukas	von Lukas
	zu meiner Oma	bei meiner Oma	von meiner Oma
	zum Italiener	beim Italiener	von dem Italiener
Restaurantkette und Discounter	zu McDonald's	bei McDonald's	von McDonald's
	zu dm	bei dm	von dm
	zu Aldi	bei Aldi	von Aldi
Beruf (Handwerk)	zur Friseurin	bei der Friseurin	von der Friseurin
	zum Arzt	beim Arzt	vom Arzt

Sie ist beim Bäcker aber Sie geht zur Post

Lokalpräpositionen | **Info**

Kategorie	Wohin?	Wo?	Woher?
	zu	**bei**	**von**
Institution (Ort, an dem man etwas erledigt)	zur Post	bei der Post	von der Post
	zum Sozialamt	beim Sozialamt	vom Sozialamt
	zur Bank	bei der Bank	von der Bank
	zur Autowerkstatt	bei der Autowerkstatt	von der Autowerkstatt
intellektuelle Beschäftigung	zum Deutschkurs	beim Deutschkurs	vom Deutschkurs
	zum Vorstellungsgespräch	beim Vorstellungsgespräch	vom Vorstellungsgespräch
	zum Gottesdienst	beim Gottesdienst	vom Gottesdienst
Feier	zu einer Party	bei einer Party	von einer Party
	zur Beerdigung	bei der Beerdigung	von der Beerdigung
	zum Geburtstag	beim Geburtstag	vom Geburtstag
Sport	zum Training	beim Training	vom Training
	zu Karate	bei Karate	von Karate
	zum Basketball	beim Basketball	vom Basketball

Kategorie	Wohin gehst du?	Wo arbeitest du?
Arbeitsstelle „Firmenname"	zu Toshiba	bei Toshiba
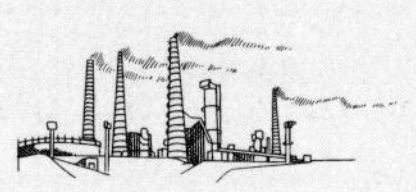	zu BMW	bei BMW
	zu Brandt & Söhne	bei Brandt & Söhne

Sie ist beim Bäcker aber Sie geht zur Post

Kategorie	Wohin?	Wo?	Woher?
kleiner Raum, Gebäude	ins Zimmer	im Zimmer	aus dem Zimmer
	in die Bäckerei	in der Bäckerei	aus der Bäckerei
	in den Kindergarten	im Kindergarten	aus dem Kindergarten
Grünfläche, Landschaft	in den Park	im Park	aus dem Park
	in die Alpen	in den Alpen	aus den Alpen
	in den Garten	im Garten	aus dem Garten
Freizeit, Veranstaltung	in den Urlaub	im Urlaub	aus dem Urlaub
	in die Mittagspause	in der Mittagspause	aus der Mittagspause
	in das Konzert	im Konzert	aus dem Konzert
Straßenname	in die Poststraße	in der Poststraße	aus der Poststraße
	in den Waldweg	im Waldweg	aus dem Waldweg
	in die Burggasse	in der Burggasse	aus der Burggasse
Land mit Artikel	in den Irak	im Irak	aus dem Irak
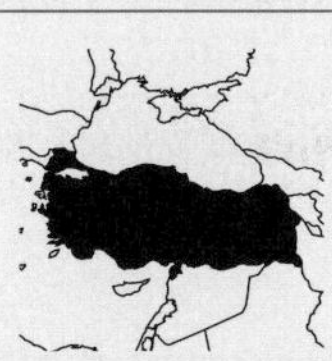	in die Türkei	in der Türkei	aus der Türkei
	in die USA	in den USA	aus den USA

Kategorie	Wo liest man das?	Woher weißt du das?
Papierprodukt	in der Zeitung	aus der Zeitung
	im Flyer	aus dem Flyer
	in der Werbung	aus der Werbung

Sie ist beim Bäcker aber Sie geht zur Post

Lokalpräpositionen | **Info**

Kategorie	**Wohin?**	**Wo?**	**Woher?**
	auf	**auf**	**von**
Geländeform	auf den Berg	auf dem Berg	vom Berg
	auf den Gipfel	auf dem Gipfel	vom Gipfel
Insel	nach Kreta	auf Kreta	von Kreta
	auf die Kanarischen Inseln	auf den Kanarischen Inseln	von den Kanarischen Inseln

Kategorie	**Wohin?**	**Wo?**	**Woher?**
	zu	**in**	**von**
Verkehrsmittel	zum Bus	im Bus	vom Bus
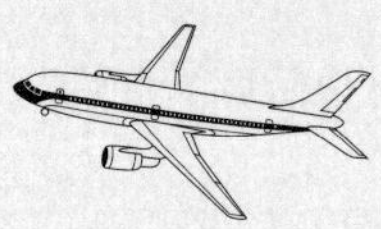	zum Flugzeug	im Flugzeug	vom Flugzeug
	zur U-Bahn	in der U-Bahn	von der U-Bahn

Kategorie	**Wohin?**	**Wo?**	**Woher?**
	an	**an**	**von**
Grenze zwischen Land und Wasser	ans Mittelmeer	am Mittelmeer	vom Mittelmeer
	an den Strand	am Strand	vom Strand
	an die Donau	an der Donau	von der Donau

Kategorie	**Wohin?**	**Wo?**	**Woher?**
	zu	**in**	**von**
öffentlicher Platz	zur Tankstelle	an der Tankstelle	von der Tankstelle
	zum Spielplatz	auf dem Spielplatz	vom Spielplatz
	zum Friedhof	auf dem Friedhof	vom Friedhof
	zum Bahnhof	am Bahnhof	vom Bahnhof

Sie ist beim Bäcker aber Sie geht zur Post

Lokalpräpositionen | **Info**

Kategorie	Wohin?	Wo?	Woher?
	nach	**in**	**aus**
Stadt, Land, Kontinent	nach Berlin	in Berlin	aus Berlin
	nach Kanada	in Kanada	aus Kanada
	nach Asien	in Asien	aus Asien

	Wo ist die Musik?	Woher kommt die Musik?
elektronisches Gerät	auf dem I-Pod	vom I-Pod
	auf dem Handy	vom Handy
	auf dem MP3-Player	vom MP3-Player

	Ich gehe	Ich bin	Ich komme
Haus (daheim)	nach Hause	zu Hause	von zu Hause

	Wo bist du jetzt?	Ich gehe
Netzwerk	im Internet	ins Internet
	in (auf) Facebook	in (auf) Facebook
	auf YouTube	auf YouTube

Sie ist beim Bäcker aber Sie geht zur Post

Lokalpräpositionen | **Info**

Überblick

zu – bei – von		
Person	Restaurantkette, Discounter	
Beruf	Institution	intellektuelle Beschäftigung
Feier	Sport	Arbeitsstelle Firmenname

auf – auf – von	
Geländeform	Insel
Spielplatz	elektrisches Gerät

in – in – aus		
kleiner Raum, Gebäude	Grünfläche, Landschaft	Freizeit, Veranstaltung
Straßenname	Land mit Artikel	Papierprodukt

an – an – auf
Grenze zwischen Land und Wasser

zu – in – von
Verkehrsmittel

zu – an – von
öffentlicher Platz

nach – in – auf
Stadt, Land, Kontinent

Sie ist beim Bäcker aber Sie geht zur Post

Lokalpräpositionen | **Übung**

1. Wohin gehst du? Ergänze die Präposition. Beantworte zuerst die Fragen.

   a) Welchen Artikel hat das Substantiv?
   b) Wie heißt die Kategorie?
   c) Wie heißt die Präposition?

	Ort, Person	Artikel	Kategorie	Präposition
1.	Sozialamt	das	Institution	das Sozialamt
2.	Markus			
3.	Bibliothek			
4.	Bäcker			
5.	„Continental"			
6.	U-Bahn			
7.	Frau Iso			
8.	Disco			
9.	Bodensee			
10.	Toilette			
11.	Alpen			
12.	Konditorei			
13.	Ufer			
14.	„dm"			
15.	Post			
16.	Friseur			
17.	Zug			
18.	Belgien			
19.	Taufe von Sonja			
20.	Kinderkrippe			
21.	Wüste			
22.	Konzert			
23.	Insel			
24.	Moschee			
25.	Mexikaner			

Sie ist beim Bäcker aber Sie geht zur Post

Lokalpräpositionen | **Übung**

2. Wo bist du gerade? Ergänze die Präposition. Beantworte zuerst die Fragen.

   a) Welchen Artikel hat das Substantiv?
   b) Wie heißt die Kategorie?
   c) Wie heißt die Präposition?

	Ort, Person	Artikel	Kategorie	Präposition
1.	Bayerischer Wald	der	Grünfläche	der Bayerische Wald
2.	Kulturzentrum			
3.	Frankfurt			
4.	Donau			
5.	Musical			
6.	Atlantikküste			
7.	Ukraine			
8.	Bäckerei			
9.	Metzger			
10.	Bushaltestelle			
11.	Malta			
12.	Stadtpark			
13.	unsere Mutter			
14.	Einwohnermeldeamt			
15.	ihr Freund			
16.	„McDonald's"			
17.	Zeitungsartikel			
18.	„Neckermann"			
19.	Italien			
20.	Badezimmer			
21.	Flughafen			
22.	Ausstellung			
23.	Zoo			
24.	Hochzeit			
25.	Spielplatz			

3. Wo bist du gerade? Ergänze die Präposition. Beantworte zuerst die Fragen.

   a) Welchen Artikel hat das Substantiv?
   b) Wie heißt die Kategorie?
   c) Wie heißt die Präposition?

	Ort, Person	**Artikel**	**Kategorie**	**Präposition**
1.	Konzert	das	Freizeit, Veranstaltung	im Konzert
2.	Toilette			
3.	Urlaub			
4.	Wald			
5.	Mittagspause			
6.	Fitnessstudio			
7.	Arbeitsagentur			
8.	Kreta			
9.	Training			
10.	Polizei			
11.	Kindergarten			
12.	Haus (daheim)			
13.	Innenstadt			
14.	Berlin			
15.	„Sparkasse"			
16.	„Norma"			
17.	Ausland			
18.	Büro			
19.	Straßenbahn			
20.	Apotheke			
21.	Geburtstag von Alex			
22.	Kino			
23.	Bahnhof			
24.	Frankreich			
25.	Erdgeschoss			

Sie ist beim Bäcker aber Sie geht zur Post

Lokalpräpositionen | **Übung**

4. Wohin gehst du gerade? Ergänze die Präposition. Beantworte zuerst die Fragen.

   a) Welchen Artikel hat das Substantiv?
   b) Wie heißt die Kategorie?
   c) Wie heißt die Präposition?

	Ort, Person	**Artikel**	**Kategorie**	**Präposition**
1.	S-Bahn	die	Verkehrsmittel	die S-Bahn
2.	Schwimmbad			
3.	Ukraine			
4.	Tankstelle			
5.	Basketball			
6.	Keller			
7.	Arzt			
8.	Alpen (Pl.)			
9.	Carl-Maria-Weg			
10.	Autowerkstatt			
11.	Club			
12.	meine Freundin			
13.	Uniklinikum			
14.	Blumengeschäft			
15.	Iwona			
16.	Meeresmuseum in München			
17.	Bestattungsinstitut			
18.	„Pizza Hut"			
19.	Krankenhaus			
20.	Friedhof			
21.	„Edeka"			
22.	Busbahnhof			
23.	Schweiz			
24.	Landshuter Straße			
25.	Kapelle			

Sie ist beim Bäcker aber Sie geht zur Post

5. Ergänze die Präposition. Woher kommst du? Woher hast du diese Information? Beantworte zuerst die Fragen.

   a) Welchen Artikel hat das Substantiv?
   b) Wie heißt die Kategorie?
   c) Wie heißt die Präposition?

	Ort, Person	Artikel	Kategorie	Präposition
1.	Parkplatz	der	öffentlicher Platz	vom Parkplatz
2.	Abstellkammer			
3.	U-Bahn			
4.	Vorstellungsgespräch			
5.	Flyer			
6.	Bus			
7.	Augenarzt			
8.	Potsdamer Platz			
9.	„Süddeutsche Zeitung"			
10.	Amerika			
11.	Nachbarin			
12.	Kletterpark			
13.	Tanzkurs			
14.	Ferien			
15.	Grasgasse			
16.	Rathaus			
17.	Naturkundemuseum			
18.	Strand			
19.	Chinese			
20.	Frankfurt			
21.	Finanzamt			
22.	Schule			
23.	Hafen			
24.	Berg			
25.	Café			

Sie ist beim Bäcker aber Sie geht zur Post

Lokalpräpositionen | **Übung**

6. Ergänze die Präposition. Beantworte zuerst die Fragen.

   a) Welche Frage musst du stellen? Wo oder wohin?
   b) Wie heißt die Kategorie?

	Satz	Frage	Kategorie
1.	**Wir treffen uns am Flughafen.**	**wo**	**öffentlicher Platz**
2.	Mann, ich muss ja wieder ___ Friseur.		
3.	Wo wart ihr? Wir waren zuerst ___ Bahnhof (1) und dann ___ Einkaufszentrum (2).	(1) (2)	(1) (2)
4.	Hast du schon deine Steuererklärung ___ Finanzamt abgegeben?		
5.	Wohin fahrt ihr ___ ___ Urlaub (1)? Wir fliegen ___ Malta (2).	(1) (2)	(1) (2)
6.	Ich habe ___ ___ „Süddeutschen Zeitung" eine schöne Werbung gelesen.		
7.	Hi, woher kommst du jetzt? ___ Italiener.		
8.	Ihr Vater arbeitet ___ „Aqua Blue".		
9.	Die Oma liegt ___ Uniklinikum.		
10.	Wir treffen uns ___ Café (1) „Sonne" ___ Johannplatz (2).		
11.	Wohin geht Sadet jetzt? _____ Deutschkurs.		
12.	____ einer Moschee müssen Frauen ein Kopftuch tragen.		
13.	Um 14 Uhr holt Michael seine Tochter ___ ___ Kindergarten ab.		
14.	Das Essen ____ Inder schmeckt mir am besten.		
15.	O.k., wir sehen uns ___ dein___ Namenstag.		

© Verlag an der Ruhr | Autorin: Bogumiła Baumgartner | ISBN 978-3-8346-2465-9 | www.verlagruhr.de

	Satz	Frage	Kategorie
16.	____ Strand (1) ___ ___ Türkei (2) liegen Tausende von Touristen.	(1) (2)	(1) (2)
17.	Was macht ihr im Sommer? Wir fahren ___ ___ Nordsee.		
18.	___ ___ Wüste muss es sehr interessant sein.		
19.	Unsere Flitterwochen ___ ___ Bergen waren himmlisch.		
20.	Am Sonntag gehen wir ___ Jugendweihe von meiner Cousine.		
21.	Ich hole die Torte ___ ___ Konditorei hier an der Ecke.		
22.	___ ___ Beerdigung von Herrn Meier waren sehr viele Menschen.		
23.	Wo hast du dein Armband gekauft? Ah, ___ „Schmuckdesign“ ___ Hamburg.		
24.	Maria kauft immer ___ „Netto“ ein.		
25.	Montags und mittwochs geht Anja ___ Volleyball.		
26.	Wann warst du das letzte Mal ___ Facebook?		
27.	Martin muss morgen ___ ein___ Vorstellungsgespräch.		
28.	___ ___ Kanarischen Inseln kann man Strand-, Wander- oder Sporturlaub machen.		
29.	Wir treffen uns ___ ___ Burggasse.		
30.	Ich habe jetzt keine Zeit, ich muss ___ Physiotherapeuten (1) ___ Krankengymnastik (2).	(1) (2)	(1) (2)

Sie ist beim Bäcker aber Sie geht zur Post

Lokalpräpositionen | **Lösung**

1. Wohin gehst du? Ergänze die Präposition. Beantworte zuerst die Fragen.

	Ort, Person	Artikel	Kategorie	Präposition
1.	**Sozialamt**	**das**	**Institution**	**das Sozialamt**
2.	Markus	---	Person	zu Markus
3.	Bibliothek	die	kleiner Raum, Gebäude	in die Bibliothek
4.	Bäcker	der	Beruf	zum Bäcker
5.	„Continental"	---	Arbeitsstelle, Firmenname	zu „Continental"
6.	U-Bahn	die	Verkehrsmittel	zur U-Bahn
7.	Frau Iso	die	Person	zu Frau Iso
8.	Disco	die	kleiner Raum, Gebäude	in die Disco
9.	Bodensee	die	Grenze zwischen Land und Wasser	an den Bodensee
10.	Toilette	die	kleiner Raum, Gebäude	in die Toilette
11.	Alpen	die (Pl.)	Grünfläche, Landschaft	in die Alpen
12.	Konditorei	die	kleiner Raum, Gebäude	in die Konditorei
13.	Ufer	das	Grenze zwischen Land und Wasser	ans Ufer
14.	„dm"	---	Restaurantkette, Discounter	zu „dm"
15.	Post	die	Institution	zur Post
16.	Friseur	der	Beruf	zum Friseur
17.	Zug	der	Verkehrsmittel	zum Zug
18.	Belgien	---	Stadt, Land, Kontinent	nach Belgien
19.	Taufe von Sonja	die	Feier	zur Taufe von Sonja
20.	Kinderkrippe	die	kleiner Raum, Gebäude	in die Kinderkrippe
21.	Wüste	die	Grünfläche, Landschaft	in die Wüste
22.	Konzert	das	Freizeit, Veranstaltung	ins Konzert
23.	Insel	die	Insel	auf die Insel
24.	Moschee	die	kleiner Raum, Gebäude	in die Moschee
25.	Mexikaner	der	Beruf	zum Mexikaner

2. Wo bist du gerade? Ergänze die Präposition. Beantworte zuerst die Fragen.

	Ort, Person	Artikel	Kategorie	Präposition
1.	Bayerischer Wald	der	Grünfläche	der Bayerische Wald
2.	Kulturzentrum	das	kleiner Raum, Gebäude	im Kulturzentrum
3.	Frankfurt	---	Stadt, Land, Kontinent	in Frankfurt
4.	Donau	die	Grenze zwischen Land und Wasser	an der Donau
5.	Musical	das	Freizeit, Veranstaltung	im Musical
6.	Atlantikküste	die	Grenze zwischen Land und Wasser	an der Atlantikküste
7.	Ukraine	die	Land mit Artikel	in der Ukraine
8.	Bäckerei	die	kleiner Raum, Gebäude	in der Bäckerei
9.	Metzger	der	Beruf	beim Metzger
10.	Bushaltestelle	die	öffentlicher Platz	an der Bushaltestelle
11.	Malta	---	Insel	auf Malta
12.	Stadtpark	der	Grünfläche, Landschaft	im Stadtpark
13.	unsere Mutter	die	Person	bei unserer Mutter
14.	Einwohnermeldeamt	das	Institution	beim Einwohner-meldeamt
15.	ihr Freund	der	Person	bei ihrem Freund
16.	„McDonald's"	---	Restaurantkette, Discounter	bei „McDonald's"
17.	Zeitungsartikel	der	Papierprodukt	im Zeitungsartikel
18.	„Neckermann"	---	Arbeitsstelle, Firmenname	bei „Neckermann"
19.	Italien	---	Stadt, Land, Kontinent	in Italien
20.	Badezimmer	das	kleiner Raum, Gebäude	im Badezimmer
21.	Flughafen	der	öffentlicher Platz	am Flughafen
22.	Ausstellung	die	Freizeit, Sport, Veranstaltung	in der Ausstellung
23.	Zoo	der	Grünfläche, Landschaft	im Zoo
24.	Hochzeit	die	Feier	zur Hochzeit
25.	Spielplatz	der	öffentlicher Platz	auf dem Spielplatz

Sie ist beim Bäcker aber Sie geht zur Post

Lokalpräpositionen | **Lösung**

3. Wo bist du gerade? Ergänze die Präposition. Beantworte zuerst die Fragen.

	Ort, Person	Artikel	Kategorie	Präposition
1.	Konzert	das	Freizeit, Veranstaltung	im Konzert
2.	Toilette	die	kleiner Raum, Gebäude	in der Toilette
3.	Urlaub	der	Freizeit, Veranstaltung	im Urlaub
4.	Wald	der	Grünfläche, Landschaft	im Wald
5.	Mittagspause	die	Freizeit, Veranstaltung	in der Mittagspause
6.	Fitnessstudio	das	kleiner Raum, Gebäude	im Fitnessstudio
7.	Arbeitsagentur	die	Institution	bei der Arbeitsagentur
8.	Kreta	---	Insel	auf Kreta
9.	Training	das	Sport	beim Training
10.	Polizei	die	Institution	bei der Polizei
11.	Kindergarten	der	kleiner Raum, Gebäude	im Kindergarten
12.	Haus (daheim)	das	Haus	zu Hause
13.	Innenstadt	die	Grünfläche, Landschaft	in der Innenstadt
14.	Berlin	---	Stadt, Land, Kontinent	in Berlin
15.	„Sparkasse"	die	Institution	bei der „Sparkasse"
16.	„Norma"	---	Restaurantkette, Discounter	bei „Norma"
17.	Ausland	das	Grünfläche, Landschaft	im Ausland
18.	Büro	das	kleiner Raum, Gebäude	im Büro
19.	Straßenbahn	die	Verkehrsmittel	in der Straßenbahn
20.	Apotheke	die	kleiner Raum, Gebäude	in der Apotheke
21.	Geburtstag von Alex	der	Feier	beim Geburtstag von Alex
22.	Kino	das	kleiner Raum, Gebäude	im Kino
23.	Bahnhof	der	öffentlicher Platz	am Bahnhof
24.	Frankreich	---	Stadt, Land, Kontinent	in Frankreich
25.	Erdgeschoss	das	kleiner Raum, Gebäude	im Erdgeschoss

4. Wohin gehst du gerade? Ergänze die Präposition. Beantworte zuerst die Fragen.

	Ort, Person	Artikel	Kategorie	Präposition
1.	S-Bahn	die	Verkehrsmittel	die S-Bahn
2.	Schwimmbad	das	kleiner Raum, Gebäude	ins Schwimmbad
3.	Ukraine	die	Land mit Artikel	in die Ukraine
4.	Tankstelle	die	öffentlicher Platz	zur Tankstelle
5.	Basketball	der	Sport	zum Basketball
6.	Keller	der	kleiner Raum, Gebäude	in den Keller
7.	Arzt	der	Beruf	zum Arzt
8.	Alpen (Pl.)	die	Grünfläche, Landschaft	in die Alpen
9.	Carl-Maria-Weg	der	Straßenname	in den Carl-Maria-Weg
10.	Autowerkstatt	die	kleiner Raum, Gebäude	in die Autowerkstatt
11.	Club	der	kleiner Raum, Gebäude	in den Club
12.	meine Freundin	die	Person	zu meiner Freundin
13.	Uniklinikum	das	kleiner Raum, Gebäude	ins Uniklinikum
14.	Blumengeschäft	das	kleiner Raum, Gebäude	ins Blumengeschäft
15.	Iwona	---	Person	zu Iwona
16.	Meeresmuseum in München	das	kleiner Raum, Gebäude	ins Meeresmuseum in München
17.	Bestattungsinstitut	das	Institution	zum Bestattungsinstitut
18.	„Pizza Hut"	---	Restaurantkette, Discounter	zu „Pizza Hut"
19.	Krankenhaus	das	kleiner Raum, Gebäude	ins Krankenhaus
20.	Friedhof	der	öffentlicher Platz	zum Friedhof
21.	„Edeka"	---	Restaurantkette, Discounter	zu „Edeka"
22.	Busbahnhof	der	öffentlicher Platz	zum Busbahnhof
23.	Schweiz	die	Land mit Artikel	in die Schweiz
24.	Landshuter Straße	die	Straßenname	in die Landshuter Straße
25.	Kapelle	die	kleiner Raum, Gebäude	in die Kapelle

© Verlag an der Ruhr | Autorin: Bogumiła Baumgartner | ISBN 978-3-8346-2465-9 | www.verlagruhr.de

Sie ist beim Bäcker aber Sie geht zur Post

Lokalpräpositionen | **Lösung**

5. Ergänze die Präposition. Woher kommst du? Woher hast du diese Information? Beantworte zuerst die Fragen.

	Ort, Person	Artikel	Kategorie	Präposition
1.	Parkplatz	der	öffentlicher Platz	vom Parkplatz
2.	Abstellkammer	die	kleiner Raum, Gebäude	aus der Abstellkammer
3.	U-Bahn	die	Verkehrsmittel	von der U-Bahn
4.	Vorstellungsgespräch	das	intellektuelle Beschäftigung	vom Vorstellungsgespräch
5.	Flyer	der	Papierprodukt	aus dem Flyer
6.	Bus	der	Verkehrsmittel	vom Bus
7.	Augenarzt	der	Beruf	vom Uniklinikum
8.	Potsdamer Platz	der	öffentlicher Platz	vom Potsdamer Platz
9.	„Süddeutsche Zeitung"	die	Papierprodukt	aus der „Süddeutschen Zeitung"
10.	Amerika	---	Stadt, Land, Kontinent	aus Amerika
11.	Nachbarin	die	Person	von der Nachbarin
12.	Kletterpark	der	Grünfläche, Landschaft	vom Kletterpark
13.	Tanzkurs	der	intellektuelle Beschäftigung	vom Tanzkurs
14.	Ferien	die	Freizeit, Veranstaltung	aus den Ferien
15.	Grasgasse	die	Straßenname	aus der Grasgasse
16.	Rathaus	das	Institution	vom Rathaus
17.	Naturkundemuseum	das	kleiner Raum, Gebäude	aus dem Naturkundemuseum
18.	Strand	der	Grenze zwischen Land und Wasser	vom Strand
19.	Chinese	der	Person	vom Chinesen
20.	Frankfurt	---	Stadt, Land, Kontinent	aus Frankfurt
21.	Finanzamt	das	Institution	vom Finanzamt
22.	Schule	die	kleiner Raum, Gebäude	aus der Schule
23.	Hafen	der	öffentlicher Platz	vom Hafen
24.	Berg	der	Geländeform	vom Berg
25.	Café	das	kleiner Raum, Gebäude	aus dem Café

Sie ist beim Bäcker aber Sie geht zur Post

Lokalpräpositionen | **Lösung**

6. Ergänze die Präposition. Beantworte zuerst die Fragen.

	Satz	Frage	Kategorie
1.	Wir treffen uns am Flughafen.	wo	öffentlicher Platz
2.	Mann, ich muss ja wieder zum Friseur.	wohin	Beruf
3.	Wo wart ihr? – Wir waren zuerst am Bahnhof (1) und dann im Einkaufszentrum (2).	(1) wo (2) wo	(1) öffentlicher Platz (2) kleiner Raum, Gebäude
4.	Hast du schon deine Steuererklärung beim Finanzamt abgegeben?	wo	Institution
5.	Wohin fahrt ihr in den Urlaub? – Wir fliegen nach Malta.	(1) wohin (2) wohin	(1) Freizeit, Veranstaltung (2) Insel
6.	Ich habe in der „Süddeutschen Zeitung" eine schöne Werbung gelesen.	wo	Papierprodukt
7.	Hi, woher kommst du jetzt? Vom Italiener.	woher	Beruf
8.	Ihr Vater arbeitet bei „Aqua Blue".	wo	Arbeitsstelle, Firmenname
9.	Die Oma liegt im Uniklinikum.	wo	kleiner Raum, Gebäude
10.	Wir treffen uns im Café „Sonne" (1) am Johannplatz (2).	(1) wo (2) wo	(1) kleiner Raum, Gebäude (2) öffentlicher Platz
11.	Wohin geht Sadet jetzt? Zum Deutschkurs.	wohin	intellektuelle Beschäftigung
12.	In einer Moschee müssen Frauen ein Kopftuch tragen.	wo	kleiner Raum, Gebäude
13.	Um 14 Uhr holt Michael seine Tochter aus dem Kindergarten ab.	woher	kleiner Raum, Gebäude
14.	Das Essen beim Inder schmeckt mir am besten.	wo	Beruf
15.	O. k., wir sehen uns bei deinem Namenstag.	wo	Feier

Sie ist beim Bäcker aber Sie geht zur Post

Lokalpräpositionen | **Lösung**

	Satz	Frage	Kategorie
16.	Am Strand (1) in der Türkei (2) liegen Tausende von Touristen.	(1) wo (2) wo	(1) Grenze zwischen Land und Wasser (2) Land mit Artikel
17.	Was macht ihr im Sommer? Wir fahren an die Nordsee.	wohin	Grenze zwischen Land und Wasser
18.	In der Wüste muss es sehr interessant sein.	wo	Grünfläche, Landschaft
19.	Unsere Flitterwochen in den Bergen waren himmlisch.	wo	Grünfläche, Landschaft
20.	Am Sonntag gehen wir zur Jugendweihe von meiner Cousine.	wohin	Feier
21.	Ich hole die Torte aus der Konditorei hier an der Ecke.	woher	kleiner Raum, Gebäude
22.	Auf der Beerdigung von Herrn Meier waren sehr viele Menschen.	wo	Feier
23.	Wo hast du dein Armband gekauft? Ah, bei „Schmuckdesign" (1) in Hamburg (2).	(1) wo (2) wo	(1) Arbeitsstelle, Firmenname (2) Stadt, Land, Kontinent
24.	Maria kauft immer bei „Netto" ein.	wo	Restaurantkette, Discounter
25.	Montags und mittwochs geht Anja zum Volleyball.	wohin	Sport
26.	Wann warst du das letzte Mal in (auf) Facebook?	wo	Netzwerk
27.	Martin muss morgen zu einem Vorstellungsgespräch.	wohin	intellektuelle Beschäftigung
28.	Auf den Kanarischen Inseln kann man Strand-, Wander- oder Sporturlaub machen.	wo	Insel
29.	Wir treffen uns in der Burggasse.	wo	Straßennamen
30.	Ich habe jetzt keine Zeit, ich muss zum Physiotherapeuten (1) zur Krankengymnastik (2).	(1) wohin (2) wohin	(1) Beruf (2) intellektuelle Beschäftigung

Am Wochenende traf ich sie im Park

Für diesen Abschnitt solltest du folgende Probleme wiederholen:
- Was bedeutet Präsens?
- Was bedeutet Perfekt?

Einführung

- Das **Imperfekt** (= Präteritum) ist eine **Zeitform**.
  Sie beschreibt eine Tätigkeit, die in der **Vergangenheit** passiert ist.
- Diese Form benutzt man im Fernsehen, in den Nachrichten, in Geschichten, Märchen und in der Zeitung.

Regel

Du brauchst das Verb in einer bestimmten Form. Die Form heißt „Imperfekt".
- Die Form im Imperfekt kann regelmäßig oder unregelmäßig sein:
- **unregelmäßig**
  - Diese Formen musst du auswendig lernen.
  - Die wichtigsten und die häufigsten Formen stehen in der Tabelle am Ende des Buches.
- **regelmäßig**
  - Wenn ein Verb nicht in der Tabelle steht, dann ist es meistens regelmäßig.
  - Diese regelmäßigen Formen bildet man auf die gleiche Art und Weise, indem man die Endung „-en" weglässt und ein „**-te**" oder „**-ete**" anfügt.

Beispiele

Verb im Infinitiv		**Imperfekt**		
lachen	lach|~~en~~	lach	+ **te**	lachte
machen	mach|~~en~~	mach	+ **te**	machte

- Die Imperfektformen musst du konjugieren.
  Die Personen ‚ich' und ‚er/sie/es' haben **keine** Endung Ø.

Beispiele

So sieht das konjugierte Verb im Imperfekt aus:
Imperfekt regelmäßig

spielen	**spielte**	
	ich	spielte
	du	spielte|**st**
	er/sie/es	spielte
	wir	spielte|**n**
	ihr	spielte|**t**
	sie	spielte|**n**

Am Wochenende traf ich sie im Park

Die Zeitform Imperfekt | **Info**

Beispiele

Imperfekt unregelmäßig

trinken	**trank**	
	ich	trank
	du	trank|**st**
	er/sie/es	trank
	wir	trank|**en**
	ihr	trank|**t**
	sie	trank|**en**

Verben, die auf „**s**" oder „**ß**" enden, bekommen in „du" und „ihr" die Endung „**-est**" bzw. „**-et**":

sitzen	**saß**	
	ich	saß
	du	saß|**est**
	er/sie/es	saß
	wir	saß|**en**
	ihr	saß|**et**
	sie	saß|**en**

Bei **trennbaren Verben** trennt sich die Vorsilbe von dem Rest des Verbs und geht ans Ende des Satzes.

auf|stehen	**stand auf**		
	ich	stand	auf
	du	stand|**st**	auf
	er/sie/es	stand	auf
	wir	stand|**en**	auf
	ihr	stand|**et**	auf
	sie	stand|**en**	auf

Am Wochenende traf ich sie im Park

Die Zeitform Imperfekt | **Übung**

1. Bilde das Imperfekt. Wie heißt der Infinitiv?

	Präsens	Infinitiv	Imperfekt
1.	ich habe	haben	ich hatte
2.	sie empfängt		
3.	wir machen zu		
4.	es bittet		
5.	ich fahre		
6.	sie lacht		
7.	wir bleiben		
8.	es fliegt		
9.	du läufst		
10.	er beißt		
11.	sie putzt		
12.	ich bin		
13.	es fällt		
14.	ihr raucht		
15.	wir tippen		
16.	du hast		
17.	ihr greift		
18.	wir fliehen		
19.	sie ist		
20.	ihr habt		
21.	du wirst		
22.	wir besuchen		
23.	sie riecht		
24.	sie singt		
25.	ihr friert		
26.	er liebt sie		
27.	du bist		
28.	es gibt		
29.	du tanzt		
30.	ihr sprecht		

Am Wochenende traf ich sie im Park

Die Zeitform Imperfekt | **Übung**

2. Bilde das Imperfekt. Wie heißt der Infinitiv?

	Präsens	**Infinitiv**	**Imperfekt**
1.	sie glaubt	glauben	sie glaubte
2.	ich verzeihe		
3.	du lädst mich ein		
4.	sie schreiben auf		
5.	ihr arbeitet		
6.	ich hänge die Wäsche auf		
7.	sie gehen		
8.	er leiht aus		
9.	ihr seid		
10.	wir haben		
11.	ich werde		
12.	du zeichnest		
13.	wir sitzen		
14.	ihr liegt		
15.	er hilft		
16.	wir brauchen		
17.	es wacht auf		
18.	ihr wiederholt		
19.	er schlägt zu		
20.	er liest		
21.	ihr könnt		
22.	er hat		
23.	sie ist		
24.	wir tragen		
25.	er kommt		
26.	sie heißt		
27.	ich bin		
28.	er öffnet die Tür		
29.	ich backe		
30.	sie spielt		

3. Bilde das Präsens. Wie heißt der Infinitiv?

	Präsens	Infinitiv	Imperfekt
1.	du verlorst	verlieren	du verlierst
2.	ihr hattet		
3.	du aßest		
4.	er sah zu		
5.	sie antwortete		
6.	du hieltst		
7.	wir schwammen		
8.	ihr fragtet		
9.	du musstest		
10.	sie hatten		
11.	ihr dachtet		
12.	sie trank aus		
13.	wir rechneten		
14.	Sie fingen an		
15.	er rasierte sich		
16.	ich wurde		
17.	wir waren		
18.	er schnitt auf		
19.	ihr suchtet		
20.	er hob auf		
21.	du wuschest		
22.	ihr wart		
23.	du vergaßest		
24.	er kam an		
25.	es entwickelte sich		
26.	ihr mochtet		
27.	du trafst		
28.	ihr liefet		
29.	er schlief ein		
30.	wir verreisten		

Am Wochenende traf ich sie im Park

Die Zeitform Imperfekt | **Übung**

4. Bilde das Imperfekt.

	Präsens	Imperfekt
1.	Mein Vater unterhält sich gern mit seiner Schwester.	Mein Vater unterhielt sich gern mit seiner Schwester.
2.	Die Schokolade schmeckt sehr gut.	
3.	Er versteht nichts.	
4.	Sie schläft bis neun Uhr.	
5.	Herr Braun unterschreibt ein Formular.	
6.	Sie kann die Prüfung nicht bestehen.	
7.	Um wie viel Uhr beginnt der Film?	
8.	Wir schauen fern.	
9.	Seit wann kennst du meinen Freund?	
10.	Die Flasche ist leer.	
11.	Warum nimmst du diese Medikamente?	
12.	Das Flugzeug stürzt ab.	
13.	Wann musst du die PowerPoint-Präsentation fertig haben?	
14.	Sie lernt sehr fleißig.	
15.	Was läuft im Kino?	

Am Wochenende traf ich sie im Park

Die Zeitform Imperfekt | **Übung**

	Präsens	Imperfekt
16.	Familie Meier hat einen sehr großen Garten.	
17.	Dein neues I-Pad ist wirklich cool.	
18.	Sollen wir ins Kino gehen?	
19.	Warum trinkst du deinen Wein nicht aus?	
20.	Sie verzeiht ihm.	
21.	Die Pommes frites schmecken nicht gut.	
22.	Niemand gewinnt im Lotto.	
23.	Gibst du ihr deine Handynummer?	
24.	Der Zug fährt ab.	
25.	Ich verstehe den Satz nicht.	
26.	Wann zieht er um?	
27.	Wie schmeckt der Saft?	
28.	Ich bin sehr müde.	
29.	Er schreibt die Prüfung noch einmal.	
30.	Dein neues Notebook ist wirklich sehr schnell.	

Am Wochenende traf ich sie im Park

Die Zeitform Imperfekt | **Übung**

5. Ergänze die Tabelle. Verwende Präsens, Perfekt und Imperfekt.

	Präsens	Perfekt	Imperfekt
1.	Was wollen Sie, Frau Ibsen?	Was haben Sie gewollt, Frau Ibsen?	Was wollten Sie, Frau Ibsen?
2.		Mein Sohn hat keine Comics gelesen.	
3.			Er hatte zwei Hamster und eine kleine Schildkröte.
4.	Herr Blau kommt immer zu spät zur Arbeit.		
5.		Marie ist gleich eingeschlafen.	
6.			Er war krank.
7.	Ich übe das „Ü".		
8.		In seiner Klasse haben viele Kinder Vietnamesisch gesprochen.	
9.			Ich wusste es nicht.
10.	Jeden Tag steht sie so früh auf.		
11.		Er ist für einige Tage weggefahren.	
12.			Sie lief zum Bus.
13.	Magdalena lacht sehr fröhlich.		
14.		Marie hat einen reichen Ehemann gehabt.	
15.			Frau Synick bekam keine Blumen von ihrem Freund.

Am Wochenende traf ich sie im Park

Die Zeitform Imperfekt | **Übung**

	Präsens	Perfekt	Imperfekt
16.	Wann fängt der Film an?		
17.		Ihr Kind hat sehr oft und laut geschrien.	
18.			Was machtest du in der Stadt?
19.	Markus rasiert sich 2-mal am Tag.		
20.		In welchen Bus bist du eingestiegen?	
21.			Er schnitt ein kleines Stück ab.
22.	Gehst du mit?		
23.		Sie ist Ärztin geworden.	
24.			Ich verzieh dir.
25.	Nicht alle Türkinnen in dem Film tragen ein Kopftuch.		

Am Wochenende traf ich sie im Park

Die Zeitform Imperfekt | **Übung**

6. **Ergänze die Tabelle. Beantworte zuerst die Frage: Wie heißt der Infinitiv? Achtung: Die Übung ist schwer!**

Der Text ist das Märchen „Das kleine Mädchen mit den Schwefelhölzern".

	Präsens Gegenwart	**Imperfekt 1. Vergangenheit**	**Perfekt 2. Vergangenheit**	**Plusquamperfekt 3. Vergangenheit**	**Infinitiv Grundform**
1.	Es ist Silvester.	Es war Silvester.	Es ist Silvester gewesen.	Es war Silvester gewesen.	sein
2.	Dichte Schneeflocken fallen (1) und es ist (2) dunkel.				(1) (2)
3.		Ein Mädchen ohne Mantel und ohne Mütze lief durch die Straßen.			
4.			Die Pantoffeln, die sie getragen hat (1), sind von ihrer Mutter gewesen (2).		(1) (2)
5.				Das Mädchen war vor Kälte ganz rot und blau geworden.	
6.	In ihrer Schürze in einem kleinen Bündel trägt (1) sie eine Menge Schwefelhölzchen. Diese soll (2) sie verkaufen.				(1) (2)
7.		Aber an Silvester blieben fast alle Menschen zu Hause.			

© Verlag an der Ruhr | Autorin: Bogumiła Baumgartner | ISBN 978-3-8346-2465-9 | www.verlagruhr.de

	Präsens Gegenwart	**Imperfekt 1. Vergangenheit**	**Perfekt 2. Vergangenheit**	**Plusquamperfekt 3. Vergangenheit**	**Infinitiv Grundform**
8.			Niemand hat von ihr etwas gekauft.		
9.				Das Mädchen hatte sich zwischen zwei Häusern hingesetzt.	
10.	Sie traut sich (1) nicht, nach Hause zu gehen, da sie nichts verdient (2).				(1) (2)
11.		Zu Hause war (1) es kalt und dunkel, denn für Licht und Heizung fehlte (2) das Geld.			(1) (2)
12.			Sitzend auf dem Boden, hat sie ein Hölzchen aus dem Bund gezogen (1) und es an der Wand ange-strichen (2).		(1) (2)
13.				Sie hatte geglaubt (1), dass sie an einem großen Ofen gesessen hatte (2).	(1) (2)
14.	Sie will (1) sich die Füße wärmen, aber das Schwe-felhölzchen erlischt (2) plötzlich.				(1) (2)

Am Wochenende traf ich sie im Park

Die Zeitform Imperfekt | **Übung**

	Präsens Gegenwart	Imperfekt 1. Vergangenheit	Perfekt 2. Vergangenheit	Plusquamperfekt 3. Vergangenheit	Infinitiv Grundform
15.		Bei dem zweiten Hölzchen sah sie ein helles Zimmer mit einem festlich gedeckten Tisch.			
16.			Das Mädchen hat seine Hände gestreckt (1) und hat etwas essen wollen (2), aber die Flamme ist ausgegangen (3).		(1) (2) (3)
17.				Beim dritten Streichholz war ein Christbaum mit brennenden Kerzen erschienen.	
18.	Und auch diesmal verschwindet der Baum.				
19.		Das Mädchen erkannte (1) am Himmel eine Sternschnuppe und meinte (2), dass jemand bald stirbt.			(1) (2)
20.			Dies hat ihr die Oma erzählt (1), die vor Kurzem Abschied genommen hat (2).		(1) (2)
21.				Wieder hatte das Mädchen das Hölzchen angezündet (1). Im Glanz hatte ihre Oma gestanden (2).	(1) (2)

	Präsens Gegenwart	**Imperfekt** 1. Vergangenheit	**Perfekt** 2. Vergangenheit	**Plusquamperfekt** 3. Vergangenheit	**Infinitiv** Grundform
22.	„Oh, geh nicht wieder fort, nimm mich mit und verschwinde nicht!", sagt das Mädchen.				
23.		Die Oma streckte (1) ihre Arme, hob das kleine Mädchen hoch (2) und trug es mit sich hinauf (3).			(1) (2) (3)
24.			Am Neujahrsmorgen hat man sie zwischen abgebrannten Schwefelhölzchen tot gefunden.		
25.				„Sie hatte sich aufwärmen wollen (1) und war dabei erfroren (2)!", hatten die Leute gesagt (3).	(1) (2) (3)
26.	Niemand weiß (1), was es davor Schönes erlebt (2).				(1) (2)

Am Wochenende traf ich sie im Park

Die Zeitform Imperfekt | **Lösung**

1. Bilde das Imperfekt. Wie heißt der Infinitiv?

	Präsens	**Infinitiv**	**Imperfekt**
1.	ich habe	haben	ich hatte
2.	sie empfängt	empfangen	sie empfing
3.	wir machen zu	zumachen	wir machten zu
4.	es bittet	bitten	es bat
5.	ich fahre	fahren	ich fuhr
6.	sie lacht	lachen	sie lachte
7.	wir bleiben	bleiben	wir blieben
8.	es fliegt	fliegen	es flog
9.	du läufst	laufen	du liefest
10.	er beißt	beißen	er biss
11.	sie putzt	putzen	sie putzte
12.	ich bin	sein	ich war
13.	es fällt	fallen	es fiel
14.	ihr raucht	rauchen	ihr rauchtet
15.	wir tippen	tippen	wir tippten
16.	du hast	haben	du hattest
17.	ihr greift	greifen	ihr griffet
18.	wir fliehen	fliehen	wir flohen
19.	sie ist	sein	sie war
20.	ihr habt	haben	ihr hattet
21.	du wirst	werden	du wurdest
22.	wir besuchen	besuchen	wir besuchten
23.	sie riecht	riechen	sie roch
24.	sie singt	singen	sie sang
25.	ihr friert	frieren	ihr frort
26.	er liebt sie	lieben	er liebte sie
27.	du bist	sein	du warst
28.	es gibt	geben	es gab
29.	du tanzt	tanzen	du tanztest
30.	ihr sprecht	sprechen	ihr spracht

2. Bilde das Imperfekt. Wie heißt der Infinitiv?

	Präsens	Infinitiv	Imperfekt
1.	sie glaubt	glauben	sie glaubte
2.	ich verzeihe	verzeihen	ich verzieh
3.	du lädst mich ein	einladen	du ludst mich ein
4.	sie schreiben auf	aufschreiben	sie schrieben auf
5.	ihr arbeitet	arbeiten	ihr arbeitetet
6.	ich hänge die Wäsche auf	aufhängen	ich hängte die Wäsche auf
7.	sie gehen	gehen	sie gingen
8.	er leiht aus	ausleihen	er lieh aus
9.	ihr seid	sein	ihr wart
10.	wir haben	haben	wir hatten
11.	ich werde	werden	ich wurde
12.	du zeichnest	zeichnen	du zeichnetest
13.	wir sitzen	sitzen	wir saßen
14.	ihr liegt	liegen	ihr lagt
15.	er hilft	helfen	er half
16.	wir brauchen	brauchen	wir brauchten
17.	es wacht auf	aufwachen	es wachte auf
18.	ihr wiederholt	wiederholen	ihr wiederholtet
19.	er schlägt zu	zuschlagen	er schlug zu
20.	er liest	lesen	er las
21.	ihr könnt	können	ihr konntet
22.	er hat	haben	er hatte
23.	sie ist	sein	sie war
24.	wir tragen	tragen	wir trugen
25.	er kommt	kommen	er kam
26.	sie heißt	heißen	sie hieß
27.	ich bin	sein	ich war
28.	er öffnet die Tür	öffnen	er öffnete die Tür
29.	ich backe	backen	ich buk/backte
30.	sie spielt	spielen	sie spielte

Am Wochenende traf ich sie im Park

Die Zeitform Imperfekt | **Lösung**

3. Bilde das Präsens. Wie heißt der Infinitiv?

	Präsens	Infinitiv	Imperfekt
1.	du verlorst	verlieren	du verlierst
2.	ihr hattet	haben	ihr habt
3.	du aßest	essen	du isst
4.	er sah zu	zusehen	er sieht zu
5.	sie antwortete	antworten	sie antwortet
6.	du hieltst	halten	du hältst
7.	wir schwammen	schwimmen	wir schwimmen
8.	ihr fragtet	fragen	ihr fragt
9.	du musstest	müssen	du musst
10.	sie hatten	haben	sie haben
11.	ihr dachtet	denken	ihr denkt
12.	sie trank aus	austrinken	sie trinkt aus
13.	wir rechneten	rechnen	wir rechnen
14.	Sie fingen an	anfangen	sie fangen an
15.	er rasierte sich	sich rasieren	er rasiert sich
16.	ich wurde	werden	ich werde
17.	wir waren	sein	wir sind
18.	er schnitt auf	aufschneiden	er schneidet auf
19.	ihr suchtet	suchen	ihr sucht
20.	er hob auf	aufheben	er hebt auf
21.	du wuschest	waschen	du wäschst
22.	ihr wart	sein	ihr seid
23.	du vergaßest	vergessen	du vergisst
24.	er kam an	ankommen	er kommt an
25.	es entwickelte sich	sich entwickeln	es entwickelt sich
26.	ihr mochtet	mögen	ihr mögt
27.	du trafst	treffen	du triffst
28.	ihr liefet	laufen	ihr lauft
29.	er schlief ein	einschlafen	er schläft ein
30.	wir verreisten	verreisen	wir verreisen

Am Wochenende traf ich sie im Park

Die Zeitform Imperfekt | **Lösung**

4. Bilde das Imperfekt.

	Imperfekt
1.	Mein Vater unterhielt sich gern mit seiner Schwester.
2.	Die Schokolade schmeckte sehr gut.
3.	Er verstand nichts.
4.	Sie schlief bis neun Uhr.
5.	Herr Braun unterschrieb ein Formular.
6.	Sie konnte die Prüfung nicht bestehen.
7.	Um wie viel Uhr begann der Film?
8.	Wir schauten fern.
9.	Seit wann kanntest du meinen Freund?
10.	Die Flasche war leer.
11.	Warum nahmst du diese Medikamente?
12.	Das Flugzeug stürzte ab.
13.	Wann musstest du die PowerPoint-Präsentation fertig haben?
14.	Sie lernte sehr fleißig.
15.	Was lief im Kino?
16.	Familie Meier hatte einen sehr großen Garten.
17.	Dein neues I-Pad war wirklich cool.
18.	Sollten wir ins Kino gehen?
19.	Warum trankst du deinen Wein nicht aus?
20.	Sie verzieh ihm.
21.	Die Pommes frites schmeckten nicht gut.
22.	Niemand gewann in Lotto.
23.	Gabst du ihr deine Handynummer?
24.	Der Zug fuhr ab.
25.	Ich verstand den Satz nicht.
26.	Wann zog er um?
27.	Wie schmeckte der Saft?
28.	Ich war sehr müde.
29.	Er schrieb die Prüfung noch einmal.
30.	Dein neues Notebook war wirklich sehr schnell.

Am Wochenende traf ich sie im Park

Die Zeitform Imperfekt | **Lösung**

5. Ergänze die Tabelle. Verwende Präsens, Perfekt und Imperfekt.

	Präsens	Perfekt	Imperfekt
1.	Was wollen Sie, Frau Ibsen?	Was haben Sie gewollt, Frau Ibsen?	Was wollten Sie, Frau Ibsen?
2.	Mein Sohn liest keine Comics.	Mein Sohn hat keine Comics gelesen.	Mein Sohn las keine Comics.
3.	Er hat zwei Hamster und eine kleine Schildkröte.	Er hat zwei Hamster und eine kleine Schildkröte gehabt.	Er hatte zwei Hamster und eine kleine Schildkröte.
4.	Herr Blau kommt immer zu spät zur Arbeit.	Herr Blau ist immer zu spät zur Arbeit gekommen.	Herr Blau kam immer zu spät zur Arbeit.
5.	Ich übe das „Ü".	Ich habe das „Ü" geübt.	Ich übte das „Ü".
6.	Er ist krank.	Er ist krank gewesen.	Er war krank.
7.	Marie schläft gleich ein.	Marie ist gleich eingeschlafen.	Marie schlief gleich ein.
8.	In seiner Klasse sprechen viele Kinder Vietnamesisch.	In seiner Klasse haben viele Kinder Vietnamesisch gesprochen.	In seiner Klasse sprachen viele Kinder Vietnamesisch.
9.	Ich weiß es nicht.	Ich habe es nicht gewusst.	Ich wusste es nicht.
10.	Jeden Tag steht sie so früh auf.	Jeden Tag ist sie so früh aufgestanden.	Jeden Tag stand sie so früh auf.
11.	Er fährt für einige Tage weg.	Er ist für einige Tage weg-gefahren.	Er fuhr für einige Tage weg.
12.	Sie läuft zum Bus.	Sie ist zum Bus gelaufen.	Sie lief zum Bus.
13.	Magdalena lacht sehr fröhlich.	Magdalena hat sehr fröhlich gelacht.	Magdalena lachte sehr fröhlich.
14.	Marie hat einen reichen Ehemann.	Marie hat einen reichen Ehemann gehabt.	Marie hatte einen reichen Ehemann.
15.	Frau Synick bekommt keine Blumen von ihrem Freund.	Frau Synick hat keine Blumen von ihrem Freund bekommen.	Frau Synick bekam keine Blumen von ihrem Freund.

	Präsens	Perfekt	Imperfekt
16.	Wann fängt der Film an?	Wann hat der Film angefangen?	Wann fing der Film an?
17.	Ihr Kind schreit sehr oft und laut.	Ihr Kind hat sehr oft und laut geschrien.	Ihr Kind schrie sehr oft und laut.
18.	Was machst du in der Stadt?	Was hast du in der Stadt gemacht?	Was machtest du in der Stadt?
19.	Markus rasiert sich 2-mal am Tag.	Markus hat sich 2-mal am Tag rasiert.	Markus rasierte sich 2-mal am Tag.
20.	In welchen Bus steigst du ein?	In welchen Bus bist du eingestiegen?	In welchen Bus stiegst du ein?
21.	Er schneidet ein kleines Stück ab.	Er hat ein kleines Stück abgeschnitten.	Er schnitt ein kleines Stück ab.
22.	Gehst du mit?	Bist du mitgegangen?	Gingst du mit?
23.	Sie wird Ärztin.	Sie ist Ärztin geworden.	Sie wurde Ärztin.
24.	Ich verzeihe dir.	Ich habe dir verziehen.	Ich verzieh dir.
25.	Nicht alle Türkinnen in dem Film tragen ein Kopftuch.	Nicht alle Türkinnen in dem Film haben ein Kopftuch getragen.	Nicht alle Türkinnen in dem Film trugen ein Kopftuch.

Am Wochenende traf ich sie im Park

Die Zeitform Imperfekt | **Lösung**

6. Ergänze die Tabelle. Beantworte zuerst die Frage.

	Präsens Gegenwart	Imperfekt 1. Vergangenheit	Perfekt 2. Vergangenheit	Plusquamperfekt 3. Vergangenheit	Infinitiv Grundform
1.	Es ist Silvester.	Es war Silvester.	Es ist Silvester gewesen.	Es war Silvester gewesen.	sein
2.	Dichte Schneeflocken fallen (1) und es ist (2) dunkel.	Dichte Schneeflocken fielen (1) und es war (2) dunkel.	Dichte Schneeflocken sind gefallen (1) und es ist dunkel gewesen (2).	Dichte Schneeflocken waren gefallen (1) und es war dunkel gewesen (2).	(1) fallen (2) sein
3.	Ein Mädchen ohne Mantel und ohne Mütze läuft durch die Straßen.	Ein Mädchen ohne Mantel und ohne Mütze lief durch die Straßen.	Ein Mädchen ohne Mantel und ohne Mütze ist durch die Straßen gelaufen.	Ein Mädchen ohne Mantel und ohne Mütze war durch die Straßen gelaufen.	laufen
4.	Die Pantoffeln, die sie trägt (1), sind (2) von ihrer Mutter.	Die Pantoffeln, die sie trug (1), waren (2) von ihrer Mutter.	Die Pantoffeln, die sie getragen hat (1), sind von ihrer Mutter gewesen (2).	Die Pantoffeln, die sie getragen hatte (1), waren von ihrer Mutter gewesen (2).	(1) tragen (2) sein
5.	Das Mädchen wird vor Kälte ganz rot und blau.	Das Mädchen wurde vor Kälte ganz rot und blau.	Das Mädchen ist vor Kälte ganz rot und blau geworden.	Das Mädchen war vor Kälte ganz rot und blau geworden.	werden
6.	In ihrer Schürze in einem kleinen Bündel trägt (1) sie eine Menge Schwefelhölzchen. Diese soll (2) sie verkaufen.	In ihrer Schürze in einem kleinen Bündel trug (1) sie eine Menge Schwefelhölzchen. Diese sollte (2) sie verkaufen.	In ihrer Schürze in einem kleinen Bündel hat sie eine Menge Schwefelhölzchen getragen (1). Diese hat sie verkaufen sollen (2).	In ihrer Schürze in einem kleinen Bündel hatte sie eine Menge Schwefelhölzchen getragen (1). Diese hatte sie verkaufen sollen (2).	(1) tragen (2) sollen
7.	Aber an Silvester bleiben fast alle Menschen zu Hause.	Aber an Silvester blieben fast alle Menschen zu Hause.	Aber an Silvester sind fast alle Menschen zu Hause geblieben.	Aber an Silvester waren fast alle Menschen zu Hause geblieben.	bleiben

	Präsens **Gegenwart**	**Imperfekt** **1. Vergangenheit**	**Perfekt** **2. Vergangenheit**	**Plusquamperfekt** **3. Vergangenheit**	**Infinitiv** **Grundform**
8.	Niemand kauft von ihr etwas.	Niemand kaufte von ihr etwas.	Niemand hat von ihr etwas gekauft.	Niemand hatte von ihr etwas gekauft.	kaufen
9.	Das Mädchen setzt sich zwischen zwei Häusern hin.	Das Mädchen setzte sich zwischen zwei Häusern hin.	Das Mädchen hat sich zwischen zwei Häusern hingesetzt.	Das Mädchen hatte sich zwischen zwei Häusern hingesetzt.	sich hinsetzen
10.	Sie traut sich (1) nicht, nach Hause zu gehen, da sie nichts verdient (2).	Sie traute sich (1) nicht, nach Hause zu gehen, da sie nichts verdiente (2).	Sie hat sich nicht getraut (1) nach Hause zu gehen, da sie nichts verdient hat (2).	Sie hatte sich nicht getraut (1), nach Hause zu gehen, da sie nichts verdient hatte (2).	(1) sich trauen (2) verdienen
11.	Zu Hause ist (1) es kalt und dunkel, denn für Licht und Heizung fehlt (2) das Geld.	Zu Hause war (1) es kalt und dunkel, denn für Licht und Heizung fehlte (2) das Geld.	Zu Hause ist (1) es kalt und dunkel gewesen, denn für Licht und Heizung hat das Geld gefehlt (2).	Zu Hause war (1) es kalt und dunkel gewesen, denn für Licht und Heizung hatte das Geld gefehlt (2).	(1) sein (2) fehlen
12.	Sitzend auf dem Boden, zieht (1) sie ein Hölzchen aus dem Bund und streicht (2) es an der Wand an.	Sitzend auf dem Boden, zog (1) sie ein Hölzchen aus dem Bund und strich (2) es an der Wand an.	Sitzend auf dem Boden, hat sie ein Hölzchen aus dem Bund gezogen (1) und es an der Wand angestri-chen (2).	Sitzend auf dem Boden, hatte sie ein Hölzchen aus dem Bund gezogen (1) und es an der Wand an-gestrichen (2).	(1) ziehen (2) anstreichen
13.	Sie glaubt (1), dass sie an einem großen Ofen sitzt (2).	Sie glaubte (1), dass sie an einem großen Ofen saß (2).	Sie hat geglaubt (1), dass sie an einem großen Ofen gesessen hat (2).	Sie hatte geglaubt(1), dass sie an einem großen Ofen gesessen hatte (2).	(1) glauben (2) sitzen
14.	Sie will (1) sich die Füße wärmen, aber das Schwe-felhölzchen erlischt (2) plötzlich.	Sie wollte (1) sich die Füße wärmen, aber das Schwe-felhölzchen erlosch (2) plötzlich.	Sie hat sich die Füße wärmen wollen (1), aber das Schwefelhölzchen ist plötz-lich erloschen (2).	Sie hatte sich die Füße wärmen wollen (1), aber das Schwefelhölzchen war plötzlich erloschen (2).	(1) wollen (2) erlöschen

Am Wochenende traf ich sie im Park

Die Zeitform Imperfekt | **Lösung**

	Präsens Gegenwart	**Imperfekt** 1. Vergangenheit	**Perfekt** 2. Vergangenheit	**Plusquamperfekt** 3. Vergangenheit	**Infinitiv** Grundform
15.	Bei dem zweiten Hölzchen sieht sie ein helles Zimmer mit einem festlich gedeckten Tisch.	Bei dem zweiten Hölzchen sah sie ein helles Zimmer mit einem festlich gedeckten Tisch.	Bei dem zweiten Hölzchen hat sie ein helles Zimmer mit einem festlich gedeckten Tisch gesehen.	Bei dem zweiten Hölzchen hatte sie ein helles Zimmer mit einem festlich gedeckten Tisch gesehen.	sehen
16.	Das Mädchen streckt (1) seine Hände aus und will (2) etwas essen, aber die Flamme geht aus (3)	Das Mädchen streckte (1) seine Hände und wollte (2) etwas essen, aber die Flamme ging aus (3).	Das Mädchen hat seine Hände ausgestreckt (1) und hat etwas essen wollen (2), aber die Flamme ist ausgegangen (3).	Das Mädchen hatte seine Hände ausgestreckt (1) und hatte etwas essen wollen (2), aber die Flamme war ausgegangen (3).	(1) ausstrecken (2) wollen (3) ausgehen
17.	Beim dritten Streichholz erscheint ein Christbaum mit brennenden Kerzen.	Beim dritten Streichholz erschien ein Christbaum mit brennenden Kerzen.	Beim dritten Streichholz ist ein Christbaum mit brennenden Kerzen erschienen.	Beim dritten Streichholz war ein Christbaum mit brennenden Kerzen erschienen.	erscheinen
18.	Und auch diesmal verschwindet der Baum.	Und auch diesmal verschwand der Baum.	Und auch diesmal ist der Baum verschwunden.	Und auch diesmal war der Baum verschwunden.	verschwinden
19.	Das Mädchen erkennt (1) am Himmel eine Sternschnuppe und meint (2), dass jemand bald stirbt.	Das Mädchen erkannte (1) am Himmel eine Sternschnuppe und meinte (2), dass jemand bald stirbt.	Das Mädchen hat am Himmel eine Sternschnuppe erkannt (1) und hat gemeint (2), dass jemand bald stirbt.	Das Mädchen hatte am Himmel eine Sternschnuppe erkannt (1) und hatte gemeint (2), dass jemand bald stirbt.	(1) erkennen (2) meinen
20.	Dies erzählt (1) ihr die Oma, die bald Abschied nimmt (2).	Dies erzählte (1) ihr die Oma, die vor Kurzem Abschied nahm (2).	Dies hat ihr die Oma erzählt (1), die vor Kurzem Abschied genommen hat (2).	Dies hatte ihr die Oma erzählt (1), die vor Kurzem Abschied genommen hatte (2).	(1) erzählen (2) Abschied nehmen

Am Wochenende traf ich sie im Park

Die Zeitform Imperfekt | **Lösung**

	Präsens Gegenwart	**Imperfekt 1. Vergangenheit**	**Perfekt 2. Vergangenheit**	**Plusquamperfekt 3. Vergangenheit**	**Infinitiv Grundform**
21.	Wieder zündet (1) das Mädchen das Hölzchen an. Im Glanz steht (2) ihre Oma.	Wieder zündete (1) das Mädchen das Hölzchen an. Im Glanz stand (2) ihre Oma.	Wieder hat das Mädchen das Hölzchen angezündet (1). Im Glanz hat ihre Oma gestanden (2).	Wieder hatte das Mädchen das Hölzchen angezündet (1). Im Glanz hatte ihre Oma gestanden (2).	(1) anzünden (2) stehen
22.	„Oh, geh nicht wieder fort, nimm mich mit und verschwinde nicht!", sagt das Mädchen.	„Oh, geh nicht wieder fort, nimm mich mit und verschwinde nicht!", sagte das Mädchen.	„Oh, geh nicht wieder fort, nimm mich mit und verschwinde nicht!", hat das Mädchen gesagt.	„Oh, geh nicht wieder fort, nimm mich mit und verschwinde nicht!", hatte das Mädchen gesagt.	sagen
23.	Die Oma streckt (1) ihre Arme, hebt das kleine Mädchen hoch (2) und trägt es mit sich hinauf (3).	Die Oma streckte (1) ihre Arme, hob das kleine Mädchen hoch (2) und trug es mit sich hinauf (3).	Die Oma hat ihre Arme gestreckt (1), das kleine Mädchen hochgehoben (2) und es mit sich hinaufgetragen (3).	Die Oma hatte ihre Arme gestreckt (1), das kleine Mädchen hochgehoben (2) und es mit sich hinaufgetragen (3).	(1) strecken (2) hochheben (3) hinauftragen
24.	Am Neujahrsmorgen findet man sie zwischen abgebrannten Schwefelhölzchen tot.	Am Neujahrsmorgen fand man sie zwischen abgebrannten Schwefelhölzchen tot.	Am Neujahrsmorgen hat man sie zwischen abgebrannten Schwefelhölzchen tot gefunden.	Am Neujahrsmorgen hatte man sie zwischen abgebrannten Schwefelhölzchen tot gefunden.	finden
25.	„Sie will(1) sich aufwärmen und erfriert (2) dabei!", sagen (3) die Leute.	„Sie wollte (1) sich aufwärmen und erfror (2) dabei!", sagten (3) die Leute.	„Sie hat sich aufwärmen wollen (1) und ist dabei erfroren (2)!", haben die Leute gesagt (3).	„Sie hatte sich aufwärmen wollen (1) und war dabei erfroren (2)!", hatten die Leute gesagt (3).	(1) wollen (2) erfrieren (3) sagen
26.	Niemand weiß (1), was es davor Schönes erlebt (2).	Niemand wusste (1), was es davor Schönes erlebte (2).	Niemand hat gewusst (1), was es davor Schönes erlebt hat (2).	Niemand hatte gewusst (1), was es davor Schönes erlebt hatte (2).	(1) wissen (2) erleben

Ich weiß nicht, ob ich zu diesem Gespräch eingeladen werde

Die Konjunktion und das Adverb | **Info**

Für diesen Abschnitt solltest du folgende Probleme wiederholen:
- Was ist ein Subjekt?
- Was ist ein konjugiertes Verb?
- Was ist ein Infinitiv und das Partizip Perfekt?
- Was sind W-Fragen?
- Was sind trennbare Verben?

Einführung

Die **Konjunktion** ist ein **kleines Wort**. Eine Konjunktion steht zwischen zwei Sätzen und verbindet diese Sätze miteinander.

Erster Satz	;	Konjunktion	Zweiter Satz

Regeln

- Eine Konjunktion steht **zwischen zwei Sätzen**.
- Manchmal steht eine Konjunktion am **Anfang** des Satzes.
- Vor einer Konjunktion im Nebensatz steht **immer** ein **Komma**.
- Bei **trennbaren Verben** verbindet sich die Vorsilbe mit dem Rest des Verbs.
- Die Konjunktion entscheidet, wo das **konjugierte Verb** in einem Satz steht.
- Die Konjunktion entscheidet auch, wo das **Subjekt** steht.
- Es gibt **drei Gruppen** von den Konjunktionen.

Gruppe 1
- Direkt nach diesen Konjunktionen steht oft das Subjekt.
- Das konjugierte Verb steht dann direkt nach dem Subjekt.
- Der Infinitiv oder das Partizip Perfekt stehen ganz am Ende des Satzes.

Beispiele

Konjunktion	in deiner Sprache
aber	
denn	
doch	
oder	
sondern	
und	

Subjekt	Prädikat			Konjunktion	Subjekt	Prädikat	
Wir	gehen	ins Kino	,	oder	wir	bleiben	zu Hause

Gruppe 2

- Direkt nach diesen Konjunktionen steht das Subjekt.
- Das konjugierte Verb steht am Ende des Satzes.
- Der Infinitiv oder das Partizip Perfekt stehen vor dem konjugierten Verb.

Beispiele

Konjunktion	in deiner Sprache
als	
bis	
damit	
dass	
falls	
ob	
obwohl	
seitdem	
während	
weil	
wenn	
W-Fragen	

Prädikat	Subjekt		Konjunktion	Subjekt		Prädikat
Stimmt	es	,	dass	seine Frau	Ärztin	ist?

Konjunktion	Subjekt		Prädikat	Prädikat	
Falls	ich	dich	beleidigt	habe	,

Prädikat	Subjekt		Prädikat
solltest	du	mir	verzeihen.

Subjekt	Prädikat			Konjunktion	Subjekt		Prädikat
Ich	weiß	nicht	,	wie lange	er	hier	wartet.

Ich weiß nicht, ob ich zu diesem Gespräch eingeladen werde

Die Konjunktion und das Adverb | **Info**

Gruppe 3

- Ähnlich wie die Konjunktionen werden Adverbien gebraucht.
- Sie beschreiben die Umstände in einem Satz näher.
- Oft stehen sie am Anfang des Satzes.
- Direkt nach dem Adverb steht dann das konjugierte Verb.
- Direkt nach dem konjugierten Verb steht das Subjekt.
- Der Infinitiv oder das Partizip Perfekt stehen am Ende des Satzes.

Beispiele

Adverb	in deiner Sprache
allerdings	
also	
dann	
deshalb	
deswegen	
sonst	
trotzdem	

Subjekt	Prädikat			Adverb	Prädikat		
Es	ist	Winter	,	deswegen	brauchst	du	einen Schlitten.

Überblick

Gruppe 1	Gruppe 2	Gruppe 3
aber	als	allerdings
denn	bis	also
doch	damit	dann
oder	dass	deshalb
sondern	falls	deswegen
und	ob	sonst
	obwohl	trotzdem
	seitdem	
	während	
	weil	
	wenn	
	W-Fragen	

Ich weiß nicht, ob ich zu diesem Gespräch eingeladen werde

Die Konjunktion und das Adverb | **Übung**

1. Wo muss das Verb stehen? Beantworte zuerst die Fragen.

   a) Wie heißt die Konjunktion?
   b) Zu welcher Gruppe gehört diese Konjunktion?

		Konjunktion	Gruppe
1.	**Marie ist krank, weil sie sich nicht gesund ernährt. (ernährt)**	weil	2
2.	Ich konnte mein Studium erfolgreich beenden und nächstes Jahr ______ ich mit der Reise nach Indien ______. (beginne)		
3.	Er weiß nicht, ob er ______ die Prüfung ______. (besteht)		
4.	Thomas muss sehr viel arbeiten, deswegen ______ er zurzeit sehr müde ______. (ist)		
5.	Weißt du schon, dass Bettina ______ ______ letztes Wochenende ______ ______? (hat, geheiratet)		
6.	Es ist sehr kalt, deshalb ______ er die Heizung ______. (an|macht)		
7.	Das Computerspiel startet, allerdings ______ der Bildschirm schwarz ______. (bleibt)		
8.	Zoltán lernt fleißig Russisch, damit er ______ ______ in Russland Architektur ______ ______. (kann, studieren)		
9.	Herr und Frau Müller brauchen eine größere Wohnung, denn sie ______ ein drittes Kind ______. (bekommen)		
10.	Das Theaterstück beginnt nicht um 19 Uhr, sondern es ______ um diese Uhrzeit ______. (endet)		
11.	Ich hoffe, meine Blutwerte sind gut, sonst ______ ______ ich noch länger im Krankenhaus ______ ______. (muss, bleiben)		
12.	Sag ihnen, dass sie ______ ______ auf uns nicht mehr ______ ______. (sollen, warten)		
13.	Als ______ Brigitte 17 Jahre alt ______, wollte sie unbedingt Ärztin werden. (war)		
14.	Juliette hat wirklich keine Ahnung, ob sie ______ wieder zu ihren Eltern nach Frankreich ______. (fährt)		
15.	Weil Afra ______ ______ Medizin ______ ______, lernt sie jetzt Latein. (will, studieren)		
16.	______ ______ du auch im Urlaub ______ ______ (bist, gewesen), oder ______ ______ du zu Hause ______ ______? (bist, geblieben)		
17.	Er lernt so wenig, trotzdem ______ er sehr gute Noten ______. (hat)		
18.	Susi geht gerne tanzen, also ______ sie sich ein Paar schöne und bequeme Tanzschuhe ______. (kauft)		
19.	Obwohl Pinguine ______ ______ (können, schwimmen), ______ sie keine Fische, sondern Vögel ______. (sind)		

© Verlag an der Ruhr | Autorin: Bogumiła Baumgartner | ISBN 978-3-8346-2465-9 | www.verlagruhr.de

Ich weiß nicht, ob ich zu diesem Gespräch eingeladen werde

Die Konjunktion und das Adverb | **Übung**

		Konjunktion	Gruppe
20.	Der Nachhilfelehrer hat dem Mädchen die Aufgabe schon oft erklärt, doch sie ______ es immer noch nicht ______. (versteht)		
21.	Ihr solltet euch wirklich beeilen, sonst ______ wir echt zu spät ______. (kommen)		
22.	Frag ihn doch, ob er ______ ______ dir Geld ______ ______. (kann, leihen)		
23.	Wenn du mir ______ das Frühstück ins Bett ______ (bringst), dann ______ ich mich total verwöhnt ______. (fühle)		
24.	Wir können nicht losfahren, weil der Motor ______ ______ nicht ______ ______. (an|springt)		
25.	Hast du vielleicht vergessen, dass du ______ ______ im September zum TÜV ______ ______? (musst, fahren)		
26.	Monika besucht sehr oft ihre Oma im Krankenhaus, aber heute ______ sie nicht dorthin ______ (geht). Sie hat nämlich eine wichtige Prüfung.		
27.	Während Isabell ihre Hausaufgaben macht, ______ ______ du nicht ______ ______. (darfst, fern|sehen)		
28.	Am Muttertag verwöhnt Michael seine Mutter und er ______ ______ sie nach Wien ins „Hotel Sacher" ______ ______. (mit|nimmt)		
29.	Wenn das Konzert zu Ende ist, ______ vor der Wiener Oper sehr viele Taxis ______. (warten)		
30.	Fahr nicht so schnell, weil die Straßen ______ noch sehr glatt ______. (sind)		

Ich weiß nicht, ob ich zu diesem Gespräch eingeladen werde

Die Konjunktion und das Adverb | **Übung**

2. Verbinde die beiden Sätze mit der angegebenen Konjunktion.
   Nutze auch die Rückseite des Blattes. Beantworte zuerst die folgende Frage.

   Zu welcher Gruppe gehört die Präposition?

		Konjunktion/ Adverb	**Gruppe**	**Neuer Satz**
1.	**Es wird meistens sehr spät. Ich gehe ins Bett.**	**bis**	2	
2.	Manuela fährt immer mit dem Bus zur Arbeit. Sie hat ein Fahrrad.	obwohl		
3.	Das Wetter war wirklich sehr schlecht. Wir sind ans Meer gefahren.	trotzdem		
4.	Die Sonne kommt raus. Der Regen ist vorbei.	wenn		
5.	Am Samstag sind wir im Café „Da Tino" gewesen. Wir haben eine riesige Portion Schokoladeneis gegessen.	und		
6.	Er kennt sie. Er kann sich in der Schule nicht mehr richtig konzentrieren.	seitdem		
7.	Magst du mich? Küss mich.	falls		
8.	Paul mag Sofia. Er lädt sie ins Kino ein.	deswegen		
9.	Sahida hat einen großen Garten. Sie hat keine Obstbäume.	aber		
10.	Herr Otto kauft sich ein Auto. Er kommt pünktlich zur Arbeit.	damit		
11.	Jurij freut sich. Seine Kinder bekommen in der Schule gute Noten.	dass		
12.	Bungee-Jumping ist vielleicht sehr interessant. Diese Sportart ist sehr gefährlich.	allerdings		
13.	Bartek bleibt heute zu Hause. Er hat in der Nacht hohes Fieber gehabt.	weil		

Ich weiß nicht, ob ich zu diesem Gespräch eingeladen werde

Die Konjunktion und das Adverb | **Übung**

		Konjunktion/ Adverb	Gruppe	Neuer Satz
14.	Juliane hat alle Aufgaben gelöst. Sie hat die Prüfung nicht bestanden.	trotzdem		
15.	Sie ist keine Ärztin. Sie studiert noch Medizin im achten Semester.	sondern		
16.	Ich bin auch der Meinung. Man kann beim Reisen viel lernen.	dass		
17.	Du kannst das I-Pad anmachen. Du drückst auf den richtigen Knopf.	wenn		
18.	Als ich 19 Jahre alt war, habe ich oft nach der Schule gearbeitet. Ich bin bei meiner Oma im Krankenhaus gewesen.	oder		
19.	Meine Freunde haben Weihnachten auf den Kanarischen Inseln verbracht. Ich musste in Deutschland frieren.	während		
20.	Herr Braun hat fünf Jahre lang Japanisch gelernt. Seine Aussprache ist immer noch nicht korrekt.	allerdings		
21.	Nächsten Monat feiert Tante Laura ihren 20. Geburtstag. Sie lädt sehr viele Gäste ein.	wenn dann		
22.	Iwona war sehr krank. Sie hat immer gelächelt.	trotzdem		
23.	Ich kaufe mir eine neue Hose. Die alte ist schon kaputt.	weil		
24.	Wir müssen uns dieses Angebot sehr gut überlegen. Wir können den Vertrag unterschreiben.	erst dann		
25.	Am Freitag wollte ich mit meinen Kindern Pizza essen gehen. Ich habe meinen Geldbeutel vergessen.	doch		

3. Verbinde die Frage mit dem angefangen Satz.
   Benutze die W-Frage als Konjunktion/Adverb. Vergiss das Komma nicht!

1.	**Wie weit ist es noch bis Berlin?**	**Ich weiß auch nicht, wie weit es noch bis Berlin ist.**
2.	Wann gibt es dieses Jahr Faschingsferien?	Kannst du mir sagen ______________________?
3.	Welche Kontonummer hat meine Krankenversicherung?	Weißt du vielleicht ______________________?
4.	Wohin geht ihr jetzt?	Weiß jemand ______________________?
5.	Wie oft wäscht sie ihre Haare?	Ich weiß echt nicht ______________________.
6.	Warum möchte Ronaldo unbedingt in Heidelberg studieren?	Weiß jemand ______________________.
7.	Was hast du an Silvester gemacht?	Erzähle mir ______________________.
8.	Wo müssen wir umsteigen?	Können Sie mir bitte sagen ______________________?
9.	Was soll ich für heute Abend einkaufen?	Sag mir schnell ______________________.
10.	Wer hat das getan?	Ich muss unbedingt erfahren ______________________.
11.	Wie hat dir die gestrige Feier gefallen?	Mein Freund möchte wissen ______________________.
12.	Wo habe ich meinen Autoschlüssel hingelegt?	Wer weiß ______________________?
13.	Wann musst du morgen arbeiten?	Sag mir ______________________.
14.	Seit wann ist Duran verheiratet?	Woher soll ich wissen ______________________.
15.	Wie oft geht ihre Tochter in die Disco?	Warum möchtest du wissen ______________________?
16.	Wie kommt man zum Bahnhof?	Bitte sagen Sie mir ______________________.
17.	Wie spät ist es jetzt?	Kannst du mir sagen ______________________?

Ich weiß nicht, ob ich zu diesem Gespräch eingeladen werde

Die Konjunktion und das Adverb | **Übung**

18.	Was hat meine Mutter gestern gesagt?	Ich weiß nicht mehr ______________.
19.	Warum bist du heute so schlecht gelaunt?	Sag mal ______________.
20.	Wohin gehen wir am Wochenende zum Essen?	Ist doch egal ______________.
21.	Warum haben diese Tabletten noch nicht geholfen?	Wir können den Arzt fragen ______________.
22.	Was bedeutet Thorax-Chirurgie?	Schau im Internet nach ______________.
23.	Wann hast du deine Führerscheinprüfung gemacht?	Ich habe schon vergessen ______________.
24.	Wie kann man am schnellsten den Splitter im Finger entfernen?	Sag mir bitte ______________.
25.	Was ziehst du heute Abend an?	Ich habe wirklich keine Ahnung ______________.
26.	Welche Bäckerei hat am Wochenende bis Mittag geöffnet?	Lies in der Zeitung ______________.
27.	Wie viel Geld hat er letztes Jahr verdient?	Er hat uns nicht gesagt ______________.
28.	Wie geht es ihrem kranken Opa?	Ich werde sie anrufen und fragen ______________.
29.	Wann kommt ihr wieder nach Deutschland?	Es ist noch nicht klar ______________.
30.	Wie lange rauchst du schon nicht mehr?	Kannst du mir sagen ______________?

Ich weiß nicht, ob ich zu diesem Gespräch eingeladen werde

Die Konjunktion und das Adverb | **Übung**

4. Bilde richtige Sätze. Beantworte zuerst die Fragen.

   a) Welches Wort wird großgeschrieben? Beginne den Satz mit diesem Wort.
   b) Wie heißt die Konjunktion? Unterstreiche sie.

1. müssen; nicht; kommen; Wir; am Wochenende; zu deiner Feier; <u>denn</u>; verreisen; wir; können

   Wir können nicht zu deiner Feier kommen, denn wir müssen am Wochenende verreisen.

2. oft krank; Sie; isst; sie; trotzdem; ist; sehr viel Obst und Gemüse

   ___

3. wirklich; weiß; spricht; auch; Ich; Swjeta; nicht; Ukrainisch; ob

   ___

4. deswegen; Das kleine Baby; es; so laut; nass; ist; weint

   ___

5. versteht; sie; warum; nicht; ihre Schüler; nicht; Die Lehrerin; mögen

   ___

6. erreichte; war; Die Zeit; knapp; seinen Zug; der Passagier; trotzdem

   ___

7. kauft sie sich; Obwohl; hat; wenig Geld; schon wieder; sie; neue Schuhe

   ___

8. nicht; weiß; Ich; Leo; warum; trägt; immer nur schwarze Kleidung

   ___

9. arbeitet; in den Ferien; er; reisen; nach Schweden; Hans; möchte; weil

   ___

10. in der Türkei; Ich; recherchieren; man; zum Geburtstag; muss; einem Mann; schenkt; was

    ___

11. verstehen; Sie; damit; sprechen; ich; deutlich; Bitte; kann; Sie

    ___

12. du; gefahren; wir; in Urlaub; dieses Jahr; sind; nach Italien; Weißt; dass; schon wieder (?)

    ___

13. noch die Zähne; nicht sofort; sondern; sich putzen; gehen; Die Kinder; ins Bett; sie

    ___

Ich weiß nicht, ob ich zu diesem Gespräch eingeladen werde

Die Konjunktion und das Adverb | **Übung**

14. ich; meine Kleidung; ich; Während; auch; kann; bügle; fernsehen

    ____

15. geschenkt; an Valentinstag; hat; wissen; die weiße Rose; wer; möchte; Sabine; ihr

    ____

16. spricht; sie; und; schreiben; Frau Braun; kann; Türkisch und Englisch; auch; auf Spanisch; Briefe

    ____

17. in Höhe von 500 €; er; nicht; viel Geld; bekommt; ein Stipendium; aber; Federico; hat; monatlich

    ____

18. tun; was; es; könnte; Gibt; noch etwas; ich; für Sie (?)

    ____

19. darf; etwas Neues; kaufen; nicht viel; mir; aber; möchte; zum Anziehen; es; Ich; kosten

    ____

20. falls; mit dem Auto; möchtest; dich; Er; holt; du; es; ab

    ____

21. ich; wegschicken; ob; Keine Ahnung; die Bewerbung; soll

    ____

22. brauchen; immer weniger Menschen; deshalb; Fast jeder; ein Handy; jetzt; hat; eine Uhr

    ____

23. sich; unser Zug; verspätet; Falls; dich; anrufe; ich

    ____

24. war; jedes Jahr; Janek; geflogen; noch klein; seine Familie; Als; nach Bulgarien; ist

    ____

25. jetzt sehr; hat; deshalb; morgen; ist; aufgeregt; ein Vorstellungsgespräch; er; Er

    ____

26. man; möchte; viel Sport; soll; eine gute Figur; treiben; Wenn; man; haben

    ____

27. ich; Klavierüben; schlafen; nicht; Solange; kann; meine Kinder

    ____

28. den Computer; Wenn; Boguscha; nach Hause; anmacht; sofort; kommt; sie

    ____

Ich weiß nicht, ob ich zu diesem Gespräch eingeladen werde

Die Konjunktion und das Adverb | **Lösung**

1. Wo muss das Verb stehen? Beantworte zuerst die Fragen.

		Konjunktion	Gruppe
1.	Marie ist krank, weil sie sich nicht gesund ernährt. (ernährt)	weil	2
2.	Ich konnte mein Studium erfolgreich beenden und nächstes Jahr beginne ich mit der Reise nach Indien.	und	1
3.	Er weiß nicht, ob er die Prüfung besteht.	ob	2
4.	Thomas muss sehr viel arbeiten, deswegen ist er zurzeit sehr müde.	deswegen	3
5.	Weißt du schon, dass Bettina letztes Wochenende geheiratet hat.	dass	2
6.	Es ist sehr kalt, deshalb macht er die Heizung an.	deshalb	3
7.	Das Computerspiel startet, allerdings bleibt der Bildschirm schwarz.	allerdings	3
8.	Zoltán lernt fleißig Russisch, damit er in Russland Architektur studieren kann.	damit	2
9.	Herr und Frau Müller brauchen eine größere Wohnung, denn sie bekommen ein drittes Kind.	denn	1
10.	Das Theaterstück beginnt nicht um 19 Uhr, sondern es endet um diese Uhrzeit.	sondern	1
11.	Ich hoffe, meine Blutwerte sind gut, sonst muss ich noch länger im Krankenhaus bleiben.	sonst	3
12.	Sag ihnen, dass sie auf uns nicht mehr warten sollen.	dass	2
13.	Als Brigitte 17 Jahre alt war, wollte sie unbedingt Ärztin werden.	als	2
14.	Juliette hat wirklich keine Ahnung, ob sie wieder zu ihren Eltern nach Frankreich fährt.	ob	2
15.	Weil Afra Medizin studieren will, lernt sie jetzt Latein.	weil	2

Ich weiß nicht, ob ich zu diesem Gespräch eingeladen werde

Die Konjunktion und das Adverb | **Lösung**

		Konjunktion	Gruppe
16.	Bist du auch im Urlaub gewesen oder bist du zu Hause geblieben?	oder	1
17.	Er lernt so wenig, trotzdem hat er sehr gute Noten.	trotzdem	3
18.	Susi geht gerne tanzen, also kauft sie sich ein Paar schöne und bequeme Tanzschuhe.	also	3
19.	Obwohl Pinguine schwimmen können, sind sie keine Fische, sondern Vögel.	obwohl	2
20.	Der Nachhilfelehrer hat dem Mädchen die Aufgabe schon oft erklärt, doch sie versteht es immer noch nicht.	doch	1
21.	Ihr solltet euch wirklich beeilen, sonst kommen wir echt zu spät.	sonst	3
22.	Frag ihn doch, ob er dir Geld leihen kann.	ob	2
23.	Wenn du mir das Frühstück ins Bett bringst, dann fühle ich mich total verwöhnt.	wenn dann	2 3
24.	Wir können nicht losfahren, weil der Motor nicht anspringt.	weil	2
25.	Hast du vielleicht vergessen, dass du im September zum TÜV fahren musst?	dass	2
26.	Monika besucht sehr oft ihre Oma im Krankenhaus, aber heute geht sie nicht dorthin. Sie hat nämlich eine wichtige Prüfung.	aber	1
27.	Während Isabell ihre Hausaufgaben macht, darfst du nicht fernsehen.	während	2
28.	Am Muttertag verwöhnt Michael seine Mutter und er nimmt sie nach Wien ins „Hotel Sacher" mit.	und	1
29.	Wenn das Konzert zu Ende ist, warten vor der Wiener Oper sehr viele Taxis.	wenn	2
30.	Fahr nicht so schnell, weil die Straßen noch sehr glatt sind.	weil	2

2. Verbinde die beiden Sätze mit der angegebenen Konjunktion.

		Gruppe
1.	Es wird meistens sehr spät, bis ich ins Bett gehe.	2
2.	Manuela fährt immer mit dem Bus zur Arbeit, obwohl sie ein Fahrrad hat.	3
3.	Das Wetter war wirklich sehr schlecht, trotzdem sind wir ans Meer gefahren.	2
4.	Die Sonne kommt raus, wenn der Regen vorbei ist.	1
5.	Am Samstag sind wir im Café „Da Tino" gewesen und wir haben eine riesige Portion Schokoladeneis gegessen.	2
6.	Seitdem er sie kennt, kann er sich in der Schule nicht mehr richtig konzentrieren.	2
7.	Falls du mich magst, küss mich.	3
8.	Paul mag Sofia, deswegen lädt er sie ins Kino ein.	1
9.	Sahida hat einen großen Garten, aber sie hat keine Obstbäume.	2
10.	Herr Otto kauft sich ein Auto, damit er pünktlich zur Arbeit kommt.	2
11.	Jurij freut sich, dass seine Kinder in der Schule gute Noten bekommen.	3
12.	Bungee-Jumping ist vielleicht sehr interessant, allerdings ist diese Sportart sehr gefährlich.	2
13.	Bartek bleibt heute zu Hause, weil er in der Nacht hohes Fieber gehabt hat.	3
14.	Juliane hat alle Aufgaben gelöst, trotzdem hat sie die Prüfung nicht bestanden.	1
15.	Sie ist keine Ärztin, sondern sie studiert noch Medizin im achten Semester.	2
16.	Ich bin auch der Meinung, dass man beim Reisen viel lernen kann.	2
17.	Du kannst das I-Pad anmachen, wenn du auf den richtigen Knopf drückst.	1
18.	Als ich 19 Jahre alt war, habe ich oft nach der Schule gearbeitet oder ich bin bei meiner Oma im Krankenhaus gewesen.	2
19.	Meine Freunde haben Weihnachten auf den Kanarischen Inseln verbracht, während ich in Deutschland frieren musste.	3
20.	Herr Braun hat fünf Jahre lang Japanisch gelernt, allerdings ist seine Aussprache immer noch nicht korrekt.	2
21.	Wenn Tante Laura nächsten Monat ihren 20. Geburtstag feiert, dann lädt sie sehr viele Gäste ein.	3
22.	Iwona war sehr krank, trotzdem hat sie immer gelächelt.	3
23.	Ich kaufe mir eine neue Hose, weil die alte schon kaputt ist.	2
24.	Wir müssen uns dieses Angebot sehr gut überlegen, erst dann können wir den Vertrag unterschreiben.	3
25.	Am Freitag wollte ich mit meinen Kindern Pizza essen gehen, doch ich habe meinen Geldbeutel vergessen.	1

Ich weiß nicht, ob ich zu diesem Gespräch eingeladen werde

Die Konjunktion und das Adverb | **Lösung**

3. Verbinde die Frage mit dem angefangenen Satz.
   Benutze die W-Frage als Konjunktion / Adverb. Vergiss das Komma nicht!

1.	Ich weiß auch nicht, wie weit es noch bis Berlin ist.
2.	Kannst du mir sagen, wann es dieses Jahr Faschingsferien gibt?
3.	Weißt du vielleicht, welche Kontonummer meine Krankenversicherung hat?
4.	Weiß jemand, wohin ihr jetzt geht?
5.	Ich weiß echt nicht, wie oft sie ihre Haare wäscht.
6.	Weiß jemand, warum Ronaldo unbedingt in Heidelberg studieren möchte?
7.	Erzähle mir, was du an Silvester gemacht hast.
8.	Können Sie mir bitte sagen, wo wir umsteigen müssen?
9.	Sag mir schnell, was ich für heute Abend einkaufen soll.
10.	Ich muss unbedingt erfahren, wer das getan hat.
11.	Mein Freund möchte wissen, wie dir die gestrige Feier gefallen hat.
12.	Wer weiß, wo ich meinen Autoschlüssel hingelegt habe?
13.	Sag mir, wann du morgen arbeiten musst.
14.	Woher soll ich wissen, seit wann Duran verheiratet ist.
15.	Warum möchtest du wissen, wie oft ihre Tochter in die Disco geht?
16.	Bitte sagen Sie mir, wie man zum Bahnhof kommt.
17.	Kannst du mir sagen, wie spät es jetzt ist?
18.	Ich weiß nicht mehr, was meine Mutter gestern gesagt hat.
19.	Sag mal, warum du heute so schlecht gelaunt bist?
20.	Ist doch egal, wohin wir am Wochenende zum Essen gehen.
21.	Wir können den Arzt fragen, warum diese Tabletten noch nicht geholfen haben.
22.	Schau im Internet nach, was Thorax-Chirurgie bedeutet.
23.	Ich habe schon vergessen, wann du deine Führerscheinprüfung gemacht hast.
24.	Sag mir bitte, wie man am schnellsten den Splitter im Finger entfernen kann.
25.	Ich habe wirklich keine Ahnung, was du heute Abend anziehst.
26.	Lies in der Zeitung, welche Bäckerei am Wochenende bis Mittag geöffnet hat.
27.	Er hat uns nicht gesagt, wie viel Geld er letztes Jahr verdient hat.
28.	Ich werde sie anrufen und fragen, wie es ihrem kranken Opa geht.
29.	Es ist noch nicht klar, wann ihr wieder nach Deutschland kommt.
30.	Kannst du mir sagen, wie lange du schon nicht mehr rauchst?

Ich weiß nicht, ob ich zu diesem Gespräch eingeladen werde

Die Konjunktion und das Adverb | **Lösung**

4. Bilde richtige Sätze.

1.	**Wir können nicht zu deiner Feier kommen, denn wir müssen am Wochenende verreisen.**
2.	Sie isst sehr viel Obst und Gemüse, trotzdem ist sie oft krank.
3.	Ich weiß wirklich nicht, ob Swjeta auch Ukrainisch spricht.
4.	Das kleine Baby ist nass, deswegen weint es so laut.
5.	Die Lehrerin versteht nicht, warum ihre Schüler sie nicht mögen.
6.	Die Zeit war knapp, trotzdem erreichte der Passagier seinen Zug.
7.	Obwohl sie wenig Geld hat, kauft sie sich schon wieder neue Schuhe.
8.	Ich weiß nicht, warum Leo immer nur schwarze Kleidung trägt.
9.	Hans arbeitet, weil er in den Ferien nach Schweden reisen möchte.
10.	Ich muss recherchieren, was man in der Türkei einem Mann zum Geburtstag schenkt.
11.	Bitte sprechen Sie deutlich, damit ich Sie verstehen kann.
12.	Weißt du, dass wir dieses Jahr schon wieder nach Italien in Urlaub gefahren sind?
13.	Die Kinder gehen nicht sofort ins Bett, sondern sie putzen sich noch die Zähne.
14.	Während ich meine Kleidung bügle, kann ich auch fernsehen.
15.	Sabine möchte wissen, wer ihr am Valentinstag die weiße Rose geschenkt hat.
16.	Frau Braun spricht Türkisch und Englisch und sie kann auch Briefe auf Spanisch schreiben.
17.	Federico hat nicht viel Geld, aber er bekommt monatlich ein Stipendium in Höhe von 500 €.
18.	Gibt es noch etwas, was ich für Sie tun könnte?
19.	Ich möchte mir etwas Neues zum Anziehen kaufen, aber es darf nicht viel kosten.
20.	Er holt dich mit dem Auto ab, falls du es möchtest.
21.	Keine Ahnung, ob ich die Bewerbung wegschicken soll.
22.	Fast jeder hat jetzt ein Handy, deshalb brauchen immer weniger Menschen eine Uhr.
23.	Falls sich unser Zug verspätet, rufe ich dich an.
24.	Als Janek noch klein war, ist seine Familie jedes Jahr nach Bulgarien geflogen.
25.	Er hat morgen ein Vorstellungsgespräch, deshalb ist er jetzt sehr aufgeregt.
26.	Wenn man eine gute Figur haben möchte, soll man viel Sport treiben.
27.	Solange meine Kinder schlafen, kann ich nicht Klavier üben.
28.	Wenn Boguscha nach Hause kommt, macht sie sofort den Computer an.

Anhang

Das Verb „sein" in 20 Sprachen

Anhang

Albanisch	të
Dänisch	være
Englisch	be
Finnisch	olla
Französisch	être
Griechisch	έįμφι
Indonesisch	menjadi
Irisch	a
Isländisch	vera
Italienisch	essere
Polnisch	być
Portugiesisch	ser
Rumänisch	fi
Slowakisch	by
Slowenisch	biti
Spanisch	ser
Suaheli	kuwa
Tschechisch	být
Türkisch	olmak, bulunmak
Ungarisch	kell

Das Verb „haben" in 20 Sprachen

Albanisch	kanë
Dänisch	have
Englisch	to have
Finnisch	ovat
Französisch	ont
Griechisch	έχω
Indonesisch	memiliki
Irisch	Tá
Isländisch	hafa
Italienisch	hanno
Polnisch	mie
Portugiesisch	ter
Rumänisch	au
Slowakisch	majú
Slowenisch	so
Spanisch	han
Suaheli	kuwa
Tschechisch	mají
Türkisch	var
Ungarisch	van

Die wichtigsten unregelmäßigen Verben

Anhang

	Infinitiv	Imperfekt	Partizip Perfekt und das Hilfsverb	in deiner Sprache
1.	backen	buk/backte	gebacken (haben)	
2.	beginnen	begann	begonnen (haben)	
3.	beißen	biss	gebissen (haben)	
4.	biegen	bog	gebogen (haben)	
5.	binden	band	gebunden (haben)	
6.	bitten	bat	gebeten (haben)	
7.	bleiben	blieb	geblieben (sein)	
8.	brechen	brach	gebrochen (haben)	
9.	brennen	brannte	gebrannt (haben)	
10.	bringen	brachte	gebracht (haben)	
11.	denken	dachte	gedacht (haben)	
12.	dürfen	durfte	gedurft (haben)	
13.	empfangen	empfing	empfangen (haben)	
14.	essen	aß	gegessen (haben)	
15.	fahren	fuhr	gefahren (sein)	
16.	fallen	fiel	gefallen (sein)	
17.	fangen	fing	gefangen (haben)	
18.	finden	fand	gefunden (haben)	
19.	fliegen	flog	geflogen (sein)	
20.	fliehen	floh	geflohen (sein)	
21.	fließen	floss	geflossen (sein)	
22.	fressen	fraß	gefressen (haben)	
23.	frieren	fror	gefroren (haben)	
24.	geben	gab	gegeben (haben)	
25.	gehen	ging	gegangen (sein)	
26.	gelingen	gelang	gelungen (sein)	
27.	gelten	galt	gegolten (haben)	
28.	geschehen	geschah	geschehen (sein)	
29.	gewinnen	gewann	gewonnen (haben)	
30.	gießen	goss	gegossen (haben)	
31.	graben	grub	gegraben (haben)	
32.	greifen	griff	gegriffen (haben)	

	Infinitiv	Imperfekt	Partizip Perfekt und das Hilfsverb	in deiner Sprache
33.	haben	hatte	gehabt (haben)	
34.	hängen	hing/ hängte	gehangen/ hängte (haben)	
35.	halten	hielt	gehalten (haben)	
36.	heben	hob	gehoben (haben)	
37.	heißen	hieß	geheißen (haben)	
38.	helfen	half	geholfen (haben)	
39.	kennen	kannte	gekannt (haben)	
40.	kommen	kam	gekommen (sein)	
41.	können	konnte	gekonnt (haben)	
42.	laden	lud	geladen (haben)	
43.	lassen	ließ	gelassen (haben)	
44.	laufen	lief	gelaufen (sein)	
45.	leiden	litt	gelitten (haben)	
46.	lesen	las	gelesen (haben)	
47.	liegen	lag	gelegen (haben)	
48.	lügen	log	gelogen (haben)	
49.	messen	maß	gemessen (haben)	
50.	mögen	mochte	gemocht (haben)	
51.	müssen	musste	gemusst (haben)	
52.	nehmen	nahm	genommen (haben)	
53.	pfeifen	pfiff	gepfiffen (haben)	
54.	raten	riet	geraten (haben)	
55.	reißen	riss	gerissen (haben)	
56.	reiten	ritt	geritten (sein)	
57.	rennen	rannte	gerannt (sein)	
58.	riechen	roch	gerochen (haben)	
59.	rufen	rief	gerufen (haben)	
60.	scheinen	schien	geschienen (haben)	
61.	schieben	schob	geschoben (haben)	
62.	schießen	schoss	geschossen (haben)	
63.	schlafen	schlief	geschlafen (haben)	

© Verlag an der Ruhr | Autorin: Bogumiła Baumgartner | ISBN 978-3-8346-2465-9 | www.verlagruhr.de

Die wichtigsten unregelmäßigen Verben

Anhang

	Infinitiv	Imperfekt	Partizip Perfekt und das Hilfsverb	in deiner Sprache
64.	schlagen	schlug	geschlagen (haben)	
65.	schließen	schloss	geschlossen (haben)	
66.	schneiden	schnitt	geschnitten (haben)	
67.	schreiben	schrieb	geschrieben (haben)	
68.	schreien	schrie	geschrien (haben)	
69.	schweigen	schwieg	geschwiegen (haben)	
70.	schwimmen	schwamm	geschwommen (sein)	
71.	sehen	sah	gesehen (haben)	
72.	sein	war	gewesen (sein)	
73.	singen	sang	gesungen (haben)	
74.	sinken	sank	gesunken (sein)	
75.	sitzen	saß	gesessen (haben)	
76.	sollen	sollte	gesollt (haben)	
77.	sprechen	sprach	gesprochen (haben)	
78.	springen	sprang	gesprungen (sein)	
79.	stehen	stand	gestanden (haben)	
80.	steigen	stieg	gestiegen (sein)	
81.	sterben	starb	gestorben (sein)	
82.	stoßen	stieß	gestoßen (haben)	
83.	streichen	gestrichen	gestrichen (haben)	
84.	tragen	trug	getragen (haben)	
85.	treffen	traf	getroffen (haben)	
86.	treten	trat	getreten (haben)	
87.	trinken	trank	getrunken (haben)	
88.	verbieten	verbot	verboten (haben)	
89.	vergessen	vergaß	vergessen (haben)	
90.	verlassen	verließ	verlassen (haben)	
91.	verlieren	verlor	verloren (haben)	
92.	verzeihen	verzieh	verziehen (haben)	
93.	wachsen	wuchs	gewachsen (sein)	
94.	waschen	wusch	gewaschen (haben)	
95.	werden	wurde	geworden (sein)	

	Infinitiv	Imperfekt	Partizip Perfekt und das Hilfsverb	in deiner Sprache
96.	werfen	warf	geworfen (haben)	
97.	wiegen	wog	gewogen (haben)	
98.	wissen	wusste	gewusst (haben)	
99.	wollen	wollte	gewollt (haben)	
100.	ziehen	zog	gezogen (haben)	